HALB*WERTS*ZEIT

HALB*WERTS*ZEIT

Zum Umgang mit *abgelaufenen* Sammlungen

Hrsg. Viola Vahrson,
Lars Breuer

DCV

Vorwort

Beim Besuch öffentlicher Sammlungen kann der Eindruck entstehen, es handele sich um statische Gefüge, was aber keineswegs der Fall ist. Auch werden Sammlungen häufig als dysfunktionale, antiquierte oder gar anachronistische Einrichtungen bewertet. Gesellschaftliche, politische, räumliche oder ästhetische Veränderungen sowie der technische Fortschritt können in der Tat dazu führen, dass Sammlungen und ihre Präsentationen nicht mehr Schritt halten mit den zeitgenössischen Gegebenheiten. Eine Überarbeitung, Neuausrichtung oder Neugestaltung setzt eine kritische Auseinandersetzung mit den für gültig erachteten Kriterien voraus, die unter anderem die Herkunft, Zusammensetzung, Ausstellung, Zielsetzung oder sogar Sinnhaftigkeit einer Sammlung betreffen. Zudem sind die erforderlichen Erneuerungen zum Teil mit erheblichem finanziellen Aufwand verbunden. Dennoch entschließen sich Institutionen immer wieder dazu, die notwendigen Änderungen vorzunehmen. Nicht immer sind jedoch die Mittel vorhanden oder ermöglichen die Umstände eine unerlässliche Umstrukturierung. Insbesondere wenn man sich dem Bereich privater Sammlungen zuwendet, werden die enormen Herausforderungen deutlich, die mit dem Aufbau und Erhalt einer Sammlung einhergehen. Hier führen die individuelle Ausrichtung der Sammlung und die spezifischen Bedingungen zu sehr unterschiedlichen Entwicklungen und nicht selten zu überraschenden Entscheidungen, da private Sammler in der Regel flexibler und unkonventioneller agieren können.

Mit dem Begriff „Halbwertszeit“ möchten wir auf die potenzielle Abnahme der Aktualität von Sammlungen hinweisen, das Augenmerk also gerade darauf legen, dass Sammlungen sowie ihre Präsentationen keinesfalls gegebene, quasi überzeitliche Entitäten sind, sondern äußere wie auch sammlungsinterne Anforderungen einen beständigen Wandel bewirken oder zumindest erforderlich machen. Gerade in letzter Zeit entfachen sich an fragwürdigen Umständen der Objekterwerbung oder der unzureichenden Kontextualisierung spezifischer Objekte im Ausstellungszusammenhang Debatten, die die Existenz ganzer Sammlungen infrage stellen und eine Neujustierung gesellschaftspolitischer Positionen über die Sammlungsproblematik hinaus einfordern. Um ihre Aktualität aufrechtzuerhalten und damit ihren Wert zu bewahren, muss stetig an und mit den Sammlungen und ihren Objekten gearbeitet werden. Der Erkenntnis der prekären Konstitution oder zumindest herausfordernden Situation einer Sammlung wiederum folgt nicht immer auch ein erfolgreicher Lösungsansatz. Vielerlei Maßnahmen, seien sie politischer, restauratorischer oder konzeptueller Art, können den Abwärtstrend einer Sammlung unter Umständen sogar beschleunigen. Den Blick auf diese Gegebenheiten zu richten bedeutet, die Erfordernisse im Umgang mit Sammlungen ernst zu nehmen, deren komplexe Wechselwirkungen zu erkennen und in einen Diskussionsprozess einzusteigen, der Flexibilität, Gestaltungsfantasie, aber auch Kompromissbereitschaft und Ausgewogenheit verlangt.

Die Beiträge dieses Buches gehen sowohl in historischen Rückblicken wie auch in aktuellen Betrachtungen den Gründen und Umständen der Einschätzung nach, die Halbwertszeit einer Sammlung sei überschritten oder müsse als beständige Aufgabe konstruktiv gestaltet werden. Sie setzen sich mit Diskursen und daraus resultierenden Maßnahmen auseinander, die die Aktualität von Sammlungen erneut herstellen, fragen nach den Handlungsoptionen. Untersucht werden aber auch die Gegebenheiten, die einen solchen Prozess verhindern und in der Folge zur Aufteilung, Auflösung oder zum Verfall einer Sammlung führen.

Viola Vahrson, Lars Breuer

Sabine Beneke,
Andrea Meyer

Sichergestellt, verwahrt und verwaltet

Zum Umgang mit den Sammlungen zeitgenössischer deutscher Kunst des Dritten Reichs

Seit 1998 beziehungsweise 1999 obliegt die Verwaltung der Sammlung Haus der Deutschen Kunst und der German War Art Collection (GWAC) der Stiftung Deutsches Historisches Museum (DHM). Die Entstehung dieser Konvolute von Kunstwerken aus dem Dritten Reich – und nicht etwa ihre Abwicklung oder Auflösung – verdankt sich einem politischen Systemwechsel, der sich mit den Schlagworten „Sieg über die Nazidiktatur durch die Alliierten" sowie „Umerziehung der Deutschen zu Demokraten" umreißen lässt. Ganz unvermittelt verlor die im Nationalsozialismus protegierte Kunst ihre normative Verbindlichkeit, während das, was mit dem Etikett „entartet" behaftet worden war, nach 1945 bekanntlich rehabilitiert, wertgeschätzt und bevorzugt von Museen gesammelt wurde. Die aus den Vorzeigestücken der Großen Deutschen Kunstausstellungen (GDK) und aus Kriegsbildern zusammengestellten Kollektionen aber galten nun als künstlerisch unzeitgemäß, waren politisch unerwünscht, ja wurden als Sammlungen für lange Zeit überhaupt nicht wahrgenommen.

Diesem Versäumnis steht die große Aufmerksamkeit für die überwiegend zusammengeraubten Bestände Alter Meister für Hermann Görings Carinhall oder das sogenannte Führermuseum in Linz gegenüber. Wenig überraschend war es dann auch der NS-Kunstraub, der zum Stoff für den deutsch-amerikanischen Spielfilm

1 Vgl. die Kritik am Film von Christian Fuhrmeister, „Clooneys ‚Monuments Men'. Hier menschelt es besonders wertvoll", in: *Frankfurter Allgemeine Zeitung*, 14.2.2014, URL: www.m.faz.net/aktuell/feuilleton/clooneys-monuments-men-hier-menschelt-es-besonders-wertvoll-12800717.html?GEPC=s9&premium=0×2793e7507bea80df86c5c15dcdb78abb34328753c4ad78570f19b0749a1cd00c. Die GDK selbst und das Haus der Deutschen Kunst sind seit etwa zwanzig Jahren Gegenstand intensiver Forschungen, vgl. z. B. Ines Schlenker, *Hitler's Salon. The Große Deutsche Kunstausstellung at the Haus der Deutschen Kunst in Munich 1937–1944*, Oxford u. a. 2007; Dies., „Die ‚Großen Deutschen Kunstausstellungen' und ihre Auswirkungen auf den nationalsozialistischen Kunstbetrieb", in: *Kunst und Propaganda. Im Streit der Nationen 1930–1945*, hrsg. von Hans-Jörg Czech und Nikola Doll, Ausst.-Kat. Deutsches Historisches Museum, Berlin, Dresden 2007, S. 258–267; Sabine Brantl,

The Monuments Men (*Monuments Men – Ungewöhnliche Helden*, 2014) wurde. George Clooney spielt darin den amerikanischen Kunstprofessor Frank Stokes, der mit einer Gruppe von Museums- und Kunstspezialisten Raubkunst nachforscht, um sie für eine Rückgabe sicherzustellen. Stokes, dessen reales Vorbild George Stout hieß, handelt als Teil der Monuments, Fine Arts and Archives Section (MFAA) der amerikanischen Streitkräfte. Weil der Film in althergebrachter Hollywoodmanier eine überzeichnete Heldensaga zelebriert, für die das historische Geschehen großzügig an filmische Erfordernisse angepasst wurde, bleibt dort völlig ausgeblendet, dass die wahren „Monuments Men" gemeinsam mit Offizieren der amerikanischen Militärregierung im Münchener Central Art Collecting Point, dem Führerbau, ab Juni 1945 auch zeitgenössische deutsche Kunst, die sogenannte Führerbau-Sammlung und die Sammlung der Reichskanzlei, verwahrten und registrierten – jene Erwerbungen also, die Adolf Hitler und andere NS-Funktionsträger von 1937 bis 1944 auf den GDK in München getätigt hatten.[1]

Wie aber kam es überhaupt dazu? Und was genau folgte auf die Sicherstellung? Um diese Fragen zu beantworten, werfen wir einen Blick auf die Genese beider Konvolute und den wissenschaftlichen Umgang mit ihnen. Ist ihre Befragung aus sammlungshistorischer Perspektive überhaupt sinnvoll? Wenn ja, warum, und was ist der Mehrwert? Wir beschäftigen uns zunächst mit der Sammlung Haus der Deutschen Kunst und anschließend mit der German War Art Collection, da selten sauber zwischen ihnen unterschieden wird.

Die Sammlung Haus der Deutschen Kunst

Die Offiziere der Abteilung Monuments, Fine Arts and Archives stießen in den Depoträumen im Haus der Deutschen Kunst auf zahlreiche Ankäufe Hitlers und anderer NS-Größen.[2] Für diese hatten zunächst keine Verwendungsmöglichkeiten als Ausstattung von Repräsentationsbauten oder Behörden im NS-Staat bestanden. Hieran zeigt sich, dass Hitler mit seinen Erwerbungen von über 1300 Skulpturen, Grafiken und Gemälden für einen Gesamtkaufpreis von 6,8 Millionen Reichsmark zwar deutlich alle anderen Käufer in den Schatten stellte,[3] jedoch niemals gezielt eine Sammlung zeitgenössischer Kunst anlegte. In erster Linie ging es ihm um seinen Ruf als Mäzen und darum, die von ihm favorisierten Künstler nach dem Vorbild absolutistischer Auftraggeber zu fördern.[4]

Weniger auf die Eigentumsverhältnisse bedacht als auf die Motive der Fundstücke, hielten die sicherstellenden Offiziere die Werke für nicht militaristisch oder den Nationalsozialismus verherrlichend.[5] Daher wurden sie von der amerikanischen Militärregierung 1949 der neu gegründeten Bundesrepublik überlassen und zunächst treuhänderisch an den Freistaat Bayern übergeben. Ab 1963 war diese Sammlung der Verwaltung der Oberfinanzdirektion München unterstellt und lagerte über Jahrzehnte unzugänglich im Hauptzollamt der Stadt, sieht man von Leihgaben ab, die mit der von Georg Bussmann Mitte der 1970er-Jahre kuratierten Sonderausstellung zunächst im Frankfurter Kunstverein und danach in mehreren westdeutschen Städten gastierten.[6] Daneben zirkulierten allenfalls Schwarz-Weiß-Abbildungen in den Publikationen einer ersten Generation von Autoren, die sich dem Dritten Reich aus kunst- und kulturhistorischer Perspektive widmeten.[7] Nicht nur die Auswahl von Illustrationen,

Haus der Kunst, München. Ein Ort und seine Geschichte im Nationalsozialismus, München 2007; Dies., „‚...Das einheimische Kunstgut zu mehren...'. Die ‚Großen Deutschen Kunstausstellungen' und die Ankäufe der Stadt Würzburg", in: *Tradition & Propaganda. Eine Bestandsaufnahme. Kunst aus der Zeit des Nationalsozialismus in der Städtischen Sammlung Würzburg*, hrsg. vom Museum im Kulturspeicher Würzburg und Marlene Lauter, Würzburg 2013, S. 94–115; Christian Fuhrmeister, „Die Große Deutsche Kunstausstellung 1937–1944", in: *Künstler im Nationalsozialismus: Die „deutsche" Kunst, die Kunstpolitik und die Berliner Kunsthochschule*, hrsg. von Wolfgang Ruppert, Köln, Weimar und Wien 2015, S. 96–106.

2 Vgl. Gregory Maertz, *Nostalgia for the Future. Modernism and Heterogeneity in the Visual Arts of Nazi Germany*, New York 2019, S. 29 f.; Schlenker 2007 (wie Anm. 1), S. 112.

3 Vgl. Schlenker 2007 (wie Anm. 1), S. 198–205; Ines Schlenker, „Die ‚Großen Deutschen Kunstausstellungen' und ihre Auswirkungen auf den nationalsozialistischen Kunstbetrieb", in: Berlin 2007 (wie Anm. 1), S. 263 f.; Sabine Brantl, „‚...Das einheimische Kunstgut zu mehren...'. Die ‚Großen Deutschen Kunstausstellungen' und die Ankäufe der Stadt Würzburg", in: Würzburg 2013 (wie Anm. 1), S. 98; Christian Fuhrmeister, „Die Große Deutsche Kunstausstellung 1937–1944", in: Ruppert 2015 (wie Anm. 1), S. 98.

4 Vgl. Christian Fuhrmeister, „Die Große Deutsche Kunstausstellung 1937–1944", in: Ruppert 2015 (wie Anm. 1), S. 98; Ines Schlenker „Die ‚Großen Deutschen Kunstausstellungen' und ihre Auswirkungen auf den nationalsozialistischen Kunstbetrieb", in: Berlin 2007 (wie Anm. 1), S. 264; Sabine Brantl, „‚...Das einheimische Kunstgut zu mehren...'. Die ‚Großen Deutschen Kunstausstellungen' und die Ankäufe der Stadt Würzburg", in: Lauter 2013 (wie Anm. 1), S. 98; Manuel Frey, *Macht und Moral des Schenkens. Staat und bürgerliche Mäzene vom späten 18. Jahrhundert bis zur Gegenwart*, Berlin 1999, S. 152–174.

5 Vgl. Gregory Maertz, „The ‚German War Art Collection'", in: Berlin 2007 (wie Anm. 1), S. 459.

6 Vgl. Georg Bussman (Redaktion), *Kunst im 3. Reich. Dokumente der Unterwerfung*, Ausst.-Kat. Frankfurter Kunstverein, Frankfurt am Main 1974, S. 3. Zur prägenden Rolle dieser Ausstellung siehe Darja Jesse, „Kanon und Konflikt. Kunst aus dem Nationalsozialismus in deutschen Kunstmuseen", in: *SYMPOSIUM CULTURE@KULTUR*, Jg. 4, Nr. 1, 2022, S. 8 f., URL: www.doi.org/10.2478/sck-2022-0001.

7 Vgl. Berthold Hinz, *Die Malerei im deutschen Faschismus.*

sondern auch die ausführlichere Diskussion blieb dabei bis in die 1980er-Jahre auf wenige Objekte der Sammlung beschränkt, mit dem Ergebnis, dass der Rückgriff auf Altbekanntes jene Kunsthistoriker bestätigte, die unter der NS-Herrschaft entstandene Kunst per se für völkisch, restaurativ, im besten Fall für idyllisierend oder belanglos hielten.[8] 1998 schließlich, nach einer öffentlich geführten Diskussion um die Zukunft der Werke, die zeitweise sogar den Deutschen Bundestag beschäftigt hatte, fiel eine Entscheidung des Bundes zugunsten der Übergabe an das Deutsche Historische Museum, wo sich die über 700 Werke, zum Teil sehr großformatige Gemälde, seit dem Jahr 2000 in einem eigens ausgebauten Depotgebäude befinden.[9]

In die 2006 eröffnete Ständige Ausstellung des DHM zur deutschen Geschichte wurden vereinzelt Werke aus der Sammlung integriert und auch für Sonderausstellungen ausgeliehen, unter anderem für die Ausstellung *„Artige Kunst" – Kunst und Politik im Nationalsozialismus*, die 2016/17 in Bochum, Rostock und Regensburg zu sehen war.[10] Infolge der Übernahme der Sammlung entwickelte sich ferner die Kooperation mit dem Zentralinstitut für Kunstgeschichte und dem Haus der Kunst in München, aus der die Forschungsplattform zu den Großen Deutschen Kunstausstellungen 1937 bis 1944 in München gdk-research hervorging.[11] Seit 2011 online abrufbar, setzt sie für fakten- und datenbasierte Forschungen zu diesem zentralen Schauplatz des Zeigens und Konsumierens von Kunst der NS-Zeit wichtige Impulse.[12]

Die Beschäftigung mit der umfangreichen Sammlung an sich bleibt jedoch weiterhin ein Desiderat. Um mit langlebigen Klischees über „Nazi-Kunst" aufzuräumen, bedarf es des direkten, nahsichtigen Studiums der Objekte, wie wir schlaglichtartig anhand von drei Gemälden zeigen wollen. Unter den gewählten Beispielen finden sich Künstler wie Porträtierte, die zu den prominenten Staatskünstlern des NS-Regimes gehörten.[13] Insbesondere die Werke von Hans Schmitz-Wiedenbrück (1907–1944) und Fritz Erler (1868–1940) sind als Illustrationen in der einschlägigen älteren wie neueren Forschungsliteratur geradezu omnipräsent und dienen häufig als Paradebeispiele für Malerei, die das rassistische Menschenbild der NS-Ideologie bedient. Hingegen sind Schmitz-Wiedenbrücks *Bauern im Gewitter* (1938), auf der GDK 1939 von Hitler für 4500 RM erworben und 1940 an die Biennale in Venedig ausgeliehen, Erlers Porträt des nach Breker wichtigsten Bildhauers Josef Thorak (1889–1952), auf der GDK 1939 für 12 000 RM von Hitler angekauft, sowie die *Kostümprobe* (1940) Hans Schlereths (1897–1962), die sich Hitler 1940 für 3000 RM sicherte, in nur wenigen Publikationen schwarz-weiß in kleinem Format abgebildet und kaum kommentiert.[14]

Die drei Werke zählen zweifellos zu derjenigen Gattungsmalerei, die als typisch für die offizielle Kunst des Nationalsozialismus gilt. Mit den *Bauern im Gewitter* ABB. 1 bediente der 1907 geborene Schmitz-Wiedenbrück die Nachfrage nach Bauernbildern. Beliebt waren vor allem Arbeitsszenen, säende und pflügende Bauern etwa oder kinderreiche Familien, oft in Trachten, oft versammelt in der guten Stube.[15] Den nationalsozialistischen Deutungen zufolge standen sie für Natur- und Heimatverbundenheit, „Blut und Boden" eben, und spiegelten die vorindustrielle, ständische Ordnung samt traditioneller Geschlechterrollen wider. Auf den ersten Blick reiht sich Schmitz-Wiedenbrücks klassisch komponierte Dreiergruppe hier nahtlos ein. Durch die Untersicht sind die nah an den unteren Bildrand herangerückten Figuren, eine ältere Frau und zwei Männer, stark

Kunst und Konterrevolution, München 1974; Reinhard Müller-Mehlis, *Die Kunst im Dritten Reich*, München 1976; Reinhard Merker, *Die bildenden Künste im Nationalsozialismus: Kulturideologie – Kulturpolitik – Kulturproduktion*, Köln 1983; Joachim Petsch, *Kunst im „Dritten Reich". Architektur – Plastik – Malerei – Alltagsästhetik*, Köln 1983; Klaus Backes, *Hitler und die bildenden Künste. Kulturverständnis und Kunstpolitik im Dritten Reich*, Köln 1988.

8 Vgl. Maertz 2019 (wie Anm. 2), S. 50; zur mangelnden Quellenkritik vgl. auch Christian Fuhrmeister, „Kunst im Nationalsozialismus: Rezeptionsgeschichte, Forschungsstand und Perspektiven", in: *Künstler und Kunst im Nationalsozialismus. Eine Diskussion um die Gelsenkirchener Künstlersiedlung Halfmannshof*, hrsg. von Holger Germann und Stefan Goch, Essen 2013, S. 11–20; Ders., „Die (mindestens) doppelte Zurichtung der ‚gewordenen Kunst'", in: *Kunst und Politik im Nationalsozialismus*, hrsg. von Silke von Berswordt-Wallrabe, Jörg-Uwe Neumann und Agnes Tieze, Lizenzausgabe für die Bundeszentrale für Politische Bildung Bonn, Bonn 2016, S. 102–109.

9 Siehe dazu Wolfgang Schmidt, „‚Maler an der Front'. Zur Rolle der Kriegsmaler und Pressezeichner der Wehrmacht im Zweiten Weltkrieg", in: *Die Wehrmacht. Mythos und Realität*, im Auftrag des Militärgeschichtlichen Forschungsamtes hrsg. von Rolf-Dieter Müller und Hans-Erich Volkmann, München 1999, S. 635–684.

10 Vgl. *„Artige Kunst" – Kunst und Kunstpolitik im Nationalsozialismus*, hrsg. von Silke von Berswordt-Wallrabe, Jörg-Uwe Neumann und Agnes Tieze, Ausst.-Kat. Situation Kunst (für Max Imdahl), Kunstsammlungen der Ruhr-Universität Bochum, Kunsthalle Rostock, Kunstforum Ostdeutsche Galerie Regensburg, Bielefeld und Berlin 2016.

11 Vgl. URL: www.gdk-research.de/db/apsisa.dll/ete; vgl. dazu auch Christian Fuhrmeister, „Kunst im Nationalsozialismus: Rezeptionsgeschichte, Forschungsstand und Perspektiven", in: German und Goch 2013 (wie Anm. 8), S. 12.

12 Wir beziehen uns bewusst auf den Entstehungszeitraum der Werke, anstatt den wertenden Begriff „NS-Kunst" zu verwenden, da die betrachteten Arbeiten zwar in einem vom NS-Regime kontrollierten Kontext rezipiert und somit als systemkonform gelten können, aber weitere Kriterien wie Ikonografie, Verhalten der Künstler etc. im Einzelfall zu berücksichtigen sind. Zusammenfassend zur Definition von „NS-Kunst" vgl. z. B. Christoph Zuschlag, „Ein schwieriges Erbe. Über den Umgang mit Kunst aus der

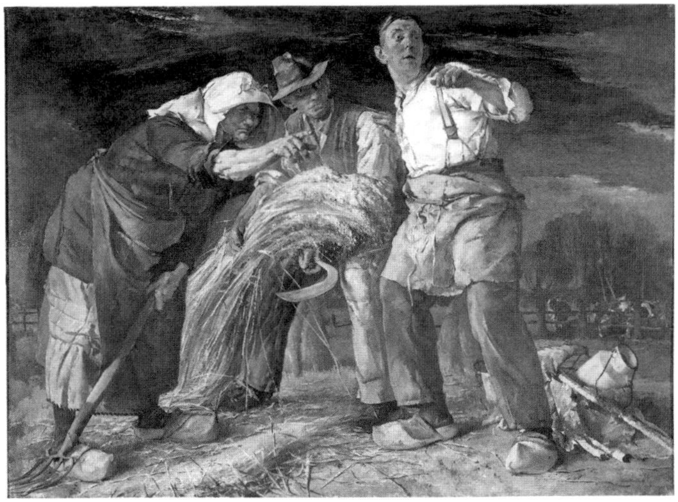

monumentalisiert. Aus ihrer Arbeitsroutine herausgerissen, blicken sie gebannt in die Ferne, während sich hinter ihnen bedrohlich dunkle Wolken auftürmen. Mit ihrer abgetragenen, aber sauberen Kleidung und den einfachen Geräten verkörpern sie das harte Landleben und Standhaftigkeit trotz bedrohlicher Naturgewalt. Zugleich ist der körperliche Verschleiß insbesondere der Bäuerin offensichtlich, steht der Stumpfsinn allen ins Gesicht geschrieben. Partien des Bildes sind in dynamisch breiten Pinselstrichen und mit dem Spachtel hingeworfen. Dies entspricht so gar nicht der Feinmalerei, die die bekannte und beispielhaft als „Nazi-Kunst" geltende *Kalenberger Bauernfamilie* von Alfred Wissel auszeichnet, zumal die linke Hand der Frau einem unförmigen Farb- beziehungsweise Fleischklumpen gleicht.[16]

Erlers hochformatiges Kniestück von Thorak ABB. 2 zeigt den Bildhauer in dem noch im Bau befindlichen Staatsatelier in Baldham östlich von München, das von Albert Speer geplant worden war. Die Ärmel seines weißen Hemdes hochgekrempelt, sitzt Thorak in lässiger Haltung auf einem Holzbock zwischen einem mächtigen Pferdekopf und kolossalen Statuen, vermutlich Teilen der Skulpturengruppe

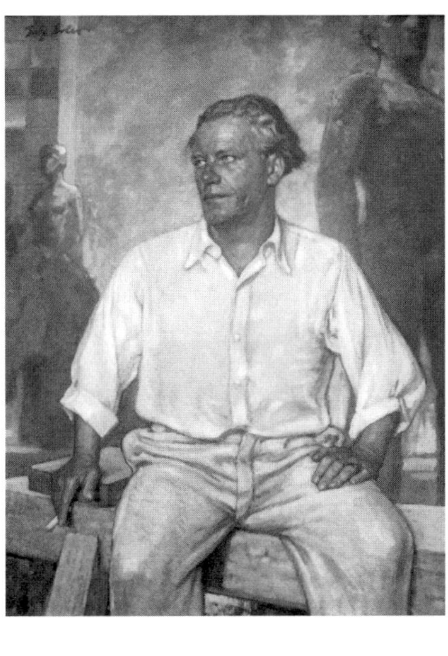

NS-Zeit", in: Würzburg 2013 (wie Anm. 1), S. 20 f.

13 Sie lassen sich z. B. über die 1944 aufgestellte „Gottbegnadeten-Liste" erfassen. In die laut Joseph Goebbels „wirklich hervorragende" und von Front- und Arbeitsdienst freizustellende Künstler beinhaltende Liste wurden 114 Bildhauer und Maler aufgenommen, darunter Fritz Erler, Josef Thorak und Hans Schmitz-Wiedenbrück. Vgl. *Die Liste der „Gottbegnadeten". Künstler des Nationalsozialismus in der Bundesrepublik*, hrsg. von Wolfgang Brauneis und Raphael Gross für das Deutsche Historische Museum, Ausst.-Kat. Deutsches Historisches Museum, Berlin, München, London und New York 2021, vor allem Kapitel 1: „Die ‚Gottbegnadeten' im NS-Kunstbetrieb", S. 34–45; zu den von Hitler besonders geschätzten Künstlern siehe auch Schlenker 2007 (wie Anm. 1), S. 206–220.

14 Vgl. Hinz 1974 (wie Anm. 7), S. 247, Abb. 147 (Schlereths *Kostümprobe*); Christian Groß und Uwe Großmann, „Die Darstellung der Frau", in: Frankfurt am Main 1974 (wie Anm. 6), S. 182–192, hier S. 188, Abb. 215 (Schlereths *Kostümprobe*); Günter Aust, „Traditionalismus und Trivialität", in: *Die dreißiger Jahre. Schauplatz Deutschland*, Ausst.-Kat. Haus der Kunst München, Museum Folkwang Essen und Kunsthaus Zürich, Köln 1977, S. 91 f., Abb. 110 und Kat.-Nr. 75 (Erlers Thorak-Porträt). In der Weimarer Ausstellung *Aufstieg und Fall der Moderne* waren 1999 alle drei Werke zu sehen, vgl. *Aufstieg und Fall der Moderne*, hrsg. von Rolf Bothe und Thomas Föhl, Ausst.-Kat. Schlossmuseum und Mehrzweckhalle Weimar, Ostfildern-Ruit 1999, S. 418, Kat.-Nr. 270, S. 429, Kat.-Nr. 347 und Kat.-Nr. 349. Seit 2017 begleitet Erlers Porträt von Thorak kommentarlos den Wikipedia-Artikel zum Bildhauer, siehe URL: www.de.wikipedia.org/wiki/Josef_Thorak.

15 Vgl. z. B. Dieter Bartetzko, Stefan Glossmann und Gabriele Voigtländer-Tetzner, „Die Darstellung des Bauern", in: Frankfurt am Main 1974 (wie Anm. 6), S. 144–161; Petsch 1983 (wie Anm. 7), S. 60–62; Peter Adam, *Kunst im Dritten Reich*, Hamburg 1992, S. 133–148; Karen van den Berg, „Abrichtung der Volksseele. NS-Kunst und das politisch Unbewusste", in: Berswordt-Wallrabe, Neumann und Tieze 2016 (wie Anm. 8), S. 29–36.

16 Zu Wissel vgl. Karen van den Berg, „Abrichtung der Volksseele. NS-Kunst und

Abb. 1 Hans Schmitz-Wiedenbrück, *Bauern im Gewitter*, 1938, Öl auf Leinwand

Abb. 2 Fritz Erler, *Professor Joseph Thorak*, (vor) 1939, Öl auf Leinwand

Familie für die Weltausstellung in Paris 1937.[17] Die stark angeschnittenen Bildwerke und der flüchtige Farbauftrag muten impressionistisch an. Im Unterschied zu anderen Künstler- und Architektenporträts der Zeit setzt Erler seinen Kollegen weder arbeitend noch als Professor oder Kriegsmaler in Szene.[18] Mit seinen blonden, halblangen Haaren, der gebräunten, faltigen Haut und der Zigarette in der Hand wirkt Thorak eher wie ein Lebemann und Bohemien, nicht wie ein geachteter Staatskünstler.

Schlereths in lockerem Pinselduktus gehaltene *Kostümprobe* ABB. 3 schließlich bricht mit den gewöhnlichen Rollen, die in Alltag und Kunstproduktion der NS-Zeit für Frauen vorgesehen waren, wie die der Mutter, der Bäuerin, der im Bund Deutscher Mädel organisierten Mädchen oder des weiblichen Akts in Erwartung des Mannes.[19] Stattdessen sehen wir eine selbstbewusste, geschminkte Schauspielerin mit erkennbar zeitgenössischer Frisur, die noch dazu raucht. Auf engstem Raum hockt eine Bedienstete vor ihr, während der Spiegel rechts im Hintergrund die Rückenansicht der stehenden Frau einfängt, was bei denen, die mit dem französischen Impressionismus vertraut sind, Édouard Manets *Un bar aux Folies-Bergère* (1882, London, Courtauld Institute of Art) in Erinnerung ruft. Achtlos hat die Hauptfigur in Papier eingewickelte Tulpen und das Briefchen eines Verehrers abgelegt. Der einzelne Schuh, der vollgestellte Schminktisch, die nachlässig über den Paravent geworfene Wäsche – all dies deutet auf die hektische, improvisierte Film- oder Theaterbühne hin und widerspricht dem damals geltenden weiblichen Tugendkatalog von Natürlichkeit, Fürsorge, Fleiß und Ordnung.

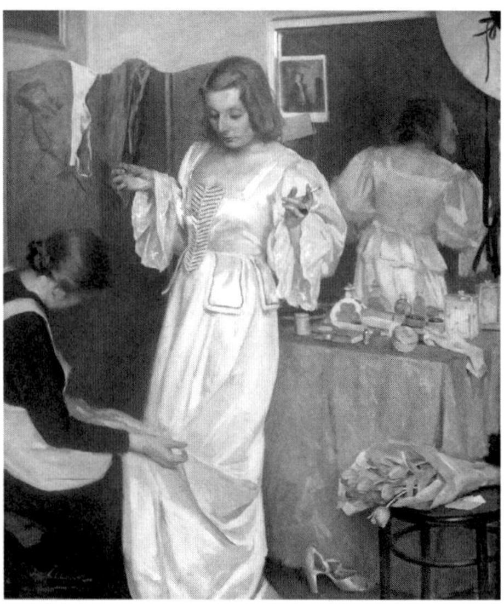

Die Beobachtungen, die sich an diesen drei konkreten Beispielen machen lassen, sind nicht neu. Sie bestätigen die Erkenntnis, dass auf den GDK jenseits der explizit ideologiehaltigen Werke Ware zu kaufen war, die sich bewusst am bürgerlichen Kunstgeschmack orientierte und Kontinuitäten mit der moderaten Moderne erkennen ließ. Die Illusion politik- und ideologiefreier Räume, das brachte Hans-Ernst Mittig schon 1991 auf den Punkt, hatte eine systemstabilisierende Funktion für das Dritte Reich.[20] Aufs Neue gewinnen lässt sich diese Erkenntnis aber am besten vor den Originalen, setzt sie doch die materielle Erfahrbarkeit der Objekte voraus.

das politisch Unbewusste", in: Berswordt-Wallrabe, Neumann und Tieze 2016 (wie Anm. 15), S. 32 f.; Hans-Ernst Mittig, „Offene Kapitel beim Umgang mit NS-Kunst in Museum, Ausstellung und Forschung", in: *RIHA Journal*, 0098, 9.10.2014, URL: www.riha-journal.org/articles/2014/2014-jul-sep/mittig-offene-kapitel, S. 54–72.

17 Vgl. Paul Sigel, *Exponiert. Deutsche Pavillons auf den Weltausstellungen*, Berlin 2000, S. 151–155.

18 Vgl. z. B. die Porträts *Professor Paul Ludwig Troost* von Josef Wilk, vor 1937, Inv.-Nr. Gm 98/640; *Bildhauer Fritz Klimsch* von Fritz Rhein (vor 1945), Inv.-Nr. Gm 98/458; *Professor Fritz Sauerstein* von Georg Siebert, Inv.-Nr. Gm 2005/274, alle Sammlung Haus der Deutschen Kunst, DHM.

19 Zu den die Klischees bedienenden, aber auch den davon abweichenden Repräsentationen von Frauen in den Bildkünsten vgl. Hinz 1974 (wie Anm. 7), S. 83–93, S. 116; Christian Groß und Uwe Großmann, „Die Darstellung der Frau", in: Frankfurt am Main 1974 (wie Anm. 14); Petsch 1983 (wie Anm. 7), S. 57–59; Adam 1992 (wie Anm. 15), S. 148–156; Gabriele Huster, „Die Verdrängung der Femme Fatale und ihrer Schwestern. Nachdenken über das Frauenbild des Nationalsozialismus", in: *Inszenierung der Macht. Ästhetische Faszination im Faschismus*, hrsg. von Klaus Behnken, Ausst.-Kat. Neue Gesellschaft für Bildende Kunst, Berlin, Berlin 1987, S. 143–150; Anne Meckel, *Animation – Agitation. Frauendarstellungen auf der „Großen Deutschen Kunstausstellung" in München 1937–1944*, Weinheim 1993; Elke Frietsch, *„Kulturproblem Frau". Weiblichkeitsbilder in der Kunst des Nationalsozialismus*, Köln u. a. 2006.

20 Vgl. Hans-Ernst Mittig, „Kunst und Propaganda im NS-System", in: *Moderne Kunst. Das Funkkolleg zum Verständnis der Gegenwartskunst*, hrsg. von Monika Wagner, Bd. 2, Reinbek bei Hamburg 1991, S. 458–460; siehe auch Christian Fuhrmeister und Stephan Klingen, „Die ‚Große Deutsche Kunstausstellung' 1938. Relektüre und Neubewertung", in: *Ausstellung 1938. Kunst – Kultur – Politik*, hrsg. von Eva Atlan, Raphael Gross und Julia Voss, Göttingen 2013, S. 206.

21 Zur GWAC siehe Wolfgang Schmidt, „Maler an der Front. Zur Rolle der Kriegsmaler und Pressezeichner der Wehrmacht im Zweiten Weltkrieg", in: *Die Wehrmacht. Mythos und Realität*, im Auftrag des Militärgeschichtlichen Forschungsamtes hrsg. von Rolf-Dieter Müller und Hans-Erich Volkmann, München 1999, S. 635–684;

Die German War Art Collection

Die Wege, die zur Entstehung des zweiten, weitaus umfangreicheren und medientechnisch vielfältigeren Konvoluts führten, der German War Art Collection, sind noch verschlungener als die der Sammlung Haus der Deutschen Kunst.[21] Zentraler Akteur in der Geschichte der GWAC war Gordon Waverly Gilkey (1912–2000). Der Grafiker, Master of Fine Arts der Universität Oregon, bildete während des Krieges angehende Piloten für ihre Arbeit mit Fotografien der Luftaufklärung aus. Nach Kriegsende wollte er eigentlich zur Monuments, Fine Arts and Archives Section, der MFAA. Die U.S. Army bot ihm dann aber Anfang 1946 eine grundlegend andere Position an, und so wurde Gilkey im Rahmen der Historical Division Kopf und einziger Mitarbeiter des German War Art Program. Sein Auftrag war es, auf der Grundlage des Potsdamer Protokolls „documentary paintings of war and current interest“[22] zu sammeln.

Gilkey begann ein Jahr nach der deutschen Kapitulation, in den Central Art Collecting Points der Amerikaner in München und Wiesbaden Kriegskunst zusammenzuführen, die er in öffentlichen und repräsentativen Gebäuden oder im militärischen beziehungsweise propagandistischen Kontext des Dritten Reiches aufgefunden hatte. Einige der von Gilkey gefundenen Werke hatten sich in den vom MFAA zusammengetragenen Konvoluten zwischen Werken aus nicht militärischem Kontext befunden. Manche Arbeiten waren im Haus der Deutschen Kunst ausgestellt worden, der Großteil jedoch war auf eigens organisierten Wanderausstellungen gezeigt worden.

Von Luitpold Adam, Hauptmann bei der Wehrmacht und dort als „Fachführer Maler“ zuständig für die Auswahl und Einsatzvorbereitung der Kriegsmaler und Pressezeichner, der bereits ab 1937 Kriegskunstausstellungen organisiert hatte, erfuhr Gilkey von den Lagerorten versteckter Kunstwerke.[23] Adam kooperierte, weil Gilkey ihm nahelegte, dass die Werke in der Obhut der Amerikaner am besten geschützt seien. Zudem suchte Gilkey Ateliers von deutschen Künstlern auf, deren Namen und Adressen er von Adam erfahren hatte. Auch dort führte er Beschlagnahmungen durch. Insofern „entsammelte“ Gilkey gleichsam Werke aus den unterschiedlichsten nationalsozialistischen Kontexten, um aus ihnen in einem neuen Zusammenhang eine Sammlung zu machen: die (amerikanische) German War Art Collection.[ABB. 4] Insgesamt trug er innerhalb eines halben Jahres rund 10000 Werke von etwa 400 Künstlern zusammen, darunter circa 7000 Arbeiten auf Papier, meist direkt an der Front entstanden, die von Malern der Staffel bildender Künstler stammten.[24]

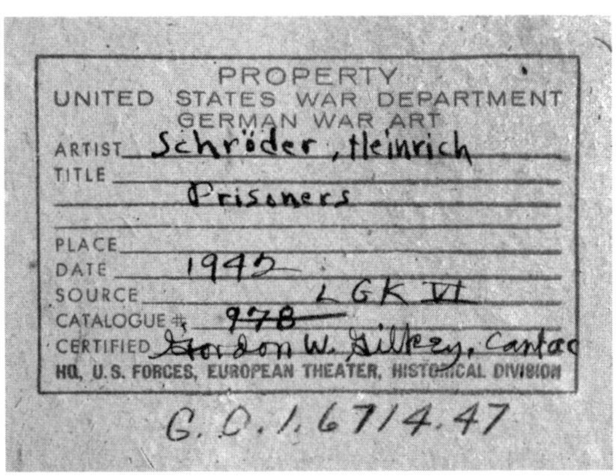

Abb. 3 Hans Schlereth, *Kostümprobe*, 1940, Öl auf Leinwand

Abb. 4 Inventar-Stempel „United States War Departement/German War Art“ mit Unterschrift Gordon W. Gilkeys auf der Rückseite eines beschlagnahmten Gemäldes

Ders., „Maler an der Front. Die Kriegsmaler der Wehrmacht und deren Bilder von Kampf und Tod“, in: *Der Krieg im Bild – Bilder vom Krieg*, hrsg. vom Arbeitskreis Historische Bildforschung, Frankfurt am Main u. a. 2003, S. 45–76; Ders., „Die Mobilisierung der Künste für den Krieg: Maler in Uniform“, in: Berlin 2007 (wie Anm. 1), S. 284–297; Ders., „Bilder vom Krieg“, in: *Zwischen Ideologie, Anpassung und Verfolgung. Kunst und Nationalsozialismus in Tirol*, hrsg. von Wolfgang Meighörner, Ausst.-Kat. Tiroler Landesmuseum Ferdinandeum, Innsbruck 2018, S. 50–56; Gregory Maertz, „The ‚German War Art Collection‘“, in: Berlin 2007 (wie Anm. 5), S. 456–463; Maertz 2019 (wie Anm. 2); Jennifer Gramer, „‚Monuments of German Baseness‘? Confiscated Nazi war art and American occupation in the United States and postwar Germany“, in: *International Journal of Cultural Property*, Jg. 28, H. 3, 2020, S. 425–446.

22 Colonel H.E. Potter an Gilkey, 8.2.1946, CMH Archives, zit. nach Gregory Maertz, „The ‚German War Art Collection‘“, in: Berlin 2007 (wie Anm. 5), S. 458.

23 Zu Adam siehe Wolfgang Schmidt, „‚Maler an der Front‘. Zur Rolle der Kriegsmaler und Pressezeichner der Wehrmacht im Zweiten Weltkrieg“, in: Müller und Volkmann 1999 (wie Anm. 9), S. 640.

24 Zu den Namen, Dienstgraden, Einsatzgebieten und zur Propagandakompanie bzw. Staffel siehe William P. Yenne, *German War Art*

Nach Ankunft der „Gilkey-Sammlung" 1947 in Washington erhoben Künstler Anspruch auf die Rückgabe von Werken, die sich in ihrem Privatbesitz befunden hatten. Eine Überprüfung der „Sammlung" erfolgte, und es wurden 1626 Werke herausgelöst, die als nicht propagandistisch oder militaristisch galten. Diese seien fälschlicherweise von Gilkey in die Kriegskunstsammlung aufgenommen worden. Sie wurden zurückgeschickt und lagerten drei Jahre lang in Bremerhaven, ohne dass je ein Anspruch auf sie erhoben wurde. Die Regierung unter Bundeskanzler Adenauer wollte mit diesen Werken aus der Zeit des Nationalsozialismus nichts zu tun haben. Nach einer Zwischenlagerung in Bonn wurde das Konvolut in den ehemaligen Führerbau/Central Art Collecting Point in München gebracht. 1970 erfolgte die Katalogisierung der nun aus der Zuständigkeit der Oberfinanzdirektion München in die des Bundesvermögensamtes überführten Werke.

Nach zehn Jahre andauernden Verhandlungen kam es 1986 zu einer zweiten Rückführung. Vier Jahre nach der Unterzeichnung des entsprechenden Gesetzes durch Ronald Reagan kehrte der allergrößte Teil der Kunstwerke zurück nach Deutschland. Zur wissenschaftlichen Aufarbeitung und Katalogisierung gelangten sie ins Bayerische Armeemuseum in Ingolstadt. Von der Rückgabe ausgeschlossen blieben aufgrund ihres ideologischen Gehaltes rund 450 Werke, die bis heute im Depot des National Museum of the United States Army in Fort Belvoir bei Washington aufbewahrt werden.

1999 übergab das Bundesministerium der Finanzen die Zuständigkeit für die rund 6050 Werke in Deutschland dem ein Jahr zuvor geschaffenen Amt des Beauftragten der Bundesregierung für Kultur und Medien (BKM). Seit jenem Jahr gehört die GWAC zum Bestand des DHM. Ende 2005 wurde sie ihm in ihrer Gesamtheit zur Verwaltung und Nutzung überlassen. Bis auf Dauerleihgaben an andere Museen wie beispielsweise dem Militärhistorischen Museum der Bundeswehr in Dresden befinden sich alle Werke in Berlin.[25]

Die in der GWAC versammelten Bilder stammen entweder von Künstlern der Propagandakompanie (PK) oder von Mitgliedern der Staffel bildender Künstler. Die PK war als militärische Organisation auf die ideologischen Ziele der NSDAP und die Aufgaben des Reichsministeriums für Volksaufklärung und Propaganda ausgerichtet. Neben Wort-, Bild-, Film und Rundfunkberichterstattern verfügte jede PK über einen Maler und zwei Pressezeichner.[26]

Die Staffel der bildenden Künstler wurde im Frühsommer 1942 gegründet. Zusätzlich zu den Malern in der PK arbeiteten nun circa 45 weitere Künstler an der Schilderung des Krieges. Die Werke der Staffel sollten „den Widerschein der Seele auf die Feuerbrände der Schlacht in sich tragen, die Erschütterung, die nach dem Sinn des Geschehens fragt". Mit „der Bejahung des soldatischen Einsatzes und seiner letzten Steigerung im Opfer"[27] sollte ein Sinnbild der Zeit geschaffen werden. Das „Kriegserlebnis" der kämpfenden Truppe stellvertretend durch den Künstler der Heimat zu vermitteln, ein Spiegel des Seelenlebens des deutschen Soldaten im Feld zu sein, das war der Anspruch der Staffel. Der Sichtweise des Künstlers auf Landschaften und Menschen, der mystischen Aufwertung des Kriegserlebnisses – dem galt es in der Betrachtung nachzuspüren. Die allgemeine Zielsetzung bestand darin, den Ruhm der deutschen Waffentaten zu verkünden, und zwar nicht zuletzt für die Zeit nach dem „Endsieg".[28] An den Kriegsschauplätzen entstanden Arbeiten auf Papier. Sie waren Eigentum der Wehrmacht. Im Fronturlaub im eigenen Atelier fertigten die

1939–1945, New York 1983.
25 Verwaltungsvereinbarung über die dauernde Abgabe der Kunstsammlung German War Art Collection zwischen dem Bundesministerium der Finanzen (BMF) und dem Beauftragten der Bundesregierung für Kultur und Medien, Bonn, 29./30. April 1999 (DHM, Kopie).
26 Siehe dazu Wolfgang Schmidt, „‚Maler an der Front'. Zur Rolle der Kriegsmaler und Pressezeichner der Wehrmacht im Zweiten Weltkrieg", in: Müller und Volkmann 1999 (wie Anm. 9); Wolfgang Schmidt, „Maler an der Front. Die Kriegsmaler der Wehrmacht und deren Bilder von Kampf und Tod", in: Arbeitskreis Historische Bildforschung 2003 (wie Anm. 21); Wolfgang Schmidt, „Die Mobilisierung der Künste für den Krieg: Maler in Uniform", in: Berlin 2007 (wie Anm. 21); Wolfgang Schmidt, „Bilder vom Krieg", in: Innsbruck 2018 (wie Anm. 21).
27 Walter Horn, „Symbole der Tat. Zur Ausstellung Polenfeldzug in Bildern und Bildnissen", in: *Die Kunst im Deutschen Reich*, München 1940, S. 35–53, hier S. 37.
28 Vgl. Wolfgang Schmidt, „Die Mobilisierung der Künste für den Krieg: Maler in Uniform", in: Berlin 2007 (wie

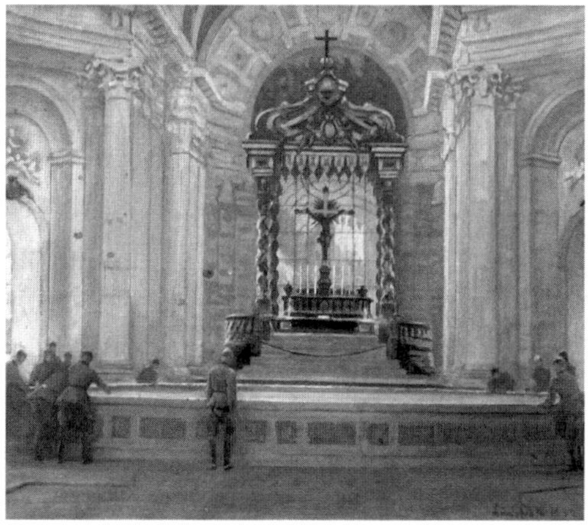

Künstler auf diesen Grundlagen Gemälde an. Kommissionen entschieden über ihren Ankauf zum Beispiel für Offizierskasinos oder Museen.

Der GWAC-Bestand im DHM spiegelt die große Heterogenität der beteiligten Künstler wider, bedingt durch Alter und Ausbildung sowie künstlerische Handschrift. Als Maler war Martin Lünstroth (1880–1956), akademisch geschulter Spezialist für Landschafts- und Genredarstellungen und bereits im Ersten Weltkrieg Kriegsmaler, 1940 für die Propagandakompanie bei der Einnahme von Paris dabei. Am 14. Juni um 10 Uhr war Paris, vom größten Teil seiner Einwohnerschaft zuvor verlassen, kampflos besetzt. Vermutlich fertigte Lünstroth vor Ort im Invalidendom Zeichnungen an, auf denen sein Gemälde beruht. ABB. 5 Rückseitig auf dem Keilrahmen beschriftete es der Maler: „Offiziere am Grabe Napoleon's am Tage des Einrückens deutscher Truppen in Paris, 14.6.40". Ort, Zeit und Protagonisten sind damit benannt. Die politische Deutung des Motivs erschließt sich durch den Vergleich mit einer Fotografie, die Heinrich Hoffmann zur propagandistischen Bildberichterstattung anlässlich von Hitlers Besuch des Grabes von Napoleon wenige Wochen später anfertigte. ABB. 6 In weniger als drei Stunden suchte Hitler symbolträchtige Orte

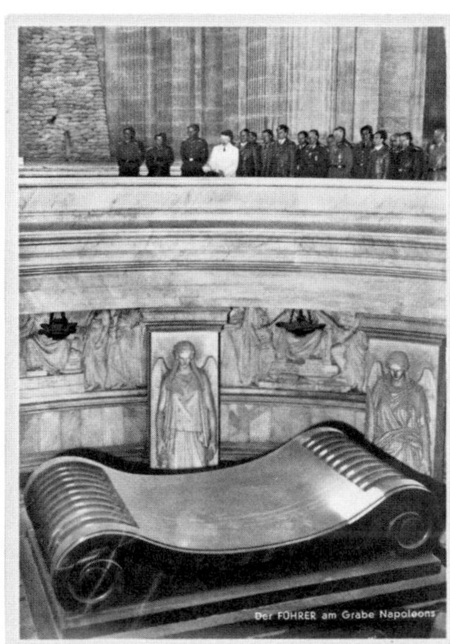

Abb. 5 Franz Martin Lünstroth, *Offiziere am Grabe Napoleon's am Tage des Einrückens deutscher Truppen in Paris, 14.6.40*, 1940, Öl auf Leinwand

Abb. 6 Postkarte „Der Führer am Grabe Napoleons", Fotografie von Heinrich Hoffmann (28.6.1940)

in Paris auf. Hoffmann schoss die Fotos, die um die Welt gingen und sich ins Bildgedächtnis einprägten. Das Foto vom Invalidendom zeigt im Vordergrund den monumentalen Sarkophag in der Krypta und darüber, hinter der kreisförmigen Mauer, den in einen weißen Sommermantel gekleideten Hitler mit seinem Tross. Er schaut wie in Andacht auf den Sarkophag. Wie ist sein Interesse an diesem Auftritt einzuordnen? 1806 hatten die Franzosen in der Schlacht bei Jena und Auerstedt Preußen besiegt. Napoleon zog in Berlin ein. In Potsdam besuchte er das Grab Friedrichs des Großen in der Garnisonkirche. Hitler wiederum inszenierte sich am Grab Napoleons. Ob es sich hierbei um eine Reminiszenz an den großen Feldherrn Napoleon handelte, dem Hitler mit dem Russlandfeldzug 1941 gleichsam nachfolgen sollte, oder doch eher um eine Pose des Triumphs über den Eroberer deutscher Gebiete, ist nicht eindeutig bestimmbar. Das Bild von Lünstroth wirkt demgegenüber wie eine zufällige, dokumentierende Momentaufnahme. Die große Bedeutung Napoleons im historischen Gedächtnis der deutschen Offiziere wird zwar deutlich, denn sie suchten unmittelbar nach ihrer Ankunft in Paris wie Touristen sein Grab auf, in der Komposition lässt es sich als konkreter Ort jedoch nur erahnen.

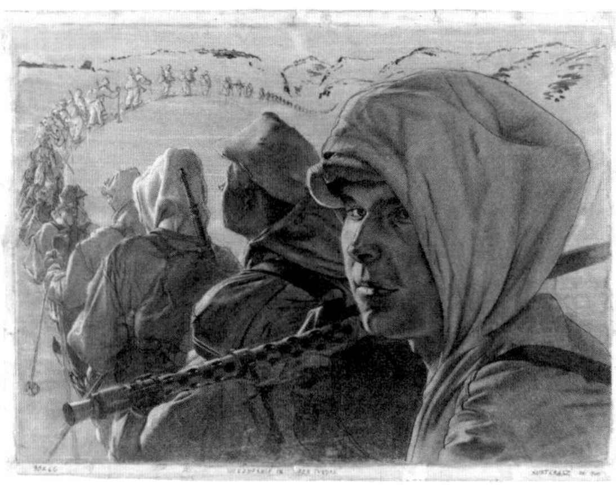

Kurt Kranz (1910–1997), eine Generation jünger als Lünstroth, wurde als Soldat in Finnland eingesetzt. Seine *Skikompagnie in der Tundra* ABB. 7 von 1944 zeigt den gleichförmigen Marsch über die Schneelandschaft. Den seriell-ornamentalen Charakter des fotografisch präzise ausgearbeiteten Motivs bricht Kranz auf, indem er den letzten in der Kolonne – vermutlich ein Selbstbildnis – sich dem Betrachter zuwenden lässt. 1946 kehrte Kranz nach Deutschland zurück. 1950 erhielt er einen Ruf an die Hochschule für bildende Künste Hamburg und wirkte dort bis 1972. Er gilt als einer der letzten bedeutenden Bauhausschüler. Den dort empfangenen Impulsen fühlte er sich zeitlebens verpflichtet. Unbestritten zählt er zur deutschen Nachkriegsmoderne.

Halbwertszeit und Funktionswandel beider Sammlungen

Im Vergleich zur Sammlung Haus der Deutschen Kunst ist die GWAC „unsichtbar“ – wie der Zweite Weltkrieg als solcher in der Nachkriegsgesellschaft und letztlich auch in der musealen Präsentation. Zwar erfolgten durch die Beiträge von Wolfgang Schmidt und Gregory

Anm. 21), S. 288.

29 Ausnahmen sind die Biografie und das Werkverzeichnis von Heinrich Ehmsen. Siehe Jutta Lahmann, *Heinrich Ehmsen (1886–1964). Ein Malerleben inmitten künstlerischer und politischer Umwälzungen. Mit Werkverzeichnis der Gemälde*, Berlin 2020. Ehmsen stand der KPD nahe, wurde 1933 inhaftiert und war sowohl Mitglied der Propagandakompanie als auch anschließend der Maler-Staffel. Jüngst betonte Darja Jesse, dass das US-Kriegsministerium ursprünglich beabsichtigt habe, die eigene Kunstsammlung um die beschlagnahmten Werke zu einem internationalen Bestand an Militär- und Schlachtenmalerei zu erweitern. Vgl. Darja Jesse, „Wertvolle Objekte für ein Museum. Zur Sammlungsgenese der German War Art Collection“, in: *Kritische Berichte*, Jg. 51, H. 3, 2023, S. 17–24.

30 Henry Picker, *Hitlers Tischgespräche im Führerhauptquartier 1941–1942*, hrsg. von Percy E. Schramm in Zusammenarbeit mit Andreas Hillgruber und Martin Vogt, 2. Aufl., Stuttgart 1965, S. 209.

Maertz zu Entstehung und Geschichte der Sammlung und zur Rolle der Kriegsmaler und Pressezeichner der Wehrmacht grundlegende Studien, doch ist der Bestand bis auf wenige Werke nicht im Bildgedächtnis der Gegenwart angekommen.

Die Integration der Werke von Propaganda- und Staffel-Künstlern aus der Kriegszeit in deren Vor- und Nachkriegswerk, geschweige denn in Fragestellungen zur Tradition historischer Kriegsdarstellungen ist bislang die Ausnahme und eher an einzelnen Werken dargestellt, nicht zuletzt, weil viele Biografien nur schlecht fassbar sind.[29] Auch sind die zahlreichen Ausstellungen, die während des Zweiten Weltkriegs mit Propaganda- und Staffel-Werken stattfanden, bislang nicht gründlich erforscht, entsprechend die Präsentationen mit Kriegskunst als Teil der Großen Deutschen Kunstausstellungen im Haus der Deutschen Kunst.

Für Hitler zählten die aus dem individuellen Kriegserlebnis geschaffenen Werke der Propagandakompanie und der Staffel „zu dem Wertvollsten, das an Gegenwartskunst von unseren Ausstellungen z.Z. überhaupt gezeigt werden könne". Außerdem glaubte er, dass der wahre Künstler nur „durch die Praxis, durch das eigene starke Erleben [reife], nicht aber im Schulbetrieb der Akademie".[30] Vor diesem Hintergrund stellt sich angesichts des in der Forschung immer wieder betonten akademischen und repräsentativen Charakters der aus den Großen Deutschen Kunstausstellungen erworbenen Werke und des weitverbreiteten öffentlichen Verständnisses dieses Konvoluts als „Hitler-Sammlung" einmal mehr die Frage nach Hitlers persönlichem Kunstverständnis und nach dem, was vielfach als „Nazi-Kunst" zitiert und – auch in der wissenschaftlichen Beschäftigung – meist ungenau beschrieben wird. Die breite künstlerische Palette der Werke, die auf den Großen Deutschen Kunstausstellungen gezeigt beziehungsweise durch Funktionsträger des Dritten Reichs erworben wurden, sowie die künstlerische Vielfalt, die sich in der GWAC abbildet, zeigen, dass der Nationalsozialismus eklektizistisch für sein Selbstverständnis als moderne soziale Bewegung aufgriff, was der Ästhetisierung und Durchsetzung seiner Ziele nützlich erschien.

Gilkeys Verdienst war es, die Werke der GWAC als Sammlung erhalten zu haben. Heute stehen sie, nachdem sie in den USA als Kriegsbeute- und Ausstattungssammlung gedient hatten, für die Forschung zur Verfügung. Die Funktion der Sammlung hat sich grundlegend geändert, sie ist nicht statisch. Gleiches gilt für die Sammlung Haus der Deutschen Kunst. Mit ihrer Übergabe an das 1987 gegründete Deutsche Historische Museum in Berlin manifestiert sich die Umdeutung eines tendenziösen, „toxischen" Bestands in eine Museumssammlung. Nicht zuletzt hat die digitale Aufbereitung der Großen Deutschen Kunstausstellungen im gdk-research-Projekt der Forschung wesentliche Impulse verschafft und als digitales „Sammlungsprojekt" eine neue Zeitrechnung eingeleitet.

Die „Halbwertszeit" beider Sammlungen wird immer wieder neu bestimmt: Ihre jeweilige Dauer ist an eine Funktion gebunden. Wird diese neu definiert, beginnt eine neue „Zeitrechnung". „Halbwertszeit" als Bedeutungsverlust, als Alterungs- oder Verfallsprozess ist in Bezug auf die GWAC und die Sammlung Haus der Deutschen Kunst immer auch ein Neubeginn.

Abb. 7 Kurt Kranz, *Skikompagnie in der Tundra*, 1944, Mischtechnik auf Karton

Alexis Joachimides

Ein obsoletes Museum

Die Auflösung des Musée des Monuments français nach der Restauration der Monarchie in Frankreich 1814

Das 1795 gegründete Musée des Monuments français in Paris[1] ist einer der äußerst seltenen Fälle einer musealen Institution, die nach einer gut zwanzigjährigen Existenz als zentraler Vergewisserungsort nationaler Geschichtsidentität und trotz erheblichen Publikumszuspruchs, auch von revolutionskritischer Seite, vollständig aufgelöst wurde. Sowohl seine Entstehung aus den kulturellen Umwälzungen der Französischen Revolution wie seine Abwicklung im Zuge der Restauration der Monarchie nach 1814 sind nur vor dem Hintergrund der extremen politischen Regimewechsel vorstellbar, die das postrevolutionäre Frankreich an der Wende zum 19. Jahrhundert in rascher Folge erlebte. Die Revolution setzte schon im Jahre 1789 eine Dynamik in Gang, die das gesamte bewegliche Kulturgut Frankreichs, seit Jahrhunderten in Kirchen, Klöstern oder Adelsresidenzen aufbewahrt, in Bewegung versetzte. Beim Übergang der königlichen Kunstsammlungen in das Eigentum des Staates und durch die Konfiskation des Adelsbesitzes bei der formellen Aufhebung des „Feudalismus" genauso wie bei der Enteignung der Liegenschaften der katholischen Kirche verloren nicht nur in Paris, sondern auch in der Provinz die historischen Ausstattungen von Kirchen und Schlössern ihre Eigentümer und Standorte, ohne dass zunächst geklärt gewesen wäre, welche neue Funktion diese Artefakte in der revolutionären Gesellschaft haben könnten. Wie viele Gebäude wurden dabei auch zahlreiche Kunstgegenstände zerstört, obwohl es gleichzeitig bereits Bemühungen um ihre Sicherstellung als künstlerische oder zumindest historische Dokumente gab. Nur dieser Ausnahmezustand macht erklärbar, warum ein Museum scheinbar spontan aus dem Nichts entstehen und

1 Es ist nicht zu verwechseln mit der namensgleichen, bis heute bestehenden Neugründung eines Musée des Monuments français, einer Abgusssammlung nachantiker französischer Skulptur, die 1879 zunächst im Palais du Trocadéro in Paris eingerichtet wurde; vgl. Léon Pressouyre (Hrsg.), *Le musée des Monuments français*, Paris 2007; Susanne Mersmann, *Die Musées du Trocadéro. Viollet-le-Duc und der Kanondiskurs im Paris des 19. Jahrhunderts*, Berlin 2012.

am Ende auch ähnlich rasch wieder vollständig obsolet werden konnte, während in der Museumsgeschichte im Allgemeinen auf die Obsoleszenz einer Sammlung oder einer Präsentationsweise eines bestimmten Museumskonzeptes typischerweise eine innerinstitutionelle Modifikation folgt, die die Institution als äußere Hülle für neue Aktivitäten bestehen lässt, selbst wenn sie dessen interne Operationen vollständig auf den Kopf stellen will.

Die Entstehung des Musée des Monuments français

Das spätere Musée des Monuments français war zunächst ein staatliches Depot für historische Artefakte aus dem Pariser Raum, das in den historischen Gebäuden des säkularisierten Augustinerkonvents von Paris auf dem linken Seineufer untergebracht war.[2] Sein Bestand aus mittelalterlichen und frühneuzeitlichen Bauteilen, Ausstattungsstücken, Skulpturen und Grabdenkmälern spiegelte die zeitgemäße Einschätzung, dass solche Artefakte für das 1793 im Louvre eingerichtete Kunstmuseum, das nur antike Skulpturen und neuzeitliche Gemälde als „Kunst" akzeptierte, ungeeignet seien, da sie kein ästhetisches Interesse, sondern nur eine historische Bedeutung beanspruchen könnten. Der für die Verwaltung dieses Depots zuständige Künstler Alexandre Lenoir erkannte jedoch ihr Potenzial für eine Vergegenwärtigung der französischen Geschichte und machte die von ihm dafür umgestalteten Lagerräume 1795 der allgemeinen Öffentlichkeit zugänglich. Als Musée des Monuments français sollte die neue Institution, die er in den Folgejahren immer weiter ausgestaltete, eine Erläuterung der französischen Geschichte aus revolutionärer Perspektive anhand von tatsächlich (oder vermeintlich) zeitgleich entstandenen Exponaten werden, die in stilistisch adäquaten, teilweise authentischen, teilweise theatralisch nachgerüsteten Räumen des Klosters den Nachvollzug der Evolution einer nationalen Kulturpraxis möglich machen sollten.ABB. 1 Abgesehen von dem inszenatorischen

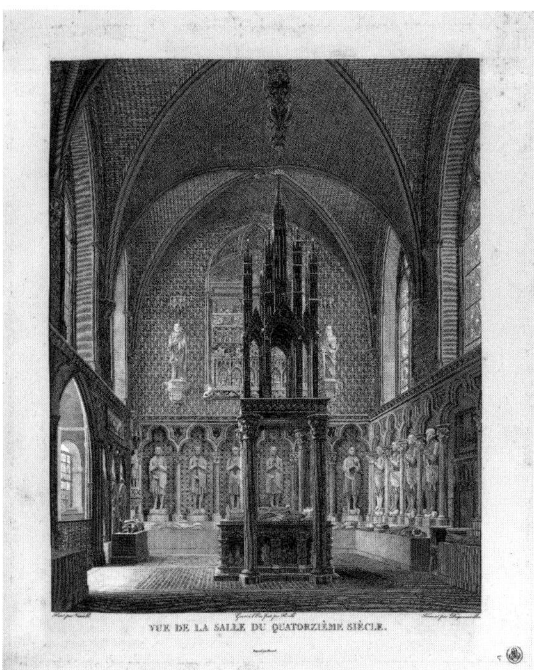

2 Zur Geschichte dieses Museums jetzt umfassend Geneviève Bresc-Bautier, Béatrice de Chancel-Bardelot (Hrsg.), *Un musée révolutionnaire. Le musée des Monuments français d'Alexandre Lenoir*, Paris 2016; an älterer Literatur hier u.a. Alain Erlande-Brandenburg, „Le Musée des monuments français et les origines du Musée de Cluny", in: Bernward Deneke, Rainer Kahsnitz (Hrsg.), *Das kunst- und kulturgeschichtliche Museum im 19. Jahrhundert. Vorträge des Symposiums im Germanischen Nationalmuseum Nürnberg*, München 1977, S. 49–58; Christopher Greene, „Alexandre Lenoir and the Musée des monuments français during the French Revolution", in: *French Historical Studies*, Jg. 12, 1981, S. 200–222; Elke Harten, *Museen und Museumsprojekte der Französischen Revolution. Ein Beitrag zur Entstehungsgeschichte einer Institution*, Diss. Berlin FU 1987, Münster 1989; Dominique Poulot, „Le Musée des Monuments Français d'Alexandre Lenoir", in: Barry Bergdoll, Michael Camille (Hrsg.), *Le musée de sculpture comparée. Naissance de l'histoire de l'art moderne*, Paris 2001, S. 36–43.

3 Zur Herkunft dieser Grabmäler vgl. Claude Sauvageot, Serge Santos, *Saint-Denis. Dernière demeure des rois de France* (= Le ciel et la pierre. Supplément, Bd. 1), Saint-Léger-Vauban 1999; Anne Lombard-Jourdan, *Saint-Denis. Lieu de mémoire* (= Collection Études et documents, Bd. 5), Paris 2000; Eva Leistenschneider, *Die französische Königsgrablege Saint-Denis. Strategien monarchischer Repräsentation 1223–1461*, Diss. Bonn 2004, Weimar 2008; Rolf Große, „Saint-Denis – Friedhof der Könige", in: *Zeitschrift des Aachener Geschichtsvereins*, Jg. 115/116, 2013/14, S. 111–138.

4 Zur Geschichte der Abtei während der Revolution vgl. Philippe Weyl, „La destruction des tombeaux et l'exhumation des rois à Saint-Denis", in: Roger Bourderon (Hrsg.), *Saint-Denis ou le jugement dernier des rois. Actes du colloque organisé par l'Université Paris VIII*, Saint-Denis 1993, S. 241–263; Jean-Michel Leniaud, *Saint-Denis de 1760 à nos jours* (= Collection Archives, Bd. 104), Paris 1996; Jean-Michel Leniaud, Philippe Plagneux, *La basilique Saint-Denis* (= Éditions du Patrimoine. Monographies d'édifices, o. Bd.), Paris 2012, S. 139–170.

Geschick, die vorhandene Raumsituation in eine chronologische Folge architektonisch plausibler Stilräume zu verwandeln, die jeweils ein Jahrhundert repräsentierten, stellte die noch recht unterentwickelte Chronologie nachantiker Skulptur den Museumsgründer vor erhebliche Schwierigkeiten. In den meisten Fällen war mit der Translokation der Objekte ihr Herkunftskontext verloren und isolierte Einzelobjekte konnten oft nur aufgrund stilistischer Ähnlichkeiten mit datierten Artefakten in die gewünschte neue Ordnung nach Zeitlichkeit überführt werden. Deshalb erhielten die Königsmonumente aus der Grablege der französischen Monarchie in Saint-Denis als Ankerpunkte für eine solche Chronologie eine zentrale Funktion in der Museumskonzeption.[3] Zumindest die Todesdaten der Monarchen waren sicher

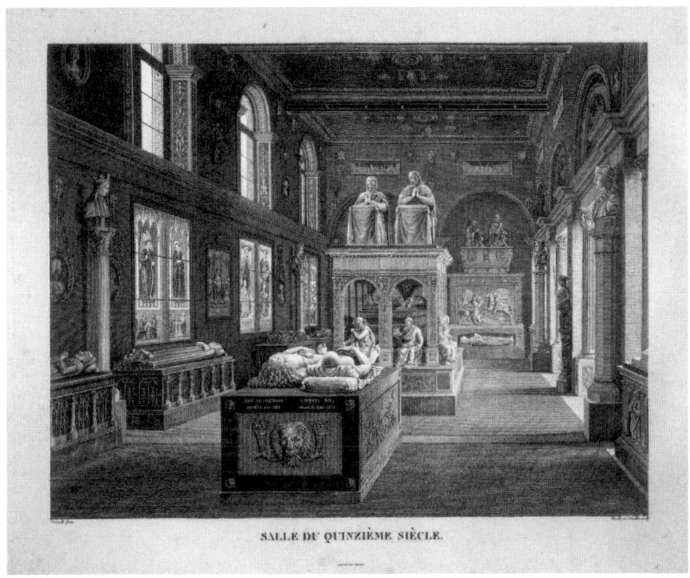

überliefert und für die späteren Exemplare auch eine eventuell abweichende Entstehungszeit des Denkmals. So erlaubte zum Beispiel das Grabdenkmal Ludwigs XII. (gest. 1515) und seiner Ehefrau Anne de Bretagne (gest. 1514), nach einem Entwurf des italienischen Bildhauers Guido Mazzoni 1517 bis 1531 in Frankreich realisiert, ein stilistisch homogenes Ensemble mit anderen von diesem Vorbild inspirierten Grabdenkmälern der französischen Frührenaissance, Portalrahmen und Glasfenstern in einem nachmittelalterlichen Klosterraum mit Holzbalkendecke zusammenzuführen.ABB. 2 Die Überführung der Epitaphe der französischen Herrscher aus der Klosterkirche nördlich von Paris, für die sie angefertigt worden waren, war also eine notwendige Bedingung der musealen Konzeption, die eine Entwicklung abbilden sollte, die auf andere Weise kaum herstellbar gewesen wäre.

Die Plünderung von Saint-Denis

Die Gelegenheit zum Zugriff auf die Königsmonumente ergab sich mit der Plünderung von Saint-Denis als einem der zentralen Orte monarchischer Repräsentation des Ancien Régime neben der Krönungskathedrale in Reims.[4] Sie begann nach der Auflösung des Klosters als Rechtssubjekt durch Beschluss der Nationalversammlung vom 2. November 1789 im Décret des biens du clergé mis à la disposition

Abb. 1 Jean-Baptiste Réville, Saal des 14. Jahrhunderts im Musée des Monuments français, Kupferstich

Abb. 2 Jean-Baptiste Réville, Saal des 15. Jahrhunderts im Musée des Monuments français, Kupferstich

de la Nation.[5] Dieses Gesetz zielte vor allem auf den Grundbesitz der Kirche, dessen Verwertung durch Veräußerung den maroden Staatshaushalt entlasten sollte, den die neue Regierung geerbt hatte. Auch die vorhandenen Wertgegenstände des Kirchenschatzes gingen in staatliche Obhut über und ihr Rest wurde, soweit nicht verwertbar, dem Cabinet des Medailles in Paris zugewiesen.[6] Aber der politisch motivierte Vandalismus der Revolutionäre richtete sich nach dem Ende der Monarchie 1792 auch gegen die Zeichen und Symbole des Königtums, brach die Grüfte unter dem Kirchenfußboden auf, zerstreute die körperlichen Überreste der Herrscher und Herrscherinnen aus den Särgen und riss die Skulpturen von den Portalen an den Fassaden herunter. Die im Kirchenraum aufgestellten Grabdenkmäler hätte dasselbe Schicksal ereilt, wenn sie Lenoir nicht für sein neues Museum requiriert hätte. Er stilisierte sich selbst deshalb im Nachhinein zum Retter der historischen Überlieferung vor dem revolutionären Mob, obwohl er ohne dessen Zerstörungswerk keinen Zugriff auf seine wichtigsten Exponate erhalten hätte. Pierre-Joseph Lafontaines Zeichnung, die ihn in heldenhafter Pose unmittelbar vor dem Grabmal Ludwigs XII. und Annes de Bretagne mit einer wütenden Menschenmenge konfrontiert, entstand als Teil einer Öffentlichkeitskampagne, die der Museumsgründer zur Selbstlegitimation einsetzte. ABB. 3

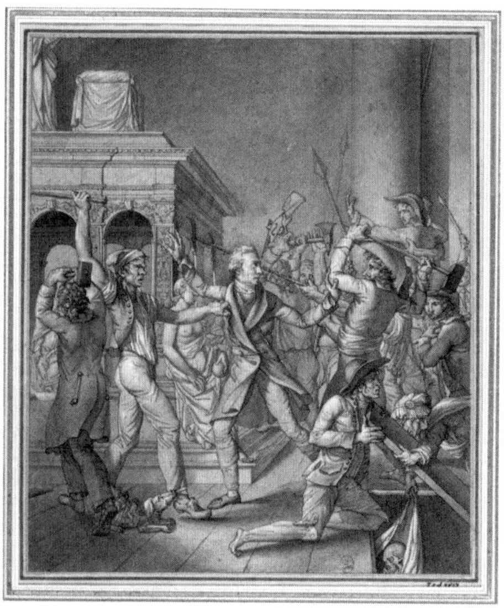

Die Skulpturenensembles wurden abgebaut und im Pariser Museum wieder zusammengesetzt. Im Kontext des neuen Museums, eingebunden in eine prorevolutionäre Erzählung, verwandelte sich ihre Funktion von der Repräsentation des Ancien Régime in einen Zeugniswert für die nationale Geschichte, der nicht unter dem Vorbehalt stand, dass eine Duldung von monarchischen Symbolen im öffentlichen Raum nun nicht mehr vorstellbar war.[7] Angesichts der Erfahrung, dass die Auflösung der gewachsenen Kulturlandschaft Frankreichs, wie sie hier exemplarisch für Saint-Denis skizziert worden ist, sämtliche historischen Klöster des Landes erfasste, kompensierte das Musée des Monuments français den Verlust an historischer Tiefe, den die Revolution hervorgebracht hatte. Selbst antirevolutionäre Konservative wie der Schriftsteller François-René de Chateaubriand schätzten es für die inzwischen einzigartige Gelegenheit, eine Vorstellung von der Welt des vorrevolutionären Frankreichs zu gewinnen, die außerhalb

5 Zum Dekret vom 2. November 1789 vgl. Bernard Bodinier, Éric Teyssier, *L'événement le plus important de la Révolution française, la vente des biens nationaux*, Paris 2000.

6 Vgl. Ernest Babelon, *Guide illustré au Cabinet des Médailles et Antiques de la Bibliothèque Nationale. Les antiques et les objets d'art*, Paris 1900; Hélène Nicolet, „Musées. Trésors du Cabinet des Médailles", in: *Archeologia*, o. Jg., 1981, H. 161, S. 6–18.

7 Zum politischen Opportunismus Lenoirs und der von Anfang an prekären Position seiner Institution vgl. bes. Birgit Ulrike Münch, „Wo der Citoyen dem Dialog der Toten lauschen sollte. Alexandre Lenoirs Musée des Monuments français und sein Öffentlichkeitskonzept", in: Birgit Ulrike Münch, Wiebke Windorf (Hrsg.), *Transformer le monument funéraire. Möglichkeitsräume künstlerischer Überbietung des französischen Monuments im 18. und 19. Jahrhundert* (= Passages online, Bd. 7), Heidelberg 2021, S. 157–179.

8 Vgl. Bruno Foucart, „La fortune critique d'Alexandre Lenoir et du premier musée des monuments français", in: *L'information d'histoire de l'art*, Jg. 14, 1969, S. 223–232; Francis Haskell, „Les musées et leurs ennemis", in: *Actes de la recherche en sciences sociales*, Jg. 49, 1983, S. 103–106.

9 Vgl. Stephen Bann, *The Clothing of Clio. A Study of the Representation of History in nineteenth-century Britain and France*, Cambridge 1984, S. 77–92; Béatrice de Chancel-Bardelot, „Le musée des monuments français, une source d'inspiration pour les artistes ‚troubadour'", in: *L'invention du passé. Gothique, mon amour, 1802–1830*, hrsg. von Magali Briat-Philippe, Ausst.-Kat. Monastère Royal de Brou, Bourg-en-Bresse 2014, S. 12–19.

10 Vgl. Geneviève Bresc-Bautier, „La dispersion des sculptures du Musée des Monuments Français en 1816. Les critères de choix entre patrimoine, politique et religion", in: G. Ulrich Großmann, Petra Krutisch (Hrsg.), *The Challenge of the Object. 33rd Congress of the International Committee of the History of Art. Congress Proceedings* (= Anzeiger des Germanischen Nationalmuseums, Bd. 32), Bd. 2, Nürnberg 2013, S. 682–686.

11 Vgl. Yvan Christ, „Les vestiges de l'ancien Musée des Monuments Français à l'Ecole des Beaux-Arts, et leur sort", in: *Gazette des beaux-arts*, 6. Pér., Jg. 66, 1965, S. 167–174.

12 Vgl. Jean-René Gaborit, *The Louvre. European sculpture*, Paris 1994, S. 6–12; Thomas W. Gaehtgens,

Versailles als Nationaldenkmal. Die Galerie des Batailles im Musée Historique von Louis-Philippe, Berlin 1985.
13 Vgl. Jean-Michel Leniaud, *La basilique royale de Saint-Denis de Napoléon à la République*, Paris 2012, S. 13–36.

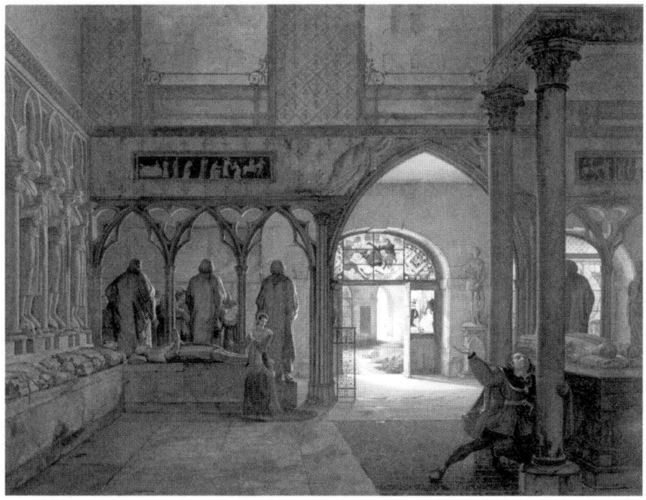

des Museums untergegangen war.[8] Auch die politisch ähnlich ausgerichteten Maler des „style troubadour", die in ihren Bildern eine Erinnerung an das Mittelalter wachrufen wollten, nutzten seine Rauminszenierungen als Vorlagen für vermeintlich authentische Interieurs aus der Vergangenheit, wie zum Beispiel Charles Marie Bouton, der für sein Historienbild *La Folie de Charles IV* (Der Wahnsinn Karls IV.) ohne zu zögern den von Lenoir geschaffenen Saal des 14. Jahrhunderts im Musée des Monuments français zur Kulisse für das historische Ereignis aus dem Jahre 1328 machte.[9] ABB. 4

Die Auflösung des Museums nach 1814

Trotz dieser Sympathie selbst des promonarchistischen Teils der Öffentlichkeit für das Museum, dessen neue Funktion andernorts nicht in ähnlicher Form zu verwirklichen gewesen wäre, wurde es nach der Restauration der Monarchie im Jahre 1816 geschlossen und in der Folgezeit bis auf geringe Reste aufgelöst.[10] Kulturpolitisches Ziel der Regierung Ludwigs XVIII. war die Rückabwicklung der revolutionären Plünderungen und die Restitution der Exponate an die vorherigen privaten und öffentlichen Eigentümer. In vielen Einzelfällen war das nicht mehr möglich, weil ihre ursprünglichen Aufstellungsorte zerstört oder unbekannt waren. So blieb etwa das Renaissance-Portal aus dem zerstörten Schloss Anet, mit dem Lenoir die Fassade der Klosterkirche in Paris als Haupteingang des Museums hatte verblenden lassen, zusammen mit einigen weiteren „herrenlosen" Objekten am Gebäude zurück und ist heute Teil des Ensembles der „École des Beaux-Arts, die dort ab 1836 auch Neubauten erhielt.[11] Einige in der Zwischenzeit als ästhetisch rezipierbar erachtete Skulpturen, deren vorrevolutionäre Besitzer nicht ausfindig gemacht werden konnten, wurden in das 1824 neu geschaffene Musée de la sculpture française in der Galerie d'Angoulême des Louvre integriert, andere weiterhin bloß historisch interessante Objekte an das 1837 eröffnete Musée de l'Histoire de France im Schloss Versailles weitergereicht.[12] Doch die Grablege der französischen Könige, die Klosterkirche von Saint-Denis, hatte die Revolutionszeit baulich relativ intakt überstanden und war sogar bereits in napoleonischer Zeit durch eine erste Restaurierungskampagne gesichert worden.[13] Die Rückführung der

Abb. 3 Pierre-Joseph Lafontaine, *Alexandre Lenoir s'opposant à la destruction du monument de Louis XII* (Alexandre Lenoir wendet sich gegen die Zerstörung des Grabmahls Ludwigs XII.), 1793, Zeichnung

Abb. 4 Charles Marie Bouton, *La Folie de Charles IV* (Der Wahnsinn Karls IV.), 1817, Öl auf Leinwand

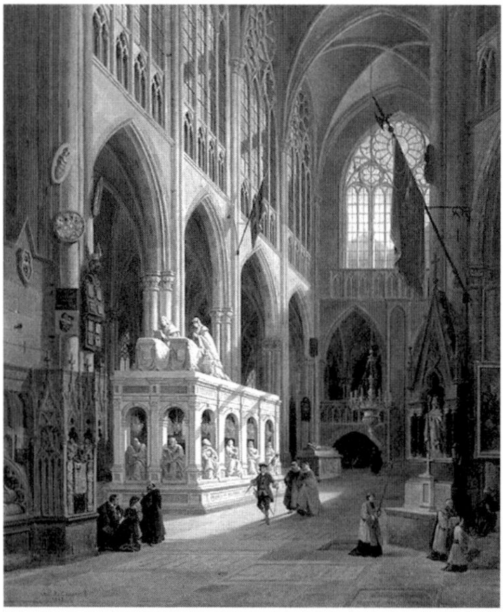

Königsgrabmäler nach Saint-Denis erschien deshalb als die bei Weitem beste Gelegenheit, eine Wiederherstellung des Status vor der Revolution zu veranschaulichen.ABB. 5 Ihre herausragende Bedeutung für die Legitimation der Monarchie, die als der Normalzustand der französischen Vergangenheit verstanden werden sollte, demgegenüber die Revolution nur als eine kurze Episode erscheinen würde, gab der Rückkehr der Grabdenkmäler dorthin eine starke politische Priorität.[14] Wieder erhielten sie dadurch eine neue Funktion, diesmal als Hybrid aus der vorrevolutionären Repräsentation der früher in den Grüften beerdigten Könige und ihres neuen musealen Zeugniswertes als historische Dokumente der französischen Geschichte. Das zeigt sich in dem Umstand, dass ihre ursprüngliche Aufstellung bei dieser „Rekonstruktion" nicht beachtet wurde, obwohl sie durch antiquarische Publikationen des 18. Jahrhunderts gut dokumentiert war.[15] Stattdessen entstand eine neu geschaffene quasimuseale Denkmälerlandschaft in der Kirche, die systematisch zu dem Zweck angelegt wurde, die französischen Dynastien vollständig zu präsentieren und deshalb früher nicht dort untergebrachte Denkmäler hinzufügte. Zugleich war die Aufstellung von dem Grundsatz geleitet, die

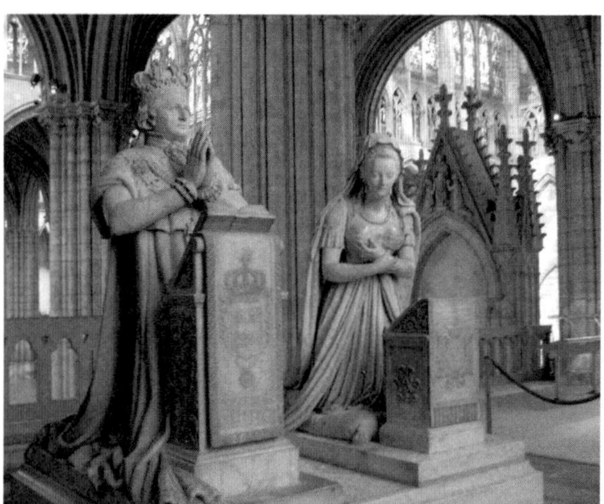

14 Gudrun Gersmann, „Saint-Denis und der Totenkult der Restauration. Von der Rückeroberung eines königlichen Erinnerungsortes", in: Eva Dewes, Sandra Duhem (Hrsg.): *Kulturelles Gedächtnis und interkulturelle Rezeption im europäischen Kontext*, Berlin 2008, S. 139–158; Béatrice de Chancel-Bardelot, „La réinstallation des tombeaux à Saint-Denis après la fermeture du musée des Monuments français", in: Bresc-Bautier und Chancel-Bardelot 2016 (wie Anm. 2), S. 282–291.

15 Maßgetreue Pläne der Grabmalsstandorte nach Zeichnungen von Alexandre Le Blond z. B. in Michel Félibien, *Histoire de l'Abbaye royale de Saint-Denis*, Paris 1706.

16 Vgl. Michael Hesse, „Revolutionsopfer als Glaubensmärtyrer. Die Chapelle Expiatoire und die Sühnemonumente der Restauration in Paris", in: Gudrun Gersmann, Hubertus Kohle (Hrsg.), *Frankreich 1815–1830. Trauma oder Utopie? Die Gesellschaft der Restauration und das Erbe der Revolution*, Stuttgart 1993, S. 197–216.

historische Abfolge der Könige und Königinnen im Kirchenraum chronologisch nachvollziehbar zu machen. Sie wurde außerdem um neue Erinnerungszeichen ergänzt, um die intendierte Kontinuität der Monarchie trotz der Verwerfungen der Revolution fortzuschreiben. So erhielt das 1793 hingerichtete Königspaar Ludwig XVI. und Marie Antoinette, deren sterbliche Überreste verschollen waren, ein Kenotaph, das nach dem Entwurf von Edme Gaulle und Pierre Petitot allerdings erst 1830 im Chorumgang aufgestellt wurde.[16] ABB. 6

Zwischen 1789 und 1816 erlebten die Grabdenkmäler aus Saint-Denis also zweimal einen Ortswechsel und zugleich einen Funktionswandel, bei denen jeweils ein neuer semantischer wie inszenatorischer Kontext geschaffen wurde, der seinen Vorgänger obsolet machte. Das erste Mal war dies die Überführung der Ensembles aus der Kirche in das neu geschaffene Museum und ihre Verwandlung von Epitaphen, also sichtbaren Zeichen der Anwesenheit der Herrscherkörper unterhalb des Kirchenraumes, zu Exponaten mit einer stilgeschichtlichen Identität, die sich in einen (kunst-)historischen Kontext verwandter Objekte einfügte. Das zweite Mal war es die Rückkehr derselben Ensembles aus dem Museum in die Kirche, in der sie jetzt aber ihren Charakter als museale Exponate und Zeugen der Geschichte nicht ganz abstreifen konnten, während die Zerstörung der Königsgrüfte ihre ursprüngliche Funktion als Epitaphe sinnlos gemacht hatte. Das revolutionäre Musée des Monuments français wurde in dieser Hinsicht zwar als Institution abgewickelt und verlor dadurch auch seine physische Form, die nur noch in den zeitgenössischen Katalogen, Bild- und Textzeugnissen greifbar ist, aber seine zentrale Exponatgruppe, das Rückgrat der neuen „Verzeitlichung der Künste“ im Museum, wurde dabei nicht obsolet und gewann mit jeder Rekontextualisierung konsekutiv neue Bedeutungsnuancen hinzu. In den Königsmonumenten reicherte sich gewissermaßen eine Signifikanz an, in der jeweils einige Residuen der vorhergegangenen semantischen Einbettungen aufbewahrt blieben.

Abb. 5 Emil Pierre Joseph de Cauwer, *Mausolée du roi Louis XII et d'Anne de Bretagne à Saint-Denis* (Grabmal Ludwigs XII. und Annes de Bretagne in Saint-Denis), 1867, Öl auf Leinwand

Abb. 6 Edme Gaulle und Pierre Petitot, Kenotaph für Ludwig XVI. und Marie Antoinette im Chorumgang von Saint-Denis, Aufstellung 1830

Lars Breuer,
Peter Thoma

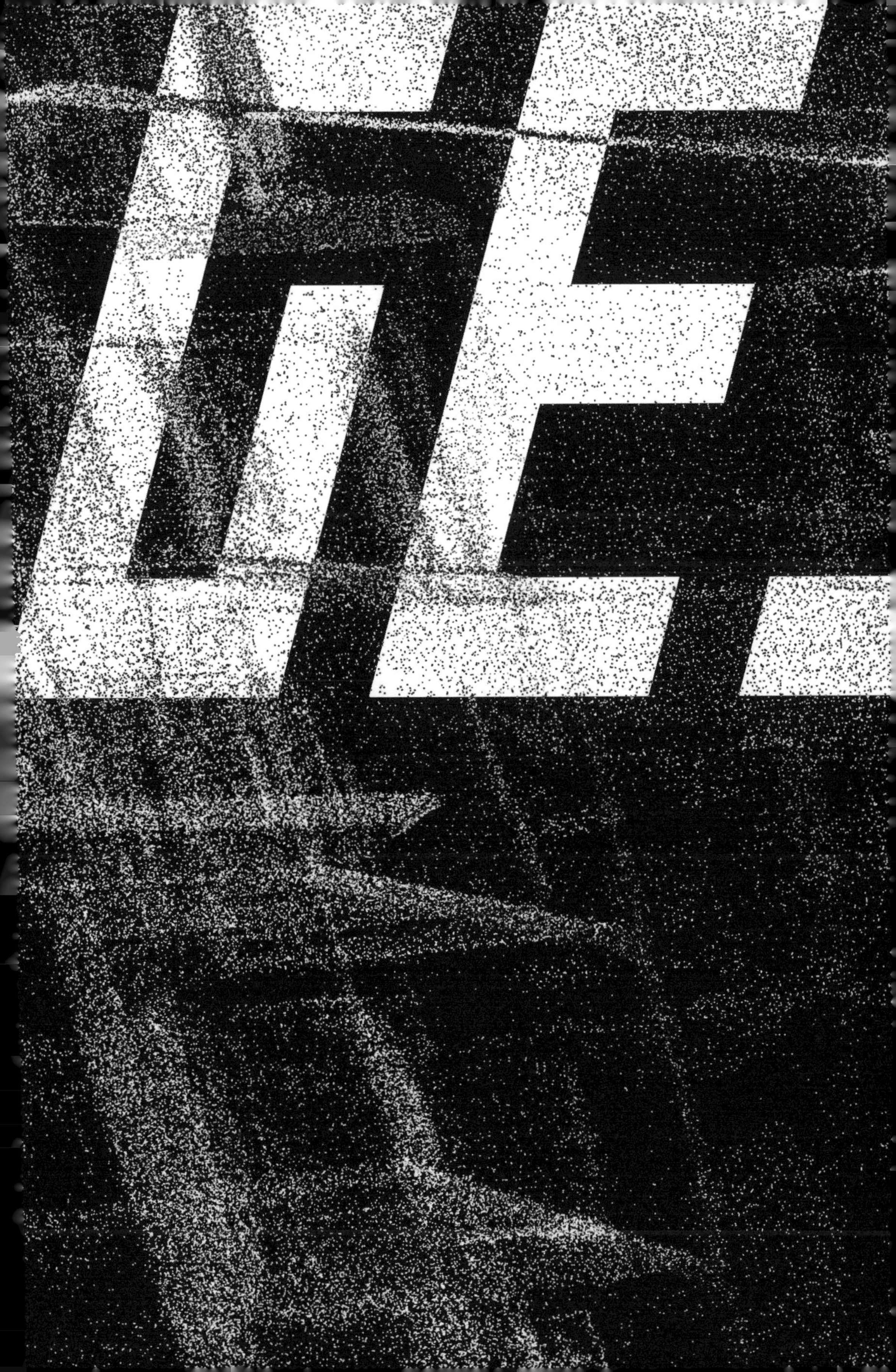

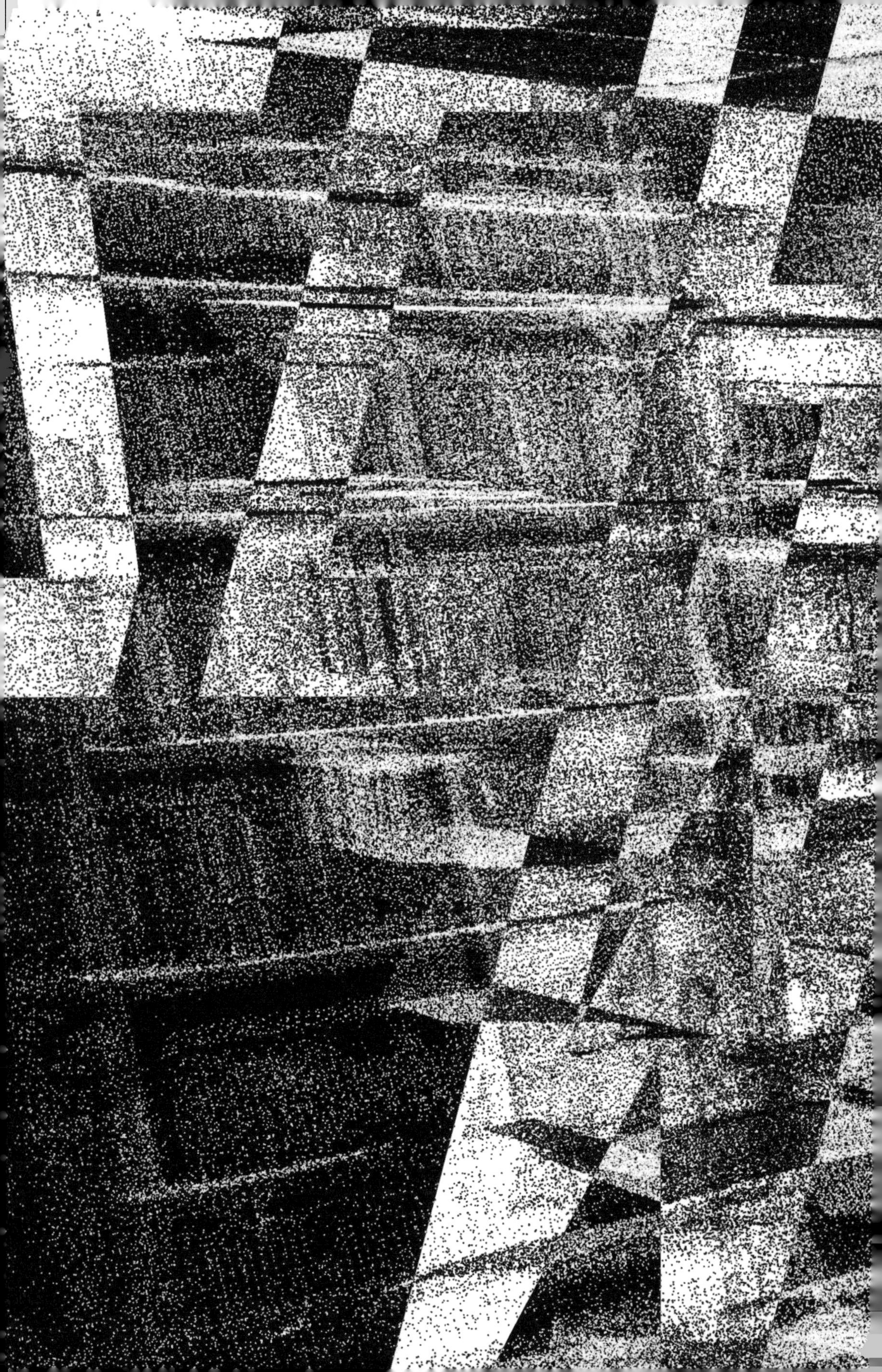

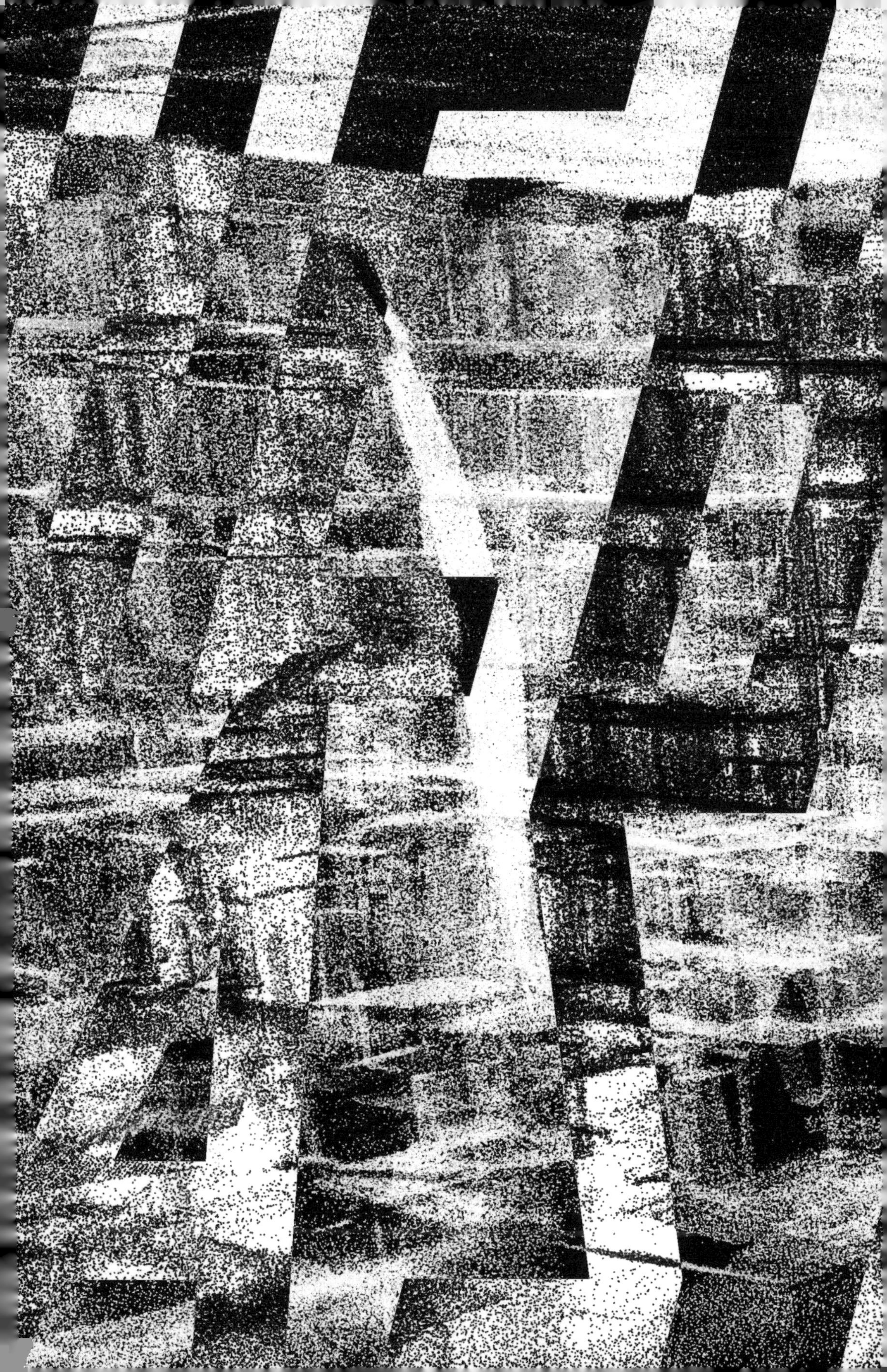

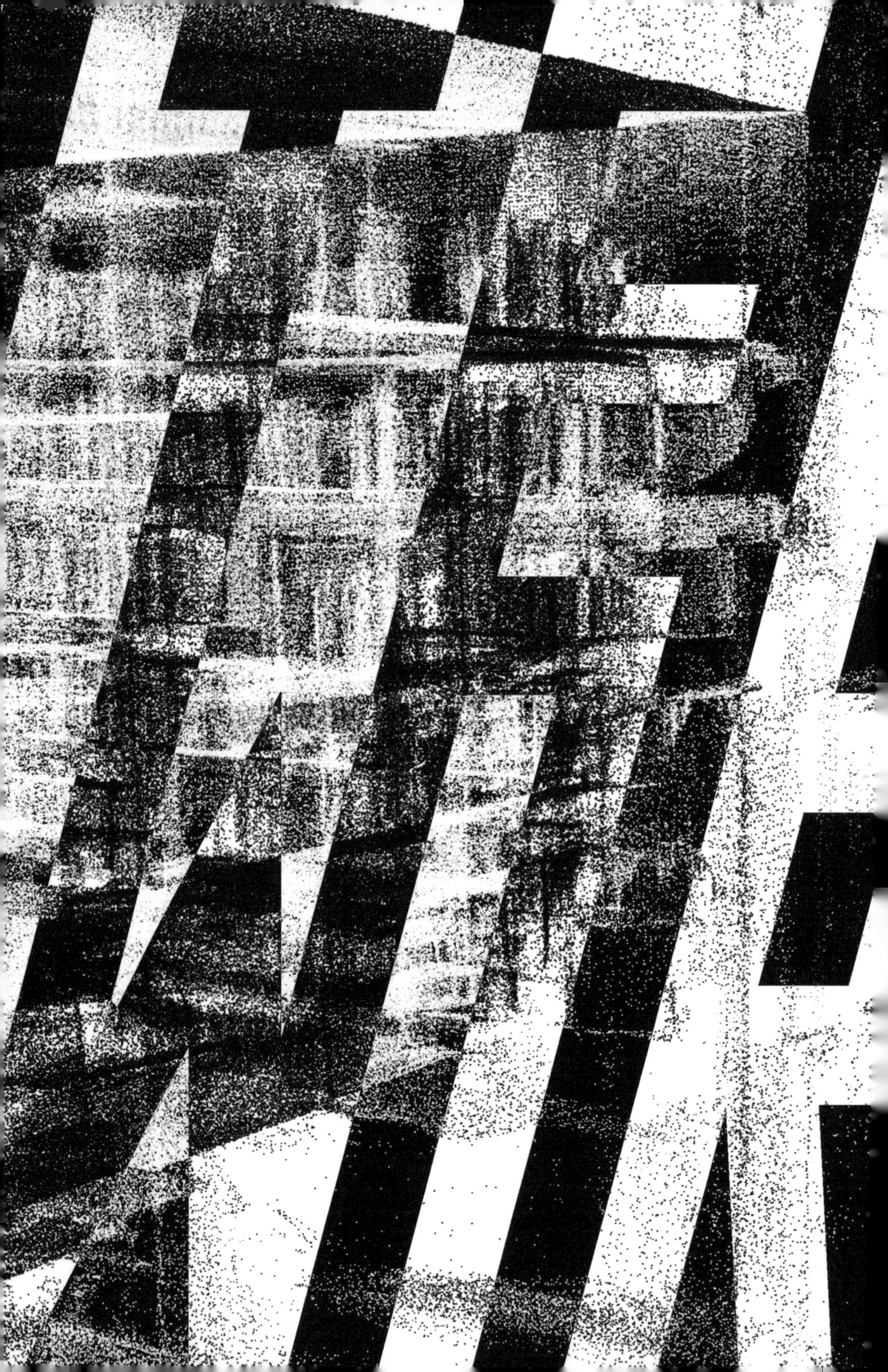

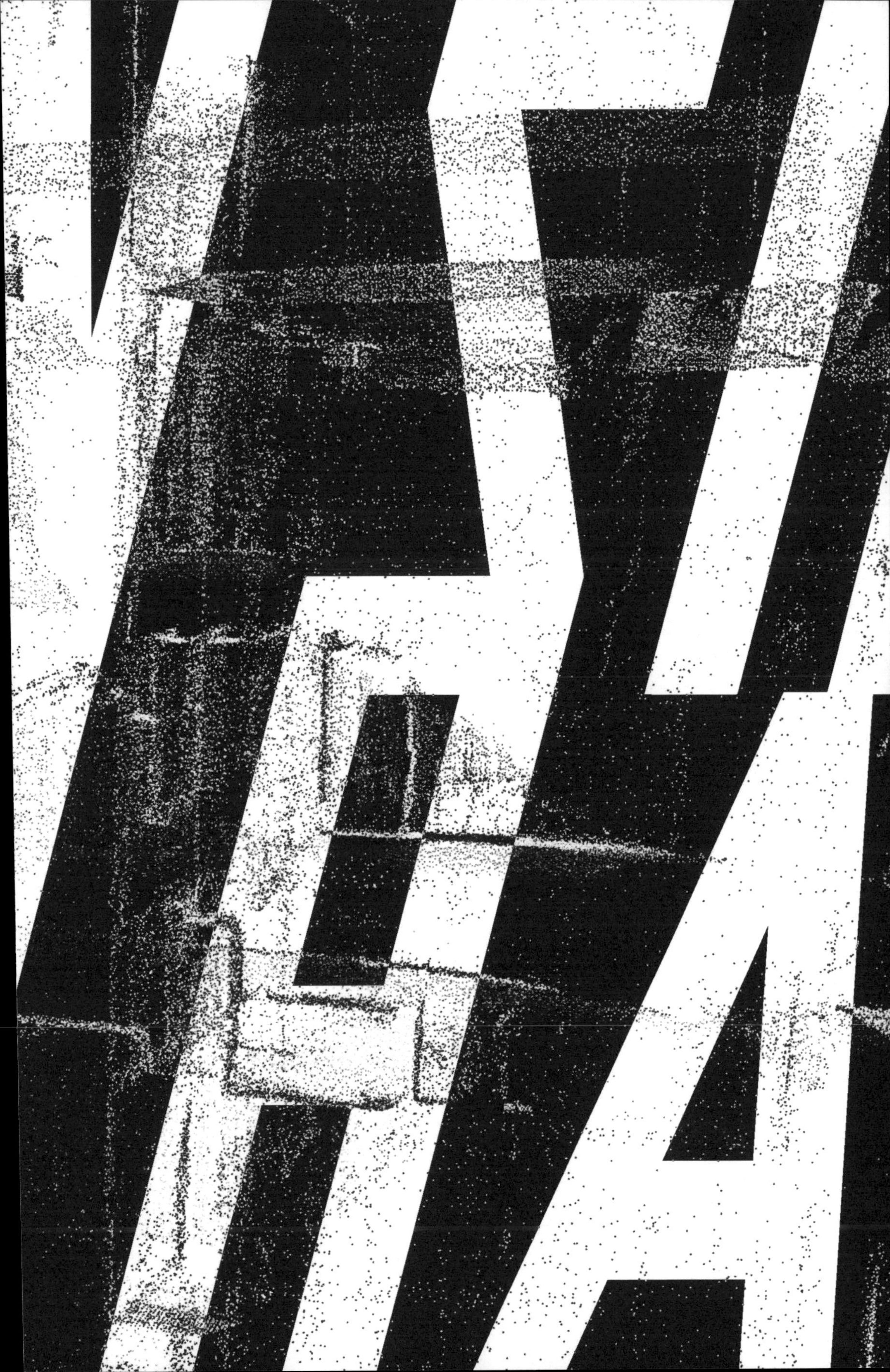

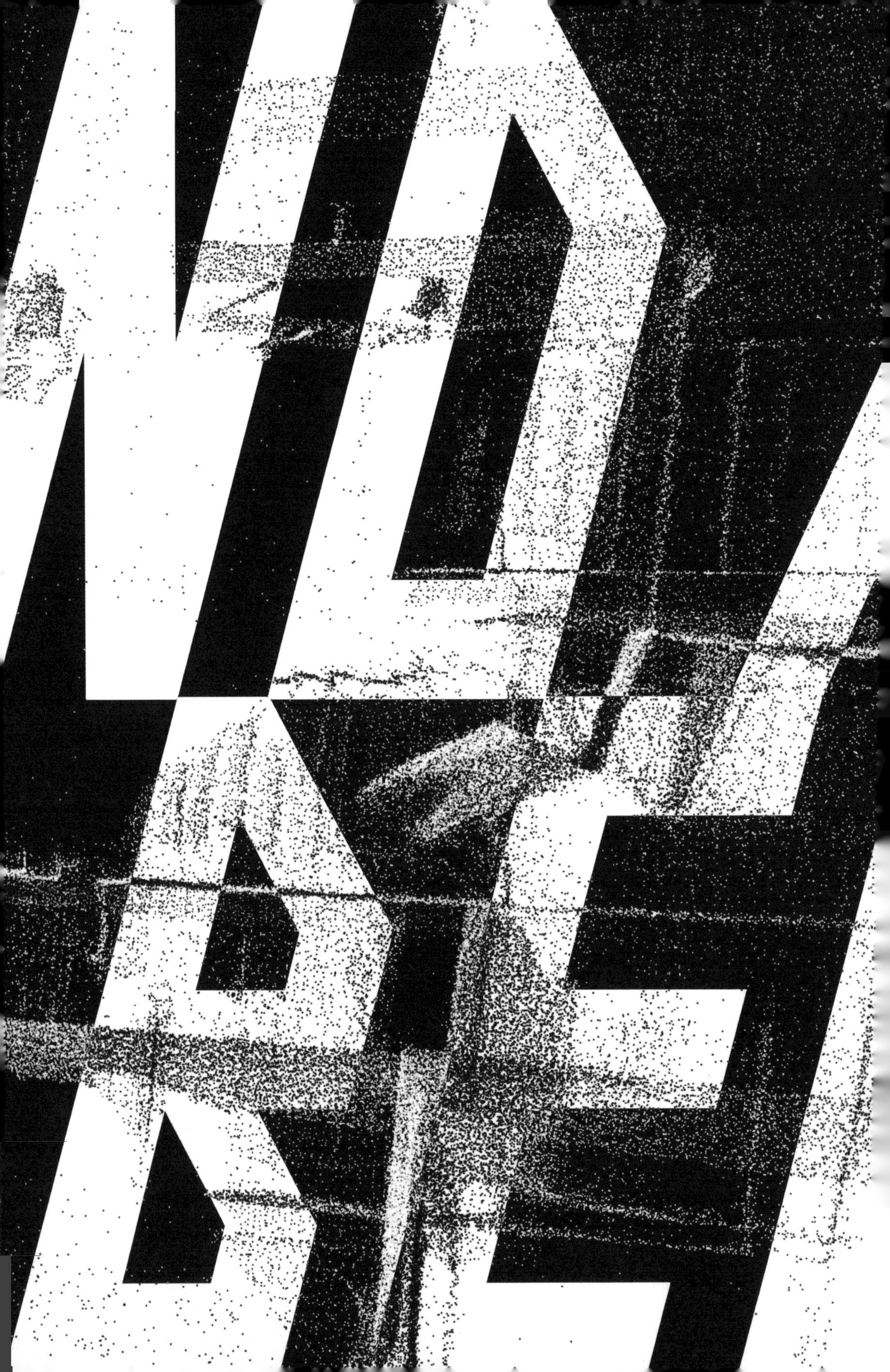

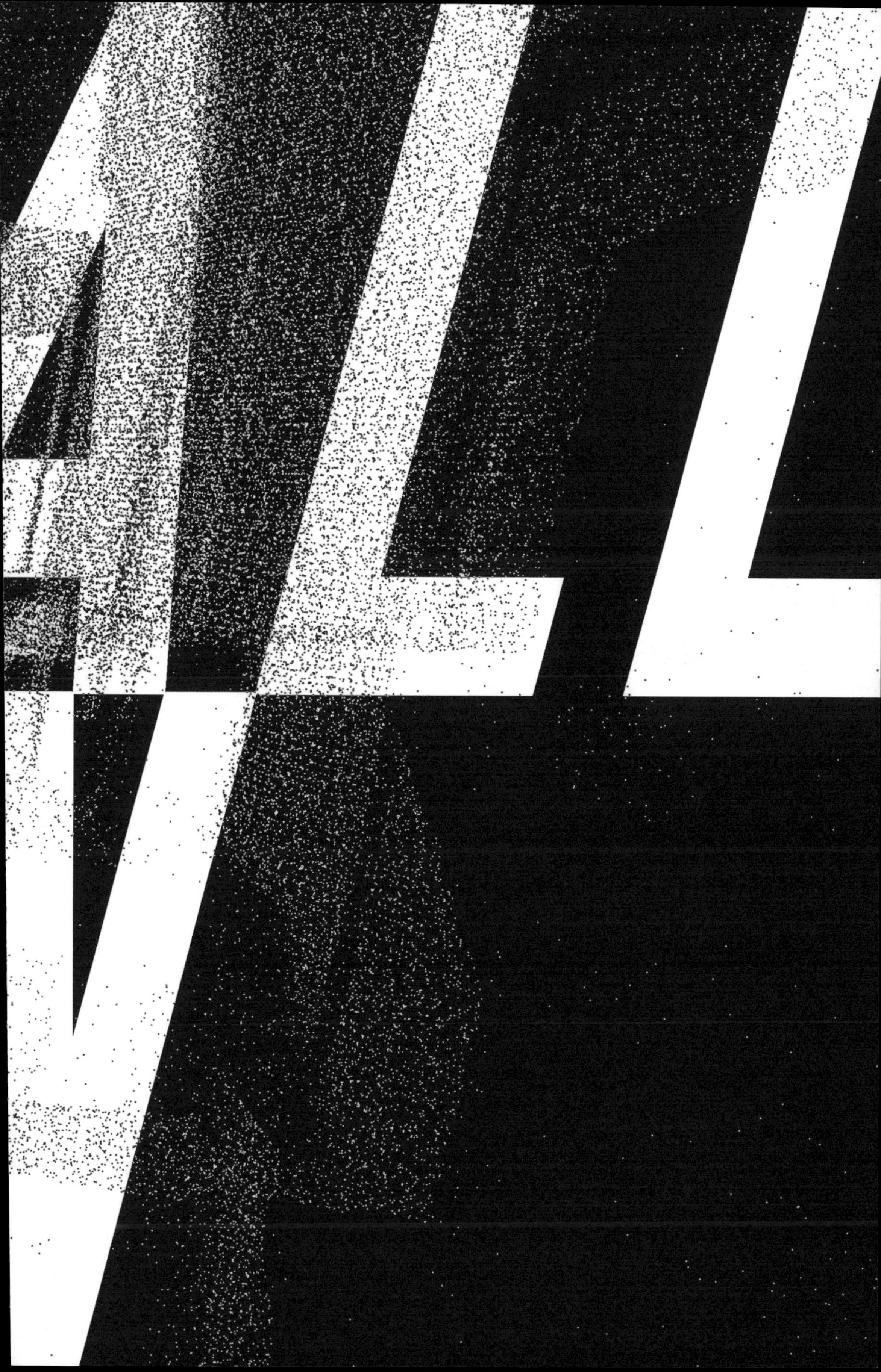

Daniel Kothenschulte

Das letzte Band

Sammeln und Nekrophilie. Meine Jahre mit VHS

Der Titel der im Vorfeld des Symposiums veranstalteten Vortragsreihe „Videomania“, zusammengesetzt aus „Video“ und „Manie“, verheißt nichts Gesundes und weckt gerade deshalb bei mir eine gewisse Nostalgie.

Die bis zur Einführung von VHS ungekannten Möglichkeiten, Fernsehausstrahlungen aufzuzeichnen, entfesselten damals bei vielen Filminteressierten einen uferlosen Sammeltrieb, so auch bei mir. Dabei war der Triumphzug der schwarzen Bänder anfangs nicht nur bejubelt worden. Auf dem Höhepunkt der Begeisterung für das damals neue Medium Heimvideo in den 1980er-Jahren wurde vielfach vor einer neuen, schwer zu kanalisierenden „Bilderflut“ gewarnt. Besonders engagiert bei dieser Medienkritik zeigten sich Vertreter:innen anderer Medien, etwa des öffentlich-rechtlichen Fernsehens, das noch vor Einführung der Privatsender seinen exklusiven Zugriff auf deutsche Wohnzimmer verloren hatte.

Der Videorekorder war ein Einfallstor für alles potenziell Schamlose oder Gefährliche, für Pornografie, Gewaltdarstellungen, für die als unpädagogisch gescholtenen *Schweinchen-Dick*-Zeichentrickfilme der *Looney-Tunes*-Serie oder die Werke von Leni Riefenstahl. Die ersten Videotheken hatten den Ruf von Sexshops und durften erst ab 18 Jahren betreten werden.

Ein Dokument aus dieser Zeit ist der Cameo-Auftritt von Wim Wenders in Hans-Christoph Blumenbergs Neo-Noir-Thriller *Tausend Augen* (1984). Man sieht ihn einen John-Ford-Western aus einer Videothek stehlen. Als er erwischt wird, verteidigt er sich, es gebe Filme, die müsse man da einfach herausholen. Da aber offenbar weder

Regisseur noch Hauptdarsteller mit den Gepflogenheiten der Videothekenbenutzung vertraut waren, konnte Wenders bestenfalls das leere Cover gestohlen haben. Erst an der Kasse wurde einem schließlich der Inhalt ausgehändigt, den man dann in einer hässlichen neutralen Schachtel nach Hause trug.

Die Erfindung des Videorekorders stürzte mich wie viele Kolleg:innen in der cinephilen Filmkritik in tiefe Verwirrung. In dieser vordigitalen Zeit lebte das Kino noch in der Sicherheit eines uneinholbaren technisch-ästhetischen Überschusses: hier die Tiefe des Zelluloidfilms, dort die geradezu erbärmliche horizontale Auflösung von 220–240 Linien, die sich wabernd über nur 625 Bildzeilen des PAL-Fernsehstandards verteilten. Wollten wir also wirklich einem möglicherweise unvergesslichen Werk der Filmkunst, das vielleicht dem eigenen Leben eine andere Richtung gab, einen derart unwürdigen Auftritt in ebendiesem unserem einzigen Leben verschaffen?

Während uns der Fluch schlechter Videoauflösung nahtlos ins heutige digitale Zeitalter begleitet hat, erscheint der eigentliche Schock des Neuen kaum noch vorstellbar: die plötzlich dauerhafte Verfügbarkeit filmischer Werke. Mit einem Mal war all das Flüchtige materialisiert, das, wofür man weite Festivalreisen und schlaflose Nächte riskiert, das man aber auch nie zu besitzen gewagt hatte. In den 1980er- und frühen 1990er-Jahren überboten sich Fernsehsender noch täglich mit Ausstrahlungen von Spielfilmen aller Epochen. Es regnete potenziell Beglückendes förmlich vom Himmel, man musste nur wie im Märchen vom Sterntaler die Gaben auffangen, damit der kostbare Niederschlag nicht verloren ging.

1996 stapelten sich in meiner 20-Quadratmeter-Studentenwohnung etwa 1000 Videokassetten, in der Regel mit mindestens zwei Filmen bespielt. Das war keineswegs viel. Mir gegenüber, auf der anderen Straßenseite der Rubensstraße in der Kölner Innenstadt, lebte ein WDR-Redakteur, dessen gesamte Wandflächen fein säuberlich mit Videoregalen bedeckt waren. Und von einem Berliner Kritikerkollegen hieß es, man könne sich zwischen Videostapeln kaum noch bewegen in einer Wohnung, deren Statik schon wegen seiner wachsenden Filmbibliothek habe neu berechnet werden müssen. Andere Cinephile verweigerten sich dem Sammelwahn. Die Filmkritikerin Brigitte Desalm, meine Mentorin beim Kölner Stadt-Anzeiger, schrieb missmutig in einem Artikel, Kinoliebe habe sich in eine Frage privater Besitzverhältnisse verwandelt.

1996 verarbeitete ich die Widersprüche meiner Sammlerexistenz in einem Essay für die Zeitschrift *Steadycam* unter dem Titel „Time Bandits – Die Videokassette und der Tod“, der hier noch einmal angeführt werden soll:

„Als ich vor ein paar Jahren meine Wohnung bezog, sollte wenigstens eine Wand der bildenden Kunst vorbehalten bleiben. Doch obwohl ich die Bilder von damals nie abgehängt habe, sind sie längst nicht mehr zu erkennen. Ein einstmals unscheinbarer Haufen von Videokassetten hat sie einfach überwuchert. Zu Hunderten aufgetürmt, haben sich die Magnetaufzeichnungen der ganzen Wandfläche bemächtigt, und darüber hinaus gibt es hier kaum ein Eckchen, in dem man vor ihrer Gegenwart sicher wäre. In Vermehrungsrate und Hartnäckigkeit, ganz besonders aber in ihrem stabilen schwarzen Körper (sei es Plastik oder Chitin) sind sie dabei der gemeinen Küchenschabe gar nicht unähnlich. Sie könnten einen das Fürchten lehren, diese Videokassetten. Um welchen Preis nur teilen Menschen ihren spärlich bemessenen Wohnraum mit derart hässlichen Hausgenossen, die sich ihrerseits um Geräte scharen, die auch nicht gerade eine Augenweide sind. [Man hatte ja mindestens zwei Videorekorder, um überspielen zu können.]

Es begann mit einem Versprechen. Haben wir nicht als Kinder von den ‚Zeitdieben' gelesen, jenen ominösen grauen Herren, denen nur Michael Endes Momo trotzen konnte? Diese Herrschaften verführten ihre Opfer mit dem trügerischen Versprechen, ihre eingesparte Zeit zu verwalten, auf dass diese Zinsen trüge und man sie irgendwann einmal mit Gewinn verbrauchen könne.

Auch der Video-Recorder hat sich unter dem Deckmantel des freundlichen Helfers millionenfach in unseren Haushalten eingenistet. Er wollte uns die Zeit abnehmen, so wurde es versprochen, aber es war eine Milchmädchenrechnung, vergleichbar jener unverfrorenen Behauptung der Werbung, man könne Geld sparen, indem man Geld ausgibt. Man macht es sich selten bewusst, aber das Video ist im täglichen Umgang geradezu zu einer Versicherung gegen den Verlust von Zeit geworden.

Die Perfidie des Ganzen aber ist, dass potentiell nichts mehr zu versäumen keineswegs bedeutet, nun etwa alles zu erleben. Wer einmal befürchtet hatte, als Besitzer einer Privat-Videothek für den Rest seines Lebens fernsehen zu müssen, sieht sich eines Besseren belehrt. Denn seither braucht man sich überhaupt nichts mehr anzusehen, man hat es ja schließlich auf Video. Die lateinische Grundbedeutung des Wortes (ich sehe) ist der reine Hohn. ‚Ich bin blind' sollte es richtiger heißen, und der Kameramann Henri Alekan ist sogar der Überzeugung, wer einen Film im Fernsehen gesehen habe, der habe gar nichts gesehen. Wenn es wenigstens dazu käme, im Fernsehen ‚gar nichts' zu sehen. Man unternimmt ja nicht einmal mehr den Versuch, sich etwas anzusehen. Die wichtigste Funktion des Video-Recorders ist die Programmier-Funktion, die Play-Taste dient nur zur Klärung der bangen Frage, ob eine Aufnahme auch tatsächlich gelungen ist, und zur Suche nach der geeigneten Bandstelle für die nächste.

Videosehen ist ein einsames Vergnügen, man kann schlecht jemanden dazu einladen, denn schließlich weiß man aus Erfahrung, wie solche Abende zu enden pflegen: Man stellt fest, dass man sich eigentlich viel lieber unterhält, weil man sich ohnehin so selten sieht, den Film aber theoretisch immer sehen könnte. Also verschiebt man ihn getrost auf ein andermal: den Sankt-Nimmerleinstag, ebenjenes Datum, an dem man sich schon immer die Schätze seiner Videosammlung zu Gemüte führen wollte. Jeder noch so unbedeutende neue Kinofilm ist ein zwingenderer Anlass, die Lust auf bewegte Bilder zu befriedigen.

Videosucht hat ursächlich mit der Manie von Sammlern zu tun, ist also, amateur-psychologisch, eine Form des Fetischismus. Absurderweise schachert der Video-Sammler im Gegensatz zum Kunst- oder Antiquitätensammler keine Originale, sondern obskure Kopien."

Lassen Sie mich an dieser Stelle kurz über das Sammeln an sich sprechen. Jeder Sammler und jede Sammlerin hat früher mal etwas anderes gesammelt, worüber er oder sie nicht gerne spricht. Meist wertlose Dinge, wie die meisten Menschen. Es wird selten über Sammlungen berichtet, die nichts wert sind. Warum das so ist, ist ein anderes Thema, hat viel mit dem Kunstmarkt zu tun und einer ins allgemeine Bewusstsein vorgedrungenen Wertschätzung, also einer Schätzung des Wertes an sich. Viele Sammelnde sammeln ja tatsächlich Wert, was keineswegs schlecht ist, aber zu einer Missachtung von Sammlungen führte, wie sie zum Beispiel meine Oma anlegte, darunter

Zuckerwürfelpäckchen mit aufgedruckten Horoskopen, bunte Banderolen von Obstdosen oder das Seidenpapier, in dem Zitrusfrüchte manchmal noch immer einzeln eingewickelt werden. In ihren Achtzigern sammelte sie nur noch Zebras, das allerdings, wie ich glaube, aus Mitleid mit uns Verwandten, die wir bis dahin nie gewusst hatten, was wir ihr schenken sollten.

So viel Schönheit hatte mein Sammlungsgut wenigstens von außen betrachtet nicht zu bieten, was mir in dem damaligen Text besonders zu schaffen machte:

„Interessant ist das äußerlich Unschöne der gehorteten Objekte. Video-Fetischisten sammeln hässliche, schwarz-graue Gegenstände aus einer billigen Sorte Plastik, für die die Bezeichnung ‚Kunststoff' ein glatter Euphemismus wäre und die zudem ohne Beschriftung nicht einmal unterscheidbar wären. Dass sie darüber hinaus kaum recyclefähig sind, ist ihren Käufern natürlich völlig gleichgültig. Schließlich sammelt man für die Ewigkeit, und die Vorstellung, solche Schätze könnten irgendwann einmal zu Plastikmehl zerstampft werden, grenzt an Blasphemie. Aber die Rache des Systems ist bereits geplant: In wenigen Jahren wird es heißen, es gebe nun HDTV, archivierbar auf kleinen Silberscheiben, und wir sollten uns doch von unserem antiquierten Video schleunigst verabschieden. Die Ironie des Schicksals wird dann darin bestehen, dass wir uns von Aufnahmen trennen werden, ohne sie jemals angesehen zu haben, um sie durch neue zu ersetzen, die wir uns auch nie ansehen werden.

Auf einer Etage des Düsseldorfer Filmmuseums hat man es sich nicht verkneifen können, neben den zahlreichen Filmformaten auch einen Streifen Videoband auszustellen: Schwarz-Grau widersetzt sich dieses schmucklose Trägermaterial aller Schaulust. Video heißt hier: Ich sehe nichts. Die Tristesse seiner Materialität entspricht dem nekrophilen Charakter seiner Benutzer. Damit meine ich nicht die liebenswürdige Art von Nekrophilie von Horrorfans, die ja – ähnlich den Pornofetischisten – das Medium nicht als Sekundärform begreifen, sondern es positiv nutzen, weil sie nur hier bestimmte Filme zu sehen bekommen, und überdies die mit dem Medium verbundene Einsamkeit schätzen. Ich meine die uneingestandene Nekrophilie, die darin besteht, die Augen vor der Tatsache zu verschließen, dass man in diesem Leben bestimmt nicht mehr dazu kommen wird, sich seine Videosammlung anzusehen und auf das nächste hofft. Vielmehr dürfte der Materialberg bis zum Ende unserer durchschnittlichen Lebenserwartung babylonische Ausmaße erreicht haben.

Nun hat sogar Wim Wenders eine Videoedition seines Gesamtwerks herausgegeben. Das Video und der Tod: Je näher er rückt, desto größer die Sehnsucht der Filmemacher, Bilanz zu ziehen und in den Regalen der Videophilen die Zeiten zu überdauern. Auch wenn sich das Material unbemerkt löschen oder zersetzen sollte, werden doch zumindest die bunt bedruckten Schachteln vom Ruhm ihrer Urheber künden. Wem aber werden wir unsere kostbaren und wohlkatalogisierten Sammlungen vererben, wenn wir nicht mehr sind? Wer wird sich ihrer würdig erweisen und sich nicht bloß über einen unverhofften Vorrat an Leerkassetten zum Überspielen freuen? Die grauen Zeitdiebe aus Michael Endes Momo konnten uns als Kinder nicht schrecken, hatten wir doch alle Zeit auf der Welt. So verhallte auch ihre Warnung ungehört: Keine Zeit zu haben, das war die Ausrede der Erwachsenen, die wir Kinder eigentlich nur dann untereinander gebrauchten, wenn gerade etwas Gutes im Fernsehen kam. Damals war die Welt noch in Ordnung: Das wenige Interessante wurde auch

1 Vgl. Dan Herman, „Introducing short-term brands: A new branding tool for a new consumer reality", in: *Journal of Brand Management*, Band 7, Nr. 5, Mai 2000, S. 330–340, URL: www.link.springer.com/article/10.1057/bm.2000.23.

2 Vgl. Peter Kozodoy, „The Inventor of FOMO Is Warning Leaders About a New, More Dangerous Threat", in: *Inc.com*, 9. Oktober 2017, URL: www.inc.com/peter-kozodoy/inventor-of-fomo-is-warning-leaders-about-a-new-more-dangerous-threat.html.

angesehen, und zwar in Realzeit und selbstverständlich im Augenblick seiner Ausstrahlung. Wer etwas jedoch verpasst hatte, der konnte auf dem Schulhof nicht mitreden und hatte etwas Unwiederbringliches versäumt."

So weit der alte Text. Nach gut einem Vierteljahrhundert ist meine panische Angst, eine Videoaufnahme versäumt zu haben, aus der heraus ich fluchtartig auch von aufregenden Partys nach Hause stürmen konnte, nur noch eine blasse Erinnerung. Ironischerweise wurde diese mediengetriebene Angst, etwas zu versäumen, im selben Jahr erstmals durch den Marketingstrategen Dan Herman im Zusammenhang mit der verstärkten Nutzung von Mobiltelefonen, SMS und sozialen Medien beschrieben.[1] Erst 2004 prägte der Autor Patrick J. McGinnis dafür den heute gebräuchlichen Begriff FOMO (Fear of missing out) in seiner Kolumne.[2] Das Jahr 1996 sah aber auch, von mir noch unbemerkt, den Anfang vom Ende des VHS-Zeitalters. Erste DVD-Abspielgeräte kamen auf den Markt. Ab der Jahrtausendwende verdrängte das neue Speichermedium die VHS-Kassette rasant; 2002 wurden erstmals mehr Silberscheiben als Bänder verkauft, und bereits 2007 war deren Marktanteil unter ein Prozent gefallen.

Obsolet erschien mir das so leidenschaftlich gesammelte Medium da allerdings noch nicht. Seit ich einmal den Philosophen Slavoj Žižek dabei bewundert hatte, wie er bei einem Vortrag über Hitchcock virtuos wie ein Diskjockey mit sorgsam präparierten VHS-Kassetten hantierte, schätzte ich die Beweiskraft des physisch-analogen Materials. Wenn man die Ausschnitte sekundengenau voreinstellte, konnte man sie bei Vorträgen ebenso gut platzieren, wie ich es in der Kunstgeschichte mit Dias gelernt hatte (auch so ein obsoletes, damals unverzichtbares Medium). DVDs mussten zu diesem Zweck erst aufwendig „gerippt" und am Computer geschnitten werden. Ihren letzten Auftritt hatte meine VHS-Sammlung 2006 an der Fachhochschule Dortmund, wo ich einen Lehrauftrag hatte. Mein Ausschnittarchiv hatte da bereits Konkurrenz bekommen: Am 15. Februar 2005 nahm Youtube, das zunächst nur Kurzfilmformate speichern konnte beziehungsweise Spielfilme in entsprechend zahlreichen Einzelteilen, seinen Betrieb auf. Zugleich begann sich das Internet mit vielen legalen und noch mehr illegalen Videodateien zu füllen. Bis heute erscheinen noch immer DVDs und seit etwa 2007 als besonderes Liebhaber:innenmedium auch Blu-Rays. Letztere haben sich als Sammler:innenmedium trotz der Streamingkonkurrenz halten können. Wer sich gerade mit dem Gedanken trägt, seine DVD-Sammlung wie schon die VHS-Kassetten zuvor in Pappkartons „zum Mitnehmen" auf die Straße zu stellen, sollte zuvor bei Amazon oder eBay den Marktwert checken. Klassiker, die nicht mehr verlegt werden, steigen oft dramatisch im Wert. Auch Sammler:innenmärkte wie die regelmäßigen Filmbörsen haben wieder verstärkten Zulauf – nur dass dort kaum noch jemand mit Zelluloidfilmen oder Filmdevotionalien handelt, sondern DVDs an eine Sammlerklientel gebracht werden, die offensichtlich dem physischen Objekt mehr traut als der jederzeit kündbaren Nutzungslizenz eines Streamingdienstes.

Meine Regale allerdings füllen sich nur noch sehr langsam weiter. Begriffe wie „Collector's Edition" reizen mein Sammlerherz wenig. Mein Sammelimpuls speiste sich aus der seltenen Gelegenheit. Wer etwas aufzunehmen verpasst hatte, konnte kaum auf Möglichkeiten hoffen, das Versäumte nachzuholen. Und eine Kopie von einer Kollegin oder einem Kollegen zu ziehen war schon wegen des Generationsverlustes beim Videokopieren nur im äußersten Notfall eine Option.

Auch wenn ich das cinephile Verlegertum bewundere, das hinter den oft liebevollen Editionen steckt, regt sich kaum ein Kaufimpuls. Ich habe nicht mehr das Gefühl, nur noch durch den Besitz einer eigenen physischen Videokopie in die Lage versetzt zu werden, eines Tages einen bestimmten Film sehen zu können. Die vernetzte Welt bietet tausend Alternativen. Und materieller Besitz spielte bei den unverkäuflichen VHS-Bändern ohnehin nie eine Rolle. Aber warten Sie es ab. Dies ist nicht die tröstliche Geschichte eines geheilten Süchtigen. Meine Sammelwut suchte sich einfach andere Kanäle.

1998 zog ich in eine Wohnung, die keinen Fernsehanschluss hatte. Sofort begann ich, Leerkassetten an Freund:innen zu verteilen, doch ihre Hilfsbereitschaft ließ sich nicht unendlich strapazieren. Glücklicherweise wurde das Fernsehprogramm für Filmfans zugleich immer uninteressanter, und mein professioneller gewordenes Filmeschauen ließ mich die noch immer obligatorischen Synchronfassungen meiden. Der größte kulturelle Gewinn des DVD-Booms war die Verfügbarkeit von Originalversionen. Unbewusst lenkte ich meine Sammelleidenschaft auf das weniger leicht Verfügbare. Seit der Jahrtausendwende entstand eine Sammlung von vielen Hundert Vintage-Fotografien, Starporträts aus dem klassischen Hollywood. Ebenso wie Youtube das einstmals Rare zum Allgemeingut machte, erlaubte es eBay urplötzlich, Stecknadeln in Heuhaufen zu finden. Gestempelt oder signiert von den Fotografen, erlauben es mir diese Glamourfotos, die oft nur als Einzelstücke für Hochglanzmagazine produziert wurden, einen untergegangenen Teil der Filmkultur aus erster Hand zu erforschen. Eine zweite Sammlung entstand in den letzten Jahren aus historischen Originalzeichnungen von den Filmen Walt Disneys. In beiden Fällen besitzen die Artefakte etwas, das über die Beschäftigung mit den Filmen hinausweist, einen ästhetischen Überschuss, der sich nur in der Anschauung der Originale erfassen lässt. Und anders als die misslungenen Videoabende lässt sich das Vergnügen auch teilen. 2021 konnte ich die in Deutschland noch unbekannte MGM-Fotografin Ruth Harriet Louise, die erste Porträtistin von Greta Garbo und eine der wenigen Frauen in diesem Beruf, im Kunsthaus Göttingen in einer Einzelausstellung zeigen. Die Ausstellung *Animal Actors – Tierische Stars in Film und TV* (2022–2023) im Düsseldorfer Filmmuseum enthielt auch eine Auswahl von *Bambi*-Zeichnungen aus meiner Sammlung. Doch auch wenn ich mich von einer virtuellen Sphäre – dem Sammeln von aufgeschobener Zeit – in die Objektwelt des Kunsthandels begeben habe, beschäftigen mich dieselben Widersprüche: Woher kommt der Wahn, etwas besitzen zu wollen, in einer Zeit, in der viele Menschen nicht einmal mehr Bücher in ihren Wohnräumen dulden?

Kürzlich las ich die psychologische Erklärung, dass meine Generation als Kinder von Kriegsüberlenden vielfach das Festhalten an materiellen Gütern unbewusst erlernt habe – verbunden mit einer Angst vor Verlust. Die nachfolgenden Generationen leben ohne diesen Ballast, wofür ich sie ein gutes Stück beneide. FOMO, die Angst, etwas zu versäumen, handelt heute andere Währungen als filmisches Bildungsgut – seien es Skins aus der Gaming-Welt, Pokémons oder nur Likes für besonders gelungene Selbstäußerungen auf Tiktok. Oder sind es auch heute der Bildungshunger und die Aussicht auf die Glücksversprechen kostbarer Erlebnisse, wie ich sie noch immer mit wunderbaren Filmen verbinde?

Im 18. Jahrhundert, als die ersten Museen gegründet wurden und sich auch ein Bürger:innentum mit Kunstwerken umgab, schrieb

Goethe in *Der Sammler und die Seinen* über den damals grassierenden Hunger auf Porträts. Er beschreibt drei Typen von Sammler:innen. Zunächst den oder die Nachahmer:in, eine:n Sammler:in, der oder die besonderes Interesse an lebensgroßen, realitätsnahen Porträts hat. Er oder sie ist der Schrecken seiner oder ihrer Nachkommen, die sich später mit den dicken Schinken herumschlagen müssen, die so recht zu keiner Wohnzimmereinrichtung passen wollen. Da macht der oder die Punktierer:in es seinen oder ihren Erben schon leichter. Dieser zweite Typus sammelt Miniaturbildnisse, Gemälde also, für die sich immer ein nettes Plätzchen finden lässt. Wohl nicht ohne Grund ließ auch Goethe sich und seine Familie später auf Miniaturgemälden festhalten. Der dritte Typus schließlich sammelt Skizzen, Bilder, die nie wirklich fertig wurden, von Künstler:innen, die über das Skizzieren nicht hinauskommen. Ein wenig scheint mir das in unsere heutige Zeit des Selfie-Sammelns zu passen.

Eine mögliche Zukunft, in der das Virtuelle und das Einmalige fusionieren, steht bereits in der Tür: Wer NFTs sammelt, virtuell generierte Kunstwerke, erhält mit ihnen ein unzerstörbares Einmaligkeitszertifikat. Er oder sie kann seine Sammlungen in virtuellen Galerien weltweit zugänglich machen. Aber auch leider nur da: Ein Ausdruck auf Papier wäre vollkommen wertlos. Ich kann mich bislang nicht damit anfreunden. Der Fetischismus physischer Präsenz, so diffus er sich doch seinerzeit bei den analogen Videobändern auch zeigte, steckt zu tief in meinen Gliedern.

Die Popkultur hatte stets eine besondere Sensibilität gegenüber dem Medienwandel, mit dem ihre eigene Geschichte zugleich untrennbar verwoben ist. In amerikanischen Filmen stehen obsolete Medien oft für das abrufbare Sentiment kollektiver Erinnerungen: Phonographen, Grammofone, die billigen Tintype-Fotografien der Jahrhundertwende, Stummfilme. Ein in den 1970er-Jahren angesiedeltes Roadmovie ist kein Roadmovie ohne die in den USA so populären 8-Track-Kassetten, wenn also nicht gleich die warmen Farben eines imitierten Film-Looks über den Bildern liegen. Audio- und VHS-Kassetten stehen für die wahrhaft sozialen Medien vor Social Media, das liebevoll zusammengestellte Mixtape und das vom nerdigen Videothekar empfohlene Horrorvideo, hoffentlich ohne den langhaarigen Geist aus *The Ring*. Natürlich kommt das Sentiment selten ohne eine gewisse Herablassung daher, das Überlegenheitsgefühl der Nachgeborenen.

Video Killed the Radio Star, der Hit der Buggles von 1979, gab vor, das Ende des Dampfradios zu betrauern, feierte aber unmissverständlich und geradezu prophetisch den Aufbruch der Videokultur, der elektronischen Keyboards und den Neon-Look des anbrechenden Jahrzehnts.

Doch die sich wandelnden Medien ändern nichts an der Proust'schen Melancholie, die mich überhaupt zum manischen Videosammler hatte werden lassen – der Utopie, sich mit aufgeschobenen Freuden gegen eine ungewisse Zukunft zu versichern.

Noch immer ist etwas davon in meiner cinephilen Welterfahrung lebendig. Wie lange schob ich seinerzeit den „letzten Hitchcock" auf, den ich noch nicht gesehen hatte. Nie fühlte ich mich würdig, diese VHS-Kassette von *Saboteur* anzuschauen und damit die eigentliche Sammlung, die Hitchcock-Abteilung in meinem Gehirn, abzuschließen. Gesehen habe ich ihn dann später irgendwann auf DVD, einen großen Eindruck machte das Nebenwerk dabei nicht auf mich. Andere aufgehobene Heiligtümer gibt es noch, ein paar mühsam an

Land gezogene Werke eines meiner Lieblingsregisseure, Frank Borzage. Ob ich sie mir jemals ansehen werde? Insgeheim hoffe ich dann doch auf eine große Festivalretrospektive mit Vorführungen von echten Filmkopien. So wie mich das Filmfestival Locarno 2022 mit dem Luxus beschenkte, den mir noch fehlenden Douglas-Sirk-Filmen gleichsam in persona zu begegnen. Irgendwann fanden mich die besonders ersehnten Filme meistens doch.

Meine letzte VHS-Kassette erwarb ich vor einigen Jahren bei einem Bücherei-Verkauf, und nur die Seltenheit des Materials ließ mich noch einmal zugreifen. Es ist der Film *Det stora äventyret (Das große Abenteuer)* des schwedischen Tierfilmers Arne Sucksdorff von 1953. Seit ich vor vielen Jahren seinen fast surrealistischen Kurzfilm *En kluven värld* über das nächtliche Treiben in einem Winterwald sah, wollte ich auch sein übriges Werk möglichst vollständig kennenlernen. Doch noch bevor ich das Band anschauen konnte, kam das wirkliche Kino dem gespeicherten Film zuvor: Ein paar Tage vor Abfassung dieses Vortragsmanuskripts lud mich das Düsseldorfer Filmmuseum dazu ein, eine Filmreihe mit den Originalen von Arne Sucksdorff einzuführen.

Ich glaube inzwischen, das ist mit dem Wort „Video“ gemeint: Man weiß, man kann es schon irgendwann sehen. Es muss ja nicht auf Video sein.

Thomas Ochs

Heiko R. Blums VHS-Sammlung

Dokumentation, Deakzession, Digitalisierung

1 Sebastian Feldmann, „Heiko R. Blum zum 70.", in: *Rheinische Post*, 10.1.2006.

Im Filmmuseum Düsseldorf befindet sich der Nachlass von Heiko R. Blum, einem deutschen Filmkritiker und Autor. Dieser setzt sich einerseits aus unterschiedlichen filmbegleitenden Materialien – dem Archiv für Filmkunde – zusammen, vornehmlich Druck- und Schriftgut sowie Fotografien zu Filmen der zweiten Hälfte des 20. Jahrhunderts. Dieses Archiv ging bereits im Jahr 2004 in die Sammlungen des Filmmuseums über. Andererseits gehören zum Nachlass eine circa 5000 Bänder umfassende VHS-Sammlung und ein kleines Konvolut an Tonaufnahmen von Interviews, die Blum mit Filmschaffenden führte, sowie Mitschnitten aus Eigenproduktionen des Filmkritikers.

In dem Bestand spiegelt sich nicht nur die Arbeit Heiko R. Blums und seine tiefgreifende Auseinandersetzung mit dem Medium Film, sondern es sind Materialien enthalten, die vor allem die Filmrezeption im Nachkriegsdeutschland bis in die 1980er-Jahre auf außergewöhnliche und umfangreiche Weise dokumentieren sowie eine profunde Auseinandersetzung mit der Filmgeschichte im Dritten Reich und vielen Exilanten deutlich machen: „Aus der Filmgeschichtsschreibung der Nazizeit, der Emigration, der Adenauer-Ära und der Dritten Welt ist Blum nicht wegzudenken. Er ist ein politisch denkender Filmjournalist, versteht sich."[1]

Das Filmmuseum der Landeshauptstadt Düsseldorf wurde im Jahr 1993 gegründet. Neben seiner Dauerausstellung, die auf 2200 Quadratmetern lebendige Filmgeschichte vermittelt, umfasst das Museum ein umfangreiches Archiv, eine Bibliothek, eine Mediathek und ein hauseigenes Kino mit täglichen Filmveranstaltungen. Die Sammlungen des Hauses umfassen rund eine Million Fotografien, über 30 000 Plakate, dazu Pressehefte, Zeitungsausschnitte, Kritiken, Filmprogramme sowie Drehbücher/Dialoglisten zu in- und ausländischen Filmen und Produktionsunterlagen. Als einziges Filmmuseum in Nordrhein-Westfalen beherbergt es auch die analoge Filmsammlung des Landes. Im Audiovisuellen Archiv lagern 30 000 erfasste Objekte: Tonbänder, analoge Filmmaterialien aller Formate, Videobänder und digitale Daten. Der Medienbestand der Bibliothek weist 40 000 Titel aus.

Der Nachlass von Heiko R. Blum ist für das Filmmuseum in mehrfacher Hinsicht von filmhistorisch hohem Gehalt und somit seit rund zwei Jahrzehnten eine wichtige Recherchequelle für unter anderem Filmreihen, Ausstellungen, Publikationen. Die VHS-Tapes sind nicht nur aufgrund einer hausinternen Restrukturierung des Materials, sondern insbesondere durch das seit 2020 neu aufgebaute Medienlabor im Filmmuseum und die damit verbundenen technischen Möglichkeiten zu einer aktuellen und akuten Arbeitsaufgabe geworden.

Im Folgenden soll dargelegt werden, welche musealen Strategien, technischen Bedingungen und archivalischen Kriterien dazu führten, Teile des Nachlasses zu archivieren und zu dokumentieren, andere zu digitalisieren und wiederum andere Teile zu entsammeln.

2 Vgl. Sig. FM.SLG. HeikoRBlum, Filmmuseum Düsseldorf.

Archiv für Filmkunde = Abteilung filmbegleitendes Material und Personenarchiv

Ab Mitte der 1950er-Jahre sammelte eine Gruppe von Filminteressierten in Köln im Kontext ihrer journalistischen Tätigkeiten und historischen Forschungen Materialien zum Film. Federführend dabei war Heiko R. Blum. Gezielt wurde diese Sammeltätigkeit ab den 1960er-Jahren durch Ankäufe und Schenkungen stetig erweitert und zu einem Archiv für Filmkunde ausgebaut. Das Ziel war, die Materialien der Wissenschaft, Schulen, städtischen und privaten Bühnen sowie weiteren Institutionen verfügbar zu machen und Ausstellungen, Publikationen und Dokumentationen aus den Beständen des Archivs zu ermöglichen.

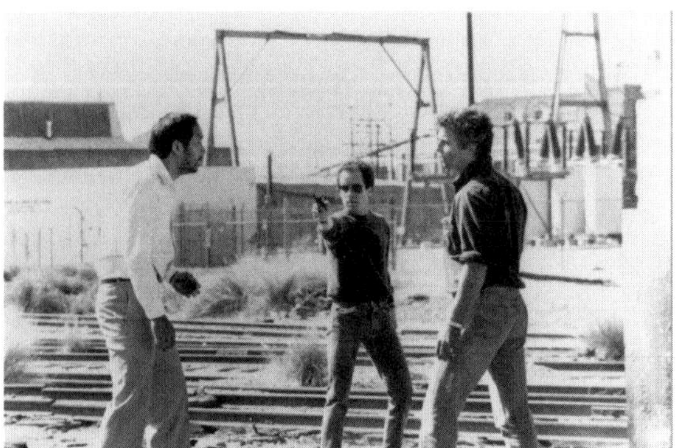

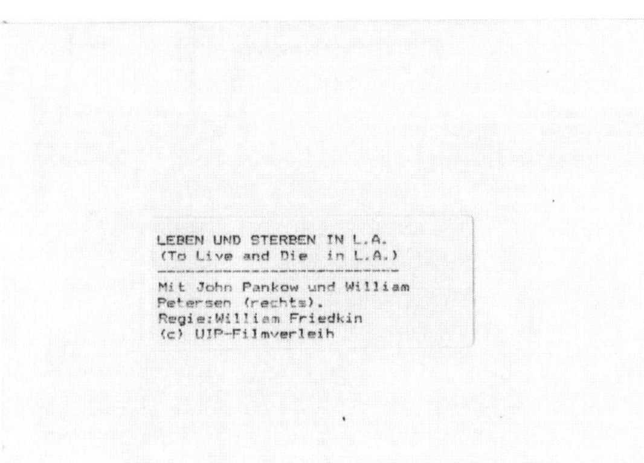

Zu Beginn der 2000er-Jahre war dieses Ziel durch eine problematische räumliche Situation des Archivs, nicht adäquate konservatorische Bedingungen und die gesundheitliche Situation von Heiko R. Blum – einem der Hauptinitiatoren und Förderer dieses Archivs – gefährdet. Mit der Überführung des Archivs für Filmkunde in die Sammlung des Filmmuseums Düsseldorf konnte es langfristig konservatorisch gesichert und die Verfügbarkeit und Nutzbarkeit bis heute gewährleistet werden. Das Material ist nach internationalen Museumsstandards in der Verbunddatenbank des Museums erschlossen.

Das Archiv für Filmkunde zeichnet sich neben den umfangreichen Objekten zum deutschsprachigen Film durch einen großen Bestand an Archivgut zur internationalen Filmgeschichte aus. Es repräsentiert damit die Kinolandschaft in Deutschland nach 1945 auf besondere Weise und zeugt von der Reichhaltigkeit der ausländischen Produktionen in den deutschen Kinos. Die Objekte ermöglichen es, dieses kollektive audiovisuelle Gedächtnis zu erforschen, für die Zukunft zugänglich zu machen und darüber hinaus Film lebendig zu vermitteln. ABB. 1, 2

Bestehend aus Szenen- und Setfotos, Schriftgut zu Filmen und Personen der internationalen Filmgeschichte, bildet diese Sammlung den Grundstock zweier Abteilungen im Filmmuseum Düsseldorf: der Abteilung filmbegleitendes Material und des Personenarchivs. Pressehefte und Kinoprogramme zu nahezu allen Filmen, die auf dem deutschsprachigen Markt in die Kinos kamen, werden ergänzt durch Festivalkataloge und Filmkritiken unterschiedlicher deutscher wie ausländischer Tageszeitungen. Ganz besonders werden anhand der Original- und Synchrondrehbücher die Interessen der Sammelnden deutlich.[2] ABB. 3, 4, 5

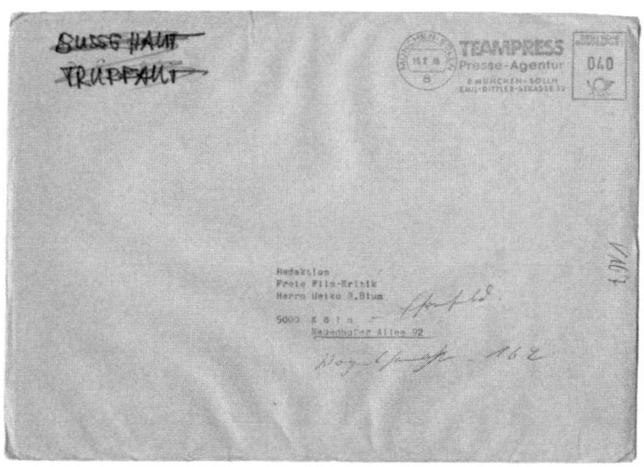

Abb. 1, 2 Vorder- und Rückseite einer Werbefotografie zu dem Film *To Live and Die in L.A.*, 1985, Regie: William Friedkin

Abb. 3, 4 Vorder- und Rückseite eines an Heiko R. Blum adressierten Umschlags mit der rückseitigen handschriftlichen Anmerkung „Fred Zinnemann. Das 7. Kreuz". Im Umschlag befand sich vor allem Druck- und Schriftgut zum Film *The Seventh Cross* von 1944, Regie: Fred Zinnemann. Bei der konservatorischen Umlagerung wurden die Materialien dem Umschlag entnommen und in säurefreie Mappen überführt. Die Notizen und Beschriftungen auf dem Umschlag wurden in die Verbunddatenbank aufgenommen, bevor dieser entsorgt wurde.

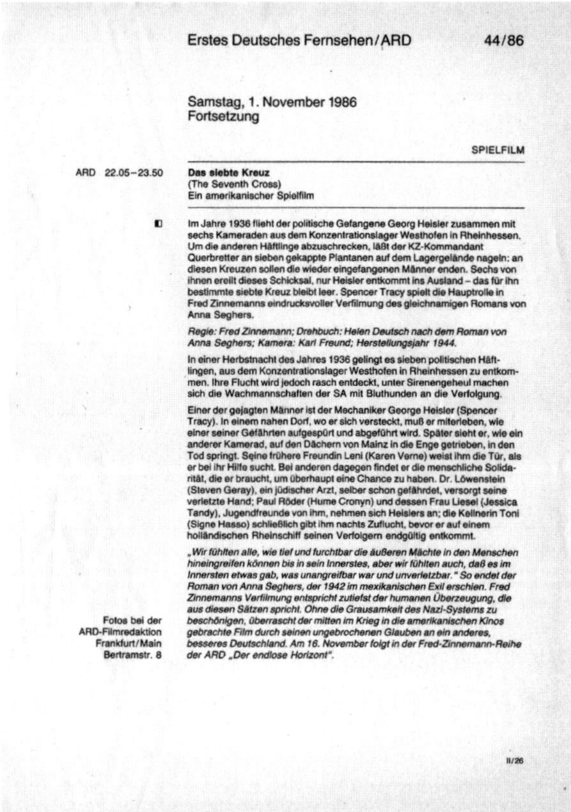

Erstes Deutsches Fernsehen/ARD 44/86

Samstag, 1. November 1986
Fortsetzung

SPIELFILM

ARD 22.05–23.50

Das siebte Kreuz
(The Seventh Cross)
Ein amerikanischer Spielfilm

Im Jahre 1936 flieht der politische Gefangene Georg Heisler zusammen mit sechs Kameraden aus dem Konzentrationslager Westhofen in Rheinhessen. Um die anderen Häftlinge abzuschrecken, läßt der KZ-Kommandant Querbretter an sieben gekappte Plantanen auf dem Lagergelände nageln: an diesen Kreuzen sollen die wieder eingefangenen Männer enden. Sechs von ihnen ereilt dieses Schicksal, nur Heisler entkommt ins Ausland – das für ihn bestimmte siebte Kreuz bleibt leer. Spencer Tracy spielt die Hauptrolle in Fred Zinnemanns eindrucksvoller Verfilmung des gleichnamigen Romans von Anna Seghers.

Regie: Fred Zinnemann; Drehbuch: Helen Deutsch nach dem Roman von Anna Seghers; Kamera: Karl Freund; Herstellungsjahr 1944.

In einer Herbstnacht des Jahres 1936 gelingt es sieben politischen Häftlingen, aus dem Konzentrationslager Westhofen in Rheinhessen zu entkommen. Ihre Flucht wird jedoch rasch entdeckt, unter Sirenengeheul machen sich die Wachmannschaften der SA mit Bluthunden an die Verfolgung.

Einer der gejagten Männer ist der Mechaniker George Heisler (Spencer Tracy). In einem nahen Dorf, wo er sich versteckt, muß er miterleben, wie einer seiner Gefährten aufgespürt und abgeführt wird. Später sieht er, wie ein anderer Kamerad, auf den Dächern von Mainz in die Enge getrieben, in den Tod springt. Seine frühere Freundin Leni (Karen Verne) weist ihm die Tür, als er bei ihr Hilfe sucht. Bei anderen dagegen findet er die menschliche Solidarität, die er braucht, um überhaupt eine Chance zu haben. Dr. Löwenstein (Steven Geray), ein jüdischer Arzt, selber schon gefährdet, versorgt seine verletzte Hand; Paul Röder (Hume Cronyn) und dessen Frau Liesel (Jessica Tandy), Jugendfreunde von ihm, nehmen sich Heislers an; die Kellnerin Toni (Signe Hasso) schließlich gibt ihm nachts Zuflucht, bevor er auf einem holländischen Rheinschiff seinen Verfolgern endgültig entkommt.

„Wir fühlten alle, wie tief und furchtbar die äußeren Mächte in den Menschen hineingreifen können bis in sein Innerstes, aber wir fühlten auch, daß es im Innersten etwas gab, was unangreifbar war und unverletzbar." So endet der Roman von Anna Seghers, der 1942 im mexikanischen Exil erschien. Fred Zinnemanns Verfilmung entspricht zutiefst der humanen Überzeugung, die aus diesen Sätzen spricht. Ohne die Grausamkeit des Nazi-Systems zu beschönigen, überrascht der mitten im Krieg in die amerikanischen Kinos gebrachte Film durch seinen ungebrochenen Glauben an ein anderes, besseres Deutschland. Am 16. November folgt in der Fred-Zinnemann-Reihe der ARD „Der endlose Horizont".

Fotos bei der
ARD-Filmredaktion
Frankfurt/Main
Bertramstr. 8

II/26

3 Die Materialien werden äquivalent zur ursprünglichen Sortierung im Archiv für Filmkunde anhand der Filmtitel in alphabetischer Sortierung abgelegt. Es wird dabei zwischen Druck- und Schriftgut sowie Fotografie unterschieden. Diese werden getrennt voneinander archiviert und in der Verbunddatenbank als Konvolute dokumentiert. Personenspezifische Materialien sind nach demselben Prinzip in Druck- und Schriftgut sowie Fotografie getrennt und dementsprechend alphabetisch nach den Namen abgelegt.

Das Archiv für Filmkunde ist somit in zweifacher Hinsicht eine bedeutende Sammlung in den Beständen des Filmmuseums. Als Grundstock für die Abteilungen filmbegleitende Materialien und als Personenarchiv ist es vor allem durch seine Struktur die Basis für die weiterführende Sammeltätigkeit der Abteilung.[3] In zweiter Linie bildet das Archiv die filmjournalistische und filmhistorische Tätigkeit des Filmkritikers Heiko R. Blum ab. Dadurch ist es möglich, einen Großteil seiner Quellen für seine Kritiken, Texte und Dokumentationen nachzuzeichnen und grundsätzlich zu verstehen, mit welchen Perspektiven, Themen und Aspekten sich der Filmkritiker auseinandergesetzt hat. Im Hinblick auf weitere Materialien aus dem Nachlass von Heiko R. Blum ist das Archiv für Filmkunde eine wichtige Referenz, insbesondere für die Dokumentation und Aufarbeitung der umfangreichen VHS-Sammlung.

Neuer Standort Audiovisuelles Archiv: Dokumentation, Digitalisierung, Deakzession

Die VHS-Sammlung von Heiko R. Blum befindet sich seit 2011 in den Sammlungen des Filmmuseums Düsseldorf und wurde nach dem Tod des Filmkritikers mit einem kleinen Konvolut von Tondokumenten als Schenkung in die Sammlungen übernommen. Zunächst als ein Teil der Mediathek in den Bestand aufgenommen, ist das Material inzwischen in die Abteilung Audiovisuelles Archiv überführt worden. Bis zu dieser Überführung war die Sammlung nur zu geringen Teilen in der Verbunddatenbank dokumentiert. Die VHS-Tapes konnten bis dahin anhand einer digitalen Titelliste und der originalen Archivnummerierung von Heiko R. Blum recherchiert werden. Die Archivnummer war zumeist handschriftlich von ihm auf den Tapes festgehalten worden. Die Dokumentation der VHS-Sammlung entsprach also nicht den Standards des Filmmuseums und lieferte keine tiefergehenden Informationen zu jedem einzelnen Objekt. Die Recherche war nur gezielt anhand eines konkreten Interesses an dem jeweiligen Film möglich.

Bei Videomaterialien ist die Dringlichkeit einer anderweitigen Sicherung respektive Digitalisierung sehr hoch, da sich das Material und somit der audiovisuelle Inhalt nach und nach zersetzt. Das Videoarchiv als ein Teil des Audiovisuellen Archivs des Filmmuseums beinhaltet inklusive der VHS-Sammlung von Heiko R. Blum verschiedene Privatsammlungen, die alle aus der Mediathek ins Videoarchiv überführt wurden, eine umfangreiche LaserDisc-Sammlung, zahlreiche Master-Tapes, Belegkopien, Sicherungskopien, alles in allem derzeit circa 20 000 Objekte, von denen in etwa nur ein Drittel in der Verbunddatenbank adäquat dokumentiert sind. Davon entsprechen circa die Hälfte der Objekte nicht den Sammlungskriterien des Audiovisuellen Archivs. Die dortige Bestandspflege insbesondere in Bezug auf Videotapes sieht vor, dass die vielfältigen Materialien konservatorisch nach internationalen Standards archiviert und dementsprechend dokumentiert werden. Dort wo es das Material erfordert und der Materialzustand es zulässt, ist eine Digitalisierung notwendig.

Die Sammlung Heiko R. Blums besteht aus circa 5000 aufgezeichneten VHS-Tapes, in der Regel mit mehreren Titeln auf einem Tape. Darunter sind Filmtitel internationaler und deutschsprachiger Filmgeschichte, vornehmlich in synchronisierten Fassungen. Außerdem sind Arbeitskopien von Interviews, Dokumentationen und Ausschnitte aus Spiel- und Dokumentarfilmen für die eigene Arbeit zu finden. Zudem gibt es Belegkopien, Pressetapes mit persönlicher Widmung von Regisseuren und Regisseurinnen in der Sammlung. Rohfassungen und Feinschnitte zur Vorabansicht von deutschsprachigen Spielfilmen sind ebenso als VHS-Tapes im Bestand wie zahlreiche Fernsehmitschnitte von filmbezogenen Beiträgen zu Festivals, Veranstaltungen, Ereignissen – vornehmlich zur Duisburger Filmwoche, zum KinderKinoFest in Köln und zu den Kurzfilmtagen in Oberhausen.

Das Konzept der Abteilung Mediathek ist, Filmgeschichte für Interessierte, Wissenschaftler:innen, Studierende und die allgemeine Öffentlichkeit visuell erfahrbar und nutzbar zu machen. Dabei spielt die einfache Nutzbarkeit eine besondere Rolle. Filme sind derzeit in den Räumlichkeiten des Filmmuseums als DVD, Blu-Ray oder als digitale Files einsehbar. Das Material ist jedoch nicht ausleihbar. Auf wissenschaftliche Anfrage fertigt das Filmmuseum digitale Ansichtsfiles an. In der Abteilung Mediathek findet keine Langzeitarchivierung und Konservierung des Materials statt. Die VHS-Sammlung von Heiko R. Blum war in der Mediathek entsprechend dem Nutzungskonzept und aufgrund der Materialität nicht mehr adäquat platziert und wurde daraufhin um das Jahr 2014 in das Audiovisuelle Archiv mit dem Ziel überführt, die Sammlung entsprechend der Sammlungsstrategie in die Archivbestände zu übernehmen und zu dokumentieren. VHS-Bänder sind seit einigen Jahrzehnten als Nutzungsmedium von der DVD, der Blu-Ray und digitalen Daten abgelöst worden. Das Material als solches ist historisch geworden.

Der Überführungsprozess der VHS-Bestände von der einen in die andere Abteilung ist bis dato nicht abgeschlossen. Neben der Sammlung von Heiko R. Blum wurden weitere Bestände der Mediathek mit

Abb. 5 Werbeankündigung des Films *The Seventh Cross* aus dem Jahr 1944, Regie: Fred Zinnemann, für eine Fernsehausstrahlung in der ARD am 22.5.1986

jeweils unterschiedlichen Voraussetzungen ins Audiovisuelle Archiv überführt. Dies bringt es mit sich, dass die Bearbeitungskriterien bei jedem einzelnen Bestand neu bestimmt werden müssen. Für die Aufarbeitung der Sammlungen sind drei Kernprozesse des Audiovisuellen Archivs von Bedeutung, die in den allermeisten Fällen in der folgenden Reihenfolge durchgeführt werden sollten: Dokumentation, Deakzession, Digitalisierung.

Das Filmmuseum Düsseldorf ist dazu verpflichtet, all seine Objekte in einer Verbunddatenbank zu dokumentieren. In der Abteilung Mediathek war ein Großteil der kompletten VHS-Sammlung nach den Richtlinien der Abteilung dokumentiert. Alle VHS-Datensätze in der Datenbank wurden technisch in das Audiovisuelle Archiv überführt und werden dort überarbeitet. Die Sammlung von Heiko R. Blum hingegen ist so gut wie nicht erfasst. Dadurch ergibt sich die Notwendigkeit, der Dokumentation die Deakzession vorzuziehen. Die ursprüngliche Begründung für eine Übernahme der Sammlung in die Mediathek des Filmmuseums war nach Kriterien erfolgt, die für das Audiovisuelle Archiv nicht gelten. Dementsprechend ist es möglich, die Überführung von der einen Abteilung in die andere wie eine Neuannahme zu behandeln. Dies ist unproblematisch, da die Sammlung als Schenkung der Familie Blum in die Bestände des Filmmuseums gelangt ist. Die Sammlungsstrategie im Bereich Audiovisuelles Archiv sieht vor, ausschließlich Originalbänder mit NRW-Bezug, Sicherungskopien von Filmmaterialien, Belegkopien und Master-Materialien für die Langzeit zu sichern. Ein Großteil der VHS-Sammlung von Heiko R. Blum fällt durch diese Kriterien. Insofern kann unter zwei Bedingungen dieser Teil aus der Sammlung genommen werden.

Erstens ist zu prüfen, ob eine Übertragung auf ein anderes Format für die Nutzung in der Mediathek sinnvoll sein könnte. So liegen seltene Synchronfassungen von internationalen Filmproduktionen auf den VHS-Tapes vor, die nicht anders verfügbar sind und für eine Öffentlichkeit interessant sein könnten. Darunter finden sich Filmtitel, die die Bestände der Mediathek ergänzen. Diese Prüfung muss vor einer Deakzession des Materials abgeschlossen sein. Anhand von Eingangslisten wurde systematisch geprüft, welche Synchronfassungen diese Relevanz haben, daraufhin aussortiert und auf DVD konvertiert wurden. Diese DVDs sind dem Bestand der Mediathek zugeführt worden und erweitern somit das Nutzungsangebot der Abteilung.

Zweitens liefert die Sammlung einen Überblick über einen Teil der Quellmaterialien von Heiko R. Blum für seine filmhistorische und filmpublizistische Arbeit. Einen Überblick darüber bieten jedoch gleichsam die Eingangslisten wie insbesondere das Archiv für Filmkunde. Die Listen, die die VHS-Sammlung betreffen, sind in der Datenbank ausreichend dokumentiert und archiviert. Aus archivalischer Sicht bieten die VHS-Tapes somit keinen inhaltlichen Mehrwert und müssen nicht zwingend als Objekte aufbewahrt oder sogar konserviert werden. Die aus archivalischer Sicht gegebene Möglichkeit, das Material bedenkenlos zur Entsorgung freizugeben, schafft Platz und dient der Bestandspflege. Dieser Prozess der Deakzession wird bis Ende 2024 abgeschlossen sein. Derzeit lagert diese Sammlung nur teilweise in den klimatisierten Räumen des Audiovisuellen Archivs und teils unter nicht optimalen Bedingungen für das Videomaterial.

Ein kleiner Bruchteil der gesamten Sammlung ist im Sinne der Sammlungsstrategie zu konservieren und aufgrund des Materialzustands dringend zu digitalisieren. Im Depot des Filmmuseums werden Videobänder in einem eigens für dieses Material klimatisierten

4 Vgl. *Memoriav*, „Empfehlungen. Video. Die Erhaltung von Videodokumenten. 7.1. Konservierung von Videos“: URL: www.memoriav.ch/de/empfehlungen/video/7-1-konservierung-von-videos.

5 Das FFV1-Format wird von zahlreichen internationalen Institutionen verwendet, um audiovisuelle Materialien für die Langzeit zu sichern. Das Filmmuseum Düsseldorf folgt Empfehlungen einer internationalen Community und hat das Format als Standard für die digitalen Videofiles festgelegt. Alle im Medienlabor neu angefertigten Videomaterialien werden am Ende der jeweiligen Workflows in das FFV1-Format konvertiert und darauffolgend automatisiert in das geschlossene NAS-System integriert: Vgl. Mike Casey, *Encoding and Wrapper Decisions and Implementation for Video Preservation Master Files*, Media Digitization and Preservation Initiative (MDPI), Indiana University 2017, S. 5., URL: www.mdpi.iu.edu/doc/MDPIwhitepaper.pdf.

6 Ab 2020 wurden im Filmmuseum mit einem Medienlabor die technischen Voraussetzungen dafür geschaffen, nahezu jedes audiovisuelle Material eigenständig zu digitalisieren, sofern es der Zustand des Materials zulässt: von Filmmaterialien in unterschiedlichen Formaten über Audioaufnahmen auf unterschiedlichsten Trägern bis hin zu zahlreichen Videoformaten. Gerade für die Videomaterialien, insbesondere für VHS-Tapes, Betacam, Digital Betacam, sind ideale Bedingungen vorhanden, um diese zu digitalisieren und die digitalisierten Materialien in einem geschlossenen und stark automatisierten NAS-System für die Langzeit zu sichern.

Raum konserviert. Dabei sind präventive Konservierungsmaßnahmen eine sehr effiziente Strategie, das Originalmaterial zu erhalten.[4]

Die aus der archivalischen Sicht des Filmmuseums zu erhaltenden VHS-Bänder der Sammlung Heiko R. Blum entsprechen in etwa fünf Prozent des Gesamtbestandes. Diese Tapes werden in dem hauseigenen Medienlabor mit einem Panasonic Video Cassette Recorder AG-7750 hochauflösend digitalisiert und im FFV1-Format[5] für die Langzeit gesichert. FFV1 ist ein Codec, der explizit für Archivzwecke entwickelt wurde und verlustfrei komprimiert. Er ist als Standard im Filmmuseum definiert.[6] Im Hinblick auf die VHS-Tapes der Sammlung von Heiko R. Blum stellt sich zudem die Frage, ob die digitalisierten Tapes noch als Originalmaterial konserviert werden müssen. Es sind überwiegend von Heiko R. Blum aufgezeichnete und überspielte Tapes vorhanden, die für die Digitalisierung vorgesehen sind. Das Material wird nach den höchsten Standards digitalisiert und die darauf befindlichen Inhalte sind dementsprechend nach der Digitalisierung in der bestmöglichen Qualität für die Langzeit gesichert. Unter den Tapes befinden sich keine Master-Materialien, keine Unikate. Aus archivalischer Sicht besteht bis auf wenige Ausnahmen kein Grund, das Originalmaterial in diesem Bestand konservatorisch zu erhalten, sobald es digitalisiert und auf dem geschlossenen NAS-System gesichert wurde. Einzig um die VHS-Sammlung von Heiko R. Blum als solche in ihrer Vielfältigkeit anhand eines kleinen Konvoluts abzubilden, ist der Erhalt sinnvoll und auch im Hinblick auf die räumlichen Ressourcen des Audiovisuellen Archivs vertretbar.

Nina Schallenberg

Unendliches Wachstum?

Gedanken zum musealen Sammeln und Entsammeln angesichts der ökologischen Krise

Nachdem die ökologischen, wirtschaftlichen und sozialen Folgen des Klimawandels auch hierzulande deutlicher zutage treten, stellen Belegschaften, Publikum und Kulturpolitik die Frage, welchen Anteil Museen an dem kulturellen Wandel haben können, der zu einem nachhaltigen Umbau von Wirtschaft und Gesellschaft führt. Während zahlreiche der aktuell ergriffenen Maßnahmen vor allem auf die Senkung des Energieverbrauchs abzielen, um Energieengpässe und Preissteigerungen abzufedern, müssen die Museen für eine ernsthafte Beteiligung an der „Großen Transformation" ihre Handlungsfelder grundlegend überprüfen.[1] Vor dem Hintergrund des zentralen Themas dieser Publikation, der „Halbwertszeit einer Sammlung", fragt der folgende Beitrag daher nach der Sammlungspraxis eines nachhaltig ausgerichteten Museums. Momentan kommt die Mehrzahl der deutschen Museen ihren Sammlungsaufträgen mit einem ständigen Wachstum der Bestände nach. Wie auch in anderen gesellschaftlichen und wirtschaftlichen Bereichen führt ein kontinuierliches Wachstum in der Regel zu einem stetig steigenden Verbrauch an energetischen, materiellen und personellen Ressourcen. Sofern Museen ihren Beitrag zu einem kulturellen und gesellschaftlichen Wandel ernst nehmen, bedarf es der Entwicklung von Sammlungsstrategien, deren Dynamik nicht allein an ein quantitatives Wachstum gekoppelt ist.[2] Inwiefern hierbei am Selbstverständnis hiesiger Museen gerüttelt wird und welche Chancen sich dadurch bieten, ist Thema dieses Beitrags.

Grenzen des Wachstums

In der Ökonomie gibt es angesichts der Endlichkeit der Ressourcen auf unserem Planeten und der begrenzten Möglichkeit der Erdatmosphäre, Emissionen aufzunehmen, eine Verstärkung wachstumskritischer Theorien. Dies setzte in den 1950er-Jahren und damit

1 Die Bezeichnung „Große Transformation" ist eine zentrale Formulierung in dem Gutachten *Welt im Wandel – Gesellschaftsvertrag für eine Große Transformation*, die der Wissenschaftliche Beirat der Bundesregierung Globale Umweltveränderungen (WBGU) im Vorfeld der Konferenz der Vereinten Nationen für nachhaltige Entwicklung 2012 erstellte. Unter Bezug auf den Ökonomen Karl Polanyi beschreibt es den systemischen Wandel nationaler Ökonomien innerhalb weltwirtschaftlicher Entwicklungen. Die WGBU fasst darunter den tiefgehenden Wandel, den ein Umbau von nationalen Ökonomien und Weltwirtschaft mit Blick auf die Leitplanken des planetaren Ökosystems leisten muss. Siehe Wissenschaftlicher Beirat der Bundesregierung Globale Umweltveränderungen, *Welt im Wandel – Gesellschaftsvertrag für eine Große Transformation*, Hauptgutachten, Berlin 2011, S. 417.

2 Zur Herausforderung der Museen, gleichzeitig an der Bewahrung für die Zukunft festzuhalten und die Kritik am Wachstumsparadigma zu berücksichtigen, siehe auch Christopher J. Garthe, *Das nachhaltige Museum*, Bielefeld 2022, S. 136.

in einem Zeitraum ein, in dem die Kehrseite des enormen wirtschaftlichen Booms, nämlich dessen negative Folgen für die Umwelt und das globale Sozialgefüge immer offensichtlicher wurde. Zugleich wiesen Wachstumskritiker:innen darauf hin, dass der ökonomische und soziale Wohlstand einer Gesellschaft nicht zwingend mit der Steigerung der materiellen Produktion gleichzusetzen und über die Ermittlung des Bruttoinlandsprodukts zu messen sei. Mittel- und langfristige Folgen von Umweltschäden würden hierdurch ebenso wenig abgebildet wie die gesellschaftliche Bedeutung von Erziehung und Bildung.[3]

In den 1970er-Jahren weitete sich die ökonomische Wachstumskritik aus – die Präsentation des Berichts *The Limits to Growth. A Report for the Club of Rome's Project on the Predicament of Mankind* am Smithsonian Institute in Washington am 2. März 1972 zählte zu den Meilensteinen dieser Entwicklung. Unter der Leitung von Donella und Dennis Meadows am Massachusetts Institute of Technology entstanden, lieferte der Bericht eine Modellierung der globalen Entwicklungen von 1900 bis 2100 unter Berücksichtigung der fünf Variablen Industrieproduktion, Bevölkerung, Nahrungsmittel, natürliche Ressourcen und Lebensraum. Er kam zu dem Ergebnis, dass diese Variablen im Fall einer Fortsetzung des bisherigen Handelns zusammenbrechen würden, wodurch sowohl die Stabilität der Natur als auch der gesellschaftlichen Verhältnisse gefährdet seien. Im Schlusswort des Berichts hoben die Autor:innen hervor, dass es vor allem eine Änderung des Lebenswandels bräuchte, um diese Entwicklung aufzuhalten: „Unsere gegenwärtige Situation ist so verwickelt und so sehr Ergebnis vielfältiger menschlicher Bestrebungen, daß keine Kombination rein technischer, wirtschaftlicher oder gesetzlicher Maßnahmen eine wesentliche Besserung bewirken kann. Ganz neue Vorgehensweisen sind erforderlich, um die Menschheit auf Ziele auszurichten, die anstelle weiteren Wachstums auf Gleichgewichtszustände führen. Sie erfordern ein außergewöhnliches Maß von Verständnis, Vorstellungskraft und politischem und moralischem Mut."[4] Die hier zum Ausdruck kommende Skepsis gegenüber rein wirtschaftlichen und technologischen Lösungen angesichts des wachsenden Ressourcenverbrauchs sowie der Gedanke einer an Gleichgewicht orientierten Entwicklung kommen auch in anderen wirtschaftstheoretischen und wachstumskritischen Ansätzen der Zeit zum Ausdruck. Im wissenschaftlichen Bereich führte dies unter anderem zur Gründung der Ökologischen Ökonomik und auf politischer Ebene zum Beginn des Versuchs einer globalen Umweltpolitik.

Wie fügen sich nun Museen in dieses Bild der ökonomischen Wachstumskritik? Hierfür soll der Blick zunächst auf eine zweite im Frühjahr 1972 angestoßene Debatte gerichtet werden. Am 27. Februar veröffentlichte John Canaday, Kunstkritiker der *New York Times*, den Artikel „Very Quiet and Very Dangerous".[5] Er kritisierte darin den geplanten Verkauf mehrerer Gemälde des späten 19. und frühen 20. Jahrhunderts aus der Sammlung des Metropolitan Museum in New York. Es handelte sich um Werke von Édouard Manet, Paul Cézanne, Auguste Renoir, Paul Gauguin und Pablo Picasso. Canaday nahm den Fall zum Anlass, um die Praxis des „de-accessioning", des Entsammelns, US-amerikanischer Museen grundlegend in Zweifel zu ziehen. Für ihn stellte ein solcher Verkauf aus einer Museumssammlung einen Verrat an der öffentlichen Hand dar, da zahlreiche der Werke den Häusern einst geschenkt worden und daran häufig Steuererlasse geknüpft seien. Indirekt zahle die Allgemeinheit daher für einen Teil der Werke. Ein weiteres zentrales Argument von

3 Zu historischen und aktuellen Positionen der Wachstumskritik siehe Tim Jackson, *Wohlstand ohne Wachstum. Leben und Wirtschaften in einer endlichen Welt*, übers. von Eva Leipprand, München 2011; Irmi Seidl, Angelika Zahrnt, „Eine kurze Geschichte der Wachstumskritik", in: *Postwachstum? Aktuelle Auseinandersetzungen um einen grundlegenden gesellschaftlichen Wandel*, Denknetz-Jahrbuch 2021, hrsg. von Luzian Franzini u.a., Zürich 2022, S. 15–25.

4 Dennis L. Meadows, Donella H. Meadows u.a., *Die Grenzen des Wachstums. Bericht des Club of Rome zur Lage der Menschheit*, übers. von Hans-Dieter Heck, Stuttgart 1972, S. 175.

5 John Canaday, „Very Quiet and Very Dangerous", in: *The New York Times*, 27. Februar 1972, Sektion D, S. 21.

6 Ebd., Übersetzung durch die Autorin.

7 Vgl. Thomas Hoving, „Very Inaccurate and Very Dangerous", in: *The New York Times*, 5. März 1972, Sektion D, S. 21; William Rubin, „The Selling—Or Exchanging—Of Museum Art: MOMA's View", in: *The New York Times*, 12. März 1972, Sektion D, S. 23; Douglas Dillon, „The Metropolitan ‚Sets the Record Straight'", in: *The New York Times*, 22. Oktober 1972, Sektion D, S. 29; Thomas Hoving, „Letters to the Editor. Museum Clarifies Its Art Disposal Policy", in: *The New York Times*, 1. November 1972, S. 44. Zu dieser 1972 in New York geführten Debatte siehe auch Donald Garfield, „Deaccessioning Goes Public", in: *A Deaccession Reader*, hrsg. von Stephen E. Weil, Washington 1997, S. 11–21.

8 "We now know the precise limits of the Museum's physical growth. It is imperative, therefore, that we use our space to the best advantage of all concerned and this means that the refining process upon which we embarked years ago must be continued so that the collections may continue to grow in quality if not in size." Dillon 1972 (wie Anm. 7), Übersetzung durch die Autorin.

9 Zur Geschichte des Museums siehe Anke te Heesen, *Theorien des Museums zur Einführung*, Hamburg 2012; Krzysztof Pomian, *Der Ursprung des Museums. Vom Sammeln*, übers. von Gustav Rossler, Berlin 1988.

Canaday gegen den Verkauf war das Risiko, dass aus den Sammlungen aussortierte und verkaufte Werke zu einem späteren Zeitpunkt wieder hochgeschätzt sein könnten, dann jedoch unwiederbringlich verloren seien. Den Hinweis von Museumsdirektionen, dass die Verkäufe wiederum den Ankauf anderer Werke und damit die Verfeinerung und Ausbalancierung einer Sammlung ermöglichten, schob er zur Seite. Kunstmuseen seien „weder Warenmärkte noch ästhetische Börsen", sondern „Aufbewahrungsorte für wertvolle Dokumente".[6]

Auf den Artikel folgte in der *New York Times* ein Schlagabtausch zwischen dem Kritiker und mehreren Museumsvertretern. Neben Thomas Hoving und Douglas Dillon, Direktor und Präsident des Metropolitan Museum, äußerte sich auch William Rubin, Chefkurator für Malerei und Skulptur am Museum of Modern Art.[7] Ihre Argumente für das Entsammeln reichten von dem Hinweis, dass ein Kunstmuseum nach ästhetischen Prinzipien sammele und keine Verpflichtung zu einer vollständigen Dokumentation habe, bis zur Feststellung, dass Museen allein aufgrund des begrenzten Raums immer vor der Aufgabe einer Auswahl stünden. In diesem Sinne bemerkte Dillon: „Wir kennen jetzt die genauen Grenzen des räumlichen Wachstums des Museums. Es ist daher zwingend erforderlich, dass wir unseren Raum zum besten Vorteil aller Beteiligten nutzen, und das bedeutet, dass der vor Jahren begonnene Prozess der Weiterentwicklung fortgesetzt werden muss, damit die Sammlungen weiter an Qualität gewinnen können, jedoch nicht an Umfang."[8] Indem er beim Aufbau der Sammlung die Begrenztheit der gegebenen Architektur akzeptierte und das Wachstum der Bestände nicht nach quantitativen, sondern qualitativen Maßstäben voranbringen wollte, bewegte sich der Präsident des Metropolitan Museum – auch wenn es ihm eher nicht um die Schonung natürlicher Ressourcen ging – in begrifflicher und argumentativer Nähe zu den wachstumskritischen Positionen seiner Zeit.

Museales Wachstum

Die Arbeit von Museen wird vielfach auf Basis quantitativer, auf Wachstum abzielender Kriterien bewertet. So rücken Marketingkampagnen von Ausstellungen häufig die Anzahl hochkarätiger Leihgaben und die Besuchszahlen in den Mittelpunkt. Bei jährlichen Bilanzierungen interessieren sich Kulturpolitik wie Medien an erster Stelle für die Anzahl an Wechselausstellungen und Veranstaltungen, die Besuchszahlen sowie die Anzahl an Objekten, die in die Sammlungen eingegangen sind. Über die tatsächliche Qualität der Museumsarbeit, über ihr langfristiges Wirken in die Gesellschaft, die Funktion von Museen als diskursive Orte und als Räume für Bildung sagen diese Zahlen im Zweifel wenig aus. Auch für die Arbeit mit der Sammlung ist eine alleinige Protokollierung ihrer Zuwächse kaum aussagekräftig. In diesem Abschnitt sei daher die Frage gestellt, weshalb die museale Sammlungspraxis eigentlich so eng mit der Idee eines scheinbar unendlichen Wachstums verknüpft wird. Angesichts der Vielzahl an Museumstypen kann hier keine eindeutige Antwort gefunden werden. Dennoch soll der Frage mit einem Blick in die Museumsgeschichte nachgegangen werden.

Ein Anfang der heutigen Museen, insbesondere der europäischen, liegt in den Kunst- und Wunderkammern der Renaissance.[9] Beherrscht von dem Glauben an die Möglichkeit eines umfassenden Wissens über Welt und Kosmos, gab es die Idee von der Vollständigkeit einer

Sammlung, in der sich dieses Wissen spiegeln würde. Die Ratgeberliteratur zur Einrichtung solcher Kammern empfahl verschiedene Themenfelder, die beim Sammeln abgedeckt werden sollten.[10] Dabei genügte prinzipiell die Anschaffung von je einem Exemplar, das stellvertretend für einen Bereich oder eine Gattung stand. Die Anzahl der Objekte hatte also konzeptuell eine Obergrenze – auch wenn die Gründer von Kunst- und Wunderkammern in ihrem Macht- und Geltungsanspruch meist eine große Fülle von Dingen zusammenbrachten.

Dies änderte sich im Verlauf des 17. und 18. Jahrhunderts, als das Konzept einer an einer kosmischen Ordnung orientierten Kunstkammer dem wissenschaftlichen Interesse an einzelnen Phänomenen wich. Es ging nicht mehr um die Einbettung eines Gegenstandes in eine übergreifende Ordnung, sondern um die Erforschung der ihm innewohnenden Strukturen, aus denen wiederum Gesetzmäßigkeiten abgeleitet wurden. Hierfür war die Untersuchung mehrerer Objekte einer Art nötig, die miteinander verglichen und in ein typologisches Raster gebracht wurden.

Im 19. Jahrhundert erfuhr dieser systematische Ansatz wiederum eine Erweiterung, indem die Einordnung der Objekte in eine historische Entwicklung im Zentrum der wissenschaftlichen Forschungen und musealen Konzepte stand. Zahlreiche Museumsgründungen jener Zeit wie etwa der Nationalgalerie in Berlin oder des British Museum in London hatten die Funktion, die kulturellen Wurzeln der jeweiligen Nation festzuschreiben und damit zur Stiftung einer nationalen Identität beizutragen. „Woher kommen wir?" war die zentrale Frage, die in den Sammlungen zur Erforschung und Darstellung historischer Entwicklungen führte, sodass ein Konvolut von Sammlungsobjekten nicht nur typologischen, sondern auch generischen Untersuchungen diente. Die Anzahl der für eine Sammlung infrage kommenden, ja für eine Sammlung unverzichtbar erscheinenden Objekte stieg damit enorm an. Die Sehnsucht nach einer möglichst vollständigen Darstellung der Entwicklung eines künstlerischen Stils oder einer Spezies war groß – versprach dies doch eine Sicherheit gegenüber einer Welt, die für den Einzelnen in der Moderne immer unübersichtlicher wurde. Dem Wunsch nach Stabilität entsprach zudem der dauerhafte Verbleib der Objekte in den Sammlungen, die damit – wie auch Archive und Bibliotheken – als kulturelles Gedächtnis fungierten.

Im ausgehenden 19. und beginnenden 20. Jahrhundert hatte das museale Sammeln jedoch eine derartige Detailfülle erreicht, dass deren unüberschaubare Kleinteiligkeit wiederum Anlass zur Kritik gab. Stellvertretend für die vielen skeptischen Stimmen sei hier aus dem Text *Le problème des musées* des französischen Schriftstellers Paul Valéry zitiert: „Doch unser Erbe ist erdrückend. So wie der moderne Mensch durch die enormen technischen Möglichkeiten erschöpft ist, so wird er durch das Übermaß seiner Reichtümer verarmen. Der Mechanismus von Schenkungen und Vermächtnissen, die Kontinuität der Produktion und der Käufe und diese andere Ursache für den Zuwachs, die auf Änderungen der Mode und des Geschmacks zurückzuführen ist, auf ihre Rückkehr zu Werken, die man verschmäht hatte, tragen unaufhörlich zur Anhäufung eines übermäßigen und daher unbenutzbaren Kapitals bei. […] Unsere Schätze erdrücken uns und verwirren uns. […] Wie weiträumig das Schloss auch sein mag, wie passend, wie gut geordnet es auch sein mag, wir sehen uns in diesen Galerien immer ein wenig verloren und trostlos – allein gegen so viel Kunst!"[11] Paul Valery stellte damit sehr grundsätzlich die Prinzipien des musealen Sammelns infrage, denn er kommentierte nicht nur die

10 Siehe etwa Samuel Quiccheberg, *Inscriptiones Vel Tituli Theatri Amplissimi*, München 1565. Vgl. hierzu auch Te Heesen 2012 (wie Anm. 9), S. 30–38.

11 «Mais notre héritage est écrasant. L'homme moderne, comme il est exténué par l'énormité de ses moyens techniques, est appauvri par l'excès même de ses richesses. Le mécanisme des dons et des legs, la continuité de la production et des achats, – et cette autre cause d'accroissement qui tient aux variations de la mode et du goût, à leurs retours vers des ouvrages que l'on avait dédaignés, concourent sans relâche à l'accumulation d'un capital excessif et donc inutilisable. […] Nos trésors nous accablent et nous étourdissent. […] Si vaste soit le palais, si apte, si bien ordonné soit-il, nous nous trouvons toujours un peu perdus et désolés dans ces galeries, seuls contre tant d'art.» Paul Valéry, „Le problème des musées", in: *Le Gaulois*, 4. April 1923, zit. nach dems., *Œuvres*, Band II, *Pièces sur l'art*, Paris 1960, S. 1290–1293, hier S. 1292. Übersetzung durch die Autorin.

12 *Zahlen & Materialien aus dem Institut für Museumsforschung*, Heft 75: *Statistische Gesamterhebung an den Museen der Bundesrepublik Deutschland 2019*, für das Institut für Museumsforschung – Staatliche Museen zu Berlin hrsg. von Patricia Rahemipour und Kathrin Grotz, Berlin 2021, S. 109–159.

Präsentation der Objekte, sondern auch die Konzeptlosigkeit, mit der die kontinuierlichen Erweiterungen der Sammlungen betrieben wurden. Das Ergebnis dieses passiven Sammelns war seiner Ansicht nach eine „Anhäufung übermäßigen und daher unbenutzbaren Kapitals".

Valéry veröffentlichte diesen Text im Jahr 1923, also vor fast genau hundert Jahren. Doch wie sieht es mit der Dimension, Strategie und Nutzbarkeit heutiger Museumssammlungen aus? Erste Aufschlüsse hierzu gibt eine Sonderbefragung des Instituts für Museumsforschung der Staatlichen Museen zu Berlin aus dem Jahr 2019.[12] Im Rahmen der statistischen Erhebung zu Ausstellungen und Besuchszahlen deutscher Museen, die das Institut alljährlich durchführt, wurde 2019 ein zusätzlicher Fragebogen zum Umgang der Museen mit ihren Sammlungen ausgegeben. Von 6834 angeschriebenen Häusern füllten ihn 2412, also etwas mehr als ein Drittel aus. Gemeinsam kamen sie auf einen Sammlungsbestand von mehr als 406 Millionen Objekten, die sehr unterschiedlich auf die einzelnen Museumssparten verteilt waren.ABB. 1 Die umfangreichsten Bestände wiesen die naturkundlichen und die archäologisch-historischen Sammlungen auf. Nach den Sammlungszuwächsen und -abgängen in den vorangegangenen fünf Jahren befragt, kamen die 2412 Museen durchschnittlich auf 4180 in die Sammlungen eingegangene Objekte, denen 135 Abgänge gegenüberstanden. Das jährliche Wachstum der Bestände lag damit im Durchschnitt bei 800 Objekten je Institution. Wenngleich bei den Zugängen die naturkundlichen und archäologisch-historischen Sammlungen an vorderster Stelle standen und die Sammlungsbedingungen in den einzelnen Museumssparten sehr unterschiedlich sind, so erlauben diese Zahlen dennoch den Schluss, dass in zahlreichen deutschen Museen die dynamische Entwicklung der Sammlungen allein in einem Zuwachs an Objekten besteht.

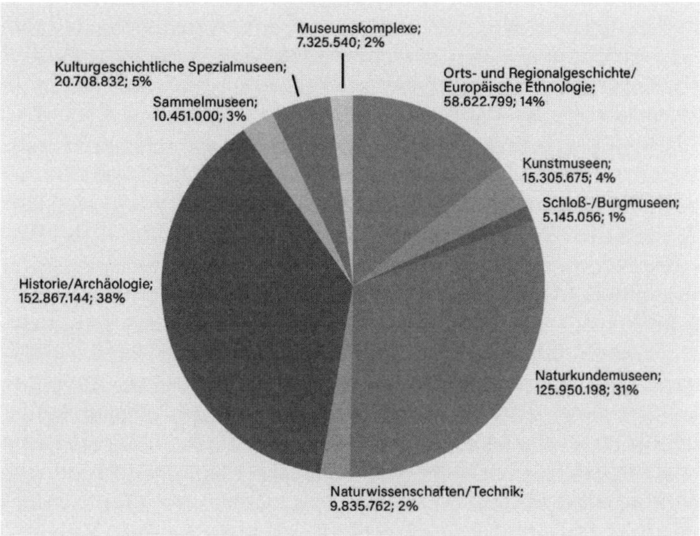

Abb. 1 Verteilung der Sammlungsobjekte nach Museumsarten (n = 2.412), 2021

Infrage steht, ob der Eingang der Objekte in die Sammlungen strategisch verläuft – eine Frage, die das Institut für Museumsforschung ebenfalls stellte. 2342 Museen antworteten hierauf, wobei 43,4 Prozent, also deutlich mehr als ein Drittel, angaben, dass sie nicht über ein schriftlich fixiertes Sammlungskonzept und eine Sammlungsstrategie verfügten. Angesichts der hohen Zahl von eingehenden Werken stellt sich zudem die Frage nach den musealen Kapazitäten, diese fachgerecht zu inventarisieren, ihren Erhalt zu sichern, ihre Geschichte zu erforschen sowie ihre Präsentation und Vermittlung vorzubereiten. Ein erneuter Blick in die Statistik des Instituts für Museumsforschung zeigt, dass zahlreiche Museen bereits die Inventarisierung, also die grundlegende Bestandsaufnahme, aktuell nicht leisten können. 1971 Häuser beantworteten die Frage nach dem Stand der Inventarisierung ihrer Sammlungsobjekte. Der Inventarisierungsgrad schwankte von Sparte zu Sparte – in Kunstmuseen lag er im Schnitt bei 72,5 Prozent, in Naturkundemuseen lediglich bei 48,1 Prozent. Da nicht inventarisierte Sammlungsbestände in der Regel nicht ausgestellt oder erforscht werden, liegt der Schluss nahe, dass ein erheblicher Teil der derzeit in deutschen Museen befindlichen Objekte ungenutzt in den Depots verbleibt.

So scheint sich die Situation rund einhundert Jahre nach Valérys Kritik an den Pariser Museen zumindest in Deutschland nicht grundlegend geändert zu haben: Immer noch gelangt, ob durch Schenkungen, Stiftungen oder Ankäufe, eine große Anzahl an Objekten in die Sammlungen, ohne dass eine ausgearbeitete Strategie für die Entwicklung der Bestände existieren würde. Zudem übersteigt das Ausmaß der Sammlungseingänge die Möglichkeiten einer sorgfältigen Erfassung, Bewahrung und inhaltlichen Nutzung. Nachdem die gesellschaftliche Etablierung von Museen im Verlauf des 19. Jahrhunderts eng an Ideale wie Vollständigkeit und Ewigkeit gebunden war, stellt sich nun, am Beginn des 21. Jahrhunderts die Frage, ob diese Ideale angesichts der für ihre Erfüllung benötigten Ressourcen unverändert tragbar sind.

Maßhalten und Entrümpeln

Bevor grundlegende Kriterien des musealen Sammelns zur Disposition gestellt werden, liegt es nahe, technologische Lösungen ins Feld zu führen. Eine höhere Energieeffizienz von Gebäuden und Klimaanlagen würde, so könnte die Argumentation lauten, das ungebremste Wachstum der Sammlungen ermöglichen, ohne einen vermehrten Verbrauch an Ressourcen notwendig zu machen. Diese Rechnung geht jedoch nicht auf, da Institutionen angesichts stetig größer werdender Bestände irgendwann an den Punkt kommen, an dem neue Depotflächen und Arbeitsräume nötig werden, um die Objekte angemessen unterzubringen und zu versorgen. Auch wenn es inzwischen Beispiele für Niedrigenergiedepots gibt, bedeuten diese im Verhältnis zu einem auf Bestandsbauten beschränkten Vorgehen immer noch einen vermehrten Einsatz von Material und Energie. Bereits der Bericht des Club of Rome hatte angemerkt, „daß keine Kombination rein technischer, wirtschaftlicher oder gesetzlicher Maßnahmen eine wesentliche Besserung bewirken kann“.[13] In diesem Sinne wies auch der Volkswirt und Politiker Reinhard Loske darauf hin, dass technische Innovationen aufgrund des Rebound-Effekts in der Regel nicht zu einer Verminderung von Ressourcen- und Energieverbrauch führen. Denjenigen, die dank technischer Innovationen am Wachstumsgedanken festhalten, stellte Loske diejenigen gegenüber, die das Wachstumsziel grundlegend infrage stellen. Letztere plädierten, Loske zufolge, „für einen Kulturwandel in Richtung Suffizienz, Genügsamkeit und Maßhalten, für einen Weg des rechten Maßes. Ihr Credo lautet Entrümplung statt Konsum, Entschlackung statt Wachstum, Entschleunigung statt Innovationswettlauf.[14] Neben der Erneuerung technischer Anlagen

13 Meadows 1972 (wie Anm. 4).
14 Vgl. Reinhard Loske, *Abschied vom Wachstumszwang. Konturen einer Politik der Mäßigung*, Rangsdorf 2011 [2010], S. 7.
15 *Zielgerichtet sammeln. Ein Leitfaden für die Bündner Museen*, Ardez 2006, URL: www.mmbe.ch/webx/sites/default/files/00_Zielgerichtet_Sammeln_MGR.pdf.
16 *Standards für Museen*, hrsg. von Deutscher Museumsbund e. V. und ICOM-Deutschland, Kassel / Berlin 2006, www.museumsbund.de/fileadmin/geschaefts/dokumente/Leitfaeden_und_anderes/Standards_fuer_Museen_2006.pdf, S. 15.
17 *Nachhaltiges Sammeln. Ein Leitfaden zum Sammeln und Abgeben von Museumsgut*, hrsg. von Deutscher Museumsbund e. V., Berlin/Leipzig 2011. Zur Genese des Leitfadens siehe auch Hans Lochmann, „Weiter endlos sammeln? – Wege zu einer Empfehlung zur Sammlungsqualifizierung. Zur Genese und Intention des Positionspapiers *Nachhaltiges Sammeln* des Deutschen Museumsbundes“, in: *Die Ethik des Sammelns*, Tagungsband der Jahrestagung 2010 von ICOM Deutschland (= Beiträge zur Museologie, Bd. 3), Berlin 2011, S. 73–79.

könnte ein nachhaltig sammelndes Haus, so die Überlegung, „Maßhalten" und „Entrümpeln" zu Standards bei der Weiterentwicklung seiner Sammlung machen.

Maßhalten bedeutet, eine bestimmte Menge nicht zu überschreiten. Es steht dem Gedanken an eine stetig wachsende Fülle entgegen, die das museale Sammeln in Deutschland immer noch bestimmt. Ein nachhaltiges Sammlungskonzept sollte jedoch nach der Suffizienz einer Sammlung fragen. Wann ist ein ausreichendes Maß erreicht oder ab wann wäre ein Mehr ein Zuviel? Freilich wird jede Museumssparte andere Antworten hierauf finden und andere Kriterien ansetzen – wichtig ist jedoch, dass diese Fragen überhaupt gestellt werden. Oftmals werden Sammlungszugänge, ob Erwerbungen, Schenkungen oder sonstige Stiftungen, mit der Begründung verfochten, dieser oder jener Aspekt, diese oder jene Methodik sei durch den aktuellen Bestand nicht abzubilden. Dieses Argument ist einerseits stichhaltig, weil es eine inhaltliche Fortentwicklung der Sammlung und ihr Reagieren auf aktuelle Fragestellungen ermöglicht. Andererseits steht jedoch infrage, ob diese Aspekte und Perspektiven wirklich immer zwingend und ob inhaltliche Lücken statt durch Neuzugänge nicht auch auf andere Weise gefüllt werden könnten. Einen weiteren Grund für die Fülle an Objekten hatte schon Valéry genannt: Schenkungen, die selbst dann von den Häusern angenommen werden, wenn es keinen inhaltlichen Bezug zu den bereits vorhandenen Beständen gibt – ob aus Verbundenheit mit den Anbietenden, Pflichtgefühl oder der Hoffnung, eines Tages Verwendung für das Objekt zu finden. Der 2006 erschienene Leitfaden *Zielgerichtet sammeln* der Museen Graubünden forderte sehr pointiert die Abkehr von einer solch passiven Sammlungspraxis: „Folge der Regel: Tiefe statt Breite, gewichten statt raffen!" und „Nimm nicht passiv alles entgegen, was dem Museum angeboten wird! Sammle aktiv!"[15]

Grundlage für die Entwicklung einer aktiv sammelnden Institution ist die Erarbeitung eines Sammlungskonzepts, das Schwerpunkte, Lücken und Irrelevanzen der Bestände benennt und so deren Weiterentwicklung aus ihrer Geschichte heraus ermöglicht. In diesem Sinne besagt der 2004 verabschiedete und 2006 aktualisierte Code of Ethics des International Council of Museums: „Jedes Museum hat eine eigene Sammlungsstrategie. Ihr zugrunde liegt ein schriftlich formuliertes Sammlungskonzept. Die Sammlungsstrategie des Museums trägt vor allem dem verantwortlichen Umgang mit den Objekten Rechnung und berücksichtigt die Notwendigkeit von Dokumentation, Bewahrung, Konservierung, ggf. Restaurierung und ggf. Ausstellung jedes einzelnen Gegenstandes."[16] Diesen Standard machte auch der Deutsche Museumsbund zur Grundlage seines 2011 veröffentlichten Leitfadens *Nachhaltiges Sammeln. Ein Leitfaden zum Sammeln und Abgeben von Museumsgut*, bei dem der Begriff der Nachhaltigkeit in seiner kulturellen Dimension verwendet wird und die zukünftige Relevanz und Bewahrung der Sammlung meint.[17] Doch auch mit Blick auf die ökologische Nachhaltigkeit ist das Verfassen konzeptueller und strategischer Papiere für die Weiterentwicklung einer Sammlung zentral – eine Aufgabe, der sich den Ergebnissen der Umfrage des Instituts für Museumsforschung zufolge noch zahlreiche Museen in Deutschland stellen müssen.

Wenn die Erweiterung der Bestände trotz sorgfältiger Auswahl eine solche Größenordnung erreicht hat, dass die Objekte unter den gegebenen Bedingungen nicht mehr fachgerecht zu bewahren sind, kommt die Institution an die Grenzen ihres Wachstums. Die

Begrenztheit von Raum und Ressourcen macht es notwendig, neben dem Ziel der Vollständigkeit ein weiteres im 19. Jahrhundert entwickeltes museales Ideal infrage zu stellen, und zwar jenes eines dauerhaften, gar ewigen Verbleibs der Objekte in der jeweiligen Institution. Schon 2004 bezeichnete der Museologe Simon J. Knell dieses Ideal als „unrealistischen Glauben, dass etwas, das gesammelt wird, auf Dauer erhalten bleibt. Wenn dieser Glaube ausgerottet werden kann, und das muss er, dann kann eine nachhaltige Strategie erreicht werden. Die Fachleute wehren sich immer weniger gegen die Vorstellung, dass eine Beschneidung notwendig sein wird und dass die ‚Destillation' zu einer wichtigen kuratorischen Fähigkeit wird."[18] In diesem Moment rückt die Praxis des Aussortierens und Entsammelns in den Blick. So verdeutlicht auch der Untertitel des Leitfadens des Deutschen Museumsbundes, dass ein verantwortungsvoll in die Zukunft gerichtetes Sammeln die Abgabe von Objekten aus dem Bestand einschließt. Da das Aussortieren von inventarisierten Beständen mit Bedacht erfolgen muss und einen komplexen administrativen Prozess mit sich bringt, behandelt der Leitfaden diesen Punkt weitaus umfangreicher als den Erwerb.

Anders als in Deutschland, wo Objekte – wenn überhaupt – vor allem aufgrund ihrer Provenienz abgegeben werden, ist das Entsammeln in anderen Ländern längst Bestandteil von Sammlungsstrategien.[19] So sei an den bereits in den 1970er-Jahren von Douglas Dillon geäußerten Wunsch erinnert, dass die Sammlung des Metropolitan Museum in ihrer Qualität weiterwachsen solle, nicht aber in ihrer Größe. Durch die Entsammlung von Werken konnten die inhaltlichen Schwerpunkte der Sammlung neu ausbalanciert werden, ohne die Bestände zahlenmäßig zu vergrößern.[20] Ein ähnliches Vorgehen wurde im Gemeentemuseum in Den Haag in den Niederlanden mit dem Hinweis auf die räumliche Begrenzung der gegebenen Architektur begründet. Der Museumsberater Frank Bergevoet zitiert einen der ehemaligen Direktoren, vermutlich Hans Locher, mit den Worten, dass das von Hendrik Petrus Berlage entworfene Museumsgebäude „Sammlungsgegenstand Nummer eins" sei und dass „die Größe des Gebäudes […] den Umfang der Sammlung" bestimme, da es keine ausgelagerten Depots geben solle.[21] In der Praxis bedeutete dies auch, dass Objekte die Sammlung verlassen mussten, um Platz für andere Werke zu schaffen. Wie auch im Fall des Metropolitan Museum wurde der Verbleib oder Abgang von Objekten mit dem Argument einer Steigerung von Qualität begründet: nicht mehr, sondern besser.

Kritische Stimmen entgegnen dieser Praxis, dass ein qualitatives Urteil nicht objektiv zu fällen, sondern von subjektiven, den Moden der Zeit unterliegenden Maßstäben bestimmt sei. In diesem Sinne argumentierte bereits Canaday 1972, und jüngst kritisierte der deutsche Kunsthistoriker Hubertus Butin das Vorgehen des Entsammelns US-amerikanischer Museen mit dem Hinweis, dass das, was eine Generation an Museumsmitarbeitenden aussortiere, von folgenden durchaus geschätzt werden könne. Er schloss mit den Worten: „Mag ein Verkauf aus ökonomischen Gründen hin und wieder eine große Verlockung sein, die kommenden Generationen werden das heutige Prinzip des Bewahrens mehr zu schätzen wissen, als wir es uns momentan vorstellen können."[22] Jedoch sind es eben nicht allein ökonomische Gründe, die zu einer Trennung von Sammlungsobjekten führen, sondern auch ökologische und soziale. Denn ein museales Sammeln, das seiner intergenerationellen Verantwortung gerecht werden will, muss sich neben der Kernaufgabe des Bewahrens

18 "The collecting problem that needs to be resolved is insoluble not simply because of the problems of deciding what to collect, but by the unrealistic belief that when something is collected it will be kept in perpetuity. If this belief can be eradicated, as it must be, then a strategy can be achieved that is sustainable. Increasingly professionals grow less opposed to the idea that pruning will be needed, and that 'distillation' will become a key curatorial skill." Simon J. Knell, „Altered values: searching for a new collecting", in: *Museums and the Future of Collecting*, hrsg. von Simon J. Knell, Farnham und Burlington 2004², S. 1–46, S. 16, Übersetzung durch die Autorin.
19 Siehe hierzu Weil 1997 (wie Anm. 7) und die verschiedenen internationalen Beiträge in: *Ent-Sammeln. Neue Wege in der Sammlungspolitik von Museen*, hrsg. von Dirk Heisig, Aurich 2007.
20 Vgl. Dillon 1972 (wie Anm. 7).
21 Vgl. Frank Bergevoet, „Das Abtreten von Museumsobjekten in der Praxis. Erfahrungsbericht aus den Niederlanden", in: Heisig 2007 (wie Anm. 19), S. 68–73, S. 68.
22 Hubertus Butin, „Aussortieren, aber wie? Deakzession in Museen", in: *Frankfurter Allgemeine Zeitung*, 12. April 2023.
23 "The term 'collecting', rather than referring to an act of accumulation, had a more holistic meaning which encompassed every moment in the life of an object in the collection. [...] Collecting redefined in this way becomes a practice capable of rational action: material can flow in, but it can also flow out. It is not two processes, but a single dynamic act of balance." Knell 2004 (wie Anm. 18), S. 17, Übersetzung durch die Autorin. Zur Aufhebung der Pflicht von Museen, ihre Bestände ewig aufzubewahren, siehe auch Dirk Heisig, „Sammeln und Ent-Sammeln. Methode und Praxis des Projekts SAMMELN!", in: Heisig 2007 (wie Anm. 19), S. 20–30, S. 29.
24 Deutscher Museumsbund 2011 (wie Anm. 17), S. 31.
25 Siehe hierzu auch Heisig 2007 (wie Anm. 19), S. 26.
26 In diesem Sinne empfiehlt auch *Spectrum*, der Standard zur Verwaltung von sammlungsbezogenen Informationen, dass „[b]ei der Wahl der Aussonderungsart … in erster Linie darauf geachtet werden [sollte], dass das Objekt weiterhin für die Öffentlichkeit zugänglich und sein Erhalt auf akzeptablem Niveau gesichert ist." *Spectrum 3.3. The UK Museum Documentation Standard*, englische Originalausgabe, bearbeitet von Gordon McKenna und Efthymia Patsatzi, deutsche

Übersetzung hrsg. vom Institut für Museumsforschung der Staatlichen Museen zu Berlin – Stiftung Preußischer Kulturbesitz, Sonderheft 5, Berlin 2013, S. 211.

auch die Frage stellen, ob und wie Neues ohne einen übermäßigen Verbrauch an Ressourcen in den Bestand zu integrieren ist. Im Bedeutungsspektrum des Begriffs „Sammlung" stecken nicht nur das Zusammenbringen, die Anhäufung, sondern auch das Gesammeltsein, die innere Konzentration. So argumentiert auch Knell: „Der Begriff ‚Sammeln' hatte, anstatt sich auf einen Akt der Anhäufung zu beziehen, eine ganzheitlichere Bedeutung, die jeden Moment im Leben eines Objekts in der Sammlung einschloss. [...] Das auf diese Weise neu definierte Sammeln wird zu einer Praxis, die zu rationalem Handeln fähig ist: Material kann hinein-, aber auch hinausgelangen. Es handelt sich nicht um zwei Prozesse, sondern um einen einzigen dynamischen Akt des Gleichgewichts."[23]

Anders als die entsammlungskritischen Stimmen suggerieren, wird über die „Halbwertszeit" eines Elements sowie seinen potenziellen Abgang aus einer Sammlung nicht leichtfertig entschieden, sondern erst nach Beantwortung zahlreicher Fragen. Neben der inhaltlichen und formalen Qualität eines Objekts steht die Frage nach seiner Provenienz oder nach mit ihm verbundenen rechtlichen Restriktionen an erster Stelle. Zudem ist inhaltlich zu klären, ob es eine besondere Bedeutung innerhalb der Geschichte der Sammlung hat, ob es ausgestellt wurde, ob ein Forschungsinteresse besteht oder ob es für die Bildung wichtig ist. Ist das Objekt zentral für das Publikum oder soll es aus anderen Gründen für die Allgemeinheit gesichert werden? Anschließend stellt sich die Frage, wie hoch der Aufwand für seine Bewahrung im Haus ist. So nennt der Leitfaden des Deutschen Museumsbundes die „Verminderung der Arbeits- und Ressourcenbelastung" als einen der Gründe für die Abgabe eines Objekts – gemeint ist der zu reduzierende „Aufwand für Dokumentation, Lagerung, Klimatisierung" sowie die „Reduzierung von Kontrollaufwand".[24] Durch die Beleuchtung dieser Fragen werden mehrere Perspektiven berücksichtigt, sodass der Entscheidungsprozess vom Urteil Einzelner entkoppelt ist. Nur im Fall eindeutiger Antworten auf diese Fragen, die im Übrigen auch bei der Aufnahme von Objekten zum Tragen kommen sollten, kann über die Abgabe eines Objekts entschieden werden.

Zur Vermeidung von Fehlentscheidungen – sowohl bei den Ein- als auch bei den Ausgängen – besteht zudem die Möglichkeit eines mehrstufigen Verfahrens, bei dem das Sammlungsgut verschiedenen Kategorien zugeteilt wird: zum Beispiel Kernsammlung, erweiterter Bestand und auszusortierender Bestand.[25] Herrscht Unsicherheit über die Abgabe eines Objekts, so kann es vorübergehend in den erweiterten Bestand eingeordnet und zu einem späteren Zeitpunkt noch einmal geprüft werden. Im Fall öffentlicher Sammlungen empfehlen die Leitfäden darüber hinaus eine Abgabe an andere öffentliche Einrichtungen, damit die Objekte der Allgemeinheit weiterhin zur Verfügung steht – nur eben an einem anderen Ort, an dem ihr Nutzen besser zum Tragen kommt und damit die Aufwendung von Ressourcen für ihren Erhalt gerechtfertigt ist.[26]

Wenn Museen den Anschluss an die nachhaltige Entwicklung nicht verlieren wollen, müssen sie im Hinblick auf ihre Sammlung Ideale wie Fülle, Vollständigkeit, Originalität und Ewigkeit infrage stellen. Das bedeutet keinen gänzlichen Abschied von diesen Idealen, da die historische Speicherkraft und Beharrlichkeit musealer Sammlungen für eine Gesellschaft von hohem Wert sind. So bemerkte Tim Jackson angesichts der wachstumswirtschaftlichen Fetischisierung neuer Produkte und Güter, dass wir uns „[a]us evolutionärer Perspektive [...] deshalb gut gegen Gefahren absichern [konnten], weil wir einen sinnstiftenden Zusammenhang zu Vergangenheit wie Zukunft entwickelten.“[27] Hierfür braucht es ebenso das Wissen um die Vergangenheit als auch den Willen zu Innovation. Es geht, so Jackson, „also nicht darum, das Neue zu verwerfen und sich der Tradition zu verschreiben. Es geht vielmehr darum, das richtige Gleichgewicht zwischen diesen beiden lebenswichtigen Dimensionen zu finden, ein Gleichgewicht, das aus unserem Leben, aus den Institutionen und aus der Wirtschaft verschwunden ist.“[28] Gelingt es den Museen, die Balance zwischen Bestand, Abgang und Neuzugang, zwischen Vergangenheit, Gegenwart und Zukunft als neues Ideal des Sammelns zu etablieren, können sie eine wichtige Rolle beim nachhaltigen Umbau der Gesellschaft einnehmen.

27 Jackson 2011 (wie Anm. 3), S. 202.
28 Ebd.

Linnea Semmerling

Flowers from the Underground

Diversitätssensible Erschließung von Videosammlungen

Don't it always seem to go | That you don't know what you've got 'til it's gone? | They paved paradise | Put up a parking lot
—Joni Mitchell

Als ich die Stiftung IMAI–Inter Media Art Institute 2020 übernahm, war der Videonachlass der Videokunstagentur 235 Media im Archiv der Stiftung in vielerlei Hinsicht vorbildlich aufgearbeitet. Über 1500 Bänder unterschiedlichster Formate waren vollumfänglich katalogisiert und digitalisiert und ließen keinen Zweifel an der internationalen kunsthistorischen Bedeutung der Sammlung mit Künstler:innen wie Dara Birnbaum, Ulrike Rosenbach, Marcel Odenbach, Valie Export, Robert Cahen oder Steina und Woody Vasulka. Doch der Nachlass von 235 Media hat noch viel mehr zu erzählen als die altbekannte Geschichte des westlichen Videokunstkanons.

Die Ursprünge der Videokunstagentur gehen auf das in den späten 1970er-Jahren von Ulrich Leistner und Axel Wirths gegründete Kassettenlabel 235 zurück. Über den Vertrieb von Punk, Postpunk, Industrial, New Wave, Elektronik und Ambient-Musik auf Musikkassetten kamen die jungen Unternehmer Anfang der 1980er-Jahre auf das Medium Video. Mit der Einführung des Heimvideos erweiterte 235 seinen Vertriebskatalog nach und nach um Konzertmitschnitte, Musikdokumentationen, Videokunst und Musikvideokompilationen wie zum Beispiel die VHS-Kompilation *Morgana–Flowers from the Underground* mit Videos von Malaria!, Einstürzende Neubauten und Strafe für Rebellion von 1986. So bereicherten im Laufe der 1980er-Jahre immer mehr Videokassetten das Audiokassettensortiment des jungen Independent-Vertriebs. Kommerziell besonders erfolgreich wurde der Heimvideomarkt für 235 aber vorerst nicht, sodass sie sich bald stärker auf den Verleih an Kunstinstitutionen und Fernsehanstalten konzentrierten.[1]

Die Sammlungsarbeit der Stiftung IMAI versucht, diese Geschichte durch Ausstellungen und Screeningprogramme aufzugreifen und darauf aufzubauen. Dabei entstehen kuratierte Programme wie zum Beispiel „Flowers from the Underground: Independent Musikvideos der 1980er-Jahre zwischen Konzert, Heimvideo und Musikfernsehen", das wir 2022 in unserer Videolounge im NRW-Forum Düsseldorf

1 Vgl. Linnea Semmerling, „'No Returns for Dislike'. How Music Videos and Video Art Entered the Living Room in the 1980s", in: Kathrin Dreckmann, Elfi Vomberg (Hrsg.), *More Than Illustrated Music. Aesthetics of Hybrid Media between Pop, Art and Video*, London 2023, und Renate Buschmann, Jessica Nitsche (Hrsg.), *Video Visionen. Die Medienkunstagentur 235 Media als Alternative im Kunstmarkt*, Bielefeld 2020.

präsentierten. Wir bemühen uns, regelmäßig neue Programme zusammenzustellen, um Möglichkeiten für vertiefende Auseinandersetzungen mit der Sammlung für unser Team und auch externe Kurator:innen und Wissenschaftler:innen zu schaffen. Mit den Präsentationen in unserer Videolounge und den Ausstellungs- und Vorführräumen von Partnerorganisationen erreichen wir ein breites Publikum. Allerdings möchten wir unsere kuratorische Verantwortung und die damit einhergehenden Möglichkeiten auch gerne mit anderen Menschen teilen. Zu diesem Zweck entwickelten wir bereits 2021 den Videokunstkanal IMAI Play.

IMAI Play ist eine Plattform, auf der Nutzer:innen aus einer Auswahl von über 1000 in voller Länge verfügbaren Videos aus unseren Beständen eigene Playlists zusammenstellen, teilen und kommentieren können.[2] Zur weiteren Erschließung der Sammlung soll dabei auch eine verpflichtende Verschlagwortung beitragen, die wie bei kommerziellen Videoplattformen als eine Art „user-generated tagging system" – auch „social tagging" genannt – funktioniert. Ein solches System soll uns dabei helfen, die Hegemonie der fachwissenschaftlichen Verschlagwortung zu überwinden und die Inhalte der Videos mithilfe diverser Sichtweisen zu ermitteln und zu katalogisieren. Natürlich bringt das Herausforderungen mit sich. So erschwert die fehlende Einheitlichkeit der Verschlagwortung zum Beispiel ganz praktisch die Auffindbarkeit der Videos. Darüber hinaus haben wir keinerlei Informationen darüber, wie divers das Publikum auf unserer Seite tatsächlich ist. Der Transformationsprozess von der allgemeingültigen Klassifizierung von Inhalten auf der Grundlage fachwissenschaftlicher Ontologien hin zu einem „space of multiple classifications" mit veränderlichen Überschneidungen und Verbindungen ist also noch nicht abgeschlossen.

Währenddessen überdenken wir unsere Sammlungsarbeit auch jenseits der inhaltlichen Erschließung der Videobestände und ihrer wechselnden thematischen Zusammenstellungen. Dazu gehört eine kritische Aufarbeitung der Entstehungsgeschichte der Sammlung, die neben dem Reichtum ihrer Bestände auch Leerstellen sichtbar macht. Ein wesentlicher Ausgangspunkt für diese tiefer gehende Durchdringung der IMAI-Sammlung ist die Kondition der Distribution. So spiegelt das Archiv von 235 eben nicht den idiosynkratischen Geschmack eines Sammlers oder einer Sammlerin oder die enzyklopädischen Ansprüche einer Institution wider, sondern die analogen Bestände eines alternativen Musik- und Videovertriebs. Das bedeutet, dass alle Videos im Zusammenhang mit dem Zweck des Vertriebs durch 235 über Zines und Musikzeitschriften stehen, wobei einige in das Vertriebsprogramm aufgenommen, andere jedoch auch abgelehnt wurden und wieder andere aufgenommen werden sollten, man sich mit den Künstler:innen jedoch nicht einig werden konnte. Dabei muss die Distribution nicht nur als gesellschaftliche Bedingung der gesammelten Videos reflektiert werden. Auch in Bezug auf die Kanonbildung in der Videokunst allgemein spielte die Distribution eine wesentliche Rolle. So beschreibt die Filmwissenschaftlerin Erika Balsom: „Der Vertrieb wirkt an der Wertschöpfung und an der Kanonbildung mit. So sind bestimmte Arbeiten weithin verfügbar zum Ansehen und zum Beschreiben, während andere unzugänglich bleiben. Ebenso kann der Vertrieb ein Ort der Fürsprache sein und ein Weg, um mangelnde Sichtbarkeit zu beheben."[3] In diesem Bewusstsein führt die Stiftung IMAI ihr Distributionsprogramm bis heute fort. Dabei ist es mit einer diversitätssensiblen Auswahl der Neuaufnahmen

2 Siehe URL: www.stiftung-imai.de/play.

3 "Distribution participates in the generation of value and canon formation, as particular works may be made widely available to be seen and written about, while others remain inaccessible. Equally, distribution can be a site of advocacy and a way of remedying a lack of visibility." Aus: Erika Balsom, *After Uniqueness. A History of Film and Video Art in Circulation*, New York 2017, S. 8. Deutsche Übersetzung durch die Autorin.

4 Vgl. Elfi Vomberg, „Delete, Overwrite, Revise – How *Mirakel Wip* Became *Miracle Whip [Befreit]*. A Trace Hunt in the Archive", in: Kathrin Dreckmann u.a., *Fringe of the Fringe: Queering Punk Media History*, Berlin 2023, S. 190–206.

5 "[...] metadata entail values and norms which shape the content by defining what is worth searching for and what is not." Aus: Dagmar Brunow, „Naming, Shaming, Framing? The ambivalence of queer visibility in audio-visual archives", in: Anu Koivunen u.a., *The Power of Vulnerability. Mobilising affect in feminist, queer and anti-racist media cultures*, Manchester 2018, S. 177. Deutsche Übersetzung durch die Autorin.

keineswegs getan. Tatsächlich zeigt sich immer wieder, dass wir auch kritisch aufarbeiten müssen, wie unsere Bestände in unseren Besitz gekommen sind und welche Annahmen über Autorschaft, Medium und Werkcharakter damit einhergingen.

Im Rahmen des Forschungsprojekts „Fringe of the Fringe: Queering Punk Media History" untersuchten wir diese Fragestellungen in Zusammenarbeit mit der Musikwissenschaftlerin und Historikerin Elfi Vomberg mit den Methoden der „citizen science". Vombergs Gespräche mit Zeitzeug:innen der Düsseldorfer Kunst- und Punkszene(n) der 1970er-Jahre führten nach ausführlichen Recherchen im städtischen Filmmuseum zu einer Umschreibung der Autorschaft einer Videoarbeit. *Mirakel Wip* von 1979 war 2006 als Digitalisat von 235 Media an die Stiftung IMAI übergeben worden und wurde gemäß der bestehenden Verwertungsverträge über 15 Jahre lang Muscha und Trini Trimpop zugeschrieben. Erst durch Vombergs Recherchen und die rigorosen Nachforschungen von IMAI-Sammlungskuratorin Darija Šimunović stellte sich heraus, dass die Arbeit tatsächlich von der Düsseldorfer Künstlerin Ela Eis stammt. Obwohl sie in dem Video in engem Lederkostüm mit Peitsche selbst eine Geste der Befreiung performt, war uns die Künstlerin bislang weder als Darstellerin noch als Urheberin der Arbeit bekannt. Seither wird das Video in der Sammlung der Stiftung IMAI unter ihrem Namen archiviert, präsentiert und vertrieben.[4] Trotz solch kleiner Erfolge sind die patriarchalen und rassistischen Strukturen unserer Gesellschaft weiterhin in die Sammlung der Stiftung IMAI eingeschrieben und lassen sich nur schwer systematisch aufarbeiten.

Einen ersten Vorstoß in Richtung einer systematischeren, diversitätssensiblen Sammlungsaufarbeitung unternehmen wir derzeit mit dem Projekt „Vom Rauschen im Archiv". IMAI-Forschungsvolontärin Kat Lawinia Gorska widmet sich in diesem Forschungsprojekt den U-Matic- und VHS-Beständen, die in vergangenen Erschließungs- und Digitalisierungsprojekten weitgehend unbeachtet geblieben waren. Dabei handelt es sich zum Beispiel um Bänder, die nicht mit prominenten künstlerischen Namen in Verbindung gebracht werden können. Viele von ihnen stammen von weiblich gelesenen Urheber:innen und von Videomacher:innen anderer marginalisierter gesellschaftlicher Gruppen. Auch die Qualität der Bänder führte in der Vergangenheit besonders im Falle der VHS-Bestände oft zu ihrem Ausschluss von Digitalisierungsprozessen. Im Zuge der längst überfälligen Sichtung, Katalogisierung und Digitalisierung dieser Bestände soll nun in Zusammenarbeit mit Filmwissenschaftlerin Dagmar Brunow ein sensibles und nachhaltiges Vorgehen erarbeitet werden. Neben der Auswahl und Sichtung der Bänder stellt die Metadatenerfassung dabei eine besondere Herausforderung dar. Selbst wenn die Kassetten noch originale Hüllen haben, sind diese oft nur rudimentär beschriftet und geben wenig Informationen über die Rechteinhaber:innen preis. Neben der künstlerischen Autorschaft betrifft dies zum Beispiel auch Musikrechte und Persönlichkeitsrechte, die durch Internet- und Archivrecherchen sowie Zeitzeug:inneninterviews mühsam zusammengetragen werden müssen. Die Metadatenerfassung ist ein sensibler Punkt in Dagmar Brunows Forschung. Sie erläutert, dass „Metadaten mit Werten und Normen verbunden sind, die den Inhalt [des Archivs] gestalten, indem sie definieren, was eine Suche wert ist und was nicht."[5] So geht es in dem Projekt auch darum, die Strukturen unserer Metadatenerfassung zu hinterfragen, die im Sinne des westlichen Kunstkanons eine:n Urheber:in und ein Erscheinungsjahr zentral stellt, obwohl dies vielleicht gar nicht die tatsächlichen Umstände der Produktion der Arbeit widerspiegelt. So hoffen wir, eine kritische Methode zu erarbeiten, die nachhaltig Einfluss auf die Archivstruktur, die Erfassungsrichtlinien, den Datenbankaufbau und die Sichtungsprozesse der Stiftung IMAI haben wird.

In ihrer Forschung betont Dagmar Brunow immer wieder, dass Diversitätspolitik und Digitalisierung natürlich eine große Chance für unsere Video- und Filmarchive bedeuteten, Jahrzehnte der Marginalisierung von Frauen, queeren und rassifizierten Menschen aber eben nicht zurückdrehen könnten. Darum braucht es ein nachhaltiges Umdenken unserer Archivstrukturen, das von der Erfassung der Metadaten der Bänder bis hin zur Sichtbarmachung der Digitalisate reicht. Die Tatsache, dass es sich bei den Beständen der Stiftung IMAI um ein Distributionsprogramm handelt, macht die Herausforderungen nicht geringer, stellt aber auch eine große Chance dar. Denn durch das Distributionsprogramm steht die Sammlung in einer permanenten Beziehung zur Außenwelt. Durch den Verleih werden die Metadaten zu den Sammlungsbeständen nicht nur intern katalogisiert, sondern auch so umfassend wie möglich veröffentlicht. Außerdem besteht durch die Verleihaktivitäten ein fortlaufender Austausch mit den Urheber:innen und ihren Nachkommen, was Rückfragen im Rahmen einer diversitätssensiblen Auf- und Nachbearbeitung erleichtert. Und natürlich wird das Distributionsprogramm fortlaufend erweitert, sodass die Auswahlmechanismen und -kriterien auch weiterhin kontinuierlich hinterfragt werden.

Im Zuge der noch längst nicht abgeschlossenen diversitätssensiblen Aufarbeitung der IMAI-Sammlung haben wir mit den Projekten der letzten Jahre („IMAI Play", 2021; „Fringe of the Fringe", 2021–2022; „Flowers from the Underground", 2022–2023; „Vom Rauschen im Archiv", 2023–2024) einige Blumen aus dem Untergrund sprießen sehen. Durch Risse im Asphalt des kunsthistorischen Kanons und unserer fachwissenschaftlichen Methodik haben sie sich ihren Weg an die Oberfläche gebahnt. Diese Risse gilt es nun nicht sofort wieder zu asphaltieren, um so viele Videobänder wie möglich gedankenlos auf den Parkplätzen der Archive und Sammlungen abstellen zu können. Wie Pflanzen brauchen die Magnetbänder unsere Zuwendung in Form von engagierter Pflege, dokumentierter Sichtung, kritischer Katalogisierung, umsichtiger Digitalisierung und immer wieder neuen Auseinandersetzungen in Workshops, Screenings und Ausstellungen. So können wir jetzt noch herausfinden, was wir haben, bevor es zu spät ist.

Markus Stegmann

Die Rettung der Langmatt

Wie ein spektakulärer Bilderverkauf die Zukunft eines Museums sichert

Als am 9. November 2023 bei Christie's in New York der Hammer zum dritten Mal fiel, stand fest: Die Langmatt ist gerettet, die Zukunft dieses in Europa einmaligen historischen Ensembles ist gesichert. Drei kleinformatige Bilder von Paul Cézanne aus der Sammlung des Museums Langmatt in Baden bei Zürich erbrachten zusammen einen Erlös von umgerechnet rund 42 Millionen Euro. Eine in dieser Höhe einzigartige Summe in Europa, um als Ultima Ratio ein Museum zu retten, die in der Fachwelt durchaus umstritten war. Dazu in der Schweiz, wo ein solches Notfallszenario nicht unbedingt zu erwarten gewesen wäre.

Die Impressionismussammlung der Langmatt

Mit seinen rund fünfzig impressionistischen Gemälden von Paul Cézanne und Edgar Degas über Paul Gauguin und Claude Monet bis hin zu Camille Pissarro und Pierre-Auguste Renoir zählt das Museum Langmatt zu den bedeutendsten Privatsammlungen des französischen Impressionismus in Europa. Das Ehepaar Jenny und Sidney Brown, eine der drei Gründerfamilien der damaligen BBC (Brown, Boveri und Cie., heute ABB), erwarb exakt vierzig der rund fünfzig Werke außergewöhnlich früh: zwischen 1908 und 1919, als der Impressionismus noch zur zeitgenössischen Kunst zählte, sogar in Fachkreisen immer noch umstritten, vom Publikum aufs Heftigste beschimpft. Die Browns schrieben Kunstgeschichte, ohne dass sie es gewusst oder gewollt hätten. Renditedenken oder Sozialprestige konnten zur damaligen Zeit keine Motivation gewesen sein, weil niemand wusste, ob die von der Kunstkritik jahrzehntelang in der Luft zerrissenen Impressionisten jemals in die Kunstgeschichte eingehen, ob und wie sich die Werte der Bilder entwickeln würden. Jenny Brown (1871–1968) schrieb 1910 in einem Brief: „Wir sitzen jeden Abend vor den Impressionisten im Atelier, da wir sie noch nicht hinunter zu transportieren wagten, allzu viel Fragen von den Bekannten fürchtend."[1] Es war die Begeisterung von Jenny und Sidney Brown (1865–1941) für Farbe, Licht und Bewegung, die sie zum Sammeln veranlasste.

1 Jenny Brown in einem Brief an Carl Montag, 22.4.1910, SIK Dok, NM II, 5C.

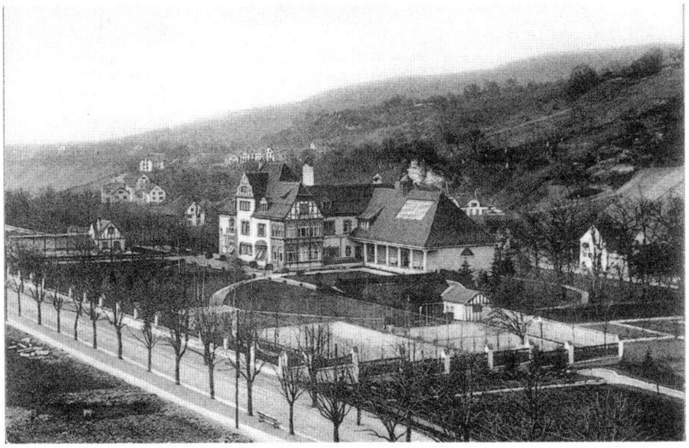

Doch wie war es möglich, dass die Browns zu einem derart frühen Zeitpunkt die stattliche Zahl von vierzig hochkarätigen Impressionisten erwarben, deutlich früher als beispielsweise Oskar Reinhart in Winterthur, der ab 1924 seine Sammeltätigkeit maßgeblich intensivierte, und noch viel früher als der umstrittene Emil Bührle ab 1936 in Zürich? Wie kam es ausgerechnet im kleinen Baden zu einer solch erstaunlichen Sammlung? Als 1891 sein Bruder Charles Brown (1863–1924) gemeinsam mit Walter Boveri (1865–1924) in Baden die BBC gründete, stieß Sidney Brown noch im selben Jahr zum Unternehmen hinzu. Nicht zuletzt dank des von ihren Ehefrauen eingebrachten Vermögens hatten die drei Jungunternehmer genug Kapital, um in ein zukunftsträchtiges Start-up zu investieren, wie man heute sagen würde. Elektrotechnik war die Technologie der Zukunft. Bereits 1901 konnten Jenny und Sidney Brown ihr neues Anwesen beziehen, die Villa Langmatt in Baden, erbaut von Karl Moser (1860–1936), einem der bedeutendsten Schweizer Architekten der Jahrhundertwende, aus Baden stammend.ABB. 1 Das Unternehmen entwickelte sich ausgezeichnet und schuf die Voraussetzung dafür, dass sich die Browns ihren Wunsch, Kunst zu sammeln, erfüllen konnten. Zunächst erwarben sie Werke der Münchner Sezession, vor allem Bilder von Julius Exter (1863–1939), mit dem sie eine langjährige Freundschaft verband. Aber auch Werke von Leo Putz, Franz von Stuck und vielen anderen bildeten die erste Sammlung der Browns. Für die rasch wachsende Zahl oft großformatiger Bilder ließen sie 1906 von Karl Moser eine Gemäldegalerie entwerfen.ABB. 2

Doch kaum waren die Werke der Münchner Sezession in die Gemäldegalerie eingezogen, folgten Jenny und Sidney Brown dem Ruf von Carl Montag (1880–1956), einem befreundeten Winterthurer

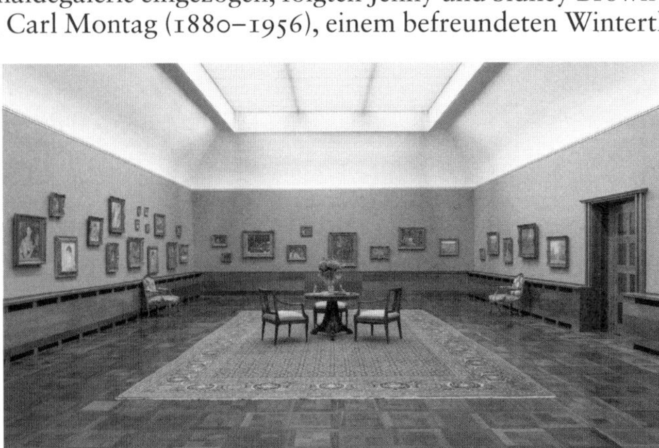

Künstler, der in Paris ansässig war und den Fauves nahestand. Er führte sie zu den einschlägigen Galerien und Kunsthandlungen in Paris, wie beispielweise zu jener von Ambroise Vollard, und machte sie mit einflussreichen Sammlern des Impressionismus bekannt, zum Beispiel mit Georges Viau. Die Browns waren von der Farbigkeit und dem flirrenden Licht der Impressionisten sofort begeistert und begannen nach und nach, fast ihre gesamte Sammlung von Bildern der Münchner Sezession zu verkaufen oder einzutauschen, um in Paris die neuen Bilder erwerben zu können.

Nach dem Ersten Weltkrieg folgten für die BBC wirtschaftlich schwierigere Jahre. Die Browns reduzierten ihre Sammeltätigkeit und änderten abermals ihre Präferenzen: Sie wandten sich dem französischen 18. Jahrhundert zu und erwarben vornehmlich Mobiliar und Kunsthandwerk, vereinzelt auch Bilder dieser Epoche sowie Silber, Porzellan und asiatische Keramik. In den 1930er-Jahren ergänzte das Ehepaar seine Impressionismussammlung um einige wenige Werke, darunter 1933 Paul Cézannes *Fruits et pot de gingembre* (um 1890–1893), *Quatre pommes* (um 1885) sowie *La mer à l'Estaque* (um 1883), die am 9. November 2023 zur Rettung der Langmatt verkauft wurden. Als Sidney Brown 1941 starb, endete auch die Sammeltätigkeit in der Langmatt.

Vom großbürgerlichen Wohnhaus zum Museum

Jenny und Sidney Brown hatten drei Söhne, die jedoch ohne Nachkommen blieben. ABB. 3 Sidney Hamlet (1898–1970) und Harry Frank (1905–1972) waren homosexuell, John Alfred (1900–1987) wollte heiraten, aber seine Mutter verbot die Hochzeit: Andrée Marthe Müller (1911–1976) aus der französischen Schweiz, die in Paris als Malermodell arbeitete, erschien Jenny nicht standesgemäß. Diese Umstände bedeuteten in der damaligen Zeit für alle Beteiligten eine große Belastung und führten dazu, dass sich die drei Söhne zeit ihres Lebens zumeist in Paris aufhielten.

Bereits zu Lebzeiten von Jenny Brown stellte sich in der Familie die Frage, was aus der Langmatt einmal werden sollte, vor allem aus der Impressionismussammlung. Verschiedene Varianten wurden diskutiert, darunter auch die Option, die Werke ans Kunsthaus Zürich zu geben. Als 1970 Sidney Hamlet und zwei Jahre später sein Bruder

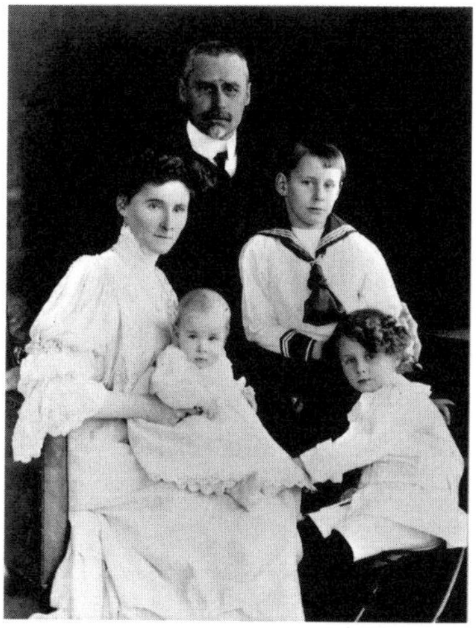

Abb. 1 Villa Langmatt mit Park und Römerstrasse, Postkarte, ca. 1910

Abb. 2 Gemäldegalerie mit der Sammlung französischer Impressionisten, 1934

Abb. 3 Jenny und Sidney Brown mit ihren drei Söhnen Harry Frank, Sidney Hamlet und John (v.l.n.r.), um 1906

Harry starben und John 1971 einen Schlaganfall erlitt, der ihn an den Rollstuhl fesselte, stellten sich diese Fragen mit noch größerer Dringlichkeit. In den 1970er-Jahren entwarf John Brown mehrere Testamente. Daraus geht sein ausdrückliches Bestreben hervor, die Zukunft der Langmatt im Andenken an seine Eltern bestmöglich zu sichern. Mit Unterstützung von Paul Germann, seinem Verwalter, formulierte John Brown am 11. September 1979 ein finales Testament, das alle vorherigen Testamentsfassungen aufhob. Es sieht eine Schenkung des gesamten historischen Ensembles einschließlich der Impressionismussammlung, aller weiterer Kunstwerke, der Villa, des Parks und der Wertschriften an die Stadt Baden vor mit der Auflage, eine Stiftung einzurichten, die die Langmatt als Museum der Öffentlichkeit zugänglich machen sollte. Der Stiftungszweck besteht im Wesentlichen darin, das Andenken an Jenny und Sidney Brown und ihre Impressionismussammlung zu bewahren und das Kunstverständnis in der Region und darüber hinaus zu fördern.[2] Nach dem Tod von John Brown im Jahr 1987 nahm die Stadt Baden mit großem Dank das außergewöhnliche Geschenk an und richtete 1988 die Stiftung „Langmatt“ Sidney und Jenny Brown als Trägerin des Museums Langmatt ein, das im April 1990 erstmals seine Tore öffnete.

So einzigartig die in Europa seltene Möglichkeit ist, eine erlesene, Anfang des 20. Jahrhunderts entstandene Impressionismussammlung am historisch gewachsenen Ort eines visionären Sammlerpaares zu erleben, so schwierig zeigte sich von Anfang an die finanzielle Situation. Das Stiftungskapital war mit rund 5,3 Millionen Schweizer Franken (ohne Kunstsammlung und Immobilie) bereits zu Beginn viel zu gering, um langfristig ein Museum betreiben zu können, einschließlich dem Unterhalt der seit 1990 denkmalgeschützten Villa.[3] Der jeweilige Stiftungsrat konnte zwar ab 1990 erfolgreich zusätzliche finanzielle Beiträge von verschiedenen Seiten generieren, aber die Mittel reichten nicht aus, um das Museum langfristig auf eine tragfähige Basis zu stellen.

Bilderverkauf als Ultima Ratio

Der seit 2014 amtierende Stiftungsrat mit seinem Präsidenten Lukas Breunig-Hollinger und seinem Vizepräsidenten und Quästor Stefan Bräm hat diese Bemühungen intensiviert und erfolgreich verstärkt. Doch spätestens 2016 war absehbar, dass es nur noch eine Frage von wenigen Jahren sein würde, bis das Stiftungsvermögen aufgezehrt wäre. Es zeigten sich zwei kapitale Baustellen: die Sanierung des Gebäudes und die der Stiftungsfinanzen. Daher beschlossen die Stiftung Langmatt und die Stadt Baden in einem gemeinsamen Projekt, die inhaltliche, vor allem aber die finanzielle Zukunft des Museums Langmatt zu klären. Unter Federführung des renommierten Schweizer Kulturmanagers und Kurators Martin Heller (1952–2021) erarbeiteten Stadt, Stiftungsrat und Direktion von 2017 bis 2020 die Strategie „Zukunft Langmatt“.[4]

Es ist das Verdienst von Martin Heller, dass er mit einer klaren Zuweisung der Zuständigkeiten zwischen Stadt und Stiftung sowie mit dem Vorschlag eines begrenzten Bilderverkaufs den gordischen Knoten zerschlug: auf der einen Seite die Verantwortung der öffentlichen Hand für das Gebäude, auf der anderen jene der Stiftung für ihr Kapital.[5] Demnach sollte die Stadt Baden gemeinsam mit dem Kanton Aargau und Beiträgen von Stiftungen, Gemeinden, Unternehmen

2 Siehe Stiftungsurkunde vom 18. Februar 1988: „4. Zweck: Die Stiftung verfolgt den Zweck, a) die Villa Langmatt mit Park und Kunstsammlungen der Stadt Baden zu erhalten und der Öffentlichkeit als Museum zugänglich zu machen; b) das Andenken an die Stifterfamilie Brown in Ehren zu halten und das Stiftungsgut in ihrem Sinne zu präsentieren; c) das Kunstverständnis und kulturelle Schaffen in Stadt, Region und Kanton zu fördern; d) die Erhaltung wertvollen Kulturgutes und das Kunstverständnis in der Öffentlichkeit zu fördern.“ Siehe URL: www.langmatt.ch/langmatt/stiftung.

3 Vgl. Martin Heller und Frerk Froböse, Heller Enterprises (Mitarbeit: Patrick Nöthiger und Markus Stegmann), *Zukunft Langmatt. Erarbeitung, Strategie und Machbarkeit, Schlussbericht der Fachbegleitung*, April 2020, S. 31.

4 Vgl. ebd.

5 Vgl. ebd., S. 32, S. 62 f.

6 Vgl. Stiftungsurkunde 1988 (wie Anm. 2).

7 Vgl. Florens Deuchler, „Zur Sammlungsgeschichte der Langmatt“, in: Ders., *Die französischen Impressionisten und ihre Vorläufer*, Sammlungskatalog Band 1, Baden 1990, S. 16.

und Privaten die Kosten der Gebäudesanierung tragen. Die Stiftung Langmatt hingegen sollte mit einem Bilderverkauf ihr Kapital sanieren. Finanzspezialisten errechneten im Rahmen der Strategie „Zukunft Langmatt“ als Stiftungskapital einen fehlenden Betrag von vierzig Millionen Schweizer Franken, damit zukünftig nicht mehr vom Verzehr desselben, sondern von dessen Rendite die jährlich fehlenden betrieblichen Mittel von durchschnittlich einer Million Schweizer Franken bereitgestellt werden könnten, ausgehend vom zukünftigen Betriebsbudget ab 2026. Die Berechnungen gehen von einer zurückhaltend kalkulierten durchschnittlichen Rendite von circa 2,5 Prozent aus, über Jahre und Jahrzehnte logischerweise schwankend, jedoch mit der Sicherheit, dass das Museum langfristig, also auch in börsenschwachen Jahren, die nötigen Mittel erhalten würde.

Als auch die letzten Diskussionen, ob nicht doch noch andere Lösungen als ein Bilderverkauf die Langmatt retten könnten, zu keinem Ergebnis führten, fasste der Stiftungsrat am 27. November 2018 einstimmig den Beschluss, mit einem eng begrenzten und einmaligen Bilderverkauf die mittelfristig drohende Insolvenz der Stiftung abzuwenden und somit das Museum vor dem Untergang zu bewahren. Meine Aufgabe als Museumsdirektor war es, die Entscheidung des Stiftungsrats nicht nur loyal mitzutragen, sondern sie in den nächsten Jahren aktiv und überzeugt öffentlich zu vertreten. Wie der Stiftungsrat, so stand auch ich in der Verantwortung, eine Güterabwägung im Sinne des Stifters, aber auch im Interesse zukünftiger Generationen vorzunehmen. Die Entscheidung war klar: Das Erbe von Jenny und Sidney Brown und somit das Museum mussten unter allen Umständen gerettet werden.

Meilensteine bis zum Bilderverkauf

In einem nächsten wichtigen Schritt war nun zu prüfen, ob der Bilderverkauf überhaupt rechtens sei. Für die Stiftung Langmatt steht die Erfüllung des Stiftungszwecks an oberster Stelle, der in der Stiftungsurkunde von 1988 aufgeführt ist.[6] Diese wiederum war von der Stadt Baden auf Grundlage des Testaments von John Brown vom 11. September 1979 erlassen worden. Somit repräsentiert sie den Stifterwillen. Wie hätten sich Jenny und Sidney Brown in einer solchen scheinbar ausweglosen Situation verhalten? Diese Frage beschäftigte den Stiftungsrat und mich intensiv. Wie die umfassende Dokumentenlage im Museumsarchiv unschwer belegt, haben die Browns als private Sammler regelmäßig Werke verkauft beziehungsweise eingetauscht, nicht zuletzt, um neue erwerben zu können. Die fast vollständige Veräußerung ihrer Sammlung Münchner Sezession ist hierfür ein eindrucksvoller Beleg. Ebenso der Verkauf von acht Bildern des französischen Impressionismus, darunter zwei Gemälde von Paul Cézanne, um 1919 ein Bild von Jean-Honoré Fragonard zu kaufen.[7] Somit zeigt sich in der Sammlungsgeschichte der Langmatt zweierlei: Erstens sind die rund fünfzig impressionistischen Werke nicht aus öffentlichen, sondern aus privaten Mitteln erworben worden. Zweitens haben die Browns nicht nur gekauft, sondern regelmäßig auch verkauft, entsprechend ihren sich über die Jahrzehnte stark wandelnden Präferenzen.

Die Stiftung Langmatt als Trägerin des Museums hat als privatrechtliche Stiftung erhebliche Freiheiten in der Erfüllung ihres Stiftungszwecks, die sich mit jenen einer staatlichen Trägerschaft nicht vergleichen lassen. Für die Kontrolle der Erfüllung des Stiftungszwecks der Stiftung Langmatt ist die BVG- und Stiftungsaufsicht Aargau zuständig. Vom Stiftungsrat um eine Stellungnahme gebeten, hält die Behörde in einem Schreiben vom 17. September 2018 fest, dass der Stiftungsrat den vorgesehenen Bilderverkauf durchführen könne, um den Stiftungszweck zu erfüllen. Entscheidend sei, dem Stifterwillen bestmöglich zu entsprechen.

In einem weiteren Schritt war nun kritisch zu prüfen, ob die vierzig Millionen Schweizer Franken überhaupt erzielbar seien, ohne dabei die Impressionismussammlung zu ruinieren. Dem Stiftungsrat und mir war klar, dass der Charakter der einmaligen, historisch gewachsenen Sammlung von Jenny und Sidney Brown unbedingt erhalten bleiben musste. Das Ziel müsste daher mit einem minimalen Eingriff zu erreichen sein, nicht mit einem Verkauf zentraler, identitätsstiftender Werke oder einer größeren Werkgruppe. Um bei diesen zunächst kompliziert erscheinenden Überlegungen einen Schritt weiterzukommen, luden wir bereits 2019 im Rahmen der Strategie „Zukunft Langmatt" die beiden international führenden Auktionshäuser Christie's und Sotheby's nach Baden ein. Zwei hochkarätig besetzte Delegationen reisten im Mai und Juni 2019 mit ihren weltbesten Experten für den französischen Impressionismus und Spezialistinnen für Marketing und Kommunikation aus allen Teilen der Welt an, um belastbare Verkaufsoptionen innerhalb der Sammlung zu prüfen. Das Ergebnis war jeweils positiv.

Doch 2019 war der Bilderverkauf noch in weiter Ferne. Erst einmal musste die Strategie „Zukunft Langmatt" erfolgreich abgeschlossen und vom Stiftungsrat und den politischen Gremien der Stadt Baden bewilligt werden. Dies bedeutete einen komplexen politischen Ablauf, denn es galt, im Vorfeld – neben den politischen Parteien – beispielsweise auch die Strategie- und Finanzkommission der Stadt Baden vom Nutzen der Strategie zu überzeugen. Am 3. Juni 2020 sprachen sich im Einwohnerrat der Stadt Baden alle politischen Parteien von links bis rechts mit flammenden Bekenntnissen zur Langmatt für die Umsetzung der Strategie „Zukunft Langmatt" aus. Gestützt auf die Expertise der Auktionshäuser, kommunizierten Stadt und Stiftungsrat aus Gründen der Transparenz bereits am 12. Mai 2020 in einer Medienmitteilung, dass ein gezielter Bilderverkauf zur Sanierung des Stiftungskapitals erforderlich sei. Ein Verkauf von Bildern aus der Sammlung des Museums, ohne den Kernbestand zu tangieren, würde die notwendigen Mittel erbringen, um von deren Rendite das Museum betreiben zu können. 2020 stand jedoch noch nicht definitiv fest, welche Bilder verkauft werden sollten, denn bis zum Zeitpunkt des Bilderverkaufs, der für 2023 vorgesehen war, konnte sich der stets volatile Kunstmarkt noch in verschiedene Richtungen verändern. Das Ende der Pandemie und vor allem deren wirtschaftliche Folgen waren im Sommer 2020 noch nicht absehbar. Und niemand ahnte etwas vom Ukrainekrieg oder vom Krieg zwischen Israel und der Hamas.

Wie vermutet zog der geplante Bilderverkauf ein erhebliches Medieninteresse nach sich. Während das Thema in Baden und Umgebung – abgesehen von einigen wenigen Ausnahmen – positiv aufgenommen wurde, meldeten sich einzelne Museumspersonen in der Schweiz kritisch zu Wort, beispielsweise Dieter Schwarz, ehemaliger Direktor des Kunstmuseums Winterthur. Tobia Bezzola, Präsident von ICOM Schweiz, kritisierte die Entscheidung, Bilder zu verkaufen, in scharfen Tönen und drohte dem Museum Langmatt öffentlich mit

8 Siehe *Ethische Richtlinien für Museen von ICOM*, URL: www.museums.ch/de/fachwelt/angebote/publikationen/ethische-richtlinien. Zur Veräußerung von Sammlungsgut vgl. Kapitel 2.12 bis 2.17, S. 14 f.

9 Vgl. ebd., Kapitel 2.16, S. 15: „Museumssammlungen werden für die Öffentlichkeit treuhänderisch verwaltet und dürfen nicht als Aktivvermögen behandelt werden. Gelder oder Ersatzleistungen, die durch Aussonderung und Veräusserung von Objekten oder Exemplaren aus einer Museumssammlung erlangt wurden, sind ausschliesslich zum Nutzen der Sammlung – im Regelfall für Neuerwerbungen eben dieser – zu verwenden."

10 Seit 2021 befinden sich die Ethischen Richtlinien in Überarbeitung, die bis 2025 abgeschlossen sein soll. In welcher Form das Thema Deakzession Berücksichtigung findet, wird sich zeigen.

einem Ausschluss aus dem Museumsverband. Meine Einladung zu einem Gespräch in die Langmatt schlug er aus. Als ICOM-Mitglied in einer existenziellen Notlage erwartete die Langmatt zumindest Gehör, wenn nicht eine Hilfestellung von ihrem Berufsverband. Die Ethischen Richtlinien für Museen von ICOM, die empfehlenden Charakter haben, regeln Grundlagen und Voraussetzungen für den Verkauf von Sammlungsgut.[8] Demnach sollen Museen grundsätzlich keine Werke ihrer Sammlung veräußern. Wenn sie es dennoch tun und ihre Statuten dies gestatten, dann zugunsten der eigenen Sammlung.[9] Eine existenzbedrohende Notlage ist in den von 1986 stammenden Richtlinien jedoch gar nicht erwähnt. Eine solche Notlage war während des Museumsbooms der 1980er-Jahre schlicht nicht vorstellbar. Die Verhältnisse haben sich jedoch längst schon grundlegend verändert.[10] Die seit dem 19. Jahrhundert in Europa gepflegte Tradition, wonach Museen ihre Werke als öffentliches kulturelles Gedächtnis nicht verkaufen sollen, beruht auf Vereinbarungen mit der öffentlichen Hand, die als Gegenleistung die finanziellen Voraussetzungen schafft, damit die Museen ihren Aufgaben nachkommen und existenziell fortbestehen können.

Volksabstimmung über zehn Millionen Schweizer Franken

Die vom Badener Einwohnerrat am 3. Juni 2020 beschlossene Umsetzung der Strategie „Zukunft Langmatt“ betraf erfreulicherweise die für das Publikum beste von drei möglichen Optionen: Neben einer grundsätzlichen Renovierung der historischen Villa und energetischen sowie sicherheitstechnischen Verbesserungen sollen auch ein neuer Eingangsbereich mit deutlich mehr Platz, ein rollstuhlgängiger Lift zur Barrierefreiheit und ein filigraner, multifunktionaler Pavillon anstelle des Verwalterhauses von Paul Germann realisiert werden. Außerdem ist eine Ganzjahresöffnung vorgesehen, weil die drei- bis viermonatige Winterschließung der Langmatt den Bedürfnissen des heutigen Publikums nicht mehr entspricht.

Da die Strategie „Zukunft Langmatt“ eine Kostenbeteiligung der Stadt Baden in Höhe von 8,6 Millionen Schweizer Franken an der Gebäudesanierung vorsah (Stand Bauprojekt 2023: zehn Millionen Schweizer Franken), hatte dies aus verschiedenen Gründen eine Volksabstimmung zur Folge. Die Volksabstimmung ist ein in Europa weitgehend unbekanntes, in der Schweiz jedoch gut verankertes öffentliches Verfahren, ganz in der Tradition der direkten Demokratie. Dies bedeutet zunächst einen großen Aufwand an Überzeugungsarbeit und Kommunikation in geeigneter, sprich niederschwelliger Form. Also luden wir zu zahlreichen Infoveranstaltungen in die Langmatt ein, um vor Ort für die Vorteile eines sanierten Museums für die Bevölkerung zu werben. Es ist ein Glück, dass wir bereits ab 2016 mit einer kompletten Neuausrichtung der Langmatt und wesentlich mehr Ausstellungen und Veranstaltungen der Bevölkerung zeigen konnten, wie vielfältig und ansprechend die Möglichkeiten des historischen Ensembles sind. Zwischen 2015 und 2023 haben sich die Besucherzahlen kontinuierlich von rund 6500 auf mehr als 25 000 fast vervierfacht. Eine in der Schweiz unvergleichliche Erfolgsgeschichte und dies mit nur marginal gewachsenen finanziellen und personellen Ressourcen.

Um die Volksabstimmung bestmöglich vorzubereiten, alle Teile der Bevölkerung anzusprechen sowie unterschiedlichste Anliegen, aber auch kritische Voten konstruktiv einzubeziehen, rief der Stiftungsrat im Dezember 2021 ein breit aufgestelltes Unterstützungskomitee unter der Präsidentschaft von Christine Egerszegi-Obrist, Alt-Nationalratspräsidentin, ins Leben. Vertreterinnen und Vertreter aus Politik, Wirtschaft und Kultur waren bereit, sich für die Langmatt ehrenamtlich zu engagieren. Vor der Volksabstimmung beschloss der Einwohnerrat am 25. Oktober 2022 mit 45 zu einer Stimme die Beteiligung der Stadt in Höhe von zehn Millionen Schweizer Franken an den Kosten der Gebäudesanierung von 18,8 Millionen Schweizer Franken (Stand Bauprojekt). Dies war eine für die Volksabstimmung notwendige, in ihrer Deutlichkeit optimale Voraussetzung, weil in der Abstimmungszeitung, die alle Stimmberechtigten erhielten, dieses Ergebnis als Abstimmungsempfehlung ausgegeben wurde.

Am 18. Juni 2023 stimmten 79,25 Prozent der Badener Stimmbevölkerung für den städtischen Beitrag von zehn Millionen Schweizer Franken. Ein in dieser Höhe überwältigendes, demokratisch legitimiertes Bekenntnis zur Langmatt. Zwar beinhaltete die Volksabstimmung nicht den Bilderverkauf, da dies Sache des Eigentümers ist, also der Stiftung Langmatt, jedoch war allen klar, dass mit einem Ja zu den zehn Millionen Schweizer Franken auch die Sanierung der Stiftungsfinanzen durch den Bilderverkauf erfolgen würde.

11 Nähere Angaben zu Archivalien, Zustand, Provenienz, Ausstellungen und Literatur: vgl. Eva-Maria Preiswerk-Lösel (Hrsg.), *Ein Haus für die Impressionisten. Das Museum Langmatt in Baden. Stiftung Sidney und Jenny Brown*, Ostfildern-Ruit 2001, S. 160 f., 172 ff., 257 f.

Bildauswahl und Verkaufsstrategie

Parallel zu den umfassenden Vorbereitungen der Volksabstimmung wurden mögliche Verkaufswege für die Bilder, deren Auswahl und zuletzt auch die geeignete Verkaufsstrategie sondiert. Der Weg über ein internationales Auktionshaus zeigte sich als zielführend. Für Bilder im Wert von etlichen Millionen kamen nur weltweit führende Auktionshäuser mit ihren langjährigen und internationalen Kontakten infrage. Dieser Weg versprach einerseits einen maximalen Verkaufsertrag, andererseits eine größtmögliche Transparenz, die bei einem Direktverkauf über den Kunsthandel nicht möglich wäre. Wer würde garantieren, dass nicht ein halbes Jahr später das so veräußerte Langmatt-Bild bei einer Auktion auftauchte? Dann wäre die Schlussfolgerung naheliegend, dass die Stiftung Langmatt wohl keinen guten Verkaufspreis erzielt hätte.

In den Verhandlungen mit Christie's, Sotheby's und Phillips in der ersten Jahreshälfte 2023 ging es um die definitive Auswahl der Bilder und natürlich um die bestmöglichen Verkaufskonditionen. Bei der Auswahl der Bilder spielte der erforderliche Ertrag von vierzig Millionen Schweizer Franken eine zentrale Rolle, den maximal drei Bilder erbringen sollten. Diese Prämisse reduzierte die Zahl der infrage kommenden Bilder erheblich. Ein weiteres Kriterium war das bemerkenswert frühe Zeitfenster zwischen 1908 und 1919, innerhalb dessen die Browns vierzig ihrer rund fünfzig impressionistischen Bilder erwarben. Dieser frühe Ankaufshorizont stellt eine in Europa einzigartige kunsthistorische Pionierleistung dar. Deshalb war der Stiftungsrat einstimmig der Meinung, dass – wenn immer möglich – kein Bild aus diesem Zeitraum verkauft werden sollte. Und schließlich existieren Aufzeichnungen von John Brown, wonach bestimmte Bilder nicht entliehen werden sollten. Für den Stiftungsrat ein klares Statement, dass die betreffenden Bilder demzufolge nicht zu verkaufen seien. Aus diesen Prämissen ergab sich schließlich die Auswahl der Bilder fast wie von selbst: Es kamen nur drei Gemälde von Paul Cézanne infrage.

Sie wurden von den Browns 1933 als späte Ergänzungskäufe ihrer Impressionismussammlung erworben: *Fruits et pot de gingembre* (um 1890–93), *Quatre pommes* (um 1885) und *La mer à l'Estaque* (um 1883).[11] ABB. 4, 5, 6

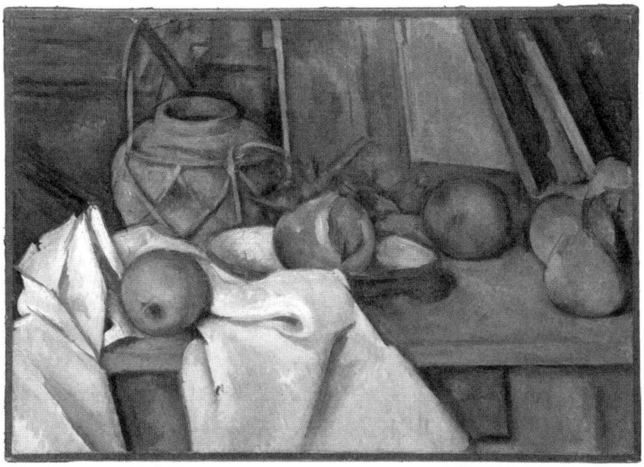

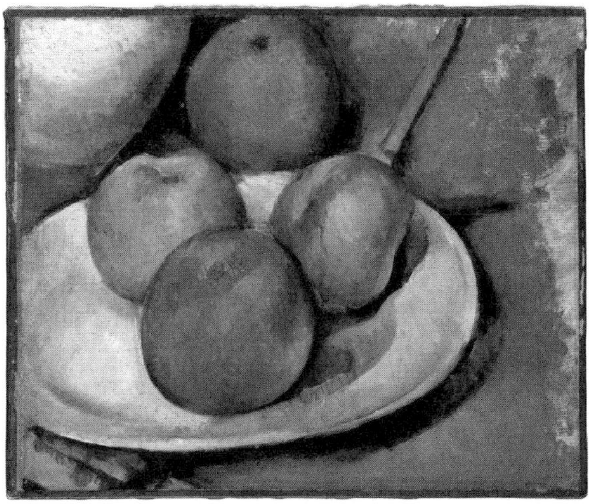

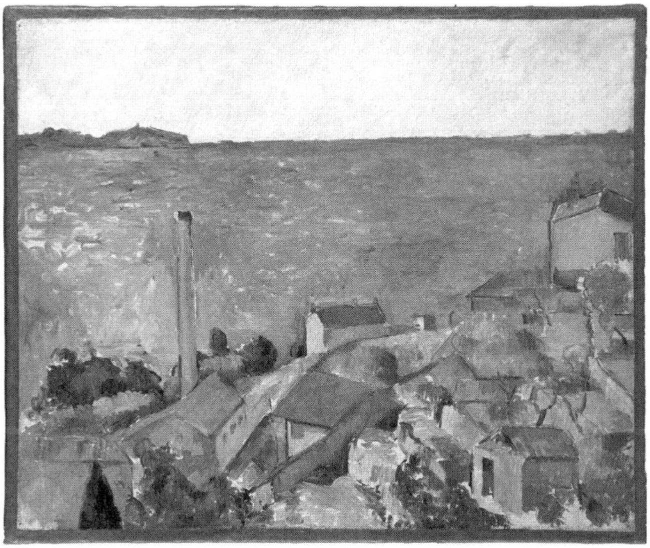

Abb. 4 Paul Cézanne, *Fruits et pot de gingembre*, um 1890–93, Öl auf Leinwand

Abb. 5 Paul Cézanne, *Quatre pommes*, um 1885, Öl auf Leinwand

Abb. 6 Paul Cézanne, *La mer à l'Estaque*, um 1883, Öl auf Leinwand

Neben sehr vorteilhaften Verkaufskonditionen war eine bemerkenswerte Verkaufsstrategie für die Wahl von Christie's ausschlaggebend. Sollte *Fruits et pot de gingembre*, das mit Abstand wertvollste der drei Bilder, die vierzig Millionen Schweizer Franken oder sogar einen höheren Betrag erzielen, würde Christie's die beiden anderen Bilder von der laufenden Auktion zurückziehen. Sollten die ersten beiden diesen Betrag erreichen, würde immerhin eines der Bilder in die Langmatt zurückkehren. Christie's bestätigte, die ungewöhnliche Verkaufsstrategie vor der Auktion transparent zu kommunizieren. Diese einmalige Möglichkeit, vielleicht ein oder allenfalls sogar zwei Bilder zu „retten", bedeutete für das Museum Langmatt eine einmalige Chance.

Restitution in letzter Minute

Die historische Quellenlage der Erwerbungsumstände der impressionistischen Bilder im Archiv des Museums Langmatt ist ausgezeichnet. Zu fast allen Werken haben sich Kaufverträge oder kommentierende Briefe, Postkarten und andere Dokumente erhalten. Auf dieser Grundlage hat Eva-Maria Preiswerk-Lösel, die erste Direktorin des Museums Langmatt, unter Beizug zahlreicher Fachspezialist:innen und Expert:innen 2001 einen umfassenden Sammlungskatalog erarbeitet.[12] Darin sind auch die Provenienzen der Werke detailliert publiziert. Da sich die Provenienzforschung seit den 1990er-Jahren stark entwickelt und mittlerweile als eigenständiger Forschungsbereich international etabliert hat, beschlossen wir 2021, einige Provenienzen im Rahmen eines Forschungsprojekts eingehender zu untersuchen. Dies betraf 13 Bilder impressionistischer Künstler oder ihrer Vorgänger, welche Jenny und Sidney Brown zwischen 1933 und 1941 erwarben. Als externe Spezialisten zogen wir Lange & Schmutz bei, die Anfang 2022 mit den Recherchen begannen. Ende 2022 erhielt das bis Herbst 2024 konzipierte Projekt vom Bundesamt für Kultur eine finanzielle Unterstützung. Im Herbst 2024 werden die Ergebnisse öffentlich kommuniziert.

Bei ihren Recherchen stießen Lange & Schmutz hinsichtlich der ehemaligen Eigentümerschaft des Bildes *Fruits et pot de gingembre* schon bald auf offene Fragen. Am 5. November 1933 erwarben Jenny und Sidney Brown das Bild für 57 575 Schweizer Franken in der Galerie L'Art Moderne in Luzern[13] zu einem nach Auskunft von Christie's für damalige Verhältnisse marktgängigen Preis. Ohne die übliche Vertraulichkeit unseres laufenden Provenienzforschungsprojektes zu tangieren, kann festgehalten werden, dass Lange & Schmutz stichhaltige Hinweise auf die Eigentümerschaft eruierten: 1929 schlug der Frankfurter Kunsthändler Jacob Goldschmidt der Galerie L'Art Moderne einen gemeinsamen, je hälftigen Erwerb des Bildes vor, der im selben Jahr realisiert wurde. Im Sommer 2023 übergaben wir unseren Forschungsstand inklusive der Quellen der Provenienzabteilung von Christie's zur weiteren Bearbeitung. Am 26. September 2023 teilten Christie's und die Stiftung Langmatt in einer gemeinsamen Medienmitteilung mit, welche Bilder aus der Sammlung der Langmatt am 9. November 2023 an die Auktion in New York gelangen würden.

Kurz darauf fand sich ein neues Dokument, das die Stiftung Langmatt veranlasste, mit den Erben von Jacob Goldschmidt Kontakt aufzunehmen, um im Sinne der Washingtoner Principles eine „faire und gerechte Lösung" zu finden. Wenngleich die historischen Quellen

12 Vgl. ebd.
13 Vgl. ebd., S. 258.

keine eindeutige Sprache sprechen, liegt die Vermutung nahe, dass Jacob Goldschmidt seinen Anteil am Verkaufserlös brauchte oder gebraucht hätte, um sich und seine Familie angesichts des nationalsozialistischen Boykotts jüdischer Geschäfte seit Anfang 1933 durchzubringen und seine spätere Flucht über Frankreich in die USA zu ermöglichen. Die Erben von Jacob Goldschmidt sowie deren Rechtsanwälte Mara Wantuch-Thole und Ewald Volhard waren vom proaktiven Vorgehen der Stiftung Langmatt positiv überrascht, denn es war ihnen nicht bewusst, dass sich das Bild 1933 zur Hälfte im Besitz von Jacob Goldschmidt befunden hatte. In erstaunlich kurzer Zeit konnte eine einvernehmliche Lösung erzielt werden, über die wie üblich Stillschweigen vereinbart wurde. Entgegen vereinzelten Spekulationen in den Medien war es der Stiftung Langmatt jedoch gut möglich, die aus der Einigung entstehenden Verpflichtungen zu tragen. Wir hatten nicht damit gerechnet, dass in so kurzer Zeit eine Restitution möglich wäre. Üblicherweise dauern derartige Verhandlungen Monate, wenn nicht Jahre. Dies ist ein Glücksfall, denn sonst hätte Christie's das Bild nicht für die Auktion am 9. November zugelassen.

Showdown in New York

Die drei Tage unmittelbar vor der Auktion am 9. November 2023 in New York erwiesen sich als ausgesprochen anspruchsvoll, denn es lag nur ein geringes Interesse an den drei Bildern der Langmatt vor. Nicht zuletzt durch den Überfall der Hamas auf Israel am 7. Oktober war der Kunstmarkt angespannt, die internationale Käuferschaft verunsichert. Dies führte zu einer fragilen, sprunghaften und unübersichtlichen Situation. Eine gewaltige Herausforderung mit beträchtlichen Risiken für die bevorstehende Auktion und somit für die Rettung der Langmatt. Stiftungsratspräsident Lukas Breunig-Hollinger, Vizepräsident und Quästor Stefan Bräm, Kommunikationsberater Bernhard Schmid und ich mussten mehrfach täglich die sich ändernde, durchweg ungünstige Lage neu interpretieren. Was würde sich bis zur Auktion noch ändern? Welche Stellschrauben waren überhaupt beeinflussbar? Und die drängendste Frage: Was, wenn die vierzig Millionen Schweizer Franken nicht erreicht würden? Wäre dann das Museum zu retten?

Am Abend der Auktion ging alles ganz schnell: In wenigen Minuten waren die drei Bilder der Langmatt verkauft. Allerdings zogen sich bei *Fruits et pot de gingembre* die Sekunden unangenehm in die Länge. Schließlich konnte das Bild für 33,5 Millionen US-Dollar verkauft werden, allerdings unter dem unteren Schätzwert von 35 Millionen US-Dollar. Auch *La mer à l'Estaque* blieb mit 2,6 Millionen US-Dollar unter dem unteren Schätzwert von drei Millionen US-Dollar. Einzig die *Quatre pommes* lagen mit 8,7 Millionen US-Dollar ziemlich genau zwischen dem unteren und oberen Schätzwert von sieben und zehn Millionen US-Dollar. Doch das wichtigste Ziel wurde erreicht: Mit einem Nettoerlös von umgerechnet insgesamt 40,32 Millionen Schweizer Franken (42 Millionen Euro) gelang eine Punktlandung hinsichtlich der erforderlichen vierzig Millionen Schweizer Franken. Entsprechend groß war unsere Erleichterung, wenn auch nicht ohne Schmerz: Wir hatten gehofft, dass mit etwas Glück *Fruits et pot de gingembre* vierzig Millionen Schweizer Franken würde erzielen und somit die beiden anderen Bilder der Langmatt hätten erhalten bleiben können, zumindest eines von ihnen. Doch niemand kann den tatsächlichen Verkaufspreis nach Belieben beeinflussen. Allein der „Markt" entscheidet an einem bestimmten Ort zu einer bestimmten Zeit, und dies typischerweise in direkter Abhängigkeit von aktuellen Krisen weltweit.

Ein Ausnahme-, aber kein Präzedenzfall

Was bleibt von diesem jahrelangen, intensiven Rettungsprozess, der fast noch in letzter Minute zu scheitern drohte? Die Rettung der Langmatt ist ein in Europa einmaliger Fall, aber weder ein Tabubruch noch ein Präzedenzfall für andere Museen. Denn welches in seiner Existenz bedrohte Museum wäre in der Lage, sich selbst mit einem Sammlungsverkauf zu retten, ohne dabei seine Sammlung zu ruinieren? Vierzig Millionen Schweizer Franken sind nicht einfach übertragbar auf andere Museen mit finanziellen Schwierigkeiten. Hinzu kommt, dass die Impressionismussammlung der Langmatt nicht mit öffentlichen Mitteln zustande kam, sondern durch das private Engagement eines visionären Sammlerpaars. Und schließlich ist die Trägerin des Museums Langmatt keine staatliche Behörde, sondern eine privatrechtliche Stiftung, die zur Erfüllung ihres Stiftungszwecks deutlich größere Freiheiten genießt. Aus diesen Gründen wird der Bilderverkauf der Langmatt in dieser extremen Form keine Schule machen, könnte aber zu Diskussionen anregen, ob Museen unter allen Umständen ihre stetig wachsenden Sammlungen auf alle Ewigkeit erhalten sollen, wenn gleichzeitig der öffentlichen Hand immer weniger finanzielle Mittel zur Verfügung stehen. Der traditionelle „Bund" zwischen Museen und der öffentlichen Hand erodiert schon seit Jahrzehnten. Natürlich ist es ein heißes Eisen, diese Fragen zu diskutieren und rote Linien neu zu verhandeln. Die Begehrlichkeiten der Politik in Zeiten knapper Kassen sind groß, das Verständnis für kulturelle Zusammenhänge manchmal bescheiden. Aber alles beim Alten zu belassen, wird die Probleme nicht lösen.

Philipp Teufel

Sammlungen schauen – Schausammlung

Subjektive Betrachtungen einer Sammlungsgeschichte durch einen Museumsgestalter

Ständige Sammlungen

Wie „ständig" sind die ständigen Sammlungen eines Museums? Dieser Frage gehe ich anhand meiner Erfahrungen mit einem meiner Museumsprojekte auf den Grund. Im Zeitraum 2010 bis 2015 erarbeitete ich mit meinem Büro Malsyteufel in Zusammenarbeit mit dem internationalen Ausstellungsbüro RAA Ralph Appelbaum Associates den Masterplan für das Humboldt Forum in Berlin und im Anschluss den Entwurf für das Ethnologische Museum im Berliner Schloss.

Den Fokus richte ich in diesem Beitrag auf einen Sammlungsbereich des Ethnologischen Museums, für den vom Beginn unserer Entwurfsplanung bis zur Eröffnung im Jahr 2022 unter politischem und öffentlichem Druck mehrere Ausstellungskonzepte entwickelt wurden: die Benin-Sammlung. Diese Sammlung herausragender afrikanischer Artefakte – und hier vor allem der Benin-Bronzen – liefert ein besonderes Beispiel für die „Halbwertszeit" einer Sammlung. Wie kann es geschehen, dass aus einem Sammlungshighlight des Jahres 2010 eine „Leerstelle" im Museum und im Depot im Jahr 2022 wird?

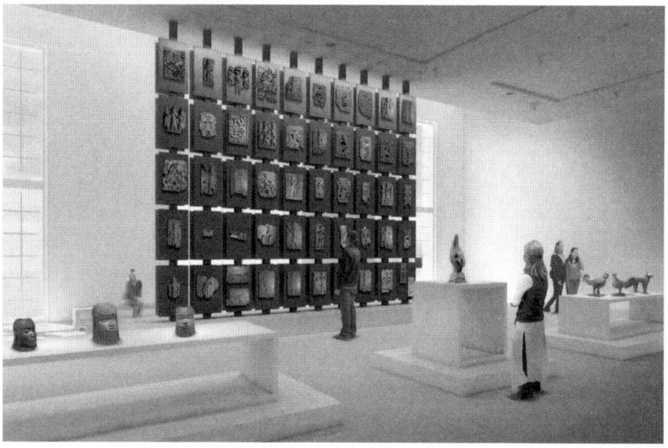

1 Omo N'Oba Erediauwa CFR, Oba von Benin, im Jahr 2007 anlässlich der Ausstellung *Benin. Könige und Rituale. 500 Jahre höfische Kunst aus Nigeria* in Wien, Paris, Berlin und Chicago.

Sammlungen ausstellen

Im Prinzip greift jede Ausstellung auf eine Sammlung oder mehrere Sammlungen zurück, aus denen immer wieder neue Ausstellungen generiert werden können. In den ersten Museen, so auch in Berlin im Ethnologischen Museum (damals Königliches Museum für Völkerkunde), waren Sammlungspräsentation und Ausstellung eins. Die komplette Sammlung war gleichzeitig die Ausstellung. Mit dem stetigen Wachstum der Sammlung kam es zwangsläufig zur Trennung von Sammlung und Ausstellung und damit auch zu einer Konkurrenzsituation zwischen Sammlung und Museum. Die meisten Museen haben eine klare Aufteilung zwischen Ausstellung und Depot für ihre Sammlungen entwickelt. Die Highlights der Sammlung werden jeweils gezeigt und der große Rest verschwindet in den Depots.

Für das Ethnologische Museum bedeutet dies: Circa 95 Prozent der Objekte sind heutzutage im Depot in Dahlem und lediglich fünf Prozent in den Ausstellungen im Berliner Schloss zu sehen. Interessanterweise sollten aber laut ursprünglichem Briefing zur Präsentation der Benin-Sammlung einhundert Prozent der Sammlung gezeigt werden.ABB. 1

Sammeln an sich bedeutet immer eine Orientierung in Richtung Vergangenheit. Daraus ergeben sich hinsichtlich der Bewertung einer Sammlung Fragen zu den Gegenwartsbezügen und der Aktualität. Ist ein Museum, das nicht mehr sammelt, tot? Mit welchen Gegenwartsthemen müssen sich Museen hinsichtlich ihrer Sammlungen beschäftigen?

Die Geschichte der Benin-Sammlung

Das Ethnologische Museum Berlin besitzt mit mehr als fünfhundert Objekten eine der größten Benin-Sammlungen weltweit. Nur die Sammlung im British Museum in London ist noch umfangreicher.

Bereits vor mehreren Jahrhunderten wurde ein erstes Objekt der Benin-Sammlung, ein Salzfass aus Elfenbein, in den Bestand der damaligen Preußischen Kunstkammer im Berliner Schloss aufgenommen. Nach der Zerstörung und Plünderung des Königspalastes von Benin im Jahr 1897 erwarb Felix von Luschan, der zu jener Zeit Direktor des Ethnologischen Museums war, die überwiegende Mehrheit der Benin-Objekte und legte eine eigenständige Sammlung an. Diese wurde erweitert, als auf Auktionen in Großbritannien die

Kriegsbeute der Briten versteigert wurde. Ein weiterer Teil der Sammlung wurde von deutschen Kunsthändler:innen und privaten Sammler:innen erworben. Knapp die Hälfte der Objekte stammt aus Sammlungen, die nach der Eroberung Benins direkt in Nigeria angelegt und anschließend an das Berliner Museum verkauft wurden. Im Jahr 2007 erklärte Omo N'Oba Erediauwa CFR, der Oba von Benin, anlässlich der in Wien, Paris, Berlin und Chicago gezeigten Ausstellung *Benin. Könige und Rituale. 500 Jahre höfische Kunst aus Nigeria:*

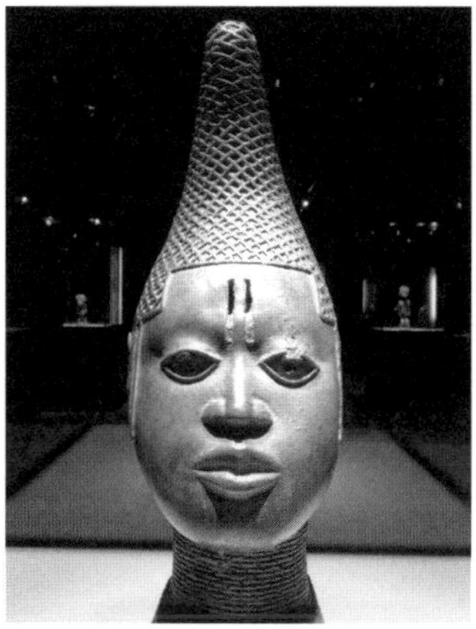

„Die sich in den Sammlungen verschiedener Museen weltweit befindlichen Werke gehören zu den etwa 3000 Bronze- und Elfenbeinarbeiten, die von einigen Briten, die 1897 in Benin einfielen, mit Gewalt aus dem Palast meines Urgroßvaters entfernt wurden. […] Es handelt sich um Objekte, die für mein Volk einen religiösen und archivarischen Wert haben. […] Sie [die Ausstellung] erinnert die Welt einmal mehr an eine durch die Macht des kolonialistischen Empire beschnittene Zivilisation."[1] ABB. 2

Professionelles Schauen von Sammlungen im Depot

Sammlungen zu sichten und zu schauen gehört zu einem der ersten Arbeitsschritte, um eine Ausstellung neu zu konzipieren und zu entwerfen. Ein gemeinsames Schauen in den Depots, Magazinen und Schausammlungen zusammen mit Direktor:innen, Kurator:innen und Restaurator:innen ist ein wesentlicher Teil des Entwurfsprozesses. In den Depots wird nichts bewusst hervorgehoben. Einzelne Exponate im Depot heben sich allein durch ihre Größe, besondere Form oder Verpackung ab. Die für die Ausstellungspräsentation ausgewählten Objekte werden erklärt, diskutiert und in inhaltliche Kontexte und Narrative eingeordnet. Dies ist eine sehr spezielle Situation: Was passiert, wenn unterschiedliche Professionen auf die Sammlungen schauen? Welche Einsichten entstehen bei ihnen?

Ich erinnere mich an die ersten Sichtungen im Jahr 2010, in denen wir als Gestalter:innen für die Sammlungspräsentationen des Humboldt Forums durch die Depots des Ethnologischen Museums gingen. Schon hier wurde deutlich, dass sich die Aufmerksamkeit der Kurator:innen, der Designer:innen, der Architekt:innen oder der Restaurator:innen auf unterschiedliche Aspekte richtete. Welcher Aspekt wird die späteren Besucher:innen interessieren? Welches Sammlungshighlight möchte die Kuratorin oder der Kurator unbedingt in

Abb. 1 Rendering zur Konzeption der Benin-Ausstellung von Ralph Appelbaum Associates/Malsyteufel, 2015

Abb. 2 Die Benin-Sammlung in Berlin-Dahlem, 2012

der Ausstellung sehen? Durch die intensive Auseinandersetzung entstanden neue Ordnungen von Exponaten der Sammlung, die sich vor allen am Prozess Beteiligten wie ein Objektteppich ausbreiteten. Oder sollte doch noch ein einzelner, besonderer Gegenstand darin entdeckt werden?

Faszinierend bei den Sichtungen ist der Blick auf die Details und gleichzeitig der Blick auf das Ganze, auf die Geschichten hinter den Objekten und auf Bilder, die im Kopf dazu entstehen.

Geschichte und Geschichten der Sammlungen und Objekte

Bei den Sichtungen der Sammlung wird das Depot zu einem Ort des Betrachtens, Auswählens, des Gesprächs zwischen den verschiedenen Disziplinen, Zielen und Ideen. Oft machen wir als Gestalter dabei die Erfahrung, dass die Qualität der Geschichten, die von den Kurator:innen hier spontan erzählt werden, nicht in die Ausstellungen zu übertragen sind. Allgemeine Informationen zu den Objekten der Depots liefern jeweils die Archivkarten – die interessantesten stecken manchmal in den Köpfen der einzelnen Wissenschaftler:innen.

Der Schwerpunkt von Ausstellungsgestaltung ist nicht so sehr die Innenarchitektur als vielmehr die Kommunikation und insbesondere die Vermittlung.

Es geht nicht nur darum, die Sammlung unter ästhetischen Kriterien zu präsentieren, sondern um die Frage, welche Geschichten erzählt und welche Inhalte über diese Objekte transportiert werden können.

Das Schauen von Sammlungen im Labor

Von 2012 bis 2015 war das Humboldt Lab Dahlem ein Experimentierfeld, das die Planungsprozesse der Dahlemer Sammlungen für das zukünftige Humboldt Forum unterstützen sollte. Für viele Kurator:innen bedeutete die Arbeit in diesem Labor die Möglichkeit, ihre Sammlung neu zu bewerten, sie auf Aktualität hin zu befragen und mit sehr unterschiedlichen Ausstellungsformaten neue Erfahrungen zu sammeln.

Eines der Lab-Projekte mit dem Titel „Sammlungen schauen" untersuchte das Format der Schausammlung zusammen mit uns beauftragten Museumsgestalter:innen. Es stellte eine Vielzahl wichtiger Fragen für die weitere Umsetzung des Projekts im Humboldt Forum: Ist in einer Schausammlung alles gleich wichtig? Verlieren die Exponate dadurch ihre Einzigartigkeit? Was geschieht bei den Besucher:innen beim Abschreiten und Vergleichen der Exponate? Zum Vergleich bedarf es mindestens zweier Objekte – was aber machen die Besucher:innen mit mehreren Hundert Objekten? Gibt es passende und unpassende Gegenüberstellungen, wenn eine ganze Sammlung gezeigt wird?

Zentral ist dabei die Zusammenarbeit von denen, die die Objekte und ihre Geschichten wissenschaftlich beleuchten, und denen, die das Bild des Ganzen sehen und gestalten können. Der oder die Kurator:in merkt, dass die Objekte nicht jedem das sagen, was er oder sie in ihnen liest. Der oder die Designer:in merkt, dass die Exponate inszeniert werden müssen, um ihre Attraktivität zu entfalten. Wie sollen also diese Unmengen von Exponaten in einem Schaumagazin zum „Sprechen" gebracht werden? Wie verhindert man ein Sprachgewirr aus vielen unterschiedlichen Einzelstimmen? Wie können neue Perspektiven auf die Sammlung räumlich und kommunikativ von den Besucher:innen wahrgenommen werden?

Kurator:innen und Designer:innen wählen gemeinsam die Exponate für die Besucher:innen aus – im doppelten Sinne des Darbietens und Interpretierens. Sowohl das Lab-Projekt als auch die realen Designkonzepte für die Schausammlungen im Humboldt Forum zeigten Lösungen, wie beide zusammen den Besucher:innen Spuren aufzeigen können, um neue Wegführungen, neue Formen des Sehens und Verstehens, neue Formen der Begegnung von Subjekt und Objekt zu schaffen und die Besucher:innen zum Dialog herauszufordern. Die Schausammlung ist kein Ort der szenografischen Sensation, kann aber mit pointierten und markierten Bereichen aus der Fülle der Sammlungsobjekte heraus neue Erzählformen kreieren, die einen Dialog anregen.

Schausammlungen im Humboldt Forum – das Raumbild Depot/ Magazin

Neben den Objekten der Sammlungen beeindruckte uns als Gestalter:innen der Ausstellungen im Humboldt Forum das Gesamtbild der Depots. Depots bieten ein szenografisch eigenständiges, komponiertes Raumbild. Viele Fotograf:innen und Künstler:innen sind ebenfalls fasziniert von Museumsdepots und halten diese mit ihren jeweiligen Mitteln fest. Archivschränke, Regale, Paletten und ganz eigene Formen des Aufbewahrungsmobiliars prägen diese Bilder. Selbst die Bekleidung der Restaurator:innen ist besonders. Ich denke an Candida Höfers weltweit bekannte Fotografie aus den Depoträumen des Ethnologischen Museums in Berlin. Die beiden Restaurator:innen mit ihren Schutzanzügen wirken wie Außerirdische oder wie Mitarbeiter:innen der Spurensicherung in Kriminalfilmen.

Deponieren oder zeigen?

Betrachtet man die Geschichte des Ethnologischen Museums, stellt man fest, dass diese geprägt war von einer fortwährenden Diskussion um Quadratmeterflächen für Ausstellungen und Sammlungsdepots. Am vorigen Standort in der Stresemannstraße waren diese Bereiche noch nicht getrennt. In Dahlem wurden die Depots von den Ausstellungsbereichen abgesondert. Eine Lösung, die aus heutiger Sicht unattraktiv erscheint, weil sie der Öffentlichkeit einen übergroßen Teil der Sammlungen vorenthielt.

Aus Sammlungen werden Schausammlungen

Für uns als Gestalter:innen ging es darum, eine Qualität der Präsentation der Sammlungen zu schaffen, die nicht durch eine Quantität in Quadratmeterflächen oder eine Vollständigkeit der Präsentation von Sammlungsbeständen definiert war. Hierfür wurden eigenständige, klar definierte Elemente und Raumstrategien entwickelt, die der Berliner Perspektive zu einem eigenständigen Auftritt verhelfen sollten. In unserer Planung gab es flexible Räume für neue Ideen und zukünftige Sammlungspräsentationen. Sie sollten es den Kurator:innen ermöglichen, innerhalb eines kohärenten Ganzen eigene dramaturgische Strukturen mit nachhaltiger Flexibilität zu finden. Eines dieser Elemente waren die sogenannten Schausammlungen.

Die Ausstellungen und Schausammlungen des Humboldt Forums sollten Forschung und Studien für Wissenschaftler:innen, Fachleute und Angehörige der Ursprungskulturen möglich machen. Den regulären Besucher:innen sollten sie zudem Möglichkeiten eröffnen, die Sammlungen selbst zu erforschen und zu bewerten. Dies stellte im Vergleich zu anderen Häusern, die große Teile ihrer Sammlungen in Depots lagern und nur Fachleuten zur Verfügung stellen, eine besondere Herausforderung dar – nicht zuletzt aus Gründen des Umfangs. Allein die Sammlungen des Ethnologischen Museums umfassen heute etwa 500 000 ethnologische und archäologische Objekte. Nur circa 20 000 davon werden im Humboldt Forum ausgestellt. Und die Sammlungen wachsen immer weiter.

In Zeiten von „Rapid Response Collecting", wie ein Projekt am Victoria & Albert Museum in London heißt, werden die Sammlungen noch schneller wachsen. Neue Konzepte und Strategien sind daher gefragt.

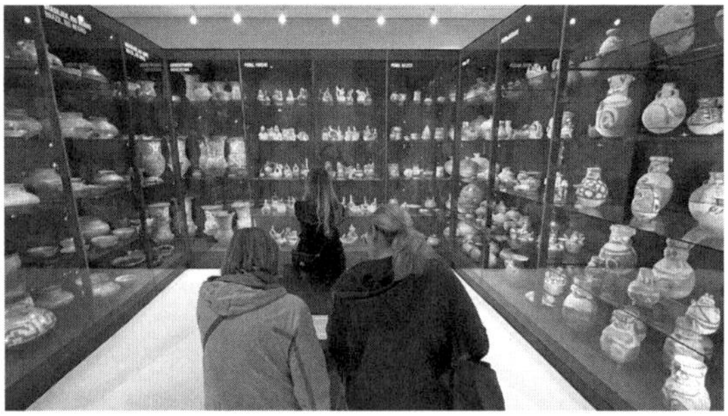

Hierzu entwickelten wir im Rahmen des Entwurfsprozesses für das Humboldt Forum neue Konzepte, die verschiedene Sichtweisen auf die jeweiligen Sammlungen ermöglichen. Gemeinsam mit den Kurator:innen erarbeiteten wir ein eigenständiges inhaltliches und gestalterisches Vokabular, um für eine bessere Lesbarkeit der Sammlungen, bestenfalls sogar für etwas Poesie in der Präsentation zu sorgen.ABB. 3

Die Benin-Sammlung – Zur-Schau-Stellen im Humboldt Forum

Im Auslobungstext zum damaligen Wettbewerb für die Ausstellungsgestaltung im Humboldt Forum 2010 wurden folgende Forderungen aufgestellt:

„Mit über 500 Objekten besitzt das Ethnologische Museum neben dem Britischen Museum die weltweit bedeutendste Sammlung aus dem Königreich Benin (Nigeria). Es handelt sich vor allem um Messingobjekte, daneben Objekte aus Elfenbein, Eisen und Holz, aus dem Königspalast. Neben den Benin-Objekten werden auch eine kleinere Zahl von Objekten aus Owo und Ife (Nigeria) ausgestellt. Die Schausammlung soll Besuchern die Möglichkeit geben, mit der Sammlung zu arbeiten. Die Arbeitsplätze müssen Zugang zur Datenbank des Museums und Internet ermöglichen. Die Objekte sollen durch ein digitales Informationssystem erschlossen werden."

Deshalb entwickelten wir für das Humboldt Forum in der Wettbewerbsphase und für den Masterplan Konzepte, die die Sammlungen und Ausstellungen wieder näher zusammenbringen sollten. Die Besucher:innen wurden bei diesem Konzeptansatz selbst zu Kurator:innen oder Forscher:innen. Gleichzeitig konnten sie wie in einer gläsernen Werkstatt die Kurator:innen bei der Arbeit begleiten. Das, was sonst im Verborgenen stattfand (das Gleiche gilt für die Arbeit von Restaurator:innen), wurde sichtbar und nachvollziehbar. Die Besucher:innen wurden damit Teil des Entstehungsprozesses einer Ausstellung.

Die nach dem Wettbewerb weiterentwickelte Ausstellungseinheit „Benin und Afrika" sollte gestalterisch zahlreiche Erlebnisebenen einschließen: von Forschungsräumen zu kontemplativen Räumen, von Räumen mit zeitgenössischer Kunst bis hin zu flexiblen programmatischen Räumen. Dadurch stellte die Benin-Sammlung ein mehrschichtiges Ausstellungsareal dar. Zu ihm gehörte eine Schausammlung mit verdichteter Objektpräsentation, die die Bandbreite und den Wert der Benin-Sammlung widerspiegelte.

Der Entwurf von damals sah vor, die Schausammlungen durch interaktive Tischscreens zu ergänzen. Mit ihrer Hilfe sollten den Besucher:innen nähere Informationen zu den ausgestellten Objekten vermittelt werden und die Exponate digital von allen Seiten betrachtbar sein. In den angrenzenden gläsernen Arbeitsräumen konnten die Kurator:innen ihrer Forschungstätigkeit nachgehen. Durch Wände aus umschaltbarem Spezialglas wurden diese Räume für die Öffentlichkeit einsehbar, gleichzeitig konnten sie aber bei Bedarf schnell und mühelos per Knopfdruck von den Kurator:innen satiniert werden und waren dann von der Öffentlichkeit abgeschirmt. Die satinierten Glasflächen sollten auf Wunsch auch als Projektionsfläche genutzt werden. Darüber hinaus bot das damalige Konzept die Möglichkeit, in diesen Räumen immer wieder neu ausgewählte Objekte zu präsentieren, eine Ausstellung in der Ausstellung zeigen zu können.

Die Benin-Sammlung löst sich auf und wird restituiert

Noch vor der letzten Teileröffnung des Humboldt Forums im Herbst 2022 wurde ein Großteil der Benin-Sammlung aufgelöst und restituiert. Die gesellschaftlichen und politischen Diskussionen zwangen zum Umdenken und Neubewerten dieser Sammlung. Am 25. August, zwei Wochen vor der letzten Teileröffnung des Humboldt Forums Mitte September 2022, wurde ein Vertrag zur Eigentumsübertragung der Benin-Objekte von der Bundesregierung und der Stiftung Preußischer Kulturbesitz unterzeichnet.

512 Objekte, die als Folge der sogenannten Britischen Strafexpedition von 1897 nach Berlin gelangt waren, wurden als Eigentum an Nigeria zurückgegeben. Dieses ist die bislang größte Restitution von Sammlungsgegenständen aus einem kolonialen Kontext. Etwa ein Drittel der Objekte bleibt als Leihgabe in Berlin und wird im Humboldt Forum ausgestellt.

Die Benin-Sammlung präsentiert sich als Leerstelle im Humboldt Forum

Aus dem einstigen Highlight der Sammlung wurde eine Ausstellungspräsentation mit dem Charme einer Dauerbaustelle. Die Besucher:-innen des Humboldt Forums sehen als Teil der Inszenierung leere Vitrinen und leere Sockel mit Warnstreifen. Die Ausstellung zeigt nur

Abb. 3 Das Schaumagazin „Amerika" des Ethnologischen Museums im Humboldt Forum, 2022

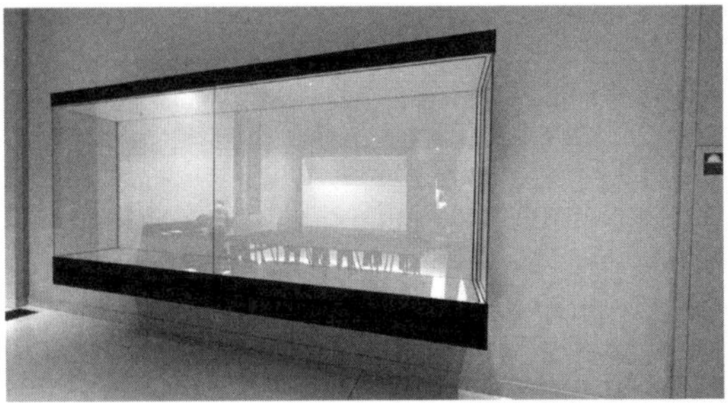

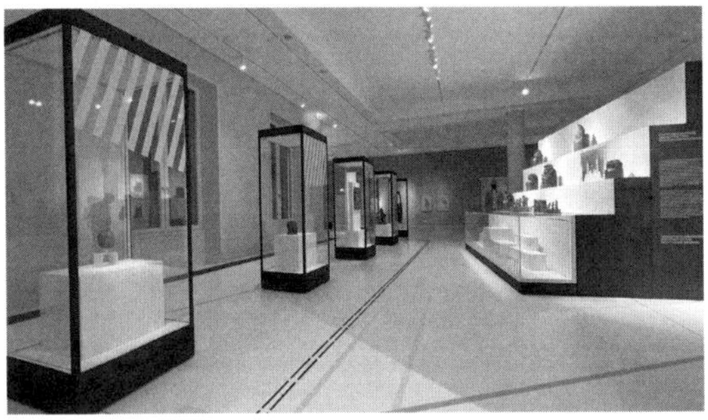

wenige Leihgaben und betont damit vor allem ihre Leerstellen. Gemeinsam mit nigerianischen Kurator:innen wurde die ursprünglich geplante Präsentation – kurzfristig, wie es heißt – komplett überarbeitet. Die Ausstellung erzählt nicht mehr nur die Geschichte des Königreichs Benin und seiner Eroberung – durch die Werke zeitgenössischer Künstler:innen und Filme wird den präsentierten Objekten ein aktueller Bezug gegeben. Aber hat das Ethnologische Museum nun das Recht, eine Leerstelle seiner Sammlung zu inszenieren, nur weil die Objekte an die rechtmäßigen Eigentümer zurückgegeben wurden?

Die Ausstellung unternimmt gleichzeitig den Versuch, die Debatten um die Restitution der Benin-Bronzen und ihre Sammlungs- und Rezeptionsgeschichte zwischen Benin und Berlin szenografisch als „exhibition in progress“ und als partizipative Ausstellung zu inszenieren. Von den ursprünglichen inhaltlichen und gestalterischen Konzepten der Sammlungspräsentation aus den Jahren 2010 bis 2015 ist nichts mehr vorhanden. Diese sind jetzt veraltet und nicht mehr aktuell. ABB. 4, 5

Die Benin-Sammlung heute – vom Schloss in den Palast?

Im März 2023, nur wenige Monate nach den ersten Rückgaben, übertrug Nigerias Präsident Muhammadu Buhari das Anrecht auf alle in der ganzen Welt verstreuten 5000 Kunstwerke an König Ewuare II. Es wird vermutet, dass er die Sammlung in einem Museum in seinem Palast zeigen möchte. Damit könnten die bisherigen Museumspläne in seinem Land wohl vereitelt werden. Ursprünglich sollte die Sammlung nach den Restitutionen aus den verschiedenen Museen in ein neu entworfenes Museum des ghanaischen Stararchitekten David Adjaye kommen. Sie sollte sowohl Highlight des Museums als auch ein touristischer Hotspot werden. Diese aktuelle Entwicklung zeigt, wie schnell sich Bedeutungen und „Halbwertszeiten“ von Sammlungen verändern. Wandert sie nun vom Berliner Schloss in einen anderen Palast?

Der Blick in die Glaskugel abseits der Benin-Sammlung

Steht in Rotterdam ein Beispiel für die Zukunft von Sammlungspräsentationen? In einer verspiegelten Architektur, einer silberfarbenen „Schüssel“, befindet sich fast die gesamte Sammlung des Museums Boijmans Van Beuningen. Mehr als 150 000 Objekte der über 165 Jahre alten Sammlung werden hier unter optimalen klimatischen Bedingungen der Öffentlichkeit zugänglich gemacht. Die neue Schausammlung will dem direkt daneben liegenden Museum keine Konkurrenz machen – tut es im Sinne einer Auffrischung aber doch. Die Besucher:innen erhalten einen faszinierenden Blick hinter die Kulissen des Museumsbetriebs. Sie können den Restaurator:innen über die Schulter blicken und sehen die Kurator:innen bei der Planung von neuen Ausstellungen.

In der Fassade dieser neuartigen Sammlungsarchitektur spiegelt sich, 360 Grad umlaufend, die gesamte Stadtsilhouette. Die Architektur von MVRDV verbindet so das Gebäude und damit die Sammlung direkt mit der Stadt und ihrem direkten Umfeld. Gleichzeitig fügt sich dieses neue Bauwerk in das Gesamtensemble von Museen und Museumspark sensibel und selbstbewusst ein. Die Fassade, die sich je nach Wetterlage dynamisch verändert, bietet eine Entsprechung zur Dynamik der Sammlung, die sich stetig verändert.

Museen und ihre Sammlungen müssen in Zukunft transparenter werden und die Besucher:innen nicht mehr nur passiv, sondern aktiv miteinbeziehen. Die Schausammlung in Rotterdam geht hier mutige und entscheidende Schritte in die Zukunft. Die Vermittlung funktioniert sowohl analog als auch digital. Via QR-Code bekommen die Besucher:innen Zugang zur Sammlungs-App und finden dort umfangreiche Informationen zu Tausenden von Objekten. Zusätzlich haben die Besucher:innen an Screens die Möglichkeit, die digitalen Karteikarten einzusehen. Die Schausammlung wird zum lebendigen Maschinenraum und zum immersiven Schauerlebnis.

Für die Zukunft und Aktualität von Sammlungen ist es wichtig, mutig neue Wege zu beschreiten und Experimente zuzulassen – so wie es in Rotterdam sichtbar ist. Mit der Idee, Ausstellung und Sammlung in einen räumlichen und architektonischen Dialog und darüber hinaus in den Dialog mit den Besucher:innen zu bringen, behalten Sammlungen ihre Aktualität und bleiben das Rückgrat des Museums.

Abb. 4, 5 Temporäre Neukonzeption der Benin-Sammlung im Humboldt Forum, 2022

Alain Roux

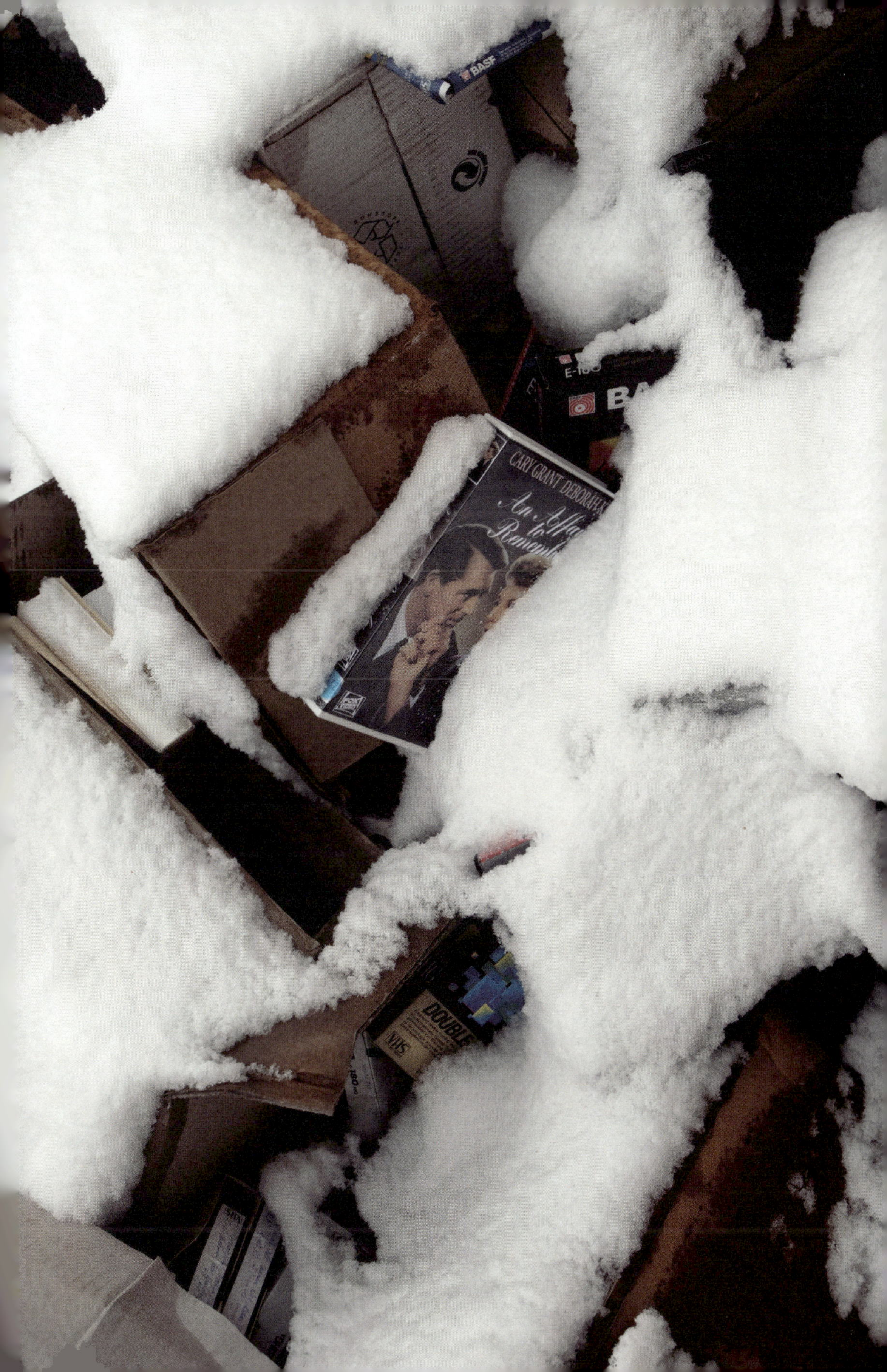
BASF
CARY GRANT
DOUBLE
VHS

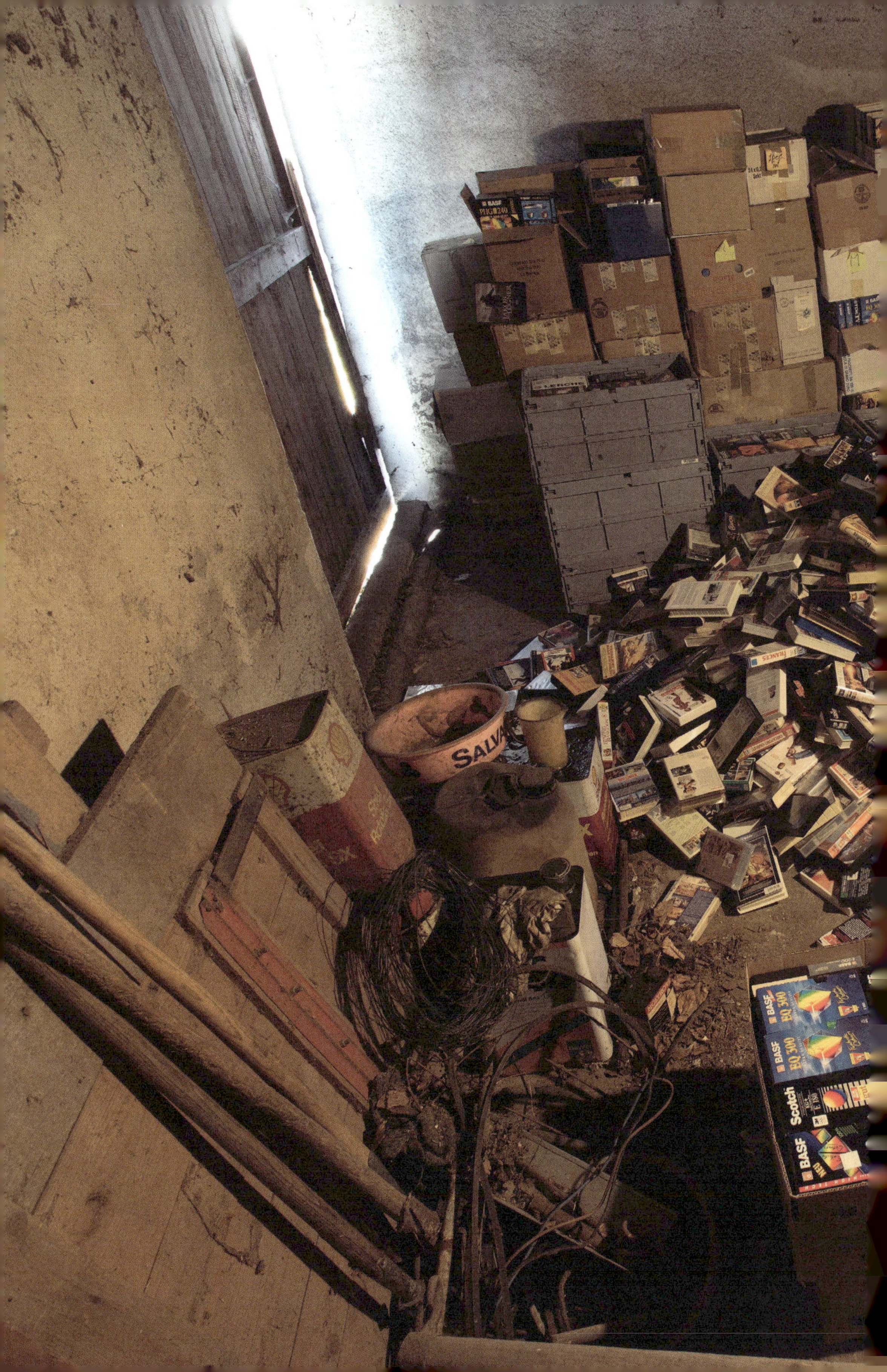
BASF
EQ 300
BASF
EQ 300
Scotch
BASF

FASTESE
BELIO
EXORZIST II
Natürlich aus dem Chiemgau
LERCHE
maxell
BASF
E-180
E-240
SONY
HG
RAKS

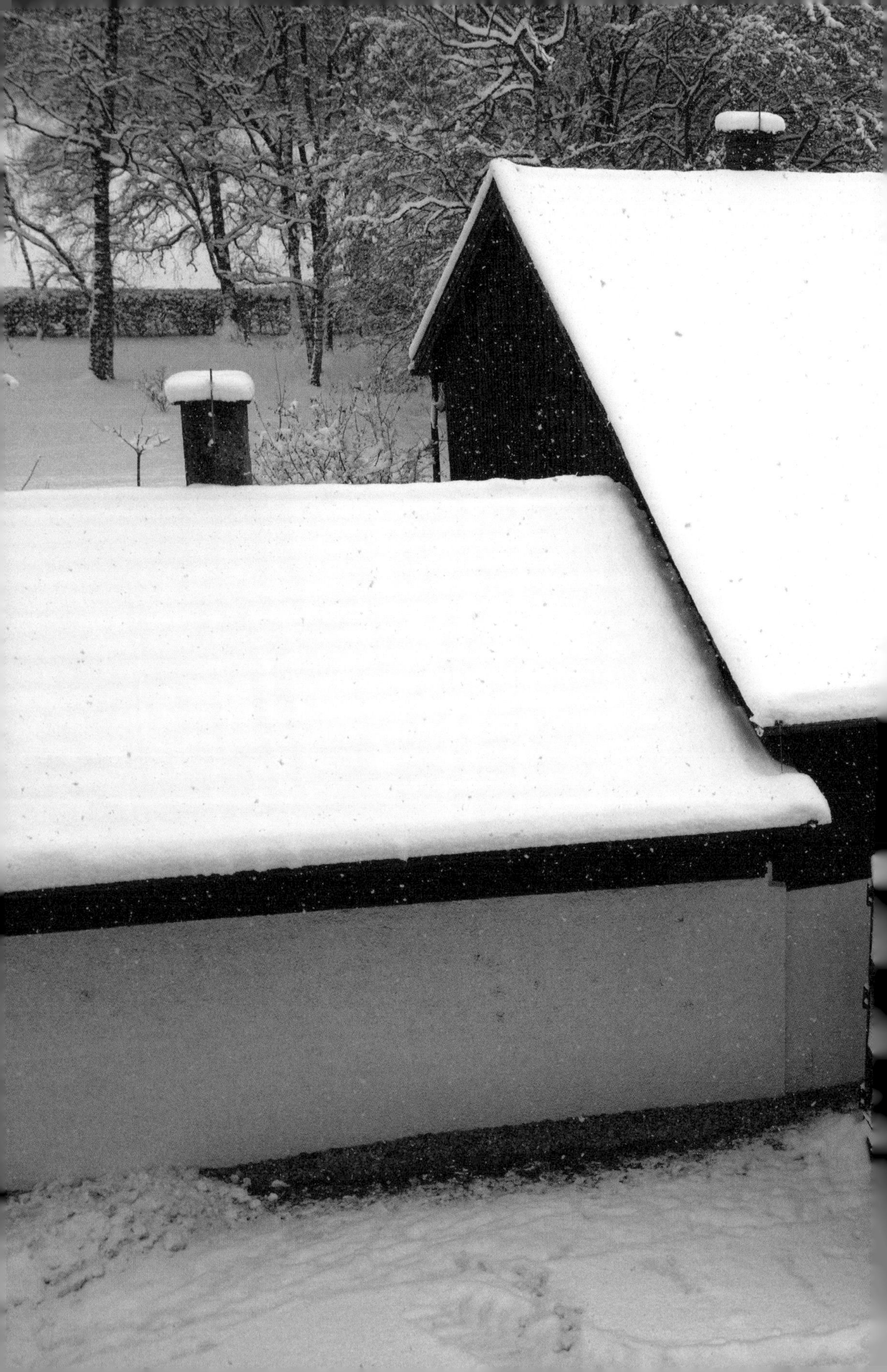

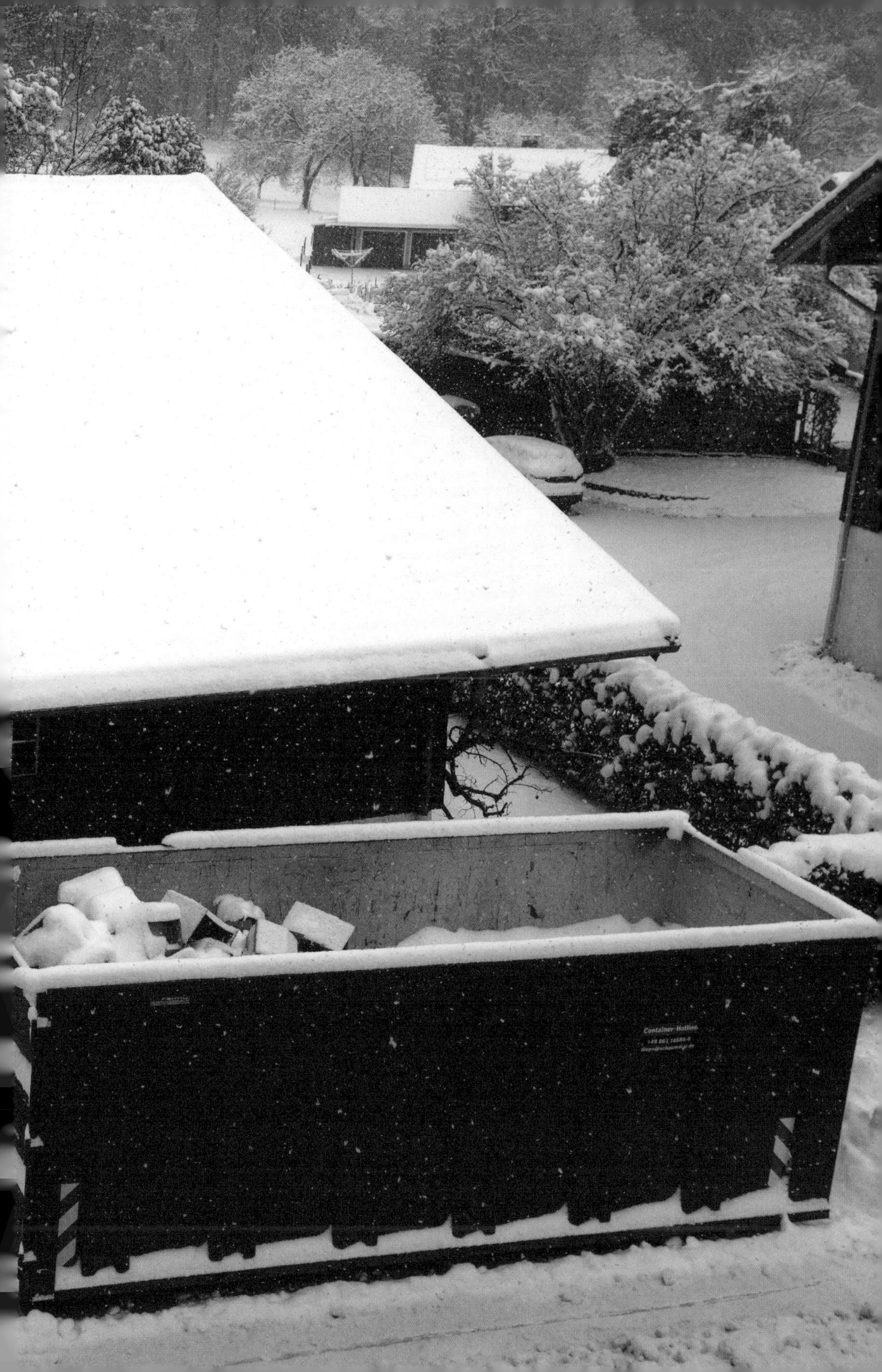
Container-Hotline

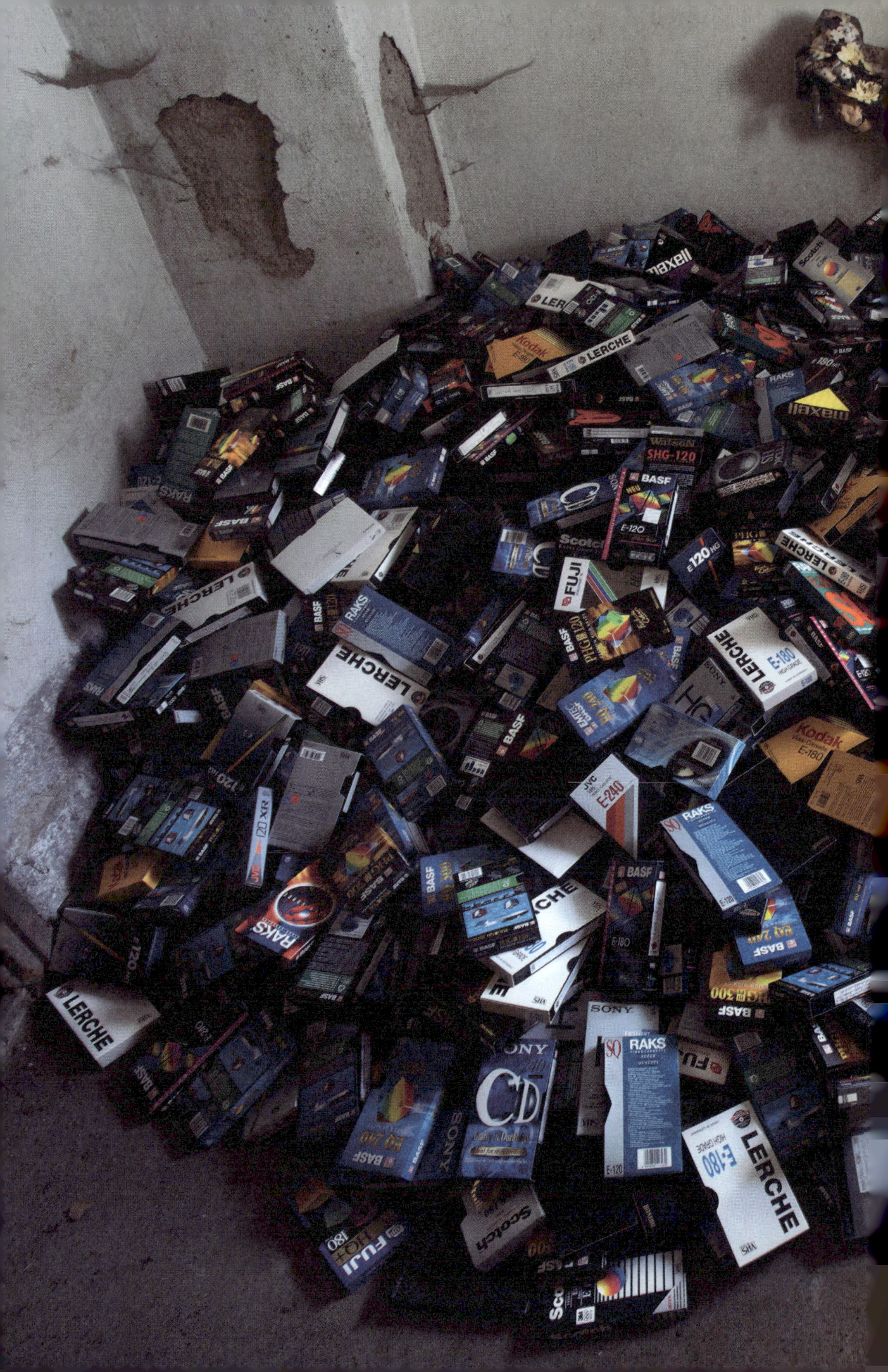
maxell
Scotch
LERCHE
Kodak
LERCHE
RAKS
Watson
SHG-120
BASF
E-120
Scotch
FUJI
E 120 HG
LERCHE
RAKS
LERCHE
BASF
PHG 120
LERCHE
E-180
SONY
BASF
Kodak
E-180
JVC
E-240
RAKS
BASF
E-120
BASF
EQ 240
RAKS
LERCHE
SONY
RAKS
E-120
SONY
BASF
EQ 240
LERCHE
E-180
FUJI
Scotch

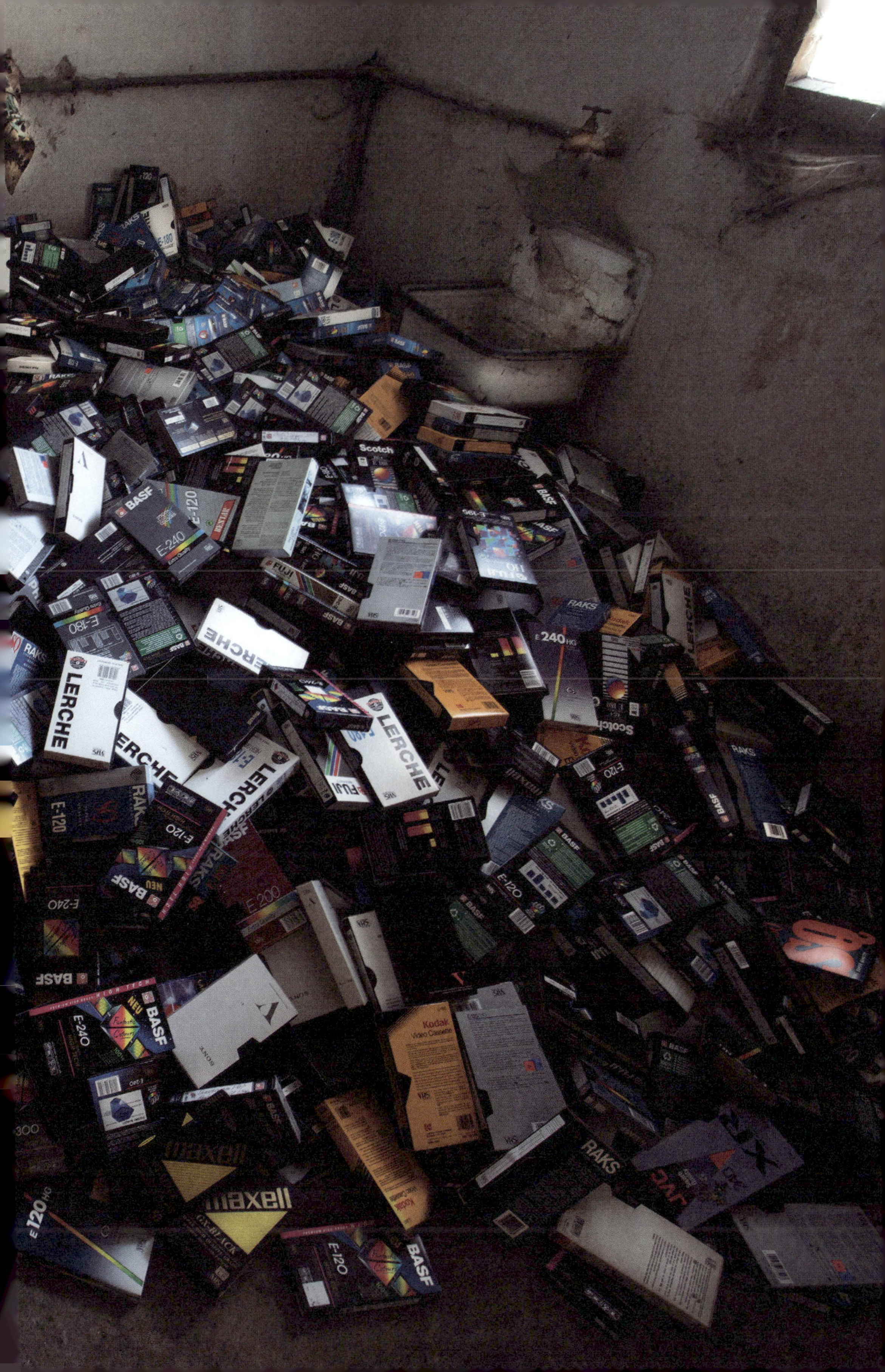

LERCHE
BASF
E-240
E-120
Scotch
RAKS
Kodak
Video Cassette
maxell
E 240 HG
E-180
JVC

Thomas Thorausch

Erscheinungs- und Spielformen eines Dilemmas

Kann man Tanz archivieren? Die Frage, in der ein leiser Zweifel mitschwingt, schiebt sich gemeinhin zwischen das Prinzip traditioneller Bewahrung von Kulturgut in Archiven und Museen und den Wunsch nach Überlieferung performativer Künste im Allgemeinen und des Tanzes im Besonderen. Und eröffnet in der Regel ein jedes Gespräch in Archivkreisen über die Kunst, Tanz jenseits der Bühne zu bewahren.

Ein Blick auf die Archiv- und Museumslandschaft scheint hingegen alle Zweifel zu zerstreuen – verteilt sich doch in Deutschland und weltweit die Überlieferung von Tanz- und Theaterkunst auf eine Vielzahl von Institutionen. Neben den der Tanzkunst respektive den darstellenden Künsten gewidmeten Spezialarchiven und -sammlungen finden sich in kommunalen oder staatlichen Archiven, Bibliotheken, Museen sowie privaten Sammlungen Dokumente und Materialien zur Geschichte und Gegenwart der Tanzkunst. Bewegungsnotationen, fotografische und filmische Dokumentationen, choreografische Notizbücher und vieles mehr: Vielfalt und Vielzahl der Quellen kreieren ein relativ dichtes, faszinierendes Bild der Tanzkunst. Wirft man auf der Erfahrung von dreißig Jahren archivarischer Tätigkeit einen analytisch-kritischen Blick auf den Vorgang des Archivierens der ephemeren Kunstform Tanz, wird erkennbar, auf welch unterschiedliche Weise Tanzarchive und -sammlungen ihre individuelle Aktualität in Vergangenheit und Gegenwart generieren.

Die stärkste Antriebskraft zum Aufbau von Archiven der Tanzkunst war und ist die Sammellust, mithin die Liebhaberei und die damit verbundene Leidenschaft, aber eben auch der Wunsch, der Überlieferung von Tanz auf diese Weise eine den anerkannten Kunstformen wie

Literatur, Musik und bildender Kunst vergleichbare gesellschaftspolitische Relevanz zu sichern. Von der Liebhaberei zum politischen Bewusstsein von Sammelnden und Archivar:innen – diese Spannbreite der Motivation wird nicht nur beim Aufbau eines Archivs, sondern auch im Archivalltag immer wieder aufs Neue durchmessen.

In Archiven und Sammlungen überlieferte Zeugnisse der Tanzkunst entstammen in der Regel der persönlichen Lebensführung von Tanzschaffenden (Notiz- und Tagebücher, Briefe etc.) sowie dem Produktionsprozess (Aufführung, Proben etc.). Dementsprechend werden sie von den Besitzenden in gänzlich individuellen Ordnungen aufbewahrt.[1] Bewahrung und Weitergabe sind nicht selten dem Zufall geschuldet. Nicht immer erfolgt eine geordnete, geschlossene oder gar kommentierte Übergabe durch den oder die Bestandsbildner:in oder -halter:in. Und so liegt es auf der Hand, dass der „Weg ins Archiv" sowie Charakterisierung und Interpretation der Objekte durch den oder die Archivar:in Stellung und Rang von Objekten im Archiv- und Sammlungskontext wesentlich mitbestimmen.

Archivar:in

charakterisiert als Spuren	interpretiert als Relikt
charakterisiert als Funde	interpretiert als Artefakt
charakterisiert als Ausgrabungen	interpretiert als Memorabilia[2]

Auf diese Weise erfolgt früh eine erste, dem Übernehmenden oft nicht bewusste „emotionale Aufladung" der Bestände, unabhängig davon, ob es sich um ein Einzelobjekt, einen Nachlass oder einen Sammlungsbestand handelt. Mit Folgen für die archivische Erschließung und spätere Funktion der nach der Übernahme als Archivalie(n) oder Archiv/Sammlung bezeichneten Dokumente, Materialien und Objekte.

Objekt | Quelle
  Archivar:in | Autor:in
    Erschließung und Verzeichnung
      Element eines Narrativs
      (archiv- und sammlungsabhängig)

Quelle | Objekt
  Archivar:in | Historiker:in
    Erschließung, Verzeichnung, Kontextualisierung
      Element eines Narrativs
      (zeitabhängig)

Der Prozess des Archivierens von Tanz ist also in vielerlei Hinsicht ein einschneidender Akt. Entfernt er doch ein Objekt, welcher Materialität auch immer, aus seinem ursprünglichen Entstehungs- und Sinnzusammenhang und hebt damit einen gewachsenen Kontext zugunsten der Stiftung eines neuen Zusammenhangs auf. Archivar:innen werden, bewusst oder unbewusst, zu Autor:innen und zu Akteur:innen im Narrativ eines Archivs oder einer Sammlung und der gesellschaftlich-politischen Relevanz der jeweiligen Institution.[3]

Es ist vielleicht kein Zufall, dass es der Schriftsteller und Universalgelehrte Johann Wolfgang von Goethe war, der mit seinem 1798/99 erschienenen Werk *Der Sammler und die Seinigen* eine erste Theorie des Sammelns vorlegte und darin die Funktion einer (Privat-) Sammlung als kommunikativer Mittelpunkt im Bildungsprozess der

1 Die individuellen Motivationen von Bestandsbildner:innen, ihr Leben oder ihre berufliche (Tanz-)Tätigkeit in Form einer Sammlung von Zeugnissen und Materialien zu dokumentieren, können an dieser Stelle keine Berücksichtigung finden, zumal archivwissenschaftliche Untersuchungen dazu bislang noch fehlen. Verwiesen sei an dieser Stelle auf die beispielhafte Darstellung von Ulrich von Bülow *Papierarbeiter. Autoren und ihre Archive*, Göttingen 2018.

2 Die vorgelegte Auflistung der Charakterisierungen und Interpretationen umfasst lediglich einen Ausschnitt möglicher Konnotationen von Objekten im Rahmen der Übernahme in ein Archiv.

3 Wesentlich geprägt wird dies durch den Umstand, dass ein Großteil der tanzbezogenen Spezialarchive und -sammlungen durch eng mit der Tanzkunst verbundene Personen (ehemalige Tänzer:innen, Angehörige von Tänzer:innen und Choreograf:innen, Tanz- und Theaterwissenschaftler:innen etc.) aufgebaut und bis heute geleitet werden.

bürgerlichen Gesellschaft postulierte. So besaßen auch die frühen Sammlungen zur Geschichte und Gegenwart der Tanzkunst im 18. und 19. Jahrhundert eine streng pädagogische Ausrichtung. Als „Lehrbibliotheken" setzten sie sich im Verbund mit praxisorientierten Akademien die Bildung von Tanzmeistern und Tanzpädagogen sowie die Weitergabe von Methoden und Formen der Vermittlung von Tanzkunst zum Ziel.

Mit dem Aufkommen der modernen Verehrung von Tanzkünstler:innen in der Epoche des Romantischen Balletts im 19. Jahrhundert wandelte sich die Ausrichtung der Tanzlehrbibliotheken und ihrer Bestände. Immer mehr bildende Künstler hielten ihr Erleben von Persönlichkeiten oder die magischen Momente des Auftritts von Tanzkünstlerinnen wie Marie Taglioni oder Lucile Grahn in einer eigenen Form und Überhöhung fest. Zwischen das persönliche Erleben des Zuschauers und die Wirklichkeit des Tanzes schob sich die Perspektive des Künstlers. Sein „Bild" prägte die Erwartung wie auch die spätere Erinnerung an das Gesehene. Bilder wurden zu Vermittlern zwischen der Welt des Tanzes beziehungsweise des Theaters und dem Publikum. Der „fremde Blick" wurde zur bestimmenden Instanz der Rezeption der Tanzkunst durch die Öffentlichkeit. Sammlungen und Archive wurden zunehmend zur Heimat dieses „fremden Blicks" von Malern, Grafikern, Fotografen und Schriftstellern. Und da, wo die Bilder zu verblassen drohten, schrieben die Archive dank passionierter Sammelwut die Erinnerung an den Tanz vergangener Zeiten in eigener Autorschaft weiter. Ein signierter Ballettschuh, ein Autograf, ein persönliches Erinnerungsstück wurden zum Ausgangspunkt eines romantisierenden Geschichtsbildes, das mit der historischen Gegenwart wohl nur wenig, mit der Wirkungsabsicht von Archivaren und Sammlern hingegen umso mehr gemein hatte.

In dem Maße, wie die Tanzarchive sich durch das Sammeln von Memorabilien zu wahren „Wunderkammern der Tanzgeschichte" entwickelten, verlor sich mehr und mehr ihre Verankerung im Alltag der Tanzkunst, in der Ausbildung von Tänzer:innen. Folgerichtig waren es nun weniger Tanzschaffende als vielmehr Wissenschaftler, Kritiker und Publizist, die im Archiv nach Ausgangspunkten, Belegen oder Inspirationen für ihre individuelle(n) Geschichte(n) vom Tanz suchten und sie dann auch fanden.

Eher unbeabsichtigt entwickelten sich im Laufe des 20. Jahrhunderts „persönliche Sammlungen von Tanzschaffenden" zu einer Art Gegenmodell institutioneller Tanzgeschichtsschreibung und -bewahrung. Die rasante Entwicklung der Fotografie und des Films samt ihrer Speichermedien machte die bildgestützte Dokumentation von Lebens- und Schaffensperioden auch für Tanzschaffende erschwinglich. Der individuellen Erinnerung jenseits jeglicher Öffentlichkeit verschrieben, bewahrten diese Sammlungen ihren privaten Charakter. Ein Umstand, der es zum Beispiel einer ganzen Generation von jungen Tanzforscher:innen in den 1980er-Jahren – sofern sie Zugang zu diesen Quellensammlungen der Geschichte des Tanzes der 1920er-, 1930er- und 1940er-Jahre erhielten (oder sich erarbeiteten) – ermöglichte, über die Rekonstruktion von Leben und Werk hinaus Rückschlüsse auf Motive tanzkünstlerischen Handelns und ihr Wirken zu ziehen. Nicht selten leisteten „ordnende Arbeiten" des oder der Besitzenden im Vorfeld eines Besuchs allerdings einer idealisierten Geschichtsdarstellung Vorschub.

Der Umstand, dass die institutionellen Tanzarchive im Laufe ihrer Entwicklung mehr und mehr Aspekte des Alltags von Tanzschaffenden sowie zeitgenössische Entwicklungen im Tanz vernachlässigt hatten, führte nicht nur zur Herausbildung ergänzender Sammlungen und Archive. Es sollte auch die (Tanz-)Archivlandschaft nachhaltig verändern. Bildete sich die Geschichte des Tanzes im Deutschland des 20. Jahrhunderts bislang zersplittert in großen und kleinen Beständen, in Staats-, Kommunal- und Spezialarchiven sowie Privatsammlungen ab, so nahm diese Entwicklung im 21. Jahrhundert rasant zu. Forschungs- und Lehrvorhaben schufen sich mangels entsprechender Bestände in institutionellen Archiven oder aus Bequemlichkeit zunehmend ihren eigenen Quellenapparat. Im World Wide Web entstanden kleine und große Archive zur Geschichte und Gegenwart der Tanzkunst und verschwanden manchmal genauso schnell, wie sie entstanden waren. Irgendwas fehlt immer!

All diesen Initiativen war zu eigen, dass sie im Kleinen eine der Geschichte der konventionellen Tanzarchive verblüffend ähnliche Entwicklung durchmachten, wenn auch in wesentlich kürzerer Zeit. Ausgehend vom Ziel zu informieren, entwickelten sich die Dokumenten- und Materialienbestände zu in erster Linie rein subjektiven Sammlungen, die mangels Anbindung an die Wirklichkeit des Tanzes ihre Relevanz nur allzu schnell verloren.

Die (ewig junge) Suche nach der idealen Dokumentation von Tanz führte im Verbund mit der Entwicklung elektronischer Produktions-, Publikations- und Speichermedien Ende der 1990er-Jahre zu bisweilen hochartifiziellen „Künstler:innen- und Produktionsarchiven". Immer öfter nahmen Künstler:innen nun den Prozess der Dokumentation und Archivierung wie auch die Publikation ausgewählter Quellen selbst in die Hand. Nicht selten stand dahinter auch die Absicht, künstlerische Denk- und Arbeitsweisen zugänglich zu machen, sodass Interessierte sie sich aneignen und nutzen können oder sie im Bereich von Aus- und Weiterbildung Anwendung finden.[4] Nicht von ungefähr erinnert dies an den Entstehungsprozess der Tanzlehrbibliotheken im 18. Jahrhundert.

4 Als Beispiel sei an dieser Stelle der Choreograf William Forsythe genannt, der gemeinsam mit dem Zentrum für Kunst und Medientechnologie in den 1990er-Jahren unter dem Titel „Improvisation Technologies" ein interaktives Trainings- und Analysetool entwickelte, um Neulingen in seiner Compagnie am PC ein ausführliches Studium seiner spezifischen Tanz- und Bewegungssprache zu ermöglichen.

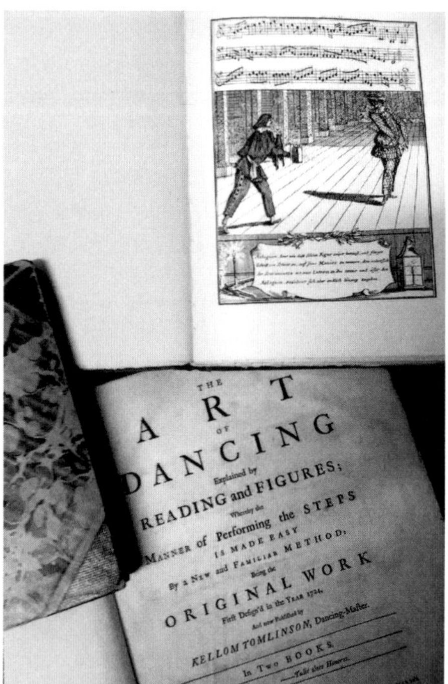

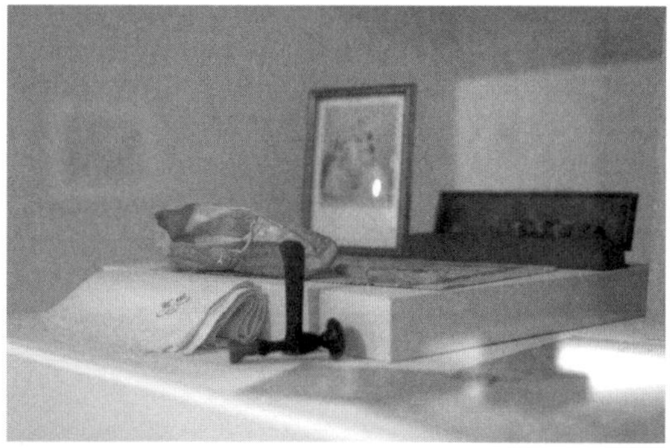

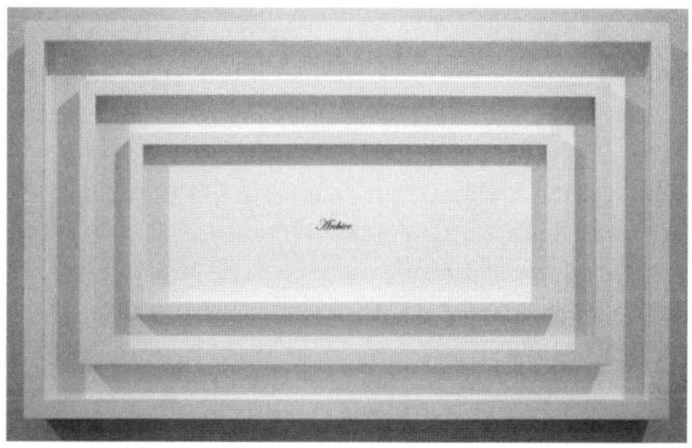

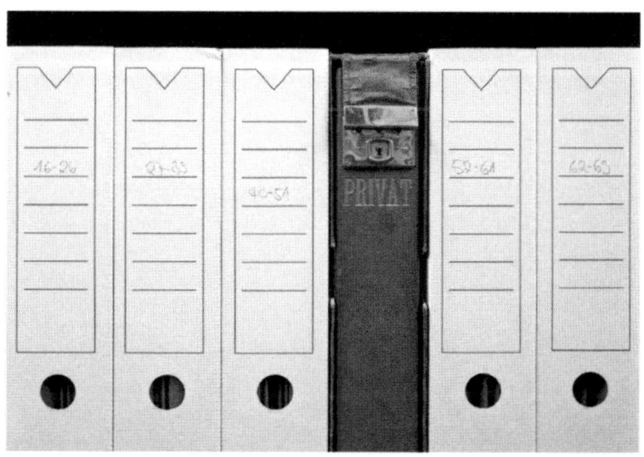

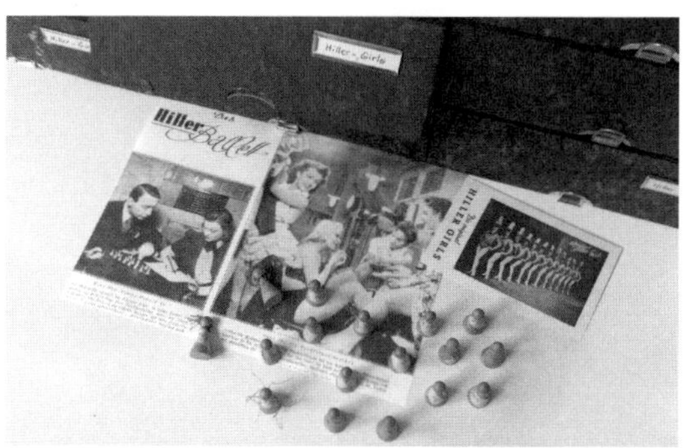

Abb. 1 Historische Tanzlehrbücher aus der Bibliothek des Deutschen Tanzarchivs Köln, 2022

Abb. 2, 3 Blick in die Ausstellung *Irgendwas fehlt immer. Vom Sammeln und Bewahren*, Tanzmuseum des Deutschen Tanzarchivs Köln, 2023

Abb. 4 Blick in ein Zwischenarchiv im Deutschen Tanzarchiv Köln, 2010

Abb. 5 Hilfsmittel zur Visualisierung einer Gruppenchoreografie, Archiv der Hiller Girls im Deutschen Tanzarchiv Köln, 2022

Was kann, was soll ein Archiv der Tanzkunst bewahren? Bis heute sind die Antworten von Archivar:innen, Historiker:innen und Künstler:innen von einem leisen Zweifel geprägt. Seinen Ursprung hat dieser Zweifel in der verbreiteten Überzeugung, dass eigentlich die dem Körper eigene Empfindung und die dem Denken eigene Reflexion die Träger jeglicher relevanten Erinnerung an ein tanztheatrales

Ereignis sein sollten – einer Erinnerung, die sich einer unmittelbaren Dokumentation, Wiedergabe und kritischen Betrachtung entziehe. Hervorgerufen hat dieser „white spot“ in der Überlieferung von Tanz und Bewegung bei Archivar:innen wie Künstler:innen aber auch eine bemerkenswerte Kreativität, bis in die Gegenwart: Vor dem Hintergrund eines Digital Turn im Tanz generiert der Trend der Zeit unter dem Slogan „Tanz Digital“ Portale und Tools, die sich in erster Linie der Online-Bewahrung, -Kuratierung und -Präsentation „digitaler (Ab-)Bilder vom Tanz“ verpflichtet fühlen. Der Motivation, Tanz zu archivieren, werden damit weitere Spielformen des Archivischen und auch des Archivarischen hinzugefügt. Angesichts dieser Entwicklung gerät das Tanzarchiv klassischen Zuschnitts und mit ihm eine traditionelle Originalitätskultur ins Abseits. Endgültig passé ist die ewig gültig geglaubte Idee des Archivs als einer Institution, in der sich der Aufbewahrungsort und das Objekt, an das Erinnerung, Geschichte und Wissen gebunden sind, aufs Ideale vereinen und einen institutionell geprägten Kanon der Überlieferung von Tanz in Geschichte und Gegenwart repräsentieren. Mehr denn je ist im Kontext dieser Krise ein Tanzarchiv gefordert, das immer wieder neu verstehen hilft, auf welche Weise Bedeutung, Erinnerung und Geschichte von Tanz im Speicher- und Kunstraum Archiv produziert und reproduziert werden. Auch indem es seinen Besuchenden und Nutzenden transparent und selbstkritisch das Wissen um ebendiese Mechanismen der Konstruktion von Erinnerung und Vergegenwärtigung von Tanz und Geschichte an die Hand gibt.

Viola Vahrson

Kurzer Abriss einer Sammlung

Ordnung und Chaos im Film Archiv Birkenhof

> Die Sammlung besteht aus einer Reihe einzelner Glieder, das letzte jedoch, das abschließende Stück, ist die Person des Sammlers selbst. Andererseits ist er dies nur insoweit, als er sich für jedes aufeinander folgende einzelne Stück stellvertretend einsetzt.
> —Jean Baudrillard [1]

Übersichtlichkeit und Stabilität werden häufig als zentrale Motive des Sammelns beschrieben. Das Maß an Flexibilität, das benötigt wird, um eine funktionierende Sammlungsordnung bei beständigem Wachstum aufrechtzuerhalten, bleibt hingegen häufig unerwähnt. So stellt eine zunehmende Anzahl an Objekten nicht nur Anforderungen an die Expansionsfähigkeit vorhandener Räume, auch die Systematisierung einer Sammlung gewinnt durch ihr Wachstum an Komplexität. Neuzugänge müssen ihrem adäquaten Platz zugeordnet werden. Ihre differenten Eigenschaften gegenüber den in der Sammlung bereits vorhandenen Objekten erfordern nicht selten die Aufstellung neuer Sammlungskriterien oder ganzer Rubriken. Die notwendigen Änderungen können jedoch nicht immer nur additiv an die bestehende Ordnung angedockt werden, sondern sind nicht selten mit einem erheblichen logistischen Aufwand verbunden. Dieser Umstand kann innerhalb einer bestehenden Sammlung zu erheblichen Friktionen führen. Entsprechend gleicht die Aufgabe, Wachstum und Ordnung im richtigen Verhältnis zu behalten, einem Balanceakt. Droht also denjenigen Sammelnden, denen es nicht gelingt, den von Walter Benjamin beschworenen „Schwebezustand" aufrechtzuerhalten, der Absturz ins Chaos und damit auch die Aufgabe ihrer Sammlung, oder wie gestaltet sich ein Sammeln, das gleichermaßen von Ordnung und von Chaos bestimmt ist?[2] Im Folgenden soll dieser Frage anhand einer Untersuchung der Filmsammlung Wilhelm Gustav von Mallinckrodts nachgegangen werden, die sich auch ein Jahrzehnt nach seinem Tod noch am gleichen Ort und im gleichen Zustand befand, in dem sie der Sammler 2012 hinterlassen hatte.

1 Jean Baudrillard, *Das System der Dinge. Über unser Verhältnis zu den alltäglichen Gegenständen*, Frankfurt am Main 1991, S. 116.

Wilhelm Gustav von Mallinckrodt baute in einem Zeitraum von etwa 15 Jahren eine Filmsammlung auf, die zum Zeitpunkt seines Todes 2012 auf über 17 000 VHS-Kassetten gespeichert war. Die geschätzte Anzahl der Filme belief sich zuletzt auf mehr als 50 000. Die Filme wurden mit mehreren Videorekordern auf der Grundlage eines Wochenprogramms aus dem deutschen Fernsehen aufgenommen, welches von Mallinckrodt zusammengestellt hatte. Auf jeder VHS-Kassette wurden bis zu sechs Filme gespeichert. Bei diesen handelte es sich, bis auf einen sehr kleinen Anteil an Dokumentarfilmen, hauptsächlich um Spielfilme. Da die Mehrzahl der im deutschen Fernsehen gesendeten Spielfilme synchronisiert sind, war die Sprache der Filme größtenteils Deutsch. Zusätzlich wurde die Sammlung durch Kopien von Videoverleihen und Ankäufe von Originalkassetten ergänzt. Der Beginn der Sammeltätigkeit kann in etwa auf das Jahr 1989 datiert werden. Indiz dafür ist ein Brief von Mallinckrodts,

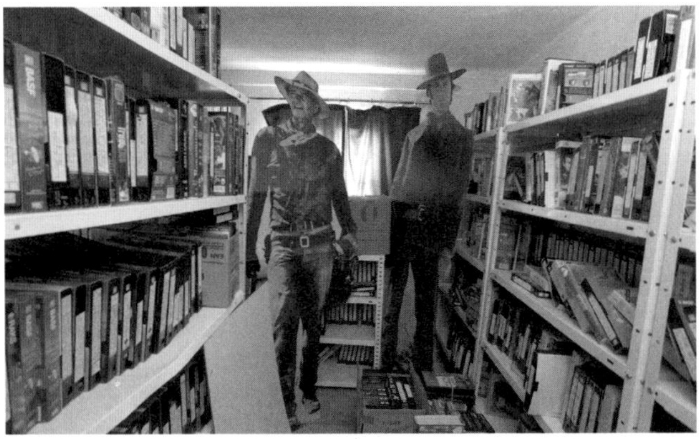

in dem er darauf hinweist, dass die Aufnahmefunktion seiner beiden Videorekorder seit Oktober 1989 „nahezu pausenlosen im Einsatz" sei.[3] Zur Unterbringung der stetig wachsenden Sammlung wurde das ehemalige Pächterhaus, ein historisches Gebäude auf dem Birkenhof, dem Familiensitz in Oberbayern, zum Archiv umgewidmet. In einem Brief aus dem Jahr 1992 kündigte von Mallinckrodt die Fertigstellung des Film Archivs Birkenhof (FABI) an. Es war von Mal linckrodts privates Refugium, das außer ihm kaum jemand betrat. Er lebte zwar während seiner gesamten Sammeltätigkeit in Stuttgart, kam jedoch regelmäßig auf den Birkenhof, nahm auch von dort aus Filme auf und kümmerte sich um die Organisation der Sammlung. Nur mit wenigen anderen Filmbegeisterten pflegte von Mallinckrodt einen sporadischen Austausch, fertigte für sie Kopien an oder bat gelegentlich auch selbst um welche. Der häufigste Austausch bestand hinsichtlich seiner Sammelaktivitäten über Jahre mit zweien seiner Neffen, denen er Listen oder Kopien von Programmzeitschriften übermittelte, anhand derer sie bis zu dreißig Filme pro Woche für ihn aufnahmen.[4] Die intensivste Phase des Sammelns bildeten die 1990er-Jahre. Ab den 2000er-Jahren sank die Zahl der hinzukommenden Filme deutlich, bis die Aufnahmetätigkeit wahrscheinlich um 2005 vollständig eingestellt wurde. Die Sammlung verblieb im Pächterhaus, verlor aber mit dem Tod von Mallinckrodts 2012 ihren Bezug. Zum Hindernis wurde der enorme Umfang der Sammlung, als am Pächterhaus wichtige Instandsetzungsmaßnahmen notwendig wurden. Die Entsorgung war nun lediglich eine Frage der Zeit. Anfang 2023 wurde das gesamte Film Archiv Birkenhof beseitigt.[5] ABB. 1

2 In seiner Abhandlung über das Sammeln konstatierte Walter Benjamin: „Jede Ordnung ist gerade in diesen Bereichen nichts als ein Schwebezustand überm Abgrund." Walter Benjamin, „Ich packe meine Bibliothek aus. Eine Rede über das Sammeln", in: Ders., *Gesammelte Schriften*, Bd. IV, Frankfurt am Main 1991, S. 388.
3 Brief von Wilhelm Gustav von Mallinckrodt vom 26.10.1992.
4 Briefe mit Aufträgen an die Neffen sind von 1992 bis Ende 1998 erhalten.
5 Siehe die Bildstrecke von Alain Roux in diesem Band.
6 Siehe den Artikel zum Video Home System in Wikipedia: www.de.wikipedia.org/wiki/Video_Home_System.

Die geringe Halbwertszeit der Magnetbänder, auf denen die Filme gespeichert waren, sowie die Ablösung der VHS-Kassette durch effizientere, digitale Speicherformen sprachen gegen einen Erhalt. Institute wie die Deutsche Kinemathek haben keinerlei Interesse daran, derartige Sammlungen zu übernehmen. Sie betrachten eine Übergabe nicht als Gewinn, selbst wenn sich unter den aufgenommenen Filmen wertvolle Raritäten befinden, die bisher nicht archiviert wurden. Der Arbeitsaufwand zur Sicherung der Filme wird als zu groß bewertet. Ihre Sichtung, Auswertung und Bearbeitung wie die Übertragung auf ein aktuelles Speichermedium und somit ihre Archivierung gelten als zu kostspielig. Die Filmsammlung Wilhelm Gustav von Mallinckrodts bildet hier keine Ausnahme. Zahlreiche Filmsammlungen haben das gleiche Schicksal erfahren. Statt hier aber einen Schlusspunkt zu setzen und das Film Archiv Birkenhof in die Reihe der vielen entsorgten und vergessenen Privatsammlungen einzufügen, scheint es mir lohnend, einen Blick auf die spezifischen Eigenschaften und die daraus resultierende Entwicklung der Sammlung zu richten.

Das Film Archiv Birkenhof ist das exemplarische Beispiel einer Sammlung, die auf einer technischen Innovation, dem Video Home System, abgekürzt VHS, basiert. Bereits 1976 auf den japanischen Markt gebracht, entwickelte sich das Aufzeichnungs- und Wiedergabesystem in Europa in den 1980er-Jahren zum Standard im Heimvideobereich. „Von Beginn an [war das System] konsequent mit Blick auf den Privatanwender entwickelt worden und bot vergleichsweise preiswerte, zuverlässige und simpel konstruierte Geräte."[6] Ab den 2000er-Jahren wurde die VHS-Kassette sukzessive durch die ihr an Bildqualität und Nutzungsdauer überlegene digitale DVD ersetzt. Genau in diese Zeitspanne von etwa zwanzig Jahren fällt der Aufbau des Film Archivs Birkenhof. Die VHS-Technik ermöglichte es, Filme mittels eigener Geräte systematisch zu speichern. Von Mallinckrodt nutzte diese Technik zur beständigen Erweiterung seiner Sammlung, lernte aber auch ihre Grenzen kennen und reagierte darauf mit Entscheidungen, die die Struktur und Beschaffenheit der Filmsammlung wesentlich prägten.

Im Laufe der 1990er-Jahre wurden in zwei unterschiedlichen Gebäudeteilen des Pächterhauses Räume für die Sammlung hergerichtet. Im Wesentlichen bestand die Ausstattung aus einfachen Metallregalen, die, in engen Reihen angeordnet, bis unter die Decke reichten. Anhand von Beschaffungs- und Montageaufträgen lässt sich nachvollziehen, dass 1992 im vorderen Gebäudeteil Regale aufgestellt wurden. Erst um die Jahreswende 1995/96 wurde ein weiterer Raum im hinteren Teil des Gebäudes, der durch einen separaten Treppenzugang zu erreichen ist, mit Regalen ausgestattet.[7] Alle Archivräume befanden sich im ersten Stock des Gebäudes. Bis kurz vor ihrer Entsorgung wurden keine wesentlichen Veränderungen an der Einrichtung der Sammlung vorgenommen. Die Räume erschienen somit so, wie von Mallinckrodt sie mit seinem Tod hinterlassen hatte. Dieser „eingefrorene" Zustand ermöglichte es, Rückschlüsse auf die Struktur und Entwicklung der Sammlung zu ziehen. Dabei bot sich zunächst ein eher disparates Bild. So waren die Regale in den Räumen im vorderen Gebäudeteil, die bereits 1992 aufgestellt worden waren, komplett mit VHS-Kassetten ausgefüllt. Zusätzlich lagerten zwischen den engen Regalreihen stapelweise Kartons, ebenfalls randvoll mit VHS-Kassetten. In der Mitte des hinteren Raumes befand sich ein Tisch mit Arbeitsmaterialien. Rein praktisch ausgerichtet, wurden die auf die VHS-Kassetten aufgenommenen Filme hier in die räumliche Ordnung

Abb. 1 Film Archiv Birkenhof (FAB), 2023

der Sammlung eingegliedert und zuvor entsprechend beschriftet. Auf den handschriftlich ausgefüllten Labels waren unterschiedlich komplett der Titel des Films, die Filmlänge, die Nummer des Aufnahmegeräts, das Filmgenre, der Aufnahmezeitpunkt und gelegentlich auch die Sender (wie 3sat, ARD) verzeichnet.ABB. 2 An den Regalen befestigte einfache Zettel mit der Nennung der einzelnen Filmgenres wie Action, Thriller, Komödie, Drama, Erotik markierten die räumliche Zuordnung der Filme, die auch der generellen Ordnungsstruktur des Archivs entsprach. Einzelne in den Räumen verstreute Objekte wie Glasflaschen mit Aufschriften wie „Blut" oder „Arsen" sowie lebensgroße Pappaufsteller von Filmstars wie James Dean, Marilyn Monroe oder Charlie Chaplin ergänzten die Filmsammlung.

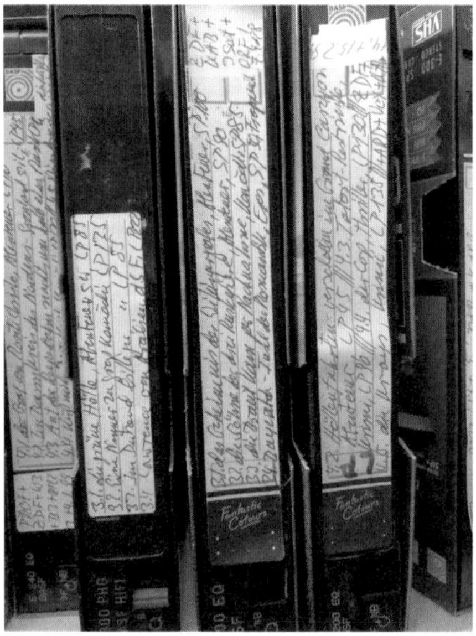

Die Archivräume im weiter hinten gelegenen Gebäudeteil befanden sich in einem vollkommen anderen Zustand. Hier waren die Regale leer geblieben. Stattdessen stapelten sich zahlreiche Kartons mit VHS-Kassetten in und zwischen den Regalen, waren auf Tischen gestapelt oder in einem Nebenraum bis unter die Decke gepfercht.ABB. 3 Offensichtlich hatte von Mallinckrodt zu einem bestimmten Zeitpunkt aufgehört, die VHS-Kassetten systematisch in die räumliche Struktur seines Archivs einzugliedern. Statt den neu hergerichteten, leeren Archivraum mit den kontinuierlich nachkommenden Filmen zu füllen, wurden die Regale in den vorderen, bereits überquellenden Archivräumen sporadisch weiter bestückt. Der Großteil der Kassetten war jedoch direkt nach der Speicherung der Filme in Kartons verfrachtet worden und verblieb dort. Bei einem wöchentlichen Aufnahmepensum von im Schnitt über zwanzig Filmen wuchs die Menge an Kartons mit der Zeit beträchtlich an und muss von Mallinckrodt eigentlich das Scheitern seiner geordneten Sammeltätigkeit vor Augen geführt haben. Nach seinem Tod befanden sich Hunderte von Kartons mit aufgenommenen VHS-Kassetten im gesamten Gebäude. Der chaotische Zustand der Sammlung ist Ausweis einer Krise, die den Sammler erstaunlicherweise jedoch nicht dazu veranlasste, adäquat zu reagieren. Aus welchem Grund setzte er seine Aufnahmetätigkeit auf hohem Niveau fort, vernachlässigte dabei aber auf gravierende Weise die Zuordnung der Filme in die räumliche Sammlungsstruktur? Um eine

7 Der Auftrag erging laut eines Briefes von Mallinckrodts am 18.10.1995: „Lieber Robert, bitte bauen Sie Regale wie folgt: 2 schmale Regale 45 × 35 cm mit sechs Böden wie üblich. [mit Bleistift hinzugefügt:] *1x erl. 16/01/96*, 1 schmales Regal mit 5 Böden [...], 1 Breitregal [...] *erl. 16/01/96*, 2 Breitregale [...] *erl. 16/01/96*.

8 In einem Brief vom 2.6.1992 heißt es: „Lieber Benfred, die Liste für die kommende Woche bitte nicht zu ernst nehmen, sondern cum grano salis: 24 Filme sind mir selbst zu viele." Doch im Laufe des Jahres stieg die Anzahl der Filme. Ein weiterer Rekorder wurde angeschafft und die Aufnahmemenge erweiterte sich auf „circa 30 Filme für die kommende Woche". Siehe Brief an Benfred vom 2.11.1992.

Antwort zu finden, ist es erforderlich, die Sammlungsidee und Ordnungsstruktur sowie deren Veränderungen genauer zu untersuchen.

Am Anfang seines Sammelns, in den späten 1980er-Jahren, stand mit ziemlicher Sicherheit ein sehr generelles Interesse am Film. Die Technik des neuen Video-Systems ermöglichte es privaten Nutzern erstmals, die aufgenommenen Filme unabhängig vom Zeitpunkt ihrer Ausstrahlung anzuschauen. Das Vorhandensein der Filme, ihre zeitlich unabhängige Verfügbarkeit wird auch für von Mallinckrodt zu Beginn das zentrale Kriterium seiner Sammeltätigkeit gewesen sein. Die Intensität, mit der er Filme aufnahm, lässt jedoch darauf schließen, dass sein Interesse schon sehr früh dem Aufbau einer größeren Sammlung galt, die erst mit der Zeit Kontur gewann. Ich verweise hier noch einmal auf den „pausenlosen Einsatz“ zweier Rekorder seit 1989. Von Mallinckrodt setzte diese Praxis über die Jahre kontinuierlich fort und schaffte für sich und seine Neffen weitere Aufnahmegeräte an, um ein schnelles Anwachsen seiner Sammlung zu erzielen.[8]

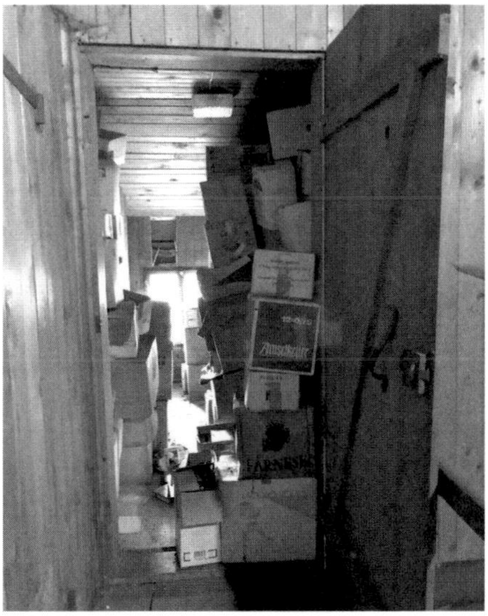

Somit scheint zunächst die Akkumulation im Vordergrund gestanden zu haben, die schließlich eine Unterbringung der Sammlung in gesonderte Räume erforderlich machte. Spätestens das Einräumen der Filme in die Regale muss von Mallinckrodt dazu veranlasst haben, eine Systematik zur Ordnung der Filme aufzustellen. Die Gliederung nach Filmgenre gab der Sammlung Struktur und mit der räumlichen Zuordnung eine gestaltete Sichtbarkeit. Es ist interessant, dass Von Mallinckrodt im gleichen Brief, in dem er die Fertigstellung der Räume ankündigt, seine Sammlung als „Film Archiv Birkenhof“ bezeichnet. Mit der spezifischen Namensgebung verlieh er der rein auf private Zwecke hin ausgerichteten Sammlung und seiner Tätigkeit einen offizielleren, institutionalisierten Charakter. Die Bezeichnung „Archiv“ verweist auf einen bereits erreichten Zustand und, wichtiger noch, formuliert einen Anspruch, an dem seine Arbeit und die Ziele seiner Sammlung auch zukünftig ausgerichtet waren. Trotz des privaten Charakters der Sammlung, das wird hier deutlich, spielten auch ihr Status und das damit verbundene Prestige für von Mallinckrodt eine gewisse Rolle. Zugleich unternahm er keinerlei Anstrengung, das Archiv einem interessierten Fachpublikum bekannt zu machen. Die Wertschätzung der Sammlung wurde letztlich allein von

Abb. 2 Videokassetten mit Label im FAB, 2023

Abb. 3 Kartons mit bespielten Videokassetten im FAB, 2023

ihm selbst vorgenommen, ihr Image blieb abstrakt. Von Mallinckrodt nutzte (für sich) anerkannte Zuschreibungen und Kriterien, die seinen Ansprüchen entgegenkamen, den zeitlichen, räumlichen und finanziellen Aufwand rechtfertigten und den Vorstellungen einer hochwertigen Sammlung Gestalt gaben.

Das Wachstum der Sammlung war durch die Struktur des Fernsehens garantiert. Das Fernsehprogramm bot eine potenziell unerschöpfliche Quelle. Die permanent ausgestrahlten Filme mussten lediglich ausgewählt und aufgenommen werden. Das Fernsehen als Hauptquelle der Sammlung zu wählen bedeutete aber auch, die inhaltliche Ausrichtung und die Entwicklung der Sammlung nur eingeschränkt selbstständig bestimmen zu können. Das unkalkulierbare Fernsehprogramm wäre einer spezifischen Ausrichtung nicht sonderlich dienlich gewesen. Von Mallinckrodt hätte in einem solchen Fall eine ungewisse Zeit warten müssen, bis die entsprechenden Filme ausgestrahlt worden wären. Die Fokussierung auf das Wachstum als wichtigstes Sammlungskriterium erklärt sich aus dieser reaktiven Form des Sammelns.

Im Prozess des Einräumens und der Zuordnung der Filme wurde jedoch nicht nur der außerordentliche Umfang der Sammlung sichtbar, es ließen sich auch Lücken erkennen, die deutlich machten, was noch nicht in der Sammlung war. Diese sich aus dem Wachstum der Sammlung geradezu zwangsläufig ergebende Perspektive stellte eine weitere Herausforderung dar, der sich von Mallinckrodt offensichtlich nicht verschließen konnte oder wollte. Ab einem bestimmten Zeitpunkt wartete er nicht mehr allein darauf, die fehlenden Filme aus dem Fernsehprogramm aufnehmen zu können. Er begann, durch das Kopieren von Filmen verschiedener Filmverleihe sowie durch gezielte Ankäufe von Originalkassetten vermeintliche Lücken zu schließen.[9] Listen, in denen von Mallinckrodt fehlende Filme oder aber alle vorhandenen Filme eines Schauspielers aufführte, legen den Schluss nahe, dass neben dem Wachstum der Sammlung das Kriterium der Vollständigkeit zunehmend an Stellenwert gewann. Dabei scheint sich dieses Ziel auf verschiedene Aspekte der Sammlung bezogen zu haben. Zum Teil wurde der Fokus auf Schauspieler gerichtet, worauf unter anderem die Liste der Bogart-Filme hinweist, aber auch spezielle Regisseure wurden gezielt gesammelt. So befanden sich mehrere Filme von Rosa von Praunheim oder das komplette Werk Jacques Tatis als Ankäufe in der Sammlung. Hätte von Mallinckrodt allein auf den Aspekt des Wachstums seiner Sammlung gesetzt, wäre es nicht zu diesen Ankäufen oder Kopien gekommen. Das Fernsehen lieferte genügend Material, das aufgenommen werden konnte. Die Idee der Vollständigkeit, so unspezifisch sie auch war, bot die Aussicht, eine gewisse Kontrolle über die Entwicklung seiner Sammlung zu erlangen. Sie eröffnete weitere Quellen und entsprach wahrscheinlich der wachsenden Kenntnis über den Film. Zudem wird der Wert vieler Sammlungstypen am Zustand ihrer Vollständigkeit gemessen. In den Augen des Sammlers bedeutete diese Ausrichtung also einen Wertezuwachs. Mit der Kombination von Wachstum und Vollständigkeit hatte sich von Mallinckrodt für gewichtige Kriterien entschieden, an denen er in der Folge die Entwicklung seiner Sammlung orientierte.

Zunächst bestand die Aufnahmepraxis darin, einen Film pro Kassette aufzunehmen, wodurch innerhalb der Genrezuordnung eine weitere alphabetische Differenzierung vorgenommen werden konnte. Im genannten Brief von November 1992 bittet von Mallinckrodt seinen Neffen jedoch darum, in Zukunft „zwei Filme vom gleichen

9 Beschriftungen auf Videokassetten verweisen darauf, dass von Mallinckrodt wohl auch auf Auktionen kleinere Filmkonvolute aufkaufte.

10 Den Briefen ist zu entnehmen, dass auch die finanzielle Situation immer wieder eine Rolle spielte.

11 Ende 1990 verfügten knapp dreißig Prozent der deutschen Haushalte über einen Kabelanschluss.

Genre“ auf eine Kassette zu speichern. Diese Anweisung zielte zuvorderst auf einen ökonomischeren Umgang mit den Räumlichkeiten.[10] Für die weitere Entwicklung der Sammlung ist jedoch von Bedeutung, dass mit dieser Entscheidung erstmals eine Vereinfachung der räumlichen Ordnungsstruktur vorgenommen wurde. Eine differenzierte Zuordnung der Filme ließ sich bei zwei Filmen pro Kassette nicht aufrechterhalten. Zwar war dieser Kompromiss nicht ideal, aber man kann auch weiterhin von einer funktionierenden Sammlungsordnung sprechen, die die Aufnahmepraxis nicht behinderte, sondern vielmehr dazu beitrug, sie effizienter zu gestalten.

In einem nächsten Schritt traf von Mallinckrodt jedoch eine folgenschwere Fehlentscheidung. Mit der Verbreitung des Kabelfernsehens wuchs mit jedem Jahr auch die Anzahl öffentlicher und privater Sender.[11] ABB. 4 Karteikarten von 1993, auf denen von Mallinckrodt die Sendeplätze notierte, führen bis zu dreißig Sender und mehr auf. Mit zunehmender Sendervielfalt vergrößerte sich das Filmangebot und damit zugleich die Anzahl der zeitlich synchron aufzunehmenden Filme. Entsprechend wuchsen die logistischen Anforderungen an den Sammler. Die Filme mussten aus den Programmheften herausgesucht, die Filmlänge notiert und der maximalen Laufzeit der leeren VHS-Kassetten zugeordnet werden, die Aufträge verteilt, die vorhandenen Rekorder programmiert, die aufgenommenen Kassetten zum Teil an den Birkenhof geschickt, beschriftet und der Sammlungsordnung zugeführt werden. Aus der Bereitschaft, das Angebot maximal auszuschöpfen, erwuchs ein enormer Organisations- und Materialdruck, der 1993 zu der Entscheidung führte, die Genrezuordnung auf den Kassetten vollständig aufzuheben, um noch mehr Filme auf einer Kassette mit geringem logistischen Mehraufwand speichern zu können. Nun wurden auf einer VHS-Kassette bis zu vier, in Ausnahmefällen sogar bis zu sechs Filme unterschiedlicher Genres aufgenommen.

Die Entscheidung, die Genrezugehörigkeit bei gleichzeitiger Mehrfachspeicherung aufzuheben, markiert den Beginn des Zerfalls der räumlichen Sammlungsordnung. Hier ist der entscheidende Krisen- oder auch Kipppunkt anzusetzen, der einen modifizierten Umgang mit spezifischen Sammlungsaspekten erfordert hätte, um die Funktionalität der räumlichen Sammlungsordnung aufrechtzuerhalten beziehungsweise wiederherzustellen. Umso erstaunlicher erscheint es, dass der räumliche Kollaps der Sammlungsordnung die Aktivitäten ihres

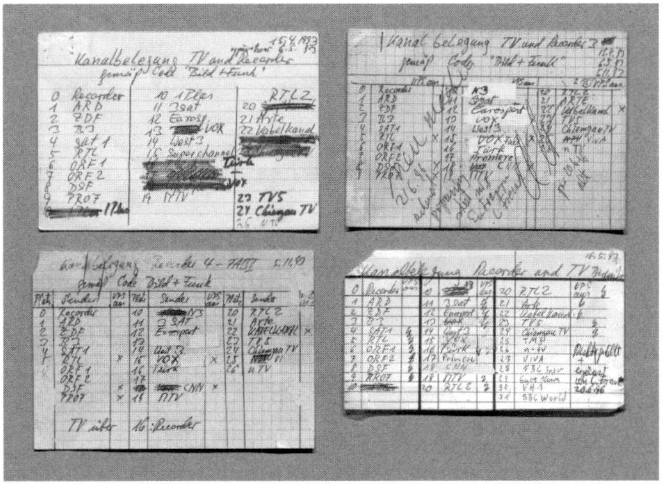

Abb. 4 Listen mit Kanalbelegungen, 2023

weiteren Zuwachses unberührt ließ. Von Mallinckrodt führte seine Aufnahmetätigkeit in gleicher, wenn nicht sogar gesteigerter Intensität fort. Mit jeder weiteren Kassette, auf der Filme unterschiedlicher Genres gespeichert wurden, wuchs jedoch die Schwierigkeit, die Filme zu platzieren, sie wiederzufinden und damit einen Überblick über die Sammlungsinhalte zu bewahren. Schließlich werden sich in den Regalen, die ursprünglich einem bestimmten Genre zugeordnet waren, annähernd ebenso viele Filme anderer Genres befunden haben. Spätestens ab diesem Zeitpunkt kann nicht mehr von einer funktionierenden räumlich strukturierten Sammlungsordnung gesprochen werden.

Diese Situation scheint auch der Sammler als irreversibel erkannt zu haben. Zur Wiederherstellung und Aufrechterhaltung einer funktionierenden Sammlungsordnung hätten zunächst die betroffenen Kassetten mit unterschiedlichen Genrezuordnungen auf Kassetten mit einer einheitlichen Zuordnung umkopiert werden müssen. Allein die damit verbundene Logistik und der Aufwand hätten, abhängig vom Zustand der Sammlung, eine enorme Herausforderung dargestellt. Entscheidender jedoch ist, dass für diesen Prozess freie Rekorder benötigt worden wären. Alle verfügbaren Rekorder wurden jedoch permanent für die Aufnahme neu ausgestrahlter Filme benötigt. Die Umwidmung der Rekorder zur Widerherstellung der Ordnung stand somit in deutlicher Konkurrenz zum Wachstum der Sammlung. Von Mallinckrodt entschied sich für das Wachstum und gegen die Ordnung. Das Festhalten und die Priorisierung des Wachstums zeugen von einem Sammelverhalten, das die Kontrolle an das Medium abgegeben hat. Der Fluss der ausgestrahlten Filme war nicht zu stoppen. Nicht aufgenommene Filme drohten für einen längeren, nicht zu bestimmenden Zeitraum verloren zu gehen. Wäre es allein um das Wachstum der Sammlung gegangen, hätte eine Aufnahmepause vielleicht verkraftet werden können. Die zusätzliche Ausrichtung auf die Vollständigkeit barg jedoch die Gefahr, „entscheidende" Filme zu verlieren. Proportional zum Umfang der Sammlung wuchs auch die Seltenheit und damit der Wert derjenigen Filme, mit denen die Lücken der Sammlung zu schließen gewesen wären. Ankäufe und Kopien sollten diesbezüglich wahrscheinlich auch weiterhin die Ausnahme bilden. Folglich diktierte das Fernsehprogramm mehr und mehr die Entwicklung und den Fortschritt der Sammlung. Der Sammler war gezwungen, dem täglichen Filmangebot zu folgen, um nicht hinter dem Potenzial des gewählten Systems zurückzufallen.

Zugunsten des Wachstums und der Vollständigkeit vernachlässigte von Mallinckrodt zunehmend die räumliche Zuordnung der Filme. Soweit dies möglich war, bestückte er auch weiterhin die vorderen, längst überfüllten Archivräume sporadisch mit Filmen.[12] Das systematische Einräumen der VHS-Kassetten in diese Räume war aus Platzgründen jedoch schon bald nicht mehr möglich, das Bestücken der weiteren Archivräume sinnlos geworden. Die Aufhebung der Genrezugehörigkeit bei gleichzeitiger Mehrfachspeicherung verhinderte eine sinnvolle Aufstellung der Kassetten, die eine Orientierung ermöglicht hätte. Ob die Filme in den Kisten verblieben oder in die Regale eingeräumt wurden, machte sammlungstechnisch keinen Unterschied, die Aufgabe der räumlichen Struktur war daher folgerichtig. Die Aufnahmepraxis hatte sich von einer räumlichen Verortung abgekoppelt. Das Zuhandensein der Sammlung wurde von der Praxis eines bloßen Vorhandenseins abgelöst.

Vergegenwärtigt man sich die Anzahl der Kartons und damit die Masse an Filmen, die nicht eingeräumt wurden, so stellt sich jedoch

12 In den vorderen Archivräumen befanden sich Filme der gesamten 1990er-Jahre sowie vereinzelte Kassetten der frühen 2000er-Jahre.
13 Von 1992 gibt es Listen, die noch auf einen Abgleich mit dem Bestand des Archivs verweisen.
14 2010 zog von Mallinckrodt vollständig auf den Birkenhof.

die Frage, wie von Mallinckrodt den Überblick und die Kontrolle über den Bestand seiner Filme behielt. Die Antwort scheint in den Listen zu liegen, die der Sammler permanent anfertigte.[13] ABB. 5 Es haben sich zahllose Listen erhalten, in denen Filme nach ihrer Genrezugehörigkeit aufgeführt sind, Listen von angekauften Filmen, von ausgeliehen Filmen, von Filmen mit bestimmten Schauspielern, Listen, anhand derer ein Austausch mit den wenigen anderen Filmsammlern stattfand, Listen für Familienangehörige, Listen, die die Länge der Filme notierten, Listen, mit denen die Programmierung der Rekorder organisiert wurden, vor allem aber wöchentliche Programmlisten. Diese Wochenprogramme wurden mehrfach kopiert, als Konvolut aufgehoben, und es wurde mit ihnen gearbeitet. Die Listen gewährleisteten eine leichtere Handhabung, sie waren einfacher zu erstellen, zu kombinieren und zu überprüfen. Das Kopieren der Listen sorgte für Sicherheit, leichte Variationen lieferten Gestaltungsspielräume. Sie dienten der Versicherung und Bestätigung dessen, was sich bereits in der Sammlung befand, und ließen Rückschlüsse auf fehlende Filme zu. Die Listen bildeten die Grundlage für weitere Aufträge, Kopien und Ankäufe, vor allem aber für die Planung des wöchentlichen Aufnahmeprogramms. In Aktenkoffern aufbewahrt, wurden sie mit großer Wahrscheinlichkeit zwischen Stuttgart, dem Wohn- und Arbeitsmittelpunkt von Mallinckrodts, und dem Birkenhof in Oberbayern hin- und hergetragen.[14] ABB. 6 Wichtig erscheint, dass die Listen in Stuttgart, wo sich von Mallinckrodt überwiegend aufhielt, das einzige Instrument waren, um den Bestand zu überblicken und zu organisieren. Er war also daran gewöhnt, allein mit den Listen zu arbeiten und nicht mit den vorhandenen Filmen im Archiv. Die Listen stellten folglich das flexiblere und auch praktikablere Mittel zur Organisation der Aufnahmen und der Sammlung dar. Man mag meinen, dass die Listen in letzter Konsequenz auch das konkrete Aufnehmen und die realen Objekte der VHS-Kassetten gänzlich hätten ablösen können, da von Mallinckrodt zu seinen Lebzeiten nur einen Bruchteil der aufgenommenen Film hätte anschauen können und die größtenteils aus Plastik gefertigten VHS-Kassetten und ihre Hüllen zudem keinerlei ästhetischen oder Objektwert hatten, bis auf

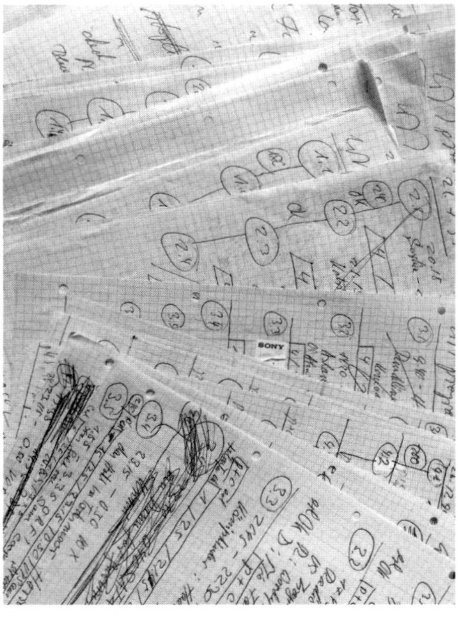

Abb. 5 Listen mit Angaben zu Filmen, Sendern, Sendezeiten, 2023

gestaltete Ausnahmen. von Mallinckrodt hielt jedoch, unabhängig von ihrem Zustand, am Erhalt und damit am konkreten Gegenstand der Sammlung fest. Die Gegenständlichkeit des Archivs ist für das Erleben von zentraler Bedeutung.[15] Eine bloß auf Listen existierende, fiktive Sammlung hätte einen Bruchteil an Aufwand bedeutet, wäre mit Sicherheit zu organisieren und bei Fehleinschätzungen oder ungeplanten Entwicklungen zu reorganisieren gewesen. Sie hätte einen Bruchteil des Geldes gekostet, der in die Sammlung investiert wurde, das Hin- und Herfahren zwischen Stuttgart und dem Birkenhof hätte sich erübrigt und es wären keine Räumlichkeiten benötigt worden. Doch genau diese Aspekte gehören zum Wesen einer Sammlung. Aus ihrer sich permanent verändernden Gegenständlichkeit erwächst eine eigene Sammlungslogik mit unterschiedlichen Anforderungen und den daraus resultierenden Aktivitäten. Das mit der Gegenständlichkeit einer Sammlung einhergehende Handeln beinhaltet planbare, aber auch unvorhersehbare Elemente. Genau in dieser Mischung liegt auch ihr Reiz. Die Sammlung von Mallinckrodts macht deutlich, dass ihre Wertschätzung und die Erlebnisfunktion nicht an das Prinzip einer Ordnung, eines konkreten Umfangs, nicht einmal an eine umfassende Sichtbarkeit gebunden ist. Wertet man diese augenscheinlichen Defizite als Indizien einer Krise, so kommt auch diesbezüglich der Gegenständlichkeit eine zentrale Funktion zu. Sie diente von Mallinckrodt der Vergewisserung, an ihr konnte er das Erreichte ablesen. Der sich über mehrere Räume erstreckende Umfang der Sammlung stellt einen Wert dar, der ihn darin bestärkt haben wird, sein Vorhaben trotz aufgegebener Ordnung fortzuführen.

15 Vgl. Christian Benne, „Naiver Realismus? Zur Gegenständlichkeit des Sammelns“, in: Petra-Maria Dallinger, Georg Hofer, *Logiken der Sammlung. Das Archiv zwischen Strategie und Eigendynamik*, Berlin und Boston 2020, S. 22.

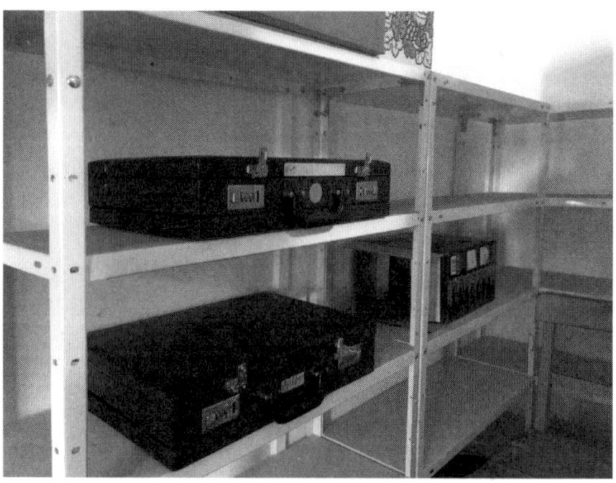

Da von Mallinckrodt diese an einer Gegenständlichkeit orientierte und von geordneten räumlichen Strukturen zugleich unabhängige Sammlungspraxis über Jahre konsequent weiterführte, ist anzunehmen, dass er sie als befriedigend und einigermaßen erfolgreich wahrnahm. Wird der Erfolg einer Sammlung an den Kriterien Wachstum und Vollständigkeit gemessen, so ist eine Ordnung zwar nützlich, nicht jedoch zwingend notwendig. Selbst ein genauer Überblick ist nicht dringend erforderlich. Redundanzen sind zwar überflüssig, doch gefährden sie die Sammlung nicht. Je nach Sammlungsgegenstand ist Vollständigkeit zudem ein Ziel, das per se nicht erreicht werden kann, was den Sammler aber keineswegs daran hindert, ihre Erfüllung stets als Movens zu verstehen. Da im Falle der von Mallinckrodt'schen Sammlung die Anzahl bereits produzierter sowie in Zukunft zu produzierender und im Fernsehen auszustrahlender Filme ein unerschütterliches Potenzial bildete, konnte er seine Sammlung prinzipiell unendlich fortführen, ihr Ende konstatieren oder aber, da es sich um eine private Sammlung handelte, sich gegenüber allen Entscheidungen gleichgültig zeigen.

Auch wenn man in Wilhelm Gustav von Mallinckrodt einen manischen und in gewisser Hinsicht chaotischen Sammler erkennen mag, so war er doch auch ein freier Geist, der seine Sammelleidenschaft nicht von Normen beherrschen ließ. Mir scheint, dass nicht etwa das zunehmende Chaos von Mallinckrodt veranlasste, seine Sammeltätigkeit um etwa 2005 einzustellen, sondern eher sein Alter, schwindende Kräfte und ein nachlassendes Interesse. Zudem konnte er zu diesem Zeitpunkt wohl auch vor den technischen Entwicklungen neuer Speichermedien kaum noch die Augen verschließen. Die Tatsache, dass die gesamte Anzahl der von von Mallinckrodt gesammelten Filme heutzutage auf ein einziges, vergleichsweise winziges Speichermedium passt, verdeutlicht zwar den Einfluss, den der technische Fortschritt auf die Gültigkeit spezifischer Sammlungen hat, sicher erscheint nach diesen Ausführungen aber auch, dass von Mallinckrodt nie eine solche digitale Sammlung aufgebaut hätte. Nicht Verfügbarkeit, Zugänglichkeit und problemlose Speicherung, sondern die Anforderungen und Hindernisse, die aus der konkreten Handhabung einer gegenständlichen Sammlung erwachsen, wie auch die Möglichkeit des Scheiterns bilden den Reiz des Sammelns.

Abb. 6 Koffer zum Transport von Listen und Programmheften, 2023

Danksagung

Die zufällige Sichtung einer kurz vor der Entsorgung stehenden Videosammlung auf dem Birkenhof in Oberbayern war der Anstoß zur intensiven Beschäftigung mit dem Bedeutungs- und Wertewandel von Sammlungen sowie den daraus resultierenden Anforderungen und Konsequenzen. Noch vor der Durchführung eines Symposiums zu diesem Thema, dessen Beiträge hier versammelt sind, fand ein Seminar mit Student:innen des Fachbereichs Design der Hochschule Düsseldorf statt. Zentrale Aufgabe des Seminars war es, die Videosammlung auf dem Birkenhof gestalterisch zu transformieren. In einem mehrmonatigen Prozess konnte die Sammlung uneingeschränkt als Materialfundus und inhaltliche Ressource genutzt werden, um künstlerische Arbeiten zu entwickeln, die in einer Ausstellung gezeigt wurden. Die Bereitschaft von Alexandra Wellensiek und Alain Roux, sich als Nachlassverwalter der Videosammlung auf dieses Experiment einzulassen, und ihre großartige Gastfreundschaft während der Zeit auf dem Birkenhof haben den positiven Geist des Projekts wesentlich mitbestimmt. Wir bedanken uns für diese wunderbare Möglichkeit und Unterstützung. Unser Dank gilt auch Peter Thoma, der den AV-Bereich des Projekts mit Begeisterung und Fachkenntnis geleitet hat und sich dem seminaristischen Teil des Projekts von Beginn an angeschlossen hat. Die von Peter Thoma aufgenommenen und von Lars Breuer künstlerisch bearbeiteten 3D-Scans der Räume des Videoarchivs auf dem Birkenhof dokumentieren in verschlüsselter Form den Status einer vergangenen Sammlung. Gemeinsam mit den Fotografien von Alain Roux, die die Sammlung kurz vor ihrer Entsorgung zeigen, und den Transformationen der Student:innen bilden sie eine thematische Einheit.

Wir bedanken uns bei allen Beteiligten ganz herzlich für diese Arbeiten. Unser Dank geht ebenso an alle Autor:innen, die ihr Fachwissen bereits während des Symposiums mit uns geteilt haben, und deren lebendiger Gedankenaustausch hier weitergeführt werden soll. Für ihren unermüdlichen Einsatz als studentische Hilfskraft während des gesamten Projekts bedanken wir uns bei Camille Magirius. Ein besonderer Dank geht nicht zuletzt an Chiara Toteda und Sven Burow, die die Publikation gestaltet haben, und an Hilde Gahlen, die als Typografin am Fachbereich Design der Hochschule Düsseldorf den Gestaltungsprozess mit großer Kenntnis und Ruhe geleitet hat.

HALB*WERTS*ZEIT

Herausgegeben von
Viola Vahrson, Lars Breuer

Gestaltung
Hilde Gahlen, Sven Burow, Chiara Toteda

Redaktion
Viola Vahrson, Lars Breuer

Texte
Sabine Beneke, Alexis Joachimides, Daniel Kothenschulte, Andrea Meyer, Thomas Ochs, Nina Schallenberg, Linnea Semmerling, Markus Stegmann, Philipp Teufel, Thomas Thorausch, Viola Vahrson

Künstlerische Beiträge
Lars Breuer, Alain Roux, Peter Thoma

Lektorat
Pia Oddo, Berlin

Produktion
DCV

Gesamtherstellung
Graspo, Zlín

Die Deutsche Nationalbibliothek verzeichnet diese Publikation in der Deutschen Nationalbibliografie; detaillierte bibliografische Daten sind im Internet über www.dnb.dnb.de abrufbar.

Ein Projekt der
Hochschule Düsseldorf

HSD

Vertrieb und Marketing
DCV
sales@dcv-books.com

ISBN 978-3-96912-179-5
Printed in the Czech Republic

Erschienen bei DCV
www.dcv-books.com

DCV

Sabine Beneke, Andrea Meyer

Abb. 1 Hans Schmitz-Wiedenbrück, *Bauern im Gewitter*, 1938, Öl auf Leinwand, 170 × 231 cm, Deutsches Historisches Museum
Abb. 2 Fritz Erler, *Professor Joseph Thorak*, (vor) 1939, Öl auf Leinwand, 135 × 100 cm, Deutsches Historisches Museum
Abb. 3 Hans Schlereth, *Kostümprobe*, 1940, Öl auf Leinwand, 154 × 127 cm, Deutsches Historisches Museum
Abb. 4 Inventar-Stempel „United States War Departement/German War Art" mit Unterschrift Gordon W. Gilkeys auf der Rückseite eines beschlagnahmten Gemäldes
Abb. 5 Franz Martin Lünstroth, *Offiziere am Grabe Napoleon's am Tage des Einrückens deutscher Truppen in Paris, 14.6.40*, 1940, Öl auf Leinwand, 45,5 × 50,5 cm, Deutsches Historisches Museum
Abb. 6 Postkarte „Der Führer am Grabe Napoleons", Fotografie von Heinrich Hoffmann (28.6.1940), Deutsches Historisches Museum
Abb. 7 Kurt Kranz, *Skikompagnie in der Tundra*, 1944, Mischtechnik auf Karton, 71,4 × 95,2 cm, Deutsches Historisches Museum

Alexis Joachimides

Abb. 1 Jean-Baptiste Réville, Saal des 14. Jahrhunderts im Musée des Monuments français, Kupferstich, aus: Jean-Baptiste-Bonaventure de Roquefort-Flaméricourt, *Vues pittoresques et perspectives des salles du Musée*, Paris 1816, Bibliothèque nationale de France
Abb. 2 Jean-Baptiste Réville, Saal des 15. Jahrhunderts im Musée des Monuments français, Kupferstich, aus: Jean-Baptiste-Bonaventure de Roquefort-Flaméricourt, *Vues pittoresques et perspectives des salles du Musée*, Paris 1816, Bibliothèque nationale de France
Abb. 3 Pierre-Joseph Lafontaine, *Alexandre Lenoir s'opposant à la destruction du monument de Louis XII* (Alexandre Lenoir wendet sich gegen die Zerstörung des Grabmals Ludwigs XII.), 1793, Zeichnung, Musée Carnavalet, Paris
Abb. 4 Charles Marie Bouton, *La Folie de Charles IV* (Der Wahnsinn Karls IV.), 1817, Öl auf Leinwand, Bourg-en Bresse, Musée de Brou, aus: *Himmelslicht. Europäische Glasmalerei im Jahrhundert des Kölner Dombaus (1248–1349)*, hrsg. von Hiltrud Westermann-Angerhausen und Carola Hagnau, Ausst.-Kat. Schnütgen-Museum Köln, Köln 1998, S. 343

Abb. 5 Emil Pierre Joseph de Cauwer, *Mausolée du roi Louis XII et d'Anne de Bretagne à Saint-Denis* (Grabmal Ludwigs XII. und Annes de Bretagne in Saint-Denis), 1867, Öl auf Leinwand, Standort unbekannt, URL: www.de.m.wikipedia.org/wiki/Datei:Emil_Pierre_Joseph_de_Cauwer_Saint-Denis.jpg
Abb. 6 Edme Gaulle und Pierre Petitot, Kenotaph für Ludwig XVI. und Marie Antoinette im Chorumgang von Saint-Denis, Aufstellung 1830, URL: www.commons.wikimedia.org/wiki/File:Louis_XVI_et_Marie-Antoinette.jpg, Eric Pouhier 2006

Thomas Ochs

Abb. 1, 2 Vorder- und Rückseite einer Werbefotografie zu dem Film *To Live and Die in L.A.*, 1985, Regie: William Friedkin, Sig.: FM.FB.4043, URL: www.duesseldorf.de/dkult/DE-MUS-432511/258606
Abb. 3, 4: Vorder- und Rückseite eines an Heiko R. Blum adressierten Umschlags mit der rückseitigen handschriftlichen Anmerkung: „Fred Zinnemann. Das 7. Kreuz". Im Umschlag befand sich vor allem Druck- und Schriftgut zum Film *The Seventh Cross* von 1944, Regie: Fred Zinnemann. Bei der konservatorischen Umlagerung wurden die Materialien dem Umschlag entnommen und in säurefreie Mappen überführt. Die Notizen und Beschriftungen auf dem Umschlag wurden in die Verbunddatenbank aufgenommen, bevor dieser entsorgt wurde. Sig.: FM.FB.39278, URL: www.duesseldorf.de/dkult/DE-MUS-432511/836248
Abb. 5 Werbeankündigung des Films *The Seventh Cross* aus dem Jahr 1944, Regie: Fred Zinnemann, für eine Fernsehausstrahlung in der ARD am 22.5.1986, Sig.: FM.FB.39278, URL: www.duesseldorf.de/dkult/DE-MUS-432511/836248

Nina Schallenberg

Abb. 1 Verteilung der Sammlungsobjekte nach Museumsarten (n = 2.412), aus: *Zahlen & Materialien aus dem Institut für Museumsforschung*, Heft 75: *Statistische Gesamterhebung an den Museen der Bundesrepublik Deutschland 2019*, für das Institut für Museumsforschung – Staatliche Museen zu Berlin hrsg. von Patricia Rahemipour und Kathrin Grotz, Berlin 2021, S. 110

Markus Stegmann

Abb. 1 Villa Langmatt mit Park und Römerstrasse, Postkarte, ca. 1910, Archiv Museum Langmatt
Abb. 2 Gemäldegalerie mit der Sammlung französischer Impressionisten, 1934, Archiv Museum Langmatt
Abb. 3 Jenny und Sidney Brown mit ihren drei Söhnen Harry Frank, Sidney Hamlet und John (v.l.n.r.), um 1906, Archiv Museum Langmatt
Abb. 4 Paul Cézanne, *Fruits et pot de gingembre*, um 1890/93, Öl auf Leinwand, 33 × 46,5 cm
Abb. 5 Paul Cézanne, *Quatre pommes*, um 1885, Öl auf Leinwand, 22 × 26 cm
Abb. 6 Paul Cézanne, *La mer à l'Estaque*, um 1883, Öl auf Leinwand, 37 × 46,5 cm

Philipp Teufel

Abb. 1 Rendering zur Konzeption der Benin-Ausstellung von Ralph Appelbaum Associates/Malsyteufel, 2015, Ralph Appelbaum Associates/Malsyteufel
Abb. 2 Die Benin-Sammlung in Berlin Dahlem, 2012, Philipp Teufel
Abb. 3 Das Schaumagazin „Amerika" des Ethnologischen Museums im Humboldt Forum, 2022, Philipp Teufel
Abb. 4, 5 Temporäre Neukonzeption der Benin-Sammlung im Humboldt Forum, 2022, Philipp Teufel

Thomas Thorausch

Abb. 1 Historische Tanzlehrbücher aus der Bibliothek des Deutschen Tanzarchivs Köln, 2022, © Thomas Thorausch | Deutsches Tanzarchiv Köln
Abb. 2, 3 Blick in die Ausstellung *Irgendwas fehlt immer. Vom Sammeln und Bewahren*, Tanzmuseum des Deutschen Tanzarchivs Köln, 2023, © Janet Sinica | Deutsches Tanzarchiv Köln
Abb. 4 Blick in ein Zwischenarchiv im Deutschen Tanzarchiv Köln, 2010, © Susanne Fern | Deutsches Tanzarchiv Köln
Abb. 5 Hilfsmittel zur Visualisierung einer Gruppenchoreografie, Archiv der Hiller Girls im Deutschen Tanzarchiv Köln, 2022, © Janet Sinica | Deutsches Tanzarchiv Köln

Viola Vahrson

Abb. 1 Film Archiv Birkenhof (FAB), 2023, Alain Roux
Abb. 2 Videokassetten mit Label im FAB, 2023, Viola Vahrson
Abb. 3 Kartons mit bespielten Videokassetten im FAB, 2023, Viola Vahrson
Abb. 4 Listen mit Kanalbelegungen, 2023, Max Schropp, Philipp Zdrojewski
Abb. 5 Listen mit Angaben zu Filmen, Sendern, Sendezeiten, 2023, Viola Vahrson
Abb. 6 Koffer zum Transport von Listen und Programmheften, 2023, Viola Vahrson

JANE FONDA

Selbstbewusst älter werden

Aus dem Englischen von
Ursula Bischoff

nymphenburger

MIX
Papier aus verantwortungsvollen Quellen
FSC® C014496

Erschienen bei Random House/New York, N.Y. 2011.
Titel der Originalausgabe *Prime Time* bei Random House/New York, N.Y. 2011.
Dieses Werk wurde vermittelt durch die Agentur
Janklow & Nesbit Associates, New York.

Umschlaggestaltung: Wolfgang Heinzel
Umschlagfoto: Blake Little Photography, Los Angeles
Satz: VerlagsService Dietmar Schmitz GmbH, Heimstetten
Gesetzt aus: 10,7/14,7 pt. Sabon
Druck und Binden: GGP Media GmbH, Pößneck
Printed in Germany
ISBN 978-3-485-02844-8

Auch als ebook

www.nymphenburger-verlag.de

Inhalt

VORWORT

Bogen und Treppe

Die Vergangenheit bereitet den Boden für die Gegenwart, und die tastenden Schritte, die zur Gegenwart führen, kennzeichnen die Wege in die Zukunft.[1]

MARY CATHERINE BATESON

Vor einigen Jahren, kurz vor meinem siebzigsten Geburtstag, wurde mir plötzlich bewusst, dass mir das zweite Jahrzehnt im dritten Akt des Lebens bevorstand – Akt III, der nach meinem Empfinden mit sechzig beginnt. Ich fühlte mich unwohl bei dem Gedanken. Sechzig Plus zu sein war eine Sache. Wenn wir körperlich und geistig topfit sind, können wir in diesem Jahrzehnt unser tatsächliches Alter noch ein wenig verschleiern. Aber mit siebzig – da geht es bergab. Zur Zeit unserer Großeltern gehörte man mit siebzig zum alten Eisen, jenseits von Gut und Böse, mit einem Fuß im Grab.

Doch im Verlauf des letzten Jahrhunderts fand eine Revolution statt – die Langlebigkeitsrevolution. Studien belegen, dass die menschliche Lebenserwartung seither um durchschnittlich vierunddreißig Jahre gestiegen ist, von sechsundvierzig auf achtzig Jahre! Diese zusätzliche Zeitspanne stellt ein volles zweites Erwachsenenleben dar, die alles verändert, einschließlich der Definition des Menschen, ungeachtet dessen, ob wir es wahrhaben wollen oder nicht.

Der zusätzliche Raum

Die Anthropologin Mary Catherine Bateson hat eine Metapher für den Umgang mit dieser erweiterten Lebensspanne gefunden. In ihrem Buch *Composing a Further Life: The Age of Active Wisdom* schreibt sie: »Wir haben der Lebenserwartung Jahrzehnte hinzugefügt und damit nicht nur das Alter verlängert, sondern auch einen neuen Raum im Verlauf unseres Lebenswegs erschlossen, ein zweites und anders geartetes Erwachsenendasein, das dem hohen Alter vorausgeht, und infolgedessen ist jede Lebensphase einem grundlegenden Wandel unterworfen.«[2] Bateson weist mit dieser Metapher auf die sichtbaren Veränderungen hin, die bei der Erweiterung eines Hauses eintreten. Infolge des Anbaus werden alle Räume des Hauses ein wenig anders gestaltet und genutzt.

In unserem Haus des Lebens erhalten Dinge wie Planung, Ehe, Liebe, Finanzen, Kindererziehung, Reisen, Weiterbildung, körperliche Fitness, Beruf, Ruhestand – ja sogar unsere eigene Identität – eine völlig neue Bedeutung, wenn wir jetzt davon ausgehen können, dass wir mit achtzig, neunzig – oder länger – noch imstande sind, aktiv am Leben teilzunehmen.

Doch unsere Kultur hat sich noch nicht ausreichend mit dem Wandel auseinandergesetzt, den die Langlebigkeitsrevolution mit sich bringt. Aus institutioneller Sicht verläuft unser Leben noch genauso wie zu Beginn des zwanzigsten Jahrhunderts, eingeordnet in altersspezifische Silos: Im ersten Drittel lernen wir, im zweiten Drittel sind wir produktiv, und im letzten Drittel widmen wir uns aller Voraussicht nach dem Müßiggang.

Doch was wäre, wenn wir die Silos niederreißen und die Aktivitäten integrieren würden? Wenn wir Lernen und Arbeiten als lebenslange Herausforderungen betrachten würden statt als Aufgaben, die mit dem Eintritt in den Ruhestand enden? Was wäre, wenn das Stärke verleihende Gefühl, ein produktives Mitglied der Gesellschaft zu sein, bereits in frühester Kindheit erfahrbar wäre, und wenn Schüler schon in der ersten Klasse wüssten, dass Fortbildung zu den lebenslangen Erwartungen an sie gehört? Was wäre, wenn das zweite, traditionell produktive Silo mit mehr Muße und Fortbildung verknüpft würde? Und Senioren, die noch zwanzig oder mehr produktive Jahre vor sich haben, ihre Freizeit genießen können, aber gleichzeitig in irgendeiner Form erwerbstätig und bildungsorientiert bleiben, und wenn auch aus keinem anderen Grund als wegen der Herausforderung für den Geist? Aus dieser Perspektive betrachtet, wird die Langlebigkeit zu einer Sinfonie mit den Anklängen verschiedener Zeitphasen, die mit leichten Abwandlungen während des gesamten Lebensbogens wiederkehren, genau wie in der Musik.

Außer, dass uns die Notenblätter für diese neue Sinfonie des Lebens fehlen. Wir, die Angehörigen der geburtenstarken Jahrgänge nach dem Zweiten Weltkrieg – die sogenannten Babyboomer und heutigen Senioren – sind eine Generation, die Pionierarbeit leisten muss; unsere Aufgabe besteht darin, eine Komposition für die bestmögliche Ausschöpfung des Potenzials zu entwickeln, das mit der geschenkten Zeit einhergeht und uns ein Gefühl der Ganzheitlichkeit und Selbstverwirklichung über die längere Spanne des Lebensbogens vermitteln sollte.

Um meinen eigenen Entwicklungsverlauf in den sechziger und siebziger Jahren zu veranschaulichen, war es hilfreich, mir die Sinfonie des Lebens in drei Akten oder drei wichtigen Entwicklungsabschnitten vorzustellen: Der erster Akt umfasst die ersten drei Dekaden, der zweite Akt die mittleren drei Dekaden und der dritte Akt die letzten drei Dekaden (oder die Anzahl der Lebensjahre, die uns danach verbleibt).

Während ich bemüht war, die neuen Realitäten des Alterns zu begreifen, entdeckte ich Bogen und Treppe zur Veranschaulichung dieses Entwicklungsprozesses.

Bogen und Treppe

Bogen und Treppe sind zwei Symbole, die den Verlauf des menschlichen Lebens anschaulich zusammenfassen.

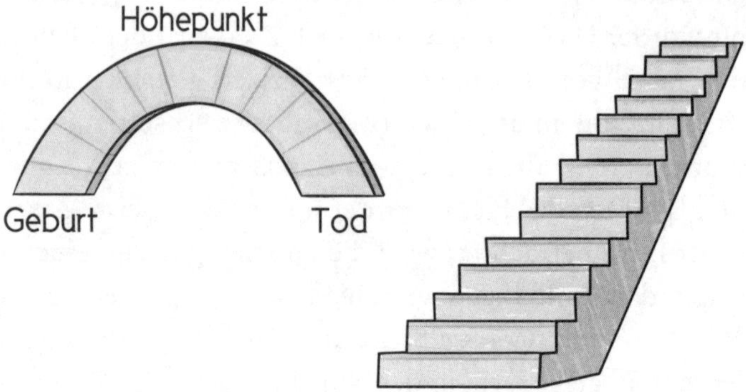

Der Bogen repräsentiert ein biologisches Konzept; er führt uns von der Kindheit zur Lebensmitte, einem Höhepunkt der Reifephase, gefolgt von einem Nachlassen der Aktivität und allmählichem Niedergang.

Die Treppe stellt das menschliche Entwicklungspotenzial dar, das stufenweise aufwärts verlaufen kann, wenn es spirituelles Wachstum und Lernprozesse mit sich bringt – mit anderen Worten Bewusstheit und Seelenstärke fördert.

Die auf visuellen Wahrnehmungen basierende Sichtweise, die sich dahinter verbirgt, wurde von dem verstorbenen Rudolf Arnheim entwickelt, ehemals Professor für Kunstpsychologie am *Carpenter Center for the Visual Arts* der Harvard University; sie bietet klare Metaphern für die verschiedenen Möglichkeiten, den Alterungsprozess zu betrachten. Unsere jugendbesessene Kultur ermutigt zur Fokussierung auf den Bogen, der das Altern als unaufhaltsamen physischen Abstieg statt als Treppe – als kontinuierliche, stufenweise Entwicklungs- und Aufstiegsmöglichkeit – darstellt. Doch es ist die Treppe, die auf die positiven Aspekte der späteren Lebensphasen hindeutet, selbst angesichts des körperlichen Verfalls. Man könnte sie auch mit einer spiralförmig verlaufenden Wendeltreppe vergleichen! Denn Eigenschaften wie Weisheit, Ausgeglichenheit, Reflexionsfähigkeit und Einfühlsamkeit, die diese Aufwärtsbewegung prägen, werden uns nicht auf einen Schlag im Zuge eines linearen Aufstiegs zuteil, sondern umkreisen uns, laden uns ein, eine Stufe nach der anderen zu erklimmen und dabei den Blick sowohl zurück als auch nach vorne zu richten.

Die Zukunft proben

Zeit meines Lebens habe ich versucht, mich mit den Situationen, vor denen mir graute, anzufreunden, ihnen unerschrocken ins Gesicht zu blicken und sie in- und auswendig kennenzulernen. Eleanor Roosevelt sagte einmal: »Mit jeder Erfahrung, bei der wir innehalten, um der Angst ins Gesicht zu sehen, gewinnen wir Stärke, Mut und Selbstvertrauen.« Das kann ich aus eigener Erfahrung bestätigen. Auf diese Weise habe ich entdeckt, dass das Wissen um den Weg, der vor mir liegt, dazu beiträgt, meine Ängste zu überwinden, meinen Sorgen den Wind aus den Segeln zu nehmen. Es ist immer von Vorteil, den Feind zu kennen! Man denke nur an Rumpelstilzchen, das böse kleine Männlein aus dem gleichnamigen Märchen der Gebrüder Grimm! Seine Macht war gebrochen, als die Tochter des Müllers ihn bei seinem richtigen Namen nannte.

Wenn wir unsere verborgenen Ängste aufdecken, benennen und bei Licht betrachten, werden sie schwächer und schwinden.

Eine Möglichkeit, meine Angst vor dem Altern zu überwinden, bestand darin, mich vorab mit diesem Prozess auseinanderzusetzen und den dritten Akt zu proben. Damit fing ich bereits im zweiten Akt an. Ich bin überzeugt, dass meine

Zukunftsszenarien (in Kombination mit einer Lebensbilanz, einer Rückschau auf die Vergangenheit) dazu beigetragen haben, das Leben im dritten Akt – zumindest bisher – relativ gelassen anzugehen.

Als mein Vater Ende siebzig war und infolge seiner Herzprobleme der körperliche Verfall einsetzte, wurden meine Kindheitsillusionen von der Unsterblichkeit des Menschen zerstört. Mit Mitte vierzig wurde mir plötzlich bewusst, dass ich nach seinem Ableben das älteste Familienmitglied und in nicht allzu langer Zeit die Nächste am Drehkreuz sein würde. Ich erkannte, dass es weniger der Gedanke an den Tod war, der mich schreckte, sondern vielmehr die Aussicht, mich mit Dingen in meinem Leben konfrontiert zu sehen, die ich bedauern, aber nicht mehr ändern könnte, der Litanei des »Was wäre gewesen, wenn« und »Hätte ich doch nur«. Es widerstrebte mir, erst am Ende des dritten Aktes und damit viel zu spät zu entdecken, was ich alles versäumt hatte.

Ich verspürte mit einem Mal das Bedürfnis, mich in die Zukunft hineinzuversetzen, mir genau vorzustellen, was für ein Mensch ich später sein möchte, was ich möglicherweise bedauern könnte und was ich unbedingt in Angriff nehmen sollte, bevor ich zu alt wurde. Ich wollte möglichst genau verstehen, welche Karten mir das Alter austeilen könnte, was ich realistischer Weise auf der physischen Ebene von mir erwarten durfte, in welchem Ausmaß das Altern verhandelbar war, und wie ich selbst dazu beitragen konnte, die scheinbare Talfahrt abzubremsen.

Die Geburt meiner beiden Kinder lehrte mich, wie wichtig fundiertes Wissen und Vorbereitung sind. Die erste Entbindung war eine erschreckende, einsame Erfahrung. Unzureichend gerüstet und ohne vorherige Proben, wurde ich hilflos von einer Schmerzwelle nach der anderen mitgerissen. Bei der zweiten Entbindung hatten mein Mann und ich einen Geburtsvor-

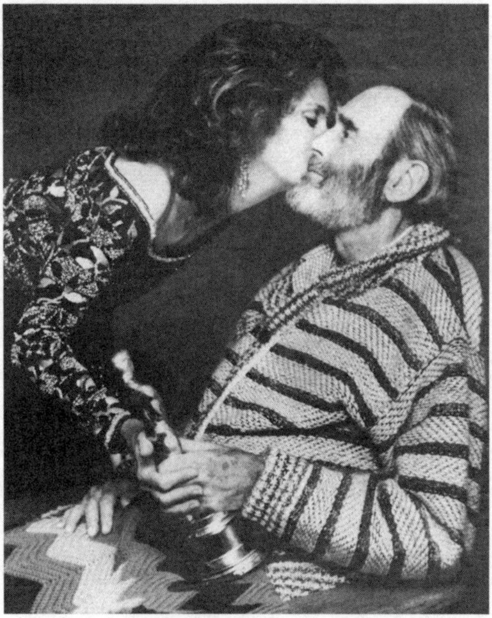

Ein Kuss für meinen Vater, als ich ihm den Oscar für *Am Goldenen See* brachte, da er bereits zu krank war, um an der Veranstaltung teilzunehmen.

bereitungskurs absolviert, sodass ich das Geschehen und meine Reaktionen schon im Vorfeld visualisieren konnte. Die physischen Strapazen waren um keinen Deut geringer, und der Geburtsprozess ging nicht schneller voran, doch die Erfahrung selbst war eine völlig andere. Infolge meiner Kenntnisse und der Übung des Ablaufs gelang es mir, mich von der Welle der Ereignisse tragen zu lassen, statt in einem Meer von Schmerzen unterzugehen.

Ich brachte diese Lektionen aus den Entbindungen in meine Erfahrungen ein, als ich mich mit der ausklingenden Lebensmitte konfrontiert sah. Wie ich bereits sagte, hatte ich damals Angst vor der Zukunft – es ist schwer, die Kinder, den Erfolg, der mit der Jugend verbunden ist, und alte Identitäten loszulassen, solange die neuen Lebenslinien noch nicht klar umrissen sind. Ich hatte das Gefühl, wählen zu können, ob ich blind in die Spätphase des Lebens katapultiert werden und die Augen

1938 geb.

vor den Tatsachen verschließen wollte, oder ob ich lieber in den vielen sich wandelnden Bereichen meines Lebens die Kontrolle übernehmen und Entscheidungen auf der Grundlage fundierter Informationen treffen wollte. Deshalb schrieb ich 1984 im Alter von sechsundvierzig Jahren, noch vor den ersten Hitzewallungen, gemeinsam mit Mignon McCarthy *Meine Erfahrungen mit der Lebensmitte. Die selbstbewusste attraktive Frau* – ein Buch über das, was Frauen physisch erwarten können, wenn sie älter werden, und welche Teile des Alterungsprozesses verhandelbar sind. Ich sah darin eine Möglichkeit, mich gezwungenermaßen mit der Zukunft auseinanderzusetzen und sie beizeiten zu proben. Verblüfft stellte ich fest, dass der Gesundheit von Frauen in der Forschung nur wenig Raum gewidmet war.

Die meisten medizinischen Studien, die ich entdeckte, waren auf Männer bezogen. Zum Glück hat sich das inzwischen geändert.

Mit sechsundvierzig begann ich mir die alte Frau vorzustellen, die ich irgendwann sein wollte, und beschrieb sie in meinem Buch. Sie ist körperlich und geistig fit, hält sich bei Wind und Wetter in der Natur auf. Sie ist temperamentvoll, hat keine Angst vor dem Alleinsein. Ihr Gesicht hat Falten, wirkt lebendig. Sie ist neugierig auf das Leben und bereit, stets etwas dazuzulernen. Sie unternimmt lange Spaziergänge mit ihrem Mann, und die beiden lachen oft. Sie genießt die Gesellschaft junger Menschen und ist eine gute Zuhörerin. Ihre Enkelkinder vertrauen ihr ihre Geheimnisse an und hören gerne ihre Geschichten, weil sie spannend sind und verborgene Lektionen über das Leben enthalten. Sie hat klare Wertvorstellungen und versteht es, sie ihren jungen Freunden zwingend nahezubringen.

Eine solche Visualisierung der Zukunft ist in jedem Alter empfehlenswert! Ich bin froh, sie schriftlich festgehalten zu haben, denn es macht Spaß, das damalige Bild von meinem älteren Selbst rund dreißig Jahre später noch einmal zu überprüfen, als eine Art Realitätstest, der mir zeigt, in welchem Ausmaß ich meine Vorstellungen umgesetzt habe.

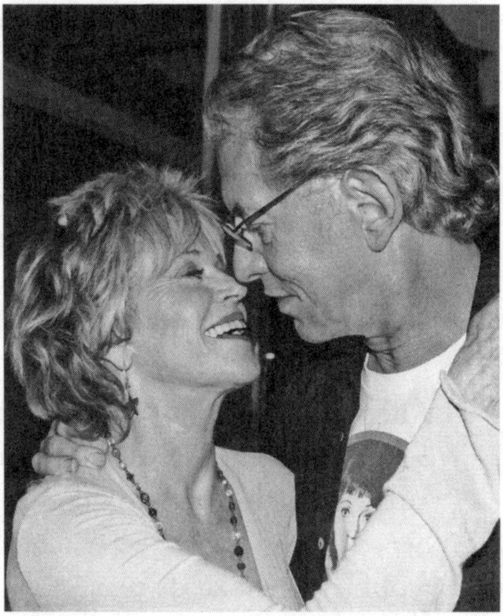
Richard und ich, 2009.

An manchen Tagen finde ich, dass es mir ganz gut gelungen ist. Ich bin immer noch temperamentvoll, und das Alleinsein fühlt sich nicht wie Einsamkeit an. Der Humor ist definitiv in den Vordergrund gerückt. Ich bin nicht mehr verheiratet, aber ich gehe meinen Weg gemeinsam mit – wie nennt man den männlichen Gefährten, wenn man zweiundsiebzig und unverheiratet ist? Freund klingt zu jugendlich, oder? Wie dann – Liebhaber? Das erscheint mir zu offensichtlich. Ich denke, ich werde ihn als meinen Schatz bezeichnen. Wie auch immer, mein Schatz und ich gehen gemeinsam durchs Leben, lachen viel miteinander und versuchen, jeden Abend fünfzehn oder zwanzig Minuten lang Swing zu tanzen, wenn es geht. Ich denke, dass ich meine Probleme mit Nähe und Intimität endlich überwunden habe. (Vielleicht habe ich aber auch einen Mann gefunden, der keine Angst davor hat!)

Gerontologen wie Bernice Neugarten sind anhand ihrer Studien über den Alterungsprozess zu der Schlussfolgerung gelangt, dass traumatische Ereignisse – Witwenschaft, Menopause, Arbeitsplatzverlust und sogar der bevorstehende eigene Tod – nicht als Traumata empfunden werden, wenn sie »als Teil des Lebenszyklus' im Vorfeld bedacht und geprobt wurden.«[3]

Die US-amerikanische Feministin Betty Friedan zitierte in ihrem Buch *Mythos Alter* Forschungsergebnisse, die belegen, dass der Unterschied zwischen Wissen und Planen und der Ungewissheit, was man zu erwarten hat (oder Leugnen von Veränderungen aufgrund falscher Erwartungen) darüber entscheidet, ob wir uns im letzten Drittel des Lebens neuem Wachstum oder Stillstand, Krankheit und Verzweiflung gegenübersehen.

Dieses Buch entstand mit Hilfe vieler Freunde aus allen Altersgruppen und unter Mitwirkung von Gerontologen, Sexualforschern, Urologen, Biologen, Psychologen, Experten auf dem Gebiet der kognitiven Forschung und des Gesundheitswesens sowie verschiedener Allgemeinmediziner. Obwohl ich mich zu diesem Zeitpunkt bereits im dritten Akt des Lebens befand, stellte das Unterfangen eine Art Generalprobe dar – für mich selbst und am Ende vielleicht auch für Sie als Leser. Ich wollte vorbereitet sein und so viele Informationen wie möglich sammeln. Ich wollte in der Lage sein, mir selbst und Ihnen zu sagen: »Machen wir das Beste aus den Jahren zwischen der Lebensmitte und dem Lebensende, und vielleicht kann ich Ihnen ein paar Tipps geben, wie das geht!«

Ich möchte den Alterungsprozess nicht verklären. Es gibt zweifellos keine Garantie dafür, dass es sich dabei um eine Zeit des Wachstums und der Selbstverwirklichung handelt. Jede Lebensphase hat negative Aspekte, einschließlich der Möglichkeit einer schwerwiegenden mentalen oder physischen Erkrankung. Es würde den Rahmen des Buches sprengen, auf alle Probleme einzugehen. Wie wir wissen, ist der Verlauf des Lebens zum Teil reine Glückssache. Ein Teil – rund ein Drittel, genauer gesagt – ist genetisch vorprogrammiert und entzieht sich unserer Kontrolle. Die gute Nachricht ist, dass wir während eines Großteils dieser Zeitspanne, vielleicht zwei Drittel des Lebensbogens, *aktiv* zu unserem eigenen Wohlergehen beitragen können.

Dieses Buch ist für alle gedacht, die wie ich der Überzeugung sind, dass jeder die Chance hat, an seinem Schicksalsrad zu drehen; dass wir mit Vorbereitung und Wissen, mit Information und Reflexion versuchen können, unsere Glückschancen zu erhöhen und unsere letzten drei Jahrzehnte – den dritten Akt des Lebens – so friedvoll, großzügig, liebevoll, einfühlsam und transzendent wie möglich zu gestalten; und dass wir mit vorausschauender Planung, vor allem in der Lebensmitte, optimal dazu beitragen.

Ganzheitlichkeit

Arnheims Treppe machte mir bewusst, wie wichtig es ist, das Leben als Wechselspiel zwischen Beginn, Mitte und Ende zu betrachten. Wenn wir verstehen, worum es im ersten und zweiten Akt geht (oder ging), wer wir in diesen prägenden Jahren sind (oder waren), welche Träume noch realisiert werden sollten und welche Situationen, die wir bedauern, noch einer Aufarbeitung bedürfen, erkennen wir, dass der dritte Akt eine fruchtbare Phase der Selbstverwirklichung statt lediglich eine Zeitenwende oder ein Verlust der Jugend sein kann. Wir können ihn als eine *Entwicklungsphase mit ihren eigenen charakteristischen Merkmalen* betrachten statt als Abschnitt des Bogens, der nach dem Höhepunkt des Lebens den Niedergang einläutet. Wir können ihn als Teil der Treppe definieren – mit spezifischen Herausforderungen und Freuden, Fallstricken und Belohnungen, als eine Stufe unserer persönlichen Evolution, die ausbaufähig und befriedigend sein kann und sich im gleichen Maß von der Lebensmitte oder Jugend unterscheidet wie die Adoleszenz von der Kindheit.

1996 schrieben Erik und Joan Erikson in ihrem Buch *Der vollständige Lebenszyklus*, dass unsere Zivilisation in Ermangelung einer kulturell umsetzbaren Idealvorstellung vom Alter kein wirklich tragfähiges Konzept für die gesamte Lebensspanne entwickelt hat.[4] Die althergebrachten Ansichten über das Alter, die Ängste im Hinblick auf den Verlust der Jugend und die Konfrontation mit der eigenen Sterblichkeit haben uns daran gehindert, den dritten Akt als wesentlichen, integrierten Teil unserer Gesamtgeschichte wahrzunehmen, als Gipfelpunkt der beiden vorausgehenden Akte, angefüllt mit einem Potenzial, das es auszuschöpfen gilt. Die längst überholten Ansichten sind heute, angesichts der erweiterten Lebensspanne, besonders tragisch. Sie können uns den Anspruch auf Ganzheit und der Gesellschaft den Beitrag vorenthalten, den jeder Mensch in reifem Alter noch zu leisten vermag.

Diejenigen von uns, für die nun der dritte Akt beginnt, sind insgesamt körperlich vitaler und gesünder als jemals zuvor. Wahrscheinlich sind wir sogar in der Lage, bei entsprechenden Bemühungen auf der individuellen und kollektiven Ebene eine neue kulturell umsetzbare Idealvorstellung vom Alter zu entwickeln und zu lernen, unser Leben als eine Abfolge aufeinander aufbauender Stufen zu betrachten. Ein solches Unterfangen käme nicht nur uns selbst zugute; es würde einen nachhaltigen kulturellen Wandel unseres Lebensumfelds in Gang setzen und nachfolgenden Generationen helfen, ihre eigenen Erwartungen an das Leben zu überdenken und neu zu bewerten.

Die Erkenntnisse, die ich während der Arbeit an diesem Buch gewonnenen habe, haben mich inspiriert und ermutigt. Ich hoffe, durch die Lektüre die gleiche Wirkung bei Ihnen zu erzielen.

Der erste Teil bereitet die Bühne für die Betrachtung der drei Akte in der Dramaturgie des Lebens mit ihren jeweiligen Herausforderungen und Chancen vor. Er zeigt Möglichkeiten auf, einen Schritt zurückzutreten – ungeachtet des Akts, in dem Sie sich gerade befinden – und die einzelnen Phasen aus der Warte eines Zuschauers zu betrachten, um deutlicher zu erkennen, wie Sie den Rest Ihrer Lebenszeit bewusster, freier und klarer gestalten können. Und er beschreibt, wie sich mein Leben im dritten Akt durch eine Rückschau oder Lebensbilanz von Grund auf verändert hat.

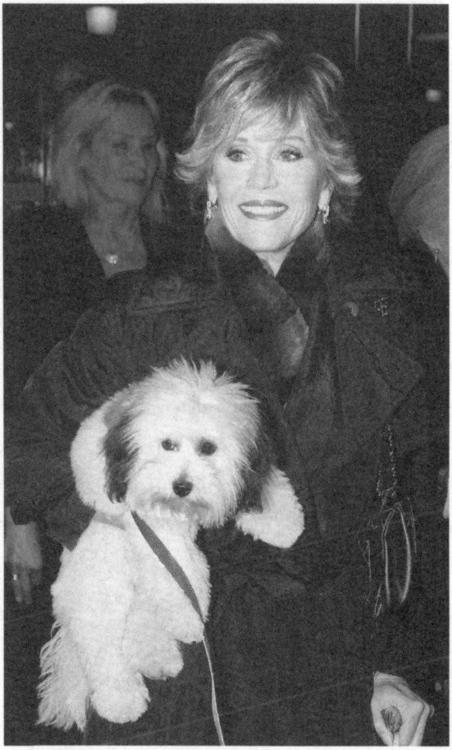

Mit meinem Hund Tulea, 2004.

Im zweiten Teil des Buches geht es um Körper, Geist und innere Einstellung. Hier finden Sie gute Neuigkeiten und ein gutes Schlagwort: Positivität! Das zehnte Kapitel enthält Anleitungen zum Verfassen Ihrer eigenen Lebensbilanz.

Der dritte Teil erforscht die Dimensionen von Liebe, Freundschaft und Sex, einschließlich der Möglichkeiten, neue Kontakte zu knüpfen. Humorvolle Begebenheiten aus meinem eigenen Leben, und viele handfeste Tipps dienen der Veranschaulichung.

Der vierte Teil spricht ein Thema an, das Sie vielleicht nicht erwartet haben. Doch einige der namhaftesten Experten auf dem Gebiet des Alterns sind genau wie ich der Meinung, dass wir Wegbereiter der Zukunft werden müssen, um die Entwicklungsstufen in der Spätphase des Lebens als selbstverwirklichter Mensch zu bewältigen. Das kann bedeuten, dass wir Kinder unter unsere Fittiche nehmen oder misshandelten Frauen Schutz und Zuflucht bieten; es kann bedeuten, dass wir einen aktiven Beitrag zum Erhalt unseres Planeten leisten und Verantwortung für das übergeordnete Bild der Gesellschaft übernehmen, das über unsere eigenen Interessen hinausgeht.

Der Psychoanalytiker Erik Erikson bezeichnete diese innere Einstellung als Generativität – das Bestreben, sich um zukünftige Generationen zu kümmern –, und hier gibt es eine weitere gute Neuigkeit: Eine Langzeitstudie der Harvard Universität über die psychosoziale Entwicklung im Erwachsenenalter, die sich über dreißig Jahre erstreckte, fand heraus, dass bei den weiblichen Probanden »die ausgeprägte Fähigkeit zu generativem Verhalten der beste Indikator für einen regulären Orgasmus war«![5]

Der vierte Teil beschreibt, wie wichtig es ist, sich mit unserer eigenen Sterblichkeit und der Planung unserer späten Lebensphase auseinanderzusetzen – emotional, finanziell und aus juristischer Sicht. Er zeigt auf, wie wir auf der individuellen und kollektiven Ebene dazu beitragen können, unsere Gesellschaft zu mehr Unterstützung für Senioren und zur Entwicklung eines Umfelds zu motivieren, das ihren Bedürfnissen Rechnung trägt.

Der fünfte Teil veranschaulicht, dass uns der Blick nach innen – spirituell und metaphysisch – ermöglicht, die Außenwelt mit neuen Augen wahrzunehmen.

Fangen wir also an!

ERSTER TEIL

Bühne frei für den Rest des Lebens

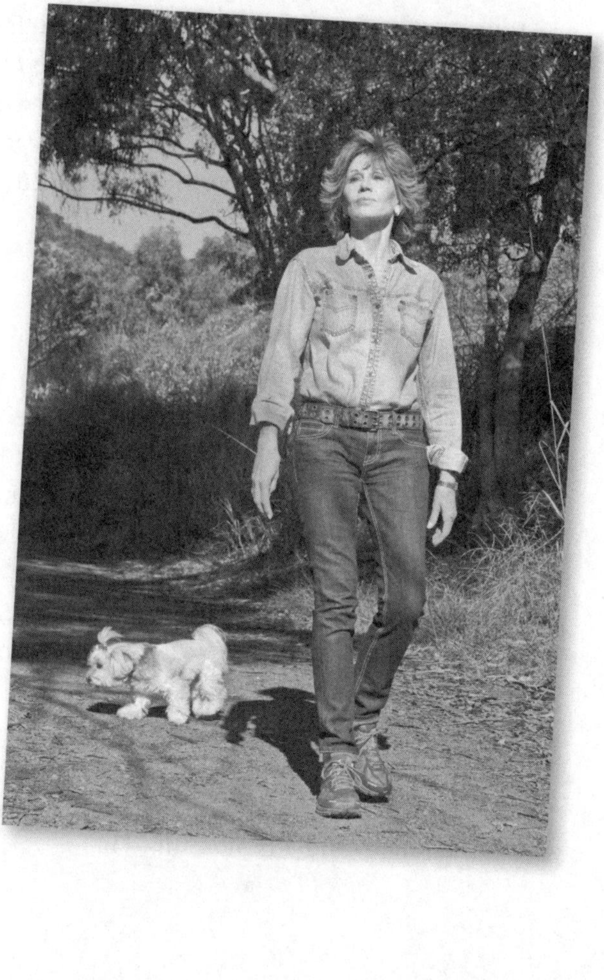

1. KAPITEL

Der dritte Akt: Ganzwerdung

Die größten Wachstums- und Selbstverwirklichungschancen bietet die zweite Lebenshälfte.

C. G. JUNG

»Wie alt fühlen Sie sich?« wurde ich unlängst gefragt. Ich überlegte einen Augenblick, bevor ich antwortete. Ich wollte mir die Frage durch den Kopf gehen lassen, bevor ich sie mit einer oberflächlichen Antwort wie »Ich fühle mich wie vierzig« abtat. »Ich fühle mich wie siebzig«, erwiderte ich, mich an eine tiefsinnige Bemerkung von Pablo Picasso erinnernd, der einmal gesagt hat: »Es dauert lange, jung zu werden.«

Altersdiskriminierung

Vor geraumer Zeit hielt ich einen Vortrag vor einer Gruppe heranwachsender Mädchen und als ich mein Alter erwähnte, zuckten einige zusammen. Sie flüsterten mir hinter vorgehaltener Hand zu, ich solle lieber kein Wort darüber verlauten lassen, wie alt ich sei, schließlich sähe ich nicht wie siebzig aus. Das war als Kompliment gemeint, doch ich fand den Gedanken traurig und ein wenig erschreckend. Vermutlich haben wir früher genau wie diese jungen Frauen und die meisten Angehörigen unseres Kulturkreises das Alter als etwas betrachtet, das es möglichst zu verbergen gilt, als wäre die Jugend der Gipfelpunkt, das Nonplusultra des Lebens. Sie mag der Höhepunkt sein, wenn es um die Straffheit des Körpers, die Anzahl der vitalen Samen- und Eizellen, die Dichte des Knorpelgewebes und die beidseitige Aktivierung der Gehirnregion *Gyrus parahippocampalis* geht! Aber ich bin bestimmt nicht die Einzige, die auf eine Rückkehr zur Adoleszenz verzichten kann – noch einmal Teenager sein? Nein danke, das wäre mir einfach zu anstrengend!

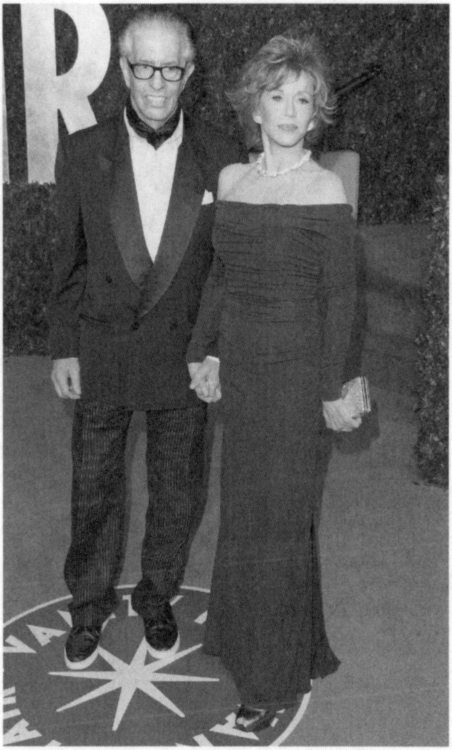

Richard und ich auf dem Roten Teppich bei der Oscar-Party von *Vanity Fair*, 2011.

Mir graut allein bei dem Gedanken, dass ich versuchen müsste, mich dieser Altersgruppe anzupassen. Ich fände es auch nicht erstrebenswert, noch einmal zwanzig oder dreißig zu sein, nebenbei bemerkt. Für mich waren diese Jahre belastend, angefüllt mit dem Bemühen, mir meinen Platz in der Welt zu erkämpfen. Und der Himmel bewahre mich davor, die Zwischenrunde mit Ende vierzig, Anfang fünfzig wiederholen zu müssen!

Für mich war die gute alte Zeit alles andere als ein Zuckerschlecken. Ich machte mir ständig Sorgen, dass ich nicht gut genug, nicht intelligent genug, nicht schlank genug oder nicht begabt genug sein könnte. Ich kann aufrichtig behaupten, dass ich, was mein Wohlbefinden betrifft, erst jetzt die beste Zeit meines Lebens genieße. Meine Unzulänglichkeiten, über die ich mir den Kopf zu zerbrechen pflegte, sind nicht mehr so wichtig wie früher. Die Angst vor dem Alterungsprozess lässt nach, wenn man sich *mittendrin* befindet, statt ihn als drohendes

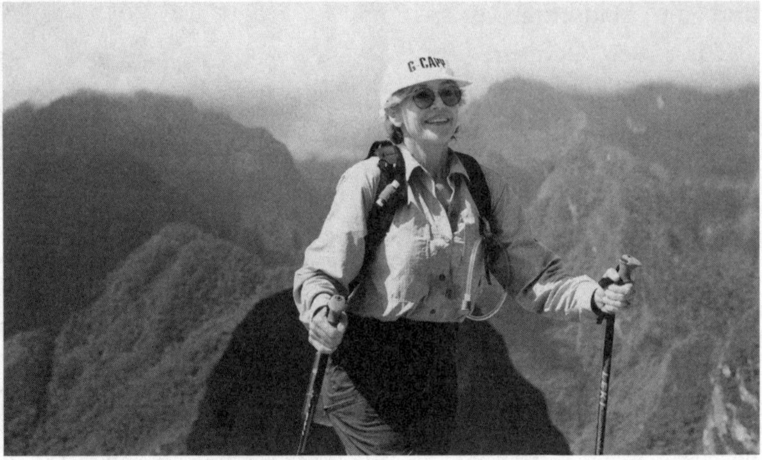

Wanderung zur Ruinenstadt Machu Picchu, 2000.

Ereignis von außen wahrzunehmen. Ich habe entdeckt, dass ich nach wie vor ich selbst bin, vielleicht sogar in noch höherem Maß.

Ich habe das Gefühl, dass ich erst jetzt beginne, der Mensch zu werden, der von Anfang an in mir angelegt war. Der dritte Akt präsentiert sich mir völlig anders als erwartet. Ich hatte nie damit gerechnet, dass ich als ältere Frau rundum zufrieden und bestrebt sein könnte, weise zu werden.

Das ist mir nicht in den Schoß gefallen. Ich habe hart dafür gearbeitet. Ich hatte viel Glück im Leben und war bemüht (manchmal dem eigenen Willen zum Trotz), das Beste aus dem zu machen, was mir gegeben war.

Aus der Sicht der Gesellschaft könnte man mich als einen Menschen bezeichnen, der den Gipfel überschritten hat, doch auf der anderen Seite entdeckte ich eine neue, anders geartete Landschaft, die mich herausfordert – eine Landschaft, die angefüllt ist mit einer Liebe in neuer Tiefe, neuen Wegen der Interaktion mit Freunden und Fremden, neuen Möglichkeiten, mich zum Ausdruck zu bringen und Rückschläge zu verarbeiten, und neuen Bergen, die es zu erklimmen gilt – auch im wörtlichen Sinn.

Auch der Psychiater C. G. Jung, Begründer der analytischen Psychologie, sann darüber nach, ob der Nachmittag des Lebens »lediglich ein klägliches Anhängsel« des Vormittags ist oder seinen eigenen Sinn und Zweck haben könnte.[6]

Ich finde, dass Rudolf Arnheims Diagramm Bogen und Treppe (siehe Vorwort) Jungs Frage perfekt beantwortet. Nach meinem Empfinden hat der dritte Akt durchaus seinen eigenen Sinn und Zweck! Er bietet uns die Chance, in die Tiefe zu gehen, uns selbst zu erfahren, ganz zu werden. Er weist uns den Weg vom Ego zur Seele, wie der spirituelle Lehrer Ram Dass gesagt hat.

Professor Arnheim veranschaulichte dieses Argument, indem er seinen Studenten Dias von den frühen und späten Werken weltberühmter Künstler zeigte. Er war beispielsweise der Meinung, dass die Gemälde der Impressionisten »Produkte einer abgeklärten inneren Einkehr« waren, die das Alter mit sich bringt. Der Charakter und praktische Nutzen der materiellen Objekte, die sie malten, waren für sie nicht länger relevant, die Eigenheiten wurden verwischt dargestellt. Was die Impressionisten uns hinterlassen haben, war nach seinem Dafürhalten eine Weltsicht, die über das äußere Erscheinungsbild hinausgeht und den Blick auf die grundlegenden wesentlichen Merkmale richtet.[7]

Entschleunigung und Tiefgang

Beim Frühstück in einem Restaurant in Ann Harbor im US-Bundesstaat Michigan sprach ich mit Dr. Marion Perlmutter, die am Center for Human Growth and Development und im Fachbereich Psychologie der University of Michigan tätig ist, über

Professor Arnheims Argument. Sie erklärte: »Es könnte sein, dass wir nur dann auf eine höhere Ebene unserer Entwicklung gelangen, wenn bestimmte Außenreize ausgeschaltet sind. Konnte Monet eine tiefere Ebene des impressionistischen Kerngehalts erreichen, weil er am grauen Star erkrankt war und sein Sehvermögen nachließ oder weil er die Unschärfe bewusst als Stilmittel einsetzte? Cézanne litt unter einer altersbedingten Makuladegeneration, als er die Aquarelle malte, die zu seinem Spätwerk gehören. Beethoven war taub, als er die 9. Sinfonie komponierte. Die Entschleunigung in der Spätphase des Lebens gilt als grauenvoll, doch wir wissen auch, dass Erkenntnis zeitgebunden ist; je länger man über ein Thema nachsinnt, desto tiefer dringt man zu seinem Kern vor. Die Physiologie kann uns diesen Weg in die Tiefe ebnen und die Entschleunigung dazu beitragen, unsere Perspektive zu erweitern.«[8]

33 Variationen

Unmittelbar nach meinem einundsiebzigsten Geburtstag, während der Arbeit an diesem Buch, wurde mir eine Hauptrolle in *33 Variationen* angeboten, einem neuen Bühnenstück von Moisés Kaufmann, das am Broadway uraufgeführt werden sollte. Ich spielte darin eine zeitgenössische Musikwissenschaftlerin, die der Frage nachgeht, warum Beethoven drei Jahre seines Lebens, als er alt, taub und schwer erkrankt war, mit der Niederschrift von 33 Variationen über einen Walzer verbrachte, der als mittelmäßig galt und nicht einmal von ihm selbst stammte, sondern von Anton Diabelli, einem bekannten Musikverleger der damaligen Zeit. Man stelle sich meine Überraschung und Freude vor, als ich entdeckte, dass mein Endmonolog in dem Theaterstück genau dieses Thema ansprach: dass die Einschränkungen der späten Lebensjahre nicht nur

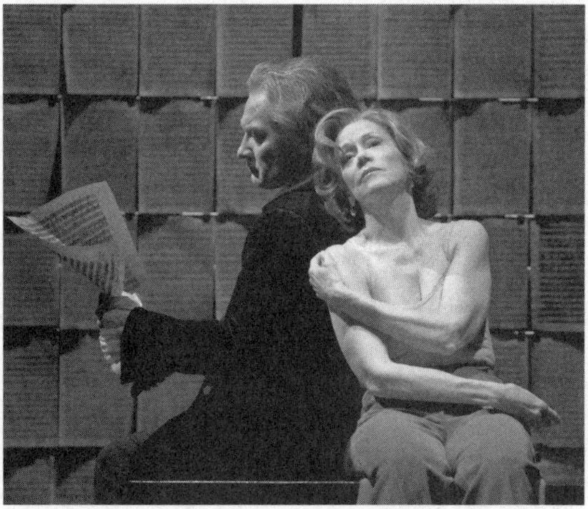

Eine Szene aus dem Theaterstück *33 Variationen*, in dem ich mich an Beethoven anlehne.

eine Entschleunigung herbeiführen, sondern auch eine neue, tiefere Sichtweise ermöglichen.

Die Musikwissenschaftlerin, die ich in dem Stück verkörperte, nimmt zunächst an, dass Beethoven die 33 Diabelli-Variationen schrieb, um der Wiener Gesellschaft Mitte des achtzehnten Jahrhunderts vor Augen zu führen, dass er einen mittelmäßigen Walzer in ein geniales Meisterwerk zu verwandeln verstand. Doch dann erkennt sie, dass sie sich irrt: Beethoven wusste sehr wohl, dass es sich um einen einfachen, allseits beliebten Walzer handelte, der in den Schenken gespielt wurde und zum Tanzen einlud. Er hatte die Tiefen ergründet, sie in seinen dreiunddreißig Variationen durchdrungen, in ihre Kernelemente zerlegt und einen Walzer von fünfzig Sekunden in eine brillante Komposition von fünfzig Minuten Dauer verwandelt. Er war krank und taub, aber er zeigte uns mit diesem Meisterwerk, dass wir unser Potenzial voll ausschöpfen können, wenn wir uns gestatten (oder gezwungen sehen), kürzer zu treten und zu erkennen, dass Dinge, die auf den ersten Blick banal erscheinen, bei genauerer Betrachtung eine tiefere Dimension entfalten können.

Wir sind nicht alle so begnadet wie Monet, Cézanne oder Beethoven, aber wir haben alle die Möglichkeit, eine tiefere Dimension unseres Bewusstseins zu entfalten – richtig *sehen* zu lernen –, auch in der Spätphase des Lebens und bei körperlicher Gebrechlichkeit.

Am Tag der letzten Vorstellung von *33 Variationen* las ich in der *New York Times*[9] einen Artikel über Neil Selinger, einen 57-jährigen Rechtsanwalt, der nach seinem Eintritt in den Ruhestand eine Tätigkeit als Tutor in einer High School seines Wohnorts aufgenommen hatte. Er arbeitete außerdem ehrenamtlich für die gemeinnützige Organisation Habitat for Humanity und hatte am Writing Institute des Sarah Lawrence College einen Kurs für kreatives Schreiben belegt, wo er seine Stimme als Autor entdeckte. Zwei Jahre später wurde bei ihm eine Amyothrophe Lateralsklerose diagnostiziert, auch Lou-Gehrig-Syndrom genannt, eine unheilbare degenerative Erkrankung der Nervenzellen, die für die Muskelbewegungen verantwortlich sind. Sie schädigt den Körper, während das Gehirn unangetastet bleibt. Ich hatte mich über diese Krankheit informiert, weil die Frau, die ich in *33 Variationen* verkörperte, jeden Abend daran starb. Dass der Zeitungsartikel ausgerechnet an jenem Tag erschien, kam mir wie ein kleines Wunder vor.

In einem unveröffentlichten Essay beschrieb Neil Selinger, wie er seinen Zustand erlebte. »Während meine Muskeln schwächer wurden, gewannen meine schriftstellerischen Aktivitäten an Profil. Als ich nach und nach meine Sprache einbüßte, machte ich zunehmend von meiner Stimme als Autor Gebrauch. Als ich körperlich abbaute, wuchs ich über mich selbst hinaus. Als ich so vieles verlor, begann ich schließlich, mich selbst zu finden.«

Steve Lewis, Selingers Lehrer am Institut für kreatives

Schreiben, erklärte, dass sein Schüler zuerst seine Stimme als Anwalt verlieren musste, um »eine Art Zen-Haltung zu entwickeln. Er schreibt reflektiert. Er weicht Gefühlen wie Wut und Verzweiflung nicht aus, er weicht keiner Herausforderung aus, aber er geht sie ohne Selbstmitleid an. Seine Texte sind facettenreicher geworden, weil er jeden Augenblick in all seinen Facetten wahrnimmt.« Neil Selinger ist für mich der Inbegriff eines Menschen, der im dritten Akt Stufe für Stufe die Treppe erklimmt!

Entschleunigung

Im Gegensatz zur Kindheit ist der dritte Akt eine Zeit des stillen Reifens. Er erfordert Zeit, Erfahrung und vielleicht die unvermeidliche Entschleunigung.

Wir müssen lernen, die grundlegend wichtigen von den unwichtigen Dingen zu trennen. Eine Lebensbilanz, mit der wir uns im nächsten Kapitel eingehender befassen, kann dazu beitragen.

Loslassen, was man nicht mehr braucht: Flexibilität und die Verlagerung des Lebensschwerpunkts vom Ego auf die Seele

Mein Bruder Peter wies mich einmal auf das Motto *perseverate* im Familienwappen der Fondas hin, die lateinische Bezeichnung für ausharren. Wir beide hatten im Verlauf der Jahre allen Grund, auf unser Durchhaltevermögen in harten Zeiten stolz zu sein.

Obwohl ich den Wert der Beharrlichkeit immer noch zu schätzen weiß, habe ich den Eindruck gewonnen, dass die Verlagerung des Lebensschwerpunkts vom Ego auf die Seele, die im dritten Akt erfolgen sollte, mehr Flexibilität als Durchhaltevermögen verlangt – beispielsweise die Flexibilität, eine Bestandsaufnahme der Menschen und Dinge in unserem Umfeld zu machen und festzustellen, ob wir uns von einem Teil dessen, was sich hier angesammelt hat, trennen sollten.

Das ist ähnlich wie bei der Gartenarbeit. Meine Tochter hat mir erklärt, dass ich die verwelkten Blüten im Herbst entfernen muss, wenn mir mein Englischer Lavendel im Frühjahr und Sommer eine reiche Blütenpracht bescheren soll. Das nennt man Rückschneiden. Der dritte Akt ist die Zeit, den Wildwuchs einzudämmen. Wie Pflanzen im Winter haben wir nun weniger Energie, die wir in den Erhalt alter abgestorbener Auswüchse investieren können, das heißt, für Eskapaden und Verhaltensweisen, mit denen wir uns beweisen wollen, dass wir noch jung sind. Ich möchte keine törichte alte Frau werden, die ihre kostbare, verbliebene Lebenskraft mit Aktivitäten vergeudet, die mir in dieser Spätphase des Lebens keine guten Dienste mehr leisten. Es erfordert Flexibilität und eine gehörige Portion Mut, um den Ballast abzuwerfen – das Gerümpel, den Schnickschnack, die Obsessionen, die ehrgeizigen Ziele und alles andere, was nicht in das Bild passt, das wir jetzt von uns haben oder anstreben, Menschen eingeschlossen. Ich habe inzwischen erkannt, was ich wirklich brauche und wissen muss, und fühle mich freier, auf den Rest zu verzichten.

Zugegeben, ich vergesse so manches, aber ich erinnere mich auch wesentlich klarer an andere Dinge, weil ich weiß, *warum* ich mich an sie erinnern möchte und welche Bedeutung sie für mein Leben haben. Mit zunehmendem Alter »lässt unser Gedächtnis nach, aber wir gewinnen an Erkenntnis«[10], stellte der Autor und spirituelle Lehrer Stephen Levine fest. Meine Zeiteinteilung ist jetzt nur noch von mir selbst abhängig, deshalb muss ich mich vergewissern, dass die verschiedenen Aufgaben, denen ich meine Zeit widme, die richtigen sind. Ich habe keine Zeit zu verschwenden, so wie früher, als ich oft den falschen Weg einschlug. Wer Wellen erzeugen will, sollte sicher sein, dass er die Kieselsteine in den richtigen Tümpel wirft.

Zum Wesenskern vordringen

Wir können wie die Impressionisten beginnen, das Leben auf seinen Wesenskern zu beschränken, indem wir Ballast abwerfen und unsere Energie auf Aktivitäten und Menschen konzentrieren, die unseren Geist bereichern – möglicherweise das einzige Element, das seine Wachstumskapazität auch in hohem Alter bewahrt.

Geist

Es heißt, die Seele sei der Wesenskern dessen, was den Menschen ausmacht, während der Geist – oder das Bewusstsein – eine Möglichkeit darstellt, mit Gott zu kommunizieren, was in meinen Augen bedeutet, ganz zu werden. Der Geist ist ein undefinierbares Alleinstellungsmerkmal des Menschen, das unsere Einzigartigkeit als Lebewesen begründet. Jede andere Substanz, aus der alle Dinge in unserer Welt ungeachtet ihrer Erscheinungsform bestehen, ist dem Gesetz der Entropie unterworfen; der zweite Hauptsatz der Thermodynamik besagt, dass sich alle geschlossenen Systeme in einem kontinuierlichen Zustand des Abstiegs und Verfalls befinden (siehe Arnheims Bogen). Das Einzige, was dieser universalen Gesetzmäßigkeit trotzt, ist der menschliche Geist (Arnheims Treppe). Er allein ist imstande, fortwährend eine höhere Entwicklungsstufe zu erreichen. Und wie die Energie, aus der er besteht, kann er seine Gestalt wechseln, aber weder aus dem Nichts erzeugt noch vernichtet werden (der erste thermodynamische Hauptsatz!).

Der Philosoph, Schriftsteller und Literaturkritiker George Santayana schrieb: »Ich habe die Jugend nie mit so großem Bedacht genossen wie im Alter. Nichts ist von Natur aus und unüberwindlich jung, mit Ausnahme des Geistes. Und der menschliche Geist kann vielleicht eher in der Stille des Alters Fuß fassen und ungestörter dort verweilen als in den Turbulenzen des Abenteuers.«

Wir werden alle mit der Gabe des Geistes geboren, aber für manche wird er tief unter dem Geröll des Lebens begraben – Gewalt, Missbrauch, Vernachlässigung, Krankheit, chronische Depressionen, um nur einiges zu nennen. In solchen Situationen können Abhängigkeiten entstehen. Wir werden zu einem »leeren Kelch«, wie es die Psychologin Marion Woodman formulierte, und deshalb streben wir danach, die Leere auszufüllen, unter anderem mit Dingen, die süchtig machen. Psychiater sprechen in diesem Zusammenhang von Selbstmedikation. Alkoholiker versuchen beispielweise, den Geist durch geistige Getränke, sprich Spirituosen zu ersetzen. Es gibt viele Möglichkeiten, den Geist auszuschalten und der inneren Leere entgegenzuwirken: pathologisches Kaufverhalten, Spielsucht, Gewalttätigkeit, Arbeitssucht, Sex, Drogen, Nahrung, der Hang zur Inszenierung bühnenreifer Dramen. Eines der besten Prinzipien im Zwölf-Schritte-Programm der Anonymen Alkoholiker ist der Gedanke, dass wir nur dann vollends geheilt werden können, wenn wir uns mit unserem Geist verbinden oder einer Höheren Macht öffnen.

Ich habe lange Zeit gebraucht, um das zu begreifen. Das ganze Thema Höhere Macht erschien mir allzu gefühlslastig. Seit ich selbst damit in Berührung gekommen bin – bei der Überwindung einer langjährigen Essstörung – verstehe ich, dass es mehr mit Liebe als mit Gott zu tun hat (es sei denn, man betrachtet beides als Synonym). Die Demut, die man für den Schritt zur Akzeptanz und Liebe braucht, weicht den verhärteten Raum im Zentrum unseres Seins auf und erlaubt dem Geist, einzuströmen und die Leere zu füllen.

Ein weiser Mensch hat einmal gesagt: »Veränderung ist unvermeidlich. Wachstum ist optional.« Wir können uns nur dann kontinuierlich weiterentwickeln, die Stufen der Leiter Schritt für Schritt erklimmen, wenn wir fest entschlossen sind und hart daran arbeiten. Im altenglischen Heldenepos *Beowulf* wird diese Entwicklung klug beschrieben. Wir alle besitzen innere Weisheit; wir müssen sie nur aus ihrem Dornröschenschlaf wecken. Doch wenn wir es versäumen, unsere Abhängigkeiten, stagnierenden Lebensbereiche und längst überholten Einstellungen in Angriff zu nehmen oder zulassen, dass sich unser Lebensziel auf den Erhalt des Status quo konzentriert, kann das Alter zu einem steilen Abhang werden, auf dem man leicht ausrutscht. Irgendwann verdrängen uns Konkurrenten, die cleverer oder schneller sind, aus unserer Spitzenposition, büßt der Schlag beim Golfspiel seine Schwungkraft ein, werden die alten Rituale sinnentleert. Die wirkungsmächtige Schönheitschirurgie kann das Gesicht straffen, aber Hals und Arme sind ebenso verräterisch wie die Neigung, beim Nahen der Wechseljahre in der Körpermitte an Umfang zu gewinnen.

Wenn wir jedoch danach streben, unsere Sinne für eine neue Lebensphase zu öffnen, unser Bewusstsein aufzurütteln, die Früchte unserer Weisheit zu ernten und unsere vielleicht ermattete Seele aufzupolieren, um tiefer in den Sinn des Lebens einzutauchen und ihn mit Einfühlsamkeit zu bekunden, dann kann sich das Alter als positiver, fortwährender Wachstums- und Entwicklungsprozess erweisen, der uns unseren Zielen näherbringt statt uns zwingt, sie an irgendeiner Station unseres Lebenswegs zurückzulassen.

Plastische Chirurgie

Ich habe noch nie einen Hehl aus meinem Wunsch gemacht, im rein mechanistischen Sinn gut auszusehen. Im Alter von 72 Jahren entschied ich mich daher für eine Schönheitsoperation am Kinn und unter den Augen.

Schon als kleines Mädchen wurde ich nach meinem äußeren Erscheinungsbild beurteilt, angefangen bei meinem Vater. Ich gelangte zu der Überzeugung, dass Gesicht und Körper darüber entschieden, ob ich geliebt wurde. Ich habe versucht, meine diesbezüglichen Ängste in den Griff zu bekommen, aber ich kann nicht leugnen, dass sie noch heute im Verborgenen lauern. Manchmal frage ich mich, wie mein Leben verlaufen wäre, wenn ich diesen Äußerlichkeiten weniger Gewicht beigemessen hätte. Hätte ich weniger erreicht, weil der Antrieb, mich zu beweisen, geringer gewesen wäre? Ich hätte zweifellos mehr Zeit für Dinge gehabt, die den Charakter stärken, statt sie mit Ballett, Diäten, Sonnenbaden, Besuch im Solarium und schließlich schönheitschirurgischen Eingriffen zu vergeuden, die zwanghaft wurden. Irgendwann hatte ich es satt, müde auszusehen, obwohl ich es nicht war, und ich wollte auch weiterhin im Filmgeschäft tätig sein, indem es schwer ist, ohne Selbstoptimierung Arbeit zu finden. (Dachte ich zumindest, bis ich Geraldine Chaplin begegnete, die auf jede Form der Selbstoptimierung verzichtet und trotzdem noch heute eine vielbeschäftigte, absolut fantastische Schauspielerin ist! Das Gleiche gilt für die wunderbare Vanessa Redgrave!) Ich habe nach wie vor liebgewonnene Falten und finde nicht, dass ich wie geklont aussehe, aber mein Gesicht wirkt weniger schlaff, und das verschafft mir ein besseres Gefühl.

Schlaffe Haut ist nicht die einzige Manifestation des Alterungsprozesses. Ich suche heute Schuhe nach ihrer Bequemlichkeit und nicht nach ihrem Stil aus. Wie Ted Turners Vater einmal sagte: »Was nutzt dir alles Geld der Welt, wenn die Füße schmerzen!« Mein Sehvermögen hat nachgelassen. Als ich mit dem Buch begann, arbeitete ich mit Schriftgröße 14; jetzt bin ich zu Schriftgröße 18 übergegangen und trage zusätzlich eine Brille. Und ich schimpfe im Restaurant über die Speisekarte, wenn die Schrift so klein und verblasst ist, dass ich eine Taschenlampe brauche, um sie zu entziffern! Was immer ich jetzt tue, ich weiß, dass ich es langsamer angehen muss. Ich springe nicht mehr anmutig wie eine Gazelle aus dem Auto; ich überquere die Straße nicht mehr im Dauerlauf; ich benutzte den Handlauf und passe auf, wohin ich meine Füße setze; ich achte auf meine Körperhaltung, zum Teil wegen des Aussehens, aber vor allem, um Rückenschmerzen vorzubeugen.

Solche Veränderungen sind keine große Sache. Ich weiß, dass andere weniger Glück haben als ich, einschließlich derer, die sich schwerwiegenden Gesundheitsproblemen gegenübersehen. Ich bin nicht glücklich über meine physischen Beschwerden, aber sie definieren mich nicht. Wie viele Menschen im dritten Akt, die ich für dieses Buch interviewt habe, versuche ich einfach, mein Leben fortzusetzen, es bestmöglich zu gestalten, ihm Sinn und Zweck zu verleihen und es so weit zu genießen wie ich kann. Positivität und Generativität, zwei Eigenschaften, auf die ich im zweiten und vierten Teil des Buches näher eingehen werde, stellen heute weitgehend den Mittelpunkt meines Lebens dar.

Die Langlebigkeitsrevolution

Die Entscheidung, die Lebensstufen zu erklimmen statt auf dem abschüssigen Lebensbogen zu verharren, wird vor allem deshalb so wichtig, weil die Langlebigkeit, wie bereits erwähnt, ein neues kulturelles Phänomen geworden ist. Gewiss hat es schon

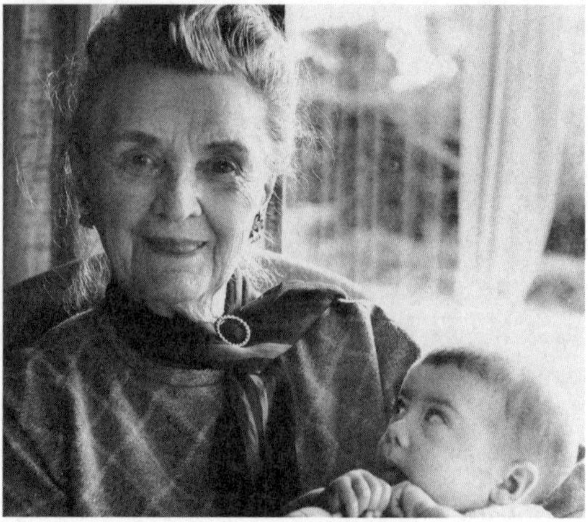

Sophie Seymour, meine Großmutter mütterlicherseits, mit meiner Tochter Vanessa, 1968.

immer Hochbetagte gegeben – die Eltern meiner Mutter wurden beide über neunzig –, aber sie besaßen wenig Ähnlichkeit mit den Großeltern unserer heutigen Zeit. Meine Großeltern kamen nicht in den Genuss der Vitalität, die wir heute im Alter erwarten können. Sie waren nicht mit der Bedeutung des Ausdauer- oder Herz-Kreislauf-Trainings aufgewachsen, um den Stoffwechsel anzukurbeln, hatten keine Ahnung, wie wichtig es ist, auf das Gewicht und die Muskel- und Knochendichte zu achten. Niemand wusste um die Nachteile des Zigarettenkonsums oder die heilende Wirkung einer guten kognitiven Verhaltenstherapie, des Zwölf-Schritte-Programms der Anonymen Alkoholiker oder der Meditation. Es gab keine Möglichkeit, Gelenke zu ersetzen oder Organtransplantationen durchzuführen, keine Medikamente, die altersbedingte Krankheiten oder Einschränkungen beseitigen oder zumindest lindern konnten (einschließlich Potenzmittel wie Viagra, Cialis oder die Testosterontherapie).

Heute sind rund 20 Prozent der US-Bürger über fünfundsechzig – 25 Millionen Männer und 32 Millionen Frauen – und jedes Jahr leben die Menschen zweizehntel eines Jahres länger!

Zur Zeit der Gründerväter im achtzehnten Jahrhundert lag die durchschnittliche Lebenserwartung in den USA bei gerade mal fünfunddreißig Jahren. Infolge der Fortschritte in der wissenschaftlichen Forschung und modernen Medizin, einer verbesserten Ernährung, Lebensweise und Gesundheitspflege sowie einer niedrigeren Müttersterblichkeitsrate sind die Lebenserwartungen um fünfundvierzig Jahre gestiegen, auf sage und schreibe achtzig Jahre! Wie bereits gesagt, repräsentiert diese zusätzliche Zeitspanne ein vollständiges zweites Erwachsenenleben. Der Sprung von vierunddreißig Jahren allein während des letzten Jahrhunderts ist verblüffend, wenn man bedenkt, dass sich in den vorhergehenden 4500 Jahren, von der Mittleren Bronzezeit bis zum zwölften Jahrhundert, die Lebenserwartung der Menschen nur um siebenundzwanzig Jahre erhöhte. Er könnte sich als eine der spektakulärsten Veränderungen der Gegenwart erweisen, und wir haben offenbar noch nicht in vollem Ausmaß begriffen, was sie für den Einzelnen, die Zukunft unserer Gesellschaft und für unsere Erde bedeutet. Aus der politischen und kulturellen Warte betrachtet, verhalten wir uns zumindest noch genauso, als hätte diese Langlebigkeitsrevolution nie stattgefunden. Deshalb ist es so wichtig, Professor Arnheims Treppe als einen Weg zu betrachten, der uns allen offensteht.

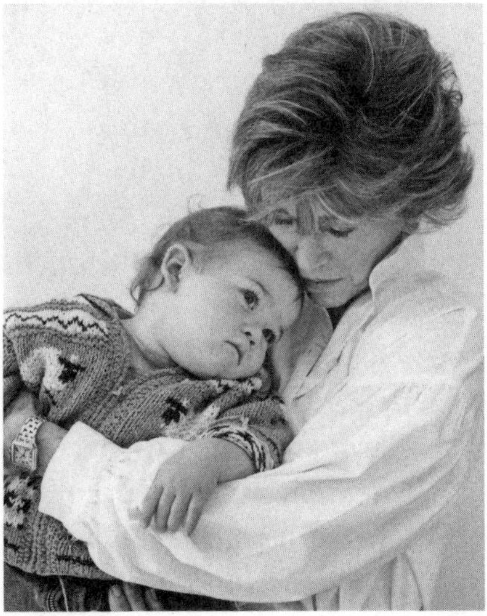

Mit meinem Enkel Malcolm.

Wenn wir nicht durch eine kräftezehrende Krankheit beeinträchtigt sind, sollten wir damit beginnen, uns mit dem Kern unserer menschlichen und persönlichen Identität vertraut zu machen.

Befreit von der Last, weitgehend über das Geschlecht, einen straffen Körper, den Job, die Beziehung zu unseren Kindern, unserem Partner, unserer Firma oder unserem Beruf definiert zu werden, haben wir nun mindestens noch ein Drittel unserer Lebensspanne vor uns. In dieser Zeit können wir neue Potenziale des Lebens erforschen, bestehende Persönlichkeitsmerkmale untermauern und bereits vorhandenes Wissen vertiefen.

Ganzwerdung

Als ich das Buch *Meine Erfahrungen mit der Lebensmitte* schrieb, bezeichnete ich den dritten Akt als einen Neuanfang, denn so fühlte er damals sich an. Nun befinde ich mich bereits seit einem Jahrzehnt in dieser Lebensphase und habe festgestellt, dass sie eine Ganzwerdung beinhaltet, ein Gefühl der Harmonie von Körper, Geist und Seele. Den dritten Akt als eine weitere Stufe der kontinuierlichen menschlichen Entwicklung zu betrachten, weist auf einen bahnbrechenden Paradigmenwechsel hin. Es ist unsere Generation, die diesen Wandel vollziehen und das letzte Lebensdrittel neu erfinden muss, und wir werden es nicht nur für uns selbst tun. Er wird erdrutschartige Veränderungen in unserem sozialen Umfeld nach sich ziehen, vor allem für unsere Kinder und jungen Freunde. Ob es uns gefällt oder nicht, wir sind die ersten Rollenmodelle für die nachfolgenden Generationen, was die Vorbereitung auf das letzte Drittel unserer erweiterten Lebenszeit betrifft. Und es gilt, dieser Vorbildfunktion gerecht zu werden!

Im nächsten Kapitel erfahren Sie, warum meine persönliche Lebensbilanz das beste Rüstzeug für den Start in einen neuen Lebensabschnitt war.

2. KAPITEL

Lebensbilanz: Rückblick und Vorschau

Das ist der glücklichste Mensch, der das Ende seines Lebens mit dem Anfang in Verbindung setzen kann.
GOETHE

Eine Lebensbilanz zu erstellen gehört zweifellos zu den besten Ideen, die ich jemals hatte. Ich nahm mich selbst und mein Leben im ersten und zweiten Akt so sorgfältig und aufrichtig wie möglich unter die Lupe, um auch meine Schattenseiten anzunehmen und mich auf einen guten dritten Akt vorzubereiten. Dadurch begann ich allmählich, mich selbst, aber auch bestimmte Ereignisse und Menschen, die in meiner Vergangenheit eine Rolle gespielt hatten, mit anderen Augen zu sehen. Was sich änderte, waren nicht die damit verbundenen Tatsachen, sondern die Bedeutung, die ich ihnen beimaß. Ich war imstande, mein jüngeres Selbst aus einer völlig neuen Perspektive zu betrachten, mit mehr Einfühlsamkeit und Objektivität. Auch die Qualität der Beziehung zu bestimmten Personen und Ereignissen in meiner Vergangenheit, vor allem zu meiner Mutter und meinem Vater, wandelte sich, genau wie mein Selbstgefühl. In gewisser Hinsicht entdeckte ich wieder das temperamentvolle, starke Mädchen in mir, das ich immer gewesen war.

Die Bedeutung, die wir unserem Leben beimessen

Erst bei der Lektüre des Buches *Der Mensch vor der Frage nach dem Sinn* wurde mir plötzlich klar, warum die persönliche Lebensbilanz so große Auswirkung auf mich hatte. Der Autor, der Psychiater Viktor Frankl, der während der Nazizeit viele Jahre im Konzentrationslager verbracht hatte, gelangte zu der Schlussfolgerung, dass uns alles, was wir im Leben besitzen, genommen werden kann, mit einer Ausnahme: die Fähigkeit, angesichts verschiedener Wahlmöglichkeiten eine bewusste Entscheidung zu treffen. Sie hat einen prägenden Einfluss auf die Qualität des Lebens, das wir führen – in weit stärkerem Maß als die Frage, ob wir reich oder arm, prominent oder unbekannt, gesund oder krank sind. Was die Lebensqualität bestimmt, ist *unsere Sicht auf diese persönlichen Lebensumstände:* welche Bedeutung wir ihnen beimessen, welche Einstellung sie dauerhaft in uns verankern, welche Gemütsverfassung sie auslösen.

Rückblick

Am 21. Dezember 1996, dem Tag, als ich neunundfünfzig Jahre alt wurde, ging mir erstmals der Gedanke durch den Kopf: *Nächstes Jahr um diese Zeit wirst du sechzig, und dann beginnt der letzte Akt, die finalen drei Jahrzehnte deines Lebens.* Begriffe wie letzte und final waren in meinem bisherigen Vokabular nicht vorgekommen und ehrlich gestanden, bei dem Gedanken an den drohenden runden Geburtstag mit der Sechs im Vorspann beschlich mich ein mulmiges Gefühl.

Ich saß gerade auf der Ladefläche eines Pickup, an einen Heuballen gelehnt, als mich der Blitz der Erkenntnis traf. Es war ein langer Tag gewesen, an dem wir Bisons zusammengetrieben hatten, und ich befand mich gemeinsam mit vier Cowboys auf dem Heimweg zu Ted Turners weitläufiger Ranch im Süden von New Mexico. Es war nicht das erste Mal, dass eine Situation in meinem Leben einer Szene aus dem Drehbuch eines schlechten Wildwestfilms glich, aber ich schwöre, sie war real.

Während wir über ein Hochplateau fuhren, breitete sich die unermessliche Weite einer mondähnlichen Kraterlandschaft bis zum Horizont aus – endlose, flache Hochebenen, vulkanisches Gestein, steile Canyons, in denen offengelegte geologische Schichten Zeugnis von Erdverwerfungen und Urmeeren ablegten, möglicherweise bereits in der Altsteinzeit entstanden. Rundum von urwüchsigen Erinnerungen an die seit rund 4 Milliarden Jahren existierende Erde umgeben, spürte ich, wie die Zeit – in ihrer ganzen Unerbittlichkeit – auf mir lastete. Mir war klar, dass im übergeordneten System der Schöpfung drei Jahrzehnte nicht der Rede wert sind, aber hier ging es um *mein* Leben. Die nächsten drei Jahrzehnte stellten, rein statistisch, *meine* restliche Lebenszeit dar. Was hatte ich aus den annähernd sechs Jahrzehnten, die nun zu meiner Vergangenheit gehörten, gemacht? Was wollte ich mit der Zeit anfangen, die mir blieb? Wie konnte ich das Beste daraus machen?

Im Theater dient der dritte Akt dazu, die Geschehnisse im ersten und zweiten Akt zu einem Ende zu führen, das den Zuschauern in Erinnerung bleibt. »Vielleicht verhält es sich im Leben genauso«, dachte ich. Für eine gelungene Gestaltung des dritten Akts musste ich mir den ersten und zweiten Akt genauer anschauen, eine Bilanz meines bisherigen Lebens erstellen. Um Fragen zu beantworten, die noch offen waren, galt es herauszufinden, worum es in den ersten beiden Lebensabschnitten gegangen war.

Um mir einen Weg in die Zukunft zu bahnen, musste ich die bisher zurückgelegte Strecke, die von der Vergangenheit in die

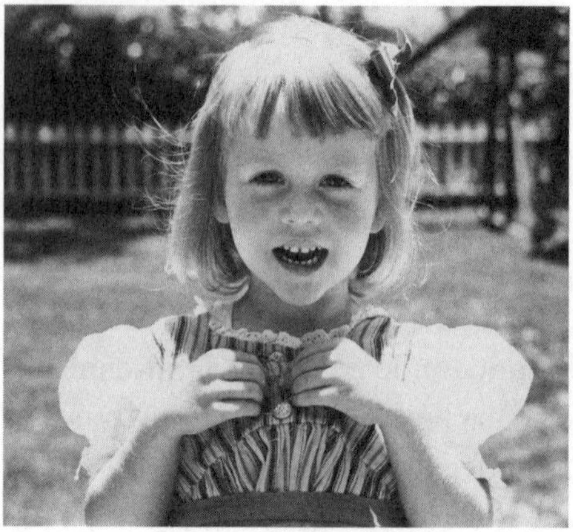

Erster Akt: Ich im Alter von drei Jahren.

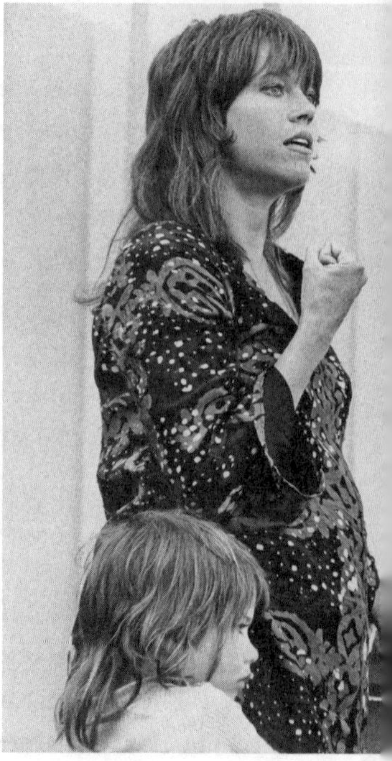

Zweiter Akt: Vanessa und ich bei einer Kundgebung, als ich mit meinem Sohn Troy schwanger war.

Gegenwart führte, Revue passieren lassen. Wie bereits in meinen Memoiren, *Meine Erfahrungen mit der Lebensmitte* erwähnt, hatte ich keine Lust, wie Christoph Kolumbus zu enden, der bei seinem Aufbruch nicht wusste, welchen Kurs er ansteuerte, wo er sich befand, als er ans Ziel gelangte, und was er entdeckt hatte, als er den Heimweg antrat.

Während wir an den Felswänden vorüberfuhren, von denen die Geologen Gesteinsproben genommen hatten, sah ich, dass die verschiedenen Schichten erdgeschichtliche Ereignisse im Verlauf endlos langer Zeiträume offenbarten. Genau wie das Leben. Die Erfahrungen schlagen sich nieder, und eine Weile nimmt die letzte Erfahrung einen Platz in der obersten Schicht unseres Bewusstseins ein, einem Plateau, dem Boden, auf dem wir gehen. Doch dann wird sie von neuen Erfahrungen verdrängt, die neue Schichten bilden und Größe, Farbe und Gefälle aller bisherigen Erinnerungen verändern.

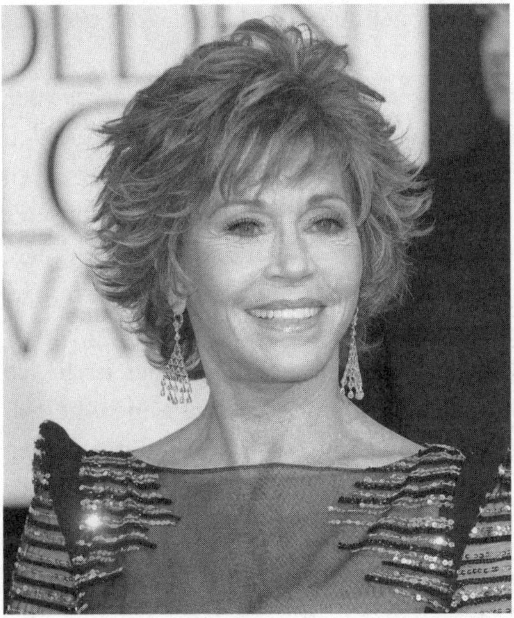

Dritter Akt: Bei der Verleihung der Golden Globe Awards, 2011.

Als die Cowboys und ich schließlich im Hauptquartier der Ranch ankamen, hatte ich den Entschluss gefasst, mein neunundfünfzigstes Lebensjahr mit der Aufgabe zu verbringen, meine Lebensgeschichte auszugraben, um sie Schicht für Schicht unter die Lupe zu nehmen.

Außerdem wollte ich ein kurzes Video auf der Grundlage meiner Recherchen drehen und es den Gästen anlässlich meines sechzigsten Geburtstags im nächsten Jahr vorführen. Damit hatte ich ein konkretes Projekt mit einem feststehenden Termin vor Augen, den ich einhalten musste.

Vielleicht würde ich aus der Warte meiner neunundfünfzig Lebensjahre zu einem neuen Verständnis meiner Vergangenheit gelangen, sobald ich mir einen Überblick über die wichtigen Ereignisse und Menschen in meinem bisherigen Leben verschafft, die Zusammenhänge objektiv betrachtet und überdacht hatte. Und mit diesem neuen Verständnis würde ich vermutlich optimal für einen gelungenen dritten Akt gerüstet sein.

Ich hatte viele Erfahrungen gemacht, aus denen ich lernen konnte. Wie wir alle. Wir haben die überaus menschliche Neigung, die Misserfolge und Tragödien in unserem Leben zu leugnen, aber oft sind sie es, die uns zur Wahrnehmung unseres wahren Selbst führen – wenn wir bereit sind, daraus zu lernen.

Ich habe Misserfolge aller Art kennengelernt: berufliche Fehlschläge, Irrwege, die ich eingeschlagen habe, vergeudete Zeit, zerstörte Beziehungen – die vielen Schlaglöcher, in die ich während der Suchaktionen und Mäander meines Lebens gestolpert bin. Misserfolge, vor denen ich davongelaufen bin, haben mich nichts gelehrt. Diejenigen, mit denen ich mich auseinandergesetzt habe, die ich mir genauer angesehen und verstanden habe, gingen mit Quantensprüngen in meiner persönlichen Entwicklung einher. Mit anderen Worten, sie bildeten einen Nährboden, der neues Wachstum ermöglichte.

Normalerweise gibt es keine Rose ohne Dornen. Wer stets auf Nummer Sicher geht, lernt wenig Neues dazu. Jemand hat einmal zu mir gesagt: »Gott hält nicht nach Auszeichnungen und Medaillen Ausschau, sondern nach Wunden. Gott kehrt durch unsere Wunden in uns ein.« Ich beschloss, meine Wunden genau anzuschauen, zu sehen, was ich daraus lernen konnte, wie sie mir helfen konnten, meinen Kompass auszurichten und einen neuen Kurs für die verbleibende Zeit abzustecken. Was ich im Gedächtnis – und im Herzen – bewahren musste, war das Wissen, dass unser Leben keine Kostümprobe ist. *Es ist Realität.*

Ich hatte mir das Leben wie ein Theaterstück mit verschiedenen Akten vorgestellt, doch der bevorstehende Lebensabschnitt war keine Bühnendarbietung, die einem festgelegten Ablauf folgte! Ich musste das Drehbuch selber schreiben und dafür sorgen, dass es gut würde.

Ich erkannte, dass ich im dritten Akt an einigen Dingen arbeiten musste: an meinem Sinn für Humor, an meiner Fähigkeit, Nähe zuzulassen. Ich wollte nicht das Zeitliche segnen, ohne echte Intimität und Nähe in der Beziehung zu einem Mann erleben. Mir wurde klar, dass ich im zweiten Akt möglicherweise bewusst Partner gewählt hatte, die in dieser Sparte genau wie ich ihre Probleme hatten.

Ich wusste, was mir im dritten Akt wichtig war: so fit und gesund bleiben wie möglich, Brüche mit Menschen kitten, denen ich nach meinem Empfinden näherstehen sollte, Stress vermeiden lernen, mich in Geduld üben, mit liebendem Herzen vorangehen, nützlich sein und mich sozial engagieren, beispielsweise um die Zukunftsperspektive von Jugendlichen zu verbessern oder der Gewalt gegen Frauen und Mädchen ein Ende zu setzen.

Ich wusste auch, was ich in Zukunft nicht mehr wollte: Werturteile über Menschen fällen, die anderer Meinung sind als ich, ungeduldig werden.

Was könnten Sie über sich selbst sagen? Welche Ziele möchten Sie sich für Ihr weiteres Leben setzen? Wie sollte die Bilanz aussehen, die Sie aufstellen?

Die Lebensbilanz

Als ich begann, mein Leben Schicht für Schicht auszugraben, stellte ich fest, dass ich die Ereignisse wie eine Außenstehende betrachtete, sie chronologisch auflistete: Zuerst tat ich dies, dann tat ich das. Das erleichterte mir den Anfang, doch schon nach kurzer Zeit merkte ich, dass es sich um eine rein mechanische Übung ohne Substanz handelte. Die Macht der Erinnerung an meine Erfahrungen wurde durch die ausschließliche Konzentration auf das Geschehen gedämpft. Ich war wie ein

Zuschauer, der die Handlung eines Films auf der Leinwand verfolgt.

Ich musste zum Kern meiner Erfahrungen vordringen, tiefer hinabtauchen, musste versuchen, sie mir ganzheitlicher ins Gedächtnis zurückrufen, indem ich mich in die Gefühlswelt des kleinen Mädchens und der Heranwachsenden zurückversetzte, die ich einmal war. Das erforderte aktives Erinnern – das nicht nur den Kopf, sondern den ganzen Körper einbezog. Ich musste meine Erfahrungen wieder aufleben lassen und die damit verbundenen Empfindungen auch physisch abrufen. Erinnerungen und Empfindungen werden nicht nur in unserem linear arbeitenden Gedächtnis abgelegt, sondern auch in unseren Zellen, unserem Körpergewebe und in unseren Sinnesorganen gespeichert.

Meine persönliche Lebensbilanz

Die nachfolgenden Beispiele, die Schlüsselmomente in meinem Leben aufzeigen, sollen als Starthilfe bei der Erstellung Ihrer eigenen Lebensbilanz dienen.

Erste Erinnerungen

Ich war zwei Jahre alt, als mein Bruder geboren wurde. Meine erste Erinnerung an ihn geht auf den Tag zurück, als mein Vater aus der Klinik nach Hause kam, mit einem Amateurfilm, der zeigte, wie meine Mutter Peter im Arm hielt. Den Film im Wohnzimmer unseres Hauses in Brentwood, Kalifornien, anzuschauen war eine traumatische Erfahrung. Als ich in einer Schachtel mit alten Briefen stöberte, die ich aufgehoben, aber nie mehr gelesen hatte, fand ich einen handgeschriebenen Brief meiner Großmutter mütterlicherseits, in dem es hieß: »Ich

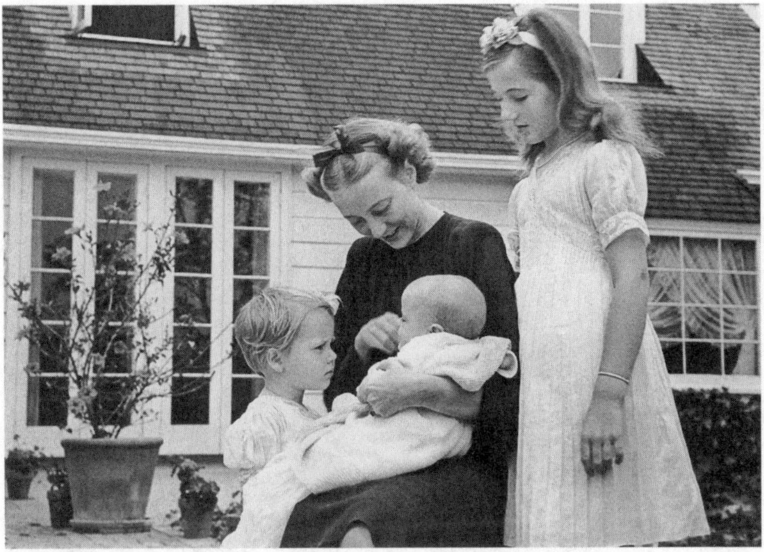

Ich bin mir nicht sicher, was ich von dem Neuankömmling halten soll, meinem Bruder Peter. Hier auf dem Schoß meiner Mutter, während meine Halbschwester Frances zuschaut.

werde nie deine Reaktion vergessen, als du Peter in den Armen deiner Mutter gesehen hast. Tränen liefen über deine Wangen, aber kein Laut kam über deine Lippen.«

Ich blätterte in einem Album, das meine Babybilder enthielt, aber ich fand kein einziges Foto von mir in den Armen meiner Mutter. Nur Krankenschwestern mit Mundschutz, die mich hielten, damit mein Vater Aufnahmen machen konnte. Ich schrieb darüber in *Meine Erfahrungen mit der Lebensmitte* – machtvolle Erinnerungen haben die Neigung, lange haften zu bleiben. Meine Mutter hatte sich einen Jungen gewünscht und war wohl enttäuscht, als ich zur Welt kam. Ich muss ihre Enttäuschung gespürt haben, Babys können sehr feinfühlig sein. Als ich die Bilder von Peter in den Armen meiner Mutter sah, war ich wohl überzeugt, ich hätte sie an ihn verloren.

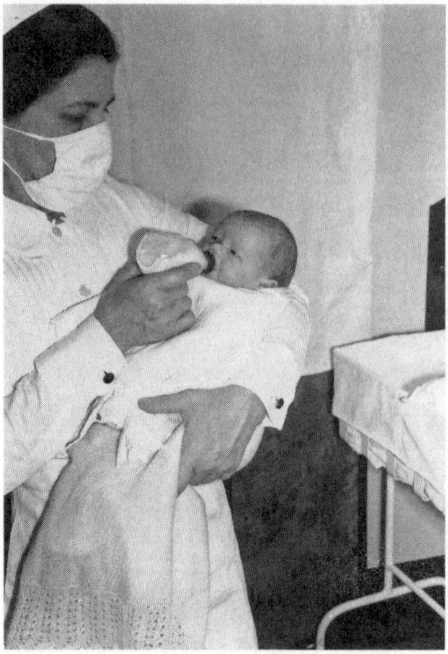

Eine Krankenschwester gibt mir die Flasche, während mein Vater fotografierte.

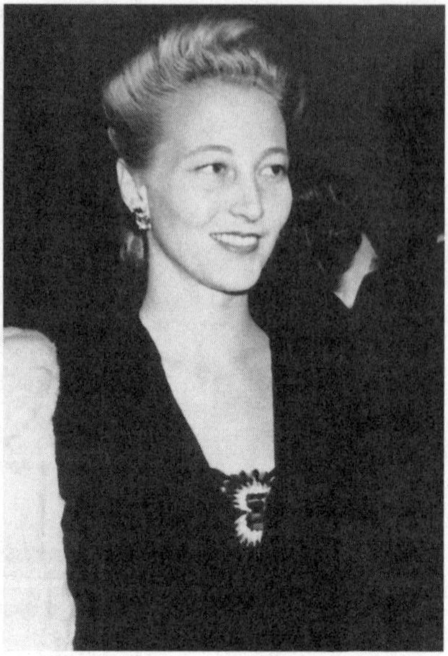

Meine Mutter im Alter von 34 Jahren.

Als ich im Rahmen meiner Lebensbilanz an diese Erfahrung zurückdachte, begann ich zu begreifen, woher meine Angst vor Nähe stammen könnte und dass beide Eltern nicht zu den Menschen gehörten, die sich angesichts emotionaler Nähe wohlfühlten. Es stand mir frei, ihnen die Schuld anzulasten und auf diesem Fundament meine Lebensgeschichte aufzubauen; ich konnte aber auch versuchen, zu verstehen, warum sie so und nicht anders waren, konnte Empathie für sie bekunden und mein Augenmerk darauf richten, für mich selbst einen anderen Kurs abzustecken.

Ich begann, weitere Teile des Puzzles zusammenzufügen, wie ein Detektiv. Ich entdeckte, dass meine Mutter nach Peters Geburt an einer Wochenbettdepression gelitten hatte. Damals wusste man kaum etwas über dieses Stimmungstief frischgebackener Mütter. Das erklärte zumindest teilweise ihre zweimo-

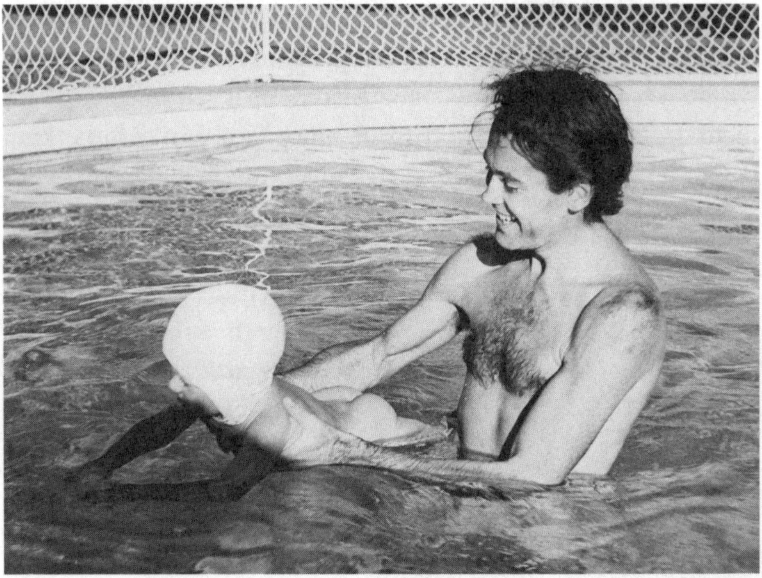

Mein Vater und ich bei ersten Schwimmversuchen im Pool.

natige Abwesenheit von zu Hause nach Peters Geburt. *Das hatte nichts mit mir zu tun.* Fakten. Fakten. Doch hinter den Fakten verbargen sich Gefühle, zu denen ich mir nun Zugang zu verschaffen begann, als ich mich in das kleine zweijährige Mädchen zurückversetzte, das neben dem 16mm-Projektor auf dem Fußboden saß und Amateurfilme von ihrer Mutter und dem neugeborenen Bruder anschaute. Ich höre noch heute das Sirren des Projektors, spüre wieder das schmerzliche Gefühl der Verlassenheit.

Ich vertiefte mich in die Familienfotos, auf der Suche nach Nuancen in der Mimik, die als Hinweis dienen konnten, in der Hoffnung, Beweise für die Liebe in unserer Familie zu entdecken, eine Liebe, die selten zum Ausdruck gebracht wurde. Doch ich sah nur das Gesicht meines Vaters, der in unserem Swimmingpool mit mir spielte, als ich ein Jahr alt war. *Offen-*

bar hat er mich geliebt, als ich klein war! Was auffällt, ist, wie mürrisch ich auf Kinderfotos mit meiner Mutter wirke, als wollte ich allen eindeutig signalisieren, dass ich mir das Team nicht ausgesucht hatte, in dem sie mitspielte. Mitleid überkam mich, als ich die Verzweiflung in den Augen meiner Mutter auf den Familienfotos entdeckte, die ein Jahr vor ihrem Suizid aufgenommen wurden und den Eindruck vermitteln sollten, dass wir ein fröhliches Picknick abhielten. Ich lernte zu verzeihen, ihr und mir.

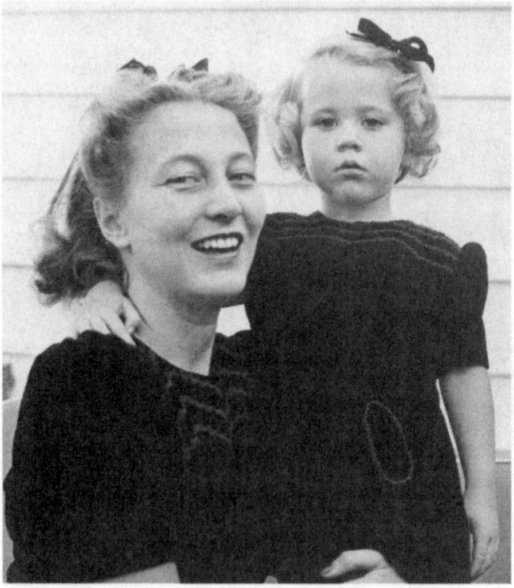

Ich als Zweijährige, die keinen Zweifel daran lässt, dass ich nicht auf dem Schoß meiner Mutter sein möchte.

Ich erinnerte mich, wie sehr mich Motorradgeräusche ängstigten. Während des Zweiten Weltkriegs fuhren die Nazis in den Wochenschauen, die vor dem Hauptfilm im Kino liefen, oft Motorrad, und jedes Mal, wenn ich eines herannahen hörte, schrie ich: »Aus dem Weg! Hitler kommt!«

Ich erinnerte mich, wie aufregend es war, in vollem Galopp durch die Avocado-Gehölze in Pacific Palisades, Kalifornien, zu preschen, unerschrocken wie der berittene Gesetzeshüter im Film *Lone Ranger*.

Ich machte Diana Dunn ausfindig, meine beste Freundin in der Mittelschule, die ich seit mehr als fünfzig Jahren nicht mehr gesehen hatte. Sie erzählte mir Geschichten, die mir längst entfallen waren, wie wir beispielsweise einmal nach einem Hockeyspiel eine tote Schlange am Wegrand fanden. Wir nahmen sie mit und versteckten sie im Schreibtisch einer Lehrerin, die wir

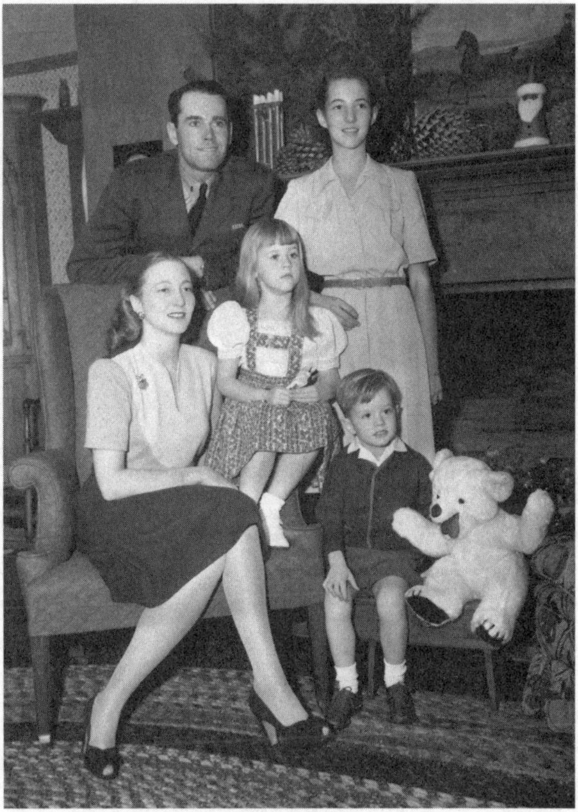

Meine Mutter, mein Vater, meine Halb-schwester Frances, Peter und ich. Dad diente während des Zweiten Weltkriegs in der Navy und hatte gerade Heimaturlaub.

nicht ausstehen konnten. Als sie die Schreibtischschublade öffnete und die Schlange erspähte, erlitt sie einen Schock.

Die ganze Klasse wurde in das Büro der Rektorin zitiert, die wissen wollte, wer sich den Streich ausgedacht hatte. Laut Diana war ich die Einzige, die gestand. Sie erinnerte sich an eine ähnliche Begebenheit, als wir im Haus einer Freundin übernachteten und beim Versteckspiel eine kostbare antike Lampe zu Bruch ging. Die Mutter unserer Freundin war außer sich und wollte wissen, wer die Schuldige war. Ich beichtete, und da ich die Wahrheit gesagt hatte, verzichtete die Mutter auf eine Bestrafung.

Ich erinnerte mich an das Mädchen im Sommerlager, das mich verprügelte, mein Gesicht in den Dreck stieß und brüllte: »Glaub ja nicht, du wärst etwas Besonderes, weil dein Vater Henry Fonda ist!« Ich weigerte mich, in Tränen auszubrechen, aber diese erschreckende Erfahrung blieb in meinem Gedächtnis haften.

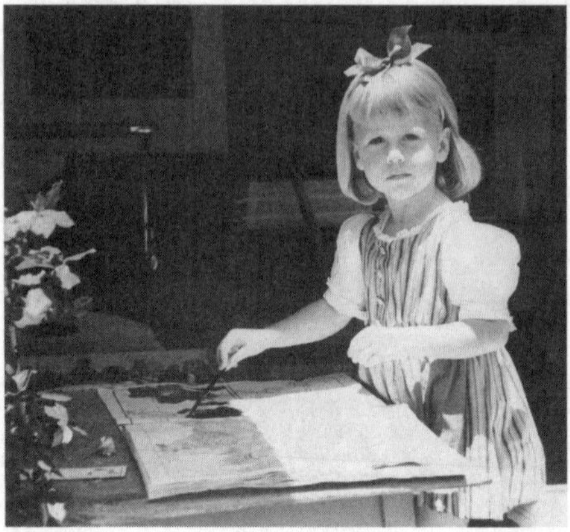

Ich mit drei Jahren.

Wiederentdeckte Begebenheiten wie diese stärkten mein Selbstvertrauen, gaben mir das Gefühl, trotz allem einige gute Eigenschaften zu besitzen und nicht nur das faule, törichte Kind zu sein, das mein Vater anscheinend in mir sah. Nach und nach begannen sich die schwachen Konturen einen mutigen, aufrichtigen kleinen Mädchens herauszukristallisieren, das sich nicht unterkriegen ließ, und ich erkannte, dass ich die Kleine mochte, auch wenn sich ihre Eltern nicht besonders für sie interessierten!

Eltern, Grosseltern und Familie

Der vielleicht wichtigste Teil meiner Nachforschungen inbezug auf den ersten Akt meines Lebens betraf meine Eltern und Großeltern. Ich musste wissen, wer sich hinter der Fassade der Eltern verbarg. Was war ihnen wirklich wichtig, und warum verhielten sie sich so und nicht anders? Ich konzentrierte mich darauf, wie meine Eltern von meinen Großeltern behandelt wurden und was sie bei ihrer Hochzeit und meiner Geburt empfunden haben mochten. Ich nahm telefonischen und persönlichen Kontakt zu Cousins und Cousinen zweiten

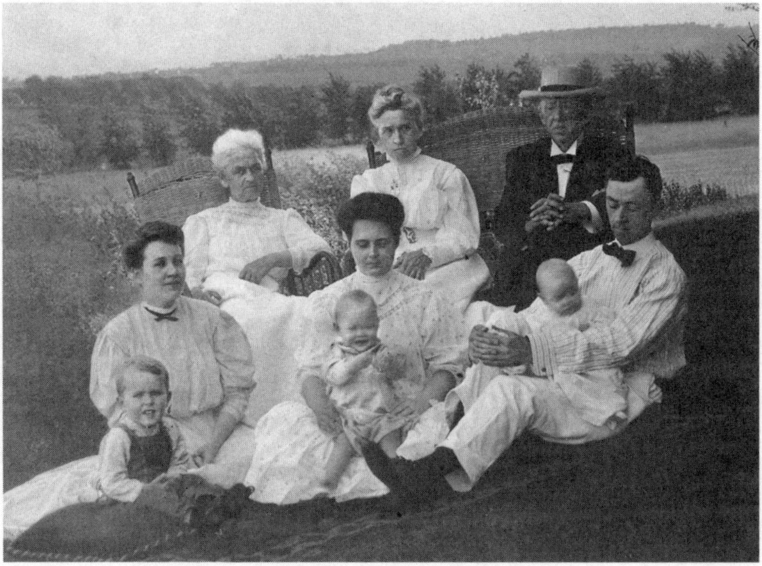

Familien-Picknick in Omaha, Juli 1907. Vordere Reihe, von links nach rechts: Mein Vater auf dem Schoß von Großmutter Herberta, Ethelynn Hinners Fonda mit Tante Jayne auf dem Schoß, mein Großvater William Brace mit Tante Harriet auf dem Schoß. Hintere Reihe: Meine Urgroßmutter »Grammie« Hattie, Hatties Schwester und mein Urgroßvater Ten Eyck Hilton Fonda .

und dritten Grades auf, die meine Eltern oder Großeltern kannten, zu einer alternden Tante und Freunden der Familie, die noch lebten und erreichbar waren. Ich fühlte mich wie ein Detektiv, der Stein für Stein das Puzzle meiner Familie, meines Selbst, meiner Kindheit zusammenfügte. Ich begann, Muster und Gründe hinter den Verhaltensweisen zu erkennen, die sich in der Sperrzone meines Gedächtnisses verbarrikadiert hatten.

Ich wusste, dass ich nicht in der Lage gewesen wäre, mich zu einem früheren Zeitpunkt mit dieser eingehenden Form der Lebensbilanz und Familienforschung zu befassen. Ich brauchte die Herausforderung des dritten Akts als Druckmittel, um die Zeit und den Mut aufzubringen, mich dem Ergebnis zu stellen,

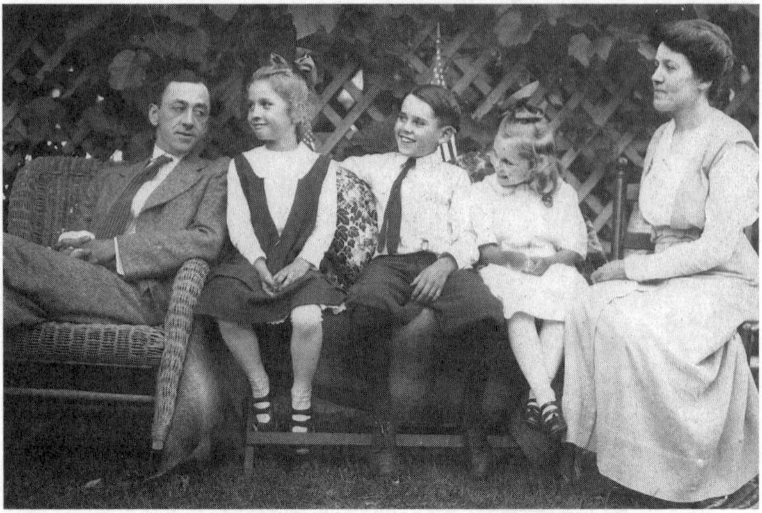

Mein Großvater William Brace, Tante Harriet, Dad, Tante Jayne und Herberta, meine Großmutter.

die Sicherheitssysteme meines Gedächtnisses auszuschalten und der Wahrheit über mich selbst und meine Familie auf die Spur zu kommen. Nun hatte ich noch einen zusätzlichen Anreiz: Ich wollte mein Leben auf dem richtigen Kurs fortsetzen.

Und so erfuhr ich, dass es bei den männlichen Mitgliedern der Familie Fonda vermutlich eine lange Geschichte unerkannter Depressionen und, wie einer meiner Cousins es beschrieb, eine nahezu pathologische Abscheu vor schwergewichtigen Frauen mit dicken Beinen gab. *Aha.* Wie bei meinem Vater!

Mir wurde klar, dass mein Vater jeder Situation aus dem Weg zu gehen pflegte, die Gefühle auslösen könnten. Er weigerte sich sogar, am Begräbnis seiner eigenen Mutter teilzunehmen und beschloss, in New York zu bleiben, wo er in einem Theaterstück mitwirkte. Die Arbeit stand für ihn immer an erster Stelle, vielleicht eine Möglichkeit, Emotionen im realen Leben zu vermeiden. An dem Abend, als meine Mutter

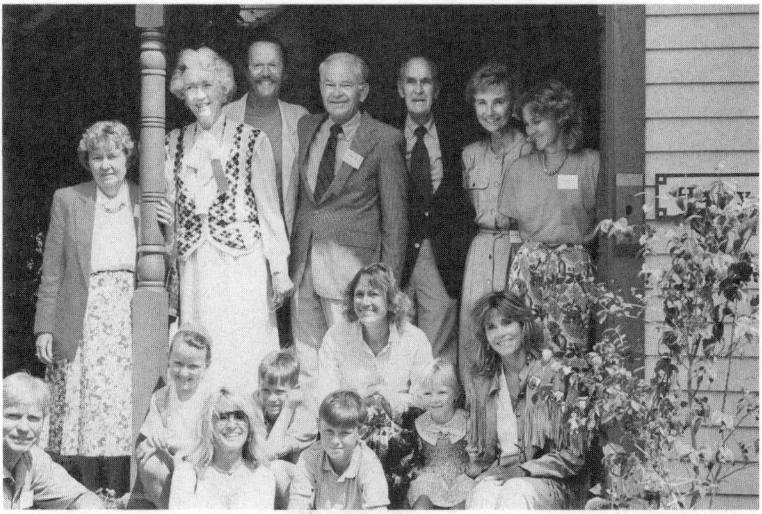

Angehörige der Familie Fonda, einschließlich Sue Fonda, Davids Frau; Tante Harriet; Becky Fonda, Peters Frau; Peter Fonda; Tina Fonda; David Fonda; ich; Cyndi Fonda Dabney; und sämtliche Kinder auf der Veranda von Dads Geburtshaus in Nebraska.

Suizid beging, sagte er nicht einmal seinen Auftritt in *Mister Roberts* ab, um bei Peter und mir zu sein. (Ich erfuhr erst ein Jahr später aus der Regenbogenpresse, dass sie nicht an einem Herzanfall gestorben war, sondern sich umgebracht hatte.)

Zweiter Akt

Im zweiten Akt war ich ein Mensch, der offenbar nie er selbst war, sondern immer nur in die Rolle schlüpfte, die den Vorstellungen meines jeweils aktuellen Ehemannes entsprach. Als ich meine Tochter, die Dokumentarfilme gedreht hatte, bat, mir bei dem autobiografischen Video zu helfen, das ich für die Feier anlässlich meines sechzigsten Geburtstags plante, sagte sie: »Warum besorgst du dir nicht einfach ein Chamäleon, das über die Leinwand kriecht?« Ich wusste, dass ich anhand meiner Lebensbilanz herausfinden musste, ob dieses Bild von mir

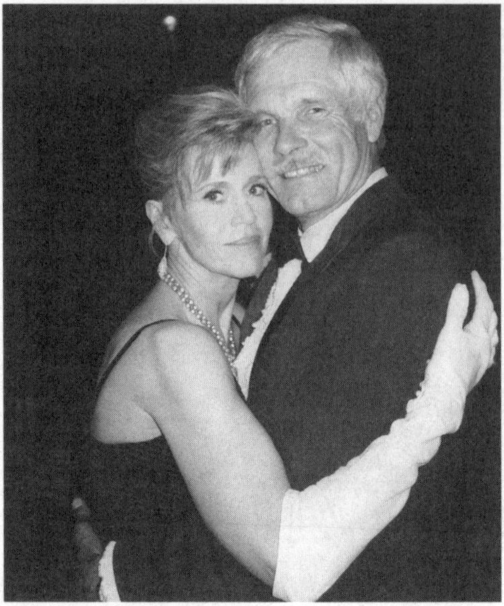

Mit Ted an meinem sechzigsten Geburtstag.

der Wahrheit entsprach. Insgeheim zog ich diese Möglichkeit durchaus in Betracht.

Aber als ich genauer nachforschte, entdeckte ich Hinweise auf ein neues, stärkeres Ich, das aus der Versenkung aufzutauchen begann. Ich hatte das Gefühl, zum ersten Mal *meinen eigenen Raum in Besitz zu nehmen. Ich konnte also sehr wohl ich selbst sein!*

Missbrauch

Das nachhaltigste Ereignis während der Niederschrift meiner Memoiren war mit der Freigabe der Patientenakte meiner Mutter aus der psychiatrischen Anstalt verbunden, in der sie Suizid beging. Die Ärzte hatten darin vermerkt, dass mein Großvater an einer paranoiden Schizophrenie gelitten hatte. Er hatte die Fenster mit Brettern zugenagelt und darauf bestanden, dass die Eingangstür stets verriegelt war, weil er fürchtete, irgendein Wildfremder könne ins Haus gelangen und seine schöne, erheblich jüngere Frau entführen. Die Akte enthielt außerdem autobiografische Aufzeichnungen meiner Mutter, die fünfzehn Seiten umfassten und nach ihrer Einlieferung in die Klinik vermutlich auf Verlangen der Ärzte entstanden.

Sie beschrieb darin in ihren eigenen Worten, dass sie als Achtjährige von dem Klavierstimmer, dem einzigen Mann, dem mein Großvater die Eingangstür öffnete, sexuell belästigt worden war! Während meines ganzen Erwachsenenlebens hatte ich mich gefragt, wie die Kindheit meiner Mutter verlaufen sein könnte. Je älter ich wurde und desto mehr ich über die langfristigen Auswirkungen frühkindlicher Traumata erfuhr, desto stärker wurde bei mir das intuitive Gefühl, dass ihr irgendetwas Schlimmes widerfahren sein musste.

Vielleicht hatte ich mich deshalb während der letzten fünf Jahre so intensiv mit dem Thema sexueller Missbrauch von Kindern befasst. Meine Nachforschungen ermöglichten mir, die Worte meiner Mutter zu entschlüsseln, die im Zuge ihrer Erinnerungen an die Mittel- und High-School-Jahre schrieb, dass sie nur eines im Kopf hatte: Jungs, Jungs, Jungs. Ich war in der Lage, die Leerstellen zu füllen, als ich las, dass sie vor meiner Geburt im Jahre 1937 bereits sechs Abtreibungen und schönheitschirurgische Eingriffe an Nase und Brust gehabt hatte; ihre psychiatrischen Tests deuteten laut Bericht der Ärzte »in hohem Maß auf Wahrnehmungsstörungen hin, von denen sich viele auf körperliche Defekte und Fehlbildungen konzentrieren«.

Als ich die Patientenakte meiner Mutter las, wusste ich bereits, dass sich sexueller Missbrauch, gleich ob es sich um eine einmalige traumatische Erfahrung oder über langfristige Übergriffe handelt, nicht nur auf die physische Verletzung beschränkt; die Erinnerung daran ist mit einer emotionalen und psychischen Last befrachtet, die zu emotionalen und psychosomatischen Erkrankungen und zu *Problemen mit menschlicher Nähe* führen kann. Die Fähigkeit, eine tiefe Bindung zu anderen Menschen einzugehen, ist nachhaltig gestört, und es fällt den Betroffenen schwer, Vertrauen aufzubauen, sich in der Lage zu fühlen, Selbstbewusstsein zu entwickeln. Und damit fügte sich ein weiterer Baustein des Familienpuzzles in das Gesamtbild ein.

Ich wusste auch, dass sexueller Missbrauch in jungen Jahren das Autonomiegefühl eines Menschen zerstören kann. Die Grenzen der Persönlichkeit werden durchlässig, Frauen betrachten es nicht länger als ihr Recht, psychische oder körperliche Unversehrtheit einzufordern. Aus diesem Grund ist ein häufiger Partnerwechsel während der Adoleszenz keineswegs ungewöhnlich. Der sexuelle Missbrauch vermittelt den psychisch fragilen Heranwachsenden die Botschaft: »Du hast nur deine Sexualität anzubieten und kein Recht, sie jemandem vorzuenthalten.«

Schuld

Eng damit verknüpft ist das Thema Schuld. Auf der intuitiven Ebene finde ich es widersinnig, dass sich ein Kind schuldig fühlt, wenn es von einem Erwachsenen missbraucht wird, gegen den es sich nicht wehren kann. Doch Kinder sind aus entwicklungspsychologischer Sicht unfähig, Erwachsenen die Schuld zuzuweisen. Sie müssen davon ausgehen, dass die Erwachsenen, von deren Fürsorge ihr Überleben abhängt, vertrauenswürdig sind. Und so verinnerlichen sie die Schuldgefühle und tragen sie mit sich herum, oft ein Leben lang – verbunden mit einer dumpfen, unaufhaltsamen Angst und Depressionen, die auf mehrere Generationen übergreifen können. Und das kann Hass auf den eigenen Körper, Schönheitsoperationen und Selbstverstümmelung zur Folge haben.

Lange bevor ich die Geschichte vom Missbrauch meiner Mutter las, war mit bewusst, dass Schuld und Scham, das Gefühl, niemals den Ansprüchen zu genügen, und der Hass auf den eigenen Körper oftmals lange Schatten werfen. Solche Empfindungen können Generationen umspannen, sich tief im Innern auf die Töchter und sogar noch auf die Enkelinnen übertragen. *Daher stammen offenbar meine Probleme mit dem Körper, mein Gefühl, nie gut genug zu sein!*

Die Geschichte meiner Mutter und ihre kurzen mit Bleistift verfassten Randbemerkungen zu lesen erfüllte mich mit Traurigkeit und Mitgefühl, aber auch mit Dankbarkeit, dass sie mir fünfzig Jahre später die Chance bot, ihr – und mir selbst – zu verzeihen. Mir kam abermals der Gedanke: *Ihre emotionale Distanz, ihr Suizid haben nichts mit mir zu tun. Ich muss keine Schuldgefühle haben.* Die Erkenntnis, dass andere Menschen Lebensbereiche und Probleme haben, von denen wir nichts wissen, dass ihr Verhalten nicht ausschließlich auf unser Tun und Unterlassen zurückzuführen ist, war eine wichtige Lektion.

In Gesprächen mit ihren wenigen verbliebenen Freunden und Familienangehörigen entdeckte ich, dass meine Mutter, die ich als nervöses, zerbrechliches, asexuelles Wesen und Opfer in Erinnerung hatte, von ihren Altersgenossen wahrgenommen wurde, als eine Ikone, eine außerordentlich intellektuelle, begehrenswerte, übersprudelnde Frau, die anziehend auf Männer wirkte. Ich brauchte eine Weile, bis es mir gelang, die pathologische Version einer Mutter, deren Gene ich geerbt, die ich aber sechs Jahrzehnte lang abgelehnt hatte, durch dieses neue Bild zu ersetzen.

Vielleicht war es ihr unmöglich gewesen, die Mutter zu sein, die Peter und ich gebraucht hätten, aber sie besaß viele andere faszinierende Eigenschaften, die von Kompetenz zeugten und liebenswert schienen. Ich war schließlich in der Lage, sie in ihrer Gesamtheit wahrzunehmen und anzunehmen, was bedeu-

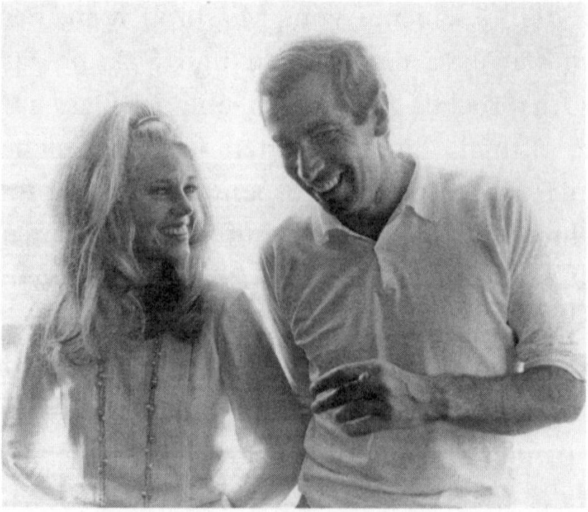

Mit Roger Vadim bei unserer Hochzeit.

tete, dass ich die Abwehrmechanismen, die ich gegen sie errichtet hatte, abbauen musste. Ich verspürte eine neue Leichtigkeit des Seins und wusste, dass ich endlich wieder ein Stück weit zu mir selbst gefunden hatte.

Ich habe diese Geschichten schon in meinen Memoiren erzählt, aber ich wiederhole sie hier, weil sie mir so wichtig sind. Vielleicht löse ich damit Erinnerungen an Ihre eigenen prägenden Erfahrungen aus. Eine Schlüsselstellung nimmt dabei die Entdeckung ein, dass meine Mutter in der Kindheit sexuell missbraucht wurde. Jedes dritte Mädchen in den USA ist laut Statistik Missbrauchsopfer, und es ist durchaus möglich, dass dieses Trauma einen Schatten über unsere Familie warf. Deshalb ist es wichtig, Fragen zu stellen, nachzuforschen.

Während ich mit meiner Lebensbilanz beschäftigt war, las ich Werke der Psychologin Alice Miller; als besonders hilfreich erwies sich dabei das Buch *Das Drama des begabten Kindes und die Suche nach dem wahren Selbst.* Es geht darin um Menschen, die eine emotional und physisch traumatisierende Kindheit in der Obhut narzisstischer Eltern erlebt und adäquate Abwehrmechanismen entwickelt haben. Auch das Buch des

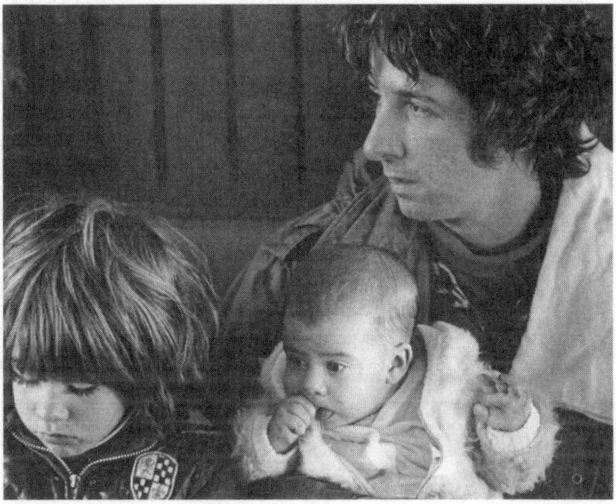

Tom Hayden mit Vanessa und Troy.

Psychotherapeuten Terrence Real *Mir gehts doch gut* über Depressionen bei Männern und das Problem, sie zum Ausdruck zu bringen, brachte mich weiter. Mein Ziel war es, meinen Vater besser zu verstehen. Wie sich herausstellte, trug es dazu bei, mich besser in meine drei Ex-Ehemänner hineinzuversetzen! Terrence Real beschreibt Strategien, mit denen Männer ihre Depressionen oft unbewusst durch Suchtverhalten kaschieren, und zeigt, wie schwer es ihnen fällt, anderen einen Blick hinter die Fassade zu gewähren, hinter der sich Traurigkeit verbirgt. Solche Gefühle gelten in unserer Gesellschaft als unmännlich! Diese Erkenntnis ermöglichte mir, die Männer in meinem Leben, die mir etwas bedeutet haben, aus der Perspektive der Vergebung und des Mitgefühls zu betrachten. Ein wundervolles Geschenk im dritten Akt!

Vergebung und Dankbarkeit

Vergebung und Dankbarkeit sind das A und O im Leben. Ich war in der Lage zu erkennen, wie viele Menschen mir eine Menge gegeben und an mich geglaubt hatten, obwohl ich es selbst nicht tat. Auf einer tieferen, nicht vom Verstand geprägten Ebene gelang es mir nun, das Verhalten meiner Eltern mir gegenüber losgelöst von meiner Persönlichkeit zu betrachten.

Die Zeit zwischen Ende vierzig und Ende fünfzig

Als ich auf den zweiten Akt zurückblickte, vor allem auf die Zeit zwischen Ende vierzig und Ende fünfzig, sah ich, dass ich damals leicht in Stress geriet. Ich kam mir wie Sisyphos vor, der immer wieder versuchte, einen Felsbrocken den Berg hinaufzurollen. Ich dachte, so ist das nun mal im Leben. Wenn ich morgens aufwachte, waren meine ersten sechs Gedanken negativ. Ich stellte fest, dass sich diese negative Weltsicht mit zunehmendem Alter verstärkte, was mir Kopfzerbrechen bereitete.

Heute lehne ich es ab, in Selbstmitleid zu versinken; ich habe den Ballast der Schwarzseherei, der mich früher niederzudrücken pflegte, über Bord geworfen. Ich verzichte darauf, die heutigen Dramen durch mein eigenes Katastrophenszenario zu ergänzen, was nicht zuletzt der Tatsache geschuldet ist, dass ich Stress durch emotionale Distanz ersetzt habe. Was nicht Gleichgültigkeit bedeutet, sondern vielmehr die Fähigkeit, einen Schritt zurückzutreten und die Ereignisse mit mehr Objektivität, Fairness und Bewusstheit wahrzunehmen, statt subjektiv zu urteilen. Diese gesunde Distanz kann das Ergebnis einer Lebensbilanz sein. Verständnis führt zu der Erkenntnis, dass es im Leben *nicht immer nur um uns selbst geht!* Ich war in der Lage, diese neu entdeckte Perspektive und ganzheitliche Denkweise in den dritten Akt mitzunehmen – als Beweis dafür, dass es nie zu spät ist, sich zu ändern!

Dämonen austreiben

Meine Lebensbilanz hat mich außerdem gelehrt, dass wir die Vergangenheit nicht ungeschehen machen, wohl aber zu einem neuen Verständnis und einer neuen Einstellung zu den Geschehnissen gelangen können, und das ändert alles. Dieser grundlegende Wandel trägt dazu bei, unsere Dämonen auszutreiben, uns von der Bürde der Vergangenheit zu befreien, nach vorne zu blicken und den Rest unseres Lebens auf neue Weise und mit neuem Elan in Angriff zu nehmen.

Selbstkonfrontation und Wandel

Während der Recherchen zu diesem Buch stellte ich überrascht fest, dass auch einige Psychiater den Prozess der Lebensrückschau befürworten, nicht um in früheren Problemen oder Pathologien zu schwelgen oder einen Schrein aus Freude oder Leid für unsere Kindheit zu errichten, sondern als ein Mittel der Selbstkonfrontation und des Wandels. Wir lassen die Vergangenheit Revue passieren, übernehmen die Verantwortung für unser Schicksal und setzen unser Leben unter anderen Aspekten fort.

Der verstorbene Dr. Robert Butler, Gründer und ehemaliger Leiter des International Longevity Center in New York City, sagte einmal: »Die Lebensbilanz hat eine moralische Dimension, weil man das eigene Selbst, das eigene Verhalten und die eigene Schuld wertend betrachtet.« Er war überzeugt, dass sie zu Sühne, Erlösung, Versöhnung und Bestätigung führt und dabei beiträgt, einen neuen Lebenssinn zu finden. Er erklärte: »Wenn ungelöste Konflikte und Ängste erfolgreich integriert werden, können sie dem Leben des Einzelnen eine neue Bedeutung und Sinn verleihen.« Ich weiß, dass das der Fall sein kann.

Ich habe es selbst erlebt und genieße die Freiheit, den dieser Prozess mit sich bringt. Der erste Schritt zu einem ganzheitlichen Leben besteht also darin, Zeit in eine Lebensbilanz zu investieren.

Wie bereits erwähnt, hat mich Viktor Frankls Gedanke, dass wir frei entscheiden können, wie wir auf eine bestimmte Situation reagieren, nachhaltig beeinflusst. Die Quantentheoretiker haben das Thema aus einer anderen Warte in Angriff genommen, sind aber zu einer ähnlichen Schlussfolgerung gelangt; sie sagen: »Wir bestimmen die Realität durch die Art und Weise, wie wir sie angehen. Wenn wir sie aus einer anderen Perspektive betrachten, entdecken wir eine andere Realität.«[11]

Die Lebensbilanz bietet uns die Möglichkeit, eine andere Realität zu entdecken, die sich hinter der Fassade der bereits gelebten Jahre verbirgt. Welche ungeahnten Freiheiten könnten wir erlangen, wenn sie uns anspornen würde, unsere Einstellung zu den wichtigen Erfahrungen und Menschen in unserem Leben zu überdenken – die Freiheit, die Bedeutung dieser Erfahrungen zu wählen.

Neue neuronale Verbindungen schaffen

Wenn wir lernen, stressreichen Situationen eine neue Bedeutung zu verleihen, vermeiden wir die biochemischen und hormonalen Reaktionen, die den Organismus schädigen, vor allem im Alter. Forschungen auf dem Gebiet der Kognitiven Neurowissenschaften belegen, dass sich unsere Fähigkeit, Einstellungen und Verhaltensweisen zu ändern, auch auf der neurologischen Ebene manifestiert. Unser Gehirn bewahrt seine Plastizität bis weit ins hohe Alter, es kann sich ständig anpassen und neu verdrahten. Wenn wir auf einen Menschen oder die Erinnerung an bestimmte Menschen und Ereignisse immer wieder negativ reagieren, prägt sich diese Reaktion in das neuronale Netzwerk unseres Gehirns ein, ähnlich wie ein Trampelpfad, der mit der Zeit ausgetreten wird. Diese Bahnen sind keine starren Strukturen, sondern durch elektrische und chemische Signale entstehende Muster, die mithilfe von Neurotransmittern an einen Teil der schätzungsweise 100 Milliarden Gehirnzellen oder Neuronen weitergeleitet werden, wo sie bestimmte Interaktionsmuster auslösen.

Doch wenn wir unsere Reaktion auf Menschen oder Ereignisse durch neue Erkenntnisse, Erfahrungen, eine kognitive Verhaltenstherapie oder Meditation verändern, können sich die neuronalen Verbindungen ungeachtet des Lebensalters anpassen und die Signale die Richtung wechseln. Wenn es uns gelingt, diese neue positive Sichtweise beizubehalten, setzt sich die neue Verbindung gegenüber der früher fest verdrahteten Erinnerung durch. Wir können das Geschehen vielleicht nicht ändern, aber sehr wohl die Gefühle, mit denen wir es betrachten. Das ist die ultimative Freiheit des Menschen!

Die Möglichkeit, neue neuronale Wege durch die Landschaft der Vergangenheit zu bahnen, ist an sich schon ein lohnenswertes Unterfangen, um zu wachsen, den Charakter zu stärken und ganz zu werden, sprich die Schattenaspekte unseres Lebens zu integrieren. Die Lebensbilanz kann ein kostbares Geschenk sein, das wir uns selbst machen – und vielleicht auch unseren Angehörigen und Kindern (sollten wir beschließen, sie schriftlich festzuhalten und ihnen zu zeigen), wenn wir sie nicht verfassen, um zu beeindrucken, zu gefallen oder zu beruhigen, sondern um der Wahrheit auf die Spur zu kommen. Diese Wahrheit kann dazu beitragen, unsere Kinder von einer Bürde zu befreien. Uns selbst hilft sie, die Bühne für einen starken dritten Akt vorzubereiten, der auf dem Fundament der Wahrheit aufbaut – die Wahrheit darüber, wer wir wirklich sind und im Grunde immer waren.

3. KAPITEL

Erster Akt: Die Sammelphase

> **Wir werden das Forschen nie aufgeben**
> **Und das Ende all unseres Forschens wird dort sein,**
> **Wo wir begonnen haben**
> **Und wir sehen den Ort zum ersten Mal.**
>
> T. S. ELIOT, *VIER QUARTETTE*

Der erste Akt unseres Lebens beginnt mit der Geburt und endet nach neunundzwanzig Jahren. Ich bezeichne ihn als Sammelphase, weil wir uns in dieser Zeit die Elemente zulegen – Strategien, Fähigkeiten und Narben – die uns unverkennbar zu dem Menschen machen, der wir sind, Elemente, von denen wir im zweiten und dritten Akt Abstand nehmen, aber auf denen wir aufbauen. Der erste Akt gleicht T. S. Eliots Punkt, an den wir nach zahlreichen Erkundungsreisen zurückkehren, und da wir inzwischen einiges an Erfahrungen und vielleicht ein wenig Vergebung und Weisheit im Gepäck haben, betrachten wir ihn mit anderen Augen, verstehen ihn zum ersten Mal. Deshalb ist es im Rahmen einer Lebensbilanz so wichtig, zu visualisieren und darüber nachzudenken, wer wir früher waren, welche Lektionen wir daraus für unser heutiges Selbst ableiten können und worauf wir uns in Zukunft konzentrieren sollten. Dadurch können wir unser gegenwärtiges Leben oft verbessern.

Eine unglückliche Kindheit kann verblassen

Interessanterweise entdeckte ich Studien, die darauf hindeuten, dass es für unser späteres Leben keine ausschlaggebende Rolle spielt, ob wir eine unbeschwerte oder unglückliche Kindheit hatten. Dr. George Vaillant, Psychiater und Forscher, leitete eine Studie der Harvard University, die sich über dreißig Jahre erstreckte, eines der wichtigen Forschungsprojekte, das der Frage nachging, welche Kriterien über einen gelungenen Alterungsprozess entscheiden. In seinem Buch *Aging Well* sagte Dr. Vaillant bezugnehmend auf die männlichen Probanden (wobei auch Frauen an der Studie teilnahmen): »Eine unglückliche Kindheit verliert im Lauf der Zeit an Bedeutung. Als man den Lebenslauf der Männer mit einer zutiefst freudlosen Kindheit … mit dem von Männern verglich, die eine überaus sonnige Kindheit hatten … zeigte sich, dass sie großen Einfluss auf die Anpassungsfähigkeit im College besaß. Zu Beginn der Lebensmitte war die Kindheit noch ziemlich wichtig, doch im Alter erwies sich das damit verbundene Ausmaß an Wärme und Geborgenheit als statistisch irrelevant. Eine glückliche Kindheit, beispielsweise dank eines reichen Vaters, wappnete die Männer allem Anschein nach gegen künftiges Leid, doch eine unglückliche Kindheit – mit einem von Armut geplagten Vater – verdammte weder die Harvard-Absolventen noch die Männer der Unterschicht zu Not und Elend.«[12]

Das junge Gehirn

Eines ist sicher und wissenschaftlich nachgewiesen: Bei der Geburt verfügt das Gehirn eines Säuglings über ungefähr 2500 Synapsen, Verknüpfungspunkte zwischen den Neuronen, die Signale aussenden und empfangen. Ihre Anzahl nimmt während der ersten Lebensjahre um ein Vielfaches zu, und bisher glaubte man, der Anstieg sei auf eine einzige Lebensphase beschränkt, nämlich die frühe Kindheit. Doch weit gefehlt! Hirnforscher wissen inzwischen, dass ein zweiter Wachstumsschub unmittelbar vor der Adoleszenz eintritt, der bis zum Ende des zwanzigsten Lebensjahrs andauert.

Kaum zu glauben, aber wahr: Gleich ob männlichen oder weiblichen Geschlechts, wir werden von einer gewaltigen Hormonflut überschwemmt, während sich der präfrontale Kortex, derjenige Teil des Gehirns, der uns ermöglicht, Risiken zu vermeiden, uns angemessen zu verhalten, Prioritäten zu setzen und die Folgen unseres Handelns zu begreifen, noch im Aufbau befindet!

»Diejenigen Fähigkeiten und Fertigkeiten, die wir bis zum dreizehnten Lebensjahr üben, werden im Teenageralter wesentlich ausgefeilter; diejenigen, die wir, falls überhaupt, nur widerwillig erwerben, beeinträchtigen die Funktion des Festplattenlaufwerks in unserem Gehirn«, schrieb die Autorin und Kolumnistin Judith Newman.[13] Mit anderen Worten, wir sollten unsere Neuronen so früh wie möglich nutzen, wenn wir nicht Gefahr laufen wollen, sie zu verlieren!

Erziehung und Ausbildung

Dieser Aspekt der neuronalen Entwicklung ist wahrscheinlich der Grund, warum Erziehung und Ausbildung zu den Schlüsselelementen des erstes Akts gehört, ein Element, das wir uns zu eigen gemacht haben sollten, wenn die Schaltanordnung unseres Gehirns festgelegt wird. Die frühkindliche Erziehung hat besonders großen Einfluss auf die Ausprägung der kognitiven Funktionen im Alter – zumindest in westlichen Kulturen.

Viele wichtige Studien zeigen, dass lebenslanges Lernen ein gemeinsames Merkmal aller älteren Menschen ist, die ein erfülltes Leben führen und gesund sind. Man hat sogar nachgewiesen, dass sich die Lebensdauer mit jedem zusätzlichen Aus- und Weiterbildungsjahr um mehr als ein Jahr verlängern kann! In ihrem Buch *A Long Bright Future* schrieb Dr. Laura Carstensen, Gründungsmitglied des Stanford Center of Longevity: »Obwohl Einkommensniveau und beruflicher Status zweifellos Einflussfaktoren darstellen, würden die meisten Sozialwissenschaftler, wenn es hart auf hart kommt, meiner Meinung nach auf Bildung als auschlaggebenden Faktor für ein längeres Leben setzen.«[14]

Dr. Carstensen erklärte, dass Menschen mit einem hohen Bildungsniveau bessere Arbeitsplätze haben, mehr Geld verdienen, in einem sicheren Umfeld wohnen, ein gesünderes Leben mit weniger Stress führen und eine bessere Vorsorge für den Krankheitsfall treffen. Es mag zu spät sein, eine Berufsausbildung zu beginnen, aber Studien belegen, dass Lernen in jedem Alter eine positive Auswirkung auf die Synapsen und die Gesundheit hat. Wir können uns bemühen, unsere Bildung zu vervollkommnen, und dafür sorgen, dass junge Menschen – vielleicht unsere Enkelkinder – eine gute Ausbildung erhalten. Hätten Sie Lust, noch einmal die Schulbank zu drücken? Das können Sie ungeachtet Ihres Alters, mithilfe von öffentlichen und nichtöffentlichen Institutionen, die auf die Erwachsenenbildung spezialisiert sind.

Geschlechtsidentität

Ein weiterer zentraler Faktor im ersten Akt des Lebens ist die Verinnerlichung der Geschlechtsidentität. Sie wird in stärkerem Maß kulturell bestimmt als uns bewusst ist. Der indische Philosoph und spirituelle Führer Krishnamurti hat den Nagel auf den Kopf getroffen, als er sagte: »Man denkt, dass man seine Gedanken denkt, doch das ist ein Trugschluss; man denkt die Gedanken der Kultur.« In Bezug auf die Geschlechtsdifferenzierung haben die kulturellen Vorstellungen schon in einem sehr frühen Stadium der kindlichen Entwicklung einen nachhaltigen Einfluss darauf, welchem Geschlecht wir uns zugehörig fühlen. Schon im ersten Akt verinnerlichen Jungen und Mädchen geschlechtsspezifische Botschaften und Erwartungen der Gesellschaft. Wenn wir uns diese teilweise stillschweigenden Kommunikationsinhalte nicht bewusst machen und uns dagegen verwehren, bestimmen sie auch weiterhin unsere Gedanken und unser Verhalten, unter Umständen ein Leben lang und auf eine Weise, die verhindert, dass wir unser menschliches Potenzial voll ausschöpfen. Die Geschlechtsidentität kann ein Schlüsselaspekt des ersten Akts sein, ein Bereich, in dem wir während dieser Sammelphase die tiefsten Wunden davontragen.

Mädchen

Wenn Sie rückblickend Ihr Leben betrachten und Bilanz ziehen, sollten Sie sich unbedingt die Zeit als Heranwachsende in Erinnerung rufen. Wie haben Sie sich in Ihrer Geschlechtsrolle gefühlt? An welche Situationen können Sie sich in diesem Zusammenhang erinnern? Welche Eigenschaften waren damals typisch für Sie? Wie würden Sie Ihre Mutter charakterisieren? Wie waren Ihre Tanten? Welche Vorbilder hatten Sie? Wie haben Ihre Eltern auf die Veränderungen und Entwicklungen während der Pubertät reagiert?

Bei meiner Lebensbilanz fiel mir auf, in welchem Ausmaß ich mich zu Beginn der Adoleszenz veränderte. Bei mir begann der Wandel etwa mit dem zwölften Lebensjahr, als Jungen ins Spiel kamen und mein Vater mir zu verstehen gab, ich sei dick.

Vorher war ich ein Wildfang, der es in puncto Körpergefühl nur wichtig fand, stark, gelenkig und mutig zu sein, um auf hohe Bäume klettern und meine Kräfte mit den Jungen messen zu können, die zu meiner Clique gehörten.

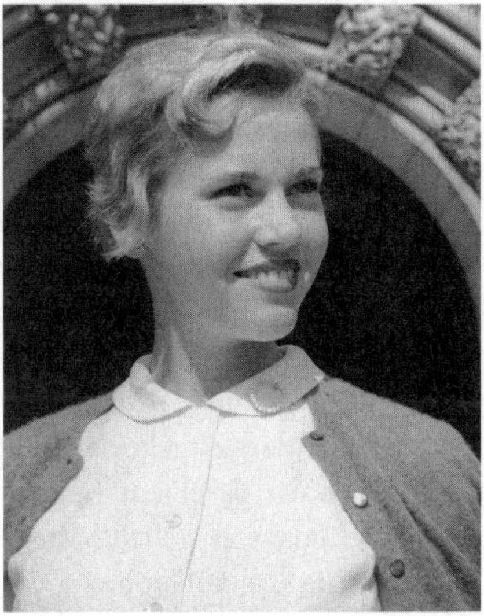

Bei meinem High-School-Abschluss.

Sobald mehr oder weniger stillschweigend erwartet wurde, dass einer meiner Freunde mein Freund wurde, verlagerte sich der Schwerpunkt meiner Interessen: Ich versuchte mich anzupassen, beliebt zu sein, mich konform zu kleiden, dem Schlankheitsideal zu entsprechen. Ich klinkte mich aus meinem Körper aus – das wird mir rückblickend klar. Ich ließ meine Identität zurück und reihte mich in das Heer der Mädchen von nebenan ein. Die authentischen Teile meines Selbst wurden auf den Rücksitz des Mädchens (und später der Frau) verbannt, das versuchte, zumindest äußerlich dem Wunschbild des jeweiligen Jungen (oder Mannes) zu entsprechen, mit dem ich zusammen war. Der dritte Akt begann, bevor ich mich von der Konditionierung im ersten Akt erholt hatte. Ein Phänomen, das keineswegs einzigartig ist.

Aufgrund meiner Arbeit mit Heranwachsenden habe ich herauszufinden versucht, wie sich diese Phase der Geschlechtsidentitätsentwicklung im ersten Akt bei Jungen und Mädchen unterscheidet. Für viele Mädchen, vor allem mit Migrationshintergrund, ist die Adoleszenz eine Zeit, in der sie ihre Kompetenzen und wahren Gefühle zu verbergen versuchen; sie richten sich nach einem Verhaltenskodex, der besagt: »Ein

Mädchen sollte nicht zu stark, zu offen, zu sexuell aufreizend, zu aggressiv erscheinen.«

Die Psychologin Catherine Steiner-Adair vom Department of Psychiatry in Harvard und ehemals Leiterin einer Abteilung des Klarman Eating Disorders Center, das sich mit der Behandlung und Prävention von Essstörungen befasst, lieferte dafür ein anschauliches Beispiel. »Im Rahmen einer Studie habe ich die Schülerinnen einer Mittelschule zu einer Pizza eingeladen«, berichtete sie. »Die Zehnjährigen wollten eine Pizza mit einer doppelten Portion Käse und Peperoni, die Dreizehnjährigen meinten: Ich weiß nicht, und die Fünfzehnjährigen erklärten: Egal, suchen Sie eine aus. Mit anderen Worten, Mädchen verlieren zunehmend die Verbindung zu sich selbst und ihren Wünschen und Bedürfnissen, um sich anzupassen und ein Gefühl der Zugehörigkeit zu entwickeln, vor allem in der Beziehung zu einem Jungen. Die doppelte Portion Käse und Peperoni zu bestellen hätte ja den Eindruck erwecken können, dass sie sich vollstopfen oder unweiblich sind.

Wie bei vielen Mädchen machten sich auch mir während der Adoleszenz Panikattacken und Depressionen bemerkbar. In dieser Zeit begann mein zwanzig Jahre andauernder Kampf gegen Magersucht und Bulimie. Wie ich aus eigener leidvoller Erfahrung weiß, enden diese Essstörungen nicht mit der Adoleszenz; sie stellen ein tief verwurzeltes Muster dar, das auf eine gestörte Beziehung zum eigenen Körper hinweist und Nähe in einer Beziehung zunichtemachen kann, im wörtlichen wie im übertragenen Sinn! Wenn es uns gelingt, Muster wie Panikattacken, gestörte Selbstwahrnehmung und Suchtverhalten zu durchbrechen, sind wir im dritten Akt in der Lage, wie die Psychologin Carol Gilligan bestätigt, wieder in Kontakt zu den zehn- und elfjährigen Mädchen zu treten, die wir waren, bevor unser wahres Selbst in den Untergrund abtauchte – mutig und beherzt, aber lebensklüger und durch Erfahrung gereift.

Denken Sie über Ihre eigene Adoleszenz nach. Sahen Sie sich gezwungen, den kulturell vorgegebenen Stereotypen der Weiblichkeit zu entsprechen, oder hatten Sie eine authentische Beziehung zu Ihrer Sexualität und Geschlechtszugehörigkeit? Haben Sie Ihre Geschlechtsidentität *angenommen*, sie gelebt? Waren Sie in der Lage, Ihrer Sexualität eine konkrete Form zu verleihen, weil Ihnen jemand klargemacht hat, dass es dabei nicht nur um Sex geht, sondern auch um Sinnlichkeit und Gefühle? Hat man Ihnen das Gefühl vermittelt, dass Sie nur dann geliebt werden, wenn Ihr äußeres Erscheinungsbild und Ihr Verhalten bestimmten Vorstellungen entsprechen? Wurde von Ihnen erwartet, gesehen, aber nicht gehört zu werden? Hat Ihnen jemand vermittelt, dass Ihre Gefühle und Gedanken genauso wichtig sind wie die eines Jungen? Dass Sie nicht nur fürsorglich und altruistisch, sondern auch stark und tapfer sein können? Was für ein Rollenmodell war Ihre Mutter? Hat sie ihre eigene Meinung zum Ausdruck gebracht? Sich Zeit für ihre eigenen Wünsche und Bedürfnisse genommen? Oder war Ihr Vater der Herr im Haus und Ihre Mutter diejenige, die stillschweigend zugestimmt hat? Wie hat Ihr Vater auf Ihre Adoleszenz reagiert? Hatten Sie ständig das Gefühl, nicht hübsch genug, nicht gut genug oder nicht schlank genug zu sein?

Das klingt subjektiv, ich weiß. Doch selbst makellos schöne Frauen halten sich aufgrund solcher Botschaften in der Kindheit und Adoleszenz für unattraktiv, während andere, die nicht im herkömmlichen Sinne als hübsch gelten würden, eine große Anziehungskraft und Selbstsicherheit ausstrahlen, weil sie als Heranwachsende in diesem Gefühl bestärkt wurden. Dienten Ihre Eltern als Puffer gegen frauenfeindliche Medien? Haben sie darauf hingewiesen, wie absurd die Zurschaustellung zaundürrer weiblicher Models mit ihrer stereotypen Sexualität oder muskelbepackter Machos ist, mit denen die Werbung unsere Kauflust anzukurbeln hofft? Damit werden Männer und

Frauen gleichermaßen verunsichert, zu Vergleichen (im realen Leben) gezwungen und zum Erwerb von Produkten verführt, die sie angeblich brauchen, um in zu sein – wie die Models.

Jungen

Von meiner Freundin Carol Gilligan, Psychologin, Autorin und Mutter von drei Söhnen, erfuhr ich, dass bei Mädchen während der Adoleszenz die *Stimme* und bei Jungen das *Herz* verstummt, sobald sie eingeschult werden und sie sich mehr und mehr abnabeln, wenn sie mit der übergeordneten Kultur in Berührung kommen. Als Mann sollten Sie darüber nachdenken, ob Ihre Eltern oder Lehrer Ihnen das Gefühl gegeben haben, ein Weichei zu sein, wenn Sie geweint haben, oder ein Muttersöhnchen, wenn Sie einer Prügelei aus dem Weg gegangen sind. Hat man Ihnen eingebläut, dass sich ein Mann von echtem Schrot und Korn von niemandem den Schneid abkaufen lässt und sich gegen jede Anfeindung wehrt? Mussten Sie, um sich in die Männlichkeitsschablone einzupassen, zwischen einem hirn- und gefühllosen Macho und einem New-Age-Warmduscher wählen? Hatten Sie einen Erwachsenen, der Ihnen half, Ihre Einzigartigkeit als Mensch zu verstehen und zu begreifen, dass Sie nicht besser, sondern anders als die Mädchen waren? Haben Sie gelernt, bestimmte Attribute wertzuschätzen, wie voll präsent, mutig, vertrauenswürdig, fokussiert, zielorientiert oder ein guter Teamspieler sein?

Diese Eigenschaften sind nicht nur bei Frauen, sondern auch bei Männern positiv und erstrebenswert. Hatten Sie als Junge das Gefühl, es sei in Ordnung, sich auch einmal zu irren oder Fehler zu machen? Ist es Ihnen schwergefallen, um Unterstützung zu bitten? Waren Sie der Meinung, Hilfe anzunehmen sei ein Zeichen von Schwäche und Verletzlichkeit? Haben Sie sich unter Druck gesetzt gefühlt, Ihre Männlichkeit zu beweisen, und

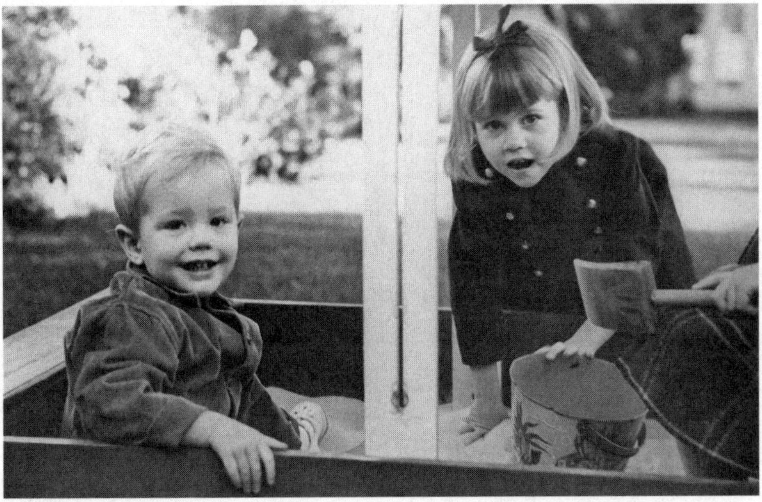

Beim Spielen im Sandkasten mit meinem zwei Jahre jüngeren Bruder Peter.

wenn ja, haben Sie sich jemals gefragt, warum es solcher Beweise bedurfte, statt davon auszugehen, dass Männlichkeit ein Teil des angeborenen, authentischen Selbst ist? Wurden Sie in der Überzeugung bestärkt, dass echte Männer und Frauen sich weigern, Sex als Sport zu betrachten, weil sie ihren Körper achten und nicht bereit sind, ihn jedermann zur Verfügung zu stellen?

Schon in frühester Kindheit sind viele Jungen angehalten, Kopf und Herz strikt voneinander zu trennen, damit sie später zu einem ganzen Kerl heranreifen. Sie werden zu emotionalen Analphabeten, bis zu dem Punkt, an dem sie oft selber nicht einmal mehr wissen, was sie empfinden, und ihre Empathie einbüßen: die Fähigkeit, die Gefühle anderer zu erkennen, zu verstehen oder nachzuempfinden. Diese Prägung findet so früh statt, dass sie selbst im späteren Leben nicht auf die Idee kämen, sie in Frage zu stellen. Sie können sich nicht erinnern, wann sie jemals anders empfunden hätten. Wie der Psychologe Terrence Real in seinem Buch *Mir geht's doch gut* beschreibt, belegen Studien, dass die meisten Männer in unserer Gesellschaft nicht nur Probleme haben, ihre Gefühle adäquat zum Ausdruck zu bringen, sondern sie überhaupt zu erkennen. Die psychiatrische Bezeichnung für dieses Defizit ist Alexithymie. Der Psychologe Bon Levant schätzt, dass rund achtzig Prozent der Männer in unserer Gesellschaft an einer milden bis schweren Form dieser Gefühlsblindheit leiden.[15] Bei Jungen kann sie in Symptomen wie Depressionen, Lernstörungen, Sprachbehinderungen, Bindungsstörungen oder beeinträchtigter Affektregulation zutage treten.

Offensichtlich leiden jedoch nicht alle Jungen unter dem frühkindlichen Trauma des Männlichkeitswahns. Wie es scheint, kann ein von Herzlichkeit geprägtes, liebevolles und strukturiertes häusliches und schulisches Umfeld als Impfstoff dienen und dazu beitragen, dass Jungen ihre Authentizität bewahren. Hatten Sie das Glück, von Erwachsenen umgeben zu sein, die Ihnen explizit oder durch eigenes Beispiel vor Augen geführt haben, was es in Wirklichkeit bedeutet, ein Mann zu sein – nämlich ein ganzheitliches menschliches Wesen mit all seinen Facetten, stark *und* emotional, mutig *und* einfühlsam?

In der westlichen Kultur sind die meisten Männer auch heute noch anfällig für öffentliche Bloßstellungen, haben Angst, nicht als Manns genug zu gelten; das wirkt sich auf jeden Bereich ihres Lebens aus, und auf die Frauen in ihrem Dunstkreis.

Ein Beispiel ist die Wirtschaft. In ihrem Buch *Backlash: Die Männer schlagen zurück* beschreibt Susan Faludi eine weltweite Meinungsumfrage, bei der Männer und Frauen gebeten wurden, den Begriff Männlichkeit zu definieren. »Männlichkeit ist die Fähigkeit, die Brötchen zu verdienen, die Familie zu versorgen«, lautete die Antwort einer überwältigenden Mehrheit. Wenn das also das Hauptkriterium der Männlichkeit rund um den Globus ist, was passiert dann, wenn es mit der Wirtschaft bergab geht, wenn Arbeitsplätze knapp werden und die Frauen die Brötchen verdienen (wenngleich bei geringerer Bezahlung und weniger Lohnnebenleistungen)? Die Gewalt gegen Frauen nimmt zu, wenn Männer sich öffentlich gedemütigt fühlen.

Das gilt auch für das Thema Krieg und Frieden. In seinem Buch *War and Gender* schrieb Joshua Goldstein, Professor im Fachbereich Internationale Beziehungen der American University: »So wie der Krieg männlich definiert ist, ist der Frieden weiblich definiert. Folglich wird die Maskulinität der Männer, die gegen den Krieg sind, anfällig für öffentliche Bloßstellung.«

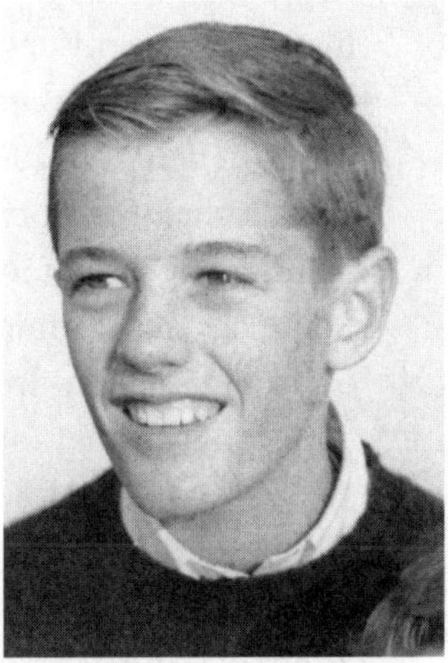
Mein Bruder Peter als Teenager.

Die Pentagon-Papiere haben uns gezeigt, dass in den 1960er und 1970er Jahren die Berater von vier verschiedenen Administrationen – Republikaner und Demokraten – ihren Präsidenten erklärt hatten, der Vietnamkrieg könne nicht gewonnen werden, ohne das ganze Land zu zerstören, und dennoch schickten die politischen Führer weiterhin junge Männer in den Krieg. Ich fragte mich, wie das möglich sein konnte, bis ich Doris Kearns Goodwins Biografie von Präsident Lyndon Johnson las. Er hatte ihr die Befürchtung gestanden, als Schwächling zu gelten, wenn er die Truppen aus Vietnam abziehen würde. Das scheint in den USA ein bis heute verbreitetes Muster zu sein – die Angst unserer männlichen Führungspersönlichkeiten, vorzeitig das Feld zu räumen!

Während des Präsidentschaftswahlkampfs im Jahre 2004, als sich John Kerry, Kandidat der Demokraten, für die Verbindlichkeit des Völkerrechts und die Unterstützung der Vereinten Nationen aussprach, wurde er von Vizepräsident Dick Cheney als verweichlicht bezeichnet. Da war er schon wieder, dieser Männlichkeitswahn, als ob ein Plädoyer für Frieden und Diplomatie ein Zeichen von Schwäche wäre!

Diese Beispiele zeigen, dass das Thema Gender – der soziale oder gesellschaftlich konstruierte Aspekt des Geschlechts einer Person – für uns alle von Belang ist, und nicht etwa, weil alle Jungen und Männer potenziell gewalttätig und hart sind, sondern weil Gewalt und Härte bei *einigen* unserer Jungen und Männer auf mangelnder Empathie, Gefühlsblindheit, der Unfähigkeit, authentisch zu sein und der Anfälligkeit für öffentliche Bloßstellung beruhen. Wenn Erwachsene Jungen und Mädchen dabei helfen, ihre Identität zu entwickeln, ohne zu geschlechtsspezifischen Stereotypen Zuflucht zu nehmen, bereiten sie ihre Schützlinge optimal darauf vor, die Chancen auf Bindung und Nähe in den bevorstehenden Lebensphasen zu nutzen.

In den letzten dreißig Jahren hat eine bemerkenswerte Veränderung stattgefunden. Psychologen sind zu der Überzeugung gelangt, dass die höchste Form der menschlichen Entwicklung nicht an den extremen Enden des Geschlechterrollen-Spektrums liegt – die Männer autonom und dominant, die Frauen abhängig und gefügig –, sondern in der Mitte, die echte, authentische Beziehungen fördert. Seit C.G. Jung haben die meisten Psychologen erkannt, dass Intimität und Authentizität nur dann möglich sind, wenn sich die Partner von den starren hierarchischen Geschlechterrollen distanzieren.

Es gibt noch eine weitere gute Neuigkeit, die ich an späterer Stelle erklären werde: Zu Beginn des dritten Akts neigen viele Frauen und Männer dazu, die zerstörerischen sexuellen Klischees abzuschütteln und Beziehungen zu entwickeln, die von mehr Tiefe, Nähe und Gleichberechtigung geprägt sind.

Carol Gilligan ist der Ansicht, dass geschlechtsspezifische Verhaltensweisen bei Heranwachsenden nicht einfach biologisch vorprogrammiert sind, nach dem Muster »typisch Junge« oder »typisch Mädchen, muss an den Hormonen liegen«. Psychologische und kulturelle Faktoren spielen ebenfalls eine Rolle. Auch der Erfolg von Programmen, die das Interesse und die Leistungen von Mädchen in männlich dominierten Bereichen wie Mathematik, Naturwissenschaften und bestimmten Sportarten fördern, oder Interventionsmaßnahmen, die Jungen helfen, wieder mit ihrem Gefühlsleben in Kontakt zu treten, sprechen gegen die Theorie vom biologischen Determinismus.

Das heißt nicht, dass wir Jungen und Mädchen über einen Kamm scheren sollten. Die Hirnforschung hat ohne jeden Zweifel nachgewiesen, dass es viele angeborene und universelle Unterschiede in der männlichen und weiblichen Denkweise, Perspektive und Reaktion auf verschiedene Umstände gibt. Wir sollten diese Unterschiede respektieren, ihnen aber keinen übertriebenen Stellenwert beimessen, der sich zu bestimmen anmaßt, was als männlich oder weiblich zu gelten hat.

Was die Jungen angeht, so sollten wir die positiven Merkmale der Männlichkeit genau definieren. Es ist schwer für sie, zu lernen, sowohl hart als auch sanft zu sein, und beide Eigenschaften in angemessene Verhaltensweisen zu integrieren, damit sie Männer werden, die alle Aspekte ihrer Persönlichkeit entwickeln und den Weg der Nähe und Zugehörigkeit gehen können, ohne befürchten zu müssen, dass Empathie und Emotionen mit Schwäche gleichgesetzt werden.

Können wir uns ändern?

Wie viele Leute musste ich den ersten Akt weitgehend in eigener Regie bewältigen und etliches alleine herausfinden. Mein Vater war während des Zweiten Weltkriegs Marineoffizier und die meiste Zeit im Pazifik eingesetzt, doch wenn er nach Hause kam, lernte ich wichtige Lektionen von ihm, vor allem durch lange Vorträge (und aus den Rollen, die er in Theaterstücken und Filmen spielte) über Fairness, das Engagement für sozial Benachteiligte und die Unrechtmäßigkeit von Rassismus und Antisemitismus. Doch niemand klärte mich sexuell auf – niemand sagte mir, woher man weiß, ob eine Beziehung Hand und Fuß hat, dass es in Ordnung ist, nein zu sagen, oder dass man seinen Körper mit Achtung behandeln sollte. Vielleicht ist es mir deshalb gegen Ende des dritten Aktes so wichtig, diese Dinge zu verstehen, darüber zu schreiben und sie jungen Leuten weiterzuvermitteln.

Dahinter steht schlussendlich die Frage, ob und in wieweit sich Menschen ändern können. Wie gleicht man Defizite in den zuvor erwähnten Bereichen aus, wenn man im ersten Akt kaum Orientierungshilfen hatte? Welche Möglichkeiten stehen zur Verfügung, sie zu überwinden? Ehrlich gesagt würde ich dieses Buch nicht schreiben, wenn ich nicht überzeugt wäre, dass wir wandlungsfähig sind.

Temperament

Die meisten Psychologen stimmen darin überein, dass das Temperament eines Menschen – die Art, wie er agiert und reagiert – weitgehend erblich ist und uns ein Leben lang anhaftet, auch wenn es sich bis zu einem gewissen Grad modifizieren lässt. Das Temperament hat großen Einfluss auf den in Tests ermittelten Intelligenzquotienten und die genetische Komponente unserer sozialen Intelligenz[16]; es bestimmt, ob wir introvertiert oder extrovertiert, negativ oder positiv eingestellt, starr oder flexibel sind. Beim Rückblick auf die beiden ersten Lebensabschnitte erkannte ich, dass mein genetisches Temperament mich zu einem Menschen gemacht hat, dem eine gewisse depressive Neigung in die Wiege gelegt wurde, der sich während der Adoleszenz und mit Anfang zwanzig gleichwohl verdichtete. Dennoch bin ich dankbar für diesen Charakterzug, der in erster Linie auf das Erbgut väterlicherseits zurückgeht; ich betrachte es als reinen Glücksfall, dass ich von den bipolaren Genen meiner Mutter verschont geblieben bin.

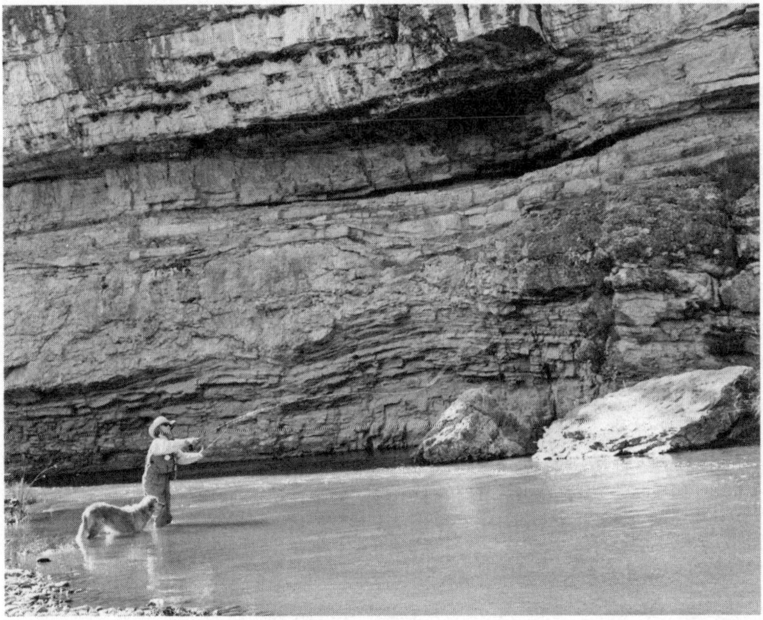

Beim Fliegenfischen mit meinem Golden Retriever Roxy, 2001.

Die Zeit, eine Therapie und zehn Jahre Unterstützung durch Psychopharmaka am Ende des zweiten Akts trugen dazu bei, meine Depressionen weitgehend in die hinterste Ecke meines Bewusstseins zu verbannen; dort lauert sie noch und versucht gelegentlich, negative Szenarien mit der Botschaft »Was glaubst du eigentlich, wer du bist?« aufzubauen, die ich mich zu lesen weigere. Ein weiteres Merkmal ist, dass ich zeitweilig das Bedürfnis habe, alleine zu sein (ein Erbe meines Vaters). Doch wenn ich das Alleinsein ausreichend genossen habe, suche ich die Gesellschaft anderer Menschen, gehe auf sie zu und bin manchmal sogar geradezu redselig (ein Erbe meiner Mutter). Vielleicht ist deshalb das Totemtier, mit dem ich mich immer identifiziert habe, der Bär, der nach einer langen Periode der Winterruhe gerne spielerischen und geselligen Aktivitäten nachgeht.

Ich fühle mich automatisch zu Menschen hingezogen, die aufgrund ihres genetischen Erbes immer positiv gestimmt sind und ein Glas als halbvoll statt als halbleer betrachten. Ich suche ihre Gesellschaft so oft wie möglich, denn ihre Einstellung färbt ab. Wie im neunten Kapitel erläutert, haben die meisten von uns eine faire Chance, im dritten Akt eine positive Grundeinstellung zu entwickeln, selbst wenn uns diese Gabe nicht in die Wiege gelegt wurde. Im Gegensatz dazu versuche ich, mich von Leuten fernzuhalten, die mit einer dunklen Wolke über ihrem Haupt durchs Leben gehen, wie der Esel I-Aah aus dem Kinderbuchklassiker *Pu der Bär*, der ständig in Selbstmitleid schwelgt. Oft drehen sich ihre Gespräche nur um die eigene Person, ihre Probleme und wie schlecht die Welt sie behandelt. Sie verkörpern den Inbegriff des Opfers.

In Gesellschaft notorischer Schwarzmaler frage ich mich oft, ob ihnen ihre negativen Schwingungen überhaupt bewusst sind und ob sie jemals versucht haben, professionelle Hilfe in Anspruch zu nehmen, um diesem permanenten Stimmungstief zu entkommen. Ich wurde erst im letzten Jahrzehnt des zweiten Akts auf die dunkle Wolke über meinem Haupt aufmerksam und wusste, dass ich etwas dagegen unternehmen musste. Ich entschied mich für eine medikamentöse Behandlung, die mir half, die Gangart zu wechseln und mich für eine Gesprächstherapie zu öffnen, nach der ich die Medikamente absetzen konnte. Wir müssen erst eine gewisse Strecke unseres Lebensweges zurücklegen, um zu erkennen, dass nicht andere, sondern wir selbst für die Bereitschaft verantwortlich sind, Regenwolken zu akzeptieren, statt der Sonne entgegenzugehen.

Ich weiß, dass nicht jeder an die segensreiche Wirkung einer Psychotherapie glaubt; manche sehen darin, genau wie mein Vater, ein zügelloses Schwelgen in der eigenen Lebensgeschichte. Doch laut Terrence Real, Buchautor und Psychotherapeut, lassen sich »die meisten psychischen Störungen mit der richtigen

Behandlungsmethode merklich verbessern. Die Behandlung einer Depression ist beispielsweise zu neunzig Prozent wirksam. Doch nur jeder zweite von fünf Menschen, die unter Depressionen leiden, erhalten jemals professionelle Hilfe.«[17]

Wenn das Temperament erblich und relativ unwandelbar ist, stellt sich die Frage, warum viele Menschen in der Lage sind, ihre Gefühle und ihr Verhalten zu ändern. Mein Interesse an der Möglichkeit eines grundlegenden Wandels begann mit Anfang zwanzig und leitete sich aus dem Gedanken her, dass ich bestimmte Dinge an mir ändern musste, wenn ich das Beste aus meinem Leben machen wollte. Mein Glaube an die Fähigkeit, das eigene Verhalten zu ändern, motivierte mich, die Georgia Campaign for Adolescent Pregnancy Prevention und das Jane Fonda Center for Adolescent Reproductive Health an der School of Medicine der Emory University ins Leben zu rufen, zwei nicht-gewinnorientierte Organisationen, die sich die Prävention von Schwangerschaften und Sexualaufklärung Minderjähriger zum Ziel gesetzt hat.

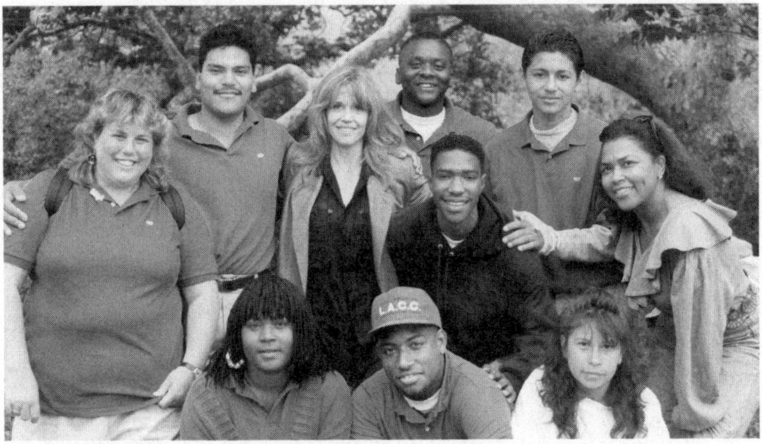

In Georgia mit jungen Mitarbeitern der Georgia Campaign for Adolescent Pregnancy Prevention, einer von mir gegründeten gemeinnützigen Organisation zur Schwangerschaftsprävention bei Minderjährigen, 1997.

Der Psychiater Dr. George Vaillant greift das Thema des persönlichen Wandels in seinem Buch *Aging Well* auf. Er erklärt, das Temperament sei »in hohem Maß festgeschrieben«,[18] doch der Charakter sei Veränderungen unterworfen, weil er von der Umwelt und von unserer Widerstandsfähigkeit beeinflusst wird, sofern diese genetisch verankert ist. Widerstandsfähigkeit bedeutet für ihn, dass wir in der Lage sind, Ressourcen zu nutzen – wirksame Problemlösungsmechanismen, die es uns ermöglichen, Stresssituationen zu bewältigen. Als Beispiel führt er eine vierzigjährige Frau an, die als Kind von ihrem Vater sexuell missbraucht wurde.

Statt den vierten Mann in Folge zu heiraten, der zu übergriffigem Verhalten neigte, beschloss sie, ein Frauenhaus zu gründen. Vaillants Definition von Widerstandsfähigkeit gefällt mir. Sie ist seiner Meinung nach kennzeichnend für »Menschen, die im metaphorischen Sinn einem Zweig mit einem frischen, grünen, lebendigen Spross gleichen. Unter Einwirkung von Gewalt biegt sich ein solcher Zweig, bricht aber nicht, sondern schnellt zurück und wächst weiter.«[19]

Als ich den ersten Akt meines Lebens Revue passieren ließ, sah ich, dass mir zum Glück ein hohes Maß an Widerstandsfähigkeit mit auf den Weg gegeben wurde. In Ermangelung einer Mutter, die mich unter ihre Fittiche nahm, hatte mein Radarsystem den Horizont ständig nach einem warmherzigen, fürsorglichen Menschen abgesucht, von dem ich Liebe erhalten und lernen konnte. In der Regel wurden diese Bedürfnisse von den Müttern meiner besten Freundinnen erfüllt. Ein Kind, dem die nötige Widerstandsfähigkeit fehlt, kann vielleicht erkennen, dass es Liebe in seinem Leben gibt, aber unfähig sein, sie zu verinnerlichen, »zu verstoffwechseln«, wie George Vaillant es nannte.

Temperament und Charakter sind also zwei Aspekte des Menschen: das Temperament ist festgeschrieben, der Charakter entwicklungsfähig. Und wie passt die Persönlichkeit in dieses Bild? Laut Dr. Vaillant ist sie die Summe aus Temperament und Charakter. Das bedeutet, dass uns ein Teil der Persönlichkeit ein Leben lang erhalten bleibt (mein Bedürfnis nach Alleinsein und meine Neigung zur Melancholie, die in die hinterste Ecke meine Bewusstseins verbannt, aber nicht gänzlich verschwunden ist), aber einiges verändert werden kann (ich bin inzwischen weniger voreingenommen und negativ, und wesentlich optimistischer und liebevoller).

Im Rahmen der kognitiven Verhaltenstherapie hat sich gezeigt, dass Menschen durchaus imstande sind, ihr Verhalten grundlegend zu ändern. Die Arbeit mit einem guten Therapeuten kann bewirken, dass jemand beispielweise seine Vergangenheit in einem ganz neuen Licht betrachtet, und dieses Umdenken aktiviert im Lauf der Zeit andere Hirnstrukturen. Diesen Vorgang bezeichnet man in der Fachsprache als kognitive Umstrukturierung. Mit ein wenig Zeit und Übung lernt ein Mensch, automatisch anders zu denken und zu handeln.

Während des ersten Akts sind die meisten Menschen zu jung, um anhand einer eingehenden Analyse zu ergründen, ob und wie sich ihr Charakter und ihre Persönlichkeit ändern sollten. Sie hatten noch nicht genug Zeit herauszufinden, welchen Einfluss sie auf andere Menschen ausüben und welche Verhaltensmuster sich im Umgang mit ihnen eingeschliffen haben. Vielleicht geschieht das im zweiten Akt. Wie der Dramatiker Nigel Howard einmal sagte: »Das Gute an der Entwicklung einer Theorie über unsere eigene Persönlichkeit besteht darin, dass es uns freisteht, sie zu ignorieren.«

4. KAPITEL

Zweiter Akt: Die Aufbau- und Zwischenphase

Die Gepflogenheit, die Grenzen zwischen Arbeit und Muße zu überschreiten, die Gewohnheit, Übergänge zu steuern, neue Rollen und Personae auszuprobieren, sollte vielleicht früher verankert werden, damit die Leute lernen und versiert darin werden, sich selbst neu zu erfinden.

SARA LAWRENCE-LIGHTFOOT

Nun bietet sich eine Gelegenheit, den Wunsch nach Kontrolle in unserem Leben gegen die Bereitschaft einzutauschen, uns voll auf das Leben einzulassen.

ZEN-PRIESTERIN JOAN HALIFAX

Aus meiner Sicht umfasst der zweite Akt die Zeit zwischen dem dreißigsten und sechzigsten Lebensjahr, und während dieser drei Jahrzehnte findet bei den meisten von uns eine Reihe tiefgreifender Veränderungen statt. Bei Frauen können sie besonders dramatisch sein.

Veränderungen

Vielleicht blicken Sie bei Ihrer Lebensbilanz auf diese Phase zurück oder haben sie, wenn Sie jung sind, noch vor sich. Wie auch immer, sie schließt in der Regel nachhaltige Veränderungen ein; wenn Sie beispielweise Kinder bekommen und wieder loslassen müssen, sobald sie flügge sind; wenn Sie sich plötzlich dem Leere-Nest-Syndrom gegenübersehen (eine wunderbare Zeit für ein Paar, an die sich viele aber nur schwer anpassen);

Mit meiner Tochter Vanessa, 1969.

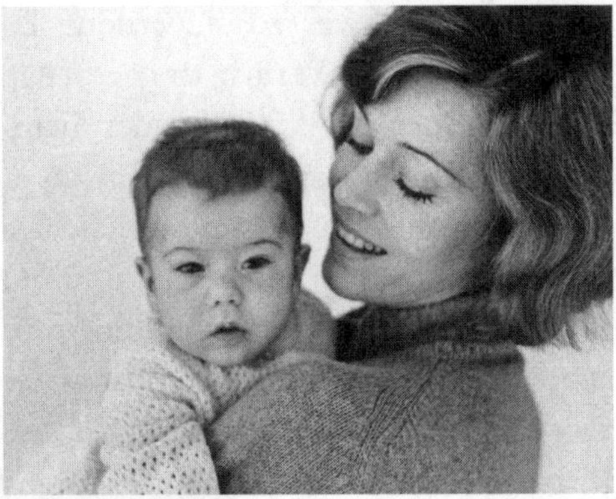

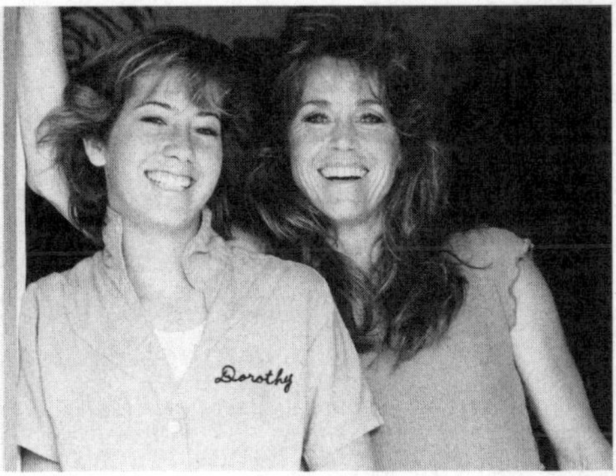

Ebenfalls mit Vanessa, einige Jahre später, 1985.

wenn Sie am Arbeitsplatz Macht und Einfluss gewinnen und später wieder einbüßen oder Ihren Job ganz verlieren; und nicht zu vergessen die hormonalen Schwankungen, die den Beginn der Wechseljahre kennzeichnen und uns um den Verstand bringen können. Zumindest hatte ich das Gefühl!

Da viele Frauen die Mutterschaft im Zuge ihrer beruflichen Laufbahn auf einen späteren Zeitpunkt verschieben – die Anzahl der Geburten bei Frauen zwischen dem vierzigsten und vierundvierzigsten Lebensjahr hat sich zwischen 1990 und 1999 um 71 Prozent erhöht –, werden sie mit den Veränderungen der Menopause konfrontiert, während sie versuchen, die hormonalen Turbulenzen ihrer Teenager in den Griff zu bekommen. Diese schwer zu steuernden Ereignisse können gleichzeitig mit einem Verlust des Arbeitsplatzes einhergehen, aus Altersgründen, weil wir aus der Sicht des Unternehmens zum alten Eisen gehören und als Bürde empfunden werden! Und obendrein müssen wir uns vielleicht auch noch um hinfällige Eltern und Schwiegereltern kümmern. All diese Lebensumstände können uns in Verbindung mit Veränderungen im Aussehen, Gewicht und Selbstbild das Gefühl vermitteln, dass es von nun an bergab geht. So erging es mir zumindest in dieser Phase. Aber ich wurde eines Besseren belehrt, denn die besten Jahre stehen uns oft noch bevor.

Wir sollten versuchen, diese Zeit genauso zu werten wie die Frauenärztin und Geburtshelferin Dr. Christiane Northrup, die darin den Frühling der zweiten Lebenshälfte sah. Warum diese Formulierung zutreffend sein kann, erfahren Sie an späterer Stelle.

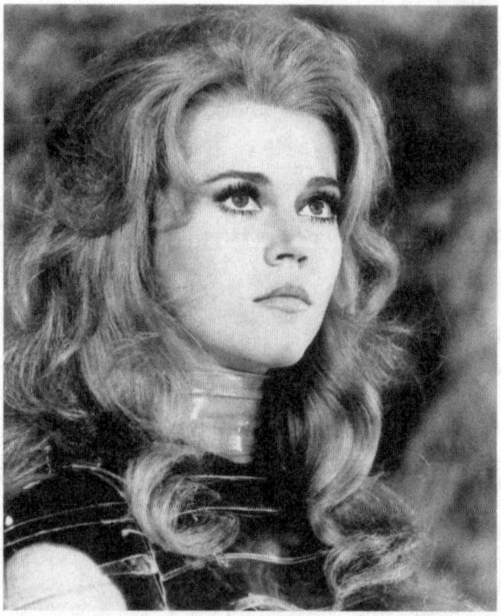

In meinem Buch *Meine Erfahrungen mit der Lebensmitte. Die selbstbewusste attraktive Frau* habe ich den zweiten Akt als Suche bezeichnet, weil mir rückblickend klar wurde, dass die Suche nach dem Sinn des Lebens das prägnanteste Merkmal dieses Lebensabschnitts war. Den ersten Akt beendete ich mit der Rolle der Barbarella! Zu Beginn des zweiten Akts – mit der Geburt meines ersten Kindes – stieg ich aus meiner Ehe aus, die acht Jahre gehalten hatte, änderte meine Lebensweise von Grund auf und stellte mir Fragen wie: Wozu bin ich auf der Welt? Wie ist das Leben anderer Menschen beschaffen? Kann ich einen nützlichen Beitrag leisten?

Für die meisten Menschen stellt der zweite Akt die Phase des Aufbaus dar, in der wir damit beschäftigt sind, eine Familie zu gründen, uns im Beruf zu profilieren, uns einen Platz in der Gesellschaft zu schaffen und unser Ego zu entwickeln. Infolgedessen müssen wir in diesem Lebensabschnitt zahlreiche Herausforderungen bewältigen, die uns verletzlich machen: Erhalte ich die Anerkennung, die mir gebührt? Entspricht die finanzielle Vergütung meinen beruflichen Leistungen? Warum war dieser Geschäftsplan erfolgreich und mein eigener ein Flop? Warum liebt mich niemand? Und dergleichen mehr.

Wie zuvor erwähnt, schreibt Dr. George Vaillant, dass die Kindheit zu Beginn der mittleren Lebensjahre nach wie vor erheblich ins Gewicht fällt, aber eine »unglückliche Kindheit mit der Zeit an Bedeutung verliert«.[20] Diejenigen von uns, deren frühe Lebensjahre problematisch waren, hatten es zu Beginn des zweiten Akts vielleicht schwerer. Man erwartet von uns, dass wir uns zu eigenständigen Persönlichkeiten entwickeln, doch in Ermangelung einer tragfähigen Basis, auf der wir aufbauen können, finden wir keinen festen Halt und greifen noch immer – unwillkürlich – auf unreife Problemlösungsmechanismen zurück, beispielsweise unreflektiertes Handeln, Projektionen (die eigenen Gedanken und Gefühle auf andere übertragen) oder passiv-aggressives Verhalten.

Doch einige Langzeitstudien, die in den letzten vierzig Jahren durchgeführt wurden, belegen, dass solche unreifen Problemlösungsmechanismen mit zunehmendem Alter reifen und zu Altruismus und Sublimierung führen können, doch im zweiten Akt machen sie uns oft das Leben schwer.

Diejenigen, die den dritten Akt souverän bewältigen, scheinen ihr Ego bereits in jüngeren Jahren gut im Griff gehabt zu haben. Ihnen war vermutlich bewusst, über welche Charaktereigenschaften sie verfügen und wie und warum andere in einer bestimmten Weise darauf reagieren; falls diese Reaktionen problematisch waren, haben sie sich gefragt, ob vielleicht ihre eigene Verhaltens- oder Denkweise die Ursache des Konflikts gewesen sein könnte. Oft geben Menschen mit unreifen Problemlösungsstrategien allen anderen die Schuld, wenn etwas schiefläuft. Sie haben die Einstellung: »Die Welt ist schlecht«. Das gilt vor allem für Suchtkranke. Wenn immer wieder das gleiche Problem auftaucht, sollte man in Betracht ziehen, sich professionelle Hilfe zu beschaffen, zum Beispiel im Rahmen einer Individualtherapie, einer Gruppentherapie oder mit dem Zwölf-Schritte-Programm der Anonymen Alkoholiker.

Zur Zeit unserer Eltern war es üblich, nach dem Abschluss der Schule direkt ins Erwerbsleben einzusteigen oder, wie bei vielen Frauen, die unbezahlte und anstrengende Rolle der Hausfrau und Mutter zu übernehmen. Heute sind wesentlich mehr – vielleicht sogar die meisten – Frauen berufstätig und Männer und Frauen wechseln häufiger den Arbeitsplatz, oft nicht nur einmal, sondern mehrmals während des zweiten Akts. Beruf, Heirat, Scheidung und Rückkehr ins Arbeitsleben sind heute beinahe an der Tagesordnung. Daher könnte man den zweiten Akt auch als Phase der Fluktuation bezeichnen.

Finanzen

Der zweite Akt ist ein optimaler Zeitpunkt, um Ihre finanzielle Situation sorgfältig und ungeschönt unter die Lupe zu nehmen. Ihre künftige finanzielle Sicherheit könnte davon abhängen, dass Sie jetzt einen Sparplan ausarbeiten und umsetzen. Die Lebensmitte bietet außerdem die ideale Gelegenheit, endlich gesund zu leben, falls Sie es nicht längst getan haben, um Ihr Potenzial im dritten Akt zu maximieren.

Die Herausforderung des Zwischenstadiums

In der Mitte und gegen Ende des zweiten Akts, vor allem zwischen Mitte vierzig und Mitte fünfzig, haben viele Frauen das Gefühl, die Kontrolle über ihr Leben zu verlieren und nichts zu haben, woran sie sich festhalten können. Mir erging es jedenfalls so. Ich betrachte diese Situation als Herausforderung, die das Zwischenstadium mit sich bringt und Angst machen kann. Wie die US-amerikanische Schriftstellerin Marilyn Ferguson schrieb: »Es liegt weniger daran, dass wir Veränderungen fürchten oder an alten, liebgewonnenen Gewohnheiten hängen, sondern dass wir Angst vor dem Raum haben, der dazwischen liegt. Wir fühlen uns wie Luftakrobaten während des Sprungs von einem Trapez zum anderen. Oder wie Linus, wenn sich seine Schmusedecke im Trockner befindet. Wir haben nichts, woran wir uns festhalten können.« Wie wir mit der Zeit während des Sprungs von einem Trapez zum anderen umgehen, kann darüber entscheiden, mit welchem Schwung wir den Rest unseres Lebens angehen.

Ich hatte Angst zu verschwinden

Mit Ende vierzig erschien mir das Leben freudlos. Wenn ich Fotos von mir aus jener Zeit betrachte, sehe ich, dass mein Gesicht ausdrucklos wirkt. Ich schaue mir Filme aus dieser Zeit an, in denen ich mitgespielt habe, zum Beispiel *Old Gringo* und *Stanley & Iris*, die vielsagend sind. Ich fühlte mich leer, funktionierte rein mechanisch – bisweilen recht gut, aber nicht mit dem Herzen bei der Sache. Das waren die letzten Filme, die ich für lange Zeit machte. Danach stieg ich aus dem Filmgeschäft aus. Fünfzehn Jahre später kehrte ich zurück, doch damals war ich überzeugt, ich hätte dieses Kapitel ein für alle Mal abgeschlossen.

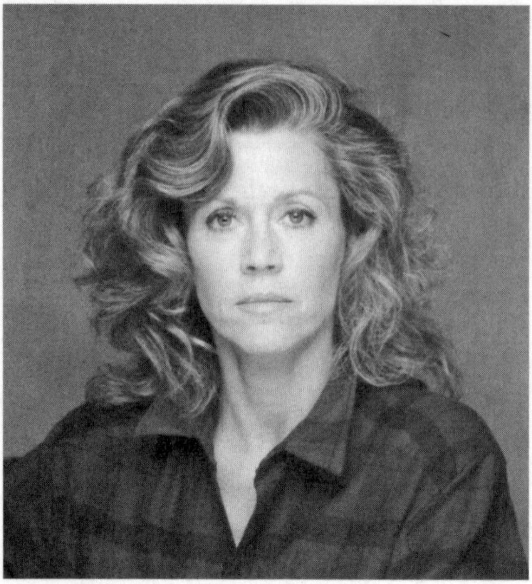

Das Foto stammt aus dem Jahr 1988, als meine Ehe mit Tom in die Brüche zu gehen drohte.

Ich fühlte mich so leer und niedergeschlagen, dass ich selbst den Versuch, kreativ zu sein, als zu schmerzlich empfand. Das einzige Werkzeug, das Schauspieler einsetzen können, um eine Figur zum Leben zu erwecken, sind Körper und Geist; ist der Zugriff darauf blockiert, gibt es keine Ausweichmöglichkeiten – weder Geige noch Leinwand oder Papier und Stift. Das heißt nicht, dass viele Schauspieler ihre Arbeit an den Nagel hängen, wenn sie sich in einem persönlichen Tief befinden. Arbeit ist oft die einzige Fluchtmöglichkeit oder vielleicht ihre einzige Einkommensquelle. Ich hatte das Glück, dass mein Jane Fonda Workout-Unternehmen genug Geld einbrachte, um mich aus dem Filmgeschäft zurückzuziehen.

Ich blickte nach vorne, konnte aber keine Zukunft entdecken, die einladend winkte, aber ich musste irgendwie weitermachen. Ich hatte eine Familie, organisatorische Aufgaben und zahllose andere Verpflichtungen. Abgesehen davon verstand ich überhaupt nicht, was mit mir geschah. Was sollte ich den Leuten sagen, die abhängig von mir waren? »Ich habe keine

Ahnung warum, aber ich habe das Gefühl, nach und nach zu verschwinden, mich aufzulösen?« Sie hätten mich für verrückt gehalten, und in gewisser Hinsicht war ich das auch.

Ich war überzeugt, wenn die Wechseljahre die Ursache gewesen wären, hätte ich unter Hitzewallungen und nächtlichen Schweißausbrüchen leiden müssen; doch in Ermangelung dieser typischen Symptome lastete ich die Schuld für meine Traurigkeit, Verwirrung und Reizbarkeit meiner zweiten Ehe mit Tom Hayden an, die seit siebzehn Jahren andauerte und den Bach hinunterging.

Obwohl ich mit der Recherche und Arbeit an dem Buch *Women Coming of Age* beschäftigt war, kam mir nie der Gedanke, dass mein Gemütszustand zumindest teilweise eine Auswirkung der Perimenopause war; in dieser unterschiedlich langen Zeit vor dem Einsetzen der Wechseljahre ist der Hormonzyklus Schwankungen unterworfen und die Östrogen- und Oxytocin-Produktion im Gehirn lässt nach. Diese Substanzen unterstützen die Zellen, die für die Ausschüttung von Serotonin zuständig sind, einem Neurotransmitter oder Botenstoff, der als Stimmungsaufheller dient.

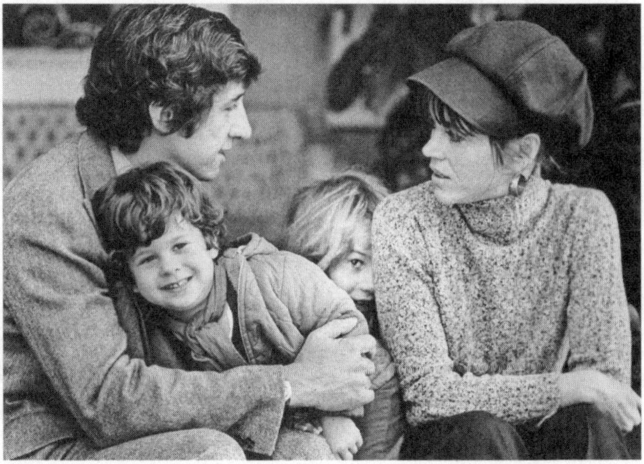

In den 1970er Jahren – Tom Hayden, unser Sohn Troy, Vanessa, die sich hinter mir versteckt, und ich.

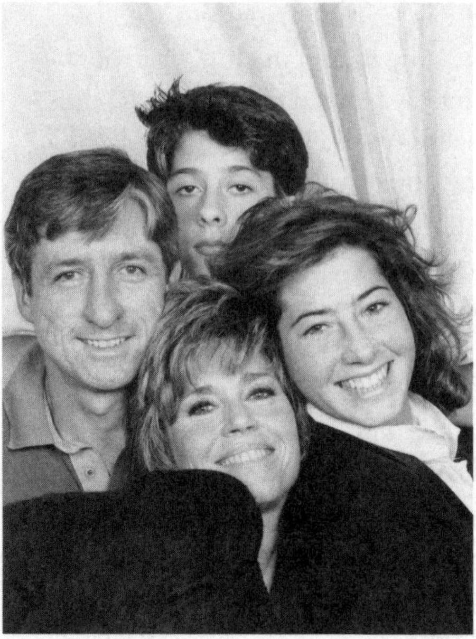

Eines der letzten Weihnachtsfeste, das Tom und ich gemeinsam verbrachten. Troy befindet sich hinter uns und Vanessa rechts im Bild.

Die Neuropsychiaterin Dr. Louann Brizendine von der University of California in San Francisco erklärte, dass Frauen in der Perimenopause vierzehn Mal anfälliger für Depressionen sind als jüngere und ältere Frauen. Natürlich meistern viele Frauen diese hormonalen Turbulenzen ohne nennenswerte Schwierigkeiten. Doch laut der National Survey of Midlife Development, einer landesweiten Umfrage zum Thema Lebensmitte in den USA, haben mehr als zwei Drittel der Frauen zwischen dem fünfunddreißigsten und neunundvierzigsten Lebensjahr das Gefühl, dass es mit ihnen bergab geht. Sobald sich der Hormonhaushalt nach dem Ende des Klimakteriums stabilisiert (was im Durchschnitt zwischen dem 51sten und 52sten Lebensjahr geschieht), geht es für sehr viele Frauen überraschenderweise wieder steil bergauf.

Hormonelle Veränderungen

Mit dem Näherrücken und Eintritt des Klimakteriums kommt noch ein weiterer Faktor ins Spiel, der eine vielschichtige Wirkung auf unsere zwischenmenschlichen Beziehungen ausüben kann: Die Östrogen- und Oxytocin-Produktion geht zurück, und zwar in noch stärkerem Maß als der stärker männliche, zielorientierte Testosteronspiegel. Diese beiden Wohlfühl-Hormone haben uns angespornt, fürsorglich zu sein, nach Harmonie zu streben, Konflikte zu vermeiden. Nun stellen wir vielleicht fest, dass wir nicht bereit sind, den Frieden um jeden Preis zu bewahren, und wir unsere oftmals unterdrückte Wut offener zum Ausdruck bringen. Die alte »Lass nur, ich mach das schon, Schatz«-Litanei weicht zunehmend Verlautbarungen wie »Ich bin dann mal weg, im Yoga-Kurs, bis später!« oder »Die Sachen können aus der Reinigung abgeholt werden.«

Im Gegensatz zur landläufigen Meinung werden 65 Prozent der Scheidungen nach dem fünfzigsten Lebensjahr nicht etwa von Männern eingereicht, die ihre Frau wegen eines jüngeren Modells verlassen, sondern von den Ehefrauen. Viele beginnen sich zu fragen: »Habe ich mein Leben eigentlich nach meinen eigenen Vorstellungen gelebt oder ständig an den Wünschen und Bedürfnissen anderer ausgerichtet? Habe ich meine eigenen Entscheidungen getroffen oder waren sie fremdbestimmt?«

Wäre mir mit annähernd fünfzig bewusst gewesen, was sich hinter meinen Depressionen und Ängsten verbarg, hätte ich vielleicht die professionelle Hilfe eines Arztes in Anspruch genommen, der auf Hormontherapien spezialisiert ist. Für gesunde Frauen mit den typischen Perimenopause-Symptomen kann diese Behandlungsmethode, nach Rücksprache mit dem Arzt, ideal sein. (Weitere Informationen über Hormontherapien finden Sie im 14. Kapitel).

Zusammenbruch

Selbst mit pharmakologischer Unterstützung hätte meine zweite Ehe früher oder später ein Ende gefunden. Ich war einundfünfzig, als es zum Bruch kam, und befand mich als typischer Spätzünder immer noch in der Perimenopause. Das ganze Ausmaß der Traurigkeit und Verzweiflung, das sich in den vorhergehenden Jahren angesammelt hatte, brach auf einen Schlag über mich herein. Die harte Schale, die mir zeitlebens gute Dienste geleistet hatte, zersprang in tausend Scherben und ich erlitt einen Nervenzusammenbruch. Ich verlor meinen Appetit, konnte nur noch flüstern und mich kaum noch bewegen. Ich befand mich im freien Fall. Alles, worauf ich meine Selbstdefinition aufgebaut hatte – Ehe, Karriere – war wie ein Kartenhaus zusammengestürzt und ich hatte keinen blassen Schimmer, wer ich wirklich war oder was ich mit meinem Leben anfangen sollte.

Man riet mir ständig, mich irgendwie zu beschäftigen, was für mich ohnehin die übliche Art war, mit ungewissen Situationen umzugehen. »Wenn ich einfach weitermache wie bisher, merkt vielleicht niemand, ich selbst eingeschlossen, dass ich mich in einer Sackgasse befinde«, dachte ich. Doch wie die amerikanische Autorin Suzanne Braun Levine, die weitläufig über Frauenthemen schreibt, einmal sagte: »Das Heilmittel bei einem Stillstand ist still stehen.«[21] Ich spürte, dass die Zeit kein leerer Raum war, den es zu füllen galt. Sie forderte mich auf, sie mit allen Sinnen wahrzunehmen, achtsam und im gegenwärtigen Augenblick präsent zu sein.

Die meisten Tage verbrachte ich allein, nur in Gesellschaft meines Golden Retriever, und las Bücher wie *Kelch & Schwert* von Riane Eisler über das weibliche und männliche Prinzip in der Geschichte oder *Der wunderbare Weg*, in dem der Autor, der Psychiater M. Scott Peck, über die Dinge schreibt, die ein erfülltes Leben ausmachen. Ich wusste, dass ich angeschlagen und verletzlich war, deshalb hielt ich den Ball flach und mied Filme, die mich nicht aufmunterten, Menschen, die nicht liebevoll und positiv waren, und Musik, die nicht Balsam für meine Seele darstellte. Mein Überlebensinstinkt motivierte mich, mein

Fitnesstraining ziemlich regelmäßig fortzusetzen, um den Endorphinspiegel zu heben und mich daran zu erinnern, dass das Leben weiterging – nach dem Motto: Ich leide, also bin ich.

Die fruchtbare Leere

Nach einer Weile spürte ich, dass sich sowohl in meinem Innern als auch in meiner Umgebung etwas veränderte. Ähnlich ergeht es Schauspielern, wenn sich die Zeit nähert, in der sie sich mit einer neuen Rolle auseinandersetzen müssen. Sie beginnen, sich in den Charakter hineinzuversetzen, der sich nach und nach herauskristallisiert, aber noch keine endgültige Form angenommen hat. Dieses Stadium des Übergangs von dem Menschen, der sie sind, zu dem Menschen, in den sie sich laut Drehbuch verwandeln, kann von Verletzlichkeit, aber auch von kreativer Unruhe geprägt sein, begleitet von Veränderungsprozessen, die Einfühlungsvermögen und Aufmerksamkeit verlangen.

Viele kluge Leute haben versucht, der Bedeutung dieser Übergänge für unser Leben auf den Grund zu gehen. Der Organisationsberater William Bridges sah darin eine neutrale Zone. Der Philosoph Viktor Frankl bezeichnete sie als existenzielles Vakuum. Autorin Donna Henes spricht von Schattendasein. Ich ziehe Braun Levines Metapher fruchtbare Leere vor, den sie als Raum der unermüdlichen Unwissenheit definiert.[22] Der Ausdruck fruchtbar deutet auf das Wachstumspotenzial hin, und Leere ist in meinen Augen inhaltsloser und neutraler als Zone oder Vakuum. In dieser fruchtbaren Leere können erste zarte Triebe sprießen – wenn man sich mit allen Sinnen auf sie einlässt, statt sich mit blindem Aktivismus zu betäuben.

Das Wachstumspotenzial, das die fruchtbare Leere bietet, hat bekanntermaßen Parallelen in der Natur. Einige Jahre nach meiner schmerzlichen Metamorphose in der Lebensmitte erzählte mir ein Ökologe aus dem Süden Georgias, dass in den geografischen Breiten, in denen ein Ökosystem endet und ein neues beginnt, die Artenvielfalt besonders groß und spannend ist. Und in der Quantenphysik heißt es: »Je näher ein System an den Rand des Chaos zu rücken vermag, desto größer die Kreativität und der Optionsraum.« Genau das ist die fruchtbare Leere – ein Optionsraum, in dem sich zahlreiche Möglichkeiten offenbaren, wenn man bereit ist, still zu werden und sich mit dem Fluss des Lebens treiben zu lassen.

Vielleicht sind die Grundfesten Ihres Lebens ohne eigenes Verschulden ins Wanken geraten und Sie müssen völlig neu überlegen, wie Sie Ihr Leben von nun an gestalten wollen. Sie müssen Ihre Ansprüche möglicherweise zurückschrauben oder noch einmal ganz von vorne anfangen. Vielleicht gab es auch keine lebensverändernde Krise wie Scheidung oder Tod, sondern Brüche, die ähnlich einschneidend sein können: Ihre Kinder verlassen beispielsweise das Nest, oder aufgrund Ihres Alters droht ein erzwungener Ruhestand und der damit verbundene Verlust einer klaren, definierenden Struktur, auf die Sie sich verlassen haben, mit einer eingeschliffenen Arbeitsroutine und Leistungsbeurteilungen, die Berufstätigen einen konkreten Nachweis ihrer Produktivität liefern.

Neudefinition der Produktivität

Vielleicht sollten wir den zweiten Akt nutzen, um den Begriff produktiv sein neu zu definieren. Was in der Jugend als produktiv galt, hält uns nun vielleicht davon ab, den Optionsraum zu betreten und ein neues, noch unbekanntes Potenzial zu erschließen. Die reproduktiven Jahre mögen vorüber sein, aber wer sagt, dass unsere Produktivität ebenfalls der Vergangenheit angehört? Goethe schrieb in seinem Roman *Die Wahlverwandtschaften*: »Wer in einem gewissen Alter Jungenwünsche und Hoffnungen realisieren will, betrügt sich immer, denn jedes Jahrzehnt des Menschen hat sein eigenes Glück, seine eigenen Hoffnungen und Aussichten.«

Ich glaube, dieser Prozess des Wandels tritt alle sieben Jahre ein. Der Film *Das Verflixte 7. Jahr* mag als Komödie angelegt sein, aber der Grundgedanke, auf dem sie beruht, wird von der Realität bestätigt. Alle sieben Jahre – plus/minus ein Jahr – erneuern sich unsere Zellen, und ungefähr um diese Zeit treten im Leben der meisten Menschen wichtige Veränderungen ein. Viele Kulturen haben im Lauf der Geschichte die Sieben als eine definierende Zahl anerkannt, die für den Wandel steht. Wenn sich die beiden Partner in einer Beziehung auf eine Weise weiterentwickeln, die nicht miteinander in Einklang steht, sind Probleme geradezu vorprogrammiert. Ich war mir dessen in jeder meiner Ehen bewusst, wenn sich das siebte oder achte Jahr näherte.

Doch die Zeit der fruchtbaren Leere kann mehr beinhalten als das Bemühen, Hoffnung zu schöpfen, neue Ziele ins Auge zu fassen oder sich Gedanken zu machen, wie es mit uns weitergehen soll. Dieser unbequeme Schwebezustand bietet uns »eine Gelegenheit, den Wunsch nach Kontrolle in unserem Leben gegen die Bereitschaft einzutauschen, uns voll auf das Leben einzulassen«, wie Zen-Priesterin Joan Halifax erklärte.[23] Diese Veränderung lässt sich nicht durch Willenskraft erzwingen.

Wir müssen den Mut aufbringen, das Leben so zu nehmen wie es ist, ohne den Druck, uns ehrgeizige Ziele setzen zu müssen; wir müssen lernen, die Bodenhaftung, die wir aus dem Lob für unsere bisherige Arbeit abgeleitet haben, nun aus uns selbst zu schöpfen. Wir fühlen uns vielleicht gebrochen, doch in Wahrheit sind verkrustete Strukturen aufgebrochen, die uns für Neues zugänglich machen. Für Frauen in der Lebensmitte ist die Leere fruchtbar, weil wir zu Geburtshelferinnen unseres neuen Selbst werden.

Die fruchtbare Leere kann eine optimale Zeit für eine Lebensbilanz sein – wenn man spürt, dass eine Veränderung stattfindet, und wenn die Eltern bzw. Großeltern noch leben und imstande sind, ihr Wissen beizusteuern. Eine solche Lebensbilanz kann dazu beitragen, einen Heilungsprozess in Gang zu setzen, die Probleme und Verletzungen aus der Kindheit zu verarbeiten. William Bridges, Unternehmensberater und Experte auf dem Gebiet des Wandels, schrieb: »Die Vergangenheit ist keine Landschaft oder Vase mit Blumen, die man vorfindet. Sie gleicht eher dem Rohmaterial, das einen Baumeister erwartet.«[24] Vielleicht errichten sie mit der Lebensbilanz eine Leiter, die aus der Leere hinausführt, genau wie ich ein Jahrzehnt später … als ich nicht mehr fünfzig, sondern sechzig war.

Übergangsritus zum dritten Akt

So schmerzlich dieses Zwischenstadium auch sein mag, es kann einen Übergangsritus zum dritten Akt des Lebens darstellen. Dann müssen wir nur noch dafür sorgen, dass wir körperlich und geistig in Form bleiben und die Segel setzen. Sind die Segel gehisst, gilt es, auf Wind zu warten, der irgendwann aufkommen und uns an unseren Bestimmungsort bringen wird, wo immer dieser auch sein mag.

Ich hatte die Segel noch nicht voll gehisst, als Captain America höchstselbst, sprich mein dritter Ehemann Ted Turner, ungestüm in meinen Hafen einlief. Alle, die ihn kannten, waren sicher, dass mir in seinem Kielwasser ein für alle Mal der Wind aus den Segeln genommen würde, aber er brauchte mich und hatte kein Problem damit, es zu zeigen, was mir Selbstver-

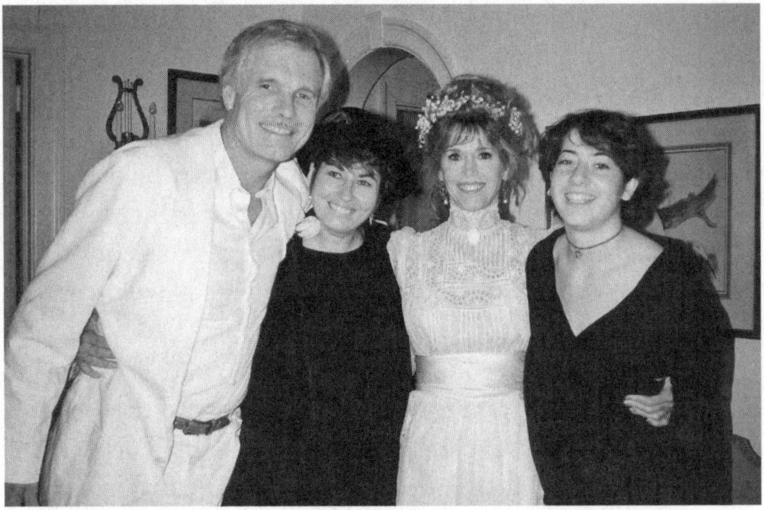

Ted, meine Stieftochter Nathalie Vadim, ich als Braut und Vanessa bei unserer Hochzeit, 1991.

trauen einflößte. Abgesehen davon war ich noch nicht bereit, das Leben im Alleingang zu bestreiten. Ich hatte den Wunsch und das Bedürfnis, wieder ein ganzer Mensch im Kontext einer Ehe zu sein, und wir schienen auf vielen Ebenen füreinander geschaffen zu sein. Ich wünschte mir so sehr, dass die Beziehung zu ihm klappte, dass ich zum ersten Mal in meinem Leben beschloss, eine Therapie zu machen.

Wir trennten uns zehn Jahre nach unserer Hochzeit, als ich zweiundsechzig war. Ich hatte acht Jahre gebraucht, um widerstrebend zu erkennen, dass ich im eingegrenzten Raum dieser Ehe nicht gesund und authentisch bleiben konnte, und zwei weitere Jahre, um den Mut aufzubringen, es offen einzugestehen. Seltsamerweise waren es die Vorbereitungen für die Feier anlässlich meines sechzigsten Geburtstags und das Selbstvertrauen, das mit der Organisation einherging, die mir klarmachten, in welchem Ausmaß ich die Bedingungen unserer Ehe neu verhandeln musste.

Die beiden Jahre nach dem sechzigsten Geburtstag waren schwierig und ich merkte, dass ich in Apathie zu versinken drohte. Im Gegensatz zu dem Gefühl des Unwohlseins, das sich ein Jahrzehnt zuvor in meiner zweiten Ehe eingeschlichen hatte, lag es nicht an den Hormonen, sondern hing mit der Erkenntnis zusammen, dass die Lebenszeit des Menschen begrenzt ist. Beim Eintritt in den dritten Akt sah ich, dass der Weg nach vorne kürzer wurde. Ich musste Nägel mit Köpfen machen.

Ich befand mich in einer prekären Situation. Ich hatte meine Karriere vor zehn Jahren beendet und wusste, dass es mit zweiundsechzig Jahren angesichts Hollywoods Vorliebe für Frischfleisch unwahrscheinlich war, sie wieder aufzunehmen – abgesehen davon, dass diese Option mich nicht besonders interessierte. Aber wie sollte es jetzt mit mir weitergehen? Ich war den größten Teil meines Erwachsenenlebens verheiratet gewesen – mehr als einmal – und hatte meine Identität von Männern hergeleitet. Der Gedanke, alleine durchs Leben zu gehen, hatte mich stets mit Angst und Schrecken erfüllt.

Ich erinnere mich noch genau an den Augenblick, als mir klar wurde, dass die Ehe mit Ted trotz aller Bemühungen nicht funktionieren würde. Ich wusste, dass ich wählen musste: Ich konnte mich für ein sicheres oder für ein authentisches Leben entscheiden. Ich dachte an Virginia Woolfe, die über den Engel in ihrem Haus schrieb, den viktorianischen Engel, der über ihr schwebte, als sie Texte verfasste, die künftige Feministinnen inspirierten, und ihr ins Ohr flüsterte: »Virginia, schäm dich, das ziemt sich nicht für eine anständige Frau!« Zu meiner Rechten hörte ich, wie mir ein Engel mit großer Sicherheit über die Schulter zuflüsterte: »Jetzt mach schon, Fonda, entspann dich! Du weißt doch, dass alle behaupten, du hättest keinen Sinn für Humor. Du bist immer viel zu ernst. Der Mann ist attraktiv, smart, man kann sich prächtig mit ihm amüsieren, er besitzt fantastische Ländereien, du hättest ausgesorgt, und …«, während ein Engel zu meiner Linken flüsterte: »Jane, du weißt, was richtig ist. Jeder ist selbst für sein Leben verantwortlich. Du kannst beschließen, verheiratet und abgesichert zu bleiben, bis du stirbst, doch dann wirst du dein Potenzial nicht voll ausgeschöpft haben und es bedauern. Du hast dir viel Mühe gegeben, dich mental auf deinen sechzigsten Geburtstag vorzubereiten und weißt, wie du den letzten Akt gestalten solltest. Das ist das Leben, meine Süße, und keine Kostümprobe.« Es war, als müsste ich das Trapez loslassen und den Sprung ins Leere wagen, ohne Sicherheitsnetz, das mich auffing.

Als der Augenblick der Trennung gekommen war, nahm ich meinen Golden Retriever und zog zu meiner Tochter Vanessa, die ein Haus in einem damals relativ unbedeutenden Stadtviertel von Atlanta besaß. Ich fühlte mich dort rundum wohl. Wie ich in meinen Memoiren schrieb, tauschte ich dreiundzwanzig Landsitze von der Größe eines Königreichs und ein Privatflugzeug mit Schlafplätzen für sechs Passagiere gegen ein kleines Gästezimmer ohne eigene Toilette ein. Es war eine Zeit, die ich nicht missen möchte, beängstigend, aber wunderbar, weil ich das Gefühl hatte, zu meinen Wurzeln und in die Realität zurückzukehren, und genau das brauchte ich, um meinem wahren Selbst die Chance zu geben, aus der Versenkung aufzutauchen. Der Raum, in dem diese Geburt stattfand, war das Zuhause meiner erstgeborenen Tochter.

Es war eine bittersüße Zeit, eine Zeit des Anfangs und Endes. Vanessa hatte gerade ihr erstes Kind zur Welt gebracht und lebte zum ersten Mal in einem eigenen Haus, während ihr Vater, der französische Filmregisseur Roger Vadim, an Krebs erkrankt war und im Sterben lag. Als ich bei ihr einzog, hielt sie sich gerade bei ihm in Paris auf, sodass die Stille und Einsamkeit, die mich umgaben, abrupt und vollkommen waren. Ich genoss sie abermals in vollen Zügen, die fruchtbare Leere.

Obwohl ich dem Leben an Teds Seite noch nachtrauerte, spürte ich, dass etwas Neues begann. Ich hatte Angst vor der Zukunft, aber ich wusste, dass die Arbeit an mir selbst, die meine Ehe retten sollte, und meine Vorbereitungen auf den Beginn des dritten Akts Früchte getragen hatten. Sie hatten meine Ehe nicht retten können, aber mich. An der Geburt unseres wahren Selbst zu arbeiten, bevor wie sterben, ist definitiv ein lohnenswertes Unterfangen. In dieser Zeit las ich einen Satz, der in meinem Gedächtnis haften blieb: »Früher oder später gelangen wir an die Grenze all dessen, was wir nicht steuern können, und finden das Leben, das dort auf uns wartet.«

Die Psychologin Marion Woodman sagt, dass in der »Verletzlichkeit die Demut lebt, die dem Körper erlaubt, in den Klängen der Seele zu baden und weich zu werden.«[25] Ich bekam die Wahrheit dieser Worte während der schmerzlichen Wochen zu spüren, die ich alleine in Vanessas Haus verbrachte. Ein Raum begann sich zu öffnen, der mir den Zugang zu einer anderen Wellenlänge, einer anderen Dimension jenseits des Bewusstseins ermöglichte. Ich gelangte nicht durch Nachdenken dorthin. Wenn ich diesen Raum verorten müsste, würde ich ihn im Inneren meines Körpers ansiedeln. Ich spürte, wie ich zu meinem wahren Selbst zurückkehrte, ganz wurde, erwachte. Damals hatte ich das Gefühl, Teil der göttlichen Schöpfung zu sein.

Perfekt sein

Mein ganzes Leben lang war ich überzeugt, nur dann geliebt zu werden, wenn ich perfekt wäre. Da niemand vollkommen ist, hatte das einen sinnlosen Kampf zur Folge und mir zahlreiche Probleme beschert: Ich hatte beispielsweise Aspekte meines Selbst, die nicht gut genug waren, unterdrückt und Essstörungen entwickelt. Heute bin ich sicher, dass dieses langjährige krankhafte Bestreben, anderen zu gefallen, mich daran hinderte, ganz zu werden. Warum sollte ich mich bemühen, ich selbst zu sein, wenn mir dieses Selbst missfiel? In William Bridges Buch *The Way of Transition* las ich, dass die Worte Jesu an seine Jünger »Darum sollt ihr vollkommen sein, gleichwie Gott im Himmel vollkommen ist« (Matthäus 5.48) falsch übersetzt wurden, weil das griechische Adjektiv *teleios* in Wirklichkeit ganz, voll ausgeprägt, voll entwickelt bedeutet.[26] Jesus riet seinen Jüngern nicht, perfekt zu sein wie Gott, sondern nach der Ganzheitlichkeit Gottes zu streben.

Ich bin dankbar, dass dieses Gefühl der Ganzheitlichkeit in späteren Jahren eintrat, als ich es bewusst auszukosten vermochte. Seit sich die menschliche Lebenszeit verlängert hat, ist es von Vorteil, ein Spätzünder zu sein. Vielleicht sind die mentalen Kräfte bei einigen Menschen von Geburt an voll ausgeprägt, während andere in jungen Jahren zu spiritueller Vollkommenheit gelangen. Aber es ist ein Segen, wenn man diese Erfahrung in einem Alter macht, in dem man den Wandel wahrnimmt, für den man gearbeitet hat, und weiß, dass man sich auf dem richtigen Weg befindet. Zum ersten Mal in meinem Leben hatte ich keinen Mann an meiner Seite und fühlte mich trotzdem nicht als halber Mensch, der darauf wartet, von einem Partner ergänzt zu werden.

Ich machte gerade eine Veränderung durch, die Gail Sheehy in ihrem Buch *Sex und Frauen über 50* als Übergang von dem Bedürfnis, den Ansprüchen anderer zu genügen, zur Ausschöpfung der eigenen Fähigkeit bezeichnete.[27] Diese Zeit kann den Eintritt in den dritten Akt kennzeichnen und der gespiegelte Gegenpol zum Eintritt in die Phase der ersten wichtigen Veränderung sein, die Adoleszenz, die uns von der Ausschöpfung der eigenen Fähigkeiten zu dem Bedürfnis gebracht hat, den Ansprüchen anderer zu genügen. Sie macht, wie Gloria Steinem sagt, »aus einem selbstsicheren Kind, das auf Bäume klettert, einen Teenager, der an sich selbst zweifelt und der sich bei jedem Satz erst mal für sein Dasein entschuldigt«.

Früher wurden die meisten Frauen von anderen definiert – vom Ehemann, von Kindern, Eltern, Bezugspersonen am Arbeitsplatz. Nun ist die Zeit gekommen, in der wir anfangen können, uns selbst zu definieren. Ich wusste, dass ich dazu bereit war, ich hatte nur keine klare Vorstellung, welche Form diese Definition annehmen würde.

Da mir die Erfahrung der fruchtbaren Leere inzwischen vertraut war, wusste ich, was ich tun musste: nichts. Einige Monate lang rechte ich das Laub im Garten meiner Tochter zusammen und genoss die Gesellschaft von Freunden, die mich besuchten. Ich fand Zuflucht in einer Baptistenkirche für Schwarze (bis mir die Presse dorthin folgte), wo die seelenvollen Predigten und berührenden Gospelsongs meine Stimmung hoben. Gelegentlich besuchte ich Mitarbeiterbesprechungen der Organisation, die ich sieben Jahre zuvor gegründet hatte, die Georgia Campaign for Adolescent Pregnancy Prevention. Ich hörte klassische Musik und las Bücher der beiden Psychologinnen Carol Gilligan und Marion Woodman. Ich betete regelmäßig, versuchte es mit Meditationsübungen, achtete darauf, tief durchzuatmen und wartete auf den Wind, der mich zu neuen Ufern führen sollte, dieses Mal unter voller Besegelung.

Dieses Mal war es Oprah Winfrey, die in meinem Hafen anlegte. Sie kam, um mit mir ein Interview für die zweite Ausgabe ihres soeben erst eingeführten Magazins O zu machen. Meine Unterkunft war eindeutig nicht das, was sie erwartet hatte, als sie in einer Stretch-Limousine vorfuhr, die in dieser Umgebung völlig fehl am Platz wirkte. »Ach du meine Güte, hat Ted Ihnen keine schicke Eigentumswohnung gekauft?«, fragte sie verdutzt, als sie das bescheidene Wohnzimmer betrat. »Hätte er vermutlich, wenn ich ihn darum gebeten hätte«,

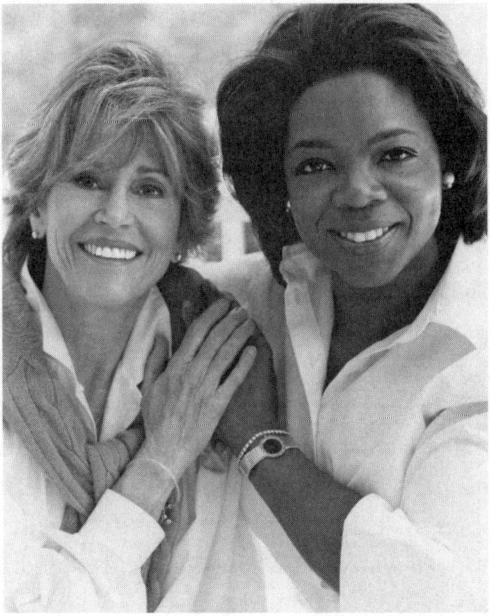

Mit Oprah während des Interviews im Haus meiner Tochter in Atlanta, kurz nach der Trennung von Ted Turner.

erwiderte ich. »Hab ich aber nicht. Mir gefällt es hier. Ich fange noch einmal ganz von vorne an.«

In dem Interview gestand ich Oprah, dass ich mich auf meinen dritten Akt vorbereitete und wie es mir damit erging; als ich die Situation in Worte kleidete, sah ich ganz klar das geschlechtsspezifische Thema vor mir, das sich wie ein roter Faden durch mein Leben zog: Das Bedürfnis, zu gefallen, mich selbst aufzugeben, um geliebt zu werden, das Gefühl, nie gut genug zu sein, die Schwierigkeiten mit dem Wörtchen nein. Als ich in den nachfolgenden Tagen darüber nachdachte, fiel es mir wie Schuppen von den Augen, wie kristallklar ich denken konnte. Mir kamen viele neue Ideen, aber nicht weil ich krampfhaft danach suchte; sie flogen mir einfach zu.

Gute Ideen hatte ich meistens dann, wenn ich am wenigsten damit rechnete. Wenn meine Gedanken ziellos umherwanderten, ohne nach links und rechts oder zurück zu blicken, trafen sie mich wie der Blitz aus heiterem Himmel, verliehen meinem Leben neue Farbe. Und eine dieser guten Ideen bestand darin, das Buch *Meine Erfahrungen mit der Lebensmitte* zu schreiben. Sie kam mir plötzlich. Einfach so. Genau das war es, was ich wollte und wie ich meine nächsten Jahrzehnte ergründen würde.

Mein Leben war alles andere als repräsentativ, doch ich war sicher, dass einige Themen auch für andere Frauen relevant waren und Resonanz finden würden, dass sie Orientierungshilfen darstellen konnten, wenn es mir gelang, einen Blick hinter die Fassade zu werfen, mit Tiefgang zu schreiben. Dieses Buch war für mich und für sie – es sollte eine tiefer reichende, umfassendere Lebensbilanz enthalten als diejenige, die ich anlässlich meines sechzigsten Geburtstags erstellt hatte. Eine Bilanz, die mir zu innerem Wachstum verhelfen sollte, zum Hineinwachsen in den dritten Akt.

5. KAPITEL

Die elf Komponenten eines gelungenen Alterungsprozesses

> **Ob wir im Alter kraftvoll bleiben, hängt weniger von den Sternen oder Genen, sondern vielmehr von uns selbst ab.**
>
> GEORGE VAILLANT[28]

Woody Allen sagte einmal: »Ich will nicht durch meine Arbeit unsterblich werden. Ich will unsterblich werden, indem ich nicht sterbe.« Tut mir leid, Woody. Es sieht nicht so aus, als ob die Wissenschaft jemals imstande wäre, an dieser Realität im Leben des Menschen etwas zu ändern. (In Anhang I erfahren Sie etwas über verschiedene Forschungsprojekte auf diesem Gebiet.) Was erforderlich ist, wenn es um das Thema physischer Alterungsprozess geht, ist eine Einstellungsänderung, bei der sich der Fokus von der Lebensspanne oder Lebenserwartung auf die Gesundheitsspanne oder Gesundheitserwartung verlagert … um in einer besseren Verfassung an das Ende unseres Lebens zu gelangen, da wir das Ende selbst nicht beeinflussen können.

An früherer Stelle habe ich das alte Paradigma des physischen Alterungsprozesses als Bogen beschrieben. Nun gibt es eine neue Metapher, die sich weniger auf den Verfall konzentriert. Die sollten wir anstreben. Sie vergleicht das Leben mit einem Rechteck – mit der oberen Hälfte eines Rechtecks, genauer gesagt. Wir werden geboren; dann verläuft unser Leben eine lange Zeit gesund und in relativem Gleichmaß. Kein steiler Anstieg, auf den ein langsamer, allmählicher Niedergang folgt. Was bleibt, ist ein jäher, tiefer Fall am Ende des Lebens, bevor wir gehen.

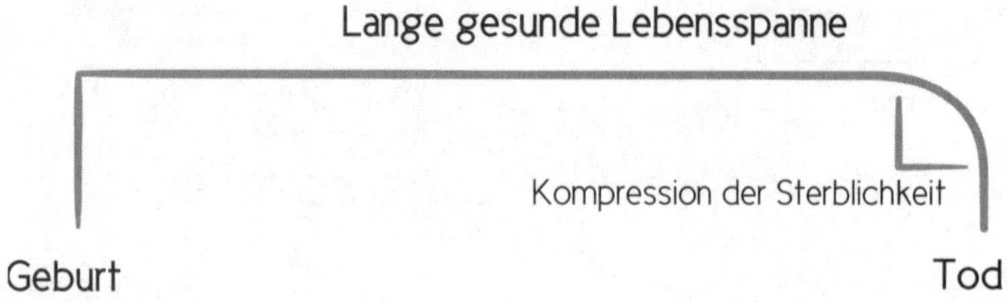

Diese Rechteck-Metapher für den physischen Alterungsprozess ist das neue Ziel.

Dr. Tom Kirkwood nennt diesen plötzlichen steilen Abstieg die Kompression der Sterblichkeit. Wir möchten die schlimmen Dinge, die uns am Ende des Lebens widerfahren, in eine möglichst kurze Zeitspanne pressen, während wir die Lebensspanne unangetastet lassen«, sagt Kirkwood, Professor der Medizin und Leiter der Abteilung Gerontologie an der University of Newcastle.[29]

Die elf Elemente

Es gibt elf Elemente, die dazu beitragen, gut zu altern – auf der physischen, emotionalen und psychologischen Ebene. Es liegt in unserer Macht, sie in unser Leben zu integrieren. Nachfolgend finden Sie eine Reihe wichtiger Studien und Bücher, vor allem die MacArthur Foundation Study über einen gelungenen Alterungsprozess, die Harvard Study of Adult Development und die Schriften von Dr. Robert Butler, dem verstorbenen Präsidenten und CEO des International Longevity Center in New York. Einige der Ideen stammen von den Experten, mit denen ich gesprochen habe; sie werden in den folgenden Kapiteln beschrieben und durch Fallbeispiele aus dem Leben meiner Freunde und aus meinem eigenen Leben veranschaulicht.

1. Auf Alkohol verzichten

Der weitgehende Verzicht auf Alkohol wird von einigen Gerontologen als wichtigster einzelner Indikator für einen gelungenen Alterungsprozess betrachtet. In seinem Buch *Aging Well* definiert Dr. George Vaillant den Alkoholmissbrauch (statt Alkoholkonsum) als Indiz für verschiedene alkoholbezogene Probleme (zum Beispiel mit Partnern, Familie, Arbeitgeber, mit dem Gesetz oder mit der Gesundheit).«[30] Er erklärt außerdem, dass »Alkoholmissbrauch keine Folge, sondern eine Ursache von erhöhtem Lebensstress und Depressionen« ist.

2. Nicht rauchen

Nie geraucht oder in relativ jungen Jahren damit aufgehört zu haben ist ein weiterer Indikator für ein gesundes Altern. In der Harvard Study of Adult Development heißt es: »Wenn ein Mann mit 45 Jahren zu rauchen aufgehört hat, lassen sich die Auswirkungen des Nikotins (zwanzig Jahre lang jeden Tag mehr als ein Päckchen Zigaretten) mit 70 oder 80 Jahren nicht mehr feststellen.«[31]

So wichtig diese beiden Punkte auch sein mögen, ich gehe nicht näher darauf ein, weil sie sich von selbst verstehen.

3. Für ausreichend Schlaf sorgen

Mein Vater pflegte zu sagen, dass man weniger Schlaf braucht, wenn man älter wird. Nun Dad, darauf warte ich noch immer! Im Durchschnitt schlafe ich jede Nacht acht bis neun Stunden und komme sehr schlecht mit weniger aus, ehrlich gestanden. Wenn ich genug Schlaf erhalten habe, macht mir Stress weniger zu schaffen. Vielleicht liegt es daran, dass Schlaf eines der besten Heilmittel gegen Stress ist.

Leider hatte mein Vater in anderer Hinsicht recht: Wenn man älter wird, wird der Schlaf zunehmend unruhiger. Viele alte Leute stellen fest, dass sie mehr Zeit im Bett verbringen, aber weniger schlafen. Der Tiefschlaf ist während der gesamten Lebensdauer wichtig und von zentraler Bedeutung, wenn wir älter werden und das Gewebe sich regenerieren müsste, Hormon- und Testosteronproduktion jedoch rückläufig sind. Schlaf ist unerlässlich für die Erneuerung des Körpergewebes, vor allem des Herzgewebes. Regelmäßige sportliche Aktivitäten stellen eine hervorragende Möglichkeit dar, die Tiefschlaffähigkeit zu verbessern.

Wenn Sie Schlafprobleme haben, sollten Sie nach dem Abendessen auf Kaffee oder koffeinhaltige Teesorten oder Softdrinks verzichten. Es wäre besser, den Kaffee ganz von der Liste zu streichen, bis auf eine Tasse am Morgen, wenn es nötig ist. Versuchen Sie, abends Produkte zu essen, die komplexe Kohlehydrate und natürliches Tryptophan [eine Aminosäure] enthalten – zum Beispiel Milch und Pute.

4. Physisch aktiv bleiben

Über diesen Punkt gäbe es viel zu sagen. Ein gesundes Gewicht, ein starkes Herz und starke Knochen durch regelmäßige physische Aktivitäten ist eine Hauptkomponente im Rezept für einen gelungenen Alterungsprozess. Und die gute Neuigkeit ist: Selbst wenn Sie erst nach dem sechzigsten Lebensjahr damit beginnen, sie in ihr Leben zu integrieren, können Sie viele Probleme beseitigen, die dem Mangel an Bewegung geschuldet sind, und sich wesentlich besser fühlen. Das sollte eine Anregung sein, aktiv zu bleiben. Im nächsten Kapitel und in Anhang II und III finden Sie Einzelheiten über die Möglichkeiten, sich sportlich zu betätigen.

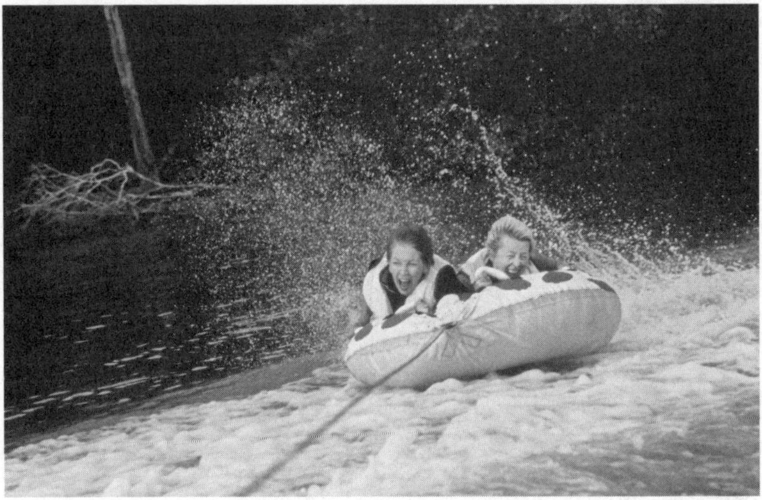

5. Auf eine gesunde Ernährung achten

Nie ist der Ausspruch »Du bist, was du isst« zutreffender als im dritten Akt. Wir sollten auf der individuellen Ebene und als Gesellschaft darauf achten, den Zucker- und Fettkonsum zu reduzieren und mehr Obst, Gemüse und komplexe Kohlenhydrate [als Energielieferanten] zu uns zu nehmen. Mehr darüber im 7. Kapitel.

6. Durch lebenslanges Lernen geistig fit bleiben

Es heißt, dass unser Gehirn fit bleibt, wenn wir uns regelmäßig mit Kreuzworträtseln und Sudokus beschäftigen. Mag sein, aber nur so lange, wie wir nicht an die Lösungsschemata gewöhnt sind. Zweifellos ist das Gehirn bei solchen Betätigungen aktiv. Ich benutze jedoch lieber den Begriff lernen statt mentale Aktivitäten, denn laut der aktuellen Ergebnisse der Hirnforschung setzt der Erhalt gesunder kognitiver Funktionen bis ins hohe Alter voraus, dass wir Aufgaben verrichten, die uns nicht vertraut sind, die Herausforderungen für den Ver-

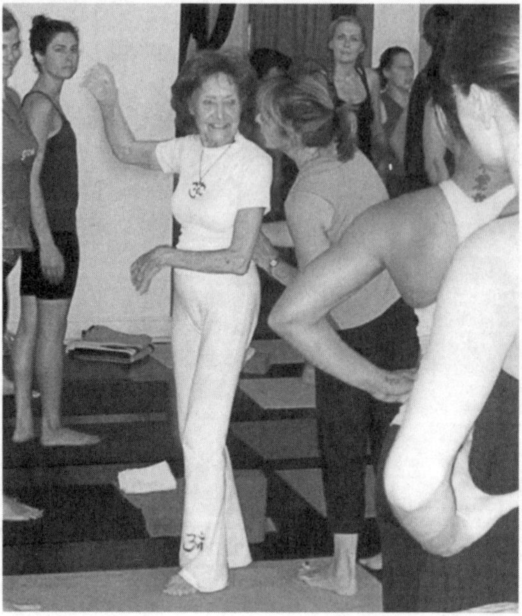

Im Strala Yoga Studio beim Yogaunterricht, geleitet von der 93jährigen Yogalehrerin Tara Stile.

stand darstellen und uns zwingen, Entscheidungen oder eine Wahl zu treffen. Dazu kommt, dass Lernprozesse über einen längeren Zeitraum stattfinden. Weitere Informationen zum Thema Gehirn finden Sie im 8. Kapitel.

7. Positivität: Eine positive Grundeinstellung fördern

Fast alle neunzigjährigen oder noch älteren Menschen, denen ich begegnet bin, haben eines gemein: Positivität. Wissenschaftler des Stanford Center on Longevity haben diesen Begriff übernommen, um ihre Beobachtungen auf einen Nenner zu bringen. Mit Positivität ist eine positive Grundstimmung, eine positive Einstellung zum Leben gemeint; sie drückt sich durch Humor, Dankbarkeit, Versöhnlichkeit, Lust an Spaß und Spiel, Kreativität und Anpassungsfähigkeit aus. Ich habe diese Eigenschaften erst im dritten Akt entwickelt, was zeigt, dass die Experten recht haben, wenn sie behaupten: Wir können diese positiven Attribute erwerben, auch wenn sie uns nicht angeboren sind! Das ist ein Aspekt des Alterungsprozesses, der mich besonders fasziniert, und deshalb befassen wir uns im neunten Kapitel eingehender mit der positiven Grundeinstellung.

8. Rückschau und Reflexion

Ich war ziemlich überrascht, als ich in den Büchern von Dr. Robert Butler entdeckte, dass viele Gerontologen und Psychiater älteren Patienten diese Rückschau und Rückbesinnung empfehlen. Im 2. Kapitel habe ich beschrieben, wie wichtig die Lebensbilanz für mich war; im 10. Kapitel erfahren Sie, wie Sie dabei vorgehen.

9. Liebevolle Beziehungen pflegen

Menschen sind darauf programmiert, Wechselbeziehungen zu anderen Menschen einzugehen. Freunde, liebevolle Partner und eine starke Unterstützung des sozialen Umfelds haben, wie seit langem bekannt, eine unmittelbare positive Wirkung auf die Gesundheit, die kognitiven Fähigkeiten und die Langlebigkeit. In Kapitel 11 bis 15 werden wir verschiedene Aspekte zwischenmenschlicher Beziehungen genauer unter die Lupe nehmen.

10. Generativität: Soziales Engagement

Dieser Begriff, der von dem Psychoanalytiker Erik H. Erikson im Rahmen des von ihm konzipierten Stufenmodells der psychosozialen Entwicklung geprägt wurde, bezieht sich auf die Verantwortung älterer Menschen für das Wohl nachfolgender

Generationen, die in persönlichem Engagement zum Ausdruck kommt – durch das Einbringen von Wissen, Erfahrung, Zeit, Ressourcen und Werthaltungen. Das kann bedeuten: ein Kind unter seine Fittiche zu nehmen, Nachhilfeunterricht zu erteilen, vorzulesen in der Schulklasse der Enkelkinder – und sich dabei gleichzeitig zu vergewissern, dass sie auch am Unterricht teilnehmen! – oder Mädchen und Jungen in der Gemeinde oder in Entwicklungs- und Schwellenländern mit Rat und Tat zu unterstützen. In *Aging Well* schreibt Dr. Vaillant: »Generativität verdreifacht die Chancen, dass das siebte Lebensjahrzehnt für Männer und Frauen, die sie praktizieren, als eine Zeit der Freude statt der Verzweiflung wahrgenommen wird.«[32] Dieses Thema steht im Mittelpunkt des 16. Kapitels.

11. Das Gesamtbild im Auge behalten

Wenn wir den Blick von uns selbst auf Dinge verlagern, die größer und wichtiger sind als wir selbst, fördern wir die ganzheitliche Entwicklung unserer Persönlichkeit und die Standfestigkeit, sodass wir durch die unvermeidlichen Verluste, die im späteren Leben auf uns zukommen, nicht aus der Bahn geworfen werden. Das bedeutet, den Fokus auf die Gemeinde, in der wir leben, auf unser Land oder die Erde generell zu richten. Dabei können wir auf dem Fundament unserer Erfahrungen, Talente, Interessen und … Verletzungen … aufbauen und einen Unterschied bewirken. Ein Firmenchef im Ruhestand leistet Starthilfe bei einem Mikrofinanzierungsprojekt in Kenia, eine pensionierte Lehrerin bringt Erwachsenen ehrenamtlich Lesen und Schreiben bei, eine frühere UPS-Mitarbeiterin bietet Fahrgemeinschaftsdienste für berufstätige Mütter an und ein Chemieingenieur berät Unternehmen in Sachen Umweltschutz, um nur einige Beispiele zu nennen. An späterer Stelle wird geschildert, wie sich dieses Konzept praktisch umsetzen lässt.

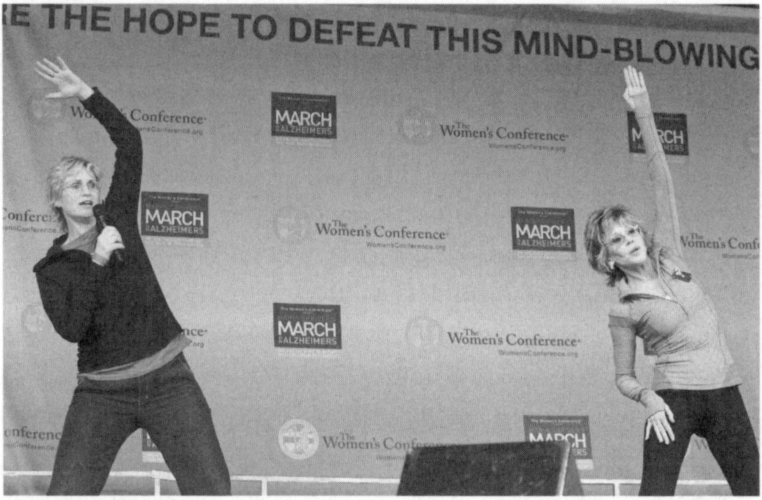

Jane Lynch von der US-Fernsehserie *Glee* und ich beim Aufwärmen vor Maria Shrivers Demonstrationszug, mit dem wir 2010 zum Kampf gegen Alzheimer antreten.

Die Elemente, die dafür sorgen, dass wir auch im Alter vital, zufrieden und auf Wachstumskurs bleiben, lassen sich bei den meisten von uns integrieren. Während des letzten Lebensdrittels, wenn aus den jungen Alten die alten Alten werden, können wir die einige der besten Jahre unseres Lebens genießen, und die gute Neuigkeit ist, dass es nie zu spät ist, damit anzufangen. Viele, wenn nicht sogar die meisten dieser Elemente hängen von Entscheidungen ab, die unseren Lebensstil und die Bereitschaft betreffen, ein sinnvolles, zielgerichtetes Leben zu führen statt uns planlos treiben zu lassen.

Lebensstil-Entscheidungen

Gene sind bis zu einem gewissen Grad für die Prädisposition, sprich die Anfälligkeit für bestimmte Erkrankungen wie Herzprobleme oder Arthritis verantwortlich, aber die richtige

Lebensführung und innere Einstellung kann dazu beitragen, Gesundheitsprobleme zu überwinden. Ich kenne etliche alte und hochbetagte Leute, die in ihren Funktionen eingeschränkt oder krank sind, sich aber nicht *krank fühlen*. Für sie haben Freude und Vitalität einen hohen Stellenwert, und sie sind nach meiner Auffassung ein Musterbeispiel für erfolgreiches Altern.

Einige der Entscheidungen, die wir in Bezug auf unsere Lebensführung und Grundeinstellung treffen, sollten am besten noch vor dem Eintritt in den dritten Akt erfolgen. Doch selbst wenn wir erst nach dem sechzigsten Lebensjahr den Beschluss fassen, alte gesundheitsabträgliche Gewohnheiten über Bord zu werfen, können wir einen großen Unterschied in der Qualität des Alterungsprozesses bewirken.

In den folgenden Kapiteln erfahren Sie, wie sich diese Elemente in den Alltag integrieren lassen.

ZWEITER TEIL

Körper, Geist und innere Einstellung

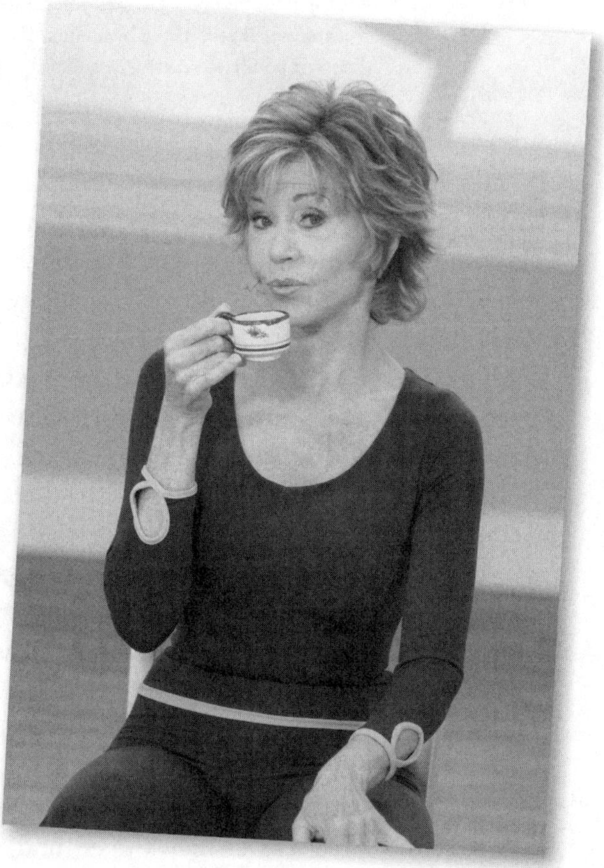

6. KAPITEL

Fit for Life

> **Es ist nicht etwa so, dass sich alte Menschen sportlich betätigen, weil sie gesund sind.**
> **Sie sind im Alter gesund, weil sie sich sportlich betätigen.**
>
> JANE BRODY, GESUNDHEITSKOLUMNISTIN
> DER *NEW YORK TIMES*

> **»Ich habe meiner Familie stets lautstark gepredigt: »Haltet euch fit! Haltet euch fit! Das Alter naht!« Irgendwann werden wir diese Stärke brauchen. Wer hätte jemals gedacht, dass wir so alt werden?«**
>
> CHER

Eines Tages, ich war damals neunundfünfzig Jahre alt, fuhr ich mit Ted Turner zu einer seiner Ranches in Patagonien, als wir um eine Kurve bogen und mein Blick auf den schönsten schneebedeckten Berg fiel, den ich jemals gesehen hatte, einen vollkommen symmetrischen erloschenen Vulkan namens Mount Lanin [an der Grenze zwischen Argentinien und Chile], 3700 Meter hoch, der aus der flachen Grassteppe aufragt. In dem Augenblick gelobte ich mir, dass ich diesen Berg besteigen würde, als Geschenk an mich selbst zu meinem sechzigsten Geburtstag.

Mein Stiefsohn Beau Turner erbot sich, mich zu begleiten, gemeinsam mit zwei Bergführern. Ich trainierte mehrere Monate, legte mir die erforderliche Ausrüstung zu, um den Gletscher zu erklimmen, der sich über die letzten sechshundert Meter vor dem Gipfel erstreckte, und los gings. Während eines Schneesturms biwakierten wir eine Nacht im Zelt in rund 3000 Metern Höhe und standen vor dem Morgengrauen auf, um den Rest des Aufstiegs zu bewältigen und vor Einbruch der

Nacht wieder unten zu sein. Ich war total überdreht, als wir in der Dunkelheit losmarschierten. Mein Herz klopfte zum Zerspringen, als wir in dieser Höhe durch den hüfthohen Schnee stapften, und es war ein unbeschreibliches Gefühl, den anderen immer ein paar Schritt voraus zu sein. »Nicht so schnell, Jane, sonst schwitzt du!«, rief mir einer der Bergführer zu, aber ich wollte (vor allem mir selbst) beweisen, dass eine sechzigjährige Frau noch lange nicht zum alten Eisen gehört. Das war ziemlich töricht von mir. Dreihundert Meter vor dem Gipfel musste ich umkehren. Der Bergführer hatte mich zu Recht gewarnt: Die verschwitzte, feuchte Innenschicht der Kleidung – die von meiner Egomanie zeugte – war eiskalt geworden und meine sinkende Körpertemperatur erhöhte das Risiko einer Unterkühlung.

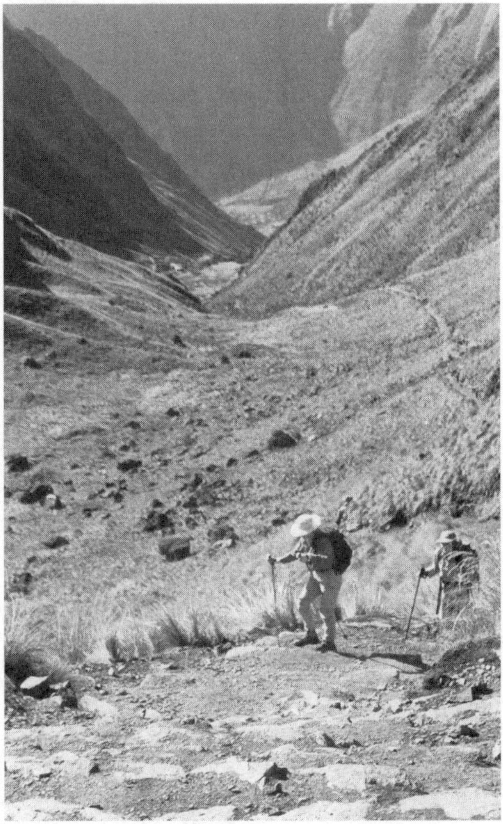

Aufstieg auf einen steilen Berg.

Auf dem Rückweg vom Gipfel holte mich Beau in unserem Biwak auf halber Höhe des Berges ab und beschrieb mir in allen Einzelheiten die Klettertour über das Eis am Gipfel. Ich kam mir wie ein Versager vor.

Man hätte meinen können, ich hätte meine Lektion gelernt, aber weit gefehlt! Für meinen siebzigsten Geburtstag hatte ich mir vorgenommen, einen Fünftausender zu bezwingen (sechshundert Meter höher zu steigen, als ich jemals gewesen war). Doch ich erfuhr, dass es in dieser Höhe extrem kalt ist und ich vertrage Kälte nur schlecht.

Mein damaliger Freund interessierte sich für das Gerätetauchen und schlug mir vor, die Tiefe statt die Höhe zu erkunden. Wir flogen nach Ambergris Caye, eine kleine Insel im Atlantischen Ozean, die zu den Turks- und Caicos-Inselgruppen gehört, wo wir gemeinsam mit Freunden drei Tage im Swimmingpool übten. Wir legten die schriftliche Prüfung ab und dann folgten drei Tauchgänge im Meer, die man für das Zertifikat benötigte. Unser Tauchführer betonte noch einmal, wie wichtig es ist, langsam abzutauchen und dabei den Luftdruck zu regulieren. Beim Abtauchen schaute ich zu meinem Freund hinauf, der unweit der Oberfläche vor sich hinzudümpeln schien, und dachte: »So eine Memme!« Ich ließ mich in Richtung Meeresgrund sinken, kam mit ziemlich toll vor, bis meine Ohren zu schmerzen begannen; der Druck zwang mich, aufzutauchen, vorbei an meinem (wesentlich vernünftigeren) Freund. Ich legte mich auf das Deck des Bootes, fühlte mich hundeelend und erkannte zum zweiten Mal (soweit ich weiß), dass mich mein Ehrgeiz angetrieben und das Scheitern vorprogrammiert hatte.

Ich sagte mir: »Jane, jetzt bist du siebzig. Wie oft musst du denselben Fehler wiederholen, bevor du daraus lernst? Kannst du nicht endlich begreifen, wie wichtig es ist, sich Zeit zu lassen und überlegt statt übereilt zu handeln?«

Vier Monate später flog ich zu einem zweiten Versuch auf die Turk- und Caicos-Inseln. »Eile mit Weile«, lautete mein Mantra dieses Mal, und gemeinsam mit meiner Tochter und meinem Sohn, die bereits einen Tauchschein hatten, gelangen mir zwei erfolgreiche Tauchgänge bis auf sechsundzwanzig Meter Tiefe. Ich tauchte in einem Tempo ab, das mir absurd langsam erschien, aber ich wollte nicht wieder scheitern. Die Freude, mit meinen Kindern an einem spektakulären Korallenriff zwischen Riffhaien, Stachelrochen, Barrakudas, Meeresschildkröten und zahllosen farbenprächtigen Fischen zu schwimmen war die größte Belohnung, und darüber hinaus hatte ich eine wichtige Lektion gelernt: In dieser Lebensphase sollte man dem Ego weniger Raum geben, denn hier sind Demut, Ausgewogenheit und gesunder Menschenverstand gefragt.

In *Women Coming of Age* habe ich ein Foto von einer Achtzigjährigen beim Joggen mit ihrer Tochter beigefügt. Ich war felsenfest überzeugt, dass ich genauso fit sein würde, wenn ich ihr Alter erreichte. Ich bin jetzt rund zehn Jahre jünger als sie, aber seit zehn Jahren nicht mehr in der Lage, zu joggen. Meine künstliche Hüfte und mein Knie haben mir einen Strich durch die Rechnung gemacht. Aber ich habe festgestellt, dass es in Ordnung ist, solange ich mich *irgendwie* sportlich betätige. Es wäre ein Leichtes gewesen, nach der Hüftoperation mit dem Workout aufzuhören oder weil meine Knie infolge der Osteoarthritis bisweilen schmerzen. Eine Zeit lang war ich sicher, nie wieder auch nur annähernd meinen früheren sportlichen Aktivitäten nachgehen zu können. Doch als ich das Fitnesstraining wieder aufnahm, vor allem aus Gründen der Eitelkeit, entdeckte ich bald, dass körperliche Bewegung in gleich welcher Form – Spazierengehen, Schwimmen, leichtes Hanteltraining, Dehnübungen für Muskeln und Gelenke – mir gut taten. Wenn ich gar nichts in der Hinsicht unternahm, verschlimmerten sich meine Arthritis und meine Stimmung.

Ich jogge nicht mehr und verzichte auch auf andere sportliche Aktivitäten, die meine Gelenke übermäßig belasten. Mit dem Alpinskifahren habe ich Schluss gemacht. Aber ich habe das Schneeschuhwandern entdeckt, das langsamer und meditativer ist, aber gleichermaßen zu den aeroben Sportarten gehört, die ausdauerorientiert und daher perfekt auf meine Bedürfnisse im dritten Akt zugeschnitten sind.

Da ich mich nicht oft im Schnee aufhalte, habe ich andere Möglichkeiten gefunden, Kalorien zu verbrennen und auf meine aerobe Fitness zu achten, indem ich beispielsweise an fünf oder sechs Tagen in der Woche eine Stunde lang in flottem Tempo spazieren gehe (gleich wo) oder Rad fahre (in ländlicher Umgebung, wenn das Wetter mitspielt). Wenn es draußen zu heiß oder zu kalt ist, besuche ich das Fitnessstudio und trainiere auf einem Liegerad oder Crosstrainer (um Arm- und Beinmuskulatur aufzubauen), eine halbe Stunde lang, und alle zehn Minuten wechsele ich von einem Gerät zum anderen, damit keine Langeweile aufkommt.

Gelegentlich ersetze ich die Spaziergänge durch eine halbe Stunde schwimmen, wobei ich meinen Nacken durch eine eng anliegende Tauchbrille und Schnorchel schütze, die mich der Notwendigkeit entheben, nach ein paar Zügen den Kopf drehen zu müssen, um Luft zu holen. Außerdem fällt es mir auf diese Weise leichter, in einen meditativen Zustand zu gelangen, ohne befürchten zu müssen, gegen den Beckenrand zu prallen.

Viele Leute, vor allem Männer, geben physische Aktivitäten in jedweder Form auf, wenn sie die Sportarten, die sie in jüngeren Jahren betrieben haben, nicht mehr ausüben können. Das ist ein Fehler. Es ist besser, physisch in Bewegung zu bleiben, wenn auch auf einer niedrigeren Stufe. Und wenn Sie aus irgendeinem Grund eine Weile auf sportliche Aktivitäten verzichten mussten, sollten Sie behutsam wieder anfangen. Ich achte stets darauf, einen Gang zurückzuschalten, wenn ich nach einer Trainingspause wieder an der Stelle anknüpfe, an der ich aufgehört habe. Ältere Menschen verletzen sich leicht, wenn sie physische Aktivitäten schlagartig von Null auf ein

Niveau hochschrauben, das eine Herausforderung darstellt, beispielweise am Wochenende stundenlang mit den Enkeln Basketball oder Fußball spielen. Besser wäre es, mindestens drei Mal in der Woche mindestens zwanzig Minuten lang ein Ausdauertraining gleich welcher Art anzuberaumen, um den Körper langsam daran zu gewöhnen.

Der Fitness-Imperativ

Mir ist im Verlauf der letzten zehn Jahre aufgefallen, dass der Unterschied zwischen jüngeren Menschen, die physisch aktiv sind, und ihren Altersgenossen, die wenig Bewegung haben, nicht besonders ins Gewicht fällt. Bei älteren Menschen ist dieser Unterschied gewaltig. »Fitness ist in jungen Jahren eine Option, im Alter dagegen ein Imperativ«, sagte der Altersexperte Dr. Walter Bortz.[33] In jungen Jahren ist der Körper widerstandsfähiger und eher gerüstet, Fehler zu verzeihen, während er im Alter schwächer wird; wenn wir nicht gezielt eingreifen, um diesen Abbauprozess zu verlangsamen (oder sogar umzukehren), laufen wir Gefahr, vorzeitig gebrechlich zu werden. Bei entsprechender Übung ist der menschliche Körper noch bis ins neunzigste Lebensjahr und darüber hinaus zu kraftvollen Aktivitäten imstande.

Für sein Buch *The Blue Zones: Lessons for Living Longer from the People Who've Lived the Longest* besuchte Autor Dan Buettner Orte in aller Welt, an denen auffallend viele Menschen lebten, die älter als hundert waren; zu diesen Hotspots gehörten Sardinien, Okinawa, Costa Rica und Loma Linda in Kalifornien. Die Hochbetagten hatten eines gemein: tägliche körperliche Bewegung von geringer Intensität wie spazieren gehen, Radfahren oder leichte Arbeiten in der Landwirtschaft. Physische Aktivität stärkt Herz und Knochen, regt den

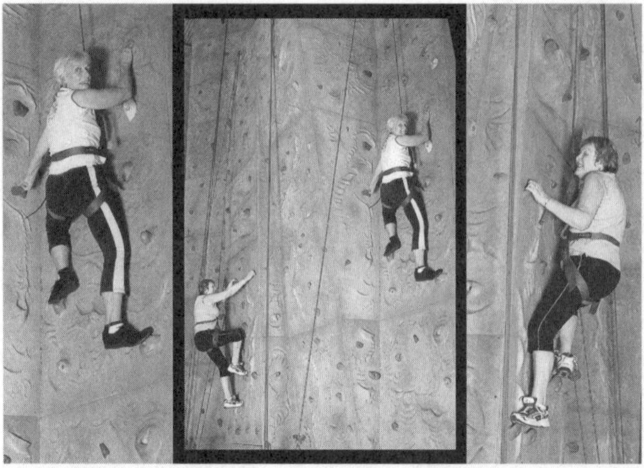

Titelblatt des selbstgemachten Kalenders, den mir eine Seniorengruppe, allesamt Mitglieder des Tewantin-Noosa RSL Club, zuschickte.

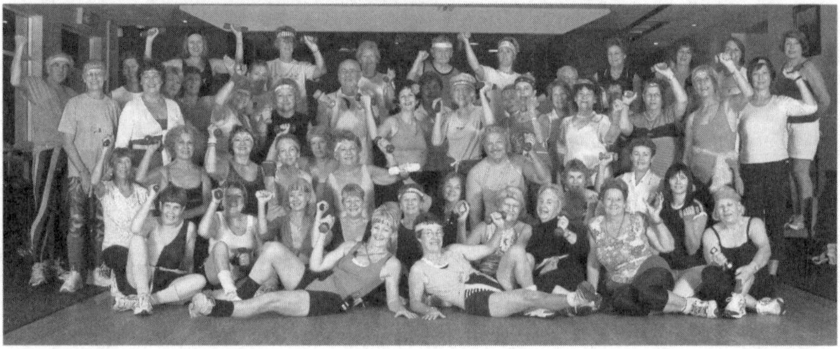

Kreislauf an, schützt vor Übergewicht, macht die Haut dicker und elastischer und mildert Depressionen aufgrund der Endorphine, die dabei in den Organismus gelangen. Ich kann aus eigener Erfahrung bestätigen, wie sich Körper und Geist durch sportliche Betätigung verändern, ein Vorgang, der auch das Selbstbewusstsein stärkt: Wir sehen, dass wir unser Leben und unser generelles Wohlbefinden selbst in die Hand nehmen können, was für ältere Menschen besonders wichtig ist, die oft das Gefühl des Kontrollverlusts in vielen Lebensbereichen haben.

Das Sprichwort »Wer rastet, der rostet« ist eine Binsenweisheit, aber sie vergisst zu erwähnen, dass es nie zu spät ist,

Abhilfe zu schaffen. Wir sind nicht nur in der Lage, verlorene Körperfunktionen zurückzugewinnen, sondern laut Dr. Bortz in manchen Fällen »sogar über das frühere Ausmaß hinaus zu verbessern.«[34]

Wie aktiv sollten wir sein?

Keine Bange, das Mantra lautet hier: immer sachte. Ich hätte nie gedacht, dass ich mich gezwungen sehen könnte, im Alter einen Gang herunterzuschalten. Aber ich musste auf dem harten Weg lernen, dass ich nicht mehr die Jane Fonda bin, die Aerobic-Videos auf den Markt gebracht hat. Mein Körper rächt sich umgehend, wenn ich nicht kürzer trete. Deshalb habe ich die DVD-Reihe Jane Fondas Prime Time (*Fit & Stark*) für die Angehörigen der geburtenstarken Jahrgänge zwischen 1946 und 1964 und Senioren (vor dem Zweiten Weltkrieg geboren) entwickelt, die es wie ich ein wenig leichter angehen sollten.

Zu einem guten wöchentlichen Fitness-Programm gehören verschiedene Elemente, beispielsweise aerobes Ausdauer- und Gewichtstraining, Gleichgewichts- und Dehnübungen, die für die Generation 50 Plus besonders wichtig sind.

Warum sind aerobe Aktivitäten wichtig?

Aerobe Aktivitäten – lange und ausdauernde körperliche Bewegung bei geringer Trainingsbelastung – sind für die Gesundheit generell von zentraler Bedeutung. Zum einen unterstützen sie die Gewichtsreduktion. Sie bietet als einzige die Möglichkeit, Fett in sämtlichen Körperregionen abzubauen, auch die marmorierten Fetteinlagerungen im tiefen Muskelgewebe, was sich

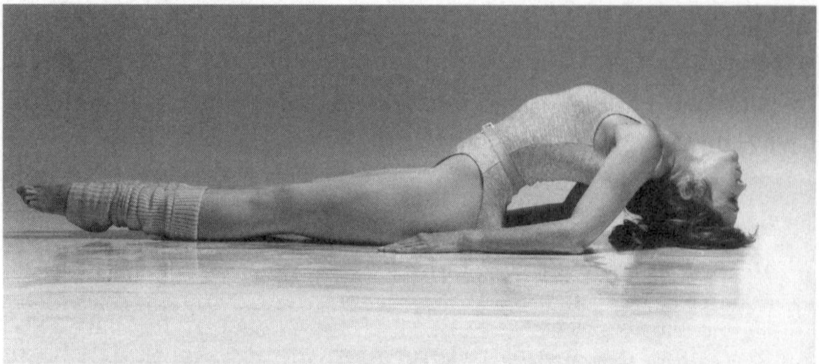

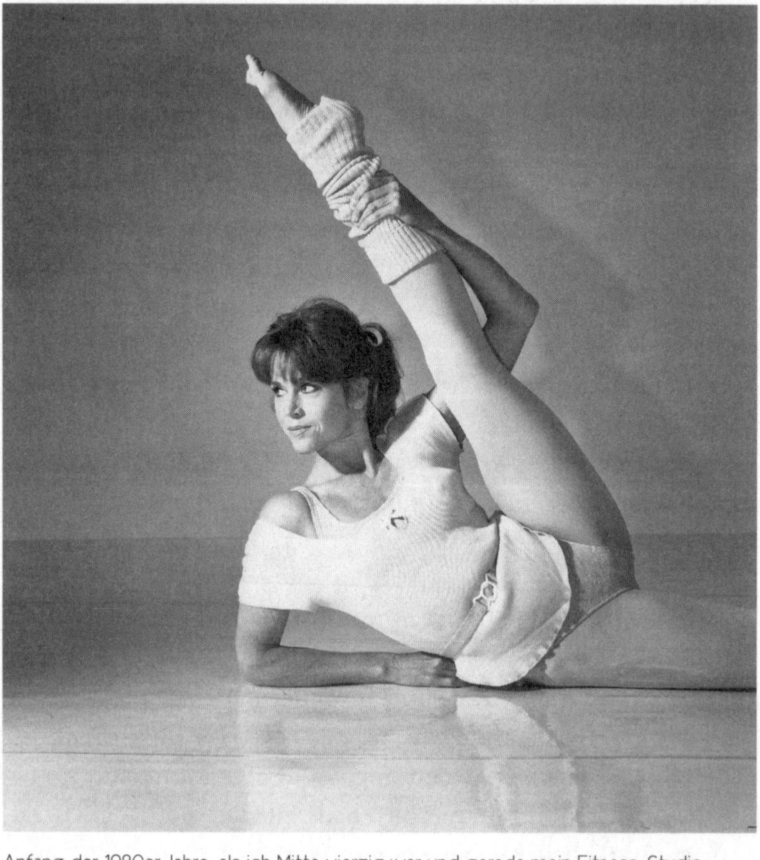

Anfang der 1980er Jahre, als ich Mitte vierzig war und gerade mein Fitness-Studio eröffnet hatte.

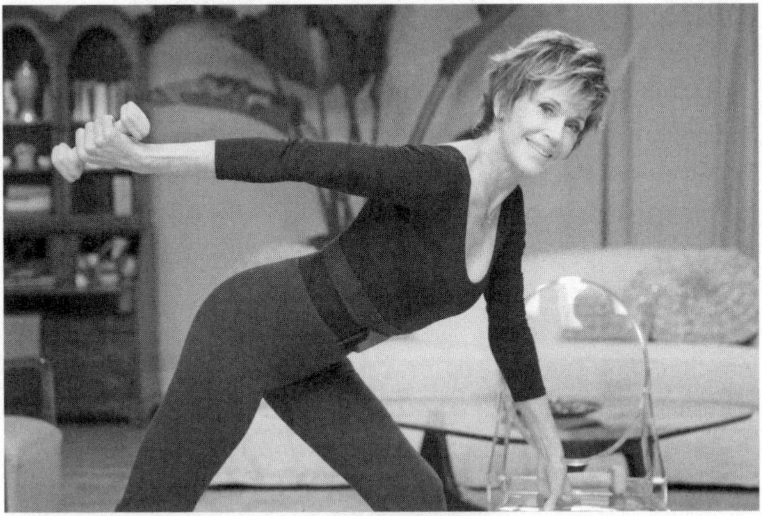

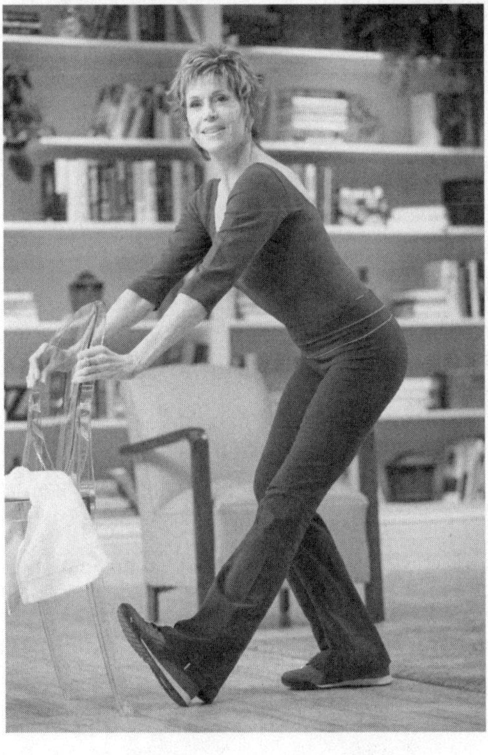

Mit 72, nach zwanzig Jahren Pause, bei der Aufnahme meiner ersten Workout-DVD für Senioren.

durch eine entsprechende Diät alleine nicht erreichen lässt. Für eine stetige Körperfettverbrennung (im Gegensatz zum Verlust von Flüssigkeit oder Muskelgewicht) ist die Kombination aus Verringerung der Kalorienzufuhr (durch eine ungesunde Ernährungsweise) und Ausdauertraining ideal.

Aerobe Aktivitäten fürs Herz

Zu den häufigsten Todesursachen im Alter gehören Herzerkrankungen; Männer und Frauen sind dabei gleichermaßen gefährdet, und jeder Vierte stirbt daran. Die Funktionsfähigkeit des Atmungs- und Herz-Kreislauf-Systems, des sogenannten kardiorespiratorischen Systems, ist der beste Indikator für den allgemeinen Fitnesszustand, den wir in hohem Maß steuern können, selbst bei einer genetischen Vorbelastung. Aerobe Übungen haben sogar Einfluss darauf, ob die Gene für Herzerkrankungen, Diabetes oder andere Krankheiten überhaupt jemals aktiviert werden. Wenn wir uns klarmachen, wie wichtig ein gesundes, kräftiges Herz ist, verstehen wir auch, warum aerobe Aktivitäten so wichtig sind.

Das kardiorespiratorische System ist für die Versorgung sämtlicher Körperzellen mit sauerstoff- und nährstoffreichem Blut und für den Abtransport von Kohlenstoffdioxid und anderen Stoffwechselendprodukten zuständig. Es beliefert auch die Muskeln mit Sauerstoff, der für die Kalorienverbrennung und Energiebereitstellung unerlässlich ist. Es legt die maximale aerobe Kapazität fest, in Sportlerkreisen VO_2max genannt.

Dieser Messwert ist deshalb so wichtig, weil er etwas über die körperliche Leistungsfähigkeit aussagt: wie viel Sauerstoff der Körper bei Ausbelastung pro Minute maximal aufnehmen kann, mit welcher Geschwindigkeit der Transport des Sauerstoffs im Blut durch das Herz-Kreislauf-System erfolgt, und wie gut der Sauerstoff von den Muskeln und anderen Zellen aufgenommen und verwertet wird. Diese dynamischen Prozesse gehören zu den Schlüsselelementen unserer Vitalität.

Wenn wir älter werden, büßen Herz und Kreislaufsystem nach und nach einen Teil ihrer Leistungsfähigkeit ein. Nach dem dreißigsten Lebensjahr geht die VO_2max, die maximale Sauerstoffaufnahme oder aerobe Kapazität, im Durchschnitt um 1 Prozent im Jahr zurück. Die Lungen verlieren ihre Elastizität, und da sie weniger Luft aufnehmen können, transportieren sie weniger Sauerstoff durch die Blutbahnen. Herzmuskel und Blutgefäße verdicken sich und werden starrer, was bedeutet, dass mit jedem Herzschlag weniger Blut in den Körper gelangt. Die mangelnde Elastizität und Verengung der Arterien bewirkt, dass das Herz schwerer arbeiten muss, um Blut aus dem Brustraum in Kopf, Arme und Beine weiterzuleiten. Die Folge ist, dass der Blutdruck in den Gefäßen des gesamten Kreislaufsystems steigt.

Dieser Leistungsabfall ist normal und nicht mit einem grundlegenden Gesundheitsverlust gleichzusetzen, vorausgesetzt, wir sitzen nicht zu viel. Bewegungsmangel erhöht die Wahrscheinlichkeit, dass sich krankhafte Ablagerungen an den Innenwänden der Blutgefäße bilden, wodurch Arteriosklerose und chronische arterielle Hypertonie (sprich Bluthochdruck) entstehen können, eine Spirale, die zum Herzinfarkt oder, wenn das Gehirn betroffen ist, zu einem Schlaganfall führen kann. Arteriosklerose, Bluthochdruck, Herzinfarkt und Schlaganfall sind für die Hälfte aller schwerwiegenden Gesundheitsprobleme bei Frauen und Männern verantwortlich.

Also bleiben Sie in Bewegung! Fördern Sie Kraft und Ausdauer!

Aerobe Aktivitäten und das Gehirn

»Einer der unmittelbarsten Wege zu geistiger Fitness führt über körperliche Fitness«[35], erklärte Jane Brody, Gesundheitsexpertin und Kolumnistin der *New York Times*. Alle Gehirnexperten stimmen darin überein, dass körperliche Bewegung mehr für die geistige Gesundheit bewirkt als eines der teuren rechnergestützten Denksport-Programme, die sich heute so großer Beliebtheit erfreuen.

Aerobe Fitness unterstützt das Gehirn, weil es das Herzinfarkt- und Schlaganfallrisiko mindert. Darüber hinaus verbessert es die kognitiven Fähigkeiten, indem es das altersbedingte Schrumpfen des Frontallappens verlangsamt, ein Hirnareal, in dem motorische Bewegungen, aber auch Funktionen wie das Abwägen von Handlungskonsequenzen und Problemlösungen kontrolliert und gesteuert werden.

In einer Stellungnahme, die 2007 in der *New York Times* erschien, erklärten Dr. Sandra Aamodt, ehemals Chefredakteurin des Wissenschaftsmagazins *Nature Neuroscience,* und Dr. Sam Wang, Lehrbeauftragter im Fachbereich Neurowissenschaften der Princeton University: »Körperliche Bewegung fördert die Produktion von Wachstumsfaktoren, von Proteinen, die dazu beitragen, die Anzahl der Verbindungen zwischen den Neuronen zu erhöhen und die Entstehung neuer Neuronen im Hippocampus zu unterstützen.« Der Hippocampus gilt als Sitz des Gedächtnisses und als der Ort, an dem die Alzheimer Erkrankung beginnt. Berichten zufolge ist damit zu rechnen, dass in den USA bis Mitte des Jahrhunderts sage und schreibe fünfzig Millionen Senioren an Alzheimer erkranken [weltweit werden laut Statistik rund 115 Millionen Menschen davon betroffen sein]. Inzwischen wird fieberhaft geforscht, ob es wirksame vorbeugende Maßnahmen oder Möglichkeiten gibt, einen Aufschub der Krankheit zu erzielen. Jane Brody erklärte, die Wahrscheinlichkeit, dass Menschen, die in der Lebensmitte regelmäßig körperlich aktiv sind, mit siebzig Alzheimer entwickeln, sei »um ein Drittel geringer. Selbst diejenigen, die erst nach dem 60sten Lebensjahr mit dem Fitnesstraining beginnen, halbieren das Risiko, an Demenz zu erkranken.«[36]

Lange Zeit hielt man eine Verschlechterung der kognitiven Funktionen für eine typische Begleiterscheinung des Alterungsprozesses, doch sie ist keineswegs die Norm. Neurowissenschaftliche Studien belegen inzwischen, dass bei Senioren, die körperlich fit geblieben sind, auch das Gehirn noch hervorragend funktioniert.

Wie bereits erwähnt, werden bei aeroben Aktivitäten Endorphine ausgeschüttet, chemische Substanzen im Gehirn, die Schmerzen lindern, das Immunsystem stärken, Stress abbauen und ein allgemeines Wohlgefühl fördern. Bei einigen Menschen reichen zehn Minuten Ausdauertraining aus, um die Wirkung des Endorphins zu spüren, bei anderen dauert es vielleicht eine halbe Stunde. Dieser Effekt wird oft als Runners High oder Läuferhoch bezeichnet und ist einer der Gründe, warum körperliche Bewegung zunehmend als Teil der Therapie bei Depressionen und Panikattacken empfohlen wird – eine wunderbare Nebenwirkung, die uns motiviert, rundum fit zu bleiben.

Gewichtstraining mit fünfzig Plus?

Gewichtstraining, auch Widerstandstraining genannt, ist nicht nur gut, sondern auch nach dem fünfzigsten Lebensjahr ungeheuer wichtig. Zwar stärkt es nicht in gleichem Maß die Ausdauer wie aerobe Übungen, aber es sorgt für mehr Muskelumfang und Muskelstärke, was in jedem Alter empfehlenswert ist.

Zum einen unterstützt der Muskelaufbau die Gewichtsreduktion, denn Muskeln stellen aktives Körpergewebe dar.

Sie bestimmten den Grundumsatz, die basale Stoffwechselrate, sprich die Energiemenge, die unser Körper bei völliger Ruhe verbraucht, um seine Funktionen aufrechtzuerhalten. Das Muskelgewebe verwandelt den Körper selbst im Ruhezustand in eine kalorienverbrennende Hochleistungsmaschine.

Wenn wir älter werden, nehmen wir schneller zu. Das ist teilweise auf die Neigung zurückzuführen, uns bei gleich bleibenden Essgewohnheiten weniger zu bewegen. Ein weiterer Grund ist die Tatsache, dass wir nach dem dreißigsten Lebensjahr in jedem Jahrzehnt durchschnittlich drei bis fünf Prozent unseres Muskelgewebes abbauen. Das bedeutet, dass die basale Stoffwechselrate um rund zehn Prozent zurückgegangen ist, wenn wir 75 sind, es sei denn, wir konnten die Muskulatur dank entsprechender körperlicher Bewegung erhalten. Wie dem auch sei, wir sollten in jedem Fall weniger Kalorien zu uns nehmen (aber dafür auf eine nährstoffreichere Kost achten).

Hier ein drastisches Beispiel: Wenn wir pro Tag nur hundert Kalorien mehr zu uns nehmen als wir verbrennen, können wir damit rechnen, innerhalb von fünf Jahren annähernd 23 Kilogramm zuzunehmen. Um das angesetzte Fett wieder loszuwerden, müssen wir es als Energiequelle verbrennen. (Das heißt, wenn die Anzahl der zugeführten Kalorien niedriger ist als die Kalorienmenge, die wir als Energie verbrauchen, wird die benötigte zusätzliche Energie aus den eingelagerten Fettdepots gewonnen.) Unter dem Strich bedeutet das: aerobe oder fettverbrennende körperliche Aktivitäten unterstützen die Gewichtsreduktion, Hantelübungen oder Widerstandstraining die Erhöhung des Grundumsatzes und den Erhalt der Muskelmasse. Forschungsergebnisse der Tufts University belegen, dass die Muskelmasse der 50- bis 72-jährigen Versuchspersonen durch entsprechendes Training um mehr als zweihundert Prozent erhöht werden konnte.

Gewichtstraining und Knochen

Hantelübungen oder Widerstandstraining mit elastischen Bändern oder Thera-Band Bodytrainer Tubings mit Haltegriffen erhalten und erhöhen nicht nur die Muskelmasse, sondern stärken auch die Knochen, was wiederum das Risiko einer Osteopenie mindert, den Abbau der mineralischen Knochendichte, der zur Osteoporose wird, wenn ein bestimmter Grenzwert unterschritten ist.

Die Tufts-Studie, die erhöhte Muskelmasse bei älteren Menschen durch Widerstandstraining belegte, wies eine ähnliche Steigerung der Werte für die Knochenmasse nach. Das ist wichtig, denn Osteopenie und – im fortgeschrittenen Stadium – Osteoporose erhöhen die Gefahr von Knochenbrüchen, vor allem Frakturen von Hüfte, Handgelenken, Fußknöcheln und Wirbelsäule. In den USA werden mehr als 250 000 Hüftfrakturen im Jahr behandelt, von denen 80 Prozent auf Frauen entfallen, und bei 10 bis 15 Prozent der älteren Menschen können sie zum Tod führen. Dass starke Muskeln außerdem die Belastung für die Gelenke reduzieren können, ist eine Tatsache, die im Alter zunehmend an Bedeutung gewinnt.

Gewichtstraining und Gehirn

Forscher in British Columbia haben entdeckt, dass Frauen, die in jeder Woche ein bis zwei Stunden Gewichtstraining absolvieren, bessere kognitive Funktionen hatten als die Vergleichsgruppe, die ihr Training auf Übungen zur Verbesserung des Gleichgewichts und des Muskeltonus beschränkten. Nach einem Jahr erreichten die Frauen, die Gewichte stemmten, eine höhere Punktezahl in Tests, die Entscheidungs-, Konfliktlösungs- und Konzentrationsfähigkeit maßen.[37] Dr. Michael

Hewitt, Forschungsdirektor der Abteilung Sportwissenschaft des Canyon Ranch Health Resort, sagte: »Besser aussehen und kraftvoller sein ist wunderbar, aber bessere Körperfunktionen erhöhen die Lebensqualität!«

Tipps zum Gewichtstraining

Wenn Sie wenig Zeit für die Übungen zur Verfügung haben, reicht es aus, jeden Tag eine bestimmte Muskelgruppe zu trainieren – sagen wir die Oberkörpermuskulatur – und am darauffolgenden Tag einen anderen Bereich zu wählen, in diesem Fall den Unterkörper. Statt die Übungen auf mehrere Tage zu verteilen, können Sie auch drei Mal pro Woche länger trainieren und dabei den ganzen Körper einbeziehen; auch wenn Sie es nur zwei Mal schaffen, tun Sie sich etwas Gutes.

Um Muskeln aufzubauen, ist Anstrengung erforderlich, was zu einer Überlastung oder zellulären Ermüdung führen kann; danach brauchen sie eine Zeitspanne von achtundvierzig Stunden, um sich zu erholen. Deshalb sollte man an aufeinanderfolgenden Tagen nie an derselben Muskelgruppe arbeiten. Eine Ausnahme bildet die Bauchmuskulatur, die man aufgrund ihrer robusten Beschaffenheit jeden Tag trainieren darf!

Ich empfehle zwei Sets mit jeweils zwölf bis fünfzehn Wiederholungen je Muskelgruppe: Bauch, Brust, Schultern, Rücken, Arme, Beine, usw. (siehe Anhang II mit einer Abbildung der einzelnen Muskelgruppen). Wenn Sie aufgrund von Problemen mit dem Blutdruck oder Gelenkbeschwerden leichtere Gewichte benötigen, gleichen Sie dies durch mehr Wiederholungen aus.

Starke Quadrizepsmuskeln (die vierköpfigen Beinstrecker an der Vorderseite der Oberschenkel) sind im Alter besonders wichtig, weil wir sie (gemeinsam mit der Gluteal- oder Gesäßmuskulatur) beim Aufstehen vom Stuhl oder Ein- und Aussteigen aus dem Auto brauchen. Die Muskeln sind paarweise angeordnet: beispielsweise Quadrizeps (Vorderseite der Oberschenkel) und langer Sitzbeinmuskel (Rückseite der Oberschenkel) oder Trizeps (Rückseite des Oberarms) und Bizeps (Vorderseite des Oberarms). Um den Körper gut auszubalancieren und die Verletzungsgefahr zu verringern, sollten beide Muskelpaare gleichermaßen trainiert werden. Bei Gewichtsübungen für den Bizeps sollten wir also auch am Trizeps arbeiten, und beim Training der großen Quadrizepsmuskeln die Sitzbeinmuskulatur einbeziehen.

Körperhaltung

Es ist wichtig, vor allem im Alter, beim Fitnesstraining auf die richtige Körperhaltung zu achten. Wenn Sie jetzt eine falsche Position einnehmen, ist das Verletzungsrisiko größer als in jungen Jahren. Darum sind ein paar Übungsstunden unter der Aufsicht eines professionellen, geprüften Fitnesstrainers eine gute Investition – kein Muskelprotz, der Sie über Ihre Grenzen hinaus fordert, sondern jemand, der weiß, was er dem Körper in dieser Lebensphase zumuten kann, worauf zu achten ist und wann er Sie korrigieren sollte. Ihr Personal Trainer sollte nicht nur eine fundierte Ausbildung vorweisen können und Berufserfahrung mitbringen, sondern sich auch rein menschlich auf einer Wellenlänge mit Ihnen befinden.

Key 3: Ein Übungsprogramm in 3 Schritten

Für diejenigen, die wenig Zeit haben, habe ich Key 3, ein kurzes Übungsprogramm in drei Schritten eingefügt (siehe Abbildung 1–3). Es wurde von Dr. Michael Hewitt entwickelt, wie bereits erwähnt Forschungsdirektor im Bereich Sportwissenschaften des Canyon Ranch Health Resort. Diese drei Hantelübungen – Hocke an der Wand, Brustpresse und einarmiges Kurzhantel-Rudern beanspruchen 80 bis 85 Prozent der gesamten Muskelmasse des Körpers. Laut Dr. Lewis brauchen Sie für zwei vollständige Sätze der Key-3-Übungen rund zehn Minuten, sobald Sie den Bogen raus haben.[38]

Die Übungen sind schnell und leicht zu absolvieren. Es gibt also keinen Grund, das Training auf die lange Bank zu schieben, oder?

Gleichgewichts- und Core-Training

»Ohne regelmäßiges Muskeltraining lässt die Muskelkraft mit jedem Lebensjahrzehnt um ca. 12 bis 14 Prozent nach; der Abbau beginnt bei Männern ungefähr mit dem sechzigsten und bei Frauen mit dem fünfzigsten Lebensjahr«, sagt Gesundheits- und Fitnessexperte Scott McCredie in seinem Buch *Balance: In Search of the Lost Sense.*[39] Der Verlust von Muskelmasse und Muskeltonus, vor allem an Beinen, Hüften und Rumpf, hat eine unmittelbare Auswirkung auf das Gleichgewicht.

Jeder dritte Mensch über sechzig stürzt mindestens einmal im Jahr. Wie bereits gesagt, kann ein solcher Sturz zu Frakturen führen, die eine eingeschränkte Mobilität zur Folge haben, mitunter sogar tödlich enden. Die Sturzgefahr im Alter nimmt zu, weil wir leichter das Gleichgewicht verlieren. Genau wie der Muskelabbau ist auch das Nachlassen des Gleichgewichtssinns ein natürlicher Vorgang, der sich ganz allmählich vollzieht und schon mit zwanzig beginnt. Im Alter stellen verschiedene physiologische Veränderungen im Innenohr, in den Fußsohlen und im Sehvermögen eine zusätzliche Herausforderung für den

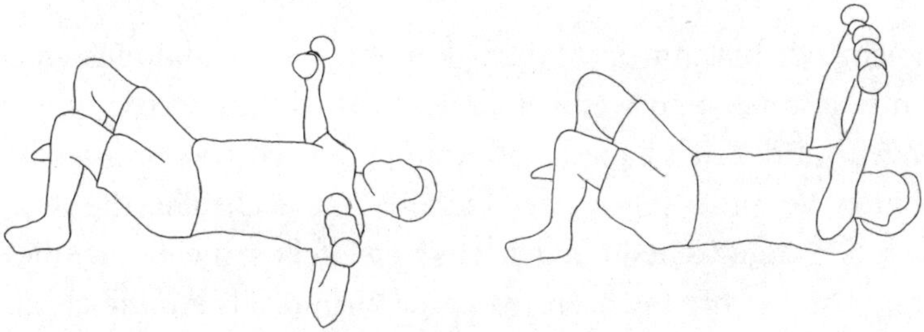

Abb. 1 Brustpresse: Auf den Rücken legen, die Knie gebeugt. Hanteln mit nach außen gebeugten Ellenbogen in Schulterhöhe halten; in Brusthöhe zusammenführen.

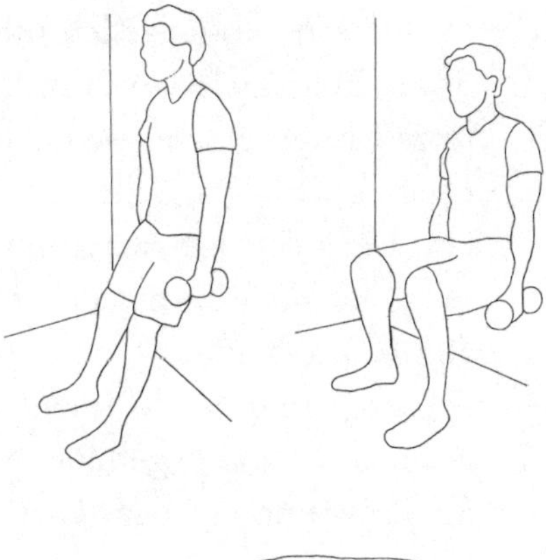

Abb. 2 Hocke an der Wand: Füße hüftbreit aufstellen, Hanteln mit durchgestreckten Armen zu beiden Seiten hängen lassen; in die Hocke gehen, bis Knie und Hüfte eine Linie bilden – nicht tiefer als die Knie! Die Füße so aufstellen, dass Knie und Zehen den gleichen Abstand von der Wand haben.

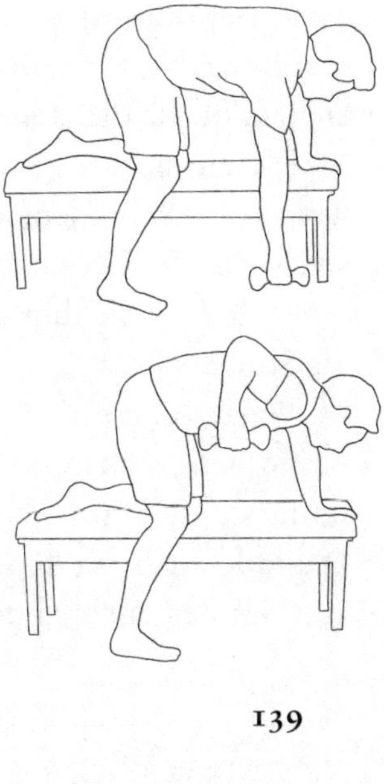

Abb. 3 Einarmiges Kurzhantel-Rudern: Ein Knie und eine Hand auf Stuhl oder Bank aufstützen. Gewicht mit gestrecktem Arm in der anderen Hand halten. Ellenbogen eng am Körper hochziehen und kontrolliert absenken. Den Rücken gerade halten. Stellen Sie sich vor, dass Sie einen Ast durchsägen, wenn Sie den Ellenbogen nach oben und unten führen. Beim Heben der Hantel einatmen, beim Absenken ausatmen.

Gleichgewichtssinn dar. Hinzu kommt, dass Gefahrensignale nun langsamer und weniger präzise verarbeitet werden als in jungen Jahren. Ich habe keine Ahnung, welche dieser altersbedingten Veränderungen der Übeltäter ist (vielleicht alle drei), aber Gleichgewichtsübungen sind zweifellos meine Achillesferse. Das ist für mich ein weiterer Grund, als Ausgleich auf den Erhalt der Muskelstärke zu achten.

Ich mache außerdem bestimmte Übungen, um das Gleichgewicht zu verbessern. So oft wie möglich stehe ich auf einem Bein, wenn ich mir die Zähne putze, die Haare kämme oder mich irgendwo anstellen muss. Zu Hause setze ich noch eins drauf, indem ich dabei die Augen schließe. Und einmal am Tag setze ich mit geschlossenen Augen einen Fuß vor den anderen, rund ein Dutzend Schritte, als würde ich über eine Planke laufen. Der Gleichgewichtssinn kann durch entsprechendes Training genauso verbessert werden wie die Muskelkraft und aerobe Kapazität.

Bestimmte Medikamente und Arzneimittelkombinationen können Schwindelgefühle auslösen. Wenn Sie feststellen, dass Sie Probleme mit dem Gleichgewicht haben, sollten Sie Ihren Hausarzt oder Apotheker bitten, einen Blick auf Ihre Medikamente zu werfen (einschließlich der rezeptfreien), um festzustellen, ob sie die Ursache sein könnten.

Die Physiotherapeutin Karen Perz steuerte einen nützlichen Tipp bei: »Wenn jemand einen Schwindelanfall hat, ist es besser, wenn er sich an Ihnen festhält, als wenn Sie ihn festhalten … Bieten Sie ihm nicht die Hand, sondern den Ellenbogen als Stütze.«[40]

Yoga und die alte chinesische Kampfkunst Tai Chi, die eine Reihe langsamer, im Stehen ausgeübter Bewegungsabläufe umfasst, sind für die Entwicklung des Gleichgewichts ideal. Das gilt auch für Core-Training und Pilates, die inzwischen von immer mehr Fitness-Studios angeboten werden. Beim

Core-Training werden Stehübungen auf einer wackeligen Oberfläche ausgeführt. Sie fördern nicht nur die Anpassungsfähigkeit der Gleichgewichtszentren im zentralen Nervensystem, sondern schaffen vorsätzlich ein Ungleichgewicht, das die kleineren Muskeln beansprucht, beispielsweise den Gluteus medius, den mittleren Gesäßmuskel in der hinteren Schicht der Hüftmuskulatur; den Musculus vastus medialis, der zusammen mit anderen Muskeln das Kniegelenk bildet; und einige der kleineren Rücken- und Schultermuskeln, die normalerweise wenig gefordert werden. Mein Prime Time Workout-Progamm enthält auch Übungen zur Verbesserung des Gleichgewichts.

Physiotherapie

Eines Morgens wachte ich auf und war unfähig, den rechten Arm über Brusthöhe zu heben. Eine Physiotherapeutin erklärte mir, dass sich bei Seitenschläfern bereits vorhandene Probleme mit der Rotatorenmanschette verschärfen [vier Muskeln, deren Sehnen eine Kappe bilden, die das Schultergelenk umfasst] und eine ungefähr sechs Monate dauernde manuelle Therapie erforderlich ist, um die Verletzung zu beheben. Irgendwann danach hatte ich Krämpfe im Rücken, was mich an den Ausspruch meiner Freundin Bette Davis erinnerte: »Alt werden ist nichts für Feiglinge.«

Chiropraktiker mit fundierter Ausbildung können durch eine manipulative Korrektur der Gelenke ebenfalls für Erleichterung sorgen, bei vielen Betroffenen eine Maßnahme, die eine Verbesserung der Lebensqualität mit sich bringt. Geschulte und einfühlsame Physiotherapeuten gehen gleichwohl der Problemursache auf den Grund, die Behandlung zielt auf Tiefenmuskulatur, Skelett und Nervensystem ab. Mit Händen und Armen wird anhaltender Druck auf die Körperregionen ausgeübt, in denen die Muskeln nicht mehr elastisch, sondern verhärtet sind. Dadurch löst sich die Blockade und die Durchblutung des Bereichs wird verbessert. Ursache der Blockaden ist oft eine Funktionsstörung der Gelenke und/oder dazugehörigen Muskeln, Sehnen und Gelenkbänder; deshalb bearbeiten Therapeuten den gesamten Bewegungsapparat.

Bei der Suche nach einem geeigneten Manualtherapeuten sollten Sie auf den Nachweis einer fundierten Ausbildung achten. Adressen und Informationen finden Sie im Internet oder auf der Website der Berufsverbände.

Bitten Sie den Therapeuten, Sie über die zugrundeliegenden Ursachen des Problems aufzuklären, das heißt, welche Muskelpartien und Gelenke einer manuellen Korrektur bedürfen und was Sie selbst tun können, um Abhilfe zu schaffen. Die Behandlung der Ursache ist erheblich wirkungsvoller als die Behandlung der Symptome. Die Behandlungskosten werden oft ganz oder teilweise von den Krankenkassen übernommen.

Ich habe dank der manuellen Therapie beispielsweise erfahren, dass meine Fehlhaltung zu Schmerzen im Rücken, Nacken und Schulterbereich beigetragen hat. Die leichte Vorwölbung der Schultern (die in der Adoleszenz begonnen hat, wie bei vielen Frauen) war mit der Zeit schlimmer geworden. Die kleinen tiefen Rückenmuskeln, die unsere Schultern zurückziehen, waren geschwächt und verursachten Druck auf Nacken und Schultern. Nach jahrelanger Vernachlässigung etwas dagegen zu unternehmen ist schwer und die aufrechte Haltung fühlte sich anfangs seltsam an. Doch mit zunehmender Übung ist sie mir (beinahe) in Fleisch und Blut übergegangen. (Laut Aussage meiner Physiotherapeutin dauert es im Durchschnitt sechs Wochen, bis sich die Muskeln angepasst haben.) Nun überprüfe ich regelmäßig meine Körperhaltung, wenn ich am Computer, im Kino, im Restaurant oder im Auto sitze.

Flexibilität

Flexible Muskeln, Sehnen und Gelenke sind für die körperliche Fitness im dritten Akt wichtiger denn je. Ihre Beweglichkeit kann vor Verletzungen schützen, ungeachtet des Alters, aber sie ist vor allem dann unerlässlich, wenn sämtliche Teile des Körpers ihre Mobilität verlieren und steifer werden. *Nach* dem Fitnesstraining sollten Sie daher unbedingt Dehnübungen machen, wobei Sie jede Position etwa zwanzig Sekunden lang halten. So lange braucht der Muskel, um sich vollends zu lockern und zu entspannen. Yoga bietet eine hervorragende Möglichkeit, die Geschmeidigkeit des Körpers bis ins hohe Alter zu erhalten, wobei sie mit einer sanften Form beginnen sollten. Pilates und Tai Chi erfüllen den gleichen Zweck.

Pilates

Die Pilates-Methode ist ein gezieltes Ganzkörpertraining zur Verbesserung der Bewegungskoordination und Stärkung der Muskulatur, primär in der Körpermitte (Beckenboden-, Bauch- und Rückenmuskulatur). Dabei werden verschiedene Hilfsmittel eingesetzt, die den Körper steuern und in der Bewegung unterstützen. Mit jedem Gerät ist ein bestimmtes Übungsrepertoire verbunden, das überwiegend Widerstandstraining beinhaltet, um die Muskulatur zusätzlich zu aktivieren.

Tai Chi

Die altüberlieferte chinesische Kampfkunst Tai Chi stützt sich auf sanfte, fließende Bewegungen, um Stress abzubauen, das Gleichgewicht zu verbessern und eine Vielzahl anderer Gesundheitsprobleme zu lindern. Jede Position, Form genannt, geht rhythmisch und nahtlos in die nächste über, sodass sich der Körper ständig in Bewegung befindet. Die Abläufe werden mit dem Atem koordiniert, um die innere Ruhe und Entspannung zu fördern. Die Konzentration, die für die Ausführung der Formen erforderlich ist, zwingt dazu, die ungeteilte Aufmerksamkeit auf den gegenwärtigen Augenblick zu richten und alle belastenden Gedanken auszublenden.

Powerwalking/Nordic Walking

Powerwalking und Nordic Walking – das schnelle Gehen mit Einsatz von zwei Stöcken im Rhythmus der Schritte – können für die Gewichtsreduktion genauso gut sein wie Joggen. Hier ein Vergleich: Bei einem Lauftraining mit einer Geschwindigkeit von 8 km/h verbrennt eine sechzigjährige Frau, die 65 Kilo wiegt, in einer halben Stunde 285 Kalorien. Beim Powerwalken mit einer Geschwindigkeit von 6 km/h verbrennt sie in der gleichen Zeit auf einer ebenen Strecke 165 Kalorien, auf einer leicht ansteigenden Strecke 225 Kalorien und auf einer Strecke mit einer 10-prozentigen Steigung 360 Kalorien. Man sollte die Wirkung des Powerwalking oder flotten Spaziergangs nicht unterschätzen!

Das Schlüsselelement ist hier die Körperhaltung: Die Schultern tief ziehen und zurücknehmen, den Kopf aufrichten, sodass er eine Linie mit dem Hals bildet. Der Blick ist nach vorne gerichtet (um Hindernisse zu erkennen), die Schritte sollten lang und zügig erfolgen, die Arme frei mitschwingen. Die Atmung nicht vergessen!

Tragen Sie leichte, atmungsaktive, unterstützende und bequeme Schuhe mit einer flexiblen, gepolsterten Sohle.

Machen Sie ein paar Minuten Aufwärmübungen für die Muskulatur, bevor Sie mit dem Walken beginnen.

Versuchen Sie, mit Stöcken zu gehen (Nordic Walking). Sie sorgen für ein besseres Gleichgewicht, entlasten die Gelenke und fördern den Einsatz zusätzlicher Muskelgruppen, sodass

Sie noch mehr Kalorien verbrennen. Gute Walkingstöcke haben Gummikappen an den Spitzen und Handschlaufen.

Bewegung ist Trumpf

Es reicht nicht aus, dreißig oder vierzig Minuten am Tag für ein gemäßigtes Fitnessprogramm zu erübrigen, um gesund zu bleiben. Was Sie während der restlichen Stunden für Ihren Körper tun, fällt gleichermaßen ins Gewicht!

Physiologen haben den rapiden Anstieg der Fettleibigkeit in den wirtschaftsstarken Ländern verblüfft zur Kenntnis genommen. Da der Prozentsatz der Menschen, die jeden Tag eine halbe Stunde mit gemäßigten körperlichen Aktivitäten verbringen, relativ gleich geblieben ist, haben sie nach den Ursachen dieses Phänomens gesucht. Das hat wiederum die Wissenschaftler bewogen, dieses neue Gesundheitsrisiko genauer zu erforschen, das sie als *Inaktivitätsphysiologie* definiert haben.

Inzwischen ist man zu der Auffassung gelangt, dass wir unsere Gesundheit sogar gefährden, wenn sich die körperliche Bewegung lediglich auf dreißig bis vierzig Minuten am Tag beschränkt. Es ist kein Geheimnis, dass wir viel zu viel Zeit im Sitzen verbringen. Wir sitzen im Auto oder Bus auf dem Weg zur Arbeit, nehmen am Schreibtisch Platz, sobald wir unser Ziel erreicht haben, und hocken nach Feierabend vor dem Fernseher. Erwachsene verbringen durchschnittlich 9,3 Stunden (61 Prozent) ihrer wachen Zeit im Sitzen. Wissenschaftler sind überzeugt, dass die negativen Auswirkungen dieses Bewegungsmangels schon dadurch gemildert werden könnten, dass man jede Stunde kurz aufsteht und ein paar Schritte geht.

In Flughafengebäuden ziehe ich es vor, zu Fuß zu gehen statt mich vom Laufband transportieren zu lassen, und Treppen zu steigen statt die Rolltreppe zu benutzen. Und wenn es nicht ohne Rolltreppe geht, marschiere ich hinauf, statt mich befördern zu lassen. Diese unspektakulären Entscheidungen summieren sich und tragen dazu bei, physisch aktiver zu werden.

Interozeption: Die tiefere Bedeutung der Körperwahrnehmung

Ich denke, dass nun die Zeit gekommen ist, in der die Beschäftigung mit dem eigenen Körper eher der Innenschau als der Nabelschau dient, obwohl die Frage nach dem Aussehen ein Teil der Selbstwahrnehmung ist. Doch körperliche Aktivitäten können auch eine psychische Wirkung haben.

Viele von uns sind mehr oder weniger gefühllos geworden, haben den Kontakt zu ihrem Körper verloren. Diese gestörte Wahrnehmung der Vorgänge im Inneren unseres Körpers nimmt im Alter oft zu. Wir sagen uns vielleicht: »Warum soll ich mich ausgerechnet jetzt mit meinem Körper auseinandersetzen?« Das Kapitel Kinder habe ich abgeschlossen. Ich muss niemandem mehr gefallen, nicht einmal mir selbst!« Sie macht sich vor allem bei Menschen bemerkbar, die sexuell missbraucht wurden oder unter Fettleibigkeit leiden, aber sie ist nicht darauf beschränkt. Viele Menschen spüren ihre Muskeln, ihren Herzschlag und den Weg des Atems in ihrem Körper nicht mehr. Sie nehmen sie zur Kenntnis, aber rein automatisch, auf einer oberflächlichen, abstrakten Ebene.

Meine Freundin, die Zen-Meisterin Joan Halifax, hat mich ermutigt, der tieferen Bedeutung der Körperwahrnehmung auf den Grund zu gehen. »Wir glauben, dass der menschliche Geist seinen Sitz zwischen den Ohren hat und in der Hirnaktivität zum Ausdruck kommt«, sagte sie. »Doch neurowissenschaftliche Studien belegen, dass der menschliche Geist über den Kopf hinausgeht; man findet ihn überall im Körper, wo er den gesamten Organismus mit Informationen versorgt.« Wenn wir uns unserem Körper entfremden, den Kontakt zu ihm verlieren, wird unsere Denkweise *entkörperlicht*.

Ich weiß aus eigener leidvoller Erfahrung, wie sich das anfühlt. Ich litt viele Jahre an Magersucht und Bulimie. Menschen mit Essstörungen haben zwangsläufig eine gestörte Körperwahrnehmung. Bei der Gründung meines Fitness-Unternehmens hatte ich keine akute Essstörung mehr, war aber auch nicht geheilt. Vermutlich befand ich mich in einem ähnlichen Zustand wie ein trockener Alkoholiker, der nicht mehr trinkt, aber das Zwölf-Punkte-Programm der Anonymen Alkoholiker noch nicht absolviert hat. Das hatte zur Folge, dass ich ziemlich oft nicht zu Hause war – das Geschehen nur von außen betrachtete. Rückblickend denke ich, dass ich im Aufbau meines Unternehmens vermutlich instinktiv eine Möglichkeit sah, meine Selbstheilungskräfte zu aktivieren, wieder einen Zugang zu den Vorgängen im Innern meines Körpers zu finden. Die Entdeckung, dass ich durch das Fitnesstraining die Kontrolle über ihn zurückgewinnen und lernen konnte, ihn zu akzeptieren und sogar zu lieben, war der erste Schritt auf diesem Weg.

Hier eine kleine Übung zur Verbesserung der Körperwahrnehmung: Legen Sie Zeige- und Mittelfinger auf die Halsschlagader, um Ihren Puls zu fühlen. Hören Sie nun auf, zu lesen, schließen Sie die Augen und richten Sie Ihre Aufmerksamkeit auf das Innere Ihres Körpers. Achten Sie dabei auf Ihre Atmung, das Heben und Senken des Brustkorbs, den Puls, die Empfindungen in Ihrem Körper, das Gefühl der beiden Gesäßhälften, die auf der Sitzfläche aufliegen, die Fußsohlen. Lassen Sie sich Zeit und atmen Sie tief ein und aus. Leiten Sie mit jedem Atemzug liebevolle Gedanken in Ihren Körper; nehmen Sie ihn so an, wie er ist, auch wenn er nicht ganz Ihren Wunschvorstellungen entspricht. Schenken Sie ihm ein inneres Lächeln.

Betrachten Sie ihn als treuen Gefährten auf Ihrem Lebensweg, der Liebe, Respekt und Aufmerksamkeit verdient. Spüren Sie nun den Empfindungen in Ihrem Körper nach.

Vorausgesetzt, dass Sie den Anleitungen gefolgt sind, waren Sie während dieser Zeit voll in Ihrem Körper präsent. Wenn wir uns diese intensive Körperwahrnehmung zur Gewohnheit machen, zum Beispiel durch Meditation, physische Aktivitäten, die Achtsamkeit erfordern, oder Yoga, können wir laut Joan Halifax die Fähigkeit der *Interozeption* fördern. Wir lernen, unseren Körper besser zu spüren und wahrzunehmen, einschließlich Körpertemperatur, Hungergefühl, sexuelle Bedürfnisse oder Organe wie Darm, Lunge, Herz usw. Mit anderen Worten, wir entwickeln ein genaueres Vorstellungsbild vom inneren Zustand unseres Körpers. Interozeption gestattet Selbst-Empathie.

Empathie bedeutet, dass wir das Leid anderer Menschen (oder ihre Emotionen) verstehen, was zu Nachsicht führen kann. Empathie und Nachsicht gegenüber anderen sind aber nur dann möglich, wenn wir sie auch uns selbst gegenüber verspüren. Empathie beginnt also mit der Inbesitznahme des eigenen Körpers – mit der Fähigkeit, ihn wahrzunehmen, uns in ihn hineinzuversetzen, in unsere Muskeln, Zellen, unseren Atem. Wir müssen lernen, ihn zu lieben und einfühlsam mit ihm umzugehen.

Joan Halifax geht noch einen Schritt weiter; sie sagt, Empathie sei die Fähigkeit, die Gefühle anderer zu erkennen und zu deuten, aber »Mitgefühl bedeutet, dass Leid anderer nachzuempfinden, gepaart mit der Hoffnung auf eine heilende Transformation. Mitgefühl ist die wichtigste mentale Eigenschaft, die es zu fördern gilt.«[41]

Im Gegensatz zu Mitleid, das sich als Mitgefühl tarnt und alle Beteiligten erschöpft, füllt uns Mitgefühl mit neuer Energie. Es weckt Hilfsimpulse. Diese Abfolge – von der viszeralen, achtsamen und wertfreien Körperwahrnehmung zur Selbst-Empathie, die sich auf Empathie und Mitgefühl gegenüber anderen und schlussendlich gegenüber allen Lebensformen erstreckt – ist Ausdruck unserer Fähigkeit zu einem unvoreingenommen, universellen Mitgefühl.

Das von den Tiefen der Innenwelt in die Weite der Außenwelt hineinreicht.

Der Aufruf, physisch aktiv zu werden und dem Körper Aufmerksamkeit zu schenken, soll zugleich ein Ansporn sein, ihn vorbehaltlos anzunehmen und mit Mitgefühl zu betrachten. Sie haben jetzt die Möglichkeit – mehr als jemals zuvor – diese Aufgabe in Angriff zu nehmen. Sie sollten sich die Zeit *nehmen* und den Mut zur Innenschau aufbringen, um Ihren Körper zu spüren, zu akzeptieren, zu lieben und voll in ihm präsent zu sein.

Schlussfolgerung

Selbst wenn Sie noch nie physisch aktiv waren, können Sie jetzt damit beginnen. Die McArthur Study of Successful Aging gelangte zu der Schlussfolgerung, dass physische Aktivität »vielleicht der wichtigste Beitrag ist, den ein älterer Mensch leisten kann, um gesund zu bleiben … das A und O eines gelungenen Alterungsprozesses, ungeachtet anderer Einflussfaktoren.«[42]

Es ist nie zu spät, aber je früher Sie beginnen, desto besser. Sie müssen sich nur aufraffen und loslegen. Ist der Anfang erst gemacht, werden Sie vermutlich motiviert sein, am Ball zu bleiben, weil Sie feststellen, dass Sie sich erheblich besser fühlen. Sie werden die physischen Aktivitäten sogar vermissen, wenn Sie einmal nicht dazu kommen.

Carpe diem – packen Sie es an!

7. KAPITEL

Du bist, was du isst

Hätte ich geahnt, dass ich so lange lebe, hätte ich besser auf mich achtgegeben.

EUBIE BLAKE, JAZZPIANIST, IM ALTER VON 102 JAHREN

Mein Arzt hat mir geraten, auf das kleine Abendessen für vier Personen zu verzichten – es sei denn, es nehmen außer mir noch drei andere Personen daran teil.

ORSON WELLES

Ich habe eine 45-jährige Frau unter meine Fittiche genommen, Kelly, die es im Leben schwer hatte. Wir korrespondieren per E-Mail. Vor einiger Zeit schrieb sie mir, woraus ihre übliche Kost bestand: Getränkepulverkonzentrat, Chips, Pizza, Sonderangebote gleich welcher Art. Ich war entsetzt! Viele Leute ernähren sich ungesund, vor allem, wenn ihre finanziellen Mittel beschränkt sind. Deshalb schickte ich ihr Geld, um Hühnchen, Brokkoli und frisches Obst zu kaufen, und erklärte ihr, wie man das Huhn zubereitet. Einige Monate nach der Ernährungsumstellung schrieb sie mir:

Meine ausweglose Situation führte zu Depressionen (keine Arbeit, ständige Rückschläge, usw.). Gleich, was ich auch unternahm oder versuchte, nichts funktionierte. Ich fühlte mich isoliert, war wütend und niedergeschlagen. Dann schrieben Sie die magischen Worte: »Achten Sie nicht auf den Kopf, sondern auf Körpersignale.« Sie rieten mir, mich gesund zu ernähren. Eigentlich hatte ich keine Lust dazu, aber ich habe mich daran gehalten. Ich stellte eine Veränderung fest. Ich fühlte mich zunehmend besser. Als ich endlich meine Lebensmittelmarken erhielt, konnte ich es mir leisten, gesunde Lebensmittel zu kaufen. (Vorher habe ich versucht, zu sparen und billige Produkte zu kaufen, die lange sättigten. Das Geld reichte länger, aber das Essen schmeckte grauenhaft.)

Das Lauftraining und die gesunde Kost haben nicht nur meine körperliche, sondern auch meine mentale Befindlichkeit verbessert – und noch mehr bewirkt. Ich reagiere heute anders als früher auf bestimmte Situationen. Wenn ich mich aufrege, was manchmal vorkommt, dauert der Gefühlsaufruhr nicht lange an. Mein emotionaler Zustand hat sich gefestigt und wird zunehmend stabiler. Ich weiß, es hängt damit zusammen, dass ich auf Produkte verzichte, die Zucker, künstliche Farbstoffe, chemische Zusätze, Geschmacksverstärker dieser oder jener Art und Konservierungsstoffe enthalten. Ich schlafe besser und fühle mich weniger unruhig und überdreht.

Jogging und eine gesunde Ernährung können nicht dafür sorgen, dass Arbeitslosigkeit, Rassismus, Diskriminierung, Armut, Gewalt, das System oder irgendwelche anderen Probleme aus meinem Leben verschwinden, aber körperliche Aktivität und die richtige Ernährung sind ein guter Schutzpanzer. Sie haben bewirkt, dass ich mich innerlich gestärkt und imstande fühle, Herausforderungen zu meistern.

Älter werden ist eine Herausforderung, und um sie in den Griff zu bekommen und die Gesundheit und Kraft des Körpers, unseres Sammelgefäßes, so lange wie möglich zu erhalten, sollten wir auf unsere Ernährung achten.

Als ich zehn oder elf Jahre alt war, aß ich Haferflocken zum Frühstück, wenn ich mit einer Schulaufgabe rechnete (keine Instantflocken – ich glaube, die gab es damals noch nicht –, sondern die Sorte, die eine Weile gekocht werden muss). Bis heute bin ich überzeugt, dass meine guten Noten in diesen Tests den Haferflocken geschuldet waren, denn wenn ich sie vergaß und zuckerhaltige Zerealien aß, schnitt ich schlechter ab. Ich fühlte mich unruhig und überdreht, genau wie meine Freundin Kelly. Dafür gibt es einen Grund, wie Sie gleich sehen werden.

Als ich älter wurde, verzichtete ich auf das Frühstück, weil ich ständig irgendeine Diät machte – oder mich zwischen zwei Magersucht- und Bulimie-Attacken befand. Manchmal vergingen Tage, ohne dass ich Wasser trank oder grünes Gemüse oder Obst zu mir nahm, aber ich hatte nie das Gefühl, dass es mir schadete.

Die meisten von uns haben in jungen Jahren Raubbau am eigenen Körper betrieben, entweder aus Unwissenheit oder aus dem Gefühl heraus, unsterblich zu sein. Zu dem Zeitpunkt war der Organismus noch topfit und widerstandsfähig, deshalb fiel es uns über die unmittelbaren Auswirkungen hinaus nicht weiter auf. Auf der Zellebene hielten sich Zerfall und Erneuerung in etwa die Waage. Die Zellen wurden durch unsere Ernährungsweise oder den Nährstoffmangel vielleicht geschädigt, aber die körpereigenen Reparaturmechanismen traten unmittelbar in Kraft. Wir glaubten uns um Besitz einer Art Freifahrtschein.

Doch in der Lebensmitte verlangsamt sich der Zellerneuerungsprozess, und im Alter hat die Ernährung prägenden Einfluss auf die Einstellung zu uns selbst und auf unser Befinden. Nun geht uns wohl oder übel ein Licht auf. Die Einsicht ist letztendlich der Tatsache geschuldet, dass mit dem Alter die Fähigkeit der Zellen nachlässt, lebenserhaltende Nährstoffe zu nutzen und Stoffwechselendprodukte zu beseitigen, was unerlässlich ist, um die Abwehrkräfte des Körpers zu erhalten. Wir werden anfälliger für Krankheiten. Natürlich unterscheidet sich das Tempo des Zellabbauprozesses beträchtlich, je nach Gesundheitszustand und Belastung durch äußere Giftstoffe wie Zigarettenrauch, Luftverschmutzung, Pestizide, Radioaktivität und Anästhetika, aber auch infolge von exzessivem Stress,

Sonnenbädern und Alkoholkonsum, die einigen Schaden anrichten.

In diesem Kapitel gehen wir der Frage nach, wie wir durch eine *qualitativ hochwertige, maßvolle* Ernährung den Zellabbau verlangsamen und die Gesundheit im Alter fördern können.

Kalorien

Eine kalorienreduzierte Kost ist im dritten Akt des Lebens besonders ratsam, und nicht nur als Strategie, um abzunehmen. Wir sollten darauf achten, dass sich die Kalorienzufuhr innerhalb einer Bandbreite bewegt, die unserem Alter und dem Ausmaß der physischen Aktivität entspricht. Die Referenzwerte für Frauen über fünfzig mit überwiegend sitzender Lebensweise belaufen sich auf ca. 2000 kcal/Tag, bei Männern auf 2500 kcal/Tag. Je mehr Kalorien durch Aktivität verbrannt werden, desto mehr können wir unbedenklich essen. Die größte Herausforderung besteht darin, die Kalorienmenge in Grenzen zu halten, aber gleichzeitig den Nährstoffbedarf zu decken. Das heißt, dass jede Kalorie zu Buche schlägt! Deshalb ist es besser, die uns täglich zugestandene Kalorienmenge aus frischen Lebensmitteln mit hohem Nährwert zu beziehen und auf Produkte wie Softdrinks und die typischen Fertiggerichte zu verzichten, die oft wenig Nährstoffe, dafür aber jede Menge Zucker, Fett und Natrium enthalten. Im Alter erhält der Ausspruch »Du bist, was du isst« zusätzliche Bedeutung.

Was Sie bei einer gesunden Ernährung reduzieren sollten

Um sich im dritten Akt gesund zu ernähren, sollten Sie fünf Dinge reduzieren oder ganz ausklammern:

1. Zuckerzusatz

Der Zuckerkonsum ist seit Jahren drastisch gestiegen. Eine Harvard-Studie belegt, dass Zucker nicht nur nährstoffarm ist, sondern auch Fettleibigkeit, Herzerkrankungen, Diabetes und Karies fördert; zuckerhaltige Getränke gelten hier als Hauptursache. Auf dem Produktetikett steht vielleicht Maissirup, Dextrose, Maltose, Glukose oder Invertzucker, aber dahinter verbirgt sich Zucker! Verzichten Sie also auf süße Muffins und Frühstückszerealien, süße Snacks und Nachspeisen. Versuchen Sie, weniger als 30 Gramm Zucker am Tag zu konsumieren – wobei Produkte mit natürlichem Zuckergehalt wie Obst, Gemüse, Milch und Joghurt nicht mitzählen!

2. Fett

Fett ist ein extrem wichtiger Nährstoff. Erhält der Körper zu wenig Fett, verschlechtert sich das Hautbild und es droht ein Vitaminmangel. Fett ist für die Aufnahme der fettlöslichen Vitamine A, D, E und K unentbehrlich und trägt zur Verdauung und Aufnahme krankheitsabwehrender Pflanzenkomponenten bei, Phytonährstoffe genannt (aus dem Griechischen *phyton* = Pflanze abgeleitet). Zu diesen Substanzen gehören die Carotinoide Lycopin und Lutein, die dazu beitragen, Entzündungen, zellulären Oxidationsprozessen und Krankheiten wie Makuladegeneration (die Hauptursache für Altersblindheit), Krebs und Herzinfarkt vorzubeugen.

Für viele Leute scheint der Begriff gesundes Fett ein Widerspruch zu sein. Wissenschaftler haben herausgefunden, dass wir ein Mindestmaß an Fett für den Erhalt unserer Gesundheit brauchen, doch welche Fettart wir wählen, ist von entscheidender Bedeutung.

Fett ist nach den Kohlehydraten der zweitwichtigste Energielieferant, aber es gibt gute und schlechte Fette, wobei die schlechten in puncto Ernährung eine tickende Zeitbombe darstellen.

TRANSFETTSÄUREN Künstliche Transfettsäuren (aus teilweise gehärteten Ölen) sind Gramm für Gramm das schädlichste Fett in der Nahrungsmittelpalette. Sie erhöhen den schlechten LDL-Cholesterinspiegel und senken den guten HDL-Cholesterinspiegel im Blut. Zum Glück muss der Anteil der künstlichen Fette, die von der Lebensmittelindustrie hergestellt werden (billig und äußerst gewinnträchtig – auf unsere Kosten!), auf dem Produktetikett ausgewiesen werden, und die meisten großen Lebensmittelhersteller und Restaurants verzichten auf die Verwendung. Der Anteil der Transfettsäuren in Nahrungsmitteln ist seit 2004 mindestens um die Hälfte zurückgegangen, aber man findet sie immer noch in einigen Mikrowellen-Popcornmarken, frittierten Lebensmitteln, Kuchen, Keksen und Gebäck. Werfen Sie einen Blick auf die Produktetiketten (oder fragen Sie den Bäcker), um diese gesundheitsgefährdenden Fette zu vermeiden. Sie sollten sich zum Ziel setzen, Produkte, die Transfettsäuren enthalten, ganz von Ihrem Speiseplan zu streichen. (Rindfleisch und Käse enthalten natürlich vorkommende Transfette in kleinen Mengen; es empfiehlt sich daher, fettarme Fleischsorten und Milchprodukte zu wählen.)

GESÄTTIGTE FETTSÄUREN Ungesund sind auch die gesättigten Fettsäuren, die bei Zimmertemperatur fest werden, wie

Butter, Schweineschmalz und Backfett, einschließlich der Sorten, die aus Kokosnuss- oder Palmöl hergestellt werden. Gesättigte Fettsäuren erhöhen den schlechten LDL-Cholesterinspiegel im Blut und das Risiko einer Herzerkrankung. Sie sind gleichwohl nicht ganz so schädlich wie die Transfettsäuren, weil sie auch den guten HDL-Cholesterinspiegel heben. Versuchen Sie, frittierte Lebensmittel, Butter, Eiskreme, Vollfettkäse, Sahnesoßen, industriell verarbeitetes Fleisch wie Aufschnitt, Würstchen, Schinkenspeck und vor allem rotes Fleisch zu meiden.

Eine gute Neuigkeit: Diejenigen von uns, die über fünfzig sind, müssen sich nicht mehr ständig den Kopf über ihre Cholesterinwerte zerbrechen: Das Gesundheitsrisiko, das damit verbunden ist, nimmt mit dem Alter ab. Dennoch sollten Sie den Konsum von gesättigten Fettsäuren auf 10 bis 20 Gramm am Tag beschränken.

GUTE FETTE Es gibt einige Fette, die gesund sind: die ungesättigten Fette, die bei Raumtemperatur flüssig bleiben. Sie stammen von Pflanzenölen, beispielsweise Olivenöl, Sojaöl, Rapsöl, Maisöl und Sonnenblumenöl und liefern essentielle Fettsäuren. Typische Pflanzenöle, einschließlich der Sorten, die in Nüssen und Sojabohnen enthalten sind, senken den LDL-Cholesterinspiegel und mindern das Risiko einer Herzerkrankung. Fisch ist reich an Omega-3-Fettsäuren, die das Herz schützen. Diese Öle sind zwar gesund, enthalten aber auch Kalorien, also sollten sie in Maßen verwendet werden.

Gute Fette sollten 20 bis 25 Prozent der Kalorien in unserer täglichen Kost ausmachen; sie in Form eines Salatdressings aus Öl und Essig zu sich zu nehmen ist wesentlich besser als sie aus 2 Prozent Milch, Käse oder Fleisch zu beziehen.

3. Kochsalz

Zu viel Kochsalz ist eine der Hauptursachen für den Bluthochdruck und Wassereinlagerungen im Körper. Bei Bluthochdruck erhöht sich das Herzinfarkt- und Schlaganfallrisiko. Würden wir unseren Salzkonsum halbieren, könnten mindestens 100 000 Menschenleben im Jahr gerettet werden. Diese Zahl spricht für sich, oder?

Die größte Kochsalzmenge enthalten Fertig- und Restaurantgerichte; lesen Sie beim Einkauf die Nährwertangaben auf dem Produktetikett und verzichten Sie entweder ganz auf kochsalzreiche Nahrungsmittel oder wählen Sie solche mit niedrigem Salzgehalt. Die Weltgesundheitsbehörde WHO empfiehlt, den Kochsalzkonsum pro Tag auf maximal 5 Gramm zu reduzieren. Im Restaurant zu essen kann sich als zweifelhaftes Vergnügen erweisen. Der Salzgehalt der Gerichte überschreitet die empfohlene Tagesmenge oft um ein Vielfaches. Versuchen Sie also, Kochsalz sparsam zu verwenden und nicht nachzusalzen.

4. Alkohol

Übermäßiger Alkoholkonsum lässt sich nicht mit einer gesunden Ernährung vereinbaren; dafür gibt es mehrere Gründe. Dadurch wird der Verzehr von Lebensmitteln mit hoher Nährstoffdichte reduziert und sowohl der Stoffwechsel als auch die Aufnahme wichtiger Nährstoffe beeinträchtigt. Mangelernährung ist bei Alkoholikern weit verbreitet. Alkohol entzieht dem Körper Vitamin C, Vitamin A, die B-Vitamine Folsäure und Thiamin sowie lebenswichtige Mineralstoffe wie Eisen, Calcium, Magnesium und Zink. Oxidation schadet den Zellen, und Alkohol in größerer Menge ist ein hochwirksames Oxidationsmittel, das darüber hinaus noch Verdauungs- und

Hormonsystem, Nieren und Leber belastet. Infolgedessen leiden viele Alkoholiker unter Magen-Darm-Problemen, Immunschwäche, Nerven- und Gehirnschäden, Herzbeutelentzündungen, Osteoporose und Fett-Resorptionsstörungen, sodass ein Mangel an fettlöslichen Vitaminen entsteht (A, D, E und K). Dazu kommt, dass ein alkoholisches Getränk zwischen 100 und 400 Kalorien, aber keine essentiellen Nährstoffe enthält.

In Maßen (pro Tag ein Glas bei Frauen und zwei Gläser bei Männern) konsumiert, erweitert Alkohol die Blutgefäße und erhöht den guten HDL-Cholesterinspiegel im Blut um etwa 5 Prozent, was dazu beiträgt, das Herz zu schützen. Das gilt vor allem für diejenigen, die viel Sport betreiben, denn auch dabei steigt der HDL-Cholesterinspiegel. Das A und O ist hier Mäßigung und Beschränken des Alkoholkonsums auf die Mahlzeiten. Erlaubt sind pro Tag 150 ml Wein, 0,3 l Bier oder 42 ml Spirituosen.

5. Nikotin

Rauchen ist eine der größten vermeidbaren Todesursachen. Durch Rauchen – und Passivrauchen – werden fast alle Organe des Körpers in Mitleidenschaft gezogen. Der Zigarettenkonsum ist für annähernd 87 Prozent aller tödlichen Lungenkrebserkrankungen und für viele andere Tumorarten und Gesundheitsprobleme verantwortlich, unter anderem Lungen-, Herz- und Blutgefäßerkrankungen, Schlaganfall und grauer Star. Frauen, die rauchen, sind anfälliger für bestimmte Schwangerschaftsprobleme und das Risiko, ihr Baby im ersten Lebensjahr durch den plötzlichen Kindstod (SIDS = Sudden Infant Death Syndrome) zu verlieren, erhöht sich. Nikotin ist auch für andere schädlich, die den Giftstoff als sogenannte *Passivraucher* einatmen und die gleichen Gesundheitsprobleme entwickeln können wir die Raucher selbst. Wenn Sie mit dem Rauchen aufhören, verringern Sie diese Risiken, und je früher Sie darauf verzichten, desto besser für die Gesundheit.

Hinzu kommt, dass Nikotin dem Körper wichtige Nährstoffe entzieht. Er ist außerdem ein hochwirksames Oxidationsmittel, das den Alterungsprozess beschleunigt und die Quervernetzung der Zellen verursacht, die zur Faltenbildung, zur Versteifung der Blutgefäße und anderer Bindegewebe führen kann. Studien zufolge gehört Rauchen zu den Gewohnheiten, die unsere Gesundheit in besonders hohem Maß gefährden.

Die Grundelemente einer gesunden Ernährung

Obst, Gemüse und Vollkornprodukte gehören zu den Grundelementen einer gesunden Ernährung.

Den Schwerpunkt sollten dabei Obst, Gemüse, Nüsse, Hülsenfrüchte (z.B. Linsen, Erbsen und Bohnen) Vollkorngetreide (z.B. brauner Reis, Bulgur und Buchweizen) und Vollkornprodukte (Vollkornbrot, Mehrkornzerealien) bilden.

Es empfiehlt sich, aus diesen Lebensmitteln 50 bis 60 Prozent des täglichen Kalorienbedarfs zu decken. Wir müssen uns nicht vegetarisch ernähren, aber einen Schritt in diese Richtung machen.

Bedauerlicherweise essen viele Leute zu wenig Obst und Gemüse, dafür aber zahlreiche Produkte, die Weißmehl enthalten. Bei einer solchen Ernährungsweise sind Herzerkrankungen, Diabetes und möglicherweise auch Krebs geradezu vorprogrammiert, wie zahlreiche Forschungsergebnisse belegen.

Fünf Grundnahrungsmittelgruppen

Diese fünf Nahrungsmittelgruppen sollten den Hauptbestandteil der Ernährung bilden. 1) Brot und Zerealien, 2) Obst und Gemüse, 3) Molkereiprodukte, 4) Proteinreiche Produkte und 5) Produkte mit gesunden Fetten. Wichtig ist, jeden Tag eine ausreichende Menge an Nahrungsmitteln aus jeder Gruppe zu sich zu nehmen.

Brot und Zerealien

Zu dieser Kategorie gehören alle Vollkorngetreide (Reis, Gerste, Hirse, Weizenschrot, Mais), Vollkornbrot und Vollkornzerealien (Müsli mit Haferflocken zum Kochen, Kleie, usw.) und Vollkornprodukte wie Cracker, Nudeln und dergleichen. Diese Nahrungsmittelgruppe sollte der primäre Energielieferant in unserer täglichen Kost sein.

Vollkornprodukte sind Nahrungsmittel, die nicht nur Stärke, sondern noch sämtliche Getreidekeime und Ballaststoffe enthalten. Das ist aus folgendem Grund wichtig: Bevor das Getreide industriell verarbeitet wird, enthält es Kleie und Getreidekeime; beide bieten eine breitgefächerte Palette von Nährstoffen, beispielsweise A- und B-Vitamine (Thiamin, Niacin, Riboflavin und Pantothensäure), Mineralstoffe (Calcium, Magnesium, Kalium, Phosphor, Natrium, Selen und Eisen), Proteine, essentielle Fettsäuren und Phytonährstoffe, einschließlich Antioxidantien (die freie Radikale bekämpfen), die unsere Gesundheit fördern. Vollkornprodukte enthalten außerdem eine geringe Menge Natrium oder Zucker und einen hohen Anteil an Ballaststoffen. Bei der industriellen Getreideverarbeitung werden nach dem Absieben des Mehles die Rückstände aus den nährstoffreichen Samenschalen und ballaststoffreichen Zellwänden des Getreidekorns, die Kleie, entfernt – um als Viehfutter Verwendung zu finden!

Ballaststoffreiche Nahrungsmittel

Ballaststoffe sind in Vollkornprodukten, Bohnen, Erbsen, Samen, Nüssen (am besten roh und ungesalzen), Linsen, frischem Obst und Gemüse und Sprossen wie Sojabohnensprossen, Mungbohnensprossen und Alfalfasprossen enthalten, die man auch zu Hause anbauen kann. Abgesehen von den Ballaststoffen liefern sie zahlreiche Vitamine, Mineralstoffe und Phytonährstoffe. Die meisten Pflanzen gleichen Nährstofffabriken im Miniaturformat. Wenn diese Phytochemikalien in das menschliche Körpergewebe eingeschleust werden, entwickeln sie gesundheitsfördernde Eigenschaften. Die meisten Menschen – zu denen vielleicht auch Sie gehören – nehmen zu wenig ballaststoffhaltige Nahrung und folglich zu wenig Ballaststoffe zu sich.

Es gibt zwei verschiedene Arten von Ballaststoffen. Wasserlösliche Balllaststoffe aus Hafer, Gerste und frischem Obst und Gemüse können den Cholesterinspiegel senken und das Risiko einer Herzerkrankung verringern, heißt es in einer Ausgabe des *Nutrition Action Healthletter.*[43] Wasserunlösliche Ballaststoffe, beispielsweise aus Vollkornweizen (vor allem aus dem Kleieanteil) können von den Bakterien im Darm nicht gespalten werden und tragen folglich zu einer regelmäßigen Darmtätigkeit bei. Alle ballaststoffreichen Nahrungsmittel werden langsamer in Glukose gespalten als ballaststoffarme oder industriell verarbeitete Produkte.

Das bedeutet, dass sie nachhaltigere Energie über einen längeren Zeitraum liefern als raffinierte Produkte wie Weißbrot oder weißer Reis (oder Zucker). Ballaststoffe sind auch bei der Gewichtabnahme wichtig, weil das Sättigungsgefühl nach einer

Mahlzeit länger vorhält. Weißmehl ist reich an hochgradig raffinierten Kohlehydraten, aber ballaststoffarm; Weizenvollkornbrot enthält drei Mal so viele Ballaststoffe wie Weißbrot. Die empfohlene Tagesmenge liegt zwischen 20 und 30 Gramm.

PRODUKTETIKETTEN Sie glauben vielleicht, dass Sie Vollkornbrot kaufen, wenn Sie Packungen mit der Aufschrift Vollkorn oder Mehrkorn sehen, doch das ist nicht immer der Fall. Bei Brot, Pfannkuchen-Fertigmischungen oder anderen Nahrungsmitteln auf Getreidebasis sollte beispielsweise Vollkornweizen oder Vollkornroggen *das einzige Getreide auf der Zutatenliste sein.* Die Bezeichnung aus Vollkorn hergestellt bedeutet nicht, dass ein Produkt ausschließlich aus Vollkorngetreide besteht. Geben Sie kein Geld für Produkte aus ungebleichtem, *raffiniertem* Mehl aus. Und verzichten Sie auf Eiskreme, Joghurt, Säfte und industriell abgefülltes Wasser, die auf den Gehalt an Ballaststoffen hinweisen. Sie lassen sich nicht mit den natürlichen Ballaststoffen aus Vollkornprodukten, Bohnen, Obst und Gemüse vergleichen.

Es gibt keine hieb- und stichfesten wissenschaftlichen Beweise dafür, dass weitgehend von Rückständen gereinigte, industriell verarbeitete und pulverisierte Ballaststoff-Versionen, die Nahrungsmitteln zugesetzt werden, die gleichen gesundheitlichen Vorteile mit sich bringen.

Produktetiketten geben die Inhaltsstoffe in absteigender Reihenfolge ihres Gewichtsanteils [zum Zeitpunkt der Herstellung] an; wenn Zucker oder raffiniertes, angereichertes Mehl an erster oder zweiter Stelle aufgelistet ist, wissen Sie also, dass Sie auf das Produkt verzichten sollten. Meiden Sie auch Erzeugnisse, die fragwürdige Zusätze wie Nitrin, Saccharin, Acesulfam-Kalium, chemisch hergestellte Azofarbstoffe (wie E 104 Chinolingelb oder E 124 Cochenillerot) und synthetische Konservierungsmittel wie BHA und BHT enthalten.

Obst und Gemüse

Obst und Gemüse, die reich an natürlichen Ballaststoffen sind, sollten als wichtiger Energielieferant täglich auf dem Speiseplan stehen. Um sicherzugehen, dass wir die erforderlichen Vitamine, Mineralien und Mikronährstoffe konsumieren, die wir in dieser Lebensphase brauchen, sollte der Tagesbedarf an Kohlehydraten *nicht ausschließlich* aus braunen Produkten gedeckt werden (wie Vollkorngetreide, Nüsse, Brot, usw.).

Versuchen Sie, täglich fünf bis zehn kleine Portionen frisches Obst und Gemüse von unterschiedlicher Farbe zu essen. (Keine Angst! Gesundheitskolumnistin Jane Brody weist darauf hin, dass eine Portion nur aus etwa »einer halben Tasse rohes oder gekochtes Gemüse, einer Tasse frisches Grüngemüse, einer halben Tasse gekochte Hülsenfrüchte oder ca. 150 ml Fruchtsaft besteht«.[44])

Warum ist die Farbe so wichtig? Weil Nahrungsmittel mit kräftiger Farbe normalerweise einen hohen Nährstoffgehalt haben. Dunkle Blattgemüse wie Grünkohl, Spinat und Brokkoli, dunkelviolette Früchte wie Blaubeeren und Brombeeren und dunkelorangefarbene Obst- und Gemüsesorten sind besonders reich an Nährstoffen und Antioxidantien. Mit ihrem hohen Gehalt an Vitamin C und E, Betacarotin und Selen stellen sie eine starke Abwehr gegen die freien Radikalen dar. Betacarotin ist eine Vorstufe von Vitamin A, das die Sehkraft und Gesundheit der Haut fördert und zur Bekämpfung von Infektionen beitragen kann.

Da ältere Menschen keine Vitamin-A-Präparate nehmen sollten, weil Vitamin A bei einer Überdosierung in der Leber gespeichert werden und Vergiftungen auslösen kann, ist die Zufuhr in Form von Lebensmitteln besonders wichtig. Eine Studie belegt, dass Frauen, die viel Obst und Gemüse essen, seltener zu Fettleibigkeit neigen. Vorausgesetzt, sie werden nicht mit reichlich Butter oder kalorienreichen Dressings und Saucen zubereitet, füllen frisches Obst und Gemüse den Magen und zügeln den Appetit. Sie reduzieren außerdem den Cholesterinspiegel und beugen einer Verstopfung vor.

ESSEN NACH FARBEN Schauen Sie sich die Liste an und versuchen Sie, jeden Tag mindestens vier oder fünf der nach Farben geordneten Nahrungsmittel auf Ihren Speiseplan zu setzen. (Sie sind wesentlich gesünder und enthalten weniger Kalorien als Fruchtsäfte oder Trockenobst und Trockengemüse.)

Rot: Tomaten, pinkfarbene Grapefruit, Wassermelone, rote Paprika, rote Äpfel, Blutorangen, Cranberries, rote Weintrauben, Kirschen, rote Birnen, Granatäpfel, Himbeeren, Erdbeeren, rote Zwiebeln, Rhabarber, rote Beete, Radieschen, Radicchio.

Blau/dunkelviolett: blaue Weintrauben, blaue Pflaumen, Backpflaumen, Blaubeeren, Brombeeren, schwarze Johannisbeeren, schwarze Oliven, Auberginen, purpurfarbene Brüsseler Endivie, lilafarbene Paprika, Schwarzwurzel.

Gelb/orange: gelbe Äpfel, Aprikosen, Stachelbeeren, Cantaloupe-Melonen, Karotten, gelbe Feigen, Grapefruit, Kiwi Gold, Zitronen, Mangos, Nektarinen, Orangen, Papaya, Pfirsiche, gelbe Birnen, Khakifrüchte, Ananas, Mandarinen, gelbe Wassermelonen, gelbe Rüben, Kürbis (gelber Zentner, Muskatkürbis), Eichelkürbis, Butternutkürbis, Süßkartoffeln, gelbe Paprika, Kohlrüben, gelbe Zucchini, gelbe Tomaten, gelber Winterkürbis.

Grün: Avocados, grüne Äpfel, grüne Weintrauben, grüne Oliven, Honigmelonen, Kiwi, Limetten, grüne Birnen, Artischocken, Rucola, grüner Spargel, Romanesco, Brokkoli, Wildbrokkoli, Rosenkohl, Chinakohl, grüne Bohnen, Weißkohl, Sellerie, Chayote, Salatgurken, Endiviensalat, Grünkohl, Spinat, Blattkohl, Sareptasenf, Lauch, Pflücksalat, Frühlingszwiebeln, Okraschoten, frische Erbsen, grüne Paprika, Kaiserschoten, Zuckererbsen, Brunnenkresse, Zucchini.

Weiß: Knoblauch, Zwiebeln, Pastinaken, Schalotten, Steckrüben, Blumenkohl, Ingwer, Yambohne (Jicama), Kohlrabi, Champignons, Bananen, Datteln, weiße Nektarinen und Pfirsiche, Nashi-Birnen.

Molkereiprodukte oder calciumverstärkte Sojaerzeugnisse

Das Ziel ist der Verzehr von fettarmen oder fettfreien Molkereiprodukten wie Milch, Käse oder Joghurt, und zwar eine bis drei Tassen pro Tag. Entrahmte Milch enthält mehr Calcium als Joghurt. Da auch der Magen-Darm-Trakt einen Alterungsprozess durchläuft, können fermentierte Molkerei- oder Sojaprodukte – beispielsweise Joghurt oder Kefir mit lebenden aktiven Kulturen – die Verdauung fördern.[45]

Ohne Molkereierzeugnisse, calciumverstärkte Sojaprodukte oder andere mit Calcium angereicherte Lebensmittel (beispielsweise Orangensaft und Zerealien) kann ein Calciumdefizit entstehen; konsultieren Sie Ihren Arzt, ob ein Zusatzpräparat empfehlenswert wäre (vermutlich eines, das Vitamin D enthält). Calcium als Nahrungsergänzungsmittel wird vom Körper am besten in einer Dosierung von 500 mg oder weniger absorbiert, zwischen den Mahlzeiten und in Form von Calciumcitrat eingenommen. Die maximale Calciumzufuhr sollte 2500 mg pro Tag nicht überschreiten.

Proteine

Ungefähr 15 Prozent unserer gesamten Kalorienzufuhr stammt aus Proteinen. Protein stärkt das Immunsystem, das im Alter anfälliger wird, und verlangsamt den unvermeidlichen Knochen- und Muskelabbau, wie die Gerontologie-Experten der Tufts University und anderer namhafter Forschungszentren festgestellt haben. Protein fördert Aufbau und Reparatur von Zellen, Muskeln und Knochen. Ein Proteinmangel beeinträchtigt die Gesundheit der Knochen, die Muskelfunktion, die Muskelstärke, die Muskelmasse und die Immunfunktion.

Es gibt neun essentielle Aminosäuren, die der Körper nicht selbst erzeugt; daher sollten wir sie aus den Nahrungsmitteln beziehen, die wir konsumieren. Tierische Produkte wie mageres Fleisch, Huhn, Fisch und Eier, sowie Molkereierzeugnisse und vegetarische Produkte wie Sojabohnen und Tofu enthalten sowohl alle neun essentiellen Aminosäuren in der benötigten Menge als auch die sogenannten kompletten Proteine. Viele Gemüsesorten, Getreide, getrocknete Bohnen und Nüsse enthalten zwar Protein, aber mit einem geringeren Anteil an essentiellen Aminosäuren, weshalb sie nicht zu den kompletten Proteinen zählen. Zum Glück sorgt eine ausgewogene Mischkost mit Proteinen aus verschiedenen Quellen für die benötigte Menge an essentiellen Aminosäuren.

Ältere Männer und Frauen erhalten – vor allem dann, wenn sie eine Diät machen – oft nicht genug Protein, obwohl dieser Vitalstoff für die Gesundheit unerlässlich ist. Das gilt vor allem für Menschen, die sich eine Infektion zugezogen oder einen chirurgischen Eingriff hinter sich haben, da Proteine die Immunabwehr und die Wundheilung fördern. Die empfohlene Tagesdosis an Eiweiß beläuft sich auf etwa 0,8 Gramm pro Kilogramm Körpergewicht oder maximal 15 Prozent der gesamten durch Nahrung zugeführten Energie. Fleisch, Fisch, Geflügel, Eier und Molkereiprodukte stellen für Nicht-Vegetarier die Hauptproteinquelle dar.

Nach Absprache mit dem Arzt können zur Unterstützung des Herz-Kreislauf-Systems auch Omega-3-Fettsäuren (einschließlich EPA und DHA) als Nahrungsergänzungsmittel genommen werden (vornehmlich aus Fischöl). Eine Tagesdosis von 1000 Milligramm ist für den Anfang empfehlenswert. Vegetarier können ihre Omega-3-Fettsäuren aus Walnüssen, Leinsamen, Leinöl und Rapsöl beziehen. Bei Einnahme von Omega-3-Fettsäuren als Nahrungsergänzungsmittel benötigt der Körper jedoch mehr Vitamin E, ein wichtiges Antioxidans, das gemeinsam mit den Omega-3-Kapseln eingenommen werden sollte.

Für Vegetarier ist Tofu empfehlenswert, ein Produkt aus Sojabohnen, das hochwertige komplette Proteine, gesundes Sojaöl und Calcium, wenig Kalorien und Kohlehydrate und kein Cholesterin enthält. Hülsenfrüchte sind proteinhaltig, sollten aber mit Getreide kombiniert werden, um den gleichen Nährwert wie Produkte mit hochwertigen, kompletten Soja- oder tierischen Proteinen zu erreichen.

Vitamine und Mineralstoffe

Vitamine sind im Gegensatz zu Proteinen, Kohlehydraten und Fetten kein Energielieferant, sondern Katalysatoren für biochemische Reaktionen, die im Körper stattfinden. Da sie nicht vom menschlichen Organismus hergestellt werden können, müssen wir sie mit der Nahrung oder Nahrungsergänzungsmitteln zuführen.

Mineralstoffe werden wie die Vitamine für zahlreiche Körperfunktionen benötigt, vor allem als Bausteine für das Gewebe und als Regulatoren für Stoffwechselprozesse. Wir brauchen verschiedene Mineralstoffe, um Gesundheit und Wachstum zu fördern, einige in großen Mengen und andere, wie die Spurenelemente, in geringer Dosierung.

Zu den Mineralstoffen, die in größerer Menge erforderlich sind, gehören Calcium, Kalium, Natrium, Magnesium und Phosphor. Zu den Spurenelementen zählen Eisen, Kupfer, Zink, Mangan, Chrom, Selen, Vanadium und Molybdän.

Wenn wir Obst, Gemüse und andere nährstoffreiche Produkte in ausreichender Menge zu uns nehmen, können wir weitgehend auf Vitamin- und Mineralstoff-Präparate verzichten. Es ist empfehlenswert, Vitamine und Mineralstoffe direkt aus Nahrungsmitteln zu beziehen, weil sie darüber hinaus noch mehr als neunhundert natürliche Substanzen enthalten – beispielsweise Ballaststoffe, Carotinoide, Flavonoide, Polyphenol, Anthocyane, Isoflavone, Resveratrol und Proteaseinhibitoren [Moleküle, die Protein spaltende Enzyme hemmen], die Phytonährstoffe, die an früherer Stelle beschrieben wurden und uns vor chronischen Gesundheitsproblemen schützen können.

Doch da wir uns nicht immer gesund ernähren und der Appetit mit dem Alter abnimmt, kann es schwer sein, die ausreichende Menge an Nährstoffen zu erhalten. Dazu kommt, dass Obst und Gemüse aus dem Supermarkt meistens lange Transportwege und Lagerzeiten hinter sich haben. Die Zeitspanne zwischen Ernte und Verbrauch führt zu einem Nährstoffverlust, sodass in manchen Fällen die Einnahme eines Multivitamin- oder Mineralstoffpräparats und der Verzehr bestimmter angereicherter Lebensmittel unumgänglich werden.

Vitamine sind entweder wasserlöslich oder fettlöslich. Die wasserlöslichen C- und B-Vitamine werden nicht im Körper gespeichert, deshalb müssen wir sie jeden Tag aufs Neue mit der Nahrung zuführen. Die fettlöslichen Vitamine A, D, E und K werden im Fettgewebe eingelagert und vom Körper nur dann absorbiert und genutzt, wenn unsere Mahlzeiten Fett in ausreichender Menge enthalten.

Da viele ältere Menschen nicht genug Proteine zu sich nehmen und sie schlecht absorbieren, leiden sie an einem Vitamin B_{12}-Mangel, der eine Anämie und neurologische Störungen zur Folge haben kann. Für Menschen über fünfzig werden Nahrungsmittel empfohlen, denen Vitamin B_{12} zugefügt wurde, wie angereicherte Zerealien oder Nahrungsergänzungsmittel, die B_{12} in kristalliner Form enthalten.

35 Prozent aller achtzigjährigen Männer und Frauen leiden unter einem Abbau der Darmschleimhaut. Das führt zu einer Verringerung der Magensäuresekretion und somit zu einer verminderten Absorption von Folsäure, Eisen, Calcium und Vitamin B_6 und B_{12}. Um einem Mangel entgegenzuwirken, sollte dem Körper Folsäure durch den täglichen Verzehr von ungekochtem Blattgemüse, Hefe und Obst zugeführt werden, ergänzt durch 400 Mikrogramm Folsäure in Form eines entsprechenden Präparats.

Vitamin A

Leber, Fischöl, Eier und Vollmilch enthalten Vitamin A, doch die besten Lieferanten (ohne Cholesterin und gesättigte Fette) sind Karotten, Süßkartoffeln und dunkelgrüne Blattgemüse. Die Pflanzen selbst enthalten kein Vitamin A, sondern Vorläufer, die Carotinoide (Provitamine), die der Körper in Vitamin A umwandeln kann. Vitamin A fördert das Sehvermögen und stärkt das Immunsystem, doch man sollte keine Nahrungsergänzungsmittel nehmen, die Vitamin A enthalten, weil es in der Leber gespeichert wird und bei einer Überdosierung toxisch wirken kann. Beta-Carotin und andere Carotinoide sind dagegen in jeder Dosierung unschädlich.

Vitamin D

Vitamin D ist für den Körper unerlässlich, weil es die Aufnahme von Calcium aus der Nahrung unterstützt, die Knochen stärkt und Frakturen vorbeugt. Forschungsergebnisse belegen, dass viele Frauen über fünfzig an Vitamin-D-Mangel leiden, der aus verschiedenen Gründen gefährlich sein kann.

Wir beziehen Vitamin D vor allem aus Sonnenlicht über die Haut. Fast alle Bewohner in Ländern nördlich des 42. Breitengrades erhalten in den sonnenarmen Monaten nicht genug Vitamin D. Außerdem hat der heutige Lebensstil – mehr Aktivitäten in geschlossenen Räumen und die Benutzung von Sonnenschutzmitteln mit hohem Lichtschutzfaktor – die Sonnenexposition merklich verringert oder vollständig ausgeklammert, vor allem bei älteren Menschen, sodass sich Vitamin-D-Mangel, Rachitis und Knochenbrüche bei Kindern und Erwachsenen gleichermaßen in bislang unbekanntem Ausmaß häufen.

Das Problem der verminderten Sonnenexposition wird noch durch die Tatsache erschwert, dass nur wenige gute Vitamin-D-Präparate erhältlich sind. Der Bedarf kann nicht allein aus der Nahrung gedeckt werden. Folglich ist für die meisten Menschen ein gutes Nahrungsergänzungsmittel erforderlich, vor allem, weil Sonnenlicht – normalerweise der Hauptlieferant von Vitamin D – mit Hauptkrebs in Verbindung gebracht wird.

Knochenprobleme lassen sich nicht nur auf eine unzureichende Versorgung mit Vitamin D zurückführen. Forschungsergebnisse lassen die Schlussfolgerung zu, dass Vitamin D für alle Zellen und Organe des menschlichen Körpers wichtig zu sein scheint und ein Mangel zu verschiedenen Erkrankungen beitragen könnte, von der gewöhnlichen Erkältung und Grippe bis hin zu Krebs, Bluthochdruck, insulinabhängigem Diabetes und Multipler Sklerose.

Wie viel Vitamin D braucht der Mensch? Die Frage wurde von der Wissenschaft bis heute nicht eindeutig beantwortet.

Zu den Lebensmitteln, die Vitamin D enthalten, gehören angereicherte Milch und ölige Meeresfische (zum Beispiel Lachs und Makrele), Eigelb, Leber und Lebertran. Da es schwierig ist, den Vitamin-D-Bedarf allein über die Nahrung zu decken, sollte man bis zum siebzigsten Lebensjahr täglich ein Nahrungsergänzungsmittel mit *mindestens* 600 IU zu sich nehmen. Für diejenigen, die älter sind, werden 800 IU täglich empfohlen, wobei die Höchstmenge 4000 IU nicht überschreiten sollte. Um etwas über Ihren persönlichen Bedarf herauszufinden, können Sie beim nächsten Arztbesuch den Vitamin-B-Gehalt im Blut testen lassen. Empfohlen wird ein Vitamin-D-Gehalt von mindestens 32 bis 40 Nanogramm pro Milliliter Blut. Bei der Wahl des Nahrungsergänzungsmittels sollten Sie auf Vitamin D_3 (Cholecalciferol) statt Vitamin D_2 (Ergocalciferol) achten. Normalerweise ist Vitamin D in Calcium-Präparaten enthalten.

Calcium

Calciumlieferanten sind unter anderem Molkereiprodukte, Brokkoli, Grünkohl und andere Kohlarten, Frühstückszerealien, Tofu und mit Calcium angereicherte Getränke wie Orangensaft oder Sojamilch. Unter der Voraussetzung, dass wir 700 Milligramm Calcium über die tägliche Nahrung zuführen – für die meisten Leute eine hoch angesetzte Menge – schlagen Ärzte vor, diese Dosis zum Schutz der Knochen mit einem Calciumpräparat um weitere 500 Milligramm zu ergänzen. Die empfohlenen Richtwerte belaufen sich für Frauen über fünfzig und für Männer über siebzig auf 1200 Milligramm. Zu viel Calcium kann zu Nierensteinen und Herzerkrankungen führen; die absolute Obergrenze bei Männern und Frauen über fünfzig beträgt 2000 Milligramm. Calciumpräparate sollten zusammen mit 800 bis 1000 IU Vitamin D – oder mehr – genommen werden, um die Absorption zu unterstützen, den Verlust der Knochenmasse zu reduzieren und Frakturen zu verhindern. (Mehr über Calcium siehe Anhang IV.)

Früher dachte ich, dass Vitamin E, Vitamin C und Selen die Superstars unter den Antioxidantien sind. Doch weit gefehlt! Es gibt keine hieb- und stichfesten wissenschaftlichen Studien, die belegen, dass Nahrungsergänzungsmittel mit Vitamin E oder Selen überhaupt gut für den Organismus sind … sie können sogar schaden.

Vitamin C

Vitamin C ist ein wichtiges Antioxidans, synthetisiert Collagen, unterstützt die Aufnahme von Eisen und wirkt sich positiv auf den Hormonhaushalt und das Nervensystem aus. Die empfohlene Tagesmenge beläuft sich bei erwachsenen Frauen auf 75 Milligramm und bei Männern auf 90 Milligramm. Bei einer Tagesdosis von 120 Milligramm werden 80 bis 90 Prozent vom Körper absorbiert. Wird mehr Vitamin C zugeführt, verringert sich die absorbierte Menge. Es ist wissenschaftlich nicht belegt, dass ältere Menschen eine Megadosis benötigen; es empfiehlt sich daher, die Tagesmenge von 2000 Milligramm nicht zu überschreiten, da eine Überversorgung Diarrhoe, Übelkeit, Magenkrämpfe und Nasenbluten verursachen kann.

Zu den Vitamin-C-Lieferanten gehören Zitrusfrüchte, Pfirsiche, Erdbeeren, Paprika, Brokkoli, Rosenkohl, Papaya, Kohlrabi, Mangos, Ananas, Kiwi, Paprika, Blumenkohl, Weißkohl, Grünkohl, Kartoffeln, Spargel und Himbeeren.

Nahrungsergänzungsmittel, die Vitamine oder Mineralstoffe enthalten (mit Ausnahme von Calcium), sollten zusammen mit den Mahlzeiten eingenommen werden. Auf diese Weise werden sie besser vom Organismus absorbiert und leichter verdaut.

Wasser

Wasser ist der wichtigste Bestandteil des menschlichen Körpers, der zwei Drittel unseres Körpergewichts ausmacht. Wasser wird für fast jede Funktion des Organismus’ benötigt, von der Verdauung bis zur Regulierung der Körpertemperatur, Transport von Nährstoffen und der Ausleitung von Stoffwechselendprodukten. Wasser fördert die mentalen Funktionen, die aerobe Kraft, die Ausdauer, die körperliche Leistungsfähigkeit und die Herz- und Darmtätigkeit. Viele ältere Männer und Frauen klagen über Verstopfung; oft liegt es daran, dass sie nicht genug Wasser trinken. Wassermangel kann auch das Risiko schmerzhafter Nierensteine erhöhen.

Nehmen Sie viel Flüssigkeit zu sich. Studien belegen, dass die meisten Erwachsenen auf natürlichem Weg, weil sie Durst haben, genug Flüssigkeit erhalten, die sie aus Nahrungsmitteln wie Obst, Gemüse und Getreide (sie liefern ungefähr ein Drittel des Wassers) sowie verschiedenen Getränken herleiten, sodass es überflüssig ist, sich auf eine bestimmte Menge zu konzentrieren. Obwohl die Experten keine klaren Empfehlungen aussprachen, gingen sie davon aus, dass ältere Menschen ein geringeres Durstgefühl haben. Daher hielten sie eine Tagesmenge von 2 bis 3 Litern für angemessen, bestehend aus Flüssigkeiten aller Art, einschließlich Wasser, Milch, Saft, Kaffee und Tee.

Wasser kann den Appetit zügeln oder auch nicht, ist aber in jedem Fall gut für den Organismus. Zahlreiche Studien belegen, dass der Verzehr wasserhaltiger *Lebensmittel* wie Obst, Gemüse und Suppen (natürlich kalorienarm und auf der Basis einer Bouillon) den Appetit tatsächlich mindern, sodass wir weniger essen und damit die gesamte Kalorienzufuhr verringern. Wenn Sie also abnehmen möchten, essen Sie vor der Mahlzeit Obst – beispielsweise einen Apfel oder ein paar Beeren –, einen kleinen Salat oder eine vegetarische Suppe auf Bouillonbasis, um den Appetit zu dämpfen. Oder verwandeln Sie eine Hauptmahlzeit in eine Suppe oder einen Salat, indem Sie Gemüse oder Brühe zufügen. Das Sättigungsgefühl ist trotz geringerer Kalorienzufuhr größer, und da Sie weniger essen, sparen Sie Studien zufolge mindestens 100 zusätzliche Kalorien ein – was verhindert, dass Sie unter dem Strich mehrere Kilo pro Jahr zunehmen.

Wir sollten lernen, kleinere Portionen zu essen und nur dann zu einem Snack greifen, wenn es unerlässlich ist. Der Blutzuckerspiegel hat die Neigung, zu bestimmten Tageszeiten zu sinken. Statt den Heißhunger mit Plätzchen oder Schmalzgebäck zu stillen oder Schwindelgefühlen infolge von Unterzuckerung vorzubeugen, sollten wir stets ein ausgewogenes Frühstück und Mittagessen zu uns nehmen, das jeweils ein Viertel bis ein Drittel unseres täglichen Kalorienbedarfs deckt. Außerdem sollten Sie eine kleine Zwischenmahlzeit am Vormittag und Nachmittag zur Hand haben, beispielsweise rote Weintrauben, Äpfel, fettarmen Käse, Joghurt, ungesalzene Nüsse oder Rosinen. Äpfel unterscheiden sich erheblich im Geschmack, probieren Sie also verschiedene Sorten, bis Sie eine finden, die Ihnen zusagt. Nahrungsmittel aus lokalem Anbau, die im Rahmen ihrer natürlichen Jahreszeit angebaut und geerntet werden, zeichnen sich durch mehr Geschmack und Nährstoffe aus. Außerdem verschwenden Sie damit weniger natürliche Ressourcen und tragen zum Schutz der Umwelt bei.

Wenn ich unterwegs bin, nehme ich immer ein paar schmackhafte und sättigende Snacks als Proviant mit. Der natürliche Zucker in Obst und Proteine heben den Blutzuckerspiegel, besänftigen das Hungergefühl auf natürliche Weise und liefern Energie, ohne das abrupte Auf und Ab, das mit der Zufuhr von raffiniertem Zucker verbunden ist.

Wann wir essen sollten

Es ist eine gute Idee, Mahlzeiten, Kalorien und Nährstoffe gleichmäßig auf den Tag zu verteilen. Dadurch führen Sie dem Körper die benötigten Brennstoffe auf eine Weise zu, die zur

Verbesserung der Nährstoffaufnahme beiträgt (vor allem Proteine), die Konzentrationsfähigkeit stärkt, Blutzuckerspiegel, Stimmungslage und Energiehaushalt stabilisiert und Heißhungerattacken mindert. Für die meisten bedeutet das: Keinesfalls das Frühstück auslassen! Studien belegen, dass diejenigen, die morgens mehr essen, im Verlauf des Tages weniger Kalorien zu sich nehmen, und umgekehrt: Wer später am Tag größere Portionen isst, neigt dazu, insgesamt mehr Kalorien zu konsumieren, was erklären könnte, warum Leute, die auf das Frühstück verzichten, fülliger sind, wie es in den Studien heißt.

Ein zusätzlicher Pluspunkt ist, dass wir dem Körper mit dem Frühstück mehr Nährstoffe zuführen und das Gewicht leichter reduzieren als auch halten können. Wenn wir tagsüber zu wenig essen, neigen wir dazu, uns am Abend vollzustopfen und dabei spontan weniger gesunde Nahrungsmittel zu wählen. Deshalb sollten Sie ein gutes, ausgewogenes Frühstück und Mittagessen zu sich nehmen, sich zwischendrin gesunde Snacks einverleiben und am Abend auf leichte Kost beschränken – spätestens drei Stunden vor dem Zubettgehen. Vermeiden Sie möglichst das Betthupferl nach dem Abendessen, und falls Sie nicht darauf verzichten können, nehmen Sie mit einem Kräutertee, rohem Gemüse oder Obst, Joghurt oder heißem Kakao mit entrahmter oder Sojamilch vorlieb.

Noch ein letzter Rat: Sie sollten nie ein Restaurant besuchen oder einkaufen, wenn Sie hungrig sind. Essen Sie vorher einen Apfel oder trinken Sie ein Glas Wasser, und nehmen Sie immer eine Einkaufsliste mit, damit Sie nicht improvisieren müssen und vor den Regalen mit den Fett- und Kalorienbomben landen.

Weitere Informationen über eine gesunde Ernährung finden Sie in Anhang IV.

8. KAPITEL

Das Gehirn: Wer rastet, der rostet

»Kannst du mir keinen Verstand geben?«, fragte Krähenschreck.
»Du hast gar keinen nötig«, erwiderte der Zauberer. »Du lernst jeden Tag dazu. Ein Baby hat ein Gehirn im Kopf, aber es weiß nicht viel. Nur Erfahrung bringt Wissen. Und du kannst gar nicht anders: Je länger du auf der Erde bist, desto mehr Erfahrung sammelst du.«

DER ZAUBERER VON OZ

Der Tag nahte, an dem ich anlässlich des First Annual World Fitness Day in Atlanta von einem Fernsehsender zu einem Interview eingeladen worden war. Ich war zweiundsiebzig Jahre alt und hatte das Gefühl, als laste eine große Verantwortung auf meinen Schultern. Was war, wenn die Veranstaltung ein Misserfolg würde? Ich hatte schon seit geraumer Zeit nicht mehr gut geschlafen und mir ausgemalt, was alles schiefgehen konnte. Auf halbem Weg nach Culver City rief ich in meinem Büro an, um die genaue Adresse des Senders zu erfahren, nur um zu entdecken, dass ich in die falsche Richtung gefahren war – mein Ziel lag in dem Tal auf der anderen Seite des Berges. Ich musste nach Burbank, wie ich sehr wohl wusste, weil mein Büro es mir mehrmals mitgeteilt hatte. Wieso war ich nicht früher darauf gekommen? Weil ich es vergessen hatte, deshalb!

Am selben Tag setzte ich mich auf meine Brille, die zu Bruch ging; ich vergaß den Namen des Arztes, bei dem ich am Nachmittag einen Termin hatte, und um dem Ganzen die Krone aufzusetzen, verlor ich auch noch meine Mastercard. Wäre ich nicht gerade mit der Recherche für dieses Buch beschäftigt gewesen, hätte ich geschworen, Alzheimer zu entwickeln.

Aber ich wusste es besser. All diese Missgeschicke waren das Ergebnis von Stress, der sich auf ein alterndes Gehirn auswirkt. In jüngeren Jahren hätte ich vermutlich ganz gut mit solchen Katastrophen umgehen können. Der Schlafmangel hätte vermutlich auch mit dreißig dazu geführt, dass ich die falsche Richtung einschlug, aber ich hätte mich wahrscheinlich an den Namen des Arztes erinnert und weder meine Kreditkarte verloren noch eine neue Brille gebraucht! Mir wäre klar gewesen, dass ich unter Stress stand, der eine erhöhte Ausschüttung von Kortisol durch die Nebennieren verursacht, was wiederum die Aktivitäten des Hippocampus dämpft, eine der ältesten Strukturen des Gehirns, in denen Gedächtnisinhalte gespeichert und abgerufen werden. Dadurch werden Neuronen, die Botschaften übermitteln, zerstört. Ich hätte schwören können, den Schwund im Minutentakt wahrzunehmen!

Kein Wunder, dass mir ein Missgeschick nach dem anderen widerfuhr. Sobald der stressreiche Fitnesstag vorüber war – der sich als überaus erfolgreich erwies – und ich wieder mein gewohntes Trainingsprogramm aufnehmen konnte und ausreichend Schlaf erhielt, traten solche Probleme nicht mehr auf. Sie werden jedoch wiederkehren, da bin ich mir sicher. Doch da ich inzwischen einiges über den Erhalt eines gesunden Gehirns gelernt habe, bemühe ich mich nach Kräften, den Stress in meinem Leben durch körperliche Bewegung und Meditation abzubauen. (Siehe Anhang V; dort finden Sie eine Meditationsanleitung.)

Nicht nur Stress ist schädlich für das Gehirn. Zu den negativen Einflussfaktoren gehören auch Bluthochdruck, Herzkrankheiten, Diabetes, ein hoher Cholesterinspiegel, Miniatur-Schlaganfälle, Umweltgifte, schwere Kopfverletzungen, Nikotin, Alkohol und sogenannte Freizeitdrogen, ungesunde

Ernährung und Bewegungsmangel. Wir mögen für Herzerkrankungen und einen hohen Cholesterinspiegel prädisponiert sein, doch wenn wir uns für eine gesunde Lebensweise entscheiden, die körperliche und geistige Aktivitäten einschließt, lassen sich unsere kognitiven Funktionen erheblich verbessern. Kognitive Funktionen umfassen logisches und abstraktes Denken, Erinnerungsvermögen, Wahrnehmungsfähigkeit, Handlungsplanung und die Übermittlung von Signalen an sämtliche Körperregionen.

Die gute Neuigkeit ist: Anhand funktionaler Bildgebungsverfahren konnte eindeutig nachgewiesen werden, dass unser Gehirn über erstaunliche Plastizitätsreserven verfügt. Das heißt, es ist in der Lage, sich ständig anzupassen und zu reorganisieren, neue Fähigkeiten und Fertigkeiten zu erwerben, neue Informationen aufzunehmen und seinen Schaltkreis zu verändern, um auf die kognitiven Anforderungen zu reagieren. Dazu kommt, dass bestimmte kognitive Funktionen mit dem Alter zwar nachlassen, beispielsweise induktives Schlussfolgern, räumliches Orientierungsvermögen und Kurzzeitgedächtnis, aber durch entsprechendes Training wiederhergestellt werden können.

Wenn wir altern, nimmt das Gehirnvolumen ab, doch einige Bereiche sind anfälliger für den Verlust als andere. Der verstorbene Dr. Robert Butler vom International Longevity Center erklärte, dass die Informationsverarbeitung im Gehirn über verschiedene Bahnen erfolgen kann. »Die Schaltkreise im Gehirn sind auf vielfache Weise miteinander verknüpft, was zu einer neuronalen Redundanz führt, wie die Neurologen es nennen. Das funktioniert ähnlich wie bei Backup-Systemen: Wenn ein System ausfällt, springt das andere ein, um die Daten zu sichern.«

Bei einem Zusammenbruch bestimmter neuronaler Netzwerke sucht das Gehirn nach neuen Verknüpfungen. Wenn kognitive Funktionen, die beispielsweise zum Aufgabenbereich des linken Frontallappens gehören, beeinträchtigt sind, leistet vielleicht der rechte Frontallappen seinem Nachbarn Schützenhilfe. Bei Schlaganfallopfern übernehmen andere Bereiche des Gehirns die wiedergewonnenen Funktionen der geschädigten Areale. Diesen Vorgang bezeichnet man als kompensatorische Rekrutierung. Eine gute Nachricht, denn sie beweist die Elastizität und Anpassungsfähigkeit des Gehirns.

Während jüngere Menschen eine Seite des Gehirns für eine bestimmte funktionale Aufgabe nutzen – den rechten frontalen Cortex beispielsweise – setzen ältere oft beide Seiten zur Bewältigung der gleichen Aufgabe ein. Die kognitiven Prozesse mögen bei ihnen langsamer vonstattengehen, doch das heißt nicht, dass sie in ihrer Funktion beeinträchtigt sind. Gehören Sie zu den Menschen, die jedes Mal in Panik geraten, wenn Sie die Vornamen Ihres Sohnes und Ihres Bruders durcheinanderbringen oder wenn Ihnen partout etwas nicht einfällt, was Sie eigentlich wissen sollten – beispielsweise der Name Ihres Stiefsohnes?

Sehen Sie darin automatisch ein Zeichen für eine beginnende Alzheimer-Erkrankung? Keine Sorge, Namen zu vergessen deutet nicht auf Alzheimer hin. Wenn ich Namen oder Fakten vergesse, lasse ich es dabei bewenden statt die Stirn zu runzeln und krampfhaft zu überlegen; oft fällt es mir später von selbst wieder ein. Wenn ich etwas verloren habe, verzichte ich auf hektische Suchaktionen, sondern setze meine Arbeit ruhig fort, und meistens taucht der vermisste Gegenstand in der Handtasche auf, die ich am Vortag dabei hatte, oder liegt auf dem Rücksitz des Autos, wo ich ihn vor zwei Tagen deponiert hatte. Ich habe gelernt, mein Gedächtnis zu entspannen, wenn man so will.

Bildgebende Verfahren wie die Magnetresonanztomographie (MRT) zeigen, »dass die normale Schrumpfung des

Gehirns nicht nur geringer ist, als befürchtet, sondern der Verlust teilweise auch als umsichtiges Beschneiden von Wildwuchs bezeichnet werden könnte«, sagt Dr. George Vaillant, Leiter der Harvard Study of Adult Development. Er vergleicht den Vorgang mit einem Dachboden, den wir im Lauf der Jahrzehnte sorglos vollstopfen, doch im Alter beginnen wir, ihn zu entrümpeln und nur diejenigen Dinge zu behalten, die uns besonders lieb und teuer sind. Dr. Denise Park, Leiterin des Center for Vital Longevity der University of Texas in Dallas drückt es folgendermaßen aus: »Wir verlieren vielleicht ein paar PS, aber wir sind dennoch hochleistungsfähig, weil wir uns stattdessen auf unser Wissen und unsere Erfahrung verlassen können. Vielleicht ist das ein Hybrid-Modell des kognitiven Alterungsprozesses.«[46]

Gehirntraining

Forschungen zeigen, dass Senioren, die körperlich und geistig fit geblieben sind, mit entsprechender Fortsetzung des Trainings bis ins hohe Alter über gute Hirnfunktionen verfügen. Das Herz-Kreislauf-Training gehört zu den wirksamsten Möglichkeiten, den Erhalt eines gesunden Gehirns zu fördern. Selbst bei älteren Menschen, die nie besonders aktiv waren, lassen sich die kognitiven Funktionen mithilfe gemäßigter Übungen verbessern. Das liegt daran, dass sich durch physisches Training der chemische Nervenwachstumsfaktor NGF erhöht, der die Nervenzellen im Gehirn veranlasst, Aussprossungen zu bilden, die Verbindungen zwischen ihnen stärkt und die Gedächtnisfunktion unterstützt.

Da Fettleibigkeit und Bewegungsmangel in unserer heutigen Zeit zunehmen, büßen wir möglicherweise die Gesundheitsvorteile ein, die wir in den letzten fünfzig Jahren gewonnen haben. Einige Ökonomen vertreten die Auffassung, dass der Verlust innerhalb einer einzigen Generation zu Buche schlagen könnte. Das ist besorgniserregend, wenn man bedenkt, dass ein Zusammenhang zwischen körperlicher Gesundheit und Demenz besteht. Demenz und Alzheimer Erkrankung befinden sich auf dem Vormarsch.

Vorsichtige Schätzungen gehen davon aus, dass ein Viertel der US-Bevölkerung über achtzig an Alzheimer erkranken wird. Berichten zufolge werden bis Mitte des Jahrhunderts fünfzig Millionen Amerikaner davon betroffen sein. Die Forscher suchen fieberhaft nach Möglichkeiten, Alzheimer vorzubeugen oder den Ausbruch der Krankheit zu verzögern; bekannt ist, dass Menschen über sechzig das Risiko, an Alzheimer zu erkranken, durch physische Aktivität reduzieren können. Deshalb denke ich nicht nur an meinen Körper, wenn ich mich sportlich betätige, sondern auch an mein Gehirn. Ich möchte alles tun, was in meiner Macht steht, um seine Gesundheit so lange wie möglich zu erhalten.

Herausforderungen für das Gehirn schaffen

Die Neurowissenschaftlerin Dr. Denise Park erklärte: »Wenn man im Leben zahlreichen Aktivitäten nachgeht, die eine kognitive Herausforderung darstellen, lässt sich der Beginn der Alzheimer-Krankheit möglicherweise hinausschieben – hinausschieben, nicht verhindern. Die Diagnose bleibt bestehen, doch durch die Verzögerung um ein paar Jahre kann man die Lebensqualität länger erhalten, was uns selbst, den Angehörigen und dem Gesundheitssystem zugutekommt.«

Wenn es um kognitive Funktionen geht – oder um die Gesundheit des Gehirns – spielt das Thema Bildung eine große Rolle. Das liegt daran, dass sich die frühkindliche Erziehung und Ausbildung positiv auf die Schaltkreise des Gehirns auswirkt. Außerdem neigen gebildete Menschen dazu, sich intensiver mit mental stimulierenden Aktivitäten zu befassen, wie lesen, Schachspielen und lebenslanges Lernen. Ein höheres Einkommen und mental anspruchsvolle berufliche Tätigkeiten tragen ebenfalls zum Erhalt der kognitiven Fähigkeiten bei.

Im Zuge eines Seminars über Langlebigkeit erklärte Dr. Park:

»Aufgaben verbessern die kognitiven Fähigkeiten, wenn sie das kognitive System über einen längeren Zeitraum durch nachhaltige Anforderungen an die exekutive Funktion aktivieren und relativ neu für denjenigen sind, der mit der Durchführung der Aufgabe befasst ist. Dass ein Mensch nach einem Schlaganfall bei der Bewältigung einer Aufgabe die andere, funktionstüchtige Hand benutzen muss, um neue neuronale Netzwerke zu entwickeln, leuchtet ein; die Bewältigung neuartiger Aufgaben bewirkt das Gleiche im Gehirn. Beispielsweise könnte es für das Gehirn eines Menschen, der noch nie genäht hat, stimulierend sein zu lernen, wie man einen Quilt herstellt. Wenn man diese Kunst bereits beherrscht, könnte man ein Musikinstrument erlernen oder andere Fähigkeiten und Fertigkeiten erwerben, die eine Herausforderung darstellen und Spaß machen. Wichtig ist, ständig dazuzulernen und neue komplexe Verhaltenssequenzen zu integrieren. Man sollte Spaß dabei haben und sich in neue Bereiche vorwagen, die einen breitflächigen Aufbau neuer neuronaler Netzwerke anregen.«

Dr. Park fuhr fort:

»Was außerdem unterschätzt wird, sind die einzigartigen Anforderungen sozialer Interaktionen. In einer sozialen Situation ist es unangemessen, sich nicht an den Namen einer Person zu erinnern oder daran, was sie am Tag zuvor über die Enkelkinder erzählt hat, was folglich eine kognitive Herausforderung sein kann. Soziale Interaktionen sind nach meinem Dafürhalten ein wichtiges Element der Stimulation.

Um die kognitiven Fähigkeiten zu verbessern, gilt es, sich produktiv in Tätigkeiten einzubringen, die eine anhaltende Aktivierung des Arbeitsgedächtnisses, des logischen Denkens und anderer kognitiver Funktionen höherer Ordnung erkennen lassen. Sie werden in erster Linie den Funktionen des frontalen Cortex zugeordnet – dem Bereich des Gehirns mit der größten Flexibilität und Plastizität. Man denke an einen Mitarbeiter, der mehrere Aufgaben gleichzeitig verrichtet. Er telefoniert, arbeitet am Computer, plant das bevorstehende Meeting. Das stellt hohe Anforderungen an die neuronalen Funktionen und ich wage zu behaupten, dass diese produktive Aktivität die kognitiven Fähigkeiten verbessert (solange der Stress nicht zu groß und damit zerstörerisch wird). Ein miteinander vertrautes Paar, das am Strand sitzt, plaudert und in Erinnerungen schwelgt, unterstützt seine kognitiven Fähigkeiten vermutlich nicht besonders.«

Hier einige Beispiele, die Sie für Ihr Gehirntraining in Betracht ziehen könnten:

- Eine neue Sprache, ein neues Hobby, ein Musikinstrument erlernen;
- Neue Leute kennenlernen, sich mit ihnen unterhalten;
- Gedichte auswendig lernen;
- Jeden Tag ein neues Wort lernen

... und wie bereits gesagt, sollten Sie für körperliche Bewegung sorgen. All diese Aktivitäten können Sie jederzeit in Angriff nehmen, auch im späteren Leben.

Noch eine letzte Anmerkung: Auch eine Östrogenbehandlung, die Frauen mit Ende vierzig oder Anfang fünfzig im Verlauf der Perimenopause beginnen, kann die Gehirnfunktionen verbessern und schützen. Da die Hormonersatztherapie umstritten ist und die Auswirkungen individuell verschieden sind, sollten Sie unbedingt einen Arzt zurate ziehen. Die Professorin Cynthia Gorney schrieb darüber in *New York Times Magazine*: »Sie fördert das Wachstum neuer Zellen. Sie erhöht die sogenannte Plastizität, die Fähigkeit des Gehirns, sich zu verändern und auf Stimulation zu reagieren. Sie trägt zum Aufbau von Dendriten und einer Reihe dendritischer Dornen bei – den Vorwölbungen an den langen Fortsätzen der Gehirnzellen, die Dornen an einem Brombeerzweig gleichen und sich mit anderen Neuronen verbinden, um Informationen hin- und herzuleiten. Die Ausdünnung dieser Dornen ist ein klassisches Anzeichen der Alzheimer-Krankheit.[47]

Im nächsten Kapitel werden Sie einige gute und interessante Neuigkeiten über das Altern erfahren!

9. KAPITEL

Positivität

> **Im Alter sind wir alle in vielerlei Hinsicht zufriedener als in jungen Jahren. Die Jungen stoßen sich die Hörner ab. Die Alten werden weise.**
>
> WINSTON CHURCHILL

Kaum zu glauben, aber Sie können getrost davon ausgehen, dass Sie mit achtzig viel zufriedener sein werden als mit zwanzig! Gleich ob Sie männlich oder weiblich, verheiratet oder solo, berufstätig oder im Ruhestand sind, alleine oder mit Ihren Kindern unter einem Dach leben. Mit anderen Worten, ungeachtet Ihrer persönlichen Biografie. Eine überraschende Feststellung, oder? Vor allem in Anbetracht all dessen, was im Alter in die Binsen geht – Gesäß, Sehnen, Venenklappen, Haut, Haaransatz, ganz zu schweigen von dem sozialen Netz, das man sich aufgebaut hat!

Doch genau das war das Ergebnis einer 2008 durchgeführten Umfrage des Gallup Markt- und Meinungsforschungsinstituts, an der sich 340000 Amerikaner zwischen 18 und 85 Jahren beteiligten. Dr. Arthur A. Stone, Psychologieprofessor an der State University of New York in Stony Brook und Leiter einer Studie, die auf dieser Umfrage basierte, hat keine schlüssige Erklärung für diesen emotionalen Aufwärtstrend.[48] Könnten psychische Prozesse die Ursache des sein? Veränderungen in der Hirn-Chemie oder im Hormonsystem? Niemand weiß es genau. Sicher scheint lediglich, dass die Teilnehmer der Umfrage zwischen dem achtzehnten und fünfzigsten Lebensjahr wesentlich häufiger traurig, gestresst, besorgt und wütend waren, und es ab fünfzig plötzlich bergauf ging.

Ich habe die gleiche Erfahrung gemacht, obwohl mir diese Veränderung mit sechzig bewusster war als mit fünfzig. Wie bereits erwähnt, war eines meiner offenkundigsten Charaktermerkmale in jungen Jahren die Neigung zur Melancholie. Darüber hinaus hatte ich das Gefühl, ständig unter Hochspannung zu stehen. In den zehn Jahren, die ich mit Ted Turner verbrachte (vom 52sten bis zum 62sten Lebensjahr) lernte ich mehr über die heilsame Wirkung des Lachens und Loslassens als jemals zuvor. Ich wäre sicher nicht in der Lage gewesen, meiner Rolle als Jennifer Lopez' Schwiegermutter in dem Film *Das Schwiegermonster* so viel Komik abzugewinnen, wenn Ted nicht gewesen wäre, von dem ich gelernt hatte, über absurde Situationen zu lachen und zu erkennen, dass auch Menschen, die ein bisschen überspannt sind, liebenswert sein können.

Doch seit der Trennung von Ted sind inzwischen mehr als zehn Jahre vergangen und ich merke, dass ich insgesamt viel positiver geworden bin ... manchmal sogar regelrecht heiter und beschwingt. Die meisten Dinge, die mich früher auf die Palme gebracht oder mich mit einer Depression ans Bett gefesselt hätten, prallen heute an mir ab. Es gibt nur mehr sehr wenige Situationen, die ich als stressreich empfinde. Zugegeben, Kinder und Enkelkinder können auch heute noch anstrengend sein. Schließlich heißt es nicht umsonst: »Kleine Kinder kleine Sorgen, große Kinder große Sorgen.« Doch für mich ist dieser Zustand nicht annähernd mit dem früheren vergleichbar und wenn Stress entsteht, hält er nicht lange an.

Eine der wichtigsten Informationsquellen über die Riege der Hundertjährigen in den USA ist Dr. Kenneth Matheny, Regents Professor des 1966 von ihm gegründeten Department of Counseling and Psychological Services an der Georgia State University. »Es gibt heute etwa 56000 Amerikaner, die das hundertste Lebensjahr erreicht haben, und Studien belegen, dass sie sich laut eigener Aussage insgesamt zufriedener fühlen

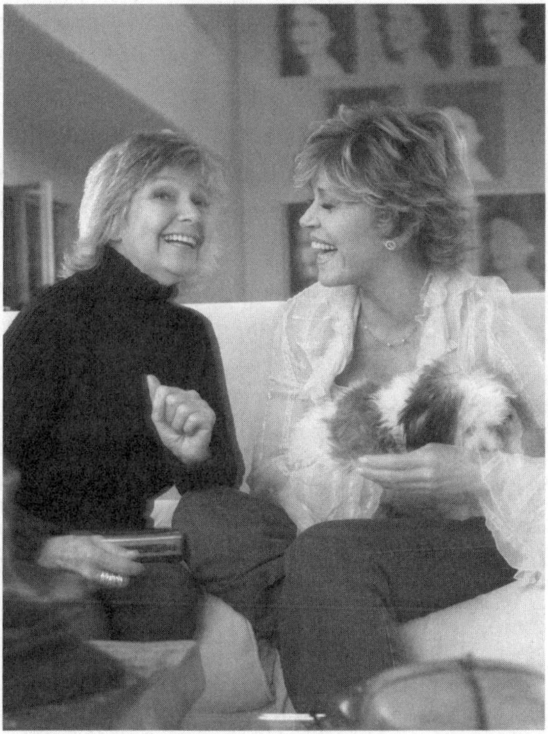

Mit meiner Freundin Robin Morgan, die mich für ein Magazin interviewte, 2004.

als der Durchschnitt der Bevölkerung. Ein verblüffendes Ergebnis, oder?«

Rückblickend fiel mir auf, dass meine ältesten Gesprächspartner, die ich für dieses Buch interviewte, ein auffallendes Merkmal gemein hatten: Sinn für Humor. Ein Beispiel war der 95-jährige Karl. Als ich mich nach seinem Alter erkundigte, erwiderte er: »Ich habe keine Ahnung, wie alt ich bin, aber ich war schon auf der Welt, als das Tote Meer krank wurde.« Als der 104-jährige Cal Evans von einem Reporter aus Denver gefragt wurde: »Haben Sie Ihr ganzes Leben in Denver verbracht?«, antwortete Cal lachend: »Noch nicht, junger Mann.«

Und nicht zu vergessen die Französin Jeanne Louise Calment aus Arles; sie führte die Liste der weltweit langlebigsten Menschen an, deren Alter einwandfrei nachgewiesen werden konnte. 1875 geboren, starb sie im Alter von 122 Jahren und vier Monaten. Als 99-Jährige soll sie schlagfertig behauptet haben: »Ich habe nur eine einzige Falte, und darauf sitze ich.« Bei einer ihrer letzten Geburtstagsfeiern in Paris hatte sich eine Journalistin zögernd mit den Worten verabschiedet: »Ich schätze, wir werden uns nächstes Jahr wiedersehen«, worauf sie antwortete: »Ich wüsste nicht, was dagegen spricht; nach meinem Dafürhalten sehen Sie ganz gesund aus.«

Die Zen-Priesterin Joan Halifax und ich sprachen über die physischen Schwächen, die sich im Alter bemerkbar machen. »Ja, bestimmte Aspekte meines Lebens unterliegen einem Abbauprozess«, gestand sie mit 65 Jahren. »Doch gleichzeitig entwickeln sich Bereiche auf einer anderen Ebene, als Ausgleich.«

»Beispielsweise?«, hakte ich nach.

»Nun, mein Sinn für Humor. Ich bin widerstandsfähiger geworden. Bringe mehr Toleranz und Geduld auf. Meine Liebe zu den Menschen und zur Erde ist gewachsen. In jungen Jahren neigen Menschen zur Detailbesessenheit, während sie im Alter herauszufinden versuchen, was wirklich wichtig ist.«

»Sie zerbrechen sich nicht länger über jede Kleinigkeit den Kopf?«

»So ist es. Und was den Abbau auf der anderen Seite der Gleichung angeht, so hat mir das Altern viele Ängste genommen.«

Das hatte ich auch schon von der amerikanischen Autorin Erica Jong gehört. »Ich bin heute viel entspannter«, gestand sie mir beim Mittagessen in ihrem mit Kunstobjekten gefüllten Apartment in New York. »Ich reagiere weniger verkrampft. Ich nehme nicht mehr alles so persönlich. Wenn die Leute meine Bücher kritisieren oder etwas Boshaftes über mich sagen, finde ich das amüsant und denke, das ist ihr Problem, nicht meins.

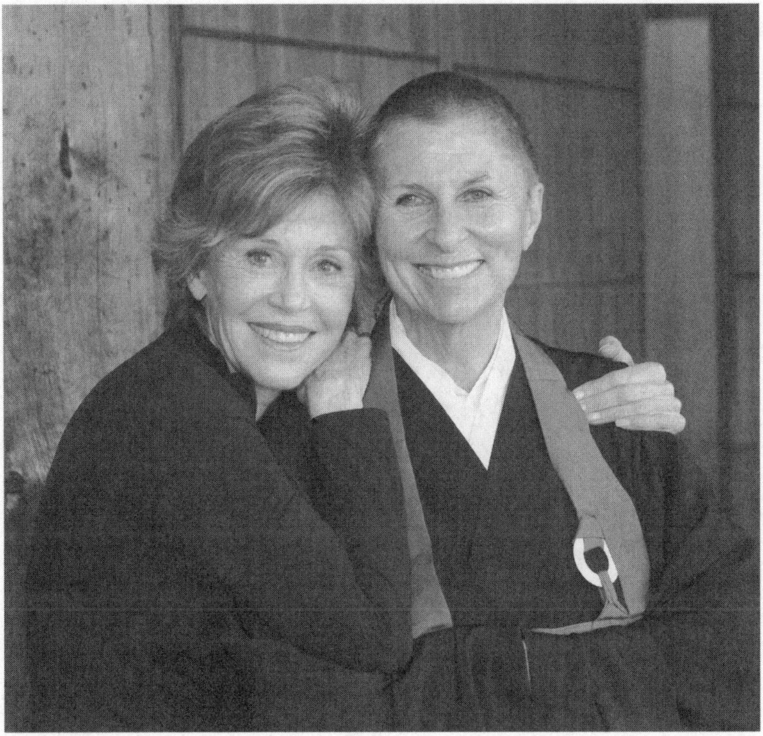

Im Upaya Zen Center mit Roshi Joan Halifax.

Früher war ich noch nicht soweit. Nach *Angst vorm Fliegen* fühlte ich mich ausgebrannt und hörte auf, zu schreiben, weil die Angriffe so heftig waren.«

Als ich mich mit Dr. Marion Perlmutter in Ann Arbor, Michigan, zum Frühstück traf, erzählte ich ihr von meinem eigenen zunehmenden Gefühl des inneren Friedens und der emotionalen Distanz. »Ich hasse das Wort Distanz, weil es als Desinteresse ausgelegt werden kann. Fakt ist aber, dass mich die meisten Dinge noch im gleichen Maß wie früher interessieren«, fügte ich hinzu.

Dr. Perlmutter, Professorin im Department of Psychology der University of Michigan, erwiderte: »Ich verstehe. Als Wissenschaftlerin weiß ich einiges über das Gehirn, habe aber auch die Dinge zu schätzen gelernt, über die *ich nichts weiß*. Vielleicht trägt die Anerkennung der Grenzen unseres Wissens dazu bei, emotional ein wenig auf Abstand zu gehen und auf eine spirituelle Ebene zu gelangen. Zu wissen, was wir nicht wissen, ist die erste Stufe des Wissens. Aber ich denke, dass wir erst in einer späten Phase unseres Lebens zu dieser Erkenntnis gelangen. Und das bewirkt meiner Meinung nach, dass wir uns emotional distanzieren.«

Dr. George Vaillant, Leiter der Harvard Study of Adult Development, entdeckte, dass ältere Menschen reife Abwehrmechanismen entwickeln. Damit ist die Fähigkeit gemeint, aus allem das Beste und aus einer Mücke keinen Elefanten zu machen.«[49]

Dr. Laura Carstensen, Gründungsdirektorin des Stanford Center on Longevity, ist zu der Schlussfolgerung gelangt, dass Positivität kein Charaktermerkmal ist, das ältere Menschen grundsätzlich von jüngeren unterscheidet, sondern eine wichtige Veränderung in der individuellen Entwicklung repräsentiert, eine Herangehensweise an das Leben, die durch Humor, Dankbarkeit, Versöhnlichkeit, eine spielerische Note, Kreativität und Flexibilität zum Ausdruck kommt. »Die Zielsetzungen ändern sich mit dem Alter«, sagte sie. »Es gibt viele Was-wäre-wenn-Szenarien im Leben jüngerer Menschen, während wir mit einem langen Blick zurück und der Einstellung *Das habe ich alles schon erlebt* gerüstet sind.

Dr. Perlmutter war ebenfalls der Meinung, dass positives Denken und Handeln auf eine Akkumulation der Perspektive zurückzuführen ist. Wenn wir zum ersten Mal mit einer Situation konfrontiert sind, beispielsweise einem finanziellen Verlust, ist die Erfahrung schrecklich. Doch wenn wir uns ihr mehrmals gegenübersehen, ändern wir unsere Sichtweise und gelangen irgendwann zu der Erkenntnis, dass solche Katastrophen nicht das Ende des Lebens bedeuten. Wir betrachten sie nur als eine weitere Herausforderung, die wir irgendwie bewältigen werden.« Die Psychologen scheinen darin übereinzustimmen, dass diese »Auch das geht vorüber-Einstellung« zum Leben in jungen – und selbst in mittleren – Jahren nur schwer ohne Wenn und Aber zu akzeptieren ist, im Gegensatz zum Alter, dem dritten Akt.

Während eines Treffens in Atlanta erzählte mir Dr. Matheny: »Das Leben hat uns gelehrt, wenn wir einmal eine Situation durchgestanden haben, schaffen wir es auch ein zweites Mal. Und da wir uns nicht länger im Wettbewerb mit anderen messen müssen wie früher, können wir darauf verzichten, hyperwachsam zu sein, neigen zu mehr Akzeptanz, lassen zu, dass die Dinge ihren Lauf nehmen. Wir können nicht gegen jede Widrigkeit im Leben ankämpfen, wegen jedem kleinen Problem, mit dem wir konfrontiert werden, auf die Barrikaden gehen; deshalb ist es gleichermaßen wichtig zu lernen, dass man eine Situation hinnehmen, sich innerlich darauf einstellen und anpassen kann, weil man nicht alles zu beeinflussen vermag. Das ist wie bei den fernöstlichen Kampfkünsten – man blockt den Angriff eines Gegners nicht einfach ab, sondern neutralisiert ihn, indem man ihn umleitet. Etwas Ähnliches geschieht im Alter.«

Dr. Carstens erklärte: »Ältere Menschen wissen in der Regel, was sie wollen und brauchen, um ihrem Leben mehr Reichtum und Tiefe zu verleihen, und sie sind in der Lage, Überflüssiges über Bord zu werfen.«

Wir sind weniger anfällig dafür, von äußeren Ereignissen aus der Bahn geworfen zu werden. In jungen Jahren sehen wir uns einer langen, nebelhaften Zukunft gegenüber und Informationen aller Art können sich irgendwann als nützlich erweisen, auch wenn sich nicht gleich relevant sind. Es ist sehr aufschlussreich, zu erfahren, in welchem Gebüsch sich der Tiger verbirgt.

Doch sobald wir sein Versteck kennen, müssen wir nicht ständig dorthin zurückkehren. Es ist überflüssig, einen Großteil unserer Zeit aufzuwenden, um die nötigen Vorkehrungen zu treffen, das Wissen um die Gefahr reicht. Wenn der Weg, der vor uns liegt, kürzer wird, wissen wir, welche Informationen für unsere Ziele von Bedeutung sind, weil wir die Ziele klarer vor Augen haben. Wir wissen, worauf wir uns konzentrieren müssen, wir wissen, was wichtig ist und was nicht, wir sind sozusagen geübt darin, die Spreu vom Weizen zu trennen.

Wir lernen schnell, was für die eigenen Ziele von Bedeutung ist, und den Rest lassen wir los. Ich habe die letzten dreißig Jahre damit verbracht, die Psychologie des Alterns zu erforschen, und die Ergebnisse zeigen durchgängig, dass sich die besten Jahre im Hinblick auf die Gefühle erst in der Spätphase des Lebens einstellen … Bei älteren Menschen sind Depressionen, Ängste und Substanzmissbrauch im Allgemeinen weniger verbreitet als bei jüngeren. Im Alltag stellen sich seltener negative, aber genauso viele positive Emotionen wie bei Zwanzig- und Dreißigjährigen ein – in einer Altersgruppe, die wir klischeehaft für die zufriedenste halten.[50]

Dr. Carstensen fügte hinzu, dass Senioren seltener nachtragend sind und sorgfältig überlegen, bevor sie einen Streit vom Zaun brechen, sodass sie gute Mediatoren und Mittler abgeben.

Viele Psychologen weisen auf die positive Grundeinstellung hin, die sich bei vielen Menschen mit dem Alter entwickelt. Dr. John Gabrieli, Professor der Kognitiven Neurowissenschaften am Massachusetts Institute of Technology, ist der Meinung: »Wenn Menschen älter werden, scheinen sie bereit zu sein, Dinge zu akzeptieren, die sie in jüngeren Jahren beunruhigend oder ärgerlich fanden.« Das Gefühl des Verrats ist beispielsweise schwer zu verkraften, wenn man jung ist. Dr. Gabrieli glaubt, dass ältere Menschen eher imstande sind, die

Situation aus der Warte der anderen Person zu betrachten und bestimmte Aktivitäten nicht als Verrat zu werten. Er bezeichnet diese Perspektive als einfühlsame Distanz, was nicht mit Gleichgültigkeit oder dem Aufweichen von Gewissheiten gleichzusetzen ist. Es bedeutet vielmehr, dass wir keine persönlichen, verborgenen Zielsetzungen verfolgen, kein eigennütziges Interesse an den Ergebnissen haben. Es bedeutet, dass wir im Alter vertrauenswürdiger werden können – es fällt uns leichter, alle Seiten in Betracht zu ziehen und Ratschläge zu erteilen, die aus dem Herzen kommen und nicht von unserem Ego gesteuert sind.

Als mir die positive Grundeinstellung bewusst wurde, die mit dem Altern einhergeht, kam sie mir zunehmend wie Weisheit vor. Die Experten haben sich nie auf eine einheitliche Definition des Begriffs Weisheit geeinigt oder geklärt, ob wir im Alter überhaupt weiser werden, doch den nachfolgenden Beschreibungen kann ich nur zustimmen:

- Die Fähigkeit, einen Schritt zurückzutreten und schwierige Situationen mit Ruhe und Bedacht einzuschätzen.
- Die Fähigkeit, die eigenen Gefühle zu regulieren.
- Das Wissen um Dinge, die unwichtig sind, und die Bereitschaft, sie loszulassen. Der Philosoph und Psychologe William James erklärte: »Weisheit ist die Kunst, zu wissen, worüber man hinwegsehen sollte.«
- Die Bereitschaft, Ungewissheit zu begrüßen.

Obwohl ich junge Leute kennen, die einige dieser Eigenschaften besitzen, habe ich das Gefühl, dass viele sie erst mit zunehmendem Alter und wachsender Erfahrung entwickeln. Die Anthropologin Mary Catherine Bateson sagt: »Erfahrung macht uns nicht weise. Was uns weise macht, ist das Nachdenken über die Erfahrung.« Viele von uns nehmen sich nicht die

Zeit zum Nachdenken, bis uns das Alter die Zeit dafür zur Verfügung stellt. Die Lebensbilanz zwingt uns, über unsere Erfahrungen nachzudenken und kann uns somit helfen, weise zu werden.

Ich fragte Dr. Matheny, warum einige Senioren in der Lage sind, sich mit Humor auf Herausforderungen einzustellen und sich anzupassen, während es anderen nicht gelingt. Kann man diese Eigenschaft entwickeln, wenn sie nicht im Charakter angelegt ist?

»Viele Menschen leiden im hohen Alter, deshalb verurteile ich niemanden«, erwiderte er. »Ich bin sicher, dass eine positive Einstellung nicht nur eine Sache der Willenskraft ist. Anders ausgedrückt, Menschen haben eine Vorgeschichte; sie ist von Erfahrungen geprägt, die uns von der Kindheit bis zum Lebensende konditionieren. Es wäre daher grausam zu sagen, jeder sollte in der Lage sein, positiv zu denken. Doch ich glaube, dass wir dieses Ziel anstreben sollten, wenn möglich, und das ist vielen Hundertjährigen offensichtlich gelungen.«

Nach den Gesprächen mit all diesen Experten wurde mir bewusst, dass ich meine positive Grundeinstellung nicht zuletzt der Tatsache verdanke, dass ich ein gewisses Alter erreicht habe. Aber ich habe auch hart daran gearbeitet. Die Lebensbilanz war mir dabei eine große Hilfe. Die damit verbundene Selbstanalyse kann ungemein aufschlussreich sein – wir sind gezwungen, genau hinzuschauen und genug Zeit, Energie, Interesse und psychische Offenheit aufzubringen, um zu verstehen, welcher Entwicklungsverlauf uns zu dem Menschen gemacht hat, der wir heute sind.

Der nächste Schritt besteht darin, Verantwortung dafür zu übernehmen, unsere Identität vorbehaltlos anzunehmen. Diese positive Grundeinstellung wird durch körperliche Aktivität, die Wohlfühl-Endorphine freisetzt, oder wie in meinem Fall durch Meditation gefördert.

Ich unterhielt mich mit Dr. Matheny darüber. Er erklärte: »In der buddhistischen Tradition spricht man vom Zeugen. Wir haben vermutlich alle schon einmal die Erfahrung gemacht, dass wir etwas Schreckliches träumen, und plötzlich scheint es, als käme ein fürsorglicher Teil unseres Selbst ins Spiel, der sagt: Mach dir keine Sorgen. Das ist nur ein Traum, aus dem du wieder aufwachen wirst. Diese innere Stimme, diesen weisen Aspekt unserer Persönlichkeit, bezeichnete Jung als die Seele, ein Sammelbecken der Weisheit, die weit über das Bewusstsein hinausgeht – und hier haben ältere Menschen einen Vorteil.

Ein wichtiges Ziel der Achtsamkeitsmeditation besteht darin, uns unsere Handlungen bewusst zu machen, während wir handeln, und nicht erst nach vollendeten Tatsachen. Wir sollten uns beobachten, sollten aufhören, bestimmte Rollen zu spielen, in unseren eigenen Dramen und in unserer Konditionierung zu verharren und erst später über unser Verhalten nachzudenken. Wir richten uns ständig an irgendwelchen Rollen aus, die uns wichtig erscheinen, doch wenn wir nicht achtgeben, vergessen wir, wer wir wirklich sind und werden zum Rollen-Darsteller. Und sollte die Rolle nicht den erhofften Erfolg bringen, fühlen wir uns todunglücklich und gestresst.«

Im Anschluss an dieses Gespräch dachte ich eingehend darüber nach, wie oft ich früher unbewusst Rollen ausagiert und wie sehr ich damit mich selbst und andere unter Stress gesetzt habe. Stress sollten wir im dritten Akt unbedingt abbauen, da er einen hohen Tribut vom Körper fordert und sogar das Gehirn schädigen kann, wie im 8. Kapitel erwähnt. Ich bin dankbar, dass ich mit siebzig die Meditation entdeckt habe. Ich weiß, dass sie dazu beiträgt, neue neuronale Bahnen im Gehirn zu entwickeln und Wege aus Depression und Ängsten zu finden. Meditation ist eine menschliche Geheimwaffe, mit der wir in die Produktion von Stresshormonen eingreifen können. Ich möchte Sie ermutigen, Achtsamkeitsmeditationen auszuprobieren; Anleitungen finden Sie in Anhang V.

Was wir sonst noch tun können, um neue neuronale Bahnen zu erschließen, die aus einer Talsohle in unserem Leben herausführen? Lächeln! Ganz im Ernst. Lächeln verändert die Muster der Informationen, die von den Muskeln – in diesem Fall den Muskeln rund um den Mund und die Augen – an das Gehirn weitergeleitet werden. Das hat wiederum großen Einfluss auf Gesundheit und Wohlbefinden, sowohl kurz- als auch langfristig. Der Wissenschaftsjournalist und Autor Dr. Norman Cousins ist überzeugt, dass er durch die von ihm entwickelte Lachtherapie – er sah sich gezielt lustige Filme an – von Knochenkrebs und einer weiteren schweren Erkrankung geheilt wurde: Die positive Gemütsverfassung, die sie hervorriefen, regte die Produktion von Endorphinen und die Schlüsselkomponenten des Immunsystems an, beispielsweise T-Zellen, Lymphozyten, Leukozyten und Phagozyten, die den Kampf gegen die tödliche Krankheit aufnahmen.

Die 104-jährige Rachel Lehman hatte, wie sie mir in dem Interview für dieses Buch erklärte, eine wahre Liebesepidemie ausgelöst, indem sie jeden Menschen anlächelte, der ihr begegnete, insbesondere die Miesepeter. Als ich mich daran erinnerte, beschloss ich, mit dem Lächeln zu experimentieren. Zuerst beim Yoga. Ich lächelte andeutungsweise, wie Mona Lisa, während ich die Stellungen hielt. Ich versuchte, das Lächeln während der Meditation beizubehalten. Und siehe da, ich fühlte mich besser, leichter. Auch wenn mir nicht danach zumute war, setzte ich ein Lächeln auf, und meine Laune besserte sich wie von Zauberhand. Die Auswirkungen waren ähnlich wie bei einer guten Körperhaltung. Wenn ich meine Schultern straffe und darauf achte, dass mein Kopf hochaufgerichtet statt gebeugt ist, fühle ich mich auf Anhieb stärker, kraftvoller.

Und genau wie beim Lächeln verbessert sich dadurch mein gesamtes äußeres Erscheinungsbild.

Seither habe ich interessante Forschungsprojekte entdeckt, die belegen, dass die Physiologie des Lächelns Neurotransmitter, Hormone und Endorphine aktiviert und Stickstoffmonoxid freisetzt, also biochemische Reaktionen auslöst, die als Stimmungsaufheller dienen.

Dr. Rollin McCraty, Executive Vice President und Forschungsleiter am Institute of HeartMath, sagte: »Studien belegen, dass unser Gehirn wie ein komplexes Musterabgleichsystem funktioniert. Die Botschaften, die es von den Gesichtsmuskeln, dem Herzen und anderen Körperorganen erhält, gehören zu den zahlreichen eingehenden Informationen, die das Gehirn ständig verarbeitet. Sobald es erkennt, dass bestimmte Muster immer wiederkehren, versucht es, sie als unumstößliche Richtlinie oder Norm in das bestehende Repertoire zu integrieren und aufrechtzuerhalten. Das geschieht selbst dann, wenn ein vertrautes Muster Gesundheit und Wohlergehen letztendlich abträglich ist, zum Beispiel ein Leben mit konstantem Stress. Dieser Mechanismus erklärt auf einer psycho-physiologischen Grundlage, warum sich chronischer Stress so schwer ausmerzen lässt: Das Gehirn lernt, die stressreichen Verhaltensmuster als vertraut einzuordnen und ist daher bemüht, sie beizubehalten und zu verstärken, obwohl sie ungesund sind.

Doch genauso, wie man einen Thermostat neu einstellen kann, lassen sich auch neue Verhaltensmuster einführen, die das Gehirn bei entsprechender Wiederholung als vertraut erkennt und dann als neue Richtlinie integriert werden. Wenn wir uns also bewusst vornehmen, zu lächeln und positive Gefühle zu aktivieren, stuft das Gehirn schließlich diese zusammenhängenden Wohlfühl-Muster als vertraut ein und verstärkt sie, bis sie uns irgendwann in Fleisch und Blut übergehen.«

Dr. McCraty fügte hinzu, dass uns dieses neue positive Grundmuster ermöglicht, stressreiche Situationen oder Herausforderungen besser zu bewältigen.

Elan Sun Star, Fotograf, Autor und als Lehrer bei Global Creative Networking Media tätig, schrieb ausführlich über die Macht des Lächelns. Er sagt: »Was ist, wenn uns nicht nach Lächeln zumute ist und wir keine Lust haben, anderen etwas vorzutäuschen? Nun, dann können wir dankbar sein, dass wir nicht gezwungen sind, zu lächeln, und das kann ein Lächeln auslösen. Natürlich sollten wir uns bewusst machen, dass es ein echtes und ein unechtes Lächeln gibt, aber wir sollten uns auch bewusst machen, dass es einen echten Versuch gibt, glücklich zu sein, und einen echten Versuch, zu lächeln.«

1862 verfasste der französische Neurologe Guilleaume Duchenne im Zuge seiner Experimente mit einhundert Gesichtsmuskeln eine elektrophysiologische Analyse des Gefühlsausdrucks. Er demonstrierte, dass bei einem vorgetäuschten oder halbherzigen Lächeln nur die Mundwinkel durch die mimische Muskulatur nach oben gezogen werden, während an einem echten, aus tiefstem Herzen stammenden Lächeln auch die Augenmuskulatur beteiligt ist, die zur Faltenbildung rund um die Augen, zu einem leichten Absenken des Augenlids und zum Anheben der Wangen und Mundwinkel führt.

Elan Sun Star empfiehlt, sich vor einen Spiegel zu stellen und probeweise das sogenannte Duchenne-Lächeln aufzusetzen, bei dem sich Falten in den Augenwinkeln bilden und die Mundwinkel nach oben wandern. Betrachten Sie die Übung einfach als Workout-Übung, bei der die Lachmuskeln trainiert werden. Atmen Sie dabei tief ein und aus und stehen Sie gerade! Eine hoch aufgerichtete Haltung verleiht dem Lächeln zusätzliche Glaubhaftigkeit. Eine gebückte, nachlässige Haltung passt nicht zu einem rundum zufriedenen, kraftvollen, lächelnden Menschen.

Seit Beginn des dritten Akts bin ich zugänglicher und optimistischer geworden. Wenn jemand versucht, mir einzureden, ich sei nicht ganz bei Trost, rufe ich mir eine Studie aus dem Jahr 2002 ins Gedächtnis zurück, die Ohio Longitudinal Study of Aging and Retirement: Sie belegt, dass Menschen mit einer positiven Einstellung zum Alter siebeneinhalb Jahre länger leben!

10. KAPITEL

Die Lebensbilanz: Praktische Tipps

Es ist nie zu spät, das zu werden, was man hätte sein können.
GEORGE ELIOT

Die Entschädigung für das Altern, dachte Peter Walsh, als er Regents Park verließ, den Hut in der Hand, war einfach das; dass die Leidenschaften so heftig wie je bleiben, aber man – endlich! – die Kraft erworben hat, die das Dasein um die höchste Würze bereichert – die Kraft, sich der Erfahrung zu bemächtigen, sie langsam um und um, ins Licht, zu kehren.
VIRGINIA WOOLF

Die Lebensbilanz gehört für mich zu den unverzichtbaren Elementen eines gelungenen Alterungsprozesses, weil man dadurch (um die viktorianische Schriftstellerin George Eliot zu zitieren) das werden kann, was man hätte sein können. Wir entdecken dabei vielleicht den wahren Kern unseres Selbst … dass wir möglicherweise ganz anders sind als wir denken.

Wir alle brauchten die Liebe und Anerkennung der Eltern, unabhängig davon, ob wir in der Welt Erfolg hatten oder nicht. Viele von uns mussten sie entbehren.

Einige blicken zurück und haben das Gefühl, gescheitert zu sein oder nicht das erreicht zu haben, was ihnen vorschwebte. Vielleicht verspüren wir noch heute den Schmerz einer psychischen Verletzung, die aus der Kindheit stammt und ihre Narben hinterlassen hat, oder leiden unter dem unbefriedigenden Ende einer Beziehung, unter die wir noch keinen Schlussstrich ziehen konnten. Der Psychologe Terence Real schrieb: »Unausgereifte Bereiche unserer Persönlichkeit repräsentieren immer unerledigte Aufgaben, unvollständige Aussprachen mit einem Elternteil oder beiden, denn ihre Aufgabe wäre es gewesen, uns auf den Weg der Beziehungsreife zu führen, an der es uns heute, im Erwachsenenalter, mangelt.«[51]

Eine Möglichkeit, die unerledigte Aufgabe der Entwicklung unseres vollen Potenzials in Angriff zu nehmen, besteht darin, auf unser bisheriges Leben zurückzublicken und, falls erforderlich, an unserer Beziehung zur Realität – zu Menschen und Ereignissen – zu arbeiten. Die Lebensbilanz hilft uns dabei. Der Autor und spirituelle Lehrer Stephen Levine spricht von einem Ausstieg aus einem noch nicht abgeschlossenen Verkaufsvorgang. Er trägt dazu bei, einen Schlussstrich zu ziehen, was uns leichter fällt, wenn wir eine größere Wegstrecke zurückgelegt und Erfahrungen gesammelt haben, wenn Konflikte und Traumata weniger affektgeladen sind, und einige der scharfen Ecken und Kanten durch die Zeit und das Erwachsenenleben rundgeschliffen wurden.

Simone Scharff ist eine attraktive, zierliche, siebzigjährige Französin, die ich in den 1960er Jahren am Strand von Malibu kennenlernte, wo ich mit meinem ersten Mann, dem französischen Filmregisseur Roger Vadim, viel Zeit verbrachte. Wir begegneten uns zufällig fast fünfzig Jahre später im WISE & Healthy Aging wieder, einem Freizeitzentrum für Senioren in Santa Monica; sie gehörte einer Gruppe von zehn Frauen an, die sich wöchentlich zu einer Diskussionsrunde treffen. Ethel Schatz, 93 Jahre alt und noch immer voller Tatendrang, gründete die Gruppe vor zwanzig Jahren, um ältere Frauen zu ermutigen, ihre Lebenserinnerungen aufzuschreiben und sich in der Gruppe darüber auszutauschen.

Simone sagte, sie habe zunächst nicht beitreten wollen, weil es ihr an schriftstellerischem Talent mangele. Sie war während der Besatzungszeit in Frankreich aufgewachsen und hatte ihre Bildung auf der Straße erhalten. »Nicht gut genug zu sein war ein Thema, das sich durch mein gesamtes Leben zog. Es war immer fest in mir verankert.

Doch meine Lebenserinnerungen schriftlich festzuhalten, alles, was ich durchgemacht hatte, stärkte meine Selbstachtung. Ich dachte: Kaum zu glauben, aber das habe ich geschafft, und das, und das! Aber ich hätte mich nie darauf eingelassen, wenn Ethel mir nicht grünes Licht gegeben und mich ermuntert hätte, meine Erfahrungen zum Ausdruck zu bringen, darüber zu schreiben und nachzudenken, ohne mich deswegen zu schämen. Das verlieh mir Freiheit, Flexibilität. Meine ganze Einstellung veränderte sich.« Simone hatte sich nie getraut, ihren Kindern etwas über ihr Leben zu erzählen, obwohl das Interesse groß war, auch bei ihren Enkelkindern; nun dürfen sie ihre Aufzeichnungen lesen und sie hat das Gefühl, dass sie ihnen damit hilft.

Obwohl die Aufzeichnung von Lebenserinnerungen in einer Schreibgruppe nicht dasselbe ist wie eine Lebensbilanz, kann der Prozess der Selbstanalyse damit angekurbelt werden, genau wie bei Simone.

Ich glaube nicht, dass es notwendig ist, anderen Ihre Lebensbilanz zu zeigen. Allein die offene, durchdachte und detaillierte Niederschrift kann einen tiefgreifenden Wandel bewirken. Dennoch könnte die Zeit kommen, in der Ihre Kinder oder andere Familienangehörige davon profitieren, so wie ich von den Aufzeichnungen meiner Mutter, die nach der Einweisung in eine psychiatrische Klinik kurz vor ihrem Tod entstanden.

Mein Freund Nathaniel Bickford, 65 Jahre alt, begann ein Buch über sein Leben zu schreiben, als er seine Tätigkeit als Wirtschaftsjurist aufgab und in den Ruhestand ging. Während der High-School-Zeit musste er zwei traumatische Erfahrungen verkraften, die ihn sein Leben lang verfolgten. Zuerst hatte ihn ein Lehrer, der sein Vorbild gewesen war, aufs Korn genommen und aus keinem ersichtlichen Grund emotional so lange unter Druck gesetzt, bis er sich zu einem Schulwechsel gezwungen sah.

Und in der neuen Schule stellte sich heraus, dass sein bester Freund homosexuell war, als dieser einen Annäherungsversuch bei ihm machte – das war Mitte der 1950er Jahre und für Nat eine traumatisierende Erfahrung. Da er nicht wusste, was er tun sollte, wandte er sich an den Rektor der Schule, woraufhin sein Freund Suizid beging.

»Ich bin sicher, wenn ich besser mit der Situation umgegangen wäre, würde er heute noch leben«, gestand mir Nat eines Tages in seinem New Yorker Apartment. »Deshalb hatte ich das Gefühl, die unmittelbare Ursache der Entscheidung zu sein, sich umzubringen. Da ich lange nicht in der Lage war, darüber zu reden, beschloss ich, ein Buch zu schreiben und mir über alles klar zu werden, auch den psychischen Zustand des Lehrers zu verstehen, der mich gequält hatte. Was hatte ich getan, um ihn derart gegen mich aufzubringen?« Ich fragte, ob ihm bei der Niederschrift seiner Erinnerungen bewusst geworden sei, dass das sadistische Verhalten seines Lehrers nichts mit ihm persönlich zu tun hatte.

»Es ist erstaunlich«, erwiderte er. »Man kann sich einreden, dass man nicht dafür verantwortlich ist, dass der Mann irgendwelche anderen Probleme hatte. Rein verstandesmäßig ließe sich der Gedanken bis zum Abwinken fortspinnen. Doch ein Rest des emotionalen Schadens, der dadurch entstanden ist, bleibt – das Narbengewebe, oder was auch immer –, bis man sich noch einmal intensiv mit der Situation auseinandersetzt, sie beinahe nachvollzieht. Deshalb musste ich aufschreiben, was mein Freund damals gesagt hatte, als er mir zu Leibe rückte, und das war einfach grauenhaft, aber es war der einzige Weg. Ich musste mich noch einmal in die Situation hineinversetzen, um meine damalige Reaktion zu verstehen.

Bei dieser Rückschau geschieht etwas Seltsames: Man hat das Gefühl, als wäre man eine unbeteiligte dritte Person, die in der Lage ist, dem Jungen, der man war, zu verzeihen. Dieser Junge war nicht wirklich für das Geschehen verantwortlich. Er muss sich nicht schuldig fühlen. Das funktioniert. Einwandfrei. Es ist wirklich erstaunlich.«

Ich sagte Nat, wie sehr mich sein Worte berührt hatten und dass es auch mir erst dank meiner Lebensbilanz gelungen war, einige der Dämonen aus meinem Leben zu vertreiben. Auch ich hatte mich mit den Einzelheiten auseinandersetzen müssen, um sie als Erfahrungen nachzuvollziehen und *nachempfinden* zu können.

Nats Buch *Late Bloomer* wurde 2008 von Tidepool Press veröffentlicht. Nun hat er sich von den Geistern der Vergangenheit befreit und genießt seinen Ruhestand gemeinsam mit seiner Frau, mit der er seit 46 Jahren verheiratet ist.

Folgen Sie dem Beispiel von Simone und Nat; halten Sie die Erfahrungen in Ihrem Leben schriftlich fest, die inneren und äußeren Schlüsselereignisse, um sich zu ihnen zu bekennen, sie gesammelt in den Mittelpunkt zu rücken und Ihre wahre Identität vorbehaltlos anzunehmen. Es geht nicht darum, sich in Erinnerung zu rufen, wie andere Sie gesehen oder in welchem Maß Sie deren Wünschen und Bedürfnissen entsprochen haben; wichtig ist, zu erforschen, wer Sie in den tiefsten Tiefen Ihrer Seele sind. Welche Erlebnisse haben Sie als Kind geprägt? Welche Erfahrungen waren negativ und angsteinflößend? Welche haben Sie als positiv in Erinnerung? Was haben Sie an Ihrem ersten Schultag empfunden? Welche Gefühle haben Ihre Mitschüler in Ihnen ausgelöst? Gibt es Verhaltensweisen, die Sie heute noch beschämend finden oder an die Sie nur ungerne zurückdenken? Haben Ihre Lehrer Ihnen das Gefühl eingeflößt, wunderbar und neugierig auf die Welt zu sein? Oder kamen Sie sich dumm und unwissend vor? Haben Ihnen Ihre

Eltern ein Gefühl der Geborgenheit vermittelt? Stolz auf sich selbst? Selbstakzeptanz?

Gehen Sie in sich und spüren Sie Ihren Erfahrungen nach; dann machen Sie sich Notizen dazu, damit Sie sich später daran erinnern. Verzichten Sie auf Überarbeitungen, lassen Sie die Gedanken frei fließen. Beleuchten Sie sie von allen Seiten und versuchen Sie, einen Blick hinter die Fassade zu werfen. Vielleicht gelangen Sie genau wie ich zu der Erkenntnis, dass der Übergang zum Alter viel bedeutungsvoller und erfreulicher ist, wenn Sie ihn im Kontext Ihres gesamten Lebensbogens betrachten, wenn Sie begonnen haben, einige der unerledigten Aufgaben in Angriff zu nehmen und Ordnung in ihrem Leben zu schaffen.

Nutzen Sie die Lebensbilanz, um den Schmerz, den die Wunden der Kindheit hinterlassen haben, durch die Versöhnlichkeit des Alters zu lindern.

Doch bevor wir vergeben und die Vergangenheit loslassen können, müssen wir verstehen. Verstehen erfordert Aufrichtigkeit, und Aufrichtigkeit erfordert Mut. Versuchen Sie also, jeder Phase Ihres Lebens mit Aufrichtigkeit, Mut und Versöhnlichkeit nachzuspüren und nicht nur an die schwierigen Erfahrungen zu denken, sondern auch an die Menschen, die Sie berührt und mit Großmut und Liebe geleitet haben. Würdigen Sie ihre Verdienste und danken Sie ihnen, von ganzem Herzen und in Ihrer Lebensbilanz.

Rufen Sie sich auch die Menschen ins Gedächtnis zurück, die Sie verletzt haben. Das wird nicht leicht sein, und vielleicht stellen Sie dabei fest, dass Ihnen die Erinnerung die Luft abschnürt. Atmen Sie tief durch, das entspannt die Muskeln und sorgt für einen klaren Kopf, sodass Sie besser denken und verstehen können. Wenn der Körper angespannt ist, sind Sie nicht offen für neue Erkenntnisse und bahnbrechende Entwicklungen.

Deshalb kann die Meditation so hilfreich sein. Während Sie tief ein- und ausatmen, stellen Sie sich die Verletzungen und den Selbsthass der Personen vor, die dazu geführt haben könnten, Sie zu verletzen: Öffnen Sie Ihr Herz, schicken Sie ihnen mental Liebe und Vergebung. Und verpflichten Sie sich, anderen – oder sich selbst – niemals das anzutun, was Ihnen angetan wurde. Durchbrechen Sie den Teufelskreis!

In seinem Buch *Noch ein Jahr zu leben. Wie wir dieses leben können, als wäre es unser letztes* schrieb der Autor und spirituelle Lehrer Stephen Levine: »Selbst einem misslungenen Versuch, Vergebung zu üben, ist die beträchtliche Macht der Intention zu eigen. Wir können Vergebung nicht erzwingen, denn Zwang verschließt unser Herz, aber wir können ihre Möglichkeiten erforschen, ihre Fähigkeit, den Vergebenden zu heilen, und manchmal denjenigen, dem Vergebung zuteilwird.« Levine erklärte auch: »Vergebung ist ein Akt der Barmherzigkeit und Einfühlsamkeit ein Akt der Weisheit.«[52]

Autor James Baldwin schrieb: »Ich denke, dass sich Menschen so verbissen an ihren Hass klammern, ist nicht zuletzt darauf zurückzuführen, dass sie spüren, wenn der Hass vergangen ist, müssen sie sich mit dem Schmerz auseinandersetzen.« Einige Menschen klammern sich geradezu an ihren Schmerz. Er definiert sie. Wer bin ich, wenn kein Opfer? Ihnen geht es nicht gut im dritten Akt des Lebens.

Die Lebensbilanz kann ein Weg ein, sowohl den Hass als auch die Opferrolle abzuschütteln, den Schmerz herauszulassen und unsere wahre Identität zu entdecken.

Zalman Schachter-Shalomi, einer der bedeutendsten Vertreter der Jewish Renewal-Bewegung, beschreibt eindringlich, was mit uns geschieht, wenn wir nicht fähig oder bereit sind, zu vergeben: »Wenn ich mich beispielsweise weigere, jemandem zu verzeihen, der mir Unrecht getan hat, rufe ich mein inneres Strafjustizsystem auf den Plan, um den Übeltäter zu bestrafen. Als Richter und Geschworener verurteile ich ihn zu einer langen Haftstrafe ohne Bewährung und sperre ihn in ein Gefängnis, das ich aus den Ziegeln und dem Mörtel meines versteinerten Herzens errichte. Nun muss ich als Aufseher und Kerkermeister genauso viel Zeit hinter Gittern verbringen wie der Gefangene, den ich bewache. Die Energie, die ich in den Erhalt des Haftsystems einbringe, fließt aus meinem Energiehaushalt ab. Aus dieser Warte betrachtet, ist es sehr kostspielig, einen heimlichen Groll zu hegen, denn anhaltende negative Gefühle wie Wut, Verbitterung und Angst zehren an meiner Energie und kerkern meine Vitalität und Kreativität ein«.[53]

Wenn ein Elternteil oder beide noch leben, sollten Sie ihnen, um Licht in die Vergangenheit zu bringen, gezielte und wohlüberlegte Fragen stellen; nehmen Sie einen Kassettenrekorder und zu Sicherheit auch einen Notizblock mit, um ihre Erinnerungen aufzuzeichnen. Befragen Sie sie getrennt, denn sonst würden sie Ihnen vermutlich nur die vertrauten angenehmen Dinge erzählen, die sie in das Drehbuch ihres Lebens eingefügt haben. Ihr Ziel besteht darin, sie sanft zu veranlassen, über ihre Komfortzone hinauszugehen. Vielleicht ist ihnen Ihr Interesse sogar willkommen, weil sie sich in einem Alter befinden, in dem sie nichts mehr zu verlieren, aber viel zu gewinnen haben, wenn sie verdrängte Erinnerungen ausgraben (für Sie und sich selbst), die Aufschluss über die Entwicklung ihrer eigenen Persönlichkeit geben.

Fragen Sie nach Ihren Großeltern: Haben sie sich geliebt? Waren sie liebevoll oder kalt und streng mit ihren Kindern – also mit Ihren Eltern? Versuchen Sie, auch schmerzhafte Erfahrungen anzusprechen, die Ihre Eltern vielleicht tief in sich vergraben haben, wie Missbrauch/Misshandlung, Vergewaltigung, emotionale Distanz, Misserfolge, Todesfälle, Süchte, Depressionen oder Schuldgefühle. All das kann sich auf den Umgang mit Ihnen ausgewirkt haben, auf das Gefühl, das Sie während der Kindheit und Adoleszenz hatten. Und vielleicht haben Sie wie die meisten gedacht, es sei Ihre Schuld, wenn die Beziehung getrübt war. Nun ist es an der Zeit, herauszufinden, wer Sie wirklich sind, losgelöst von den Persönlichkeitsmerkmalen Ihrer Eltern oder den Wunschvorstellungen, nach denen Sie erzogen wurden.

Ein Mann könnte erkunden, wie er vor und nach der Einschulung war. Wie im 3. Kapitel erwähnt, neigen Jungen in dieser Phase dazu, sich emotional abzuschotten, um sich anzupassen und nicht als Memme oder Muttersöhnchen verhöhnt zu werden. Versuchen Sie sich zu erinnern, wie Sie in diesem Alter waren, welche Botschaften Ihnen bezüglich Ihres Verhaltens stillschweigend oder explizit übermittelt wurden. Viele Psychologen sind heute der Meinung, dass der gesellschaftliche Druck auf Jungen, dem Macho-Stereotyp zu entsprechen, eine Spaltung von Herz und Verstand verursachen kann, die der emotionalen Entwicklung schadet. Forschungen scheinen zu belegen, dass der dritte Akt im Leben eines Mannes eine Rückkehr zu den fürsorglichen, empathischen, sensiblen Aspekten seiner Psyche ermöglicht und damit für mehr Zufriedenheit und harmonischere Beziehungen in seinen letzten Lebensjahrzehnten sorgt.

Im Gegensatz zu Jungen erleben Mädchen den Druck, sich den Geschlechtsnormen anzupassen, erst zu Beginn der Adoleszenz. Eine Frau möchte vermutlich die Teenagerzeit genauer unter die Lupe nehmen, in der sie vielleicht den Bezug zu ihrem Körper verloren hat, ihr wahres Selbst in den Untergrund ging und verstummte.

Wie bereits gesagt, ist man durch die Niederschrift der Erinnerungen gezwungen, gleich ob per Hand oder Computer (was ich bevorzuge), sich gezielt mit seinem Leben auseinanderzusetzen und auf einer tieferen Ebene nach Erkenntnissen zu streben, als würde man lediglich darüber nachdenken.

Die eigene Lebensgeschichte zu veröffentlichen – oder anderen zum Lesen zu geben – ist nicht das Ziel. Es geht allein darum, sie aufzuschreiben. Konzentrieren Sie sich ausschließlich auf Ihr Dokument – mit aller Aufrichtigkeit und Beherztheit, die Sie aufbringen können. Versuchen Sie, mit den Menschen zu sprechen, die eine Schlüsselrolle in ihrem Leben innehatten, so schnell wie möglich, solange sie noch leben. Sollten Ihre Eltern und Großeltern bereits verstorben sein, gibt es vielleicht Verwandte und Freunde der Familie, auf deren Erinnerungen Sie zugreifen können. Falls Sie zu beschäftigt sind, um sich Zeit zum Schreiben zu nehmen, sammeln Sie wenigstens dort Informationen, bei denen die größte Gefahr besteht, dass sie verlorengehen; dann können Sie sich später eingehend damit befassen, wenn Sie einen Gang zurückschalten.

Versuchen Sie, die Phasen in Ihrem Leben zu ermitteln, in denen tief greifende Umbrüche zu einem Kurswechsel geführt haben – in denen sich ein innerer Wandel vollzogen und Sie veranlasst hat, die Welt und Ihren Platz darin mit anderen Augen zu betrachten. Vermutlich war die Adoleszenz ein solcher Lebensabschnitt, weil wir beginnen, unsere eigene Identität zu entdecken, losgelöst von unseren Eltern.

Für viele von uns war die Geburtsstunde der Frauenbewegung ein wichtiger Katalysator. Auch die Menopause kann prägend sein. Ein Kurswechsel kann sich auf innere Transformationsprozesse beschränken, die in der Erkenntnis wurzeln, dass die bisherige Lebensweise keinen Sinn mehr ergibt. Vielleicht haben Sie das Gefühl, dass Sie Ihr Leben nicht mehr im Griff haben, sondern dass es Sie im Griff hat, und nehmen sich vor, alle Hebel in Bewegung zu setzen, um etwas dagegen zu unternehmen. Der Kurswechsel kann aber auch durch äußere Ereignisse hervorgerufen werden – Scheidung Ihrer Eltern, Tod eines Menschen, der Ihnen nahestand, fristlose Entlassung,

Geburt Ihres ersten Kindes, Ihr Mann hat Sie verlassen. Wie Sie darauf reagiert und sich auf die neue Situation eingestellt haben, war vermutlich ausschlaggebend dafür, ob eine Kursänderung in Ihrem Leben stattgefunden hat.

Machen Sie sich keine Sorgen über das geballte Ausmaß an Zeit, das Sie der Niederschrift widmen. Beginnen Sie einfach mit dem ersten Akt. Planen Sie eine Stunde dafür ein. Legen Sie sich Notizblock und Stift zurecht, wenn die Gedanken dadurch leichter in Fluss kommen, oder benutzen Sie ein Aufnahmegerät.

Denken Sie an die wichtigsten Ereignisse in Ihrem Leben, an Szenen, an die Sie sich deutlich erinnern. Wenn der Prozess richtig in Gang gekommen ist, fallen ihnen vielleicht mehr Einzelheiten ein.

Durchforsten Sie alte Fotoalben, Sammelbücher, Familienstammbäume. Suchen Sie darin nach Hinweisen. Besuchen Sie Orte, die Ihnen wichtig waren, beispielsweise Ihr Elternhaus und die Umgebung, in der Sie aufgewachsen sind; versuchen Sie, die Gefühle, die damit verbunden waren, wieder aufleben zu lassen. Nehmen Sie an Klassentreffen teil, tauschen Sie sich mit Ihren ehemaligen Mitschülern aus und erklären Sie ihnen, dass Sie sich auf der Suche nach Informationen für Ihre Lebensbilanz befinden.

Vielleicht regen Sie sie damit an, Ihrem Beispiel zu folgen. Hören Sie sich Ihre früheren Lieblingssongs an. Musik ist ein hervorragendes Medium, um in Vergessenheit geratene Vorstellungsbilder heraufzubeschwören. Ein einziger Reiz kann ungeahnte Reaktionen auslösen und verschüttete Erinnerungen ans Tageslicht befördern. In seinem Meisterwerk *Auf der Suche nach der verlorenen Zeit* veranschaulicht Marcel Proust, wie das Gedächtnis funktioniert: Der Protagonist isst ein Gebäckstück, das er als Kind liebte und Erinnerungen an früher wachruft.

Es ist empfehlenswert, immer einen Notizblock dabei zu haben, damit Sie die Gedanken, die kommen, unverzüglich festhalten können.

Vielleicht ergeht es Ihnen wie mir, wenn Sie Ihre Kindheit, Jugend, usw. Revue passieren lassen: Sie stellen fest, dass die Kursänderungen oft mit geschlechtsspezifischen Themen verbunden waren. Ich erinnerte mich beispielsweise wieder an den Wunsch, zu gefallen; an das Bedürfnis, Bestätigung bei einem Mann zu finden; an den Selbsthass, vor allem auf meinen Körper; an die Reaktionen auf meine Mutter; an die distanzierte, sachliche Art meines Vaters; und schließlich an das Auftauchen meiner eigenen Stimme. Ich erkannte, dass die Geschlechterrollen zur Metapher meines Lebens geworden waren. Ich glaube, dass diese Metapher auf die Lebensbilanz vieler Männer und Frauen zutrifft, oder zumindest hilfreich bei der Suche nach dem eigenen Lebensweg sein könnte.

Andere Metaphern könnten Herausforderungen wie Armut, Gewalt oder Konkurrenzdenken sein – das Bedürfnis, stets die besten Ergebnisse zu erzielen. Wenn Sie aus einer von Alkoholismus geprägten Familie stammen, kann der Held oder der Clown Teil Ihrer Metapher sein, zwei weit verbreitete Rollen bei Kindern von Alkoholikern, die uns bis ins Erwachsenenalter verfolgen können.

Die Metapher für die Geschichte Ihres Lebens zu entdecken kann Sie für inneres Wachstum, Erneuerung, einer erweiterte Selbstdefinition, überraschende Energie und Heilungsprozesse öffnen, denn Ihre persönliche Geschichte findet in der universalen Geschichte ihren Widerhall.

Erst als ich in der Lage war, mein eigenes Leben als einen von Geschlechterrollen bestimmten Weg zu begreifen, fühlte ich mich ausreichend gerüstet, um meine Memoiren zu schreiben; ich war damals 62 Jahre alt.

DRITTER TEIL

Freundschaft, Liebe und Sex

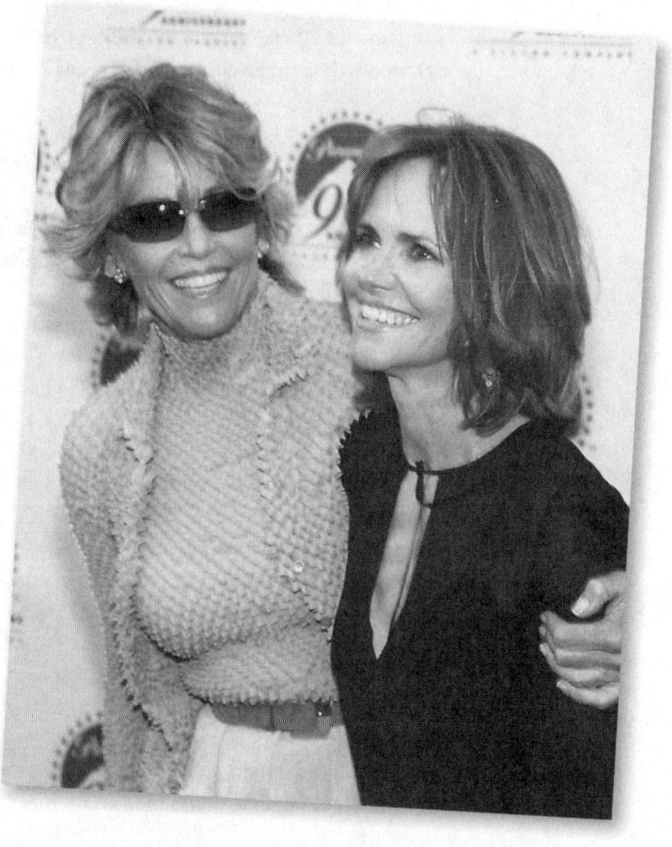

11. KAPITEL

Der Stellenwert der Freundschaft

Alleine kann man kämpfen
kann man verweigern, kann man
Rache nehmen, das alles kann man,
aber sie sind stärker als du.

Doch zwei Menschen,
können sich, Rücken an Rücken kämpfend, einen Weg
durch die aufgebrachte Menge bahnen, einem Schlangentanz
gleich,
können eine Absperrung, eine Streitmacht durchbrechen,
können sich einer Streitmacht entgegenstellen.

Zwei Menschen können einander helfen
den Verstand zu bewahren, können einander Unterstützung,
Überzeugungen,
Liebe, Seelenmassage, Hoffnung, sexuelle Erfüllung bieten.
Drei Menschen stellen eine Abordnung, einen Ausschuss,
einen Keil dar. Mit vier Menschen
kann man Bridge spielen und ein Unternehmen gründen.
Mit sechs kann man
ein ganzes Haus mieten, am Abend eine Pastete ohne
Nachschlag essen
und eine Wohltätigkeitsveranstaltung organisieren.
Mit einem Dutzend Menschen kann man eine
Demonstration abhalten.
Mit hundert einen Saal füllen.
Mit tausend verfügt man über eine Solidargemeinschaft und
ein eigenes Rundschreiben,
Mit zehntausend über Macht und eine eigene Zeitung,
Mit hunderttausend über eigene Medien,
Mit zehnmal hunderttausend über das eigene Land.
Und so folgt eins dem anderen,
es beginnt, wenn man zu handeln
beschließt, es beginnt, wenn man weitermacht,

nachdem sie nein gesagt haben,
es beginnt, wenn man Wir sagt
und weiß, wen man damit meint, und wenn man
jeden Tag einen weiteren meint.

MARGE PIERCY, AUSZUG AUS »THE LOW ROAD«,
IN *THE MOON IS ALWAYS FEMALE*

Wir sagen »wir« und wissen, wen wir meinen

Mai 2008. Wir haben uns in meinem Loft in Atlanta zum Abendessen eingefunden. Mein Bruder Peter sitzt neben mir. Er ist von Los Angeles her geflogen, genau wie mein Sohn Troy, meine Schwiegertochter Simone, Peters Tochter Bridget Fonda mit ihrem dreijährigen Sohn Oliver, der auf dem Fußboden hockt und sich mit meinen Enkelkinder-Spielsachen beschäftigt, während der neunjährige Malcolm und die fünfjährige Viva Kissen von der Galerie ins Erdgeschoss werfen, um ein Fort daraus zu bauen. Ihre Mutter, meine Tochter Vanessa, hat ebenfalls am Tisch Platz genommen, ruhig und gelassen wie immer inmitten der tobenden Kinderschar.

So seltsam es erscheinen mag, auch Ted Turner ist zu Gast, sitzt am anderen Ende der Tafel, mit Elizabeth, einer seiner Freundinnen. An diesem Abend findet ein längst überfälliges Familientreffen statt und ich kann nicht umhin, rührselig zu werden, als ich einen Trinkspruch auf Liebe, Freundschaft und Beständigkeit ausbringe.

Der Anlass, der uns zusammengeführt hat, ist die bevorstehende alljährliche Benefizveranstaltung zugunsten meiner gemeinnützigen Organisation Georgia Campaign for Adolescent Pregnancy Prevention, die zum dreizehnten Mal stattfindet. In diesem Jahr lautet das Motto »Drei Generationen der Fonda-Familie im Film«. Morgen sollen wir in einem live-Interview mit Robert Osborne, Moderator beim Spielfilmkanal

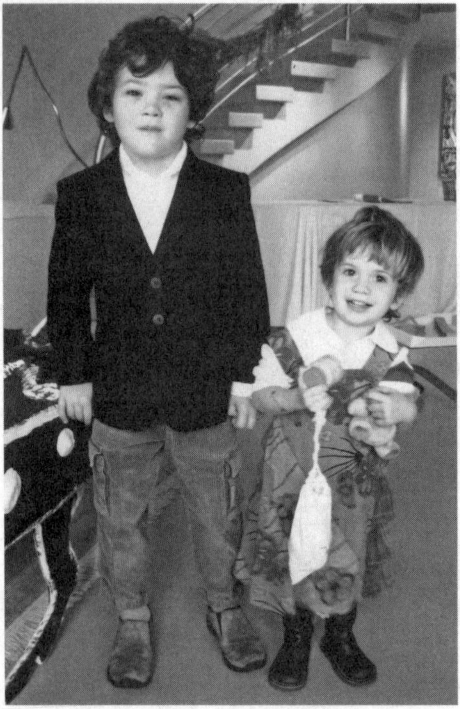
Malcolm und Viva, bereit zum Ausgehen. Viva genießt es sichtlich mehr als Malcolm, chic angezogen zu sein.

Turner Classic Movies, über unsere jeweilige berufliche Entwicklung berichten, und der Abend wird mit einer Hommage an Henry Fonda enden, unseren Vater und Großvater.

Doch der eigentliche Höhepunkt ist für mich die Zusammenkunft des gesamten Clans, von denen einige Mitglieder aufgrund schwelender Familienprobleme seit mehr als zwei Jahren keinen nennenswerten Kontakt mehr miteinander hatten. Es war mein siebzigster Geburtstag im vergangenen Jahr, der mich bewogen hatte, zur Pendeldiplomatie zu greifen und den festen Entschluss zu fassen, die Situation zu ändern. Ich wollte wir sagen und wissen, wen ich damit meinte. Ich hatte es satt, mich zu fragen, ob meine Anverwandten dazugehörten. Ich fand es traurig, dass ich Peters Sohn nicht kannte, meinen Großneffen; dass er meinen Enkelkindern, seinem Cousin und seiner Cousine zweiten Grades, noch nie begegnet war; dass ich noch nie ein tiefgehendes Gespräch mit Bridget über ihre fünfjährige Filmpause geführt oder Peter auf den Zahn gefühlt hatte, um herauszufinden, was mit ihm los war. Es fühlte sich richtig an, Ted in das Familientreffen einzubeziehen.

Im Lauf der zehn gemeinsam verbrachten Jahre waren seine und meine Kinder zusammengewachsen, trotz des unterschiedlichen kulturellen Hintergrunds der beiden Familien, die eigentlich gar nicht zusammenpassten – die meine mit der Neigung, Tätowierungen, Hip-Hop und einen unauffälligen Ohrring bei Männern zu tolerieren, und die seine mit formvollendeten Manieren und der Einhaltung strikter Regeln wie an einer Militärakademie. Trotz Scheidung hatten Ted und ich gleichermaßen den Wunsch, die Verbindung aufrechtzuerhalten. Deshalb freute er sich, als er von dem Familientreffen hörte, zu dem er eingeladen wurde, genau wie zur Hochzeit meines Sohnes.

Ich hatte den Schmerz, eine Familie zu verlieren, schon einmal erlebt, bevor es möglich war, zu verzeihen und einen Schlussstrich zu ziehen. Der Wunsch, zu verhindern, dass es noch einmal passierte, spornte mich an, alle Hebel in Bewegung zu setzen, solange noch Zeit dazu war. Als das Ereignis, das uns zusammenbrachte, vorüber war und meine Westküs-

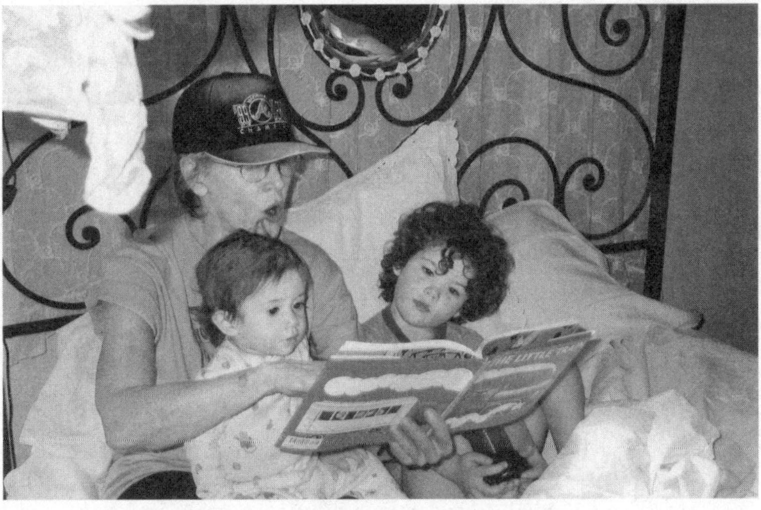

Mit meinen Enkelkindern Malcolm und Viva beim Vorlesen, 2005.

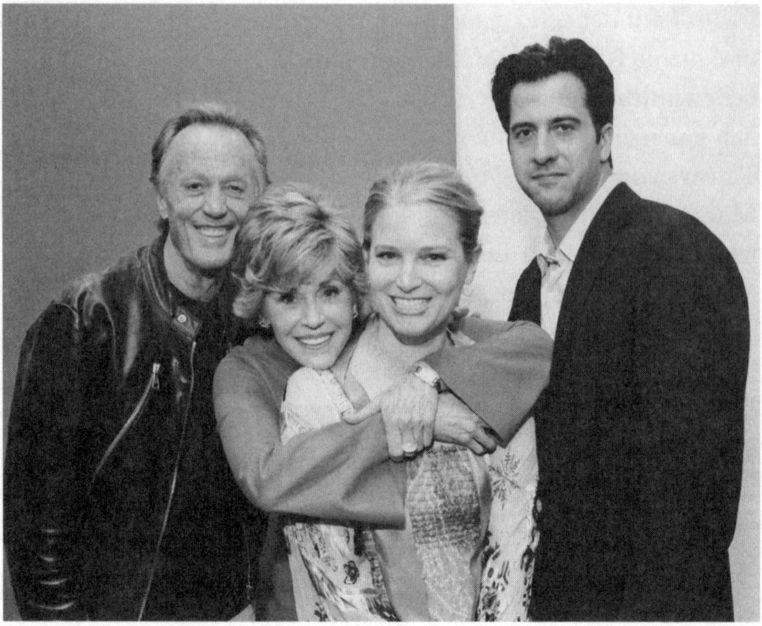

Mit meinem Bruder Peter, meiner Nichte Bridget und meinem Sohn Troy beim Fonda Family Film Festival in Atlanta, 2007.

ten-Familie den Heimweg antrat, hatten wir vereinbart, dass wir in Verbindung bleiben würden – und hielten uns daran.

Ich habe einen weiten Weg seit der Zeit zurückgelegt, als der *Lone Ranger* mein Vorbild war. Das überrascht nicht, wenn man bedenkt, dass der kantige Individualismus meines Vaters die Blaupause für die ethischen Grundsätze war, die als Heranwachsende in meiner Welt vorherrschten. Dieser Hang zum beinharten Einzelgänger war zum einen typisch für seine Generation und zum anderen durch seine Prinzipientreue bedingt, eine charakteristische Eigenschaft der Bewohner des Mittleren Westens, deren Kernwerte mein Vater repräsentierte: Ein voll ausgereifter Mensch ist eigenständig und autonom. Er braucht niemanden. Er ist zäh und verlässt sich nur auf sich selbst. Bedürfnisse sind ein Zeichen von Schwäche.

Dieses kulturelle Grundgerüst stellt für Frauen ein Dilemma dar. Wir sind nicht prädestiniert für die Rolle des beinharten Einzelgängers. Wir bauen Netzwerke auf, sammeln Freunde um uns, auf die wir uns verlassen, die uns unterstützen, aufmuntern, unsere Geheimnisse bewahren. Deshalb galten Frauen früher als unreif, irrational und sogar als pathologisch im Vergleich zu Männern.

Um nicht in dieser Schublade zu landen, versuchte ich, es den Männern gleichzutun, wollte meine emotionalen Bedürfnisse weder wahrhaben noch zum Ausdruck bringen, und hielt einen Teil von mir sorgsam unter Verschluss. Männer waren Macher, Einzelgänger mit einem emotionalen Panzer, was mir sicherer vorkam. Ein Freund meines ersten Mannes, des französischen Filmregisseurs Roger Vadim, sagte einmal über mich: »Sie ist sagenhaft. Nicht wie die meisten Frauen, mehr wie wir.« Damals betrachtete ich das als Kompliment. Meine Unabhängigkeit verlieh mir ungeheure Stärke. Sie machte mich aber gleichzeitig schwach, obwohl ich rund sechzig Jahre brauchte, um diesen Widerspruch zu begreifen.

Dieser Aspekt der Stärke verlieh mir die Kraft, mich an das alte Familienmotto zu halten: *Perseverate*. Er hatte zur Folge, dass ich allen Widrigkeiten in meinem Leben trotzte, und dass ich drei Männer heiratete, die eine echte Herausforderung darstellten, ohne mich unterkriegen zu lassen.

Der Aspekt der Schwäche verhinderte, dass ich die ganze Tiefe einer intimen, mit emotionaler Nähe gepaarten Liebe kennenlernte – mit Sicherheit der kostbarste Teil –, die einen Menschen verwundbar macht. Was mich zu Marge Piercys Gedicht am Anfang des Kapitels zurückführt.

Ich liebe dieses Gedicht. Es erinnert mich an den Beginn der 1970er Jahre, an mein Debüt als politische Aktivistin. Ich stand am Anfang des zweiten Akts, war nach der langen Zeit in Frankreich gerade erst in meine Heimat zurückgekehrt, begierig darauf, mich in den Kampf zu stürzen, um mein Scherflein zur Beendigung des Vietnamkriegs beizutragen und auf einer tieferen, kaum wahrnehmbaren Ebene zu spüren, dass mein Leben einen Sinn hatte.

Damals merkte ich, wie sehr sich die Aktivistinnen von allen anderen Leuten in meinem Bekanntenkreis unterschieden.

In ihrer Gegenwart hatte ich das Gefühl, angekommen zu sein. Mir war nicht bewusst gewesen, dass mir diese Gemeinschaft fehlte, bis ich sie zum ersten Mal kennenlernte. Die Frauenbewegung steckte damals noch in den Kinderschuhen und die Feministinnen, mit denen ich Zeit in den Schützengräben verbrachte, richteten ihr Leben bewusst an Werthaltungen aus, die Konkurrenzverhalten ausschlossen und sich auf das Prinzip der Schwesternschaft stützten – ein machtvolles Konzept.

Ich erinnere mich noch genau an das erste Mal, als ich es in der Praxis erlebte. Es war 1971, in einem Café, das hauptsächlich von US-amerikanischen Soldaten besucht wurde. Von Antikriegs-Aktivisten geführt, waren diese konspirativen Treffpunkte überall im Land in der Nähe wichtiger Militärstützpunkte wie Pilze aus dem Boden geschossen. Ein Teil der männlichen Mitarbeiter war eigenständig vorgeprescht und hatte Flugblätter an die GIs verteilt, ohne vorherige Absprache mit den Kolleginnen. Eine der Frauen erfuhr davon und protestierte.

Die Männer machten geschlossen Front gegen sie und erklärten, sie veranstalte einen unnötigen Wirbel, da der Inhalt der Flugblätter ohnehin von allen gebilligt worden wäre. Ihre Kolleginnen standen zu ihr: »Wenn wir uns bemühen, innerhalb der Belegschaft eine vorbildliche Demokratie aufzubauen, sind Verfahrensfragen wichtig. Ihr habt kein Recht, unsere Zustimmung automatisch als gegeben vorauszusetzen.« Ich hatte früher immer mit den Männern paktiert – der Gewinnerseite, wie ich meinte –, sodass mich dieser Vorfall nachdenklich stimmte.

Inzwischen bin ich an Solidaritätsbekundungen unter Frauen gewöhnt, doch dieses sichtbare Anzeichen von Stärke mitzuerleben war damals so verblüffend und neu für mich, dass meine individualistischen Neigungen dahinschmolzen und das Gefühl freundschaftlicher Verbundenheit die Oberhand gewann, das mich bereicherte und umhüllte. Seit die getrennten Stränge meines Lebens zusammenlaufen und ein verschlungenes finales Muster bilden, wünsche ich mir vor allem, dass die zahlreichen Fäden der Liebe durchscheinen. Ich denke oft, wie anders, wie beängstigend der Prozess des Alterns ohne diese engen Bindungen gewesen wäre. Ich weiß, dass ich alles verlieren kann, doch meine Freundschaft zu Frauen hat Bestand, wird mir genau wie meine Familie erhalten bleiben, was immer auch geschehen mag.

Die meisten meiner Freundinnen sind jünger als ich, bei einigen beträgt der Altersunterschied mehr als zwanzig Jahre. Sie sind kreativ, spirituell, berufstätig und setzen sich aktiv für gesellschaftliche Veränderungen ein. Wir stärken einander den Rücken. Wenn ich mich in einer emotionalen Talsohle befinde, kann ich mich ihnen anvertrauen, und ihr Verständnis, ihre Ratschläge bauen mich auf. Ich versuche nach besten Kräften, es ihnen gleichermaßen zu vergelten.

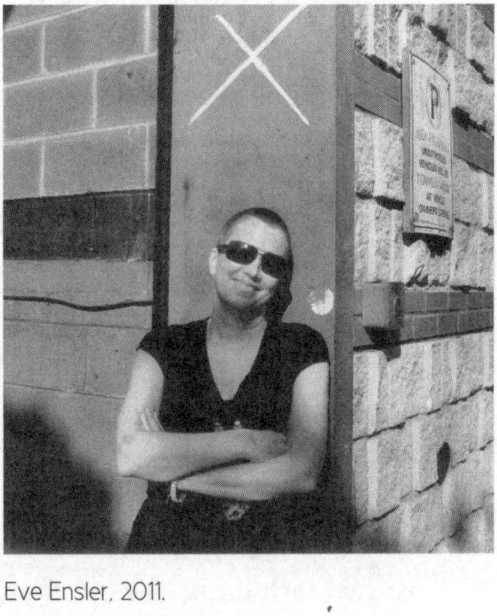

Eve Ensler, 2011.

Als ich vor einigen Jahren eine neue Hüfte bekam, saß Eve Ensler nach der Operation an meinem Bett und massierte mir die Füße, als ich aus dem Nebel der Narkose auftauchte. »Wieso bist du hier?«, lautete meine erste

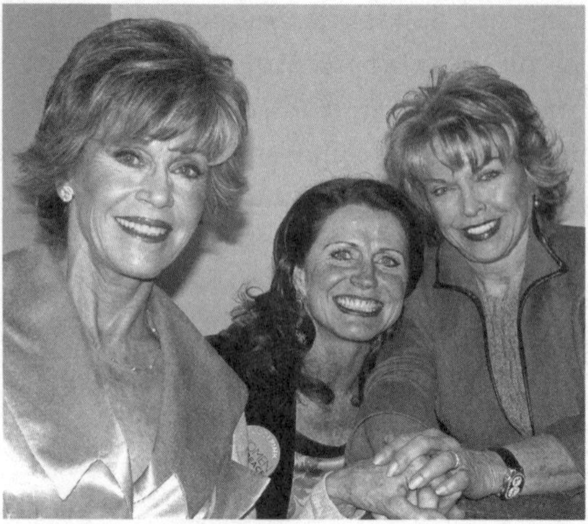

Mit meinen Freundinnen Jodie Evans und Pat Mitchell bei einer Spendengala für The Women's Center.

Frage, da ich nicht an so viel Fürsorge gewöhnt war und wusste, dass Eve immer unvorstellbar viel zu tun hatte. »Weil ich deine Freundin bin«, erwiderte sie lachend. »Ist doch klar, dass ich hier bin. Einer muss sich schließlich um dich kümmern.« Ich gestattete mir, mich zu entspannen und ihre Fürsorge anzunehmen, doch das fiel mir nicht leicht. Mir ergeht es wie der Autorin Ursula K. Le Guin: »Ich lerne nur langsam, alte Gewohnheiten abzulegen, aber ich liebe die Menschen, die mir beim Ablegen helfen.«[54]

Es ist gut, jüngere Freundinnen zu haben. Auf diese Weise sterben nicht alle Leute, die wir kennen, vor uns! Dr. Ken Methany, Regents Professor der Fakultät Counseling and Psychological Services an der Georgia State University, erklärte: »Irgendjemand hat einmal gesagt: Das Schlimmste am Altern ist, dass es niemandem mehr gibt, der sich daran erinnert, wie wir in jungen Jahren waren. Doch zum Ausgleich dafür neigen ältere Menschen dazu, intensive Freundschaften zu pflegen. Das soziale Netz hat weniger Mitglieder, aber die Beziehungen sind nachhaltiger, tiefer. Man kann nicht alle Bekanntschaften aufrechterhalten, die man mit fünfunddreißig geknüpft hat, dafür fehlt die Energie; deshalb neigen die meisten Menschen dazu, sich im Alter authentischer in eine Freundschaft einzubringen, mehr Offenheit zuzulassen.«

Dem kann ich nur zustimmen. Es gefällt mir darüber hinaus, Freundinnen ganz unterschiedlicher Art zu haben. Was sie verbindet, sind Wertvorstellungen, Passionen und teilweise frühkindliche Traumata, aber jede ist eine Welt für sich. Mit einigen wenigen kann ich über heikle Themen wie Gesichtsstraffung und Schamlippenverkleinerung sprechen. Ein paar sind unermesslich aktiv, sodass ich mir vergleichsweise lahm vorkomme, doch sie regen mich an, mein Herz und meinen Horizont zu erweitern.

Drei meiner Freundinnen führen ein reiches spirituelles Leben. Eine von ihnen ist Zen-Priesterin, die andere Pastorin *und* Sexualwissenschaftlerin (eine nützliche Kombination bei einer Freundin!). Und meine Freundin Paula Weinstein ist seit mehr als dreißig Jahren Filmproduzentin, die mich immer dann beherbergt hat, wenn ich mich alleine in Los Angeles aufhielt.

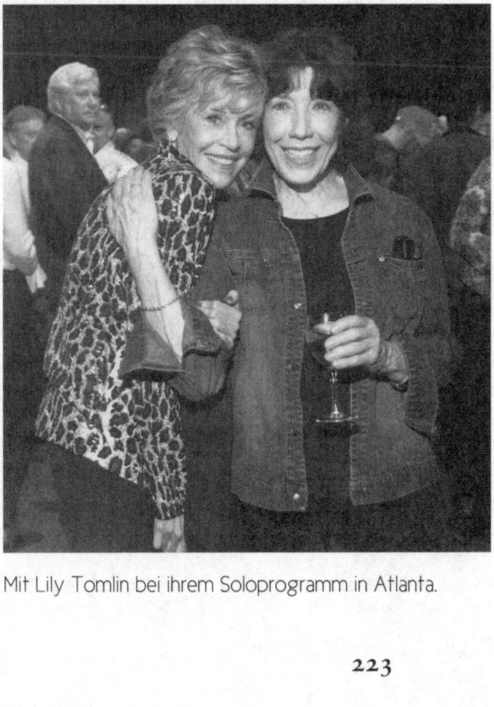

Mit Lily Tomlin bei ihrem Soloprogramm in Atlanta.

Jedes Mal, wenn ich Gesundheitsprobleme hatte, stellte sie Nachforschungen an, um den richtigen Arzt zu finden und begleitete mich zu dem Termin, um sicherzugehen, dass ich die richtigen Fragen stellte. Ich bin die Taufpatin ihrer Tochter; sie ist eine Ersatzmutter für meine beiden Sprösslinge, an die sie sich wenden können, um aus ihrem unerschöpflichen Vorrat an guten Ratschlägen zu schöpfen oder bei Konflikten ihre Dienste als kluge Schiedsrichterin in Anspruch zu nehmen. Sie war diejenige, die mir nahelegte, mir die Haare abschneiden zu lassen und Vera Wang zu engagieren, die eine Abendrobe für mein Comeback als Moderatorin der Oskar-Verleihung im Jahr 2000 entwarf, als ich noch mit der Trennung von Ted Turner zu kämpfen hatte und viel zu niedergeschlagen war, um an Haare und Garderobe zu denken und mit einem zehn Jahre alten Kleid aufgetaucht wäre.

Oft vergehen viele Monde, ohne dass wir uns sehen, doch wenn wir uns treffen, ist unsere Beziehung auf Anhieb so intensiv und tiefgreifend wie eh und je. Das gilt für alle meine Freunde, zu denen auch einige handverlesene Männer gehören. Ich weiß, dass enge, rein platonische Beziehungen zu Männern möglich sind, weil zwei meiner Freundinnen es aus eigener Erfahrung bestätigen. Dennoch kommen sie wesentlich seltener vor.

Was Nähe und Intimität betrifft, neigen Männer dazu, sich auf ihre bessere Hälfte zu verlassen; deshalb scheinen Ehemänner ein besseres, längeres und gesünderes Leben zu führen als ihre unverheirateten Entsprechungen. Da Frauen breiter gefächerte Netzwerke aufbauen und Freundschaften pflegen, haben sie nach einer Scheidung oder dem Tod des Partners mehr Sozialkontakte als Männer.

Der verstorbene Dr. Robert Butler, Gründungsdirektor des International Longevity Center, sagte: »Wir mögen die alten Seilschaften haben, die unsere berufliche Karriere fördern, aber uns mangelt es an der Fähigkeit, enge Beziehungen aufzubauen, mit Kummer oder Problemen der Art umzugehen, bei deren Bewältigung sich Frauen als talentierter erweisen.«

Alle Menschen werden als bindungsfähige Wesen geboren, aber schon in frühester Kindheit werden viele, wenn nicht sogar die meisten Männer darauf konditioniert, sich von ihren

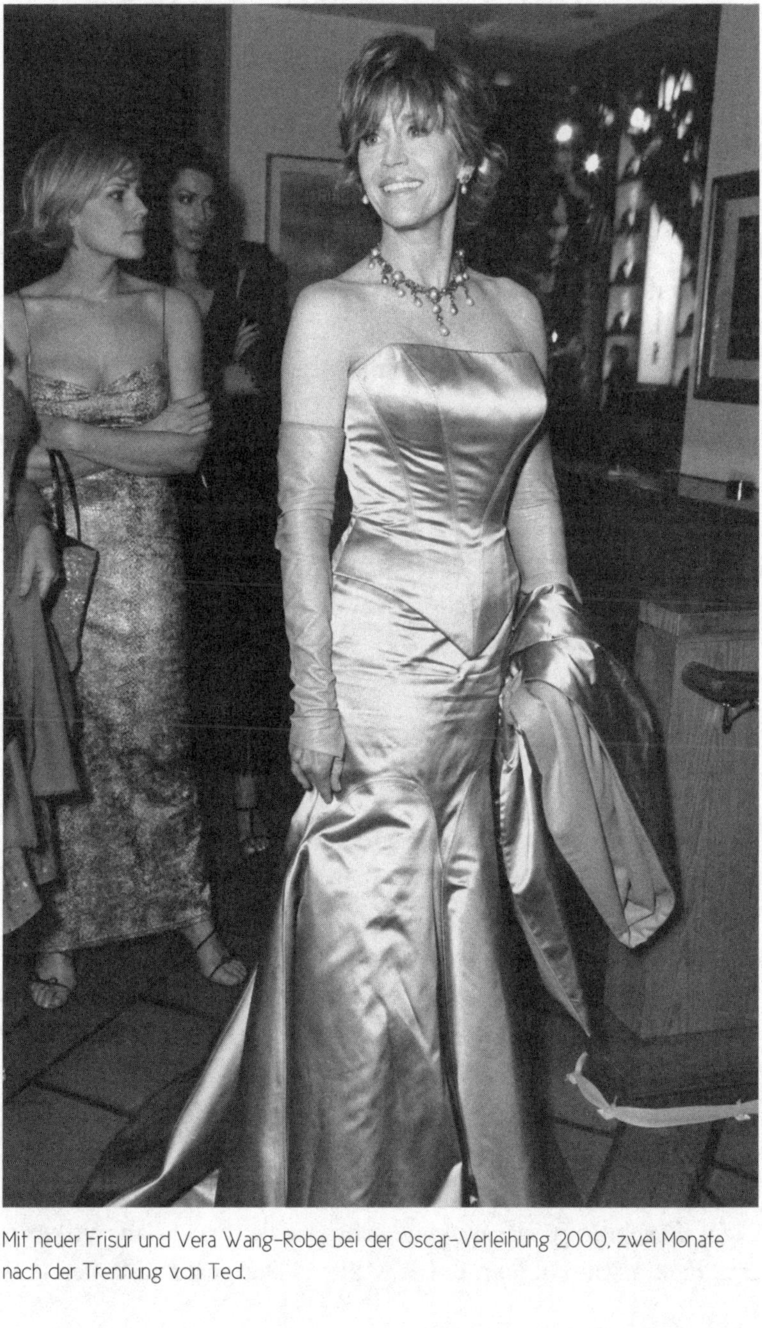

Mit neuer Frisur und Vera Wang-Robe bei der Oscar-Verleihung 2000, zwei Monate nach der Trennung von Ted.

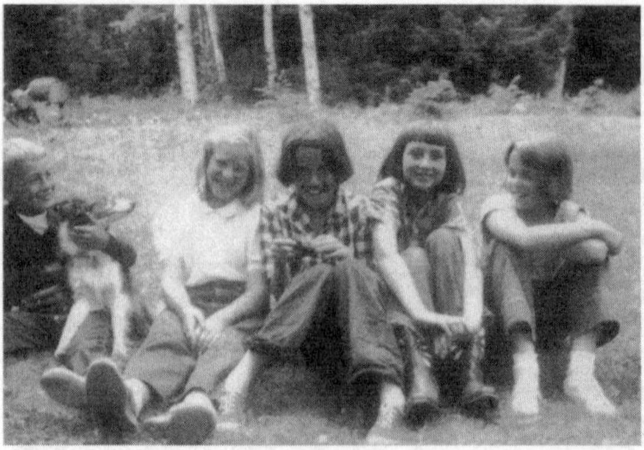

Meine beste Freundin Diana Dunn (Mitte) und ich (rechts außen) mit elf Jahren.

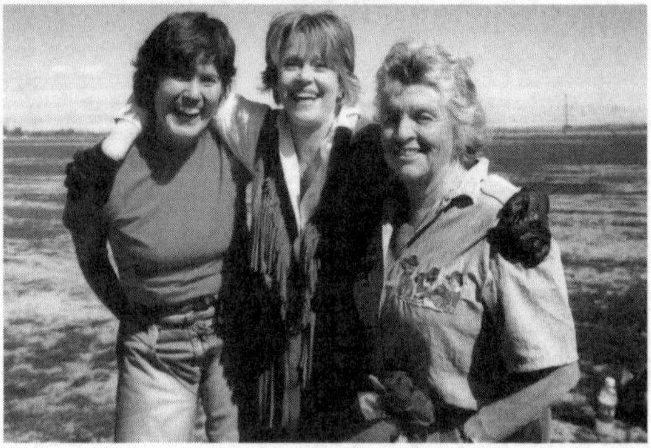

Von links nach rechts: Diana Dunn, ich und Sue Sally Jones, 2004.

Gefühlen abzuspalten und ihre Identität in Dominanz und Einzelgängertum statt in Fürsorglichkeit und Gemeinschaft zu verankern. Ich habe irgendwo gelesen, dass Männer vor allem befürchten, das Ich oder Selbstgefühl könne durch das Wir ausgelöscht werden. Für die meisten Frauen war das Ich immer ein wenig durchlässig, während sich das Wir oft als Rettungsanker erwies.

Psychologen haben seit den 1970er Jahren entdeckt, dass es die liebevollen und fürsorglichen Beziehungen sind, die den Kern der menschlichen Entwicklung darstellen. In *Toward a New Psychology of Women* schrieb die Psychoanalytikerin und Feministin Dr. Jean Baker Miller: »Das gesamte Leben und

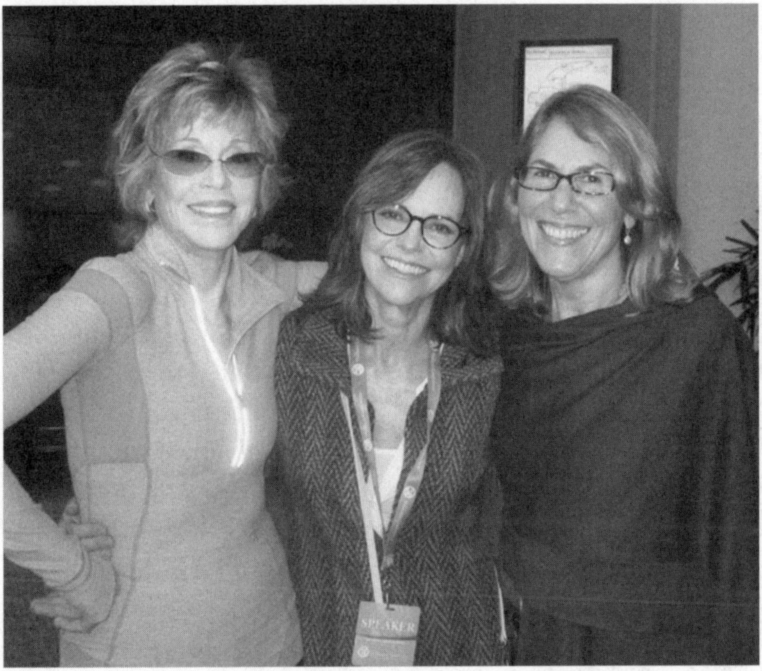

Mit meinen Freundinnen Sally Field und Elizabeth Lesser bei der California Women's Conference, einer Veranstaltung von First Lady Maria Shriver, bei der wir alle drei einen Vortrag hielten, 2011.

die gesamte Entwicklung finden ausschließlich im Rahmen von Beziehungen statt.«[55] Und die Psychologin Carol Gilligan erklärte, dass Beziehungen Sauerstoff für die Psyche sind. Säuglinge können sterben, wenn die Bindung fehlt. Erwachsene verlieren ihre psychische Stabilität ohne menschliche Außenkontakte. Alle Langzeitstudien belegen, dass bedeutungsvolle zwischenmenschliche Beziehungen, geprägt von beidseitigem Interesse und Fürsorge, von Geben und Nehmen, zu den Schlüsselmerkmalen eines erfolgreichen Alterungsprozesses gehören.

In seinem Buch *Die revolutionäre Therapie, Heilen mit Liebe* erklärt der Mediziner Dean Ornish, dass bei Menschen ohne liebevolle Familie, Freunde oder Zugehörigkeit zu einer

Gemeinschaft die statistische Wahrscheinlichkeit, vorzeitig zu sterben, drei- bis fünfmal größer ist. Und die Psychiaterin Dr. Gene Cohen schreibt: »Einsamkeit ... wird mit einer Reihe negativer Auswirkungen in Verbindung gebracht, unter anderem mit einer langsameren Genesung nach einer Bypass-Operation am offenen Herzen, häufigeren Arztbesuchen, Zahnproblemen und einer höheren Wahrscheinlichkeit der Unterbringung in einem Pflegeheim. Daher kann der positive Effekt sozialer Netze auf die Gesundheit von Körper, Geist und Seele in der Spätphase des Lebens erheblich sein.«[56]

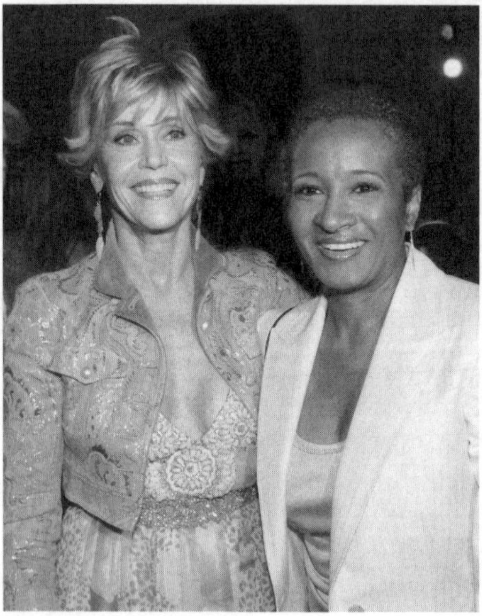

Mit meiner Freundin Wanda Sykes bei der Premiere von *Das Schwiegermonster*.

Eine Studie der University of Michigan belegt, dass das Gefühl der Nähe zu einem Menschen den Progesteronspiegel erhöht, ein Hormon, das unser Wohlbefinden steigert und Stress und Ängste mindert. Es steht auch in Zusammenhang mit dem Bedürfnis, anderen zu helfen, selbst wenn es zum eigenen Nachteil gereicht.

Professor John Cacioppo von der University of Chicago, ein Experte auf dem Gebiet der Sozialen Neurowissenschaften, hat sich intensiv mit dem Stress befasst, den das Gefühl der Einsamkeit auf Körper und Geist ausübt. Als Gast der *Diane Rehm Show* des US-Hörfunksenders NPR sagte er: »Einsamkeit ist die Wahrnehmung, von anderen isoliert zu sein. Das heißt nicht, dass man in Wirklichkeit isoliert ist. Studien belegen, dass es dabei nicht um die Häufigkeit der Außenkontakte oder das Alleinsein geht; wir haben entsprechende Forschungsprojekte durchgeführt und festgestellt, dass einsame und nicht einsame Menschen die gleiche Menge Zeit mit anderen verbrachten … Wichtig ist das Gefühl, einsam zu sein. Menschen können sich auch in einer Ehe, in Gesellschaft von Freunden isoliert fühlen, oder wenn sie als Letzte in eine Mannschaft gewählt werden. Man ist Mitglied dieser Mannschaft, fühlt sich aber dennoch nicht als Teil von ihr. Einsamkeit ist folglich eine Sache der Wahrnehmung.«[57]

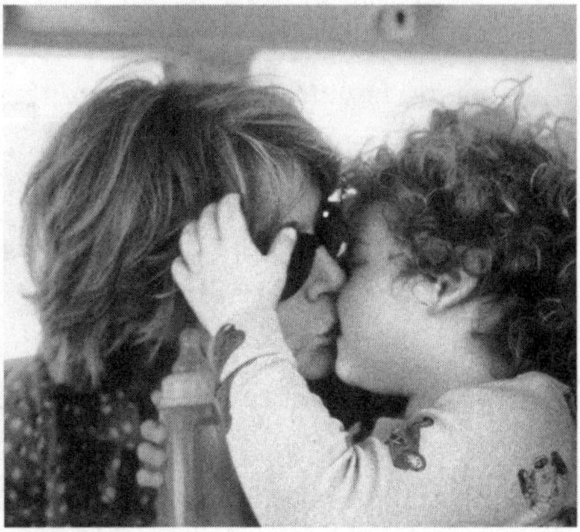

Zärtlicher Austausch mit meinem Enkel Malcolm.

Das erinnerte mich an die vielen Monate, die ich überwiegend alleine verbrachte, als ich mit meiner Autobiografie *Meine Erfahrungen mit der Lebensmitte* oder mit diesem Buch beschäftigt war. Ich fühlte mich in dieser Zeit nie einsam oder isoliert, vermutlich deshalb, weil ich Schreiben als eine Möglichkeit empfand, mit meinen künftigen Lesern zu kommunizieren, eine Verbindung zu ihnen aufzubauen. Allein sein und einsam sein ist nicht dasselbe. Ich habe außerdem festgestellt, dass Beten oder Meditieren das Gefühl der Einsamkeit lindern kann, denn dadurch treten wir in Kontakt zu einer höheren Macht.

Einsamkeit kann im dritten Akt des Lebens ein Problem werden. Freunde und Familie sind vielleicht schon gestorben; Gebrechen hindern uns möglicherweise daran, Außenkontakte und Interaktionen im gleichen Maß wie früher aufrechtzuerhalten.

Die physiologischen Auswirkungen der Einsamkeit – Stress, geschwächtes Immunsystem, Ängste und Depressionen – machen es in Verbindung mit den bereits erwähnten Herausforderungen zwingend notwendig, dass ältere Menschen sich bemühen, per Telefon, Internet, durch Anschluss an eine Freizeitgruppe oder den Besuch von Veranstaltungen, beispielsweise eines Seniorenzentrums, aktiv am gesellschaftlichen Leben teilzunehmen. Versuchen Sie, sich in Situationen zu versetzen, in denen Sie mit hoher Wahrscheinlichkeit Leute kennenlernen, die Ihre Interessen und Werthaltungen teilen oder sich ähnlichen Herausforderungen im Leben gegenübersehen.

Ich kenne Frauen, die neue Freunde im Rahmen von Trauerbewältigungsprogrammen für Witwen gefunden haben. Oder Sie ziehen eine ehrenamtliche Tätigkeit in Betracht, die zu den Aktivitäten gehört, bei denen alle Beteiligten gewinnen: Sie lernen neue Leute kennen und tun gleichzeitig Gutes. Im Lauf der Jahre habe ich eines gelernt: Auf der Suche nach Sozialkontakten ist es oft wichtiger, interessiert als interessant zu sein.

John Cacioppo sagt: »Wir müssen nicht zehntausend neue Freundschaften schließen. Es reicht aus, einen persönlichen Kontakt herzustellen, auch zu jemandem, den man vielleicht nie wieder trifft, zum Beispiel zum Taxifahrer; der Augenblick, in dem man jemandem mit Freundlichkeit begegnet und diese Freundlichkeit erwidert wird, kann der Beginn einer Wiedereingliederung in die Außenwelt sein … Aber wir sind darauf bedacht, unsere Fühler in einem sicheren sozialen Umfeld auszustrecken, denn die Qual der Einsamkeit basiert auf dem Gefühl der Gefährdung, der Angst. Deshalb sehnen wir uns nach der Sicherheit einer Gemeinschaft. Wir sollten nicht davon ausgehen, dass wir gleich mit den sozialen Kontakten das große Los zu ziehen, sondern uns anfangs mit kleinen Schritten zufriedengeben.«

Hunde sind wunderbare Gefährten, nicht dass wir uns falsch verstehen. Ihre bedingungslose Liebe sorgt für eine beträchtliche Erhöhung des Oxytocinspiegels und kann sogar zur Verlängerung der Lebenszeit beitragen. Berichten zufolge »ist die Sterberate bei herzkranken Hundebesitzern um ein Viertel bis ein Sechstel niedriger als bei Herzpatienten, die auf die Gesellschaft eines Hundes verzichten.« Shirley MacLaine sagt: »Ältere Menschen sollten sich unbedingt einen Hund anschaffen. Das hilft dabei, uneingeschränkt zu lieben, und Liebe ist genau das, worum es beim Altern geht.«[58]

Hunde sind einfach zu handhaben. Menschen weniger. Alle Stolpersteine unserer Entwicklung lassen sich auf zwischenmenschliche Beziehungen zurückführen. Diese Stolpersteine in Bausteine für zwischenmenschliche Beziehungen umzuwandeln ist eine Feuerprobe, an der wir wachsen können.

Zwei Hundertjährige, die ich in Atlanta kennenlernte, waren Musterexemplare für diese Grundeinstellung, die sowohl die Sozialbeziehungen als auch die Langlebigkeit fördert. Ben Burke war 101 Jahre alt, als ich ihn 2008 kennenlernte, und stand immer noch »voll im Saft«, wie er es ausdrückte. Er versorgte seinen Haushalt, kochte selbst und sämtliche Leute im zehnten Stock des Apartmenthauses, das aus dreihundert Eigentumswohnungen besteht, kannten ihn.

Er spielte außerdem leidenschaftlich gerne Banjo und gab Konzerte für die übrigen Bewohner des Hauses. »Um sie aufzuheitern«, sagte er. »In der Etage über mir befindet sich eine betreute Wohneinheit und ich gehe oft mit ein paar anderen Musikern, wer immer gerade Zeit hat, hinauf und wir spielen Schlager von früher.« Im Verlauf des Gespräches entdeckte ich, dass Bens Freundin dort oben lebte, was einen zusätzlichen Anreiz schuf, das eigene Schneckenhaus zu verlassen – doch mehr darüber im nächsten Kapitel, in dem es um Sex im Alter geht!

Ben fing erst mit 72 Jahren an, Banjo zu spielen. Er überredete seinen Sohn, die Tuneagers wiederzubeleben, eine Band, der als Teenager angehört hatte, damit sie gemeinsam musizieren konnten. »Musik zu machen und Menschen aufzuheitern sind Rettungsanker in meinem Leben«, gestand er. »Es muss schließlich mehr im Leben geben als Essen, Trinken, ein Dach über dem Kopf und am Strand rumhängen.«

Bens Frau, mit der er 58 Jahre verheiratet war, starb Weihnachten 1997 an den Folgen der Alzheimer Krankheit. »Ich musste irgendetwas finden, was meinem Leben wieder Auftrieb verlieh, und das war die Musik«, sagte er. »Die Musik hat große Bedeutung für mich. Sie haben erwähnt, dass das Alter die beste Phase im Leben sein kann. Sie haben recht! Das gilt sicher nicht für jeden, aber für mich, zum Glück.«

Genau wie Ben richtete auch die 104-jährige Rachel Lehman ihr Leben darauf aus, auch in hohem Alter aktiv zu bleiben und anderen Menschen eine Freude zu machen. Eine ihrer langjährigen Freundinnen schilderte, was sie in besonderem Maß auszeichnete. Es stellt ein Rezept für ein langes, gesundes Leben dar. »Besonders bemerkenswert an Rachel finde ich, dass sie kein bisschen egozentrisch ist. Sie erkundigt sich immer, wie es mir und meiner Familie geht, wenn wir uns sehen. Diese Eigenschaft hat eine magnetische Wirkung. Sie zieht Menschen an, und alle mögen sie. Dadurch hält sie Kontakt mit vielen verschiedenen Leuten aus verschiedenen Altersgruppen.«

An dem Tag, als ich Rachel kennenlernte, kam sie mit ihrem Rollator und in Begleitung ihrer Tochter und ihrer Freundin die Empfangshalle der betreuten Wohnanlage, aber sie zwinkerte mir zu. »Wissen Sie, Jane, wir sind uns schon einmal begegnet, und zwar in den 1970er Jahren, in Ihrem Workout Studio in Beverly Hills.«

»Tatsächlich!«, rief ich aus. »Wir alt waren Sie damals?«

»So um die siebzig. Meine Nichte Didi Conn nahm mich mit. Wir haben gemeinsam einen Ihrer Kurse besucht.«

Damals war Rachel gerade nach Atlanta gezogen und hatte auf eine Zeitungsannonce geantwortet, in der jemand für eine ehrenamtliche Tätigkeit an der Atlanta Opera gesucht wurde. Sie erhielt den Job und arbeitete dort einen Tag in der Woche als Spendensammlerin. Außerdem wurde sie Mitglied in einem Chor, dem Georgia Classic Club. »Man muss sechzig sein, um aufgenommen zu werden«, erklärte sie mit einem Augenzwinkern.

»Was singen Sie dort?«, erkundigte ich mich.

»Mein Lieblingslied ist Second Hand Rose«, erwiderte sie, stand prompt auf und machte, auf einen Stock gestützt, vorsichtige Stepptanzschritte, während sie ein paar Takte sang.

Mit 101 Jahren las sie im Sportteil der *Atlanta Journal Constitution* einen Artikel über einen Cricketspieler namens Bill Hargrove, der 102 Jahre alt war. Sie rief die Zeitung an, besorgte sich seine Telefonnummer und setzte sich mit ihm in Verbindung. Sie wurden Freunde, und zur Feier ihres 102ten Geburtstags brachte er ihr drei langstielige rote Rosen mit. Sie vertraute der Tageszeitung in Atlanta an, dass er zu ihr gesagt hatte: »Ich hatte eigentlich erwartet, eine uralte Frau vorzufinden, aber die gibt es hier nicht.« Als die Zeitung anrief, um ihr mitzuteilen, dass Bill gestorben war (kurz vor seinem 107ten Geburtstag), erinnerte sie sich voller Wehmut an die gute Zeit, die sie miteinander gehabt hatten. »Er gestand mir, dass er mich nachts in seinen Träumen sah! Was kann es Schöneres geben?«

Als er 2007 seinen 106ten Geburtstag feierte, brachte sie ihm eine Flasche Wein mit. »Ich dachte, in unserem Alter, warum nicht? Wir hatten immer viel Spaß miteinander. Ich wünschte nur, wir hätten uns früher kennengelernt. Aber ich bin froh, dass ich ihm überhaupt begegnet bin. Er war ein stattlicher Mann!« Zu seiner Trauerfeier wollte sie drei langstielige rote Rosen mitnehmen.

Ich bat Rachel, das Geheimnis ihrer ungebrochenen Lebensfreude zu lüften. »Eigentlich gibt es kein Geheimnis«, erwiderte sie. »Ich habe festgestellt, wenn man jemanden anlächelt, der schlecht gelaunt nach Hause kommt, wenn man ihn zum Lächeln bringt, wirkt das ansteckend. Man löst damit eine richtige Liebesepidemie aus.«

Vielleicht können wir nicht alle solche Kettenreaktionen in Gang setzen, aber lächeln und Interesse an anderen bekunden erhöht die persönliche Anziehungskraft. Gerade im dritten Akt zahlt es sich aus, die Trumpfkarte der Freundschaft auszuspielen.

12. KAPITEL

Liebe im dritten Akt

Eins kann uns niemand nehmen, nicht einmal der Tod, und das ist die Liebe, die wir verschenken, bevor wir das Zeitliche segnen.

REVEREND FORREST CHURCH, *LOVE AND DEATH: MY JOURNEY THROUGH THE VALLEY OF SHADOWS*

Nach allem, was ich gelesen und von den meisten Gerontologen gehört habe, mit denen ich mich über das Thema unterhielt, scheint klar zu sein, dass der dritte Akt ein idealer Lebensabschnitt ist, um bestehende Liebesbeziehungen zu vertiefen oder neue, erstaunlich facettenreiche zu schmieden – wenn man einen Partner oder das Bedürfnis nach Zweisamkeit hat! Die Gelenke mögen schmerzen und die Sehschärfe schwinden, aber Herz und Verstand sind wie nie zuvor gerüstet, ein Höchstmaß an Intimität und Miteinander auszukosten.

Emotionale Nähe und Intimität: Suzannas Geschichte

Eine Frau, deren Erfahrungen diese emotionale Nähe und Intimität in einer späteren Lebensphase veranschaulichen, ist Suzanna Graves. Die schlanke Siebzigjährige, die in ihrer Kleidung aus fließenden, aufreizend durchscheinenden und bei jeder Bewegung schimmernden Stoffen ungemein attraktiv wirkt, war früher Schauspielerin und arbeitet heute als Therapeutin. Wir trafen uns in ihrem kleinen nach Parfum duftenden Apartment in New York, tranken Tee und unterhielten uns stundenlang über das Alter, die Kunst und die Liebe. Ich wollte von ihr wissen, wie sie mit dem Altern zurechtkam.

»Im Augenblick befinde ich mich noch in einer Art Schockzustand«, gestand sie. »Zwischen sechzig und siebzig war jedes Jahr besser als das vorherige. Ich denke, es war das beste Jahrzehnt meines Lebens.«

»Was glauben Sie, warum?«

»Nun, wir wissen ja, was Freud dazu gesagt hat: Liebe und Arbeit. Ich habe einen Beruf gefunden, den ich liebe, die Therapiearbeit. Sie begann, als ich mich endlich von der zwanghaften Vorstellung befreien konnte, ich müsste die große Liebe meines Lebens, den Mann meiner Träume finden, um glücklich zu sein. Ich war sieben Jahre verheiratet, habe zwei Töchter und bin seit vierzig Jahren Single. Ich hatte etliche Liebhaber ... attraktive Männer, auch berühmte. Aber am Ende hatte ich genug von all dem Charisma, und ich als graue Maus im Hintergrund. Ich hatte nie das Gefühl, als wären die Beziehungen auf Augenhöhe. Dazu kam, dass ich bis dreißig plus frigide war. Ich war attraktiv. Ich hatte das gewisse Etwas. Ich wusste, was ich wollte: den Männern gefallen, aber meine eigene Sexualität? War da nicht noch was? Nach vielen Therapiestunden gelang es mir endlich, zu neuen Ufern aufzubrechen und aufzuhören, für mein Seelenheil nach einem Mann Ausschau zu halten.«

Suzanna besuchte außerdem Workshops der renommierten Sexualtherapeutin Betty Dodson, die versucht, Frauen die Angst vor der Selbstbefriedigung zu nehmen. Dodson machte zahlreichen Frauen, Suzanna inbegriffen, den Stellenwert der sexuellen Lust verständlich und bewirkte, dass sie sich selbst die Erlaubnis erteilten, sie zu empfinden und auszuleben, auf welche Art auch immer.

»Vor ungefähr fünf Jahren traf ich zufällig einen befreundeten Schauspielerkollegen wieder, den ich seit Jahren nicht mehr gesehen hatte, fuhr Suzanna fort. »Wir gehörten der gleichen Therapiegruppe an. Wir wussten um die Probleme, die wir hatten. Es war schön, ihn wiederzusehen – und miteinander zu reden, nur das. Dann fragte mich meine Tochter kurz vor ihrer Hochzeit, warum ich eigentlich keine dauerhafte Beziehung hätte und ich erwiderte, das sei mir zu anstrengend und außerdem sei es mit meiner Libido nicht weit her. Und wissen Sie, was sie machte? Sie schleppte mich zu einer Gynäkologin, die mir Testosterontabletten verschrieb. Sie meinte, es gäbe keinen Grund, dass die sexuelle Reaktionsfähigkeit einer Sechzigjährigen nicht genauso ausgeprägt sein sollte wie die einer Dreißigjährigen. Innerhalb eines Monats merkte ich, dass Männer mich plötzlich anders ansahen.

Einmal war ich beim Einkaufen in Zabars Deli, schaute mir die Lebensmittel in den Regalen an, als eine Verkäuferin mich ansprach: Hallo! Kann ich Ihnen helfen? Suchen Sie etwas Bestimmtes? Ich sagte: Ich weiß nicht recht, ich warte noch auf eine Inspiration. Und dann kam plötzlich so ein cooler Schauspielertyp dazu – Dreitagebart, attraktiv, echt scharf – und meinte: »Tun wir das nicht alle?« Und ich erwiderte: »Ja, ich denke schon. Plötzlich war da ein spürbarer Unterschied zu vorher. Ich dachte plötzlich: Ich hätte gerne einen Partner.«

»Wie alt waren Sie damals?«

»65, glaube ich. Ich wusste, dass eine Beziehung nach dem gleichen Muster wie früher nicht mehr in Frage kam. Ich möchte jemanden haben, bei dem ich mich sicher und geborgen fühlen kann. Mit dem ich reden kann. Deshalb rief ich meinen Schauspielerkollegen an und fragte: Hättest du Lust, in die Flirtphase überzuwechseln?, und er antwortete – zum Glück ohne zu zögern: Und wie! Darauf warte ich schließlich schon seit 1982. Aha! Das ist gut, dachte ich. Er ist übrigens zehn Jahre jünger als ich.«

Ich fragte, ob der Altersunterschied problematisch für sie

sei, aber sie winkte ab. »In meinem Alter ist nichts so, wie ich es mir vorgestellt habe. Wie dem auch sei, einmal verreiste ich mit meinem Schauspielerfreund übers Wochenende, um Leute zu treffen, mit denen wir früher zusammengearbeitet hatten, und ein Theaterstück anzuschauen.

Er trug meinen Koffer ins Hotel und eins führte zum anderen, doch da wir an dem Abend zu einer Besprechung und im Anschluss ins Theater mussten, hatte ich vorsorglich den Wecker gestellt.« Suzanna hielt inne und ihre Gesichtszüge wurden weich. »Dieser Mann küsste himmlisch. Er wusste genau, wie er mich berühren musste. Er war – ich war hin und weg. Es war ein unbeschreiblich ekstatisches Erlebnis. Und ich weiß nicht, wie ich es ausdrücken soll, aber er hatte die wunderbarsten, wärmsten Hände der Welt. Ich habe kalte, klamme Hände, kleine Hände. Alles war perfekt zwischen uns. Wie auch immer, irgendwann klingelte der Wecker. Er griff über mich hinweg, drehte den Wecker um und meinte: »Was ist, Suzanna. Würdest du gerne noch einmal kommen? Dafür ist immer Zeit.« Man hörte am Tonfall, dass es ihm ein inneres Bedürfnis war, und er hatte Recht: Es gibt wunderbare Dinge im Leben, für die immer Zeit ist. Ich weiß nicht, wie ich es sagen soll – aber das Ganze hatte etwas …«

»Unwiderstehliches?«

»Etwas Unwiderstehliches, genau. Und seine Einstellung zum Sex ist unheimlich geradlinig, unheimlich – gesund – auch wenn das abscheulich klingt, aber dieser Mann ist nun einmal rundum gesund, rational, großzügig, gutherzig, was auch immer. Für mich ist das eine verblüffende Erfahrung. Und er liebt Sex. Ich hatte vor einiger Zeit ein schlimmes Problem mit meinem Auge. Ich war besorgt. Ich rief bei meinen Hausarzt an, sonntags, der mir einen Termin für den nächsten Morgen um 8 Uhr gab. Am Sonntagnachmittag schien die Sonne; ich machte einen Spaziergang mit meinem Schatz und er sagte:

»Weißt du was? Wenn wir nach Hause kommen, lasse ich dir ein Bad ein, dann fühlst du dich gleich besser. Ich könnte dich ein wenig verwöhnen, wenn du möchtest, mit dem Mund. Du machst gar nichts, genießt es einfach. Danach wirst du schlafen wie ein Murmeltier. Und morgen früh begleite ich dich zum Arzt.«

Seine Einstellung zum Sex ist einfach umwerfend. Ansonsten, haben wir Probleme? Klar, wer hat die nicht! Das ist also die Geschichte, wie ich zum Aushängeschild für die Testosterontherapie wurde, der ich meine Libido verdanke. Ich weiß nicht, ob das so bleibt, wenn ich die Tabletten absetze, aber derzeit ist die Gewohnheit so fest verwurzelt, dass ich weiß, alles funktioniert, wenn ich mit meinem Schatz zusammen bin und Lust auf ihn habe. Keine Ahnung, ob das mit Konditionierung zu tun hat wie bei den Pawlowschen Hunden oder meine Libido dem Testosteron geschuldet ist. Aber das ist eigentlich egal, oder?«

Ich fragte, ob sie getrennt wohnen, und in diesem Punkt war sie unerbittlich.

»Ich habe in meiner Praxis den ganzen Tag auf einer sehr intensiven Ebene mit Patienten zu tun, und abgesehen davon bin ich an das Alleinsein gewöhnt. Früher habe ich krampfhaft überlegt: Wie kann ich helfen? Was kann ich tun, um mich bei anderen beliebt zu machen? Sie haben dieses Verhalten in Ihren Memoiren als Gefallsucht bezeichnet. Heute brauche ich Zeit, um mich wieder zu integrieren, in meine Haut zurück zu schlüpfen, damit nicht wieder in die alten Muster verfalle.«

»In der Zwischenzeit haben Sie eine befriedigende, liebevolle Beziehung, guten Sex und die innere Stärke entwickelt, genau zu wissen, was Sie wollen und brauchen und worauf Sie verzichten können«, sagte ich. »Und durch die Therapie, den Anstoß Ihrer Tochter und die hormonelle Veränderung haben Sie sich optimal auf eine neue Beziehung mit viel Liebe und Sex vorbereitet. Bereit dafür sein, aber sich nicht unvollständig fühlen, wenn sie ausbleibt – das ist die Herausforderung in unserem Alter, stimmts? Das ist der Weg, auf dem auch ich mich seit einigen Jahren befinde. Und ich habe ähnliche Erfahrungen gemacht. Mit siebzig plus!«

Individuation und Androgenisierung

Suzanna und ich sind ein anschauliches Beispiel dafür, dass viele Frauen in einer späteren Lebensphase zwei Eigenschaften verkörpern, die uns für das Potenzial der Liebe und Sinnlichkeit öffnen, Elemente, die bei Frauen unserer Generation ausgeprägter sind: Individuation und Androgenisierung. Ich weiß, das klingt nicht besonders romantisch, aber sie verleihen einer romantischen Beziehung mehr Tiefe als jemals zuvor. Bei einigen stellen sich diese Eigenschaften auf natürlichem Weg ein … und früher. Bei uns waren, wie bei vielen anderen Frauen, Arbeit, Zeit und das Bedürfnis nach Autonomie erforderlich.

Der Psychologe benutzte den Begriff Individuation, der sich erheblich vom Individualismus unterscheidet: Er gestattet uns, gesunde Grenzen zu setzen – sich selbst nicht zu verlieren –, und gleichzeitig eine Beziehung zu unterhalten, die von emotionaler und physischer Nähe geprägt ist. Diese gesunden Grenzen ermöglichten Suzanna, zu erkennen, dass sie alleine leben, Zeit für sich selbst haben und sich voll nicht in den Alltag des Partners einbinden lassen wollte. Genau wie Suzanna fand ich es in jungen Jahren, als es mir an Selbstvertrauen und einer eigenständigen Identität mangelte, mehr als fraglich, alleine durchs Leben zu gehen.

Ich schlüpfte in die Rolle, in der mich ein Mann sehen wollte, was ich für unerlässlich hielt, um geliebt zu werden. Ich bin vermutlich der einzige Mensch auf der Welt, der dachte,

Woody Allens Film *Zelig* müsse auf einer wahren Geschichte basieren. Dass sich die Hauptperson, Leonard Zelig, mental und physisch seinem jeweiligen Gesprächspartner wie ein menschliches Chamäleon anzupassen vermag, erschien mir völlig plausibel. Ich war unfähig, Grenzen zu setzen!

Doch echte Nähe setzt die Bereitschaft zur Bewusstwerdung des Selbst voraus, was problematisch sein kann, wenn man nicht sicher ist, wie das dieses Selbst beschaffen ist, oder zu befürchten steht, dass man als Mogelpackung entlarvt und zurückgewiesen wird. Suzanna und ich klammerten uns an die Liebe, weil wir nicht sicher auf eigenen Füßen standen, vielleicht war das unser Problem. Wir identifizierten uns in erster Linie über den Partner, glaubten, nicht ohne ihn leben zu können; Individuation bedeutet im Gegensatz dazu, nur sich selbst gehören, eigenständig sein, die eigenen Fähigkeiten und Möglichkeiten entfalten.

Diesen Prozess der Individuation, der schrittweisen Bewusstwerdung der eigenen, einmaligen Persönlichkeit, erleben viele Frauen erst mit fünfzig oder später; er befähigt uns, in intimen Beziehungen eine Bindung an den Partner zu entwickeln, ohne sich von ihm einverleiben zu lassen, wie Dr. David Schnarch es ausdrückte.[59] Und der Psychologe Terrence Real erklärte: »Kein Aphrodisiakum ist stärker als eine authentische Bindung.«[60]

Carl Jung war außerdem überzeugt, dass mit der Individuation der männliche und weibliche Persönlichkeitsanteil eines Menschen einen Gleichgewichtszustand erreicht. Dr. Jane Loevinger und viele andere Psychologen stimmten heute darin überein, dass die Fähigkeit in der dritten Lebensphase, starre männliche und weibliche Geschlechterrollen loszulassen, den Gipfel der Reife darstellt und den Weg zu Individuation, Autonomie und einer Gemeinschaft auf Augenhöhe weist.[61] Die Feministin und Publizistin Betty Friedan, die sich intensiv mit dem Altern befasste, gelangte zu der Erkenntnis, dass sich bei

Paaren, denen es im Alter am meisten an Kampfgeist und Nähe mangelt, der Ehemann immer noch als Familienoberhaupt und Versorger definiert, während sich die Ehefrau ausschließlich in der Rolle der Hausfrau/Mutter sieht.«[62]

Der Sozialgerontologe und Anthropologe David Gutmann schrieb: »Während Männer von einer Basis der aktiven Kompetenz zu passiver Kompetenz überwechseln, sind Frauen zuerst auf passive Kompetenz und sogar Fügsamkeit gegenüber dem Ehemann bedacht, streben aber im späteren Leben aktive Kompetenz an. In allen Kulturen und mit zunehmendem Alter scheinen sie an Souveränität und Leistungsfähigkeit zu gewinnen, während gleichzeitig die Bereitschaft nachlässt, Sicherheit durch Unterwerfung zu erkaufen.«[63] Die Forscher des Stanford Center on Longevity haben keinen hieb- und stichfesten empirischen Nachweis entdecken können, dass die Neukalibrierung der Geschlechterrollen die Norm ist, wie Gutmann und andere behaupten.

Doch es leuchtet ein, dass die hormonalen altersbedingten Veränderungen und der Ruhestand des männlichen Partners zu einer Angleichung der Unterschiede führen können. Und dass dieses Abschleifen der eng begrenzten, von der Gesellschaft abgesteckten Geschlechterrollen mehr Integrität, Ganzheitlichkeit und Authentizität auf beiden Seiten zur Folge hat, ergibt ebenfalls Sinn.

Die meisten Frauen kennen diese Entwicklung aus eigener Erfahrung – bei der Männer die Möglichkeit haben, wieder Zugang zu ihrer seit frühester Kindheit verschütteten Menschlichkeit zu gewinnen und Frauen die innere Stärke und das Durchsetzungsvermögen wiederentdecken, die ihnen vor Beginn der Adoleszenz sichtbar zu eigen waren. Wenn diese Androgenisierung den Gipfel der Reife für beide Geschlechter und den Beginn einer Gemeinschaft auf Augenhöhe darstellt, ist sie erstrebenswert, oder?

Interessanterweise könnte die Generation der heute Sechzig- und Siebzigjährigen die letzte sein, die diese Androgenisierung im Alter erleben. Wenn die Psychologen recht haben (was ich schwer hoffe), hat die Entwicklung der Geschlechterrollen für die Frauen und Männer der Generation X allem Anschein nach schon in einer früheren Lebensphase einen Zustand der Entspannung erreicht, der harmonische Partnerschaften fördert. In einem Artikel, der 2007 im *Time*-Magazin erschien, heißt es, dass sich »die Anzahl der Väter, die Haushalt und Kinderbetreuung übernehmen, in den letzten zehn Jahren verdreifacht hat« und dass diese neuen Väter eine Herausforderung für die altüberlieferten Definitionen von Männlichkeit darstellen.

»Männlichkeit wurde traditionell mit Arbeit und Erfolg im Beruf assoziiert, mit Wettbewerb, Macht, Prestige, Dominanz gegenüber Frauen und einem restriktiven Gefühlsleben; auf dem Gebiet findet ein großer Wandel statt«, sagte Aaron Rochlen, Lehrbeauftragter der Psychologie an der University of Texas, der über das Thema Vaterschaft und Männlichkeit forscht. »Studien belegen, dass bei Vätern, die mit den alten männlichen Rollenklischees brechen, nicht nur die Kinder, die Ehe und das Arbeitsleben, sondern auch der mentale und physische Gesundheitszustand profitieren. Im Grunde ist Männlichkeit nach tradiertem Muster schlecht für uns«, erklärte Rochlen.[64]

In einem Artikel in der *New York Times* berichtete Tara Parker-Pope über die Ergebnisse einer Studie, die im Jahre 2000 im US-Bundesstaat Vermont nach der Legalisierung gleichgeschlechtlicher Lebensgemeinschaften durchgeführt wurde. Sie stellte fest, dass in gleichgeschlechtlichen Beziehungen, gleich ob bei Männern oder Frauen, wesentlich mehr Gleichberechtigung herrschte als in heterosexuellen … Obwohl Konflikte bei schwulen und lesbischen Paaren ungefähr im gleichen Ausmaß verbreitet waren wie bei heterosexuellen, schien die Beziehung für beide Partner befriedigender zu sein und darauf hinzudeuten, dass die Ungleichheit in einer heterosexuellen Beziehung ihren Tribut fordern kann.«

Allem Anschein nach sind gleichgeschlechtliche Paare imstande, ihre Konflikte besser zu lösen. Im selben Artikel wurde Robert W. Levenson, Psychologieprofessor an der University of California in Berkeley, zitiert: »Wenn negative Situationen zu eskalieren drohten, waren schwule und lesbische Paare in der Lage, mit Humor und Zuneigung zu reagieren statt zu explodieren.«[65] Diese Entdeckungen scheinen zu bestätigen, dass die Demokratie in einer Beziehung der Schlüssel für das dauerhafte Glück eines Paares ist.

Individuation und Androgenisierung waren auch bei den von mit interviewten Paaren vorhanden, die eine langfristige Beziehung verband. Aufgrund der vorherigen Kapitel könnte man zu der Schlussfolgerung gelangen, dass ich einer Bindung auf Dauer nicht viel abgewinnen kann, gleich ob in einer Ehe oder liebevollen Partnerschaft. Doch das Gegenteil ist der Fall: Ich glaube aufrichtig daran. Ich bedaure sehr, dass meine Ehen nie lange hielten, aber die Männer, mit denen ich zusammen war, wollten oder konnten den tiefgreifenden inneren Wandel, der sich mehrmals in meinem Leben vollzog, nicht mittragen oder entwickelten sich in eine andere Richtung. Wie die amerikanische Schriftstellerin Lillian Hellman einmal sagte: » Menschen ändern sich und vergessen, es dem anderen mitzuteilen.«

Außerdem stellte der Bereich emotionale Nähe bis zum sechzigsten Lebensjahr eine Herausforderung für mich dar, weil mir die Voraussetzungen für einen Individuations- und Androgenisierungsprozess fehlten. Es bestand die Gefahr, mir auf meinem Sterbebett eingestehen zu müssen, dass ich nie die tiefe emotionale Beziehung zu einem Mann erlebt hatte, die mich mit einigen Frauen verband. Ein großes Manko, dass ich bedauern würde. Deshalb arbeitete ich an mir. Meine Memoi-

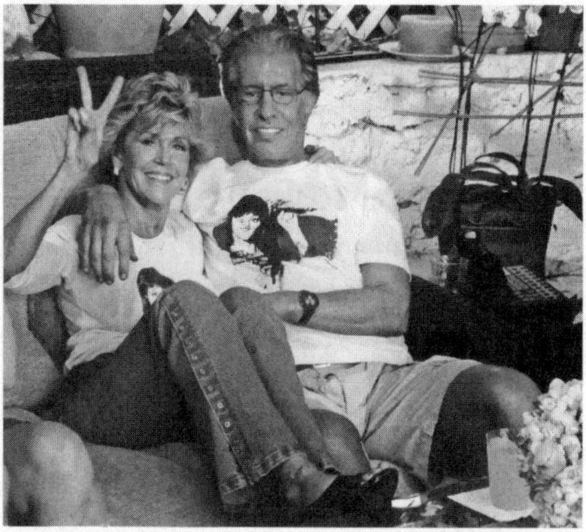
Richard und ich, 2009.

ren zu schreiben war Teil dieses Entwicklungsprozesses. Und die Beziehung zu meinem jetzigen Partner scheint genau das Potenzial zu besitzen, das ich gesucht habe.

Eine Garantie dafür gibt es nicht. Der Mann, mit dem ich mein Leben teile, hat keinen spirituellen Wandel durchlaufen. Im Grunde sind wir sehr verschieden. Aber er hat keine Angst vor Nähe und ich bin eigenständig und reifer geworden, und vielleicht – nur vielleicht – kann diese Beziehung dazu beitragen, meine Selbstheilungskräfte auch weiterhin zu mobilisieren.[66] Er ist fünf Jahre jünger als ich, aber alt genug für das Bedürfnis, alles in seiner Macht stehende zu tun, um eine tiefgreifende Beziehung zu schmieden – wenn auch keine von langer Dauer, denn so viel Zeit bleibt uns nicht! Wonach wir streben, ist ein echtes, bedeutungsvolles Miteinander. Wir haben beide unsere Erfahrungen mit Beziehungen gemacht. Dass sie in die Brüche gingen, lag entweder daran, dass wir die falschen Partner gewählt hatten oder nicht wussten, was in der Beziehung schieflief und wie man es korrigieren könnte. Nun läuft uns die Zeit davon … wir haben nur noch zwanzig Jahre vor uns und bestenfalls ein wenig mehr.

Man muss den festen Vorsatz mitbringen, Leidenschaft und emotionale Nähe lebendig zu erhalten. Beispielweise dadurch, dass man Zeit zu zweit einplant. Oder dass man wichtige Dinge miteinander bespricht. Früher pflegte ich mit Aussagen darüber, was mir am Verhalten meines Partners missfiel, hinter dem Berg zu halten, weil ich fürchtete, verlassen zu werden, und wie sollte es dann mit mir weitergehen? Wenn ich heute Aktivitäten meines Partners frustrierend finde, achte ich darauf, dass wir uns zusammensetzen und darüber reden … oder er ergreift die Initiative und bittet um eine Aussprache, wenn er das Gefühl hat, dass etwas nicht stimmt.

Aus jedem Austausch gehen wir stärker hervor. Ich sage ihm offen, was mir an ihm gefällt und womit ich ein Problem habe. Ich bin realistisch genug um zu wissen, dass es Dinge an ihm gibt, die er nicht zu ändern vermag, und Dinge, die ihm abzugewöhnen mir die Kraft fehlt. Genau wie Suzanna habe ich keine Lust mehr, zu versuchen, einen Partner umzuerziehen. (Auch wenn ich mir manchmal auf die Zunge beißen muss!) Doch ich denke, wenn die Beziehung an bestimmten, nicht verhandelbaren Dingen zu scheitern droht, bemüht er sich zumindest, sie abzustellen, genau wie ich.

Manchmal habe ich ein schlechtes Gewissen, weil ich so hohe Ansprüche an eine Beziehung stellte. Zur Zeit meiner Großeltern schienen die Paare zu akzeptieren, dass die Romantik nach einer Weile durch das Gefühl der Gemeinschaft ersetzt wurde. Doch damals war der Gemeinschaft keine so lange Dauer beschieden, weil die Menschen nicht so alt wurden. Statt der Ehe überdrüssig zu werden und sich scheiden zu lassen, blieb man bis zum Tod des Partners miteinander verbunden, und der übriggebliebene Teil heiratete entweder ein zweites Mal oder blieb für den Rest seines Lebens alleine.

Der Familientherapeut Terrence Real schrieb in seinem Buch *The New Rules of Marriage*, dass die Veränderung der

Merkmale, die in einer langfristigen Beziehung wünschenswert erschienen, mit der Frauenbewegung in den 1970er Jahren begann. Frauen traten vermehrt in die Arbeitswelt ein, wurden finanziell unabhängig, schlossen sich Gruppen an, die ihr Selbstbewusstsein stärkten, gewannen auch auf der politischer Bühne mehr Macht und entdeckten im Verlauf dieses Prozesses, dass sie Wunden heilen und Probleme – auf andere Weise und leichter – lösen konnten, wenn sie ihre angeborene Fähigkeit zu Empathie und emotionaler Nähe in ihr berufliches Umfeld und ihre Beziehungen einbrachten. Ein gutes Gefühl! Und wer ist nicht bestrebt, sich gut zu fühlen? Real erklärte: »Wir haben der ehelichen Zweckgemeinschaft, die im vergangenen Jahrhundert üblich war, die Erwartungen und Gepflogenheiten einer Liebesbeziehung aufgepfropft – Leidenschaft, Aufmerksamkeit und emotionale Nähe, die wir überwiegend mit Jugend und den Frühphasen einer Beziehung in Zusammenhang bringen.«[67] Die fünf Strategien, die er für Pflege und Erhalt einer solchen Beziehung empfiehlt, lauten:

1. Raum für die Zeit zu zweit schaffen. (Das lässt sich leichter bewerkstelligen, wenn die Kinder aus dem Haus sind und der berufliche Alltag mehr Zeit und Flexibilität bietet.)
2. Klartext reden. (Das fällt Frauen leichter, die Selbstvertrauen und Eigenständigkeit besitzen.)
3. Teilen. (Auf der geistigen, emotionalen, physischen, sexuellen und spirituellen Ebene.)
4. Dem Partner Wertschätzung entgegenbringen. (Die eigene Liebesenergie entwickeln und sie nicht nur spüren, sondern in die Praxis umsetzen.)
5. Hand in Hand an einer gesunden Beziehung arbeiten. (Sich gemeinsam verpflichten, die Beziehung zu pflegen. Wie bereits gesagt: Eine langfristige Beziehung, die durch emotionale Nähe und Leidenschaft geprägt ist, fällt einem nicht in den Schoß. Sie erfordert Engagement von beiden Partnern.)[68]

Soziologen sagen, dass eine Ehe die Stabilität der Beziehung und das Verantwortungsgefühl gegenüber dem Partner fördert, eine Barriere gegen die Einsamkeit darstellt, infolge der gemeinsamen Ressourcen größere finanzielle Sicherheit bietet und der Gesundheit zuträglicher ist. »Bei Verheirateten ist die statistische Wahrscheinlichkeit geringer, an einer Lungenentzündung zu erkranken, sich einem chirurgischen Eingriff unterziehen zu müssen oder Krebs- und Herzleiden zu entwickeln. Eine Gruppe schwedischer Forscher fand heraus, dass eine Ehe oder eheähnliche Gemeinschaft in der Lebensmitte das Risiko einer Demenz verringert«, erklärte Tara Parker-Pope, Autorin des *Well*-Blogs für die *New York Times*. Pope fügte jedoch hinzu, dass eine schlechte, stressreiche Ehe zu einem erheblich schlechteren Gesundheitszustand eines Partners führen kann als bei Unverheirateten. Sie kann »für das Herz genauso schädlich sein wie die Gewohnheit, zu rauchen.«[69]

Offensichtlich ist die Ehe nicht für jeden optimal. Wenn wir das Gefühl haben, dass es darin nicht genug Raum für die Entfaltung eines voll entwickelten, authentischen Selbst gibt, kann es der Gesundheit förderlicher sein, einen Schlussstrich zu ziehen, statt sich stillschweigend in ein halbes Leben zu fügen. Wenn wir aufgehört haben, uns mit unseren wahren Gefühlen und Bedürfnissen auseinanderzusetzen, uns selbst gegenüber aufrichtig zu sein, werden wir unweigerlich taub, schotten die besten und vielleicht lebendigsten Aspekte unserer Persönlichkeit ab. Oft wächst dabei die Wut, doch auch sie kann kaschiert werden.

Studien belegen, dass eine schlechte Ehe mit ihrem potenziell schädlichen Stress besonders nachteilig für die Gesundheit der Frau ist. Eine Langzeitstudie aus Oregon, die fünfzehn Jahre umfasste und von Suzanne Braun Levine in ihrem Buch *Inventing the Rest of Our Lives* zitiert wurde, stellte fest, dass »die ungleiche Machtverteilung bei der Entscheidungsfindung mit einem höheren Gesundheitsrisiko für die Frauen verbunden war.« Vielleicht liegt das daran, mutmaßt Levine, dass Frauen im Gegensatz zu den Männern weniger Chancen haben, Macht auf andere, traditionelle Weise auszuüben. Machtlosigkeit ist ein Faktor, der in hohem Maß zu Stress und Depressionen beiträgt.«[70]

Die Ehe beschert den Männern mehr Vorteile als den Frauen, wenn Frauen den Löwenanteil der emotionalen Fürsorge, Kindererziehung und Haushaltsführung übernehmen – vielleicht ist das der Grund, warum verheiratete Männer länger leben als alleinstehende und Frauen sich nach einer Scheidung besser auf die veränderte Situation einstellen können als ihre männlichen Entsprechungen. Trotz der emotionalen, finanziellen und sozialen Probleme, die eine Scheidung mit sich bringen kann, leiten immer mehr Frauen die Scheidung ein und bedauern diesen Schritt seltener«, merkte Suzanne Braun Levine an.[71]

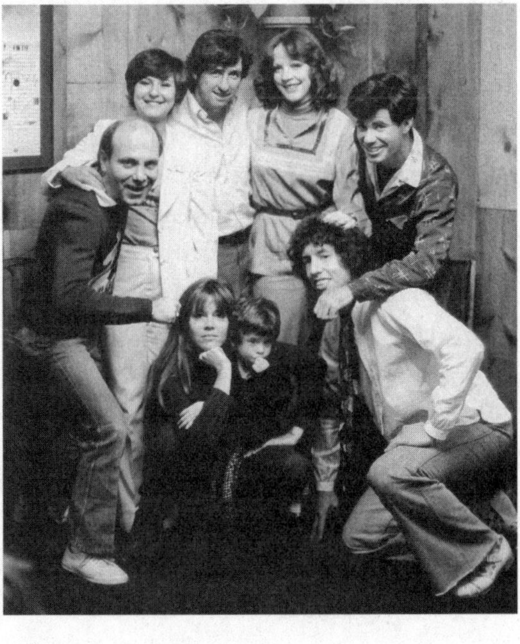

Ich, Troy, Richard und Tom (hintere Reihe, Mitte) mit Tim Hauser, Janis Siegel, Laurel Massey und Alan Paul von der Band Manhattan Transfer.

Frauen, die der Liebe in einem späteren Lebensabschnitt eine neue Chance geben, gehen häufig eine Verbindung mit jemandem ein, den sie bereits seit geraumer Zeit kennen. Ich begegnete meinem heutigen Partner Richard Perry vor siebenunddreißig Jahren, als wir gemeinsam mit der Band Manhattan Transfer, für die er als Produzent tätig war, ein Konzert organisierten; der Erlös sollte in den Wahlkampf meines damaligen Ehemannes Tom Hayden fließen, der politisch aktiv war und für den US-Senat kandidierte. Das Foto wurde 1975 in seinem Tonstudio aufgenommen. Richard kniet neben meinem Sohn Troy und mir, Tom steht hinter uns zwischen Janis Siegel und Laurel Massey.

Langfristige Beziehungen

Ich finde es immer noch faszinierend, wie es Paaren in einer langfristigen Beziehung gelingt, sich den dramatischen Veränderungen anzupassen, die im Laufe der Jahre stattfinden, vor allem im letzten Lebensdrittel. Das war gewiss leichter, als die menschliche Lebensspanne zwanzig Jahre kürzer war. In meinen Augen kommt es einem Wunder gleich, wenn ein Mann, der in der Phase der Familiengründung und Kindererziehung der Richtige war, dieses Kriterium auch dreißig, vierzig oder fünfzig Jahren später noch erfüllt. Das erfüllt mich mit ehrfürchtigem Staunen, ehrlich gesagt.

Auf eine derart erfolgreiche Langzeitbeziehung können Bill und Kathy Stayton verweisen, die seit fünfundfünfzig Jahren verheiratet sind und vier Kinder haben. Bill, zum Zeitpunkt des Interviews 76 Jahre alt, ist Pastor einer Baptistengemeinde und Sexualtherapeut. Ich lernte ihn vor einigen Jahren bei der Jahrestagung der Georgia Campaign for Adolescent Pregnancy Prevention kennen, wo er im Rahmen eines Workshops über

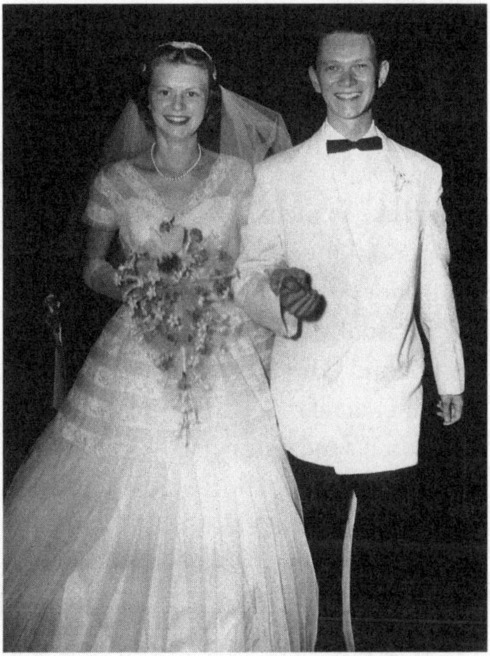

Reverend Bill Stayton und seine frisch angetraute Ehefrau Kathy.

soziale Geschlechterrollen, Sexualität und Religion einen Vortrag hielt.

Kathy Stayton, 74 Jahre alt und in jungen Jahren Spitzensportlerin und Schulleiterin, hat ihre schlanke Figur und natürliche Schönheit bewahrt. Still und aufmerksam saß sie neben Bill, auf den ersten Blick der Inbegriff einer Hausfrau nach überliefertem Muster, die sich mit einem Platz im Hintergrund begnügt. Doch während der drei gemeinsam verbrachten Stunden entdeckte ich eine Frau, die durch das aktive Engagement für den Frieden, das in ihrer Herkunftsfamilie gang und gebe war, seit frühester Kindheit gelernt hatte, ihre eigene Meinung mit Bestimmtheit zum Ausdruck zu bringen.

In suchte Kathy und Bill Stayton in einer der wachsenden Vorstädte von Atlanta auf, wo sie ein lichtdurchflutetes eingeschossiges Eigenheim in einer Neubausiedlung bewohnen.

Bill war elf Jahre lang als Pastor einer Baptistengemeinde in Massachusetts tätig gewesen. Dort stellte er fest, dass er für die sexuellen Probleme, mit denen sich seine Schäfchen und andere Bewohner des Viertels an ihn wandten, nur unzureichend gerüstet war. »Sexuelle Orientierung, Geschlechtsidentität und Ausdruck, sexuelle Dysfunktion, multiple Beziehungen, Polyamory und offene Ehe waren Lebenserfahrungen, mit denen ich konfrontiert wurde – Geschichten über Dinge, von denen ich nicht einmal wusste, dass es sie gab und bei denen ich nicht helfen konnte. Oft kam ich nach Hause und fragte: Kathy, kennst du Leute, die das betrifft?« Beide lachten angesichts der Erinnerung. »Ich fand es ungeheuer wichtig, dass Geistliche sich mit dem Thema menschliche Sexualität auskennen, deshalb habe ich Theologie studiert, mit Schwerpunkt Psychologie.

1997 stimmten die Fakultät und die Studenten dafür, das Programm Menschliche Sexualität an die Widener University in Chester, Pennsylvania, zu verlegen, wo ich als Professor und Programmleiter tätig war. 2006 wurde ich in das Amt des Executive Director an das Center for Sexuality and Religion und schließlich an die University of Pennsylvania berufen.«

2008 lud Dr. David Satcher, der frühere der operative Leiter des US-amerikanischen Gesundheitsdienstes United States Public Health Service, Bill nach Atlanta ein, um an der Fusion des Center for Sexuality and Religion und des Satcher Health Leadership Institute, das der Morehouse School of Medicine angeschlossen war, mitzuarbeiten. Bis zum Eintritt in den Ruhestand war Bill als Professor und Stellvertretender Leiter des Center of Excellence for Sexual Health tätig.

»Erzählen Sie mir etwas über die Beziehung zu Ihrer Frau«, forderte ich ihn auf.

»Nun, es war Liebe auf den ersten Blick«, erwiderte Bill vergnügt. »Wir begegneten uns bei einer Orientierungsveranstaltung für Erstsemester; ich war Student im zweiten Studienjahr und Kathy Studienanfängerin. Ich betreute eine Jugendgruppe der Kirche, der sie angehörte. Es dauerte einige Wochen, bis ich herausgefunden hatte, wer sie war, und den Mut aufbrachte, sie zu fragen, ob sie mit mir ausgehen wollte.«

Nach der ersten Verabredung schrieb er an seine Eltern: »Ich habe die Frau fürs Leben gefunden.«

»Wie lange hat es gedauert, bis Sie sich in Bill verliebt haben, Kathy?«

»Ach du meine Güte. Sechs Monate?« Beide lachten.

»Weihnachten fuhr sie mit mir nach Hause, um meine Eltern kennenzulernen«, erinnerte sich Bill. »Im Februar haben wir uns dann verlobt und im September des darauffolgenden Jahres geheiratet. Wir kannten uns also nur ein Jahr. Wir haben oft behauptet, wir hätten nur geheiratet, um Sex zu haben.« Beide waren unberührt in die Ehe gegangen.

Kathy fügte hinzu: »Das ist nicht wirklich der Grund … obwohl er sich für uns ausgezahlt hat.«

Der lange gemeinsame Weg

Ich wollte wissen, worauf sie die Langlebigkeit ihrer Beziehung zurückführten. »Fünfundfünfzig Jahre!«, sagte ich. »Man findet nur schwer einen Partner, der sowohl in der Familiengründungsphase als auch im Alter, wenn die Kinder flügge geworden sind, noch zu einem passt.«

»Ich wusste von Anfang an, dass man einer Ehe, die in so jungen Jahren geschlossen wird, keine lange Lebensdauer einräumt«, gestand Kathy. »Ich war daher fest entschlossen, den Erwartungen nicht zu entsprechen.«

»Es gab natürlich auch Tränen und Konflikte«, warf Bill ein, der andeuten wollte, dass es nicht immer das reinste Zuckerschlecken war, bis man sich zusammengerauft hatte.

»Ja, aber wir wussten, dass unsere Liebe stark war, auch wenn wir zeitweise Probleme miteinander hatten. Wenn es Differenzen gab, sagte ich mir immer: Auch das geht vorüber, ohne mir Sorgen zu machen, dass unsere Liebe bedroht sein könnten. Sie ruht auf einem festen Fundament, denn wir haben gemeinsame Wertvorstellungen, gemeinsame Interessen – lieben Theater, klassische Musik, Kunstmuseen, Filme – und wir waren nie eifersüchtig auf Freunde des anderen Geschlechts, die wir beide haben.«

Bill sah seine Frau lächelnd an. »Ich habe nie an Trennung oder Scheidung gedacht. Das wäre mir im Traum nicht eingefallen.« Er fügte hinzu, Kathys feministische Periode sei eine schwierige Zeit gewesen, weil sie plötzlich das Gefühl hatte, dass sie durch den nahtlosen Übergang zwischen Elternhaus und Ehe keine Möglichkeit hatte, ein eigenständiger Mensch zu werden.«

»Ich wechselte von einer Abhängigkeit in die nächste über«, erklärte Kathy. »Als Bill noch im Seminar war, war ich berufstätig, wir arbeiteten beide. Das war unumgänglich, um finanziell über die Runden zu kommen. Doch nach dem ersten Kind setzte ich ein paar Jahre aus. Genauer gesagt, ich verrichtete jahrelang Arbeiten, für die ich nicht bezahlt wurde.«

»Unbezahlte Arbeiten?« warf ich ein. »Sie meinen, Sie waren ausschließlich Hausfrau?«

»Richtig. Doch in den siebziger Jahren, als Bill im Anschluss an die Promotion seine Laufbahn an der University of Pennsylvania begann, kehrte ich als Verwaltungsassistentin und Musiklehrerin an einer Mittelschule ins Berufsleben zurück. Meine häuslichen Aufgaben wurden dadurch aber nicht geringer. Eine Hilfe für den Haushalt oder die Gartenarbeit konnten wir uns nicht leisten, deshalb war ich auf die Unterstützung unserer Kinder angewiesen. Mein Gehalt reichte aus, um die Collegeausbildung eines unserer Kinder mitzufinanzieren. Der Rest ging in den Haushaltskosten unter.

»Unsere größten Wertkonflikte entstanden in Zusammenhang mit finanziellen Erwägungen. Ich war in der Überzeugung aufgewachsen, dein Geld sollte dort sein, wo dein Herz ist. Und mein Herz befand sich nicht am gleichen Ort wie Bills. Doch als Angehörige meiner Frauengeneration schlüpfte ich in die untergeordnete Rolle der Ehefrau, wollte es meinem Mann Recht machen, fügte mich, wenn meine Meinung von Bills abwich, vor allem, wenn es um große finanzielle Ausgaben ging, richtete mich bei solchen Themen nach seinen Wünschen und nährte deswegen einen heimlichen Groll. Nicht besonders klug!«

Bill erzählte, dass sie ein Trennungsjahr in Betracht gezogen hatten, damit Kathy ein Gefühl der Unabhängigkeit entwickeln konnte, eine Möglichkeit, sowohl sie selbst als auch ihre Ehe zu stärken. Als sich dieses Arrangement wegen der Kinder als zu kompliziert erwies, schlug ihr Therapeut vor, im gemeinsamen Haushalt an mehr Eigenständigkeit zu arbeiten, beispielsweise durch getrennte Bankkonten.

Bill erinnerte sich: »Und so kaufte jeder ein ganzes Jahr lang – was sehr schmerzlich für mich war – seine eigenen Weihnachtsgeschenke für die Kinder. Vorher hatten Mom und Dad sie immer gemeinsam beschenkt, obwohl meine Frau die Geschenke gekauft hatte. Und sie beschloss, ein Jahr lang keinen Fuß mehr in die Kirche zu setzen. Ich ging wie immer jeden Sonntag und wurde ständig gefragt: Wo ist Kathy?«

Kathy runzelte die Stirn. »Ein ganzes Jahr – daran kann ich mich gar nicht mehr erinnern.«

Der Weg zur Individuation

»Wann hatten Sie zum ersten Mal das Gefühl, dass Sie auf Ihren eigenen Füßen stehen müssen?«, wollte ich von Kathy wissen.

»Anfang der siebziger Jahre, als wir in Pennsylvania lebten. Ich hatte mich mit den feministischen Schriften von Gloria Steinem befasst und dachte: »Genauso ist es. Sie spricht mir aus der Seele.«

»Erinnern Sie sich, was bei Ihnen so großen Widerhall gefunden hat?«

»Es hatte mit dem Rollenverhalten zu tun. Wenn man sich von den Erwartungen an Frauen eingeengt fühlt oder überzeugt ist, dass diese Erwartungen unangemessen sind.«

»Hatten Sie das Gefühl, dass Sie Ihr Potenzial aufgrund dieser Rollenerwartungen nicht ausschöpfen können?«

»Ja. Man denkt: Ist es das, was ich tun sollte? Solche Dinge.«

Unter vier Augen fragte ich Kathy, ob sich Bill durch diese Veränderung bedroht gefühlt hatte.

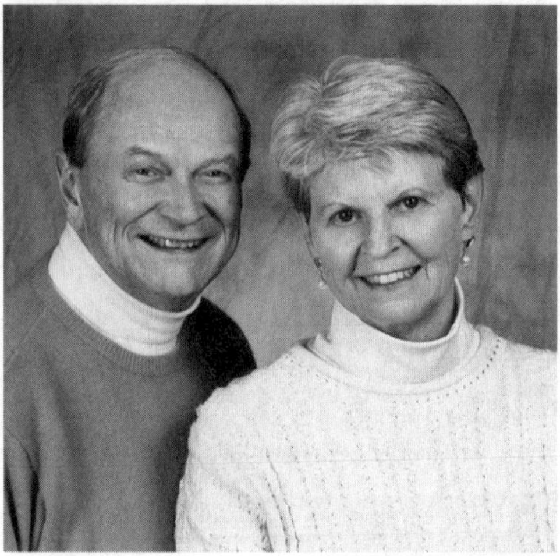

Bill und Kathy Stayton, viele Jahre später.

»Ja«, erwiderte sie. »Ich glaube, die feministische Bewegung hat sich auf Männer und Frauen gleichermaßen ausgewirkt und ich denke, dass Bill damals, zumindest auf der Verstandesebene, Feminist war, aber in der Praxis nahm das Leben seinen gewohnten Gang.«

»Das kenne ich«, sagte ich. »Ich war auch einige Jahre lang Feministin in der Theorie, ohne die Denkansätze in meinen Alltag zu integrieren.«

»Es ist schwer, alte Gewohnheiten abzulegen«, erwiderte Kathy nachdenklich. »Ich hatte mich nicht wirklich mit dem Feminismus beschäftigt. Ich lief gewissermaßen an der Peripherie mit, beobachtete aber, was sich auf dem Spielfeld tat. Manchmal ist mein Kopf wagemutiger als mein Körper.«

»Vielleicht, aber Sie haben sich schließlich doch aufs Spielfeld gewagt und sich einen eigenen Raum geschaffen, richtig?«

»Ja, ich habe meine Führungsfähigkeiten immer genutzt, selbst in meiner Zeit als Vollzeit-Hausfrau. Und Anfang der siebziger Jahre bin ich dann tatsächlich zu neuen Ufern aufgebrochen – und habe sozusagen meinen eigenen Raum entdeckt.«

Die eigene Identität in der Gemeinschaft finden

»Ungefähr um diese Zeit begann ich, mich in der Gemeinde mit Aktivitäten zu befassen, die Bill nicht abdeckte, und so führte jeder auch sein eigenes Leben. Zu diesen Aktivitäten gehörte unter anderem der Beitritt zu einem Sinfonieorchester. Ich spielte Geige und als Mitglied des Orchesters fragte mich niemand: Was macht eigentlich Ihr Mann beruflich? Man wird als eigenständige Person wahrgenommen. Man lernt seine Partitur auswendig und ist ein Teil der Gruppe. Einmal in der Woche fanden Proben statt, sodass sich Bill in der Zeit um die Kinder kümmern musste. Ich wollte diesen Bereich, den ich ganz für mich allein hatte, nicht aufgeben. Und das half mir beträchtlich, bevor ich überhaupt merkte, wie sehr ich davon profitierte.

»Anfang der neunziger Jahre gab unser Dachverband, die American Baptist Churches USA, eine neue Marschrichtung bekannt, eine Resolution, die aus einem einzigen Satz bestand und uns alle überraschte: »Die Praxis der Homosexualität ist unvereinbar mit den christlichen Lehren.« Punktum. Unsere Gemeinde ging deswegen auf die Barrikaden und wir wurden politisch aktiv; in nur einem Jahr hatte sich innerhalb der Kirche eine Gruppe etabliert, in der sich Lesbierinnen, Schwule, Bisexuelle und Transgender (LGBT) zusammenschlossen.

Das war der Zeitpunkt, als ich mich ebenfalls zu engagieren begann. Das war nicht schwer, und da Bill bereits als Sexualtherapeut tätig war, kannten wir Leute, die transgender, transsexuell, schwul, lesbisch oder Crossdresser waren, quer durch das gesamte Spektrum menschlicher Ausdrucksmöglichkeiten im sexuellen und Geschlechterrollen-Bereich.« Kathy schilderte den Prozess, den sie durchlaufen mussten, bevor ihre Kongregation schließlich Mitglied der Association of Welcoming and Affirming Baptists wurde, die alle Menschen ungeachtet ihrer sexuellen Präferenzen willkommen heißt.

Kathy erklärte, dass die jahrzehntelange Arbeit für die LGBT-Gruppe, die sie und viele Gleichgesinnte geleistet hatten, sich inzwischen ausgezahlt hatte. »Ich habe ein Netzwerk in Philadelphia aufgebaut, das mir viel bedeutet«, sagte sie. »Einige der Mitglieder gehören dem Klerus, andere dem Laienstand an; alle sind aktiv in ihrer Kirchengemeinde und vermutlich auch in ihrem Beruf. Sie sind für mich eine Art Zweitkirche geworden, denn das Wichtige an der Kirche ist in meinen Augen nicht zwangsläufig die Theologie, sondern vielmehr die Gemeinschaft der Menschen, die uns den Rücken stärken, auch wenn sie sich nicht aktiv in unsere Gruppe einbringen. Sie unterstützen uns und rühren die Werbetrommel für uns. Einige haben diese Themen sogar beim Abendessen in ihrem Seniorenwohnheim angesprochen.«

Seit Kathy ihre eigene Stimme und ihren eigenen Weg gefunden hat, etwas in der Welt zu bewirken, engagiert sie sich in ihrer neuen Kirchengemeinde in Atlanta im Vorstand der Association of Welcoming and Affirming Baptists und in der Marriage Equality Initiative, einer Gruppe, die für eine Gleichstellung gleichgeschlechtlicher Ehepartner in Atlanta kämpft. »Wir fangen in Atlanta an – und danach werden wir sehen, ob wir nicht auch den Staat Georgia für unser Anliegen gewinnen können«, erzählte sie lächelnd.

Doch das Gespräch endete nicht an dieser Stelle. Kathy wollte mir begreiflich machen, dass ein weiterer Grund für den langen Bestand ihrer Ehe die Möglichkeit war, einen Raum für die eigene Entfaltung zu finden. »Wir waren immer Teil einer Gemeinschaft von Menschen, die sich gegenseitig unterstützen. Das war in allen Kirchengemeinden der Fall, wo es immer Leute gab, die auch in hohem Alter zufrieden und aktiv schienen – Rollenmodelle sozusagen.«

»Die Gemeinde hat Ihnen also die Daumen gedrückt und sich darauf verlassen, dass Sie beide zusammenbleiben?«

»Ob sie sich darauf verlassen hat, kann ich nicht beurteilen, aber ich bin davon ausgegangen, dass wir zusammenbleiben. Sonst wäre ich mir wie eine Versagerin vorgekommen.«

Ich dachte oft über Kathys Worte nach, über unsere Erwartungen an die Ehe, die Erwartungen, die wir an uns selbst haben. Es stimmt mich traurig, dass uns diese Erwartungen heute weitgehend abhandengekommen sind. Heute gehen wir *nicht* unbedingt davon aus, dass Paare gemeinsam alt werden, und wenn sie sich harten Zeiten gegenübersehen, brechen viele ihre Zelte ab und ziehen weiter.

Möglicherweise ist diese Entwicklung unvermeidlich angesichts unserer frischgebackenen Langlebigkeit und des Bedürfnisses nach 360-Grad-Beziehungen, die von der ersten bis zur letzten Stunde von Nähe und Leidenschaft geprägt sind. Die Ethnologin Margaret Mead war der Ansicht, dass jede Frau drei Ehemänner braucht: Einen für den ersten Akt, die sexuell aktive Phase der Jugend; einen für den zweiten Akt, der ihr in der Phase des Familienaufbaus Sicherheit verleiht; und einen als Gefährten für den dritten Akt.

Wenn ich auf die Anfangs- und Endphasen meiner eigenen Beziehungsszenarien zurückblicke, so glaube ich, dass es bei dieser Einteilung der Liebe in praxisorientierte Abschnitte wichtig wäre, Zeit und Mühe zu investieren, um die Lektionen zu lernen, die jede Lebensphase zu bieten hat; nur so kann unsere Fähigkeit, eine liebevolle, von Nähe geprägte Partnerschaft zu entwickeln, wachsen und sich vertiefen. Albert Einstein hat einmal gesagt, es sei Wahnsinn, immer wieder das Gleiche zu tun und andere Ergebnisse zu erwarten?

Fester Vorsatz

»Eines der Dinge, die wirklich wichtig für uns waren«, erklärte Bill, »war der feste Vorsatz, Zeit zu zweit zu erübrigen. Ich habe eine Menge aus der therapeutischen Arbeit mit Menschen gelernt, beispielsweise, dass viele Paare nach der Heirat ihre gesamte Zeit mit Instandhaltungsaktivitäten verbringen: Kinder versorgen, Haus und Garten in Schuss halten. Am Anfang pflegt man die Beziehung noch. Dann wird geheiratet, und aus der Pflege eine Instandhaltung; wenn ich mit Paaren arbeite, lege ich ihnen nahe, dem spielerischen Aspekt in der Beziehung wieder mehr Gewicht beizumessen. Gemeinsam mit den Kindern etwas zu unternehmen hat nichts mit der Pflege einer Paarbeziehung zu tun. Was man pflegt und instand hält, ist das Familienleben.«

»Wann macht sich dieser Trend bei Paaren bemerkbar?«, fragte ich.

»Kathy und ich begannen, Zeit zu zweit einzuplanen, als unsere Kinder ins Teenageralter kamen. Wir legten eine bestimmte Zeit dafür fest, weil sonst die Kinder die gesamte Zeit vereinnahmen, die man zu Hause verbringt. Wir planten sie ganz bewusst ein. Beispielsweise ab zehn Uhr abends – da durften uns die Kinder nicht mehr stören. In der Zeit konnten wir uns in Ruhe über eine Einladung unterhalten, die wir geben wollten, oder –«

»Sex haben?«, warf ich ein.

»Oh ja. Unser Liebesleben war immer gut.«

»Ich finde, Sex ist der Klebstoff in einer Beziehung. Heißt es nicht, dass er die Bereitschaft fördert, sich zu versöhnen, und die Wogen glättet, wenn es hochhergeht?«

»Ja, absolut«, pflichtete Bill mir bei.

Die Geschichte der erfolgreichen Ehe von Kathy und Bill unterstreicht in meinem Augen den Stellenwert, der gesunden Grenzen, dem Aufbau eines Lebens außerhalb der Partnerschaft, der Bereitschaft, in allen Phasen an der Beziehung zu arbeiten und nicht zu vergessen, gutem Sex zukommt!

Eine andere langfristige Beziehung, die auf einem ähnlich festgefügten Fundament ruht, ist die Ehe von Nat und Jewelle Bickford, die seit 46 Jahren verheiratet sind. Nat ist der Mann aus dem zehnten Kapitel, der seine Lebensgeschichte aufschrieb und damit die Geister der Vergangenheit austrieb. Er war 66 Jahre alt, als ich ihn interviewte, und Jewelle 64.

Ich lernte sie bei einem Women in the Global South-Seminar des Council of Foreign Relations kennen, einer US-amerikanischen privaten Organisation mit Fokus auf weltweiten außenpolitischen Themen. Ein wenig eingeschüchtert von der Tatsache, dass sie damals im Bereich der Verbriefung von Unternehmensaktiva tätig und die ranghöchste Frau in der Rotschild Bank war, kann ich auch heute noch nicht ganz glauben, dass ich mit einer ehemaligen Bankerin befreundet bin. Was ich bis zum Interview nicht wusste, war, dass sie, solange ihre Töchter noch klein waren, sich ausschließlich auf die Rolle

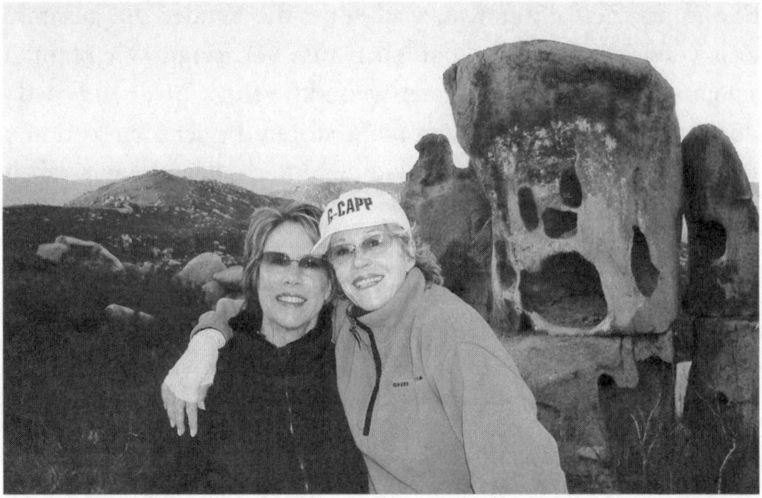

Mit Jewelle Bickford bei einer Wanderung in Rancho La Puerta, 2008.

der Hausfrau und Mutter beschränkt hatte. Als die Mädchen sechzehn und neunzehn waren, kehrte sie im Alter von 38 Jahren noch einmal auf die Schulbank zurück – ans Sarah Lawrence College.

»Nat meinte, ich sei zu schlau, um auf einen Collegeabschluss zu verzichten«, sagte sie mit erkennbarer Wertschätzung. »Damals war es wirklich schwer für ihn, die Privatschulen der Kinder und meine Collegeausbildung zu bezahlen, aber er fand, es sei unerlässlich.« Meine Bewunderung für die beiden stieg ins Unermessliche bei dem Gedanken, dass er ihre Verwandlung von der Hausfrau und Mutter zur Karrierefrau, die erst in der Lebensmitte begann, nicht als Bedrohung empfunden hatte.

Die Langlebigkeit ihrer Beziehung beweist, dass Menschen mit einer lieblosen Kindheit durchaus in der Lage sind, allen Widrigkeiten zum Trotz eine gute Ehe zu führen. Nat und Jewelle konzentrierten sich darauf, Zeit miteinander zu verbringen, maßen der Sinnlichkeit große Bedeutung bei und waren bereit, Kompromisse einzugehen. Ein Grund für die frühe Heirat war, dass sie beiden die Möglichkeit bot, ihr jeweiliges Elternhaus zu verlassen. Die Harmonie, die zwischen ihnen herrscht, ist erstaunlich, denn sie sind grundverschieden. »Wir ergänzen uns aber hervorragend«, sagte Nat. »Sie besitzt enorm viel Energie, bei mir rangiert sie eher im mittleren Bereich. Sie ist eigenständig, ständig in Bewegung, spontan, intuitiv. Mit diesen Worten würde ich mich nicht beschreiben. Ich bin besonnener, weniger spontan. Ich brauche Zeit zum Überlegen.«

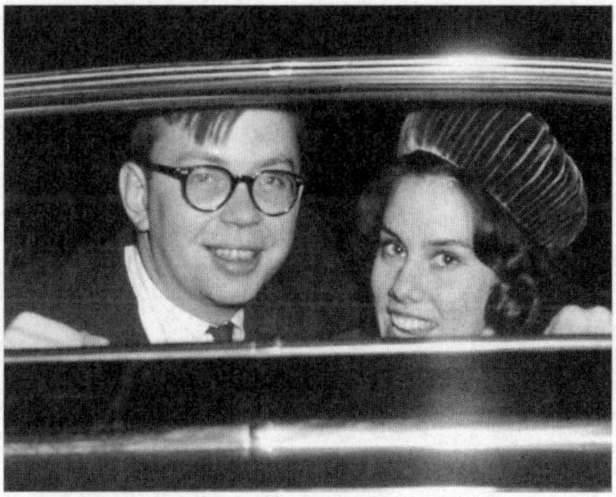
Frisch verheiratet: Nat und Jewelle Bickford.

Obwohl sie vom Temperament her völlig gegensätzlich sind, fallen die Gemeinsamkeiten auf Anhieb ins Auge. Zum einen hat die Ehe absolute Priorität für sie. »Wir haben uns immer Zeit füreinander genommen, auch als die Kinder noch klein waren«, erklärte Nat. »Wir konnten nicht oft ausgehen, aber wir nutzten die Gelegenheit, die beiden Großelternpaare einzuspannen, die unsere Kinder gerne in ihre Obhut nahmen. Somit hatten wir an den Wochenenden auch mal Zeit, aus der Tretmühle herauszukommen. Und es hat uns immer Spaß gemacht, miteinander zu diskutieren.«

Ersichtlich ist ebenfalls, dass die Chemie zwischen ihnen auch auf der physischen Ebene stimmt; das war laut Nat von Anfang an der Fall. Er erinnerte sich: »Ich hatte mich mit einem Mädchen verabredet, an einem Football-Wochenende in Harvard, aber sie bestand darauf, eine Freundin als Anstandsdame mitzubringen; deshalb bat ich einen Kumpel, sich um die Freundin zu kümmern und bestach ihn mit Karten für das

Spiel. Nun, die Anstandsdame war Jewelle, und als ich sie sah, sagte ich zu meinem Freund: »Vergiss die Karten, aus deinem Date wird nichts. Ich begleite sie nach Hause, das dauert 72 Stunden, und du wirst sie nicht wiedersehen.«

Ich fragte Jewelle, wie es ihnen gelungen war, diese Sinnlichkeit in all den Jahren aufrechtzuerhalten. »Menschen, die keine gute Beziehung auf der psychischen Ebene haben, können keine gute und langfristige sexuelle Beziehung entwickeln«, antwortete sie. »Die Lust, immer mit demselben Menschen ins Bett zu gehen, ist nicht von immer neuen aufregenden Techniken, sondern von der mentalen Stimulierung und Spannung abhängig.« Sie beschrieb, wie wunderbar es sei, mit jemandem zu schlafen, mit dem man so viele Erfahrungen im Leben geteilt hat. »Du kannst dir nicht vorstellen, wie fantastisch das ist, Jane. Die Sexualität wird viel reicher und tiefer als in jungen Jahren, wenn man noch unerfahren ist.« Ich kann nur ahnen, wie sich das anfühlen muss, und das bedaure ich sehr. Mir wird keine langfristige Beziehung mehr beschieden sein.

Ich erkundigte mich bei Nat, ob es im Lauf der Jahre große Differenzen zwischen ihnen gegeben und was sich im dritten Akt verändert hatte. »Ein Streitpunkt zwischen uns waren die Kinder«, erwiderte er. »Ich lasse in puncto Erziehung die Zügel wesentlich lockerer als sie. Sie ist fest überzeugt, dass man Grenzen setzen muss, viel mehr als ich, und das hat gelegentlich Reibungen verursacht.«

»Es war schrecklich, einfach schrecklich«, beschrieb Jewelle die Situation. »Er war offenbar der Meinung, dass Mädchen sich nicht in Schwierigkeiten bringen. Ist das zu fassen? Er wollte ihr Freund sein und nicht ihr Zuchtmeister, darüber stritten wir oft.« Doch im Gegensatz zu vielen Paaren, die leiden, wenn die Kinder flügge sind und das Nest verlassen haben, stellten Nat und Jewelle fest, dass damit eine Spannungsquelle

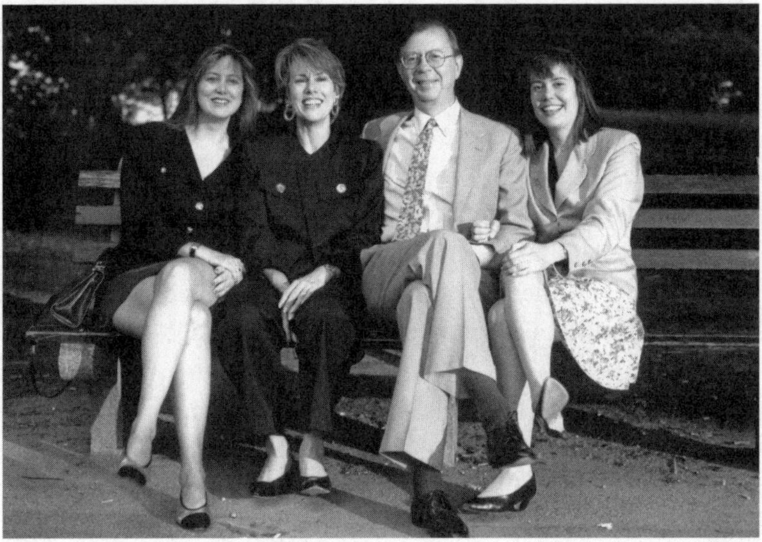

Jewelle und Nat mit ihren Töchtern Laura und Emily.

entfiel. Obwohl sie ihre Töchter abgöttisch lieben, begannen sie, die Zeit zu zweit zu genießen und gemeinsamen Interessen in der Kulturmetropole New York nachzugehen.

2004 ging Nat, der in einer Anwaltskanzlei tätig gewesen war, in Pension, während Jewelle weiter arbeitete. Ich wollte wissen, ob die Umstellung Probleme mit sich gebracht hatte. »Und ob!«, erwiderte sie. »Zum einen belegte er meine Küche mit Beschlag. Ich koche gerne, und plötzlich herrschte dort Chaos. Und überall stapelten sich seine Fachbücher und Unterlagen, obwohl er ein Büro hatte, das er aber nicht benutzte.«

Auch nach dem Eintritt in den Ruhestand hatte ihm seine Anwaltsfirma ein Büro und eine Sekretärin zur Verfügung gestellt, wohl in der Hoffnung, dass er zumindest einen Teil der Mandanten betreuen würde.

»Ich weiß, dass Jewelle genervt war«, sagte Nat. »Schließlich hatte ich ja ein Büro, in dem ich arbeiten konnte! Warum musste ich dauernd in der Küche herumhängen? Manchmal hatte ich beinahe Schuldgefühle, weil ich keinen Gebrauch von meinem Büro machte. Aber dazu hätte ich eine ungeheure innere Barriere überwinden müssen – ich wollte einfach nicht dorthin zurück. Mir war klar, dass ich bald wieder im alten Trott landen würde. An meinem letzten Tag in der Firma war ich froh, ausscheiden zu können.«

Solche scheinbar nebensächlichen Probleme haben bei vielen Paaren Turbulenzen ausgelöst. Ein frischgebackener Ehemann im Ruhestand glaubte seiner Frau einen Gefallen zu erweisen, als er ihre Küchenschränke umräumte, während sie sich auf einer Geschäftsreise befand. Es erübrigt sich wohl zu erwähnen, dass sie einen Tobsuchtsanfall bekam. Jewelle machte einen Termin bei einer Paartherapeutin aus, die beiden half. Nat erkannte, dass es ein passiv-aggressiver Akt gewesen war, einfach in Jewelles Reich einzudringen statt zu entscheiden, wo er arbeiten und seine Arbeitsunterlagen aufbewahren wollte. »Danach ging ihm ein Licht auf: Innerhalb von zwei Tagen war alles weggeräumt und ich hatte meine Küche wieder für mich.«

Die Therapeutin machte auch Jewelle klar, wie sich Probleme vermeiden ließen. »Nat und ich sind sehr verschieden, und seit er häufiger zu Hause war, störten mich bestimmte Dinge. Ich wollte, dass er sich sowohl im Hinblick auf unser gesellschaftliches als auch auf unser Liebesleben nicht nur auf meine Initiative verlässt. Ich fand, dass er sich beispielsweise häufiger mal mit seinen Freunden zum Mittagessen treffen sollte, aber die Therapeutin meinte: Das ist nicht Ihre Sache, Jewelle. Halten Sie sich da raus. Konzentrieren Sie sich lieber auf die Dinge, die Ihnen persönlich am wichtigsten sind. Also begann ich über die Dinge nachzudenken, die nebensächlich waren, und beschloss, sie abzuhaken.«

»Hat das die Spannung gemindert?«, hakte ich nach.

»Ja«, erwiderte Jewelle erleichtert.

Wie die meisten Frauen, mit denen ich sprach, waren die Wechseljahre für Jewelle befreiend. »Irgendwie hatte ich plötzlich mehr Selbstbewusstsein«, sagte sie. »Keine Ahnung, ob das auf die Hormone oder das Alter zurückzuführen war. Wie auch immer, mit fünfzig hatte ich das erstmals ein gutes Selbstwertgefühl.«

Als ich ihr erzählte, dass die Autorin Suzanne Braun Levine die Zeit zwischen dem fünfzigsten und sechzigsten Lebensjahr als Ihr-könnt-mich-alle-mal-Phase bezeichnet hatte, rief Jewelle: »Genau! Ich habe aufgehört, mir den Kopf darüber zu zerbrechen, was andere über mich denken könnten.«

»Meinen Sie mit andere Ihre männlichen Arbeitskollegen in der Bank?«

»Ja. Das heißt nicht, dass ich auf gute Beziehungen am Arbeitsplatz keinen Wert lege. Man muss in jedem Umfeld zurechtkommen. Aber man kann sich das Umfeld aussuchen, in dem man sein möchte. Das hat mir die Augen geöffnet.«

Nat und Jewells Ehe zeigt, wie Individuation und Androgenisierung – der Ausgleich der Geschlechterrollen – die Paarbindung vertiefen können. Generativität und leidenschaftliches Engagement spielen dabei ebenfalls eine wichtige Rolle. Jewelle stieg 2009 aus dem Bankgewerbe aus. Sie arbeitet jetzt bei GenSpring, einem Unternehmen, das auf Vermögensverwaltung spezialisiert ist, hat aber trotzdem mehr Zeit für ihre Familie, ihre Enkelkinder und ihre Tätigkeit für Women for Women International, eine nicht-gewinnorientierte Organisation, die Frauen in Industrie- und Entwicklungsländern miteinander vernetzt und ihnen hilft, ökonomisch selbstständig zu werden, vor allem durch die Gründung von Mikrounternehmen.[72]

»Natürlich darf bei langlebigen Ehen die Romantik nicht fehlen. Nat und ich arbeiten daran, diese Romantik lebendig zu erhalten«, sagte Jewelle. Während sie ihre berufliche Laufbahn eingeschränkt und ihre Fähigkeiten und Energie in die Arbeit für internationale Frauenorganisationen eingebracht hat, hat Nat seine lang gehegte Leidenschaft für die Musik wiederentdeckt. Er wollte immer Komponist werden, doch da sein strenger, emotional distanzierter Vater diese brotlose Kunst niemals unterstützt hätte, hatte er seinen Traum aufgegeben und Jura studiert.

»Mein ganzes Leben lang habe ich für Klavier gespielt und komponiert, im stillen Kämmerlein«, vertraute er mir an und ich hörte am Klang seiner Stimme, dass er dieses Kapitel noch nicht abgeschlossen hatte. »Musik ist meine große Leidenschaft.«

Die Option, ein Eheversprechen zu erneuern

Im 16. Kapitel werde ich ausführlicher auf meine Freunde Eva und Yoel Haller eingehen, zum Zeitpunkt des Interviews beide 77 Jahre alt und seit zwanzig Jahren miteinander verheiratet. Für ihn ist es die dritte und für sie die fünfte Ehe. Sie bezeichnete ihre ersten drei Versuche als Übungsrunden. Die beiden haben zehn Kinder und fünfzehn Enkelkinder miteinander.

Mit 57 lernten sie sich auf der Rückbank eines Busses kennen, der vom Ferienparadies Rancho La Puerto in Tecate, Mexico, nach San Diego fuhr. »Als ich ausstieg, wusste ich, dass ich sie heiraten würde«, sagte Yoel.

Eva hatte eigentlich nicht vorgehabt, sich wieder fest zu binden, doch er war beharrlich und sechs Monate später schlossen sie den Bund fürs Leben. Rückblickend ist sie froh darüber. Sie sagte: »Die Ehe bringt eine tiefere Bindung mit sich – sie stützt sich auf das Versprechen eines Paares, den Rest ihrer Tage gemeinsam zu verbringen.«

Was sie als Witwe am meisten vermisst hatte, war das konspirative Element in der Beziehung. »Mir fehlte ein Partner, mit dem ich mich auch ohne Worte austauschen konnte. Bei Festen reichte ein stillschweigender Blick, um uns gegenseitig zu vergewissern, dass wir zusammengehörten. Das ist für mich der Kern des Miteinanders, der Liebe.«

Sowohl Yoel als auch Eva verkörpern ein weiteres Merkmal eines gelungenen Alterungsprozesses, das der Psychiater George Vaillant als Zukunftsorientierung bezeichnete, die Fähigkeit, vorauszuschauen, zu planen und zu hoffen.[73] Yoel erklärte: »Wir verkauften unser großes Haus in Santa Barbara. Wir wollten uns verkleinern. Wir hatten keine Lust mehr, uns über die Instandhaltung den Kopf zu zerbrechen.« Mit dem Erlös kauften sie sich in eine Seniorenwohnanlage ein, die im Bedarfsfall eine Vollzeitpflege vor Ort einschließt. »Vielleicht ziehen wir nie dort ein, aber wir hätten die Möglichkeit«, sagte Eva. »Ich hätte nie damit gerechnet, dass ich achtzig Jahre alt werden könnte, doch dann wurde mir bewusst, dass es in zweieinhalb Jahren so weit ist, deshalb musste ich umdenken. Ich habe mir überlegt, wie mein Leben in fünf Jahren aussehen soll – und mache Fünfjahrespläne.«

Und Yoel fügte hinzu: »Wir haben einen Ehevertrag auf dreißig Jahre geschlossen, mit der Option, ihn zu erneuern.« Das bedeutet, dass die beiden in zehn Jahren, mit 87, einen neuen Vertrag abschließen müssten. Vermutlich wird dann ein großes Fest stattfinden – und ich bin eingeladen!

13. KAPITEL

Die veränderte Sexualität

Beim Anblick einer schönen Frau soll der über neunzigjährige Arzt und Schriftsteller Oliver Wendell Holmes gesagt haben: »Ach, man müsste noch mal siebzig sein!«

Ich glaube nicht, dass der 101 Jahre alte Banjospieler Ben Burke aus dem 11. Kapitel der Zeit nachtrauerte, als er siebzig war. Als ich ihn in seiner schmucken Eigentumswohnung in einer Seniorenwohnanlage in Atlanta, Georgia, interviewte, erzählte er mir von seiner Freundin Jocelyn.

»Sie wurde 95 Jahre alt«, sagte Ben. »Wir waren befreundet und sahen uns oft, als sie sich noch selbstständig versorgen konnte, genau wie ich, doch eines Tages stürzte sie und landete ein Stockwerk höher, in der betreuten Wohneinheit.«

»Aha. Dachte ich mir doch, dass Sie nicht nur nach oben gehen, um Ihren Mitbewohnern etwas vorzuspielen«, sagte ich und stieß ihn in die Rippen.

»Klar. Ich kenne die Dame schätzungsweise seit mehr als drei Jahren. Als ich sie sah, dachte ich, meine wunderbare (verstorbene) Frau wird mir verzeihen, aber ein bisschen Abwechslung würde mir guttun, und sie sah so aus, als könnte sie mir die bieten. Ich beschaffte mir ihre Telefonnummer und rief sie an. Ich kam gleich zur Sache und fragte: Hätten Sie was dagegen, wenn ich mal wieder raufkomme, um ein paar Hundekuchen mit Milch mit Ihnen zu teilen und es so richtig krachen zu lassen? Zuerst zögerte sie, doch dann meinte sie: In Ordnung, kommen Sie rauf. Beim ersten Rendezvous war ich Kavalier vom Scheitel bis zur Sohle. Ich schnitt eine Banane in Stücke, zwei Drittel für mich, ein Drittel für sie, und wir unterhielten uns über unseren jeweiligen Werdegang, unser Leben. Sie stammte aus Columbia, Alabama, und ich aus dem Ghetto von Manhattan. Uns trennten Welten. Aber das zeigt, wenn jemandem etwas an der Gesellschaft eines anderen liegt, spielt es keine Rolle, woher er kommt.«

Ben und ich hatten über Sex geredet, deshalb fragte ich, ob sie auch eine physische Beziehung hätten.

»Erst nachdem ich sie ein paar Mal oben besucht hatte. Ich sagte zu ihr: Jocelyn, was hältst du davon, wenn wir beide etwas intimer werden? War das richtig, so etwas zu fragen, Jane?«

»Natürlich.«

»Statt ihr wie ein Verrückter die Klamotten vom Leib zu reißen?«

»Ich bin stolz auf Sie, Ben. Sie haben sich völlig richtig verhalten.«

»Wissen Sie, was sie geantwortet hat? Ich glaube, dazu ist es ein wenig zu spät. Daraufhin habe ich gesagt: Lassen wir es doch einfach auf einen Versuch ankommen. Was ich Ihnen jetzt sage, ist die Wahrheit, Ehrenwort. Bei meinem nächsten Besuch trug sie einen Schlafanzug. Ich sagte: Mehr kann man sich nicht wünschen. Wir wurden intim miteinander. Ich sagte: Du behältst deinen Schlafanzug an? Sie war ein bisschen befangen. Dann fing ich an, sie auszuziehen, Stück für Stück. Und irgendwann landeten wir im Schlafzimmer. Im Bett, wie es üblich ist. Wie Sie bereits erwähnten, kann man auch ohne Penetration eine wunderbare Zeit miteinander haben. Es war so, als würde unsere Freundschaft dadurch besiegelt.«

»Wie schön, Ben.« Wir unterhielten uns darüber, dass der ganze Wirbel um das Thema Penetration eine Schande ist, weil es so viele andere Möglichkeiten gibt, Lust zu bereiten und zu empfinden, vor allem im Alter.

»Ja. Sie genoss es, die ganze Erfahrung.«

»Hautnah«, fügte ich hinzu.

»Genau.«

Ben ist nicht der Einzige, der Sinnlichkeit noch in hohem Alter zu schätzen weiß. Evelyn Freeman war Therapeutin, Künstlerin und Schmuckdesignerin, als sie 1980 im Senior Health and Peer Counseling Center for Healthy Aging, einem Gesundheits- und Beratungszentrum für Senioren, das sogenannte Peer Counselor Program ins Leben rief. 2007, nach dem Zusammenschluss mit WISE Services, wurde die Organisation in WISE & Healthy Aging umbenannt und bietet nun verschiedene unterstützende Dienste für die Generation Fünfundfünfzig Plus an.

Evelyn ging mit 89 in den Ruhestand; zum Zeitpunkt des Interviews war sie 91 Jahre alt und bemerkenswert attraktiv.

»Ich hätte nie gedacht, dass ich 91 werde. Aber ich habe vieles nicht erwartet. Zum Beispiel, dass ich in diesem Alter noch Lust empfinden kann. Zum Beispiel, wenn mein Mann aus dem Pool kommt, nackt. Das ist ein Riesenbonus.«

»Und, wie reagiert er darauf?«, fragte ich.

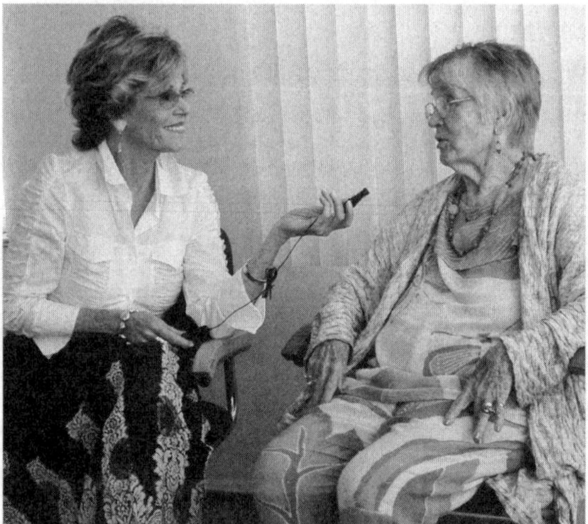

Interview mit Evelyn Freeman im WISE & Healthy Aging-Zentrum.

»Nun, nicht so wie vor fünfzig Jahren, aber mit Einfühlungsvermögen und viel Berührung. Zu so uneingeschränkten sexuellen Aktivitäten wie früher sind wir nicht mehr imstande.«

Die Geschichten, die ich von Ben und Evelyn hörte, fand ich wunderbar. Sie lassen mich hoffen, dass ich mit ein wenig Glück, hinreichender Gesundheit und der Bereitschaft, offen für ihr Potenzial zu bleiben, die Freuden der sinnlichen Intimität bis zum Ende meines Lebens genießen kann.

Die Dividenden einsammeln

Dr. Johnnetta Cole, Ehrenpräsidentin des Spelman College und des Bennett College for Women, zwei traditionsreiche Bildungsinstitutionen für schwarze Frauen, war zum Zeitpunkt des Interviews, das in ihrem Haus in Atlanta stattfand, 71 Jahre alt und überschäumend vor Lebensfreude und Vitalität. Sie heiratete ihren dritten Mann James David Staton Jr., mit siebzig; er ist siebzehn Jahre jünger als sie. »Im dritten Akt kann Sex etwas ganz Besonderes sein«, sagte sie. »Vielleicht nicht so energiegeladen und experimentierfreudig oder so häufig wie im zweiten Akt, aber mit dem Potenzial, sich jetzt als wichtiger und zutiefst befriedigender Teil des Lebens zu erweisen.«

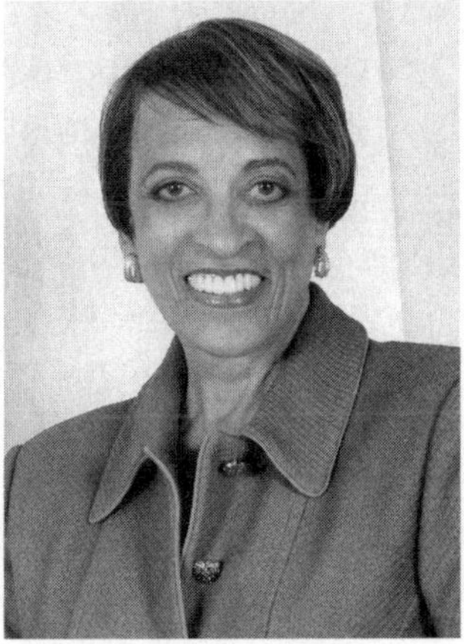
Dr. Johnnetta Cole.

»Wie das?«, wollte ich wissen.

»Man kann die Dividenden aus den Lektionen, die man im ersten und zweiten Akt gelernt hat, im dritten Akt einsammeln. Eine Frau kennt ihren Körper in diesem Lebensabschnitt vielleicht besser und hat Frieden mit ihm geschlossen. Im dritten

Akt kann eine Frau sexuell selbstbewusster auftreten, sie weiß, was sie will und braucht, und hat keine Hemmungen mehr, ihre Wünsche und Bedürfnisse zu äußern. Und wenn eine Frau im dritten Akt in der glücklichen Lage ist, einen Partner zu haben, der ein gleichermaßen entspanntes Verhältnis zum eigenen Körper hat, kann die Intimität, wenn nicht sogar der Sex, eine ganz besondere Erfahrung darstellen.

Ich weiß, wie glücklich ich mich schätzen darf, einen so einfühlsamen, fürsorglichen Partner zu haben. Diese Eigenschaft ist zweifellos darauf zurückzuführen, dass er sich jahrelang um seine jüngeren Geschwister kümmern musste und alleinerziehender Vater war.

Neulich brachte NPR eine Hörfunksendung, in der es um Sex im Alter ging und wie schwer es den Kindern fällt, sich vorzustellen, dass sie noch miteinander schlafen. Je älter die Eltern, desto schwieriger scheint es für die Kinder zu sein. Die Moderatorin der Sendung berichtete von einer Frau Ende achtzig, nicht bei bester Gesundheit, die auf die Frage, wer in einem Notfall benachrichtigt werden sollte, log. Sie traute sich nicht, den Namen ihres Geliebten anzugeben, weil sie fürchtete, ihre Kinder würden eine solche Beziehung abstoßend, unmoralisch oder bizarr finden. Ich finde es bedauernswert, dass wir ein derart gestörtes Verhältnis zum Alterungsprozess entwickelt haben, dass wir darauf beharren, Sex in diesem Lebensabschnitt generell auszuklammern, etwas Wundervolles, das man auch im dritten Akt des Lebens noch genießen kann und sollte.«

Ich weiß natürlich, dass etliche Angehörige dieser Altersgruppe das Thema Sexualität schon lange abgehakt haben – einige Frauen bereits nach der Menopause. Für Frauen mit schwach ausgeprägter Libido war Sex nie ein wichtiger Teil des Lebens. Wahrscheinlich wird sich daran auch im dritten Akt nichts ändern. Manche Frauen sind erleichtert, wenn sie nach dem Tod ihres Mannes oder infolge des nachlassenden sexuellen Interesses ihres Partners einen Schlussstrich unter dieses Kapitel ziehen können.

In solchen Fällen kann der Beschluss des Mannes, seine Manneskraft mit Potenzmitteln zu stärken – just zu dem Zeitpunkt, an dem seine Partnerin glaubt, ihre eheliche Pflicht und Schuldigkeit getan zu haben – auf beiden Seiten Wut und heimlichen Groll auslösen. Auch das schmerzliche Ende einer Liebesaffäre kann der Entscheidung Vorschub leisten, die Schotten dichtzumachen. Viele Witwen, die eine liebevolle, erfüllende Ehe hatten, verspüren weder das Bedürfnis noch den Wunsch, die Sexualität mit einem neuen Partner wieder aufleben zu lassen.

Ein Leben mit anregenden Freunden, interessanten Reisen, einer Arbeit, die Spaß macht (bezahlt oder ehrenamtlich), Enkelkindern und Hobbies kann erfüllend sein – mit oder ohne Sex, und wir sollten uns nicht beirren lassen, wenn wir die Option wählen, auf Letzteres zu verzichten. In diesem Kapitel geht es jedoch vornehmlich um diejenigen, die noch sexuell aktiv sind oder sein möchten. Mit dem Sex ist es wie mit dem Fahrradfahren, man verlernt es nicht. Wenn es eine Zeit im Leben gab, in der wir Sex genossen haben, lässt sich diese Lust wiederbeleben, denn Amor schreckt nicht vor dem Alter zurück, wenn er seinen Bogen spannt.

Oft trifft des Pfeil sogar noch zielgenauer und tiefer. Wie oft habe ich in den letzten Jahrzehnten gesagt, dass ich den Männern abgeschworen habe, dass ich nicht im Traum daran denke, eine neue Beziehung einzugehen? »Nie wieder, den Teil habe ich endgültig abgehakt«, pflegte ich zu verkünden. Meine Freundinnen quittierten solche Aussagen stets mit einem Lächeln. »Schon gut, Jane, aber nie wieder ist ein großes Wort.« Ich war mir vollkommen sicher – bis die Liebe des Weges kam; Liebe und guter Sex sind der beste Jungbrunnen, den es gibt (wie Sie sich vermutlich vorstellen können), besser als jedes Facelifting.

Es wäre ein Fehler zu glauben, dass man im Alter sexuell nichts mehr auf die Reihe kriegt. Eine in den USA durchgeführte landesweite Umfrage zum Thema sexuelles Verhalten im Alter ergab, dass noch viele Senioren Sex haben. Einem 2007 im *New England Journal of Medicine* veröffentlichten Bericht zufolge erklärten 84 Prozent der Männer im Alter von 57 bis 64 Jahren, dass sie im Verlauf des Jahres sexuelle Kontakte hatten, verglichen mit 62 Prozent der Frauen aus der gleichen Altersgruppe. Bei den 75-Jährigen und älteren Befragten waren es noch 38 beziehungsweise 17 Prozent. Unter den sexuell aktiven Senioren hatten ungefähr zwei Drittel bis weit in die siebziger Jahre mindestens zwei Mal im Monat Sex, und mehr als die Hälfte bis zum achtzigsten Lebensjahr und darüber hinaus.

Fakt ist jedoch, dass altersbedingte Veränderungen stattfinden. Bei ungefähr der Hälfte der sexuell aktiven Teilnehmer der Studie machten sich eigenen Angaben zufolge sexuelle Probleme bemerkbar: 43 Prozent der Frauen litten unter Libidoverlust und 39 Prozent unter vaginaler Trockenheit; bei den Männern hatten 37 Prozent Erektionsprobleme.

In diesem Kapitel möchte ich diese Veränderungen ansprechen, in der Hoffnung, Ihnen bei der Bewältigung zu helfen. Das Wissen, was Sie von Ihrem eigenen Körper und dem Ihres Partners erwarten können, kann bereits einen Unterschied bewirken. Einige Veränderungen sind positiv, und beinahe alle lassen sich meistern, wenn Sie sich mehr Zeit für Ihre sexuellen Aktivitäten nehmen. Geduld, die Kommunikation zwischen den Partnern, der durchdachte Gebrauch sexuell anregender Medikamente und einige Grundkenntnisse auf dem Gebiet der zwischenmenschlichen Sexualität sind ebenfalls hilfreich.

Männer und Gesundheit

Der Alterungsprozess an sich ist kein Grund, auf Sex zu verzichten. Die größten Hindernisse sind Gesundheitsprobleme und medikamentöse Behandlungen – wenngleich in höherem Maß bei Männern als bei Frauen. Laut eigener Aussage stellen nur 10 Prozent der Frauen ihre sexuellen Aktivitäten aufgrund einer eigenen Erkrankung oder aus Mangel an Interesse ein. Es liegt überwiegend daran, dass ein passender Partner fehlt (es gibt mehr 75-jährige Frauen als Männer), der Partner krank ist oder unfähig, den Geschlechtsverkehr zu vollziehen.

Dr. Michael Perelman, außerordentlicher Professor der Psychiatrie, Reproduktionsmedizin und Urologie am Weill Cornell Medical College und einer der Leiter des Human Sexuality Program im New York Presbyterian Hospital erklärte, dass die Gesundheit des männlichen Partners zu den wichtigsten Faktoren gehört, die darüber entscheiden, ob ein Paar weiterhin Sex hat. Die Angst, im Bett zu versagen, kann emotional so belastend für einen Mann sein, dass er Vermeidungsstrategien entwickelt, die oft genauso destruktiv sind wie die Erektionsstörung selbst. Diese Vermeidungsstrategien können zur Gewohnheit werden und zur Folge haben, dass er vor *jeder* Form der Zuneigung zurückschreckt, aus Angst, dass man im Anschluss sexuelle Aktivitäten von ihm erwartet.

In *Die neuen Lebensphasen* zitiert Gail Sheehy die Massachusetts Male Aging-Studie, bei der man herausfand, dass 51 Prozent der normalen gesunden Männer zwischen 40 und 70 bis zu einem gewissen Grad unter Impotenz leiden, verursacht durch Medikamente, Herzprobleme, Diabetes oder andere Faktoren, die eine Mangeldurchblutung des Penis nach sich ziehen können. Die Auswirkungen dieser Gesundheitsprobleme auf die sexuelle Leistung unterscheiden sich beträchtlich, aber generell machen sie sich folgendermaßen bemerkbar:

- Um eine Erektion zu erreichen, sind mehr Zeit und mehr direkte manuelle Stimulierung erforderlich.
- Die Erektion ist weniger hart und wegen des verminderten Blutzuflusses schwerer aufrechtzuerhalten.
- Der Penis schrumpft mit dem Alter.
- Der Orgasmus verzögert sich (genau das, was sich Frauen immer gewünscht haben!). Wenn ein Orgasmus erfolgt, ist die Ejakulationsstärke reduziert.
- Es finden weniger Kontraktionen statt.
- Die Regenerationsphasen zwischen den Erektionen sind länger.
- Ungefähr 10 Prozent der älteren Männer leiden unter Peyronie, einer krankhaften Verkürzung und Krümmung des erigierten Penis.

Diabetes gehört zu den am weitesten verbreiteten Ursachen der männlichen Impotenz; interessant ist, dass im Vergleich dazu 80 Prozent der Diabetikerinnen weder das sexuelle Lustempfinden noch die Orgasmusfähigkeit einbüßen. In ihrem Buch *Mythos Alter* mutmaßt die Feministin Betty Friedan, die Erklärung für diesen Unterschied könne darin begründet sein, dass »die männliche Sexualität mit Erektionsfähigkeit und nicht mit sexueller Reaktionsfähigkeit generell gleichgesetzt wird, die bei Diabetikerinnen unbeeinträchtigt bleibt.« Friedan fragt sich, genau wie ich, ob männliche Diabetiker nicht gleichermaßen sexuell aktiv wie ihre weiblichen Entsprechungen bleiben würden, wenn der Fokus der männlichen Sexualität von der Erektion auf eine umfassendere Sexualität verlagert würde.[74]

Erektionen

Fakt ist, dass wir der Bedeutung eines erigierten, harten Penis viel zu viel Aufmerksamkeit schenken. Genauer gesagt, Männer sind darauf fixiert, und oft verlieren sie, wenn Störungen wie die erektile Dysfunktion (ED) eine Erektion verhindern, ihr Selbstvertrauen und das Interesse an Sex. Einige machen ihre Ehefrau dafür verantwortlich, dass es im Bett nicht mehr klappt, und suchen sich eine jüngere Partnerin, was jedoch nicht immer zum erhofften Erfolg führt. Eine jüngere Frau mag physisch anziehender sein, aber sie erwartet oft ein jugendliches, phallisches Modell der sexuellen Intimität, obwohl viele Frauen (wenn nicht sogar die meisten) unfähig sind, allein durch Geschlechtsverkehr einen Orgasmus zu erleben und einer ausgedehnten klitoralen Stimulation bedürfen.

Eine selbstbewusste ältere Frau hat im Bett oft mehr zu bieten: Erfahrung, Einfühlungsvermögen und Verständnis – vor allem das Wissen um die eigene Sexualität und die Tatsache, dass ihre Lust nicht ausschließlich von der Penetration des erigierten Penis abhängig ist.

Die mittlerweile verstorbene Dr. Helen Kaplan, Sexualtherapeutin und Leiterin des Human Sexuality Program am Cornell Medical Center des New York Hospital sagte in einem Interview, das Betty Friedan für ihr Buch *Mythos Alter* mit ihr führte: »Eine ältere Frau, die liebevoll und selbstsicher ist, passt sich diesen altersbedingten Veränderungen an – die Paare haben oralen Sex. Am Morgen, oder wann auch immer. Paradox ist, dass eine ältere Frau viel eher bereit ist, die Realität und Verwundbarkeit des Mannes akzeptieren. Ein Mann kann Millionen besitzen, aber sein Penis ist trotzdem 68 Jahre alt. Ein älterer Mann kann ein wunderbarer Partner, ein wunderbarer Liebhaber sein, wenn beide diese zwanghafte Fixierung auf den Penis und die sexuelle Leistung aufgeben.«[75]

Wenn Männer von dem Gedanken besessen sind, das jugendliche Sexualitätsmodell im dritten Akt beizubehalten, entgeht ihnen die Entdeckung der Lust und Nähe, die sich in einer späten Lebensphase einstellen kann, wenn die Entschleunigung und das Aufscheinen von zwei reifen, vertrauensvollen und selbstbewussten Menschen eine tiefere Intimität und ganzheitlichere Sinnlichkeit ermöglichen. Frauen sind im Alter eher in der Lage, sexuelle Bedürfnisse ohne die Angst anzumelden, als zu direkt zu gelten, während Männer im Alter die Möglichkeit haben, in den Genuss einer tieferen Bindung und Intimität zu gelangen. In dieser Phase ist die sexuelle Kompatibilität der beiden Partner größer als jemals zuvor. Eine Entwicklung, die den meisten nicht einfach in den Schoß fällt. Sie erfordert harte Arbeit, gepaart mit Mut, Humor und der festen Absicht, Herausforderungen zu bewältigen.

Abgrenzung

In seinem Buch *Intimität und Verlangen: Sexuelle Leidenschaft in dauerhaften Beziehungen* schreibt der Sexualtherapeut Dr. David Schnarch, intimer Sex sei keine natürliche Funktion, sondern ein natürliches Potenzial, das entwickelt werden muss, damit es voll ausgeschöpft werden kann.[76] Ein Teil dieser Entwicklung ist die Abgrenzung, die Fähigkeit eines Menschen, auf eigenen Füßen zu stehen, Selbstvertrauen und Selbstwertgefühl aufzubauen und die eigenen Wünsche und Bedürfnisse ohne Angst geltend zu machen. Abgrenzung ist ein anderer Begriff für das, was der Schweizer Psychiater C.G. Jung als Individuation bezeichnete. Vielen älteren Frauen wurde genau wie mir von klein auf eingebläut, dass anständige Mädchen ihr sexuelles Verlangen nicht zum Ausdruck bringen. Wir waren Zielscheibe des männlichen Verlangens, darauf gedrillt, es zu befriedigen, wagten aber nicht, unser eigenes Recht auf sexuelle Erfüllung einzufordern.

Diese Doppelmoral herrscht oft auch heute noch vor, und Leidtragende sind die Mädchen. Wie im letzten Kapitel erwähnt, neigen Frauen oft erst im dritten Akt des Lebens dazu, Selbstvertrauen, Selbstverständnis, Selbstbestimmung und die Fähigkeit zu entwickeln, auch in einer Partnerbeziehung den Kontakt zu ihrem Selbst zu bewahren. Wenn wir über Selbstvertrauen verfügen, sind wir eher in der Lage, uns dem Partner so zu zeigen, wie wir wirklich sind. Nähe und Intimität erfordern eine stabile Identität.

Laut Dr. Schnarch geht es bei der sexuellen Intimität darum, jemandem Einblick in die eigene Persönlichkeit zu gewähren; Menschen, die imstande sind, sich auf diese Weise zu offenbaren, machen nach seiner Ansicht tiefer reichende sexuelle Erfahrungen.[77] Vielleicht habe ich länger dazu gebraucht als andere, aber heute weiß ich: Dadurch, dass ich endlich zu mir selbst gefunden habe – ein hartes Stück Arbeit, in eigener Regie und durch Therapien –, bin ich auch auf sexuellem Gebiet weiser und einfühlsamer geworden als in jungen Jahren. Ich habe dafür gesorgt, dass ich in Form bleibe, aber dass eine Siebzigjährige einen so straffen Körper und ausgeprägten Muskeltonus wie eine jüngere Frau hat ist ausgeschlossen. Die Schwerkraft fordert ihren Tribut, die Haut erschlafft.

Doch wenn ich an die Zeit zurückdenke, in der ich mich rein physisch auf dem Höhepunkt befand, waren Lustempfinden und Spaß am Sex nie so groß wie heute. Dr. Schnarch erklärt, dass es beim Sex nicht um physische Merkmale oder Stellungen geht, sondern um die Gemütsverfassung und emotionale Verbindung zum Partner. Es geht auch nicht um die Frage, wie oft man Sex hat, sondern um die erotische Anziehungskraft, und es geht nicht um Techniken, sondern um den Einklang zwischen Kopf und Genitalien.[78]

Sprache, Selbstvertrauen und Selbstbewusstheit gestatten uns, der Sexualität eine Bedeutung zu verleihen, die über grobmotorische Reaktionen wie Feuchtigkeit, Erektion oder Orgasmus hinausgeht. Wir können verbal austauschen, uns tief in die Augen blicken. »Das Gehirn ist unser größtes Sexualorgan«, sagt Dr. Schnarch.[79] Er weist auch darauf hin, dass die emotionale Stimulation oft in stärkerem Maß über die Genitalfunktion und Befriedigung entscheidet als die Berührung.[80] Zum Glück sorgt diese Verlagerung vom biologischen Trieb auf Gedanken und Gefühle als Determinanten unserer Sexualität für einen Ausgleich der altersbedingten Veränderungen, und zwar in einem erstaunlichen Ausmaß.

Befreit von der Notwendigkeit, im Bett zu funktionieren, können auch Männer mit Erektionsproblemen eine ganz neue, grenzenlose Form der sexuellen Intimität erleben. Der gesamte Körper ist in diese Erfahrung einbezogen, die sich über Stunden ausdehnen lässt. Genau das, wonach sich Frauen gesehnt haben! Wenn Männer und Frauen im Alter mehr taktile Stimulierung brauchen – Berührung, Massage, Stimulation mit Händen und Mund – sollten wir lernen, unsere Wünsche Bedürfnisse klar zum Ausdruck zu bringen, statt zu denken: »Wenn er mich wirklich lieben würde, wüsste er das auch so.« Der Partner kann nicht Gedanken lesen, und was für einen Mann gut ist, muss bei einer Frau noch lange nicht zum Erfolg führen. Vielleicht möchte er gerne wissen, wie er Ihnen mehr Lust bereiten kann. Sagen Sie es ihm. Zeigen Sie es ihm. Lesen Sie entsprechende Bücher, alleine und gemeinsam. Bitten Sie ihn, Ihnen zu sagen, was er mag, und erfüllen Sie seine Wünsche. Das spornt ihn an, das Gleiche für Sie zu tun.

Wir sollten nicht davon ausgehen, dass ein Mann mit Erektionsstörung uns sexuell nicht mehr anziehend findet oder unfähig ist, Lust zu bereiten. Wenn wir die Überzeugung über Bord werfen, dass Sex mit Geschlechtsverkehr gleichzusetzen ist, ist ein unerigierter Penis unproblematisch«, schrieb der Sexualtherapeut Dr. Marty Klein. »Deshalb brauchen ältere Menschen, die mit der Zeit gehen, eine neue Einstellung zum Sex, damit sie ihn ungeachtet ihrer physischen Fähigkeiten genießen können.«[81]

Gail Sheehy schreibt in ihrem Buch *Die neuen Lebensphasen,* dass ein reifer Mann bereit ist, vom Rennwagen-Sex der Adoleszenz zum Body-Surfing-Sex überzuwechseln, der dem Auf und Ab des sexuellen Erregungszyklus folgt.[82] Diese Anpassung erfordert Vertrauen und Zeit. Und sie setzt die Bereitschaft voraus, das leistungsorientierte Streben nach einem Orgasmus aufzugeben. Wenn ein Orgasmus erfolgt, wird er wesentlich intensiver erlebt, weil sich die sexuelle Energie des Körpers langsamer aufgebaut hat. Diese Herangehensweise an die Sexualität zeugt ungeachtet dessen, ob ein Orgasmus oder eine Erektion erfolgt, von der Reife und Fähigkeit eines Mannes, Lust und Liebe zu geben und zu empfangen.

Erica Jong, die zahlreiche Bücher geschrieben hat, zu denen auch der Roman *Angst vorm Fliegen* über die weibliche Sexualität gehört, erzählte mir, dass Sex in der Zeit, als ihr Mann Medikamente gegen den Bluthochdruck nahm, schwierig war.

»Dann entdeckten wir den tantrischen Sex, von dem ich immer glaubte, es gäbe ihn nicht wirklich. Ich habe mich geirrt, aber wie! Es dauerte lange, bis wir die Rituale beherrschten, aber wir haben sagenhaften Sex, wenn es uns gelingt, zur Ruhe zu kommen und Zeit zu zweit zu verbringen.«

In ihrem ursprünglichen Buch *In der Mitte des Lebens. Die Bewältigung vorhersehbarer Krisen* erklärt Gail Sheehy, dass die Technik, den Orgasmus hinauszuzögern, um die Phase der Lust zu verlängern – oft als tantrischer Sex bezeichnet – von den Chinesen entwickelt wurde, weil das Alter in dieser Kultur, im Gegensatz zum Westen, als ehrenvoll gilt und man die Freude am Sex so lange wie möglich erhalten möchte.[83]

»Wie haben Sie den tantrischen Sex entdeckt?«, fragte ich Erica.

»Wie haben mit oralem Sex, Berührungen und Blickkontakt begonnen, und dann stellten wir fest, dass wir dadurch beide gleichzeitig einen unglaublich intensiven Orgasmus erlebten.«

Ich fragte Dr. Bill Stayton, den im vorherigen Kapitel erwähnten Sexualtherapeuten, wie er einen guten Liebhaber definieren würde. »Der beste Liebhaber ist derjenige, der das Liebesspiel genießt, ohne den Druck, an ein bestimmtes Ziel gelangen zu müssen – das alte, am Orgasmus orientierte Modell. Der Vorgang, Liebe zu machen, wird als sexuell erregend erlebt. Wenn man sich ausschließlich am Orgasmus orientiert, sind der Orgasmus und die Erektion das A und O. Dabei vergisst man, wie viel Spaß der Weg zum Ziel macht.« Erica Jong ist zu beneiden. Auf ihren Mann trifft diese Beschreibung des optimalen Liebhabers eindeutig zu.

»Wenn ein Mann älter wird, schwindet bekanntlich das Bedürfnis, zu ejakulieren«, erklärte Dr. Stayton. »Männer sollten wissen, dass Erektion, Orgasmus und Ejakulation drei voneinander getrennte, unabhängige Vorgänge sind. Man kann einen Orgasmus ohne Erektion oder Ejakulation, und eine Ejakulation ohne Erektion oder Orgasmus haben.«

Zweifellos wird sich die sexuelle Landkarte weiterhin verändern, wenn die riesige Kohorte der geburtenstarken Jahrgänge in den dritten Akt eintritt. Das Alter wird sie nicht daran hindern, Interesse und Spaß an einem aktiven, kraftvollen Sexualleben zu haben. Schließlich belegen zahlreiche Studien, dass eine intime, befriedigende sexuelle Beziehung nicht nur Lust schenkt, sondern auch das Risiko einer Herzerkrankung, Depression, Migräne, Arthritis und Stress mindert und das Immunsystem stärkt.

Meine Freundin, die Pastorin Debra Haffner (die auch Sexualwissenschaftlerin und Angehörige der geburtenstarken

Nachkriegsjahrgänge ist) sagte: »Die Boomer werden die Einstellung der Kultur zu Sex und zum Altern verändern. Wir sind die Generation, die glaubt, die Sexualität entdeckt zu haben, und die werden wir nicht so leicht aufgeben. Mit neuen Behandlungsmethoden wie Hormonersatztherapie, Viagra, Cialis (Tadalafil), Levitra (Vardenafil) und dergleichen versagen eher Knie und Rücken als unsere Genitalien.« Was ich aus eigener Erfahrung bestätigen kann!

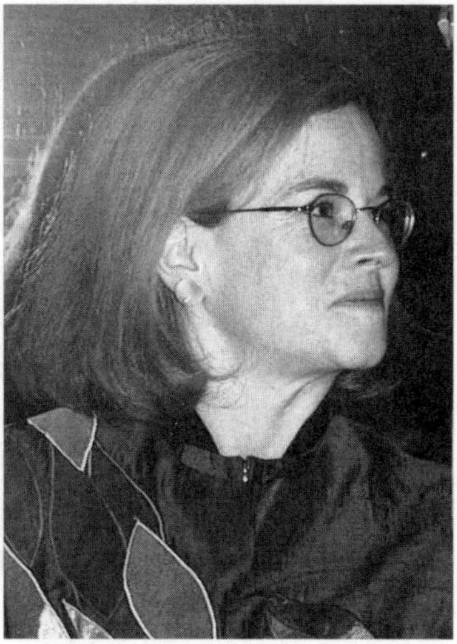

Pastorin Debra Haffner.

Match.com, eine weltweit operierende Online-Kontaktbörse, behauptet, dass ihre Website vor allem von Leuten über fünfzig genutzt wird, einer Kundengruppe, die rapide wächst. Auch im Pornovideo-Bereich stellen ältere Männer und Frauen das Marktsegment mit den größten Zuwachsraten dar!

Der weibliche Körper

Nicht nur die Männer sehen sich mit altersbedingten Veränderungen konfrontiert: Auch der weibliche Körper unterliegt einem Wandel, den wir vorhersehen und verstehen sollten.

- Die Scheide wird trockener, die Lubrikation dauert länger.
- Das Fettgewebspolster der Schamlippen wird dünner und reißt leichter.
- Die Vagina verliert an Elastizität.
- Die Anzahl der Gebärmutterkontraktionen beim Orgasmus verringert sich infolge des Östrogenabfalls; die Drucksenso-

ren im Gebärmutterhals werden unempfindlicher gegen Stöße. Das lässt sich durch eine Östrogenersatztherapie ausgleichen (siehe nächstes Kapitel).

- Laut Bericht der Kaiser Family Foundation scheint der Alterungsprozess bei Frauen die Infektionsanfälligkeit zu erhöhen ... möglichweise auf Ausdünnen und Abrieb der Vaginalwände aufgrund unzureichender Lubrikation zurückzuführen.

Wenn Sie eine Weile sexuell enthaltsam waren und eine neue Liebesaffäre beginnen, sollten Sie Ihrer Vagina Aufmerksamkeit schenken. Konsultieren Sie einen Gynäkologen, der eventuelle Fragen beantworten und Medikamente bei Problemen wie Blasen- oder Harnwegsentzündung, Hefepilzinfektionen und Rissen in den Scheidenwänden verordnen kann.

Einige Frauen stellen fest, dass ihnen der Geschlechtsverkehr aufgrund der geschrumpften Vagina Schmerzen bereitet. Ich sprach mit der Gynäkologin Dr. Michelle Warren, medizinische Leiterin des Center for Menopause, Hormonal Disorders, and Womens Health am Columbia University Medical Center in New York. Sie erzählte mir: »Ich hatte unlängst eine Patientin, die gerade zum zweiten Mal geheiratet hatte; sie ist über siebzig. Sie rief mich aus Florida an und sagte: Selbst mit der vaginalen Östrogen-Salbe, die Sie mir gegeben haben, ist der Geschlechtsverkehr schmerzhaft, und ich habe keine Ahnung, was ich jetzt noch machen kann. Ich schickte ihr Vagina-Dilatoren, ein Set aus Plastikformen in zunehmender Größe, die man täglich zwanzig Minuten bis eine Stunde in die Scheide einführt, um sie allmählich zu weiten; sie rief mich wieder an und meinte: Danke, Sie haben mir das Leben gerettet! Sie benutzte die Dilatoren zusammen mit der Östrogen-Salbe und war in der Lage, wieder ein aktives Sexualleben zu führen.«

Umgekehrt kann sich die Vagina dermaßen geweitet haben, dass der Penis des Mannes nicht genug Reibung erhält, um eine Ejakulation auszulösen. In diesem Fall kann ein regelmäßiges Beckenbodentraining die Vaginal- und Schambein-Steißbein-Muskulatur stärken. Die Übungen werden an späterer Stelle genauer erklärt. Wenn die Beckenmuskulatur nach der Geburt eines Kindes starke Risse aufweist, lässt sich der Schaden operativ beheben und die Muskulatur wieder aufbauen.

Bei einem solchen Eingriff sollte man eine Genesungszeit von sechs bis acht Wochen einkalkulieren, bevor der Geschlechtsverkehr wieder aufgenommen werden kann. Nur weil man in unserer Kultur davon ausgeht, dass Frauen Sex im Kontext einer monogamen Liebesbeziehung bevorzugen, sollten wir nicht die Möglichkeit sexueller Aktivitäten mit einem anderen Partner gleich welchen Alters oder ohne Partner ignorieren.

Das A und O sexueller Aktivität im Alter ist sexuelle Aktivität, nach dem Motto: *Wer rastet, der rostet.* Die Muskulatur eines gebrochenen Arms verkümmert. Ein Penis, der nicht mehr zum Einsatz kommt, hat Probleme mit der Erektion. Eine Vagina, von der kein Gebrauch mehr gemacht wird, verliert ihre Elastizität. Wenn Sie unter derartigen Problemen leiden und sich auf ein aktives Sexleben vorbereiten möchten, empfehlen alle Experten, mit denen ich mich unterhalten haben, die Selbstbefriedigung – mit der eigenen Hand, der des Partners oder einem Vibrator.

Masturbation

Eine Studie des National Opinion Research Center aus dem Jahre 1995 gelangte zu dem Ergebnis, dass in den USA nicht einmal die Hälfte aller Frauen masturbiert, und noch weniger greifen regelmäßig zur Selbstbefriedigung. Dr. Louann Brizendine, die als Neuropsychiaterin an der University of California in San Francisco und Gründerin der Womens and Teen Girls Mood and Hormone Clinic Pionierarbeit geleistet hat, sagte: »Studien in Pflegeheimen haben ergeben, dass ein Viertel der weiblichen Insassen zwischen dem siebzigsten und neunzigsten Lebensjahr noch masturbiert.«[84] Und der Psychiatrieprofessor Dr. Michael Perelman erklärte: »Ich denke, es wird einige Ihrer jüngeren Leser schockieren, wenn sie erfahren, in welchem Ausmaß ältere Menschen Sexspielzeug benutzen und genießen.

Dabei ist das eine wunderbare Ergänzung, die in allen Altersgruppen verwendet werden und für Abwechslung sorgen oder als Hilfsmittel dienen kann, ähnlich wie ein Gehstock. Ein Vibrator stimuliert in stärkerem Maß, und vor allem bei älteren Menschen kann die Benutzung solcher Sexspielsachen hilfreich sein, wobei ich vermute, dass die jüngere Generation eher dazu greift als die heutigen Senioren.«

Es liegt auf der Hand, dass eine liebevolle Beziehung, in der sich die Partner gegenseitig Lust verschaffen, der Selbstbefriedigung vorzuziehen ist, aber diese Option hat nicht jeder. Wenn wir für die Liebe mit all ihren Facetten offen bleiben wollen, sollten wir unser sinnliches Selbst pflegen – man kann nie wissen, was in einer Woche, in einem Monat oder in einem Jahr passiert. Wie bereits gesagt, war ich nach meiner Ehe mit Ted Turner sieben Jahre solo und dachte, das war's! Ich sollte mich täuschen.

Wenn Sie nicht daran gewöhnt sind zu masturbieren, und die eigene Hand nicht ausreicht, um Sie sexuell zu erregen, empfehle ich Ihnen, sich einen Vibrator und ein Gleitmittel anzuschaffen, es sich bequem zu machen und beim Masturbieren vielleicht sogar ein Buch zu lesen, damit Sie entspannter sind und vergessen, was Sie sich von der Erfahrung erhoffen.

Das ist nicht der richtige Zeitpunkt für Versagensängste! Vergessen Sie jegliche Bedenken, dass es unangemessen sein könnte, sich selbst Lust zu verschaffen. Betrachten Sie Masturbation als medizinische Notwendigkeit: Sie werden feststellen, dass sich dadurch nicht nur die vaginale Gesundheit verbessert, sondern das gesamte Wohlbefinden.

Der Psychologe Dr. Michael Perelman erklärte er im Verlauf des Interviews, das ich mit ihm führte: »Ich denke, aufgrund der heutigen Sexualpolitik ist es schwer zu verstehen, wie gut ein bisschen Selbstsucht im Bett funktionieren kann; jeder sollte sich selbst die nötige Fürsorge angedeihen lassen. Wir sollten einfühlsame Liebende sein, aber auch sichergehen, dass wir uns nicht in solchem Maß den Kopf über die sexuelle Befriedigung des Partners zerbrechen, dass wir es versäumen, selber Befriedigung zu finden.

Es ist irgendwie paradox; je mehr wir uns in der Lusterfahrung mit dem Partner verlieren, desto größer kann seine Befriedigung sein, weil er erkennt, dass er als begehrenswert und sexuell anziehend wahrgenommen wird. Wenn wir uns zu viele Gedanken machen, wie wir ihm Lust bereiten, selber aber keine empfinden, enthalten wir ihm diese Erfahrung vor.

Praktische Vorschläge

Hier einige praktische Vorschläge für ein erfülltes Sexualleben:

- Es ist wichtig zu versuchen, Probleme gemeinsam mit dem Partner zu lösen. Wut und heimlicher Groll ersticken jede Lust im Keim. Sprechen Sie sich aus oder suchen Sie professionelle Hilfe bei einem Paar- oder Sexualtherapeuten; bringen Sie den Mut auf, das Problem aufzuarbeiten.
- Abgesehen von der Wut kann Langeweile ihren Tribut von der Sexualität verlangen; lassen Sie sich daher mit einem

langfristigen Partner auf neue Erfahrungen ein, sowohl in den häuslichen vier Wänden als auch in der Außenwelt. Im Bett gemeinsam zu masturbieren kann sich als ungemein stimulierend für die Beziehung erweisen. Erforschen Sie andere Bereiche des Körpers und entdecken Sie neue Möglichkeiten, einander Lust zu bereiten; denken Sie dabei auch an die männlichen Brustwarzen. Viele Männer, wenn nicht sogar die meisten, brauchen diese zusätzliche Stimulation im dritten Akt mehr als jemals zuvor.

- Denken Sie an den G-Punkt. Der G-Punkt, nach Dr. Ernst Gräfenberg benannt, einem bekannten Gynäkologen des zwanzigsten Jahrhunderts, ist ein kleiner Bereich der weiblichen Anatomie, den viele als erogene Zone und als Auslöser intensiver Orgasmen betrachten. Der G-Punkt, ein Teil des Schwellgewebes, das häufig als weibliche Prostata bezeichnet wird, befindet sich an der Vorderseite der Scheidenwand,

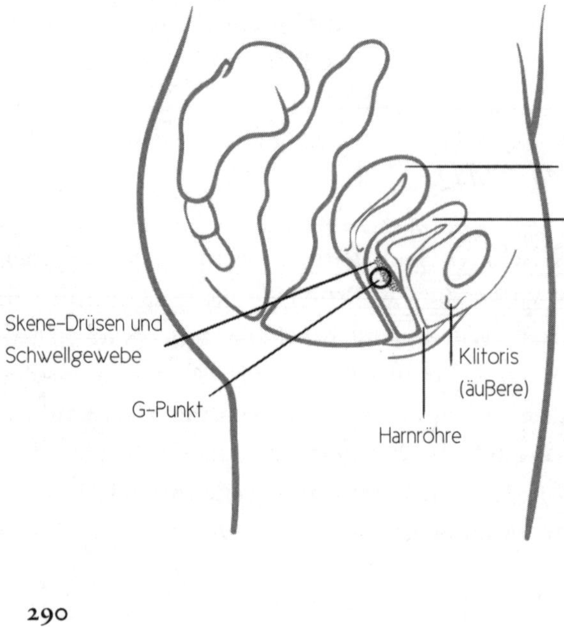

Der schwer fassbare G-Punkt: Wo er sich befindet – falls wir einen haben.

etwa fünf bis siebeneinhalb Zentimeter vom Scheideneingang entfernt. Die Stimulation dieses Bereichs kann zu einer intensiven sexuellen Erregung und weiblichen Ejakulation führen. Die Experten sind sich derzeit noch nicht über die physiologische Struktur und die genaue Lage des G-Punkts einig, aber aktuelle Forschungen mit Ultraschallverfahren liefern Informationen im Hinblick auf die Verortung und den Zusammenhang mit der erogenen Stimulation bei Frauen, die während des Geschlechtsverkehrs einen Orgasmus haben.

- Lesen Sie Bücher über Sexualpraktiken oder schauen Sie sich gemeinsam Sexvideos an. Während Videos früher hauptsächlich auf die männliche Stimulation ausgerichtet waren, werden sie heute auch von Frauen für die weibliche Zielgruppe produziert. Die Paare in diesem neuen Erotika-Genre gehen liebevoller miteinander um, die sexuelle Erregung wirkt echter und die Initiative geht von Frauen aus. Videos über tantrischen Sex sind ebenfalls frauenfreundlicher. Und es gibt immer mehr Videos, die erotische Aktivitäten von älteren Paaren zeigen. Falls Ihr Partner beim Liebesspiel gerne erotische Bilder oder Videos anschaut, bedeutet das nicht, dass Sie ihn langweilen. Männer reagieren nur stärker auf visuelle Stimulation als Frauen, und ältere Männer brauchen oft eine zusätzliche Stimulation. Statt frustriert zu sein, sollten Sie sich über den Lustgewinn freuen, der Ihnen zugutekommt. Wenn Sie es sind, die ein neues Video mitbringt und vorschlägt, es sich gemeinsam anzuschauen, verändern Sie die Dynamik, übernehmen die Führung und werden vielleicht feststellen, dass Ihnen das Zuschauen genauso viel Spaß macht wie ihm.
- Lernen Sie, Ihre Sinne und die Ihres Partners im Schlafzimmer zu stimulieren, schlägt die Sexualtherapeutin und Psychiaterin Dr. Barbara Bartlik vor. »Eine gemeinsame Übung

wird Fünf Sinne genannt«, erklärte sie mir in einem Interview. »Ich empfehle meinen Klienten, jedes Mal, wenn sie Liebe machen, irgendetwas ins Schlafzimmer mitzunehmen, was eine erotisierende Wirkung hat. Das kann beispielsweise ein Glas Wein sein, das man schluckweise aus dem Mund des Partners trinkt. Oder Schokoladensauce, die man von seinen Lippen leckt. Man kann ein rotes Tuch über die Nachtischlampe drapieren, um eine schummerige, sexuell aufreizende Atmosphäre zu schaffen. Auch Dirty Talk gehört dazu – erotisierende Wörter zur Erhöhung der Stimulation, oder erotische Geschichten, die laut vorgelesen werden. Man kann auch mit synthetischen Sexuallockstoffen oder Pheromonen experimentieren. Sie simulieren die körpereigenen Botenstoffe, die von den Drüsen in den Achselhöhlen und im Genitalbereich in höchster Konzentration ausgeschüttet werden. Im Alter verlieren sie an Intensität.« Weitere Informationen über Pheromone und Bezugsquellen finden Sie online.

- Versuchen Sie es mit Sex in den Morgenstunden oder am Nachmittag, wenn beide Partner ausgeruht sind.
- Bringen Sie sich mit einem Fitness-Programm in Form, das Ihr Wohlbefinden und Selbstbewusstsein stärkt. Damit verbessern Sie sowohl den Muskeltonus als auch die Flexibilität des Körpers. Probieren Sie Ballett, Yoga oder andere Aktivitäten aus, die den ganzen Körper einbeziehen.
- Beginnen Sie mit Kegel-Übungen. Nach Dr. Arnold Kegel benannt, stärken sie sowohl den PC-Muskel (*Musculus pubococcygeus*), einen Teil der Beckenbodenmuskulatur, die einer Hängematte gleicht und vom Schambein an der Vorderseite bis zum Steißbein an der Rückseite verläuft, als auch die Vaginalmuskulatur. Außerdem tragen die Übungen dazu bei, einer Harninkontinenz vorzubeugen. Der PC-Muskel unterstützt nicht nur die Funktion sämtlicher Organe im

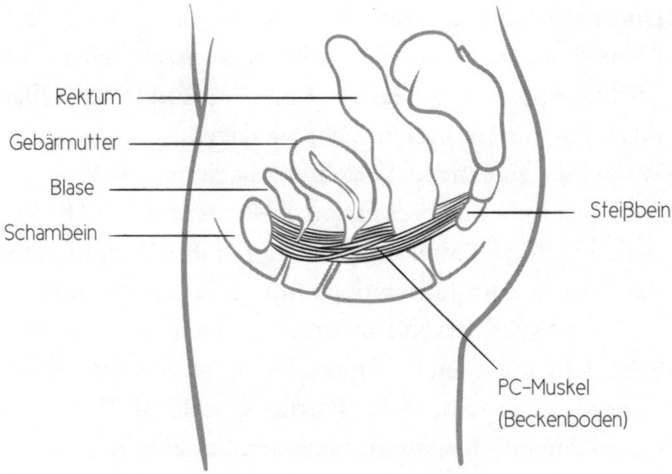

Beckenraum, sondern auch die Kontrolle über die Vaginalmuskulatur, weshalb er manchmal auch als Liebesmuskel bezeichnet wird. Anleitungen für die Kegel-Übungen finden Sie am Ende des Kapitels.

- Nehmen Sie zwanzig Minuten vor dem Sex ein rezeptfreies Schmerzmittel mit lang anhaltender Wirkung ein, beispielsweise Aleve.
- Nehmen Sie gemeinsam ein romantisches Bad oder seifen Sie sich gegenseitig unter der Dusche ein.
- Schaffen Sie ein stimmungsvolles Ambiente mit erotisierender Musik; legen Sie sich eine Sammlung zu, die Sie und Ihren Partner auf Touren bringt. Laden Sie diese auf einen iPod, den Sie überallhin mitnehmen können.
- Nehmen Sie an einem Massagekurs teil oder besorgen Sie sich ein Video mit erotischen Massagen, die Sie einander geben. Abgesehen vom Gehirn ist die Haut der sinnlichste Teil des Körpers, heißt es. Duftende Massage- oder ätherische Öle und organische Gleitmittel können ebenfalls dazu beitragen, die sexuelle Erfahrung zu intensivieren.

- Und nicht zu vergessen: Kerzen, die sich gerade für ältere Liebespaare als wahre Freunde erweisen. Stellen Sie – viele – an strategischen Stellen im Raum auf, um sich selbst und Ihren Partner im besten Licht zu zeigen.
- Wenn Sie eine neue Beziehung beginnen, sollten Sie sich beim Sex unbedingt schützen! 11 Prozent der AIDS-Kranken in den USA sind älter als fünfzig, und ihre Anzahl hat sich in den letzten zehn Jahren noch um 22 Prozent erhöht. Frauen sind im Alter besonders anfällig, weil die ausgedünnten Scheidenwände leicht reißen. Benutzen Sie unbedingt Kondome, bis feststeht, ob Ihr Partner gesund ist. Wenn Sie einen neuen Partner in einer monogamen Beziehung haben, sollten Sie schnellstmöglich einen HIV-Suchtest und sechs Monate später einen Bestätigungstest machen [um eine falsch-positive Diagnose auszuschließen]. Erst dann ist es ratsam, auf Kondome zu verzichten.

Im folgenden Kapitel werden Möglichkeiten beschrieben, die sexuellen Veränderungen in den Griff zu bekommen.

Kegel-Übungen

Das Ziel besteht darin, den PC-Muskel 200 Mal am Tag anzuspannen und zu entspannen, sowohl schnell als auch langsam. Beginnen Sie mit drei langsamen Sets am Tag, an fünf Tagen in der Woche – und steigern Sie die Anzahl. Mit zunehmendem Training werden die Übungen leichter.

Langsames Anspannen Die Beckenbodenmuskulatur 10 Sekunden fest anspannen, als wollten Sie den Urinfluss unterbrechen; dann 10 Sekunden entspannen. Wiederholen Sie den Ablauf 10 Mal (Sie können auch mit 3 Sekunden beginnen und sich bis 10 Sekunden steigern, aber Anspannen und Entspannen sollten gleich lange dauern.

Schnelles Anspannen Spannen und entspannen Sie die PC-Muskulatur 2 Minuten lang so schnell Sie können; achten Sie darauf, normal zu atmen.

Führen Sie die Übungen in verschiedenen Positionen aus - im Stehen, im Liegen, im Sitzen -, auch während des Wasserlassens auf der Toilette. Versuchen Sie dabei, den Urinfluss zu unterbrechen.

Sie können während der Kegel-Übungen auch kleine Gewichte von zunehmender Schwere in die Scheide einführen. Damit fokussieren Sie Ihre Aufmerksamkeit und zwingen die Muskulatur gegen einen Widerstand zu arbeiten - ein Vaginal-Workout, sozusagen.

14. *KAPITEL*

Die Angst der Männer im dritten Akt

Diejenigen, die nach dem Jungbrunnen suchen, werden vielleicht überrascht sein zu erfahren, dass die einfachste und natürlichste Möglichkeit, gesund zu altern, nicht im Sprechzimmer des Arztes oder im Heilmittellabor des Regenwaldes, sondern im Schlafzimmer zu finden ist.

ROBERT LIBBY

In welchem Maß können wir Neues zulassen und in welchem Maß klammern wir uns an alte Gewohnheiten?

RAM DASS

Im Jahre 1998, als Viagra in den Handel eingeführt wurde, war man der Ansicht, dass ein erfülltes Sexualleben nur dann möglich sei, wenn der Mann eine Erektion zustande brachte. Laut einem Bericht des *New England Journal of Medicine* aus dem Jahre 2007 benutzt jeder siebte Mann heute Potenzmittel wie Viagra, Vardenafil (Levitra) oder Tadalafil (Cialis). Fraglos haben diese sogenannten Phosphodiesterase-5-Hemmer oder kurz PDE-5-Hemmer erheblich dazu beigetragen, die sexuelle Leistungsfähigkeit zu steigern.

Einigen Männern gelingt es damit, die Uhr um zehn Jahre zurückzudrehen. Aber sie sind kein Allheilmittel. Wenn ein Mann und seine Partnerin sie als Jungbrunnen betrachten, werden ihre Erwartungen enttäuscht. Die Medikamente allein lösen keine Erektion aus. Sie ermöglichen lediglich eine Erhöhung der Blutzufuhr zum Penis. Doch ohne sexuelle Erregung auf Seiten des Mannes und eine zusätzliche direkte Stimulation (wesentlich mehr als in jungen Jahren) wird keine Erektion erzielt.

Medikamente und andere Behandlungsmöglichkeiten bei Erektionsstörungen

Eine der gängigsten Methoden ist die medikamentöse Therapie. Inzwischen sind etliche Potenzmittel, auch rezeptfrei, im Handel erhältlich. Man sollte sich jedoch klarmachen, dass die Ergebnisse von Mann zu Mann variieren. Dazu kommt, dass sie ausnahmslos Nebenwirkungen haben, die für ältere Menschen schwerwiegend sein können, deshalb ist es ratsam, vor der Einnahme einen Arzt zu konsultieren.

Eines der bekanntesten Potenzmittel ist Viagra; die Wirkung hält maximal vier Stunden an. Da sie schneller eintritt, wenn die Pille auf leeren Magen eingenommen wird, sollte ein Mann, der am Abend Sex haben möchte, sorgfältig vorausplanen. Die Möglichkeit, nach einem langen romantischen Abendessen mit einem Glas Wein nach Hause zurückzukehren und umgehend zur Sache zu kommen, gehört ein für alle Mal der Vergangenheit an.

Im dritten Akt wird Mann das Abendessen vermutlich eine Stunde sacken lassen wollen, bevor er zur Pille greift, und danach eine weitere halbe oder ganze Stunde warten müssen, bis die Wirkung einsetzt. Alternativ kann sie auch vor einer Mahlzeit genommen werden, doch einige Männer leiden danach unter einer Magenverstimmung. Die Wirkung von Vardenafil ist ähnlich, wenngleich dieses Mittel auch auf leeren Magen genommen werden kann. Tadalafil wirkt laut Hersteller 36 Stunden, aber man sollte sich nicht darauf verlassen.

Manche Männer nehmen Tadalafil und nach einer Weile, wenn die Zeit für Sex gekommen ist, zusätzlich Viagra, zur Unterstützung. Die Kombination solcher Mittel gegen eine erektile Dysfunktion, wie der Fachbegriff lautet, kann jedoch gefährlich werden, wenn sie ohne Absprache mit einem Arzt erfolgt, der Erfahrung mit medikamentösen Erektionshilfen hat. (Die Anweisungen auf dem Beipackzettel sollten strikt befolgt werden.)

In dieser Lebensphase wäre es von Vorteil, vorab zu klären, ob Sex im Verlauf des Tages oder Abends auf dem Programm stehen könnte. Potenzmittel sind nicht billig. Es wäre reine Geldverschwendung, wenn der Mann die Pille genommen hat, weil er Sex haben möchte, seine Partnerin aber gerade keine Lust hat. Sprechen Sie sich beizeiten ab, um Missverständnisse zu vermeiden. Sehen Sie daher den Tatsachen ins Auge: Sexuelle Spontaneität ist im dritten Akt für viele schwieriger oder passé. Doch ein kleiner Trost: Auch die Vorausplanung – mit Vorfreude und Fantasie – kann die Stimmung anheizen.

Dr. Michael Perelman, außerordentlicher Professor der Psychiatrie, Reproduktionsmedizin und Urologie am Weill Cornell Medical College, erklärte mir, dass es »für einige Männer extrem wichtig ist, sich bewusst zu machen, dass die Pille allein noch keine Erektion auslöst. Potenzmittel können die Funktion wiederherstellen, aber man braucht die gleiche Reibung wie eh und je, nur mehr und über einen längeren Zeitraum, und man braucht Romantik oder sexuell erregende Gedanken, damit die Pille die bestmöglichen sexuellen Erfahrungen zur Folge hat.« Vielleicht sollte man auf dem Beipackzettel den Hinweis vermerken: Tablette nehmen. Nur wirksam in Kombination mit Reibung und Fantasie.

Abgesehen von der Pille für den Mann gibt es den sogenannten Penis- oder Cockring, einen dicken, flexiblen Ring aus Gummi, der in verschiedenen Größen und Materialstärken erhältlich ist. Er wird über den Schaft bis zur Peniswurzel gestreift, sodass die Durchblutung ähnlich wie bei einer Aderpresse erhöht wird. Das ist wichtig, weil bei älteren Männern die Venen oft poröser werden. Es gibt eine Venenklappe, die das Blut in den Penis pumpt, und eine andere, die es im Penis hält und danach wieder ableitet. Bei einer Venenklappeninsuffizienz kann der Penis steif werden, aber nur kurz. Befriedigende Ergebnisse lassen sich auch mit einem Penisring erzielen, der nicht nur den Schaft, sondern auch die Hoden umschließt; er sollte dicker, weicher und größer sein. Man kann einen zweiten Penisring hinzufügen, um der Erektion mehr Stabilität zu verleihen.

Im Allgemeinen gilt, dass weichere, dickere Ringe besser als harte dünne sind, die Schmerzen verursachen können. Es kann eine Weile dauern, bis Sie und Ihre Partnerin den richtigen gefunden haben, doch die Investition lohnt sich! Einige haben einen eingebauten Vibrator zur Stimulation von Klitoris und Penis während des Geschlechtsverkehrs. Richtig positioniert, können sie das Lustempfinden beider Partner erheblich steigern. Gemeinsam mit einem Gleitmittel stellen sie eine hervorragende Ergänzung im Sexspielzeugkoffer älterer Paare dar. Penisringe sollten jedoch maximal eine halbe Stunde ohne Pause getragen werden, um mögliche Verletzungen am empfindlichen Penisgewebe zu vermeiden. Achten Sie unbedingt darauf, nie damit einzuschlafen!

Eine Potenzspritze kann ebenfalls sehr wirksam sein. Sie wird mit einer feinen Nadel in den Penisschaft verabreicht, in dem nur wenige Nerven enden, und ist absolut schmerzlos. Achtzig Prozent der Männer, die sie ausprobieren, sprechen sehr gut darauf an. Sie ermöglicht eine vorhersehbare, verlässliche Erektion, die etwa fünf Minuten nach der Injektion eintritt. Dr. J. Francois Eid sagte in einer Videokonferenz im Internet über die erektile Dysfunktion: »Männer, die sich für eine Potenzspritze entscheiden, haben mein volles Mitgefühl. Dazu gehört Mut und der Vorgang fühlt sich nicht natürlich an.

Jedes Mal, wenn sie mit jemandem schlafen wollen, müssen sie sich kurz entschuldigen und die Spritze setzen. Ich muss hinzufügen, dass ungefähr 80 Prozent der Patienten die Injektionstherapie nach dem ersten Jahr abbrechen. Mehr als

50 Prozent der Patienten, die mit den Injektionen beginnen, setzen sie bereits nach den ersten beiden Monaten wieder ab. Sie sind wirksam, keine Frage. Die Behandlungsmethode ist gut. Doch man muss hochgradig motiviert sein, um dabei zu bleiben.«

Dr. Perelman sagte: »Wichtig ist der Hinweis, dass sich die Anzahl der Therapieaussteiger um 80 Prozent senken lässt, wenn wir mit dem Mann und seiner Partnerin arbeiten, um ihnen dabei zu helfen, ihre Intimität wiederherzustellen und dabei sowohl den Bedürfnissen der Frau als auch dem Wunsch des Mannes nach einer Erektion Rechnung tragen.«

Vielleicht sollte die Partnerin lernen, die Penisspritze zu verabreichen, eine Aktivität, die für beide zum Bestandteil des Vorspiels werden könnte. Das mag dramatisch klingen, doch da in diesem Bereich nur wenige Nervenenden vorhanden sind, spürt man den Einstich nicht.

Die Vakuumpumpe ist ein Plastikzylinder, der über den Penis gestülpt wird. Eine von Hand bediente oder von einer Batterie betriebene Pumpe erzeugt ein Vakuum und zieht auf ähnliche Weise wie eine Milchpumpe Blut in den Penis. Wie die Injektionen wirkt auch die Vakuumpumpe bei 70 bis 80 Prozent der Männer. Viele empfinden die Anwendung jedoch als schmerzhaft, genauso wie es mir nach dem Stillen mit der Milchpumpe erging. Die Haare an der Peniswurzel müssen unter Umständen gekürzt oder abrasiert werden, und nach Erreichen der Erektion wird ein Penisring aus Gummi vom Ende der Pumpe abgerollt, der die Peniswurzel umschließt, um den Blutstau lange genug aufrechtzuerhalten. Die Vakuumpumpe ist eine einmalige Anschaffung, für die gesetzliche Krankenkassen bei ärztlicher Verordnung die Kosten übernehmen. Wenn eine Erektion, die durch ein Potenzmittel herbeigeführt wurde, nachlässt, kann die Pumpe zur Unterstützung benutzt werden. Laut Aussage von Ärzten der Mayo-Klinik lässt sie sich auch ohne Geschlechtsverkehr einsetzen, um die Durchblutung des Penis zu fördern.

Intraurethrale Therapie (Muse-Prinzip) zur Selbstapplikation. Für diese Behandlungsmethode benötigt man einen Einweg-Applikator, mit dem ein Mini-Zäpfchen, ungefähr halb so groß wie ein Reiskorn, ungefähr fünf Zentimeter tief in die Harnröhre eingeführt wird (um besser zu sehen, kann man sich dabei eine kleine Taschenlampe zwischen die Zähne klemmen). Es gelangt über die Harnröhrenwand in den Schwellkörper des Penis, erhöht die Blutzufuhr und löst etwa drei Minuten später eine Erektion aus. Man kann die Absorption unterstützen, indem man den Penis eine Minute oder länger zwischen den Handflächen rollt. Die Erektion lässt sich in der Regel eine Dreiviertelstunde bis Stunde aufrechterhalten.

Zu den Nebenwirkungen können Schmerzen, Brennen, leichte Blutungen in der Harnröhre, Schwindel und die Bildung von Fasergewebe in der Harnröhre gehören. Bei 10 bis 20 Prozent der Männer treten nach der Muse-Behandlung oder Penisinjektionen Schmerzen oder ein Brennen auf. Wenn der Urologe zu dieser Therapieform rät, sollten Sie sich auf den entsprechenden Websites informieren. Ärzte erteilen nicht immer umfassend Auskunft, aber Sie können Fragen stellen.

Wenn mit potenzsteigernden Mitteln, Injektionen, Vakuumpumpe und Mini-Zäpfchen nicht die gewünschte Wirkung erzielt wurde, kann auch eine Penisprothese in Betracht gezogen werden, ein Schwellkörper-Implantat, das aus zwei oder mehreren Teilen besteht. Dabei wird eine Pumpe durch einen kleinen Einschnitt in den Hodensack eingeführt und unsichtbar in einem Fettdepot zwischen den Hoden angebracht.

Der Reservoir-Zylinder wird neben der Blase im Unterbauch und ein weicher Zylinder im Penisschaft implantiert,

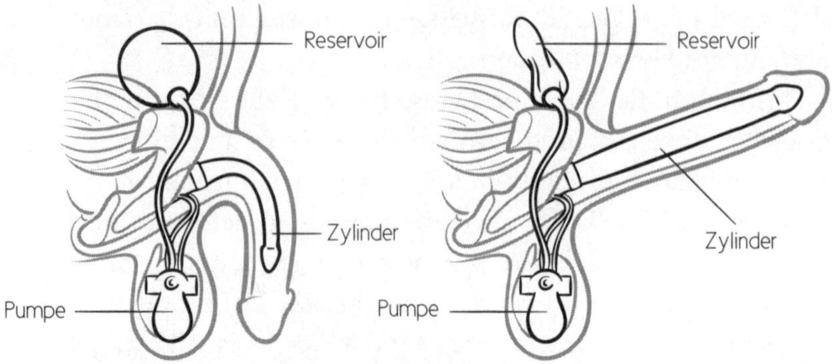

ohne die Nerven im Penis zu durchtrennen oder zu beschädigen. Bei Druck auf die Pumpe wird eine Kochsalzlösung aus dem Reservoir in den Zylinder geleitet und führt eine Erektion herbei, die sich beliebig lange aufrechterhalten lässt. Nach dem Geschlechtsverkehr wird die Kochsalzlösung in das Reservoir zurückgepumpt.

Im schlaffen Zustand sieht der Penis völlig normal aus – auch in der Umkleidekabine ist Mann vor neugierigen Blicken sicher. Das Implantat soll sich außerdem völlig natürlich anfühlen, sodass manche Männer kein Wort darüber verlauten lassen und nicht einmal die Partnerin etwas bemerkt. Ich bin jedoch der Meinung, dass in einer festen Beziehung Offenheit herrschen sollte und Implantat oder Penispumpe ebenso Teil des Vorspiels werden können wie das Anlegen eines Kondoms. Die Pumpe ist in meinen Augen ein Beweis, dass der Mann ein echtes Bedürfnis hat, die sexuelle Erfahrung für beide Partner zu intensivieren.

Da der Penis selbst nicht in Mitleidenschaft gezogen wird, hat der Mann beim Geschlechtsverkehr noch das gleiche Lustempfinden wie früher, kann einen Orgasmus haben und Kinder zeugen. Wenn Männer an Peyronie leiden, einer Krankheit, die Schmerzen oder eine unnatürlich starke Krümmung des Penis während der Erektion verursacht, kann die Penisprothese die beste Lösung sein. Bei gesunden Männern ist die Infektionsrate gering; bei Männern mit Diabetes ist das Infektionsrisiko größer. Der chirurgische Eingriff gehört inzwischen zum Standardprogramm und befindet sich auf einem hohen Entwicklungsniveau. Er dauert etwa eine Dreiviertelstunde und erfolgt stationär.

Das Implantat hat eine begrenzte Lebensdauer und sollte nach Anweisung des behandelnden Arztes erneuert werden; 99 Prozent der Männer haben mit dieser Therapieform gute Erfahrungen gemacht. Dr. Tom Lue, ein international anerkannter Experte bei der Behandlung von Erektionsstörungen an der University of California in San Francisco sagte: » Einer der wichtigsten Gründe für die Zufriedenheitsrate von 99 Prozent ist, dass man nichts von dem Hilfsmittel sieht. Es ist kein Unterschied festzustellen. Außerdem kann man die implantierte Pumpe jederzeit betätigen und die Wirkung dauert so lange an wie man will. Was kann man sich mehr wünschen? Man kann vierundzwanzig Mal am Tag Sex haben, wenn man möchte. Und die Erektion zwei, drei Stunden halten, ganz nach Belieben!«

Sind Potenzmittel eine Garantie für ein erfülltes Sexualleben?

Diese Fortschritte im Bereich der Erektionshilfen und potenzfördernden Medikamente mögen für viele Männer und ihre Partnerinnen fantastisch sein, doch Dr. Perelman, der Sexualität sowohl von der psychischen als auch physischen Seite betrachtet, sagt: »Die Erektionsfähigkeit wiederherzustellen hat nicht zwangsläufig ein erfülltes Sexualleben für den Mann oder seine Partnerin zur Folge, denn es gibt eine Reihe von psychosozialen, verhaltensbedingten und kulturellen Faktoren, die sich nachteilig auf die Sexualität eines Menschen auswirken können. Sowohl die betroffenen Männer als auch ihre Partnerinnen sollten verstehen, was genau Medikamente bewirken können und worauf sie keinen Einfluss haben.«

Sie sind beispielsweise keine Lösung, wenn eheliche Konflikte bestehen. Nach Aussage von Dr. Perelman sind 10 Prozent der Frauen in solchen Fällen nicht empfänglich für Sex und die Pille macht aus dem Mann keinen einfühlsameren Liebhaber, der trotz allem ihre Lust weckt. Oder der Mann kommt nach Hause, hat Viagra eingenommen und freut sich darauf, von seiner Erektionsfähigkeit Gebrauch zu machen, nach dem Motto: »Hallo Schätzchen, ich hab die Pille genommen, auf gehts!« Bei Frauen muss der Kontext stimmen, um sexuell auf Touren zu kommen; sie brauchen das Vorspiel (genau wie ältere Männer), und damit sind Konflikte unter Umständen vorprogrammiert.

Stellen wir uns ein alternatives, positives Szenario vor: Der Mann ruft an, bevor er Feierabend macht, und sagt: »Schatz, ich hatte den ganzen Tag Sehnsucht nach dir und würde jetzt gerne die Pille nehmen, vorausgesetzt, dass du ebenfalls Lust hast. Was hältst du davon, schon mal romantische Musik aufzulegen und die Kerzen anzuzünden, damit du in Stimmung bist, wenn ich nach Hause komme?«

Oder der Mann findet seine Frau nach der Heimkehr in der Küche bei der Zubereitung des Abendessens vor. Er tritt hinter sie, umarmt und küsst sie. »Hallo, mein Schatz, wie wäre es, wenn wir uns zuerst in die Horizontale begeben? Im Moment habe ich mehr Lust auf dich als auf das Abendessen.« Und wenn er merkt, dass sie sich auf der gleichen Wellenlänge befindet, könnte er hinzufügen: »Soll ich die Pille nehmen?«

In diesen Szenarien erfolgt die Erektion im Kontext des beidseitigen Einverständnisses. In diesem Fall empfiehlt es sich, zu klären, wie sie genutzt werden soll – Positionen,

Geschwindigkeit, Länge des Vorspiels, usw. Was in diesem Rahmen auch immer geschieht oder ausbleibt – freuen Sie sich, dass Ihr Partner mit seiner Erektion zu Ihnen und nicht zu einer anderen gegangen ist. Vielleicht törnt allein dieser Gedanke Sie an.

Der mentale Aspekt der sexuellen Erregung

Körper und Geist sind ständig bestrebt, einen Zustand des Gleichgewichts herzustellen, der jedoch nicht statisch, sondern dynamisch ist. Dr. Perelman sagt: »Ob eine sexuelle Reaktion erfolgt, entscheidet sich sowohl auf der mentalen als auch auf der physischen Ebene. Positive mentale und physische Faktoren erhöhen die Wahrscheinlichkeit einer sexuellen Reaktion, während negative sie verhindern.« Da die sexuelle Reaktion bei Frauen im Allgemeinen stärker vom Kontext abhängig ist als bei Männern, kann sich eine Kombination aus medikamentöser und psychotherapeutischer Behandlung als besonders wirksam erweisen.

Die Wissenschaftsautorin Jane Brody sagt: »Während ein Medikament mit ähnlicher Wirkung wie Viagra für Frauen keine Option darstellt, kann ein Antidepressivum wie Bupropion die sexuelle Reaktionsfähigkeit und Befriedigung bei Frauen intensivieren, die nicht depressiv sind.«[85] Inzwischen werden weltweit klinische Versuche durchgeführt, um Wirkstoffe zu erforschen, die zur Steigerung der sexuellen Reaktionsfähigkeit der Frau beitragen könnten.

Dr. Bill Stayton, Sexualtherapeut und ehemals Exekutivdirektor des Center for Sexuality and Religion an der Morehouse School of Medicine, wies mich darauf hin, dass eine der häufigsten Ursachen der sogenannten sexuellen Dysfunktion der Hang zur Selbstbeobachtung ist.

Ein Mann fragt sich vielleicht ständig: Bringe ich eine Erektion zustande? Kann ich sie halten? Komme ich zu schnell? Komme ich überhaupt? Auf der Seite des Mannes befinden sich sozusagen zwei Personen im Bett, der Handelnde und der heimliche Beobachter. Desgleichen bei der Partnerin, die krampfhaft überlegt: Warum klappt es nicht? Er hat doch die Pille genommen! Liegt es an mir, findet er mich nicht mehr reizvoll? Es befinden sich also vier Personen im Bett. Was darin passiert, spielt sich zwischen den beiden Beobachtern ab, und die beiden Handelnden haben das Nachsehen.

Deshalb können Medikamente nur dann eine Hilfe sein, wenn man sie in die richtige Perspektive rückt und sich beide voll auf die sexuelle Erfahrung einlassen statt sich selbst dabei zu beobachten. Dazu müssen als Erstes die heimlichen Beobachter aus dem Schlafzimmer verbannt werden.«

Eine kombinierte Behandlung, bestehend aus einer fachkundigen Beratung, Aufklärung und medikamentösen Therapie könnte für viele Paare eine positive sexuelle Trendwende einleiten. Doch noch beziehen nicht alle Ärzte die psychosozialen, Verhaltens- und kulturellen Einflussfaktoren in die Behandlung der sexuellen Dysfunktion ein. In einer 2005 in den USA durchgeführten Studie waren nur 14 Prozent der 26000 erwachsenen Probanden innerhalb der letzten drei Jahre beim Thema sexuelle Probleme von dem behandelnden Arzt auch auf diese Faktoren angesprochen worden.[86] Dr. Perelman ist der Ansicht, dass die derzeitige Abbruchrate von 20 bis 50 Prozent bei der Behandlung von Erektionsstörungen auf Ursachen zurückzuführen ist, die nicht physiologischen Ursprungs sind und unberücksichtigt blieben. Eine Pille ist keine magische Kugel.

Erektionsstörungen nach einer Prostataoperation

Ich fragte Dr. Perelman nach den gängigen Behandlungsmethoden bei Erektionsstörungen, die nach einer Prostataoperation oder Strahlentherapie auftreten. »In der Medizin wird unmittelbar nach einem chirurgischen Eingriff häufig eine sogenannte Penis-Rehabilitation durchgeführt«, sagte er. »Zahlreichen Theorien zufolge besteht der Trick darin, dass der Mann so schnell wie möglich wieder Erektionen haben sollte, um die Blut- und Sauerstoffzufuhr zum Penis anzukurbeln. Deshalb verordnen die Urologen vielen Männern Viagra, Levitra oder Cialis; die Einnahme sollte jeden Tag oder jeden zweiten Tag erfolgen, um die Erektionsfähigkeit auf diese Weise wiederherzustellen. Aber ist die Wiederherstellung der Erektionsfähigkeit eine Gewähr für ein erfülltes Sexualleben? Sie mag hilfreich sein, reicht aber nicht aus. Die Begleitumstände fallen ebenfalls ins Gewicht.«

Die männliche Orgasmusfähigkeit

Dr. Perelman erklärte mir, dass Potenzmittel und Implantate bei einigen Männern neue Probleme schaffen. »Wenn Männer älter werden, wird es im Allgemeinen ein wenig schwieriger, einen Orgasmus zu erreichen, genau wie Gehör, Sehfähigkeit oder Tastsinn im Alter nachlassen. Die Medikamente stellten zwar die Erektionsfähigkeit, aber nicht die Orgasmusfähigkeit wieder her. Es ist ein Trugschluss zu glauben »Ich habe eine Erektion, also erfolgt ein Orgasmus«, denn die Erektion ist lediglich der Pille, der selbst gesetzten Spritze oder der Penisprothese geschuldet – einer Pumpe.

Die Männer gehen also davon aus, dass sie im Bett zum Höhepunkt kommen, genau wie die Partnerin, der sie vielleicht nicht einmal erzählt haben, welche Reize für die sexuelle Reaktion verantwortlich sind. Sie glaubt also, alles sei in bester Ordnung und sie schlafen miteinander, aber er ist außerstande, einen Orgasmus zu erreichen, weil der sexuelle Erregungszustand künstlich herbeigeführt wurde.«

Das Problem ist ähnlich, wie Dr. Perelman erklärte, »als würde eine Frau zu viel Gleitmittel verwenden und deshalb nicht wirklich auf ihre Kosten kommen, aber sie ist fähig, Geschlechtsverkehr zu vollziehen, weil die Scheide feucht ist und der Penis ohne Schwierigkeiten eindringen kann. Beim Mann macht sich damit ein Problem bemerkbar, das man früher nur mit Frauen in Verbindung brachte: die Unfähigkeit, einen Orgasmus zu erleben. Die Partnerin denkt zunächst: Es muss an mir liegen; irgendetwas stimmt nicht mit mir. Doch dann wächst die Frustration und sie stellt sich immer wieder die zwanghafte Frage: Wieso kommt er nicht?

Diese Reaktion ist typisch für Männer, die ihre Frau oder Freundin in meine Praxis schleifen und sagen: Ich möchte, dass sie einen Orgasmus hat, keinen vom Vibrator erzeugten oder klitoralen, sondern einen echten. Ich möchte derjenige sein, der sie zum Höhepunkt bringt! Die Männer stehen unter Stress angesichts eines Verlusts, der sowohl ihr Selbstwertgefühl als Mann auch ihre Fähigkeiten im Bett beeinträchtigt. Derzeit profitieren schätzungsweise 3 bis 5 Prozent der Männer in den beschriebenen Fällen von einer medizinischen Hilfestellung. Da es bisher keine entsprechenden Aufzeichnungen gibt, gehe ich jedoch davon aus, dass es sich in Wirklichkeit um einen weit höheren Prozentsatz handelt.«

Potenzmittel werden nicht zur Behandlung von Ejakulationsstörungen wie dem verzögerten Samenerguss eingesetzt. Es gibt Medikamente, die speziell zu diesem Zweck entwickelt wurden, in der Regel jedoch erst nach eingehender Ursachenforschung ärztlich verordnet werden.

Leugnen

Ein weiteres Problem ist der Verdrängungsmechanismus, der häufig in Kraft tritt. Dr. Perelman erklärte, dass Männer ihre Erektionsstörungen im Durchschnitt zwei bis drei Jahre lang nicht wahrhaben wollen, bevor sie beschließen, professionelle Hilfe in Anspruch zu nehmen. In der Zwischenzeit hat sich in der Paarbeziehung ein neues sexuelles Gleichgewicht eingependelt: beide Partner haben sich damit abgefunden, kaum noch Sex, gar keinen Sex oder Sex auf andere Weise zu haben. »Die Situation wird dadurch erschwert, dass die Männer Intimität in jedweder Form meiden, vor allem Zärtlichkeiten, die von der Partnerin als Einladung zum Sex gedeutet werden könnten, was Versagensängste schürt. Wer lässt sich schon gerne auf etwas ein, was er nicht kann?«, fügte Dr. Perelman hinzu.

Es ist traurig, dass sich Paare die Sinnlichkeit der Berührung und die ganze Fülle spielerischer, intimer und lustvoller Aktivitäten vorenthalten, die man auch ohne den Gedanken an Geschlechtsverkehr genießen kann. Das zeigt mir, wie schlimm es um die Definition von Männlichkeit steht, die in unserer Kultur vorherrscht und von Männern und Jungen verinnerlicht wird. Sie haben Angst, bloßgestellt zu werden, weil sie im Bett nicht das leisten, was sie ihrer Meinung nach leisten sollten, und bringen damit sich selbst und ihre Partnerin um die Erfahrung unverkrampfter sexueller Lust.

Kommunikation zwischen Ärzten und Patienten

Wie bereits gesagt, reicht es nicht immer aus, Rezepte auszustellen. Das gilt auch für Erektionen ohne den entsprechenden Kontext. Ich denke, Ärzte müssten mehr Zeit in das Gespräch mit ihren Patienten investieren, um zu einem ganzheitlichen

Verständnis der Topografie der jeweiligen Beziehung zu gelangen. Genau wie andere Experten auf diesem Gebiet, vor allem Ärztinnen, empfiehlt Dr. Perelman mit Nachdruck, auch die Partnerin in den Konsultationsprozess einzubeziehen. »Wir sollten mit beiden reden, nicht nur mit den Männern«, sagte er. »Ich habe eine kleine Umfrage unter den Experten der Sexualmedizin durchgeführt, überwiegend Urologen aus allen Teilen des Landes, und festgestellt, dass weniger als jeder zehnte auch nur ein einziges Gespräch mit der Partnerin geführt hatte, ganz zu schweigen bei jedem Besuch des Patienten. Meistens lehnten die Männer die Teilnahme der Partnerin ab, manche hatten ihr nicht einmal erzählt, dass sie professionelle Hilfe in Anspruch nahmen, entweder weil es ihnen peinlich war oder weil sie den Erfolg der Behandlung anderswo genießen wollten.«

Dr. Tom Lue erklärte, die mangelnde Kommunikation sei nicht auf die mangelnde Bereitschaft des behandelnden Arztes, sondern auf die mangelnde Bereitschaft der Partnerin zurückzuführen, bei den Gesprächen dabei zu sein. »Interessanterweise begleiten die Frauen den Mann in 90 Prozent der Fälle, wenn er aus medizinischen Gründen impotent geworden ist, beispielsweise nach einer Prostatakrebsoperation, Strahlentherapie oder was auch immer. Sie empfinden Mitleid: Mein Mann hat Krebs, ich komme mit, wenn ihm das hilft. Hat die Impotenz indes andere Ursachen, die sich schrittweise entwickeln – Diabetes, Bluthochdruck, usw. – nehmen viele Frauen an, dass ihr Mann eine Affäre hat oder sie nicht mehr reizvoll findet. In solchen Situationen kommen sie nicht mit.«

Wenn die Partner gemeinsam einen Sexualtherapeuten aufsuchen und die Probleme offen ansprechen, können erhebliche Verbesserungen erzielt werden. Dr. Perelman beschrieb folgendes Szenario: »Wenn ein Mann nicht daran gewöhnt ist, Rücksicht auf die sexuellen Bedürfnisse seiner Partnerin zu nehmen, und sie sich seit vierzig Jahren ohne sein Wissen selbst befriedigt und insgeheim gehofft hat, sich aber nie getraut hat, ihm klarzumachen, wie sie berührt werden möchte. Wenn diese Informationen auf den Tisch kommen, ohne ihn zu demütigen oder sie in Verlegenheit zu bringen, kann man im Rahmen einer Konsultation eine Situation schaffen, in der beide gewinnen. Damit ermöglicht man ihnen, ein neues sexuelles Drehbuch zu schreiben, das nicht nur ihm, sondern auch ihr zugutekommt. Dann ist sie froh, dass er sich Hilfe verschafft hat, weil sie ihn liebt, sich um ihn sorgt und sie auf viele gute gemeinsame Erfahrungen in ihrem Leben zurückblicken können, zu denen Sex bislang nicht gehörte. Solche Probleme lassen sich leicht beheben.«

Medizinisch-psychologische Kombinationstherapie

Rezepte und Medikamente reichen für viele Leute nicht aus, erklärte Dr. Perelman. Er wünscht sich eine Zusammenarbeit mit den Pharmakonzernen, um ein für alle erschwingliches, bahnbrechendes Therapiemodell zu entwickeln, dass sich breitflächig einführen lässt und eine Kombination aus medizinischen Optionen und psychologischer Beratung beinhaltet. Dabei sollten beide Partner einbezogen werden, und da die Anzahl der Männer rückläufig ist, die ihre verordneten Medikamente über einen längeren Zeitraum einnehmen, könnten die Pharmafirmen geneigt sein, ein solches Projekt im eigenen Interesse zu finanzieren. In einem Bereich, der von Penis-Reparaturen beherrscht wird, könnte das einen nachhaltigen Paradigmenwechsel und den Übergang zu mehr Intimität und Nähe in der Beziehung zur Folge haben, insbesondere männlicher Intimität, die bisher weitgehend ignoriert wurde.

Die Seite der Frauen in der Gleichung

Während bei Männern die Entwicklung von Nähe und Intimität in sexuellen Beziehungen weitgehend ignoriert wurde, hat man bei Frauen, vor allem älteren Frauen, das Verständnis ihrer Sexualität sträflich vernachlässigt. »Das Problem ist, dass es bisher nicht annähernd genug Forschungsprojekte auf dem Gebiet der weiblichen Sexualität gab«, sagte Dr. Louann Brizendine, Neuropsychiaterin an der University of California in San Francisco.

Während unseres Interviews erzählte sie mir, dass sie vor einigen Jahren mit einer etwa 65-jährigen Patientin an einem Bericht für den Fernsehsender CNN gearbeitet hatte, bei dem es um das Thema Gehirn und Sexualfunktion von Frauen in der Menopause ging. Die Regionalredakteure schnitten wichtige Teile heraus. Mit Aspekten wie Östrogen und praktischen Tipps für geistige Fitness waren sie einverstanden, aber sie wollten nicht auf den sexuellen Bereich eingehen, in den wir uns vorgewagt hatten. Meine Patientin war ein bisschen angesäuert. Sie fand, es sei wichtig für Frauen, zu wissen, wie sie zum Erhalt ihrer Gesundheit auf seelischer und körperlicher Ebene – einschließlich der Sexualorgane – beitragen und auch im Alter ein erfülltes Sexualleben mit dem Partner haben können, was Kenntnis darüber beinhaltet, was man tun und besser lassen sollte.«

Dr. Brizendine lächelte, als sie von den positiven Erfahrungen ihrer Patientinnen nach den Wechseljahren berichtete, die eine Umbruchphase darstellen. »Die Kinder sind aus dem Haus und es beginnt ein neuer Lebensabschnitt, indem es darum geht, Gehirnfunktion, Sexualfunktion und Libido zu erhalten. Sie haben nach wie vor großes Interesse an sexuellen Aktivitäten, aber oft kommen sie mit Hormonstörungen in meine Sprechstunde. Im Gehirn und in den Sexualorganen muss ein hormonelles Gleichgewicht herrschen, damit alle Elemente erfolgreich zusammenwirken.«

Die Sexualorgane der Männer sind äußerlich sichtbar und tragen in hohem Maß zu ihrem Selbstgefühl bei; daran liegt es vielleicht, dass die vorhandenen Forschungsmittel bevorzugt den Männern zugutekommen. Die Sexualorgane der Frau sind im Körperinneren verortet und werden vielleicht vernachlässigt, weil – oder solange – Ärzte und Forscher die Meinung vertreten, eine Erektion sei das A und O beim Sex. Diese Einstellung zur weiblichen Sexualität ist auf der persönlichen Ebene schon schlimm genug, aber sie entpuppt sich als wahres Starthindernis, wenn es um die Erforschung der Sexualität älterer Frauen geht.

Hormonersatztherapie

Im Jahre 2000 wies die Womens Health Initiative in einem Bericht darauf hin, dass die Hormonersatztherapie – als Ausgleich des Östrogenmangels bei Frauen, die sich den Wechseljahren nähern – keineswegs dazu angetan sei, einer Herzerkrankung vorzubeugen, wie angenommen, sondern die kardiovaskulären Risikofaktoren sogar noch erhöhen würde. Die Nachricht schlug wie eine Bombe ein und versetzte unzählige Frauen dermaßen in Angst und Schrecken, dass sie von einer Substitutionstherapie Abstand nahmen. Aus der Sicht der Kritiker hatte die Studie, auf die man sich in der Veröffentlichung berief, zur Folge, dass eine ganze Frauengeneration unnötigerweise unter den teilweise akuten Symptomen der Menopause litt, für die es eine sichere Behandlungsmethode gegeben hätte.

Das Problem war, wie mir viele Experten übereinstimmend erklärten, dass die Studie irreführend war, weil die Teilnehmerinnen anhand der Listen der US-Gesundheitsdienste für Senioren ausgewählt wurden, die im Durchschnitt zwischen 63 und 79 Jahre alt, teilweise fettleibig, Raucherinnen oder beides waren, und zwei Drittel von ihnen vorher nie Hormone genommen hatten, also vermutlich schon viele Jahre vor der Studie unter einem Östrogenmangel litten.

Ich hatte gedacht, dass die Wechseljahre die beste Zeit für den Beginn einer Hormonersatztherapie darstellen. Auf meine diesbezügliche Frage erklärte mir Dr. Michelle Warren, Medizinische Leiterin des Center for Menopause, Hormonal Disorders and Womens Health, das der Columbia University angeschlossen ist: »Wenn man während der Wechseljahre eine Hormonersatztherapie beginnt und auch darüber hinaus fortsetzt, schützt man sich vor Knochenschwund, einer vaginalen Atrophie und vermutlich auch bis zu einem gewissen Grad vor Herzerkrankungen und anderen Problemen, die vor, während und nach der Menopause auftreten können.

Eine aktuelle Studie belegt außerdem, dass die Sterberate bei Frauen, die Hormone nehmen, rückläufig und die Zunahme von Herzanfällen statistisch nicht signifikant ist. Inzwischen rudert man schon wieder zurück, weil festgestellt wurde, dass bei Frauen, die ausschließlich Östrogen statt einer Kombination aus Östrogen und Progesteron nehmen, die Hormone das Herz sogar schützen. Darüber hinaus zeigte die Studie, dass sich in dieser Gruppe auch die Rate der Brustkrebserkrankungen nach annähernd sieben Jahren nicht erhöht hatte. Eine Tatsache, der man jedoch nur wenig Aufmerksamkeit schenkte.

Das absolute und das relative Risiko [mit der die Wirksamkeit einer neuen Therapie im Vergleich zu einer Vergleichstherapie gemessen wird] ist äußerst gering – es beläuft sich im Jahr auf 8 Personen von Tausend. Ich glaube nicht, dass Hormone Brustkrebs verursachen. Es wäre möglich, dass sie das Wachstum atypischer Zellen fördern, die in der Brust vorhanden sind, aber das Risiko ist verschwindend gering. Die östrogenrezeptor-positiven Krebsarten sprechen sehr gut auf die Behandlung an, und nachdem das Östrogen abgesetzt wurde, ist das Krebsrisiko beseitigt.«

In ihrem Buch *Successfull Aging* zitieren die Autoren Dr. John W. Rowe und Dr. Robert L. Kahn die Nurses Health Study, die sich auf einen Zeitraum von sechzehn Jahren und 59 000 Teilnehmerinnen erstreckte. Dort heißt es: »In der Forschung herrscht Übereinstimmung, dass die Hormonersatztherapie nach der Menopause das Risiko einer Herzerkrankung um durchschnittlich 44 Prozent senkt und die Lebenserwartung um 3 Jahre erhöht – eine dramatische Wirkung.«[87] Und weiter: »Bei Frauen, die durch einen Risikofaktor (wie Rauchen, Bluthochdruck, Diabetes oder sitzende Lebensweise) für Herzerkrankungen prädestiniert sind, überwiegen die Vorteile der Hormonersatztherapie die damit verbundenen Risiken.

Das Gleiche trifft auch auf Frauen mit Verwandten ersten Grades (Mutter oder Schwester) zu, die an Brustkrebs erkrankt sind, gilt aber nicht für Frauen ohne Herzerkrankungsrisiko und mit zwei an Brustkrebs erkrankten Verwandten ersten Grades. Bei ihnen bringt die Therapie mehr Risiken als Vorteile mit sich.«[88]

Die Befürworter der Hormonersatztherapie behaupten, dass sie dazu beiträgt, die Funktionsfähigkeit des Gehirns zu erhalten, weil die dem altersbedingten Schrumpfungsprozess vorbeugt und das Hirnzellenvolumen erhöhen kann. Sicher ist, dass sie die Gehirnfunktionen beschleunigt, wenn man in einer Frühphase der Wechseljahre damit beginnt, und Studien belegen, dass sie möglicherweise imstande ist, Demenzsymptome zu verzögern.

Dazu kommt, dass sie möglicherweise zum Erhalt des Knochenvolumens beiträgt und in Zusammenarbeit mit anderen Hormonen die Knochenmasse erhöht. Die Hormone fördern darüber hinaus die Aufnahme von Calcium, aber nur für die Dauer der Einnahme: Wird das Östrogen abgesetzt, geht der Knochenschwund weiter. Die Einnahme von Östrogen, um einer Osteoporose vorzubeugen, ist laut Majo-Klinik indes nicht ratsam, weil die Risiken für viele Frauen größer sind als die Vorteile.

Zu denjenigen, die nach den Wechseljahren ohne eine Hormonersatztherapie Gefahr laufen, an Osteoporose zu erkranken, gehören Frauen, die unter Essstörungen wie Bulimie oder Magersucht leiden, rauchen, extrem schlank sind, besonders viel sitzen, unter Magen-Darm-Problemen leiden (die eine Calciumaufnahme beeinträchtigen) oder sich vermehrt Brüche zuziehen. Sie sollten eine Knochendichtemessung in Betracht ziehen. Die am weitesten verbreitete Standardmethode ist die DEXA (DualEnergy-x-Ray Absorptiometry).

Dr. Warren hat wie viele andere Gynäkologen das Gefühl, dass Frauen, die nach den Wechseljahren kein Östrogen nehmen, unweigerlich unter vaginaler Trockenheit und Atrophie leiden. »Die Scheide besteht aus mehreren Schichten. Die obere Schicht verschwindet völlig und die beiden anderen Schichten schrumpfen, außerdem verliert man Collagen, so dass die gesamte Vagina kleiner zu werden beginnt.«

Im Alter können außerdem Harnprobleme auftreten, da auch das Gewebe, das die Harnröhre auskleidet, ausdünnt. Die Medizinforscherin Dr. Marianne Legato schreibt in ihrem Buch *Evas Rippe: Warum erst jetzt die weibliche Seite der Medizin entdeckt wird*, dass eine verlässliche ärztliche Methode zur Bestimmung, ob eine Frau genug Östrogen hat, darin besteht, »eine Probe ihres vaginalen Epithels unter dem Mikroskop zu untersuchen. Gewebe, das ausreichend Östrogen enthält, ist dick und weist viele Schichten auf.«[89]

Bei einem Östrogenmangel ist die Vagina nicht mehr prall und feucht, kann aber mit vaginalem Östrogen behandelt werden, das auch die Blase befeuchtet, beispielsweise Vagifem. Das Mittel wirkt nur auf das Vaginalgewebe ein und gelangt nicht in die Blutbahn. Es gibt auch vaginale Östrogencremes und einen östrogenhaltigen Vaginalring. Dr. Warren erklärte, dass die Cremes in niedriger Dosierung verwendet werden sollten, aber Creme und Ring bei sachgemäßer Anwendung keine nennenswerten Risiken bergen.

Frauen, die ihre Gebärmutter noch haben, sollten Östrogen und Progesteron nehmen, als Schutz vor einem Endometriumkarzinom; bei Frauen, deren Gebärmutter entfernt wurde, reicht die Einnahme von Östrogen aus. Abgesehen davon, dass die Hormonersatztherapie Knochen, Haaren, Gehirn und der Gesundheit der Scheide zugutekommt (weil sie den Schmerz beim Geschlechtsverkehr mindert), kann sie auch die Libido stärken.

Ich lege Frauen nach der Menopause dringend nahe, anhand einer Blutuntersuchung nicht nur die Werte für das Östrogen, sondern auch für das körpereigene freie Testosteron bestimmen zu lassen. Dieser Test wird nicht automatisch durchgeführt, weil viele Ärzte erst jetzt auf die Möglichkeit eines Testosteronmangels bei älteren Frauen aufmerksam werden. Bezüglich der nachlassenden weiblichen Libido hieß es in *The Psychiatric Annals: The Journal of Continuing Psychiatric Education*: »Die Bemühungen einer Frau, die Bausteine einer gesunden Sexualfunktion zusammenzustellen – ein ausgewogener Hormonspiegel, ein liebevoller Partner, adäquate Stimulation und möglicherweise eine ausgeprägte sexuelle Fantasie – sind zwangsläufig zum Scheitern verurteilt, wenn ihr eine Grundvoraussetzung fehlt, nämlich Testosteron in ausreichender Menge.«[90]

Dr. Brizendine verordnet Frauen seit 1994 Testosteronersatztherapien. Sie vertritt die Ansicht, dass die sexuelle Dysfunktion bei vielen Frauen oberhalb der Gürtellinie ihren

Anfang nimmt, nämlich im Gehirn. Zu den Vorteilen der Testosteronersatztherapie gehören verstärkte Libido und Empfindsamkeit der Genitalien, vor allem der Klitoris, mehr Energie, bessere Stimmung, mentale Klarheit und Muskel- und Knochenwachstum. Zu den Nachteilen können eine tiefere Stimme, Gesichtsbehaarung, Körpergeruch, Akne und Haarausfall zählen. Die Testosteronart, die ins Gehirn gelangt und für eine Erhöhung der Libido sorgt, ist das biologisch aktive, freie Testosteron.

Die normalen Werte für das freie Testosteron bei Frauen – die erforderliche Menge, um das sexuelle Interesse aufrechtzuerhalten – rangiert zwischen 20 und 70 Pikogramm pro Milliliter. »Wenn man Östrogen in Form einer Antibabypille oder als oralen Hormonersatz einnimmt, wird es direkt in die Leber geschleust und erhöht dort die Produktion eines sexualhormon-bindenden Globulins, SHBG genannt [ein Transportprotein für Sexualhormone]. Ich stelle es mir wie eine große klebrige Masse vor, die durch den Blutkreislauf wandert und so viel Testosteron wie möglich einsammelt, sodass es nicht mehr frei verfügbar ist.

Eine Frau kann also gute Testosteronwerte haben, aber kein freies Testosteron, das ins Gehirn gelangt. Die normalen Werte für das sexualhormon-bindende Globulin rangieren zwischen 100 und 150. Wenn man die Libido stärken möchte, sollte man die Werte für das freie Testosteron kennen, denn sie zählen bezüglich des Sexualtriebs, der im Gehirn beginnt. (Das Gehirn ist, wie bereits erwähnt, das größte Sexualorgan.) Dr. Marianne Legato schreibt: »Vor der Einnahme von Testosteron sollten Sie sich vergewissern, dass der Arzt die Serumlipide [Blutfette] gemessen hat und das HDL-Cholesterin (High Density Lipoprotein) den Wert von 45mg/dl übersteigt.[91]

Die Hormone können auf verschiedene Weise verabreicht werden. Einige Frauen ziehen vielleicht genau wie ich ein

Östrogenpflaster vor. Es gibt aber auch gute Gels, Cremes und Sprays, die das Östrogen durch die Haut zuführen.

Andere Frauen bevorzugen eine orale Östrogentherapie, weil das gute Cholesterin (HDL) steigt. Bei einigen reicht Östrogen nicht aus, um den Sexualtrieb anzuregen. Bei anderen werden die Libido, der Energiespiegel und das Gefühl des Wohlbefindens schon durch eine kleine Testosterondosis in Form eines Pflasters oder Gel erhöht. Beim Testosteron-Gel wird ein kleiner Klecks auf dem Bauch oder an der Innenseite des Oberschenkels verrieben. Es dauert nicht lange, bis die Wirkung einsetzt.

Wenn Sie eine Hormonersatztherapie nach den Wechseljahren in Betracht ziehen, sollten Sie sich vorab mit einem Arzt beraten, der darauf spezialisiert ist, beispielsweise einem Gynäkologen.

Somatropin (HGH)

Somatropin oder HGH (Human Growth Hormone, ein Wachstumshormon) erfreut sich in vielen Anti-Aging-Kliniken großer Beliebtheit. Das körpereigene HGH wird in der Hirnanhangdrüse gebildet und dient dazu, das Wachstum während der gesamten Kindheit anzuregen. Ungefähr ab dem dreißigsten Lebensjahr drosselt die Hypophyse die Produktion. Injektionen mit synthetischem Somatropin regen die Hirnanhangdrüse an, eine größere Menge des Hormons auszuschütten, was zum Aufbau von Muskelmasse und zum Abbau von Körperfett führen kann.

Aber es ist nicht alles Gold, was glänzt. Somatropin kann schädlich sein und Gelenkschmerzen, Wassereinlagerungen und Schwellungen, Karpaltunnelsyndrom verursachen. Bei langfristiger Einnahme besteht sogar die Gefahr, an Krebs zu erkranken, weil es das Wachstum kleiner Tumorzellen anregt. Wie im 5. Kapitel erwähnt, sind viele Ärzte überzeugt, dass man die Stimulation natürlicher Wachstumshormone vor allem durch ausreichenden Schlaf erzielt, denn in dieser Zeit erreicht die Produktion von Wachstumshormonen und Testosteron ihren Höhepunkt.

Zusammenfassend kann man sagen, dass die Hormonersatztherapie eine sehr individuelle Option darstellt – ähnlich wie bei vielen potenzfördernden Medikamenten, die derzeit auf dem Markt sind; deshalb sollten Sie unbedingt einen Arzt aufsuchen, der mit der aktuellen Forschung auf diesem Gebiet vertraut ist. Und vorausgesetzt, dass Sie auch im dritten Akt noch an Sex interessiert sind, könnten Sie auch einen Besuch bei einem Sexualtherapeuten in Betracht ziehen, gemeinsam mit Ihrem Partner, um das größte Sexualorgan ein bisschen auf Trab zu bringen: Ihr Gehirn!

15. KAPITEL

Aufbruch zu neuen Ufern

Liebe ist alles, sie versetzt uns in Hochstimmung. Sie ist es wert, dafür zu kämpfen, mutig zu sein, alles dafür zu riskieren.

ERICA JONG

In der schönen neuen Welt der Langlebigkeit sind die Worte »Bis dass der Tod euch scheidet« zu einer folgenschweren Herausforderung geworden. Noch vor einigen Jahrhunderten, als sie Teil der klassischen Trauformel waren, wurden die Menschen nicht achtzig, neunzig, geschweige denn hundert Jahre alt. Sehen wir den Tatsachen ins Auge: Es ist schwierig, einen Partner zu finden, der nicht nur in jungen Jahren, zur Zeit der Familiengründung, sondern auch in den kommenden Jahrzehnten, die zur Mitte oder zum Herbst des Lebens zählen, der Richtige ist. Wie bereits gesagt, glaube ich an den Wert einer langfristigen Beziehung, auch wenn sie mir – genau wie vielen anderen – versagt geblieben ist. Deshalb ist die Suche nach einem neuen Gefährten Thema dieses Kapitels.

Dr. Gloria Steiner aus Atlanta ist eine Freundin von mir. Als sie fünfzig war, verlangte ihr Mann, mit dem sie seit dreißig Jahren verheiratet war, die Scheidung, weil er seine Liebe zu Männern entdeckt hatte.

»Ich habe keine Vorurteile«, sagte Gloria. »Das war nicht der Punkt. Ich mag ihn, respektiere ihn nach wie vor und bin froh, dass er in der Nähe lebt. Aber ich dachte, die Beziehung würde für immer und ewig halten. Die gemeinsame Geschichte, die uns verband – plötzlich war alles null und nichtig. Das war es, was ich traurig fand. Den Verlust. Mein angeschlagenes

Selbstwertgefühl, das daraus resultierte. Ich war mit einem Schlag aus dem Lot geraten und versuchte, wieder zu meiner Mitte zu finden. Das dauerte eine Weile.«

»Wie ist dir das gelungen?«

»Ungefähr eineinhalb Jahre nach der Scheidung entdeckte ich mein Interesse für Tanz und Musik neu. Ich liebe Musik. Jede Stilrichtung. Sie wurde meine Rettung; ich flüchtete mich in Musik und Tanz.«

»Wie das? Bist du in eine Tanzschule wie Arthur Murrays gegangen oder –«

»Nein, nein. Ich wurde Mitglied in einem Salsa-Club. Dort lernte ich Leute kennen, die leidenschaftlich gerne tanzen, und in ihrer Gesellschaft fühlte ich mich lebendig.«

»Hast du dort auch Männer kennengelernt, mit denen du ausgegangen bist?«

»Ja, aber nicht viele. Ich liebe Sinfoniekonzerte; dort kam ich manchmal mit einem netten Sitznachbarn ins Gespräch. Wenn wir entdeckten, dass wir gemeinsame Interessen hatten, verabredeten wir ein Wiedersehen.«

»Du bist also alleine zum Tanzen in den Club oder in Sinfoniekonzerte gegangen?«

»Ja, oft. Deshalb lebe ich so gerne in Atlanta. Es hat mir nie etwas ausgemacht, Single zu sein. Ich habe viele Freundinnen, die geschieden sind und nicht alleine sein können. Schon der Gedanke weckt in ihnen das Gefühl, auf dem Präsentierteller zu landen.«

»Nach dem Ende meiner zweiten Ehe erging es mir zwei Jahre lang genauso, ich kam mir vor wie eine Aussätzige«, gestand ich Gloria. »Du warst also dreizehn Jahre lang Single und auf der Suche?«

»Ja, aber die Partnersuche war mir unangenehm. Eine völlig andere Erfahrung nach dreißig Jahren Ehe. Und dazu kommt, dass man außerdem noch auf der Suche nach der eigenen Identität ist. Wenn man in dieser Situation ausgeht, überlegt man ständig: Ist bin jetzt eine alleinstehende Frau; ist das meine neue Identität? Sie gefällt mir nicht. Wie kann ich mir eine neue Identität zulegen? Was ich bei diesen Verabredungen am meisten vermisst habe, waren die Zärtlichkeiten, die liebevollen Umarmungen. Sie sind ungeheuer wichtig, aber wenn man sie ermutigt, ermutigt man zu mehr als man will. Die Männer denken, man ist am Gesamtpaket interessiert, mit allem Drum und Dran. Man kann nicht nur um eine liebevolle Umarmung bitten. Also habe ich mir die Umarmungen bei meinen Kindern geholt und Massagen für die Berührung.«

Als ich Gloria zum ersten Mal begegnete, war sie mit einem attraktiven Mann namens Scott liiert, den ich für ihren Ehemann hielt. Das sollte sich als Irrtum erweisen. Scott und sie waren seit fast vier Jahren zusammen, kannten sich aber schon seit zehn oder fünfzehn Jahren. Scott und seine Frau waren in den Wohnblock gezogen, in dem Gloria lebte, und man lud sich gegenseitig zum Abendessen ein. Als Scotts Frau an Bauchspeicheldrüsenkrebs starb, wurden Scott und Gloria ein Liebespaar.

»Aber ihr wohnt zusammen, oder?«

»Nein, ich wohne in der zwölften und er in der sechzehnten Etage.«

»Würdest du noch einmal mit jemandem, deinem Ex, Scott oder einem anderem Mann zusammenleben wollen?«

»Ich würde sagen, nein. Aber wer weiß das schon? Ich jedenfalls nicht. Wir verbringen viel Zeit miteinander, aber nur, wenn wir das wirklich wollen. Ansonsten hat jeder einen eigenen Rückzugsort, und das ist schön.«

»Ich nehme an, er kann zärtlich sein.«

»Oh ja. Er ist wunderbar.«

Es ist offenbar eine gute Idee, das Schneckenhaus zu verlassen, um wie Gloria Leute kennenzulernen, die sich auf der gleichen Wellenlänge befinden. Eine weitere Möglichkeit besteht darin, das gesamte Umfeld wissen zu lassen, die eigenen Kinder eingeschlossen, dass man einen Partner sucht.

Viele jüngere Frauen und Männer, die jemanden kennenlernen wollen, besuchen Bars und Clubs. Ich selbst würde mich, wie viele ältere Frauen – und Männer, nebenbei bemerkt – in diesem Ambiente unwohl fühlen. Das ist vermutlich einer der Hauptgründe, warum sich das Online-Dating im dritten Akt zunehmender Beliebtheit erfreut. Ich war verblüfft, als mir eine Freundin in Atlanta erzählte, dass sie mit zehn Frauen in Führungspositionen beim Mittagessen war und einige von ihnen Online einen Partner gesucht, gefunden oder geheiratet hatten. Ein Vorteil ist, dass Sie bei den Internet-Kontaktbörsen dank der effizienten Recherchen in wesentlich kürzerer Zeit mehr über einen potenziellen Kandidaten herausfinden können. Die Initiative liegt bei Ihnen: Sie können den nächsten Schritt einleiten oder sich ausklinken und Ihre Anonymität wahren, bis Sie bereit sind, Ihre Identität preiszugeben.

Mary Madden war 62 Jahre alt, als ich sie in ihrem exquisiten, aber nicht extravaganten Haus in Atlanta interviewte. Sie war seit fünfzehn Jahren geschieden, und obwohl sie viele Leute in Atlanta kannte, hatte sie keinen neuen Partner gefunden. Sie war früher im Technologiebereich tätig, hatte eine eigene Firma gegründet und an die Börse gebracht; danach arbeitete sie für ein Beratungsunternehmen, das darauf spezialisiert war, Firmen am Rande des Bankrotts zu einer Wende und effizienteren Führung zu verhelfen.

Mit 59 hatte sie sich gleichzeitig bei eHarmony und Match.com, zwei Online-Datingportalen, angemeldet. »Eine Freundin von mir, die eine eigene Firma hat, hat bei Match.com ihren jetzigen Mann kennengelernt. Sie sagte: Du solltest bereit sein, dir das Profil von siebzehn oder achtzehn Männern anzuschauen. Du sammelst Informationen, ähnlich wie vor einem

Kundenbesuch. Sie ist im Vertrieb tätig und kennt sich aus. Ich habe mich an ihren Rat gehalten und siebzehn Kandidaten kontaktiert, bevor ich den Mann traf, mit dem ich jetzt zusammen bin.«

Bei der Online-Partnersuche meldet man sich bei einer oder mehreren kostenfreien oder kostenpflichtigen Singlebörsen an und füllt einen Fragebogen aus, anhand dessen ein Profil erstellt wird, das Aufschluss über Ihre Hobbies und andere Dinge in Ihrem Leben gibt, die Ihnen wichtig sind.

Mary sagte: »Ich habe in meinem Profil angegeben, dass ich viel lese, und ein Kandidat schrieb zurück: Das letzte, was ich gelesen habe, war die Bedienungsanleitung für mein Auto. Ich lebe im Süden von Georgia, bin Automechaniker und würde dich gerne näher kennenlernen. Nein danke zu sagen fiel mir in diesem Fall leicht.«

Nicht alle Kandidaten stellen ein Foto ins Netz. Eine Freundin von Mary verzichtete darauf; sie hat eine Firma in Atlanta und wollte nicht, dass ihre Online-Partnersuche bekannt wurde. »Trotzdem lernte sie auf diesem Weg einen Topmanager kennen und die beiden sind seit einigen Monaten ein Paar.«

In ihrem Buch *Prime: Adventures and Advice on Sex, Love, and Sensual Years* erklärt die Soziologin Dr. Pepper Schwartz, dass jede Frau selbst entscheiden sollte, wann sie ein Foto von sich veröffentlicht, von Anfang an oder erst dann, wenn ein potenzieller Kandidat danach fragt. »Wichtig ist, ein aktuelles Foto zu wählen, auf dem Gesicht und Körper abgebildet sind, das ist die sicherste und ehrlichste Vorgehensweise. Man sollte außerdem darauf achten, dass es die eigenen Vorzüge betont. Warum soll eine Frau mit üppigen Kurven ihre Zeit mit einem Kandidaten verschwenden, der knabenhafte Frauen mit kleinem Busen bevorzugt? Umgekehrt sollte man sich ein klares Bild von dem Kandidaten machen können, mit dem man ein persönliches Treffen in Erwägung zieht. Männer mit Sonnenbrille oder auf Fotos, die verschwommen sind und keinen Hinweis auf den Körpertypus geben, sollte man meiden.«[92]

Wenn aus der Korrespondenz ein beidseitiges Interesse ersichtlich wird, wäre der nächste Schritt ein Telefonat, um zu prüfen, ob Ihnen die Stimme und die Einstellung des Mannes zu den Dingen gefällt, die Ihnen wichtig sind. Falls Sie dabei feststellen, dass die Chemie nicht stimmt, können Sie sich ein persönliches Treffen ersparen. Wie auch immer, geben Sie im Zuge Ihrer Online-Kontakte niemals Ihre Telefonnummer preis. Wenn jemand im Gegensatz zu Ihnen Feuer gefangen hat und Sie mit Anrufen bombardiert, müssen Sie unter Umständen Ihre Nummer ändern lassen, um ihn loszuwerden.

Der Mann, mit dem Mary seit zweieinhalb Jahren liiert ist, hatte nicht einmal ein Profil eingestellt, sondern Marys gelesen und ihr aufs Geratewohl eine E-Mail geschrieben. »Das war seltsam. Keine Ahnung, warum ich darauf geantwortet habe«, sagte Mary lächelnd. »Wir haben eine Zeitlang E-Mails ausgetauscht, uns dann irgendwann auf ein Glas Wein getroffen und schließlich immer mehr Zeit miteinander verbracht. Aber vor dem ersten Date habe ich üblichen Sicherheitsvorkehrungen getroffen – Freundinnen angerufen und gesagt, dass ich mich mit diesem Mann auf ein Glas Wein treffe, und mich am Anschluss bei ihnen zurückgemeldet. Wenn ich mich recht erinnere, habe ich das beim zweiten Treffen auch noch gemacht.«

Ich fragte Mary nach den Gemeinsamkeiten. »Wir sind beide sehr kulturbeflissen«, erwiderte sie. »Er ist Fördermitglied des High Museum of Art und geht, genau wie ich, gerne in die Oper, ins Ballett. Und er ist, wie ich bereits sagte, ebenfalls sehr eigenständig.«

»Habt ihr vor, zu heiraten?«, fragte ich. Mary erklärte, nein, er sei bereits drei Mal verheiratet gewesen. »Aber er möchte, dass ich mit ihm zusammenziehe. Er hat eine Eigentumswohnung im Stadtzentrum, die aber noch nicht abbezahlt ist. Mir gehört das Haus, in dem ich wohne. Ich liebe mein Zuhause. Er reist ständig durch die Weltgeschichte, verkauft landwirtschaftliche Geräte. Warum soll ich also in einer Wohnung leben, in der ich mich nicht heimisch fühle, und das auch noch ohne ihn, weil er ständig unterwegs ist? Ich möchte mir meinen Freiraum bewahren.«

Ich habe mit etlichen Frauen und Männern gesprochen, die ihre Kontakte über Wochen und Monate auf E-Mails und Telefonate beschränkt haben, um die Kandidaten vor der Dating-Phase besser kennenzulernen. Wie lange Sie auch warten, überlegen Sie, ob er wirklich zu Ihnen passen könnte, bevor Sie ein Treffen vereinbaren. Legen Sie, wie Mary, Ihrer eigenen Sicherheit zuliebe einen öffentlichen Treffpunkt fest, sagen Sie jemandem, was Sie wann und wo vorhaben, und nehmen Sie Ihr Handy mit. Räumen Sie für das erste Treffen maximal eine halbe Stunde ein. Falls Ihnen der Mann nicht zusagt, können Sie sich schneller loseisen. Und bestehen Sie darauf, die Rechnung zu teilen, vor allem unter diesen Umständen.

Von den siebzehn Männern, mit denen Mary in E-Mail- und Telefonkontakt stand, blieben nur vier übrig, mit denen sie sich traf. Ich wollte wissen, ob ihr gleich bei der ersten persönlichen Begegnung klar war, dass sie nicht zu ihr passten. »Ja, absolut«, erwiderte sie. »Nur mit einem vereinbarte ich ein Wiedersehen. Dabei kam dann heraus, dass er dem Friedenscorps beitreten wollte, und ich dachte: Das ist gar nicht mein Ding! Er war der Einzige, mit dem ich mich zwei Mal traf. Rückblickend muss ich sagen, dass es mit keinem der Männer geklappt hätte.«

»Wie lange waren Sie mit Ihrem jetzigen Partner zusammen, bevor Sie Sex hatten?«

»Ungefähr drei Wochen.«

»War das ein Problem? Ich meine, Sie waren ja Single seit –«

»Nein, keineswegs«, erwiderte Mary bestimmt. »Wir gingen Freitagabend ins High, da gibt es Martinis und eine Jazzband im Museum und man kann sich die Exponate anschauen. Danach gingen wir essen. Es war ein schöner Abend und … nein, kein Problem.«

Falls und wenn die Zeit für Sex mit einem neuen Partner kommt, sollten Sie sich mit Kondomen und Gleitmittel darauf vorbereiten. Falls er sich weigert, ein Kondom zu benutzen, ist er vermutlich nicht der Richtige für Sie.

Es kann bitter sein, wenn Sie der Meinung sind, das erste Treffen sei gut gelaufen, er sich danach aber nicht mehr meldet. Halten Sie sich vor Augen, dass Männer im Alter weit häufiger als Frauen an einer dauerhaften Beziehung interessiert sind. »Selbst ein perfektes Date muss nicht zu einem Wiedersehen führen, wenn der Mann das Gefühl hat, dass die Frau nicht ganz dem entspricht, was er sucht«, warnt Dr. Pepper Schwartz. »Eine rasche Abfuhr macht einem zu schaffen – aber so läuft das heute bei der Partnersuche. Die meisten sortieren auf der Stelle aus … und an der Entscheidung, die sie treffen, gibt es nichts zu rütteln … Wenn er nicht mehr anruft, sollte man die Sache abhaken.«[93]

Falls sich aus dem Kontakt eine Beziehung entwickelt, sollten beide genau wissen, was der andere davon erwartet: Ist er an einer monogamen Beziehung interessiert oder zieht er in Betracht, die Partnersuche fortzusetzen? Sind regelmäßige Treffen geplant, beispielsweise ein bis zwei Mal im Monat oder häufiger, aber ohne zusammenzuziehen? Und falls er Ihnen keine Festnetznummer gibt oder es ablehnt, Sie irgendwann mit seinen Kindern und Freunden bekanntzumachen, ist Vorsicht geboten: Er könnte verheiratet sein.

Mary Madden war nicht die Einzige, der es schwerfiel, einem Mann zu sagen, dass ihrerseits kein Interesse bestand. »Die Männer tun einem Leid. Einmal bekam ich eine Mail von einem Vietnam-Veteran, der den ganzen Tag im VA-Krankenhaus für ehemalige Frontsoldaten verbracht hatte; er war taub und gelähmt. Ich wusste, das hat keine Zukunft. Aber es fiel mir schwer, Klartext zu reden. Man bringt es nicht übers Herz.«

Auch bei mir spielte das Herz im dritten Akt mit, just in dem Moment, als ich geschworen hätte, dass ich mit dem Thema Männer ein für alle Mal durch war. Fünf Tage vor meiner Knieoperation drehte ich in Paris einen Werbespot (in Französisch und Englisch) für L'Oréal, Hautpflegeprodukte für ältere Frauen. Eine Freundin, die Autorin Carrie Fisher, schickte mir eine E-Mail; sie schrieb, dass Richard Perry, ein Musikproduzent und langjähriger Freund von ihr, erfahren hatte, dass ich wegen des chirurgischen Eingriffs mindestens einen Monat lang in Los Angeles bleiben musste und mich während der Zeit gerne zum Abendessen einladen würde, um unsere Bekanntschaft wieder aufzufrischen.

Wie waren uns vor 35 Jahren zum ersten Mal begegnet, in seinem Haus, wo er eine Gruppe musikalischer Schwergewichte, die meinen damaligen Mann Tom Hayden bei seinem Wahlkampf für den US-Senat unterstützen wollte, zu einer Vorbesprechung zusammengetrommelt hatte. Ich erinnerte mich an das Anwesen, das auf einem Hügel mit Blick auf ganz Los Angeles thronte, mit Swimmingpool, Tennisplatz und geschmackvoller Jugendstil-Einrichtung. (Er wohnt noch heute dort … ich auch, die meiste Zeit.)

Zehn Jahre später liefen wir uns zufällig bei einer Party in Aspen über den Weg. Tom hatte es vorgezogen, zu Hause bei den Kindern zu bleiben, deshalb ging ich alleine hin und fragte Richard, ob er an diesem Abend mein Begleiter sein wolle. Wir tanzten bis spät in die Nacht, dann sah ich ihn 25 Jahre nicht mehr. Aber ich erinnerte mich noch vage an ihn. Und ich kannte die Musik, die er produzierte, einen Hit nach dem anderen. Viele verwendete ich für die Workout-Kurse, die ich gab. Ich glaube, »Slow Hand« von den Pointer Sisters war der Song, der mich am meisten beeindruckte und neugierig darauf machte, mehr über Richard zu erfahren. Als ich Carries E-Mail erhielt, hatte ich Herzklopfen. Ich zeigte die E-Mail meinem Haarstylisten Matthew Shields. »Schau mal, ein Date; kennst du den Mann? Richard Perry? Könnte ein netter Abend werden.«

Knapp zehn Tage nach der Operation, als ich noch an Krücken ging, fand unser Wiedersehensessen statt, und seither sind wir liiert. Mit 71 ist es ein Geschenk des Himmels, wenn man sich rundum gut fühlt und so angenommen wird, wie man ist, ohne sich den Vorstellungen des Partners entsprechend zu verbiegen – zumindest nicht zu sehr. Wenn wir reifer geworden sind (was bei mir eine Weile gedauert hat), haben wir selber eine klarere Vorstellung davon, wer wir sind, was wir wollen und worauf wir dankend verzichten können; doch das Leben kann auch in der Spätphase noch Überraschungen für uns bereithalten – wenn wir offen dafür sind.

VIERTER TEIL

Wegbereiter der Zukunft

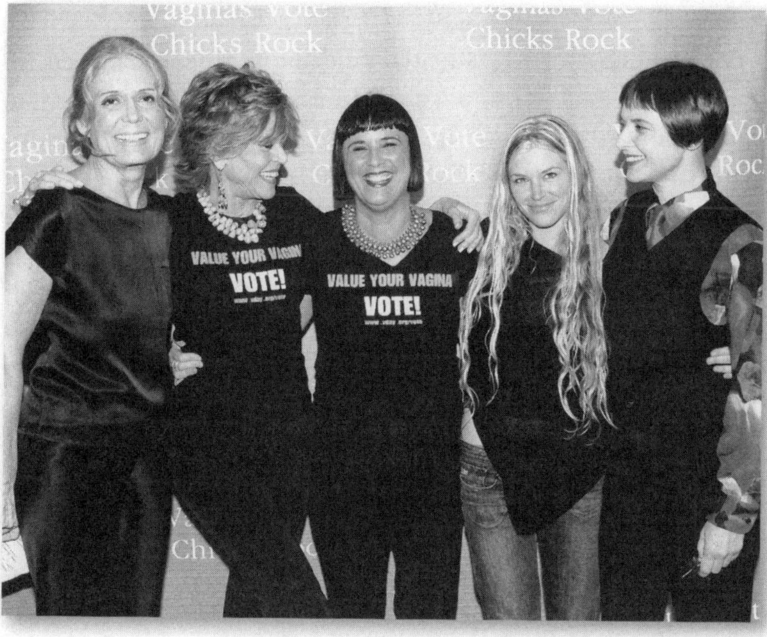

Von links nach rechts: Gloria Steinem, ich, Eve Ensler, Charlotte Martin und Isabella Rosselini bei einer Veranstaltung, die junge Frauen motivieren sollte, wählen zu gehen. Sie wurde von Eves Organisation *V-Day: Until the Violence Stops* veranstaltet.

16. KAPITEL

Generativität

Das Alter gleicht einem Minenfeld: Wenn Fußspuren erkennbar sind, die einen Weg auf die andere Seite markieren, sollte man ihnen folgen.[94]

GEORGE VAILLANT

Wenn die Aufgabe der Jugend darin besteht, für Nachkommen auf der biologischen Ebene zu sorgen, besteht die Aufgabe im Alter darin, für Nachkommen auf der sozialen Ebene zu sorgen.[95]

GEORGE VAILLANT

Abgesehen von Krankheiten sind die größten Gefahren im dritten Akt Einsamkeit, Depressionen und Sinnkrisen. Dabei handelt es sich weitgehend um persönliche Entscheidungen, die wir in dieser Lebensphase treffen, Entscheidungen darüber, was wir tun und lassen sollten. Wenn wir das Gefühl haben, dass unser Leben einen Sinn hat, scheinen Einsamkeit und Depression eher in den Hintergrund zu rücken. Na gut, ich habe Rückenschmerzen, aber ich raffe mich auf und tue mein Bestes, um die Aufgabe zu erledigen, denn sie macht mir Spaß. Mit dem Eintritt in den Ruhestand habe ich den Kontakt zu meinen ehemaligen Kollegen im Büro verloren, aber ich verlasse mein Schneckenhaus und bin sicher, dass ich neue Freunde finden werde.

Der dritte Akt ist nicht nur die Zeit der Innenschau, die Bewusstsein und Wachstum fördert, sondern auch prädestiniert dafür, dieses Bewusstsein nach außen zu tragen, als Quelle des Wissens für unsere eigene Selbstverwirklichung und für unsere Umwelt.

Denken Sie an die prachtvollen Blüten, die ihre Kraft aus den unsichtbaren, unterirdischen Wurzelstöcken ableiten, um wachsen und das Sonnenlicht einfangen zu können. Diese neuen Triebe leiten die Sonne – dank des Chlorophylls in Zucker verwandelt – zu den Wurzeln zurück, um sie zu nähren. Dieser Prozess, der zyklisch verläuft, ist auch für uns Menschen typisch: Die äußere Manifestation unseres inneren Wachstums setzt einen Kreislauf in Gang, der wiederum unser inneres Selbst fördert.

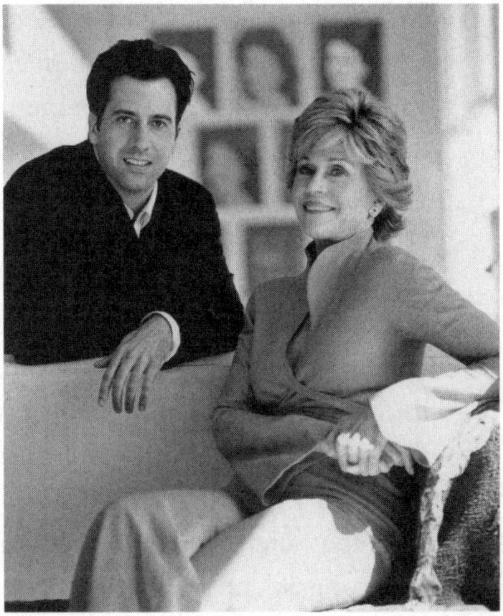

Mit meinem Sohn Troy, 2007.

Doch es sind unsere Aktivitäten in der Außenwelt, die unsere persönlichen Fußspuren, unsere eigentliche Identität prägen. Wir sind, was wir tun.

Das Leben kann uns auch ohne den Tod genommen werden. Es ist unsere Entscheidung, wenn wir zulassen, dass wir durch Niedergeschlagenheit, Selbstmitleid, heimlichen Groll und Verbitterung versteinern, sodass wir niemandem mehr von Nutzen sind. Aber warum sollen wir uns selbst Steine in den Weg legen, ausgerechnet jetzt? Soll das unser Vermächtnis an die Nachwelt sein? Warum beginnen wir nicht bewusst zu leben, um unserem reifen Selbst eine Chance zu geben, sich wie Phönix aus der Asche unseres jugendlichen Selbst zu erheben?[96]

Helen Luke, Anhängerin der Analytischen Psychologie von C. G. Jung, schrieb: »In diesem Lebensabschnitt stellen wir vielleicht mit Erstaunen fest, dass wir eins sind mit allem, was ist. Statt uns über negative Merkmale zu identifizieren: Das bin ich nicht, diese Person, dieses Anliegen oder dieses Bild entspricht überhaupt nicht meinen Vorstellungen, überwiegen nun die positiven Affirmationen, ich bin sowohl dies als auch das, die uns einen kurzen Einblick in das Ich als Teil der Schöpfung ermöglichen.«

Wir können diese positiven inneren Eigenschaften – Vertrauenswürdigkeit, altruistische Neigungen, Akzeptanz der Unterschiede – bewusst pflegen. Auf diese Weise wachsen wir in die Rolle der Schamanen und weisen Frauen hinein, die mit ihrer Ausstrahlung und Weltsicht jüngeren Menschen die Angst vor dem Eintritt in den dritten Akt nehmen. Die Jungen sind vielleicht nicht mehr auf uns angewiesen, damit sie sich auf Nahrungssuche begeben können, im Zeitalter der Jäger und Sammler ein evolutionärer Imperativ für Großmütter, aber sie brauchen uns auch heute noch als Lehrer und Quelle der Inspiration.

Es ist verständlich, vor allem am Ende des dritten Akts, dass wir Kinder als Seelenverwandte empfinden. Im Gegensatz zu denen, die sich in der Lebensmitte befinden, ist Kindern und alten Menschen die Nähe zum Schatten der Nichtexistenz gemein, wie die Psychologin Joan Erikson es nannte, jener hauchdünnen Membran, die das Leben vom Nichtleben trennt und im gleißenden Licht der Lebensmitte übersehen wird.

Diese fürsorgliche Beziehung zu nachfolgenden Generationen oder Menschen jeder Altersgruppe fasst der Begriff Generativität zusammen. Alle Experten stimmen darin überein, dass er eine zentrale Komponente eines gelungenen Alterungsprozesses darstellt. Er wurde von dem deutsch-amerikanischen Psychoanalytiker Erik H. Erikson geprägt und beschreibt eine Verlagerung der Aufmerksamkeit vom Selbst auf einen erweiterten sozialen Radius, das Einbeziehen der sozialen Gemeinschaft und der übergeordneten Welt in das eigene Denken und

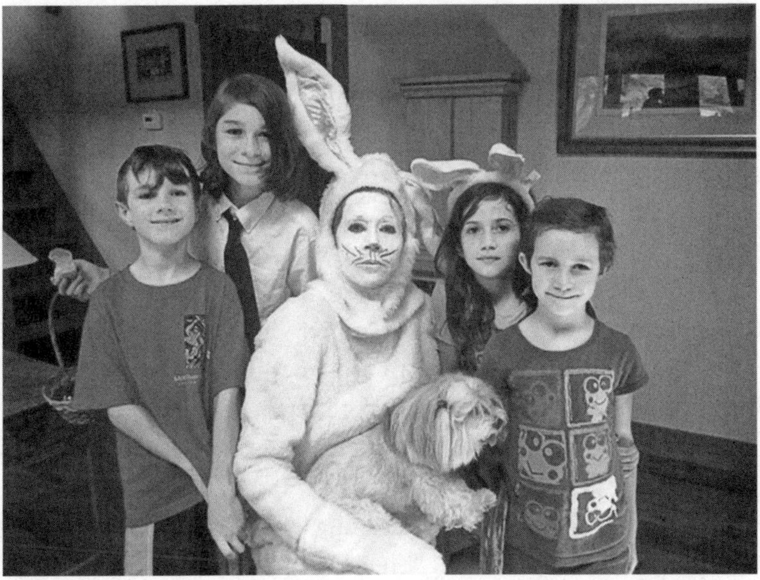

Ich als Osterhase verkleidet mit meiner Enkelin Viva (zweite von rechts), 2011.

Handeln. Er schließt die Fähigkeit ein, Verantwortung für die nachfolgende Generation zu entwickeln, Orientierungshilfen zu geben, ihnen als Mentor, Lehrer, Wegbereiter und Quelle der Inspiration zu dienen. Wir können das genetische Erbe der jungen Generation durch unsere Erfahrungen bereichern, können ihnen bestimmte Eigenschaften nahebringen und mit gutem Beispiel vorangehen.

Generativität bedeutet auch, sich über die Zukunft unseres Planeten Gedanken zu machen. Damit könnte man eine Revolution in Gang setzen. Wenn es uns gelänge, die Generativität mit ihrer Fürsorge und dem Einfühlungsvermögen gegenüber nachfolgenden Generationen in unseren sozialen Strukturen weitläufiger zu verankern, wäre der gesellschaftliche Wandel programmiert.

Für mich beschwört der Begriff Vorstellungen herauf, die mit Generieren, einem kreativen Schaffensprozess, in Verbindung stehen: Unsere Generation muss die Voraussetzungen für einen fürsorglichen, verantwortungsvollen Umgang mit Menschen und Umwelt schaffen. Wir müssen zu Wegbereitern der Zukunft werden.

Das hat auch für uns Vorteile, physiologische eingeschlossen. Es ist nachgewiesen, dass soziales Engagement die Ausschüttung von Endorphinen anregt, die das Immunsystem stärken und die Langlebigkeit fördern. Genau das beinhaltet die Erweiterung unseres sozialen Radius, die Fürsorge gegenüber anderen Menschen, insbesondere nachfolgenden Generationen – und genau das ist mit Generativität gemeint.

Dr. George Vaillant schreibt in seinem Buch *Aging Well*, das auf der dreißig Jahre umfassenden Harvard Study of Adult Development beruht, dass in sämtlichen Probandengruppen »… die ausgeprägte Fähigkeit zu generativem Verhalten bei Männern und Frauen gleichermaßen die Chancen erhöhte, das siebte Lebensjahrzehnt als eine Zeit der Freude und nicht der Verzweiflung zu erleben«. Überraschenderweise enthüllte die Studie auch – wie bereits im Vorwort erwähnt –, dass »die ausgeprägte Fähigkeit zu generativem Verhalten … der beste Indikator für einen regulären Orgasmus war!«[97]

Der Neurologe und Psychiater Viktor Frankl schrieb in *Der Mensch und die Frage nach dem Sinn,* dass die mentale Gesundheit bis zu einem gewissen Grad auf Spannung basiert, der Spannung zwischen den bereits erreichten und den noch zu realisierenden Zielen, oder der Lücke zwischen dem, was man ist und dem Menschen, zu dem man werden sollte. Mir gefällt die Metapher, die Frankl benutzte, um zu veranschaulichen, warum diese mit den menschlichen Bestrebungen verbundene Spannung auch im Alter noch positiv sein können. Er sagt: »Wenn Architekten einen baufälligen Gewölbebogen stützen, *vermehren* sie die Last, die auf ihm ruht, denn dadurch werden die einzelnen Teile fester miteinander verbunden.«

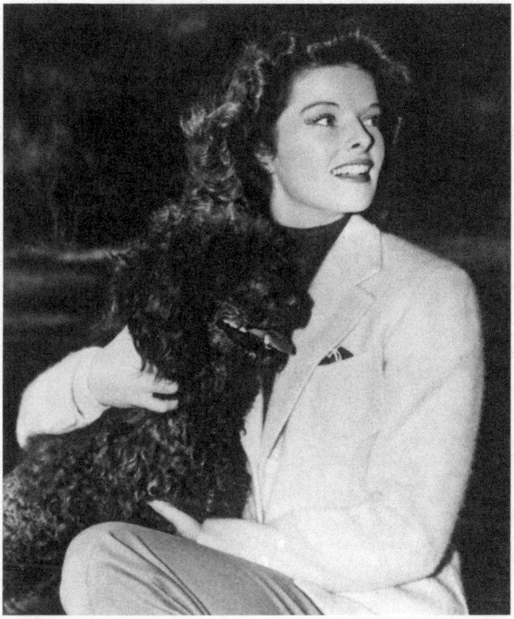

Katharine Hepburn als strahlende junge Frau.

Ein Grund, warum Katharine Hepburn ihre Stärke bis ins hohe Alter bewahren konnte, war, dass sie sich zusätzliche Lasten aufbürdete. Bei den Dreharbeiten zu *Am goldenen See* nahm sie mich unter ihre Fittiche, nutzte jede sich bietende Gelegenheit, um ihr Wissen weiterzugeben. Sie hatte beobachtet, wie ich langsam meine Angst vor einem Salto rückwärts überwand, den ich im Film bewerkstelligen musste, und wies mich darauf hin, dass uns die Angst daran hindert, das Leben in vollen Zügen zu genießen.

Eines Tages, als wir miteinander Tee tranken, erzählte sie mir, dass sie jeden Morgen um fünf Uhr aufstand, um ihre Lebenserfahrungen niederzuschreiben. Ein Kapitel trug die Überschrift Misserfolge. »Weißt du, Jane, wir lernen mehr aus unseren Misserfolgen als aus unseren Erfolgen«, sagte sie.

Sie vermittelte mir auch die wahre Bedeutung des Selbstbewusstseins. Wir neigen dazu, es als Wertgefühl zu verstehen,

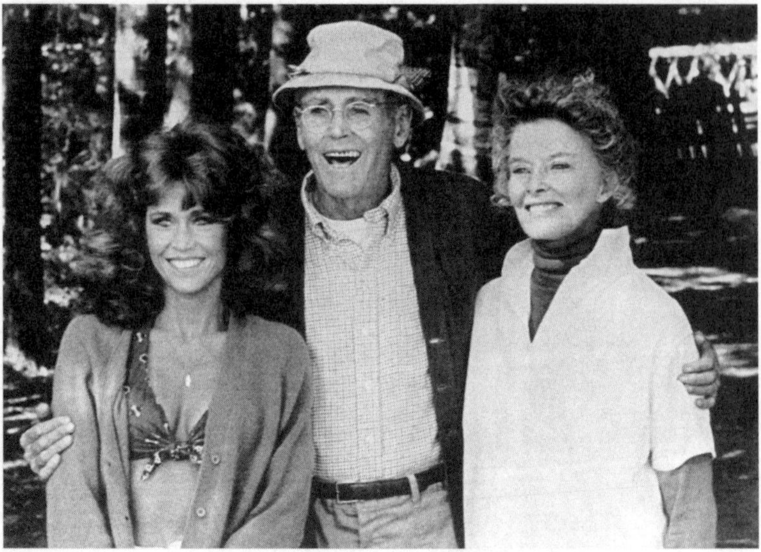

Katharine Hepburn, mein Vater und ich am Set von *Am goldenen See.*

fühlen uns unzulänglich oder unwohl in unserer Haut. Doch Katharine Hepburn führte mir vor Augen, dass es dabei primär um das Bewusstsein unseres Selbst geht, das immer in eine wertende Umgebung einbezogen wird. »Das ist das Päckchen, das du mit dir herumschleppst«, sagte sie und kniff mir liebevoll in die Wange. »Jeder hat sein Päckchen zu tragen; es enthält all das, was wir mit unserem Auftritt in der Welt aussagen. Was soll dein Päckchen über dich aussagen?«

Mein Freund, der verstorbene Sänger Michael Jackson, besuchte uns mehrere Tage am Set und sah bei den Aufnahmen von Katharine und meinem Vater zu. In den Drehpausen zog Hepburn oft einen Stuhl heran, fordert ihn auf, neben ihr Platz zu nehmen, und erzählte ihm Geschichten aus ihrem Leben. Eine dieser Geschichten rankte sich um Laurette Taylor, eine namhafte amerikanische Theaterschauspielerin. Katharine hatte sie zu Beginn ihrer Karriere in *Die Glasmenagerie* von Tennessee Williams gesehen, in der sie absolut brillant war.

Einige Jahre später sah sie die Taylor, als diese schon berühmt war, ein weiteres Mal in der gleichen Bühnenrolle. »Der Zauber war verflogen«, sagte Hepburn und musterte Michael, um zu sehen, ob er aufmerksam zuhörte. »Sie war zu erfolgreich geworden. Hatte den Biss verloren. Traurig, traurig, traurig.« Das war eine wichtige Lektion für einen aufgehenden Stern im Showgeschäft, der Michael zu diesem Zeitpunkt war. Hepburn versuchte nie, mir ihre Lebensweisheiten einzuhämmern. Sie bettete sie in unsere täglichen Kontakte ein, auf eine Weise, die ich als Denkanstoß und Herausforderung empfand.

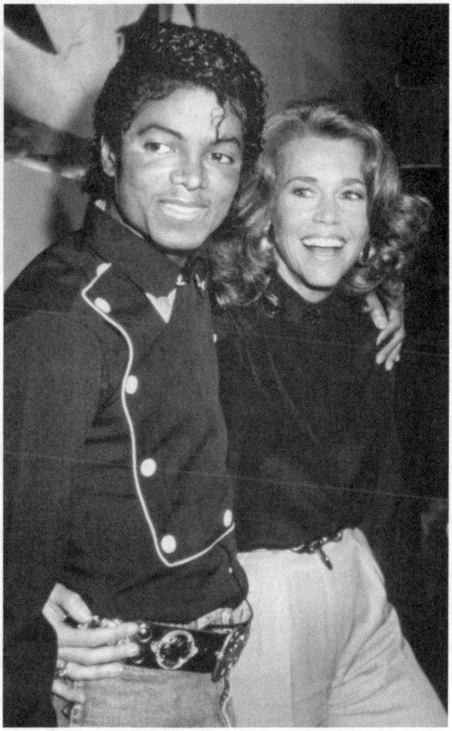

Mit Pop-Legende Michael Jackson.

Im Rahmen der Georgia Campaign for Adolescent Pregnancy Prevention, der von mir gegründeten gemeinnützigen Organisation, arbeite ich mit Teenagern zusammen. In ihrer Gegenwart versuche ich mich stets daran zu erinnern, was Dr. Michael Carrera, mein Freund und Mentor im Bereich der positiven Jugendentwicklung und Prävention, sagte: »Junge Menschen vergessen oft, was man sagt oder tut. Aber sie vergessen nie, welche Gefühle man in ihnen ausgelöst hat.« Sich wertvoll, geliebt, gefordert und hoffnungsvoll zu fühlen macht junge Menschen stark und widerstandsfähig. Und oft brauchen sie dazu nur einen aufmerksamen Zuhörer – der mit dem Herzen

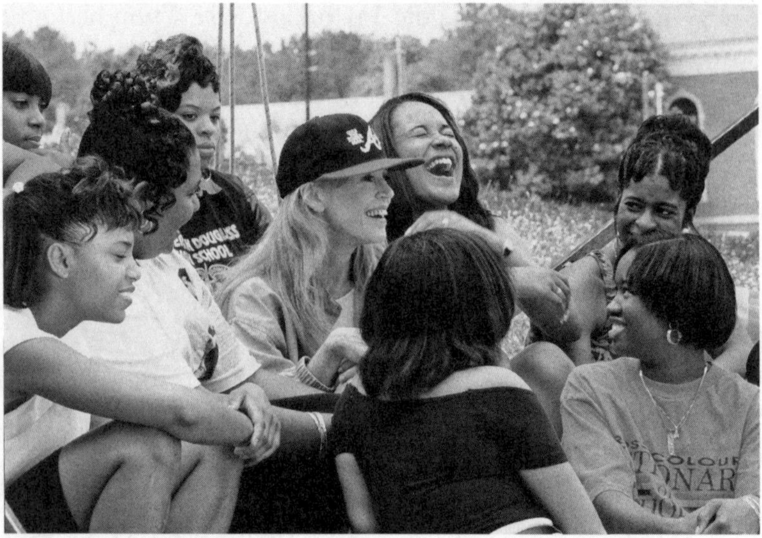

dabei ist, sie durch Blickkontakt ermutigt und nicht abschaltet, weil er sich seine nächsten Worte zurechtlegt.

Das sind die Fußspuren, denen sie folgen sollten, voller Zuversicht, ihren Weg durch die Lebensmitte in den dritten Akt zu finden.

In Santa Monica, Kalifornien, entdeckte ich mit dem WISE & Healthy Aging Center einen echten Dreh- und Angelpunkt der Generativität. Das Zentrum wurde 1976 gegründet und ist landesweit für seine innovativen Seniorenprogramme bekannt, zu denen unter anderem das Peer Counseling Program gehört: Hier erhalten ehrenamtliche Mitarbeiter eine fundierte Ausbildung als psychologische Berater, unter der Supervision eines professionellen Therapeuten. Ich sprach mit einer 71-jährigen Frau, einer ehemaligen Anwältin. Sie erzählte mir: »Ich gelangte zu der Schlussfolgerung, dass ich nach meiner Pensionierung zur Abwechslung einmal einen anderen Bereich meines Gehirns aktivieren sollte und die ehrenamtliche Tätigkeit hier bietet mir die Chance.

Ich begegne Menschen, mit denen ich in meinem Alltag vermutlich nie in Berührung gekommen wäre, und manche haben große Probleme – Probleme mit ihrer Gesundheit, finanzielle Probleme, Probleme mit ihren Kindern. Ich bin sehr dankbar, dass ich vielleicht ein Stück weit zur Verbesserung ihrer Lebensqualität beitragen kann, und ich profitiere auch davon, denn durch die Ausbildung und das soziale Engagement in der Gruppe hat mein Leben wesentlich mehr Sinn erhalten.«

Ein älterer Witwer erzählte mir, dass er unter Depressionen gelitten und ein Freund ihn gedrängt hatte, ehrenamtlich im Zentrum mitzuarbeiten. »Depressionen sind nicht ansteckend«, meinte er. »Ganz im Gegenteil, dort vergehen sie. Er sollte recht behalten. Als ich mit der ehrenamtlichen Tätigkeit begann, überwand ich die Depressionen. Für mich begann damit ein völlig neues Leben.«

Die ehrenamtlichen männlichen und weiblichen Mitarbeiter, ausnahmslos Senioren, waren in der Lage, den Verlust des sozialen Netzwerks, das sie am Arbeitsplatz oder in der Ehe aufgebaut hatten, durch den Aufbau ein neuen Netzwerks auszugleichen, das ihre Klienten und die anderen Betreuer einschloss.

Auch eine pensionierte Schulpsychologin erzählte begeistert von ihrer ehrenamtlichen Tätigkeit im Zentrum, die sie nicht mehr missen möchte. »Ich brachte ja die Ausbildung und beruflichen Erfahrungen mit und fand, dass ich noch irgendwie Gebrauch davon machen sollte«, sagte sie, und fügte hinzu, der beste Teil sei für sie die Arbeit im Team. »Einfach wunderbar; wir unterhalten uns nicht nur, sondern tauschen uns über wichtige Belange aus.«

Lois arbeitet seit zweiundzwanzig Jahren als Beraterin im Zentrum und hat festgestellt, dass es genau das ist, was sie immer tun wollte. »Ich habe mein Leben lang im Immobilienbüro meines Mannes mitgeholfen. Ich hatte keine andere Wahl.

Ich fand, das sei ich ihm schuldig. Deshalb ist das hier wie eine zweite Chance, ein neues Leben zu beginnen.«

Ich lernte Jake kennen; er ist ehrenamtlich für das Friendly Visitor-Programm des Zentrums tätig und brachte den 95-jährigen Karl zum Interview mit, den er betreut; Karl ist nicht mehr mobil und lebt in einem Pflegeheim. Er ist der zuvor zitierte Mann, der auf die Frage nach seinem Alter antwortete: »Keine Ahnung, wie alt ich bin, aber ich war schon auf der Welt, als das Tote Meer krank wurde.« Karl hat eine enge Bindung zu Jack entwickelt. Der Gedanke, wie es ihm ginge, wenn er ihn nicht als Ansprechpartner hätte, war mir unerträglich. »Wir sind bei vielen Themen – Politik, Humor – völlig einer Meinung«, sagte er von Jake.

Evelyn Freeman, die attraktive 91-jährige Initiatorin des Peer Counseling Program, sagte: »Wenn wir einen Begriff suchen, der die Aktivitäten von Beratern und Klienten kennzeichnet, wäre das Freude. Die Freude, produktiv zu sein. Die Freude, etwas Sinnvolles zu tun. Die Freude zu wissen, dass man seinen Radius im Alter erweitern kann, im Gegensatz zur landläufigen Meinung, er würde enger. Die Freude der Erkenntnis, dass jeder von uns ein Leben lang die Möglichkeit hat, etwas zu verändern.«

Eine andere kluge Frau, die das Prinzip der Generativität verkörpert, ist meine Freundin Dr. Johnnetta Cole, die ich bereits erwähnte. Sie führt ihr Wohlbefinden im dritten Akt auf ihr Zielbewusstsein und aktives Engagement für ein lebenswertes Leben zurück. »Ich erzähle gerne von meinem fünfzigsten Ehemaligentreffen am Oberlin College. Ich bin noch immer eng mit meiner früheren Zimmergenossin Chitie Edgett und ihrem Mann Dick befreundet. Schwester Jane, sagte sie danach zu mir, an dem Treffen haben ein paar Leute teilgenommen, gleich ob mit oder ohne Rollstuhl, die den Blickkontakt zum Leben verloren haben. Doch ich bin froh, sagen zu können, dass die Mehrzahl eindeutig einen anderen Weg eingeschlagen hat. Worin bestand der Unterschied?

Trotz der Gesundheitsprobleme, die Chitie, Dick und ich haben, genau wie viele andere Ehemalige, nehmen wir das Leben nicht nur so, wie es ist, sondern versuchen, jeden Tag genug Zeit zu finden, um das zu tun, was wir tun müssen und tun wollen. Ich bin überzeugt, dass der dritte Akt am besten gelingt, wenn wir uns für etwas engagieren, was unsere Leidenschaft weckt. Natürlich müssen wir unsere Gebrechen und die physischen Merkmale des Alterns zur Kenntnis nehmen.

Ich lache noch heute stillvergnügt in mich hinein, wenn ich mich an den Ausspruch von Maya Angelou erinnere, die Bürgerrechtlerin, die sagte, dass eine Frau ab einem bestimmten Zeitpunkt ihres Lebens den Wettlauf zwischen ihren beiden Brüsten beobachten und sehen kann, welche von beiden am schnellsten hängt. »Dem Alterungsprozess des Körpers mit Humor zu begegnen trägt dazu bei, die Lebensfreude angesichts der Verwandlung in einen Mitbürger zu bewahren, der schon einige Jährchen auf dem Buckel hat.«

Johnnetta war ihr ganzes Leben lang gezwungen, gegen ismen zu kämpfen: Rassismus, Sexismus, Klassismus. »Und ich bin auch gegen die Diskriminierung alter Menschen, Behinderter und aller möglichen Minderheiten Sturm gelaufen«, fügte sie hinzu. »Meine Weltsicht und mein Lebensweg waren von der Erfahrung der Rassentrennung in den Südstaaten geprägt, die während meiner Kindheit und Jugend noch gesetzlich verankert war, durch die Menschenrechts-, Anti-Vietnam- und Frauenbewegung, und natürlich durch meine akademische Ausbildung – Anthropologie, Frauenforschung und Afroamerikanische Studien. Nun kann ich die Erkenntnisse und Erfahrungen aus dem ersten und zweiten Akt in das einbringen, was der dritte Akt zu bieten hat, und auch weiterhin mein Scherflein im fortwährenden Kampf gegen alle diskriminierenden Systeme beitragen.«

Einige Jahre lang war Johnnetta aktiv für das Johnnetta B. Cole Global Diversity and Inclusion Institute tätig, das dem Bennett College for Women in Greensboro, North Carolina, angeschlossen ist. Als sich das Institut auf dem Höhepunkt des Erfolgs befand, fand dort einmal jährlich das Chief Diversity Officers Forum (CDO) statt. Johnnetta erklärte, dass immer mehr US-Unternehmen Chief Diversity Officer ernennen; sie haben die Aufgabe, Führungskräfte auf die unerlässliche Aufgabe vorzubereiten, die Vielfalt der Belegschaft zu fördern und eine Kultur der Inklusion zu schaffen, die alle Mitarbeiter willkommen heißt.

Solche Maßnahmen sind unabdingbar, wenn sich ein Unternehmen angesichts eines globalen, von kultureller Vielfalt geprägten Marktes erfolgreich im Wettbewerb behaupten will. Mitarbeiter verschiedenster Herkunft zu gewinnen, zu halten und eine inkludierende Kultur zu entwickeln ist nicht nur der richtige Weg, sondern auch eine kluge Strategie. Mit anderen Worten: Auch aus der unternehmerischen Perspektive spricht einiges dafür.

Johnnetta geht es mit ihrem Generativitätskonzept nicht nur darum, die Vielfalt in der Welt der Unternehmen zu ermutigen, sondern ihre Kenntnisse und Erfahrungen auch in den Aufbau des Führungskräftenachwuchses einzubringen. Power Girls, ein weiteres Programm ihres Instituts, bietet vierzehn- bis siebzehnjährigen Mädchen aus den USA und anderen Ländern ein zweiwöchiges Führungstraining am Bennett College. »Eine Möglichkeit, den dritten Akt dynamisch und spannend zu gestalten, besteht darin, sich mit jungen Menschen zu umgeben!«, sagt Johnnetta.

»Vor eineinhalb Jahren habe ich die Leitung des Smithsonian National Museum of African Art übernommen«, fügte sie hinzu. »Ich könnte nicht glücklicher sein, denn nun habe ich endlich die Möglichkeit, meine leidenschaftliche Liebe zur afrikanischen Kunst, mein Wissen auf dem Gebiet der Anthropologie und Afrikanischen Studien, meinen Glauben an die Bildung als machtvolles Instrument des Wandels und mein Gefühl der Verantwortung für das Gemeinwohl unter einen Hut zu bringen.«

Ein klares Ziel im Leben kann zur Folge haben, dass man Fähigkeiten, über die man bereits verfügt, stetig verbessert. Henri Matisse malte auch dann noch, als er bettlägerig war, den Pinsel an einen Stock gebunden. Winston Churchills letzte Amtszeit als Premierminister von Großbritannien begann im Alter von 77 Jahren. Michelangelo arbeitete noch eine Woche vor seinem Tod mit 89 Jahren an einer Skulptur. Und mit 90 versorgte Albert Schweitzer unermüdlich Leprakranke.

Natürlich ist es einfacher, bis zum Lebensende einer beruflichen Tätigkeit nachzugehen, die man liebt, wenn man beispielsweise sein eigener Chef, freischaffender Künstler (Filmschauspieler gehören nicht dazu) oder einer derjenigen Politiker ist, die ständig wiedergewählt werden. Es ist erheblich schwerer, wenn der Verbleib im Arbeitsleben von den Entscheidungen anderer abhängt, wie in der Welt der Unternehmen der Fall.

Aber vielleicht entdecken Sie Möglichkeiten, die Uhr zurückzudrehen und Interessen weiterzuentwickeln, die aufgrund des Zeitmangels auf der Strecke geblieben sind, beispielsweise kreatives Schreiben, Töpfern, die Arbeit mit jungen Menschen, Coaching oder Lesekurse für erwachsene Analphabeten. Erkunden Sie neue Bereiche oder versuchen Sie, Ihre vorhandenen Fähigkeiten und Kenntnisse auf neue Weise zu nutzen.

Mein Freund Scott Seydel, ein Biochemiker, baute eine Textilfärberei mit zahlreichen Tochterfirmen im Ausland auf. Im dritten Akt nutzt er seine wissenschaftliche Expertise, um New York City, Walmart und andere Unternehmen beim Einsatz recycelbarer Produkte und Verpackungen zu beraten. Seine Frau Pat Mitchell sagte: »Ich finde ihn um drei Uhr morgens am Esstisch vor dem Computer, wo er ein PowerPoint-Manuskript für einen Vortrag über Recycling entwirft.« Scott betrachtet sein neues Leben als »Wiedergutmachung, weil ich Teil des Industriekomplexes war.« Wiedergutmachung hin oder her, er bewirkt einen Unterschied.

Die fantastische Robin Biddle Duke war 83 Jahre alt, als ich sie interviewte. Sie hatte ihr ganzes Erwachsenenleben für den United Nations Population Fund (UNFPA) gearbeitet, um die Wahlmöglichkeiten von Frauen und Mädchen zu erweitern. Sie zeichnet sich durch einen regen Geist und diplomatisches Talent aus, Eigenschaften, die sie während ihrer langjährigen Ehe mit Angier Biddle Duke, dem Protokollchef von Präsident Kennedy, feinzuschleifen verstand. Alles andere als ein Schmuckstück am Arm ihres Mannes, nutzte sie ihre Kontakte und Positionen, um die internationale Zusammenarbeit der Frauenrechtsorganisationen zu fördern. Ihr Mann starb bei einem Rollerblade-Unfall, als Robin 73 Jahre alt war, aber sie setzte ihre Arbeit fort.

»Herumsitzen und darauf warten, dass sich etwas tut, ist nichts für mich«, gestand sie mir. »Das ist wie bei einer Bootspartie, man muss sich in die Riemen legen. Wenn man so viel Glück im Leben hatte wie ich, rudert man weiter. Was macht es schon, wenn ich nicht mehr so schnell vom Fleck komme wie früher? Wichtiger ist, dass es Spaß macht, einen Beitrag zu leisten.«

Mit 80 beschloss sie, Französisch zu lernen, um beim Einsatz des International Rescue Committee in den afrikanischen Nationen von Nutzen zu sein, in denen Französisch die Amtssprache ist, und »um zu sehen, ob ich noch lernfähig bin. Wer

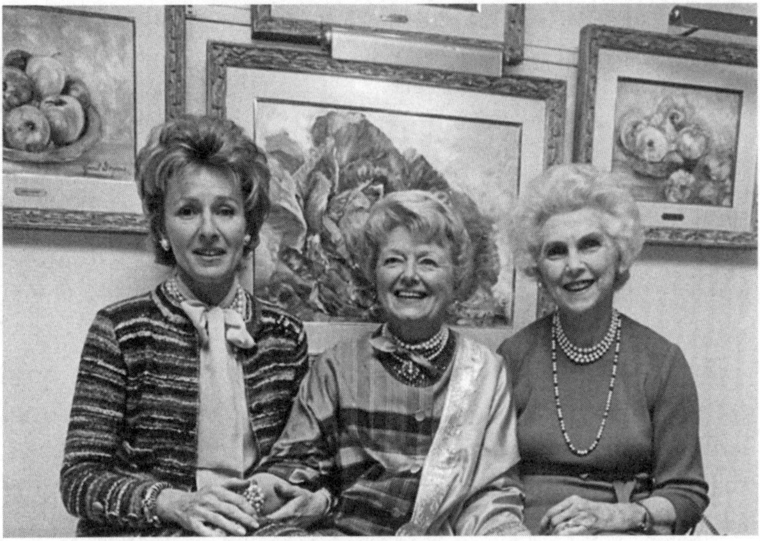

The Honorable Robin Biddle Duke (links) mit Freundinnen.

rastet, der rostet, heißt es ja.« Sie genoss es, die älteste Schülerin im Kurs zu sein. »Ich versuche stets, mein Bestes zu geben, aber ich bin ein bisschen langsamer«, gestand sie. Sie besucht nicht mehr alle Empfänge und hat ihre Reisen nach Afrika reduziert (auf zwei pro Jahr!).

Kurz vor dem Interview hatte sie – eine weise Entscheidung – ihre Enkelin auf eine Afrikareise mitgenommen. »Ich wollte, dass sie die ungeschminkte Realität der Entwicklungsländer und die Unmenge an Arbeit, die dort erforderlich ist, mit eigenen Augen sieht.«

Ein weiteres Beispiel für eine sinnvolle Aufgabe im Alter stammt von meinen Freunden Eva und Yoel Haller, zum Zeitpunkt des Interviews beide 77 Jahre alt. Sie lernten sich mit 57 kennen; sie war Witwe und leitete ein großes weltweit operierendes Marketingunternehmen, das sie gemeinsam mit ihrem vierten Ehemann gegründet hatte. Drei Jahre später verkaufte Eva die Firma an ihre Mitarbeiter und Yoel, Gynäkologe und Geburtshelfer mit eigener Praxis in San Francisco, ging in den Ruhestand; seither arbeiten sie ehrenamtlich in verschiedenen philanthropischen Initiativen mit. »Ich spiele weder Gold noch Tennis oder Bridge«, sagte Eva. »Ich habe keine Lust auf Einladungen zum Mittagessen oder Tee. Ich war immer auf sozialem Gebiet aktiv. Ich kann mir kein anderes Leben vorstellen. Was für einen Grund hätte ich sonst, morgens aufzustehen? Was fängt man mit dem Tag an, der vor einem liegt? Man muss einen guten Grund haben, zu leben.«

Eva beschreibt ihre Aktivitäten als Inkubator für neue Jugendorganisationen. Eine gemeinnützige Organisation, deren Vorsitz sie führt, ist Free the Children, die in Afrika, Asien und Südamerika den Bau von mehr als fünfhundert Schulen finanziert hat. »Sie wurde von jungen Leuten ins Leben gerufen, die sie leiten und ihre Projekte durch Spenden finanzieren«, erzählte sie stolz. Darüber hinaus ist sie Vorstandsmitglied in weiteren nicht-gewinnorientierten internationalen Organisationen mit Schwerpunkt Bildung, Umwelt und Ver-

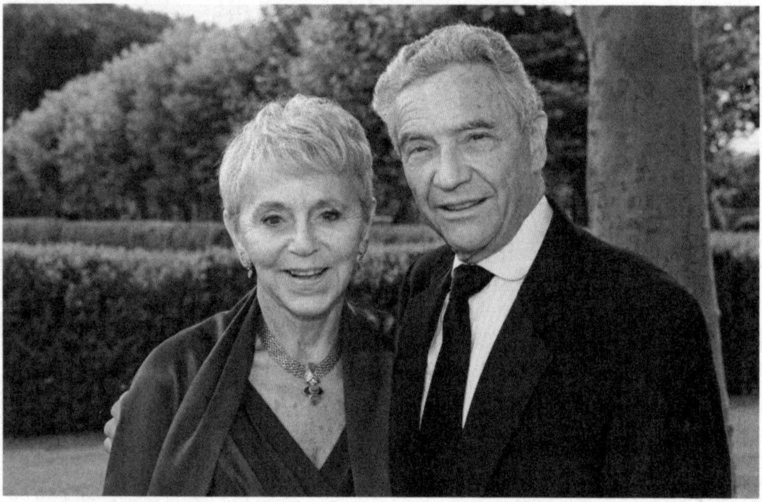

Eva und Yoel Haller.

besserung der Lebensumstände von Frauen und Mädchen in Entwicklungsländern. Die Hallers betrachten die jungen Leute, mit denen sie zusammenarbeiten, als Teil ihrer erweiterten Familie. »Wir nehmen sie unter unsere Fittiche« sagte Eva. »Das ist ein lohnenswertes Unterfangen. Wir profitieren noch mehr davon als sie, aber das sage ich ihnen natürlich nicht.«

Das kann ich anhand meiner eigenen Jugendarbeit nur bestätigen. Wie die amerikanische Schriftstellerin und Frauenrechtlerin Carolyn Heilbrun schrieb: »Das Geheimnis einer erfolgreichen – und dauerhaften – Zusammenarbeit mit jungen Menschen liegt in dem Wissen, dass wir mehr von ihnen als sie von uns lernen.«

Janet Wolfe war 93 Jahre alt, als wir uns auf einer Party in Southampton kennenlernten. Sie strahlte so viel Vitalität und Humor aus, dass ich sie um ein Interview bat. Sie ging mit mir in ein Restaurant unweit ihrer Wohnung in New York, in dem sie jeden Tag ihr Mittagessen einnimmt: Spaghetti alle vongole (die Reste lässt sie sich fürs Abendessen einpacken) und ein Glas Pino Grigio.

Sie war ein lebensfroher Mensch, obwohl sie ein schweres Leben gehabt hatte, das manch anderen verbittert hätte. »Meine Mutter hasste mich«, sagte sie mir. »Sie sagte ständig: So hässlich wie du bist, wirst du es nie zu etwas bringen. Sie hinterließ alles meinen beiden Brüdern, und mir vermachte sie genau einen Dollar, sodass ich ihr Testament nicht anfechten konnte. Mein Vater kam nicht gegen sie an.«

Janets Vater war Börsenmakler an der Wall Street. Die Familie war wohlhabend, verlor aber ihr gesamtes Vermögen während der Weltwirtschaftskrise 1929. »Sie behielt recht, ich war eine absolute Niete«, gestand Janet. »Mir fehlte das Durchhaltevermögen, sonst wäre ich vielleicht eine gute Schauspielerin oder Theaterregisseurin geworden. Und ich besaß nie auch nur einen Funken Selbstwertgefühl. Ich habe ein bisschen in Hollywood gejobbt, als Komparsin. War in einigen Kinofilmen zu sehen, als Mitglied der Tanztruppe, bis sie feststellten, dass ich gar nicht tanzen konnte.«

Während des Zweiten Weltkriegs hatte sie den Offiziersklub des Roten Kreuzes in Rom geleitet. Trotz ihrer Gabe, Freundschaften zu schließen und Menschen zum Lachen zu bringen, geriet sie mit sechzig, als Mutter von zwei Töchtern, die sie finanziell unterstützte, in Not. Auf der Suche nach Arbeit wandte sich an den Vorsitzenden der New York City Housing Authority.

»Was könnten Sie für unsere Behörde tun?«, wollte er wissen.

»Ich weiß nicht«, erwiderte sie.

»Ich hätte da eine Idee. Ich bin mit den Projekten aufgewachsen, die unsere Behörde finanziert, aber klassische Musik war nie dabei. Wie wäre es, wenn Sie ein Sinfonieorchester für uns aufbauen?«

Sie nahm die Herausforderung an und war zum Zeitpunkt unseres Interviews noch immer als kaufmännische Leiterin des Orchesters tätig.

Das Orchester gibt jedes Jahr fünfzig öffentliche Konzerte für die Bewohner der von ihr betriebenen Sozialwohnungen in New York City, in staatlichen Schulen, Gefängnissen und städtischen Parkanlagen und ist in einigen der renommiertesten Konzerthallen der Stadt aufgetreten. Die Organisation ist Janets Aufgabe im dritten Akt. Sie pflegte schwarze Absolventen des Juillard-Konservatoriums einzuschmuggeln, die sich wohl oder übel auf Jazzmusik beschränken mussten, weil man der Auffassung war, dass Schwarze unfähig oder unwillig waren, sich ein klassisches Repertoire anzueignen. Der verstorbene Komponist und Schlagzeuger Max Roach, der mit dem Orchester auftrat, sagte von Janet: »Sie hat schwarzen, spanischstämmigen und asiatischen Musikern mehr Arbeitsmöglichkeiten verschafft als irgendein anderer in New York. Vermutlich ist das Orchester das einzige im ganzen Land, dass ethnischen Minderheiten – schwarze Komponisten und Dirigenten eingeschlossen – die Chance bietet, mit einem Sinfonieorchester aufzutreten, das klassische Musik macht.«

Janet verfügt über einen herrlich selbstironischen Sinn für Humor. Sie erzählte mir beim Mittagessen, dass sie ständig nach Möglichkeiten Ausschau hält, Geld für das Orchester aufzutreiben. »Unlängst habe ich mich an einen gut betuchten Mann gewandt und gesagt: Wenn Sie genug spenden, bleibt es Ihnen erspart, mit mir zu schlafen. Und er erwiderte: Wie viel ist genug?« Trotz ihrer Gesundheitsprobleme und schmerzlichen Vergangenheit geht es Janet gut, weil sie Gutes tut.

Wir wissen, dass wir diese Welt eines Tages verlassen müssen und sie sich ohne uns weiterdreht. Das mag traurig sein, aber ich tröste mich mit dem Gedanken, den Zalman Schachter-Shalomi, einer der bedeutendsten Vertreter der Jewish-Renewal-Bewegung, zum Ausdruck gebracht hat: »Wenn wir unsere späten Jahre für generatives Verhalten nutzen – andere anleiten und fördern, vor allem die nächsten Generationen –, sorgen wir dafür, dass unser Leben einer abgespeicherten Computerdatei gleicht, die auch bei Stromausfall nicht verloren geht. Die Erfahrungen, die sich im Lauf eines Lebens angesammelt haben und durch Misserfolge und Erfolge geprägt sind, bleiben als Vermächtnis für andere erhalten, lange nachdem der Körper seinen Betrieb eingestellt hat.«[98]

17. KAPITEL

Die Zeit reifen lassen: Eine Herausforderung für Frauen

Eine andere Welt ist nicht nur möglich, sondern bereits auf dem Weg. An einem ruhigen Tag kann ich sie atmen hören.
ARUNDHATI ROY

Heute ist das erforderlich, was alle großen Weltreligionen von den Menschen gefordert haben, nämlich andere so zu behandeln, wie wir selber behandelt werden möchten, soziale Verantwortung zu übernehmen und Sorge für die gesamte Schöpfung zu tragen. Wir wissen nicht, ob oder wann die Zeit für einen solchen Wandel reif sein wird, aber wir sind überzeugt, dass wir alle danach streben sollten, sie reifen zu lassen.
PAUL ERLICH

Wir haben fünf, sechs, sieben, acht oder mehr Jahrzehnte gelebt, lange genug, um zu erkennen, dass sich die Welt in einer prekären Situation befindet. Vielleicht bin ich eine notorische Schwarzmalerin, wie meine Freundin Robin Morgan meint, aber auf die Gefahren aufmerksam zu machen kann wohlbegründet sein, wenn die Zeichen an der Wand bereits sichtbar sind.

Hier geht es um weit mehr als gleichen Lohn oder bessere berufliche Aufstiegschancen für Frauen. Ich bin sicher, dass nichts Geringeres als das langfristige Überleben unserer Spezies – unseres Planeten, genauer gesagt – von Frauen abhängt, die auf breiter Front die Führung übernehmen: in der Politik, im Rechtswesen, auf spirituellem, finanziellem und psychologischem Gebiet, in der Gemeinde und in der Kunst.

Es liegt mir fern, päpstlicher als der Papst zu sein und unsere eigenen Versäumnisse zu leugnen; das habe ich in meiner Glanzzeit zur Genüge getan. Sich mit den aktuellen Geschehnissen in der Welt auseinanderzusetzen bedeutet nach meinem Verständnis, zum Handeln aufgerufen zu sein, doch diese Erkenntnis umzusetzen ist schwierig. Manche von uns haben das Bedürfnis, sich an das zu klammern, was sie glauben wollen, obwohl Beweise vorliegen, die auf das Gegenteil hindeuten. Unsere Identität kann in ein bestimmtes Überzeugungssystem eingebunden sein, und würden wir es genauer unter die Lupe nehmen, wäre möglicherweise unsere gesamte Existenz in Frage gestellt – wenn das nicht der Wahrheit entspricht, wer bin ich dann?

Wir müssen die Frage Wer bin ich dann? beantworten mit einem weit widerhallenden »Wir sind Frauen, klug und bereit, den Mächtigen dieser Welt unsere eigenen Wahrheiten zu vermitteln, selbst wenn wir dabei unliebsame Dinge ans Tageslicht befördern müssen, die wir zu begraben versuchen.« Einige Anthropologen sind der Meinung, dass Frauen mit zunehmendem Alter zwei Charaktereigenschaften wiedererlangen, die sie in den Jahren der Kindererziehung unterdrückt haben: Die Fähigkeit zur Selbstbestimmung und Selbstbehauptung. Der Anthropologe David Gutmann erklärte, dass diese Entwicklung in vierzehn der sechsundzwanzig von ihm erforschten Gesellschaften festzustellen war, und dass in keiner das Dominanzstreben der Männer zunahm.[99]

Wir sind außerdem Angehörige der Wegbereiter-Generation der sechziger Jahre. Wir haben selbst erlebt, was es heißt, längst überholte, diskriminierende Statussymbole zu bekämpfen, Initiativen zu unterstützen, die gleiche Rechte für Frauen und Menschen gleich welcher Hautfarbe fordern, und im Verlauf dieses Prozesses neue Rollenmodelle für mündige Bürger zu entwickeln.

Wir können mit unseren Bemühungen nicht auf die junge Generation warten, sie nur anleiten und inspirieren. Sie ist mit Ausbildung, Eintritt ins Arbeitsleben, Partnersuche, Gründung von Heim und Familie und den vielfältigen Herausforderungen, sich ein Standbein im Leben zu verschaffen, voll ausgelastet. Diejenigen, die sich in der Lebensmitte befinden, erleben diese Zeit als fruchtbare Leere, in der sie ängstlich auf den Erhalt der Jugend und der eigenen Stärke bedacht sind, die langsam zerrinnen. Der Gedanke an das Alter löst Beklemmungen bei ihnen aus. Wir haben dieses Stadium hinter uns gelassen, und weitgehend auch das Bedürfnis, uns etwas zu verschaffen.

Man könnte sich fragen, warum ausgerechnet ältere Frauen (gemeinsam mit emanzipierten jungen Frauen und Männern) am besten geeignet sind, einen Paradigmenwandel herbeizuführen und eine Gesellschaft zu schaffen, in der weniger Gewalt, Ungleichheit, Altersdiskriminierung, Rassismus, Sexismus und Homophobie herrschen. Ein Grund ist, dass viele Männer in der Überzeugung erzogen wurden, Konzepte wie Diplomatie, Frieden und Gleichheit würden von Verweichlichung zeugen, zu humanistisch sein – Weiberkram, der ihre Männlichkeit herausfordert.

In *Eine neue Erde: Bewusstseinssprung statt Selbstzerstörung* schreibt Eckhart Tolle, das Ego habe zwar die absolute Vorherrschaft in der kollektiven menschlichen Psyche übernommen, aber bei Frauen habe es schwerer Fuß fassen können als bei Männern, weil Frauen einen engeren Bezug zum Körperinneren und der Intelligenz des Organismus hätten, in denen die intuitiven Eigenschaften verortet sind. Außerdem wären sie offener und einfühlsamer gegenüber anderen Lebensformen und stärker im Einklang mit der Natur. Wie die Frauenrechtlerin Gloria Steinem sagte: »Es ist nicht etwa so, dass Frauen den Männern moralisch überlegen wären, aber wir müssen unsere Männlichkeit nicht beweisen.«

Der zweite Grund ist, dass es heute weltweit mehr ältere Frauen gibt als jemals zuvor. In den USA und vielen anderen Ländern repräsentieren sie die größte demografische Gruppe.

Dazu kommt die Tatsache, dass sich Frauen besser auf Veränderungen und Anpassungen einstellen können als Männer und ihnen im Alter daher vieles leichter fällt. Während Männer dazu neigen, ihre Aufmerksamkeit vornehmlich auf Beruf oder Karriere zu fokussieren, finden im Leben von Frauen immer wieder Umbrüche statt: Babypause, Beruf und Haushalt auf einen Nenner bringen, umziehen, wenn der Beruf des Mannes es erfordert, Kinder großziehen und loslassen, wenn sie aus dem Haus gehen (um sie nicht selten wieder aufzunehmen, bis sie finanziell unabhängig sind, was heute immer später der Fall ist!). Die Frauenbewegung hat viele von uns inspiriert, unsere Rollen im Berufs- und Privatleben zu überdenken und die Arbeit wertzuschätzen, die wir leisten. Und nicht zu vergessen die nachhaltigen Veränderungen, die mit der Umstellung des Hormonhaushalts einhergehen.

Wir haben gelernt, uns an Unstetigkeit in jedweder Form anzupassen. Die Kulturanthropologin Mary Catherine Bateson weist darauf hin, dass diese Unstetigkeit in unserem Leben über weite Strecken als Schwachstelle betrachtet wurde, als *Weg der Frauen* –, im Alter jedoch als Aktivposten gilt, als Kern unserer Fähigkeit, immer wieder auf die Füße zu kommen. Abgesehen davon haben wir durch Veränderungen weniger zu verlieren als Männer. Nur wenige Frauen haben auf der politischen Bühne eine echte Machtposition errungen – vielleicht nicht einmal in der Familie; wir haben kein Interesse am Erhalt eines Status quo, der uns benachteiligt, und sind im dritten Akt aus dem Markt der Eitelkeiten ausgeschieden, sind nicht mehr bestrebt, zu gefallen oder es jedem Recht zu machen. Was haben wir also zu verlieren?

Ungeachtet dessen, ob wir bereit sind die Chance zu nutzen oder nicht, wir haben heute mehr Zeit und Erfahrung und weniger Angst, jemanden zu verärgern. Es ist an der Zeit, den Speicher der Erinnerungen zu entrümpeln, um Eigenschaften auszugraben, die wir dorthin verbannt haben, denn sie ins Licht zu rücken hätte bedeutet, authentisch zu sein, unser volles Potenzial auszuschöpfen, und das wäre mitunter gefährlich gewesen. Deshalb sollten wir uns daran erinnern, wer wir waren, bevor wir unsere Persönlichkeit nach den Vorstellungen des Ehemanns oder Chefs zurechtgestutzt haben. Als wir noch die Hände in die Hüften gestemmt, das Kinn angriffslustig vorgereckt und herausfordernd gesagt haben: »Aha, und wer behauptet das?« Dieses in Vergessenheit geratene Selbst sollten wir mit unserer hart erworbenen Altersweisheit beleben und ihm die Führung überlassen, wenn es gilt, sich neuen Herausforderungen zu stellen.

Eine dieser Herausforderungen besteht darin, einander zu helfen, die neue globale Realität zu verstehen und sich klarzumachen, welchen Platz wir darin einnehmen. Wir leben auf einem schrumpfenden, übervölkerten Planeten, dessen natürliche Ressourcen fortwährend abnehmen. Die Globalisierung mag eine einheitliche Welt schaffen, doch um diese in einen friedlichen, gerechten, auf Nachhaltigkeit basierenden und miteinander vernetzten Lebensraum für alle Menschen zu verwandeln, muss unser globales Bewusstsein mit dieser Entwicklung Schritt halten.

Die neue Realität erfordert internationale Zusammenarbeit, multilaterale Abkommen, Diplomatie (gepaart mit Bescheidenheit) und Empathie. Doch solche Ansätze gelten bei vielen Männern, die hohe politische Ämter bekleiden, als verweichlicht oder Weiberkram. Wenn man die Kluft zwischen den Geschlechtern genauer unter die Lupe nimmt – die unterschiedliche Einstellung von Männern und Frauen zu bestimmten Themen, die sich in Wahlen und Umfragen offenbart – sieht man, dass sich in der Tat überwiegend um frauenspezifische Werthaltungen handelt. Männer wären gut beraten, sie nicht länger herabzusetzen. Diese Werthaltungen werden unsere Rettung sein. In Bereichen, in denen eine Annäherung stattfindet – beispielsweise bei Themen wie Krieg und Frieden –, bewegen sich die Männer in Richtung der Frauen und nicht umgekehrt.

Ich möchte noch einmal betonen, dass gerade ältere Frauen prädestiniert dafür sind, bei der Rettung unserer Welt eine Schlüsselrolle zu übernehmen. Wir haben die Zeit, die Lebensweisheit, die breitgefächerte Sichtweise und die erforderliche Anzahl an Mitstreiterinnen. Wir haben weniger zu verlieren und keine Angst mehr davor, auf die Barrikaden zu gehen. Einige Anthropologen behaupten, dass wir das durchsetzungsfähigere Geschlecht geworden sind. Und wir werden zusätzlich durch das Wissen motiviert, dass die Zukunft nachfolgender Generationen bedroht ist – in manchen Fällen unserer Enkel und Stiefenkelkinder, Nichten und Neffen.

Zugegeben, die Vorstellung, wir könnten das Verhalten weltweiter Institutionen verändern, mag überwältigend erscheinen. Aber man denke nur daran, was eine kleine Trimmklappe vermag! Eine Trimmklappe ist ein Ruder in Miniaturformat, die sich am Rand eines großen Ruders am Heck eines Ozeandampfers befindet. Wird die Trimmklappe auch nur ein wenig bewegt, baut sie mühelos einen Unterdruck auf, der das Ruder herumreißt. Frauen repräsentieren eine kritische Masse, und ältere Frauen sind die kritische Masse *innerhalb* dieser Masse. Frauen über 85 sind weltweit die am schnellsten wachsende Altersgruppe! Wir bringen die Voraussetzungen mit, Druck aufzubauen und das Ruder unseres Staatsschiffs herumzureißen!

Bei einigen indigenen Bewohnern Nordamerikas lenkte ein aus Frauen bestehender Ältestenrat die Geschicke des Volkes;

sie wählten den Häuptling, den Repräsentanten ihres Clans für die sechs Stämme, die Mitglied der Irokesen-Föderation waren. Die Frauen konnten nicht Clanoberhaupt werden, aber sie wussten, welcher Mann über die erforderlichen Führungseigenschaften verfügte (die Fähigkeit, etwas zu bewahren statt zu erobern). Es waren die älteren Frauen, die entschieden, wann es unabdingbar war, in den Krieg zu ziehen, und wie der Frieden erhalten werden könnte. Das Regierungskonzept der Sieben Indianischen Nationen war so erfolgreich, dass die amerikanischen Gründerväter es als Blaupause für die Verfassung benutzten. Außer, dass sie – Überraschung! – die Rolle der älteren weisen Frauen ausklammerten.

Wenn wir uns ernsthaft damit befassen, was auf dem Spiel steht, und bereit sind, unsere gesamte Erfahrung und unser Wissen in das Unterfangen einzubringen, können wir nicht nur Clanoberhäupter wählen, sondern werden.

Die Anthropologin Mary Catherine Bateson hat ein Buch über die Weisheit im Alter geschrieben, *Composing a Further Life: The Age of Active Wisdom.* Sie ist genau wie ich der Meinung, dass die wachsende Anzahl der Senioren das Potenzial besitzt, eine wichtige Rolle als Katalysator des Wandels zu spielen. »Wir haben einen neuen Wendepunkt erreicht«, heißt es dort. »Der Aufstieg der Frauenbewegung war ein Wendepunkt in der Geschichte, genauso wie die Erkenntnis, dass der Klimawandel eine akute Gefahr für die Umwelt darstellt. Auch die Langlebigkeit ist ein solcher Wendepunkt. Die Frage ist nur, können wir zum Prozess des Wandels auf eine Weise beitragen, die das Leben von Menschen aller Altersgruppen wirklich bereichert und vertieft? Gelingt es uns, auf unser Recht zu pochen, die Energie zu mobilisieren, Gebrauch von unserer Stimme zu machen und zur Tat zu schreiten?«

In *Briefe an einen jungen Dichter* schreibt Rainer Maria Rilke: »Leben und Tod sind die größten Geschenke – die gewöhnlich ungeöffnet bleiben.« Sollte unsere Aufgabe nicht letztendlich darin bestehen, das Geschenk des Lebens zu öffnen, unsere Weisheit zu nutzen und unser Bewusstsein zu vertiefen, um die Zeit reifen zu lassen? Wir selbst sind reif – bereit, die Saat auszubringen. Wir sollten sie so weit wie möglich streuen und sehen, was daraus wächst! Ist das nicht vielleicht der ultimative evolutionäre Sinn unseres Lebens?

18. KAPITEL

Auseinandersetzung mit der eigenen Sterblichkeit

Ohne das allgegenwärtige Gefühl des Todes ist das Leben schal. Genauso gut könnte man nur von Eiweiß leben.

MURIEL SPARK

Es ist ungewiss, wo uns der Tod erwartet; erwarten wir ihn also allenthalben. Sinnen auf den Tod ist Sinnen auf Freiheit. Wer sterben gelernt hat, versteht das Dienen nicht mehr.

MICHEL DE MONTAIGNE

Möglicherweise halten Sie dieses Thema für morbide und haben keine Lust mehr, weiterzulesen. Aber stellen Sie sich eine Minute lang vor, wie unser Leben verlaufen würde, wenn wir unterblich wären. Es hätte keine Struktur mehr, sondern wäre nur noch eine ewige Aneinanderreihung bedeutungsloser Erfahrungen. Bedeutung entsteht allein durch die Spannung zwischen Gegensätzen: Stille bedeutet nichts ohne Geräusche; Licht bedeutet nichts ohne Schatten; selbst menschliche Güte ohne Bosheit oder Glück ohne Traurigkeit würden banal.

Was fangen wir mit unserer Zeit, wenn wir alles erledigt haben, was wir im Leben tun wollten oder mussten? Bis zum Sankt Nimmerleinstag denselben Aktivitäten nachgehen? Immer wieder die alte Leier? Es bestünde keine Dringlichkeit, gäbe keinen Anreiz, neue Wege zu gehen. Wenn unsere Zeit endlos bemessen wäre, würde jeder Augenblick seine einzigartige Bedeutung verlieren.

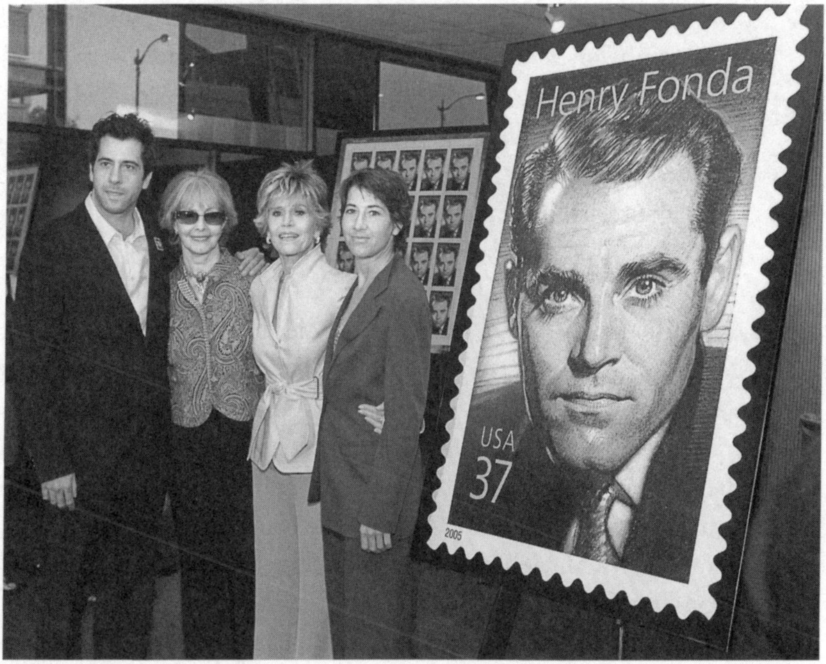

Mit meinem Sohn, meiner Tochter und meiner Stiefmutter Shirlee Fonda bei der feierlichen Enthüllung der Henry-Fonda-Briefmarke.

Wir sollten nicht nur für das Alter proben – das tue ich seit mindestens zwanzig Jahren. Ich bereite mich auch auf den Tod vor. Das mögen manche als morbide empfinden, zumindest auf den ersten Blick. In den 1970er Jahren besuchte mich der Sänger Michael Jackson in Santa Barbara. Ich wies ihn auf eine bestimmte Stelle am Rande einer Klippe hin, die auf den Pazifik hinausblickte; dort sollte meine Asche verstreut werden. Ich war verblüfft, als er völlig ausrastete und schrie: »Hör auf, hör auf!« Es war für ihn unverständlich und beängstigend, dass ich meinen eigenen Tod so leicht akzeptieren konnte. Vielleicht war es ein Segen, dass er in jungen Jahren starb. Ich kann mir nicht vorstellen, dass er in Frieden mit sich selbst und der Welt alt geworden wäre.

Von Zeit zu Zeit versuche ich mir vorzustellen, wie es sein wird, wenn ich hochbetagt bin und meine Stunde naht. Ich sehe mich auf dem Bett liegen, schwach und verrunzelt. Ich spüre das weiche Fell meines kleinen Hundes (vermutlich nicht derjenige, den ich jetzt habe, leider), der sich unter meinen Armen zusammengerollt hat. Meine Kinder und Enkelkinder haben sich eingefunden. Die meisten meiner engsten Freunde sind jünger als ich; ich sehe sie ebenfalls in diesem Szenario – sie kommen und gehen, wie ihr geschäftiges Leben es erlaubt.

Ich weiß, dass es mir in diesem Augenblick am meisten bedeuten würde, mich von den Menschen, die mir nahestehen, geliebt zu wissen. Ich weiß, dass ich mein Leben bis dahin so gestalten muss, dass ich diese Liebe verdiene. Ich weiß, um diese Liebe wahrnehmen und erwidern zu können, muss ich geistig fit bleiben. Ich weiß, dass ich während des Sterbeprozesses versuchen möchte, meine Liebe zu ihnen und das Gefühl zum Ausdruck zu bringen, dass der Tod ein natürlicher Teil des Lebens ist. Meine Freundin Joan Halifax, eine Zen-Priesterin, die Sterbende begleitet, schrieb, dass wir »intuitiv spüren, dass zum Zeitpunkt des Todes ein Bruchteil der Ewigkeit in unseren Innern befreit wird.«[100]

Joan erzählte mir von ihrem Vater. Zwei Tage vor seinem Tod fragte ihn eine Krankenschwester: »Wie fühlen Sie sich, Mr. Halifax?«, und er erwiderte: »Ich fühle alles!« Genau das würde ich auch gerne sagen, wenn ich sterbe: *Ich fühle alles, fühle die Verbundenheit und wechselseitige Abhängigkeit der gesamten Schöpfung.* Ich weiß, dass man dazu ein offenes, zur Hinnahme fähiges, liebevolles Herz braucht. Das fällt einem nicht in den Schoß. Man muss hart daran arbeiten.

Ich kenne meine Neigung, alles vorauszuplanen, damit es meinen Vorstellungen entspricht, und weiß, dass ich mich nicht allzu besitzergreifend an dieses Todesszenario klammern sollte, denn meistens kommt es anders als man denkt. Dennoch hilft mir diese Auseinandersetzung mit meiner eigenen Sterblichkeit, jeden Tag meines Lebens in seiner ganzen Fülle wahrzunehmen.

Während der Arbeit an diesem Buch drehte ich in Frankreich einen Film in französischer Sprache –, zum ersten Mal nach vierzig Jahren! (Daran sieht man, was man mit einem perfekten Gehirntraining und der Aktivierung der kognitiven Funktionen einer höheren Ordnung zustande bringen kann!) Was ich an meiner Rolle unter anderem so reizvoll fand, war die Art und Weise, wie die an Darmkrebs erkrankte Frau, die ich verkörperte, mit ihrem bevorstehenden Tod umgeht. Sie lässt eine von Rankengewächsen beschattete Laube als letzte Ruhestätte errichten, pflanzt Blumen und plant, eine Bank in der Nähe aufstellen zu lassen. (»Ich möchte auch weiterhin Gäste empfangen«, erklärt sie einer Freundin, und abgesehen davon sind die in Reih und Glied errichteten Grabsteine einfach nicht mein Ding.«) Eine Szene gefällt mir besonders gut: Sie erklärt dem Bestattungsunternehmer, dass sie einen pinkfarbenen Sarg will, weil sie die klassischen braunen und schwarzen Modelle nicht mag. »Man stirbt nur einmal und ich freue mich schon jetzt darauf, meine Gäste am Tag der Beisetzung zu überraschen.«

Fakt ist, dass niemand von uns vorhersagen kann, wie oder wann wir sterben. Wir wissen nur, dass wir sterblich sind. Der Tod kann plötzlich und unverhofft oder nach langer schwerer Krankheit eintreten. Vielleicht werde ich nicht mehr in der Lage sein, mich anderen verständlich zu machen, wenn das Ende naht. Aber ich habe mich eingehend über das Thema Palliativpflege informiert, angeregt durch Menschen wie Joan Halifax, die Sterbende und ihre Angehörigen betreut. Ich möchte jemanden wie sie um mich haben, der mich begleitet und meinen Lieben Trost spendet, wenn meine Zeit kommt.

Ich habe mit meinen Kindern darüber gesprochen, was nach meinem Tod geschehen soll. Ich hoffe, dass er nicht im Krankenhaus eintritt, wie bei den meisten alten Menschen. Sollte das der Fall sein, würde ich mir wünschen, dass sie dem Pflegepersonal Paroli bieten und meinen Leichnam waschen, in ein Leichentuch hüllen, ein Grab auf meiner Ranch in New Mexiko ausheben, mich darin bestatten und mit Erde bedecken. Nichts weiter. Ich möchte in den Kreislauf der Natur zurückkehren, vor allem seit ich irgendwo gelesen habe, dass bei herkömmlichen Erdbestattungen in den USA jedes Jahr ca. 13,3 Millionen Liter Einbalsamierungsflüssigkeit – Formaldehyd, Methanol und Ethanol – ins Erdreich und bei Feuerbestattungen jede Menge Schadstoffe wie Dioxin, Hydrochlorsäure, Schwefeldioxid und Kohlendioxid in die Atmosphäre gelangen.[101]

Ich habe zeitlebens versucht, die Erde so pfleglich wie möglich zu behandeln. Warum sollte ich im Tod dazu beitragen, sie zu verschmutzen? Ich habe meinen Kindern gesagt, dass ich einen schlichten Grabstein möchte, an den sie ihren Kopf anlehnen können. Ich mag Gräber und Grabsteine – seit ich denken kann. Sie verleihen der spirituellen Dimension eine greifbare Präsenz. Es stimmt mich traurig, dass mein Vater kremiert, aber nicht begraben wurde. Vielleicht hätte ich mich ihm näher gefühlt, wenn es einen Grabstein gegeben hätte, neben dem man sitzen und den man berühren kann.

Ich bin froh, dass ich vorab über alles nachgedacht habe, auch wenn der Ernstfall, mit ein wenig Glück, erst in zwanzig oder dreißig Jahren eintreten wird! Ich bin dankbar für die Zeit, wenn ich mit meinem elfjährigen Enkel Malcolm im Jeep über meine Ranch in New Mexico fahre.

Ich erzähle ihm, was ich dort tue, um mein Stück Land verantwortungsbewusst zu verwalten. Ich erkläre ihm, dass ich Bäume fällen muss, weil sie sich zu stark vermehren, seit Waldbrände schnellstmöglich gelöscht werden, so dass nicht mehr genug Wasser für den ausgedehnten Bestand vorhanden ist, dass die Wiesen schrumpfen, sodass es für wild lebende Tiere weniger Gras und Büsche gibt und dass die Borkenkäfer überhand nehmen, die eine blühende Landschaft in eine braune Ödnis verwandeln. Ich erkläre ihm, dass wir die Holzspäne der gefällten Bäume auf dem Erde liegenlassen, damit sie zu Mulch werden und Wasser speichern, und dass alles, was die Natur hervorbringt, sterben muss, um neues Wachstum zu ermöglichen. Ich erkläre ihm, dass er und seine Geschwister eines Tages für dieses Stück Land verantwortlich sein werden und er deshalb aufmerksam zuhören sollte. Ich hoffe, ihm damit ein Gefühl für die Endlichkeit der Dinge und die Kostbarkeit der Zeit zu vermitteln.

Letty Pogrebin schrieb in ihrem Buch *Getting Over Getting Older*: »Wir bringen unseren Kindern bei, die Uhrzeit abzulesen, aber nicht, was Zeit bedeutet.«[102] Ich möchte Malcolm und Viva beibringen, was Zeit bedeutet – dass alles irgendwann ein Ende hat und jeder Tag, jede Stunde, jeder Augenblick unserer Zeit zählt.

1982 starb mein Vater, drei Minuten bevor ich im Cedars-Sinai-Hospital in Los Angeles eintraf. Als ich sein Zimmer betrat, sah ich, dass er tot war, aber ich wünschte mir verzweifelt, noch eine Weile neben ihm zu sitzen, ihn zu berühren, seine Nähe zu spüren, zu begreifen, was übrigblieb, wenn die Seele den Körper verlassen hatte. Die Krankenschwestern winkten ab. Sie bestanden darauf, dass wir gingen, damit sie »ihn zurechtmachen« konnten.

Die Gesellschaften im Westen haben es versäumt, uns psychologisch für die Konfrontation mit dem Tod zu rüsten. Er gilt als Erniedrigung, nach der ein Mensch zurechtgemacht werden muss, um ein annehmbares Bild zu bieten. Doch in einer bipolaren Welt gehören Leben und Tod zusammen, genauso wie Licht und Dunkelheit, Lautlosigkeit und Stille.

Der Tod verleiht dem Leben Form und Sinn. Hochbetagte Menschen sind sich dessen bewusst. Keiner meiner hundertjährigen Interviewpartner hatte Angst vor dem Tod. Ganz im Gegenteil, die Nähe zu ihm verlieh ihrem Leben eine besondere Bedeutung.

Rachel Lehmann, die zum Zeitpunkt unseres Gesprächs 104 Jahre alt war, vertraute mir an, dass sie oft an den Tod dachte. »Ich bin bereit, ihn anzunehmen, und es ist mir egal, was danach passiert«, sagte sie. Ben Burke, 101 Jahre alt, sagte: »Es bleibt nicht aus, dass man gelegentlich an den Tod denkt. Aber ich habe ständig etwas zu tun, bin mit so vielen verschiedenen Dingen beschäftigt, dass er ins Hintertreffen geraten ist. Andrerseits sage ich mir: »Nun, wenn er kommt, dann am besten, wenn ich gerade Banjo spiele, da würde ich gerne abtreten – während ich etwas tue, was mir Spaß macht.«

Nicht alle Gesellschaften sind bestrebt, den Tod in gleichem Maß zu leugnen wie wir. Viele indigene, präindustrielle und präkapitalistische Kulturen ehren nicht nur das Alter, sondern pflegen bewusst die Vorstellung vom Kreislauf des Entstehens und Vergehens. In Vietnam werden die sterblichen Überreste der Toten in den Reisfeldern bestattet, die dadurch fruchtbar werden und den Angehörigen Nahrung bieten; auf diese Weise ist auch die physische und spirituelle Kontinuität gesichert, weil die Stärke der Ahnen auf sie übergeht.

In Mexiko ist der Tod als Teil des Lebens allgegenwärtig: In den Auslagen der Souvenirläden findet man Knochenmänner in Miniaturformat, die tanzen oder Instrumente spielen, und Skelette aus Schokolade zum Verschenken. Am 1. November, an Allerheiligen, veranstalten die Familien auf den Grabstätten ihrer Angehörigen ein Picknick mit Wein, Brot und Käse, singen, gedenken der Toten und feiern das Leben. Solche Sitten und Gebräuche zeigen, dass das Leben eine Generalprobe für

Alter und Tod ist und dass es gilt, beides mit offenen Armen, Humor und Respekt willkommen zu heißen.

Wir haben die Wahl: Wir können dem Alterungsprozess mit Leugnen, Widerstand und Protest begegnen und uns damit die Früchte eines Lebens mit all seinen Facetten entgehen lassen. Oder wir befreien uns von diesen selbst auferlegten Fesseln, um ein erfülltes und erfüllendes Leben zu führen, indem wir entscheiden, die Herausforderungen des Alterungsprozesses als *Wachstumschance* zu betrachten, sie anzunehmen und schließlich loszulassen, um die Leere mit Demut zu begrüßen.

Der Tod ist unvermeidbar und demokratisch, trifft jeden gleichermaßen. Ich finde, es gibt Schlimmeres als den Tod, nämlich das Leben niemals in seiner ganzen Fülle ausgekostet zu haben.

FÜNFTER TEIL

Metamorphose: Die Spirale der Entwicklung

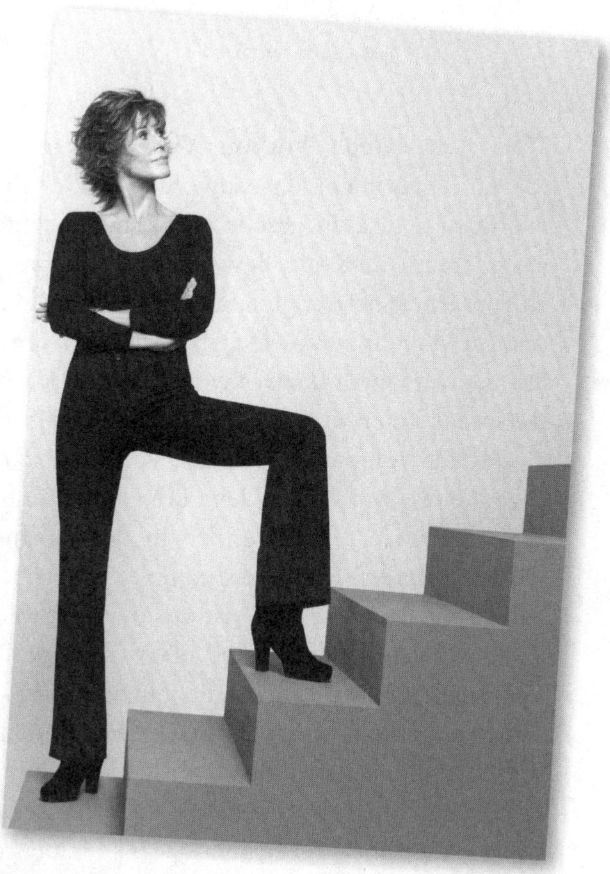

19. KAPITEL

Seelenarbeit

Ich meditiere, um meinem Leben ein Rückgrat, an das ich mein Herz hängen kann, und einen Ausblick zu verleihen, der über das hinausgeht, was ich zu wissen glaubte.
ZEN-PRIESTERIN JOAN HALIFAX

Die wahre Entdeckungsreise besteht nicht darin, dass man neue Landschaften sucht, sondern dass man mit neuen Augen sieht.
MARCEL PROUST

Das Jane-Fonda-Workout-Video war in den 1970er Jahren ein Phänomen, das sowohl die Videoindustrie als auch weibliche Muskeln gesellschaftsfähig machte. Heute bemühe ich mich, meine Kraft, Beweglichkeit und aerobe Fitness durch Körperarbeit bestmöglich zu erhalten, stelle aber fest, dass ich mehr und mehr zur Seelenarbeit neige. In diesem Kapitel erfahren Sie, was mich dazu bewogen hat. Doch es gibt viele Wege, die in das innere Reich eines Menschen führen.

Als ich jung und unsicher war, wie ich mich in meinen Eigenheiten und Zielen definieren sollte, unternahm ich mehrmals Reisen in ferne Länder, in der Hoffnung, dort zu mir selbst zu finden. Für dieses instinktgesteuerte Verhalten gibt es zahlreiche Beispiele. Wie wir aus der Mythologie wissen, erforderte der Übergang in eine neue wichtige Lebensphase, dass der Held (Helden waren die Einzigen, die damals besungen wurden, obwohl ihnen zahlreiche Heldinnen vorausgingen) in unbekannte Gefilde aufbrach, abgeschnitten von allem, was sicher und vertraut war. Der amerikanische Mythenforscher Joseph Campbell bezeichnet das als Heldenreise«.

Das Problem war: Ich begriff nicht, dass ich die Antworten, nach denen ich suchte, nur dann finden konnte, wenn ich bereit war, mein Ego aufzugeben und mich auf das Unbekannte einzulassen, zu einem unbeschriebenen Blatt wurde. Die Umgebung war neu, doch ich blieb die Alte, hielt verzweifelt nach der Sicherheit vertrauter Aktivitäten und Weggefährten Ausschau – gewöhnlich männlichen Geschlechts.

Mit sechzig lehrte mich das Leben, dass ich nicht in die Ferne reisen muss, um Antworten zu finden. Ich brauche Zeit für mich allein, Zeit für die Innenschau, die ich im vorherigen Kapitel erwähnt habe, und im Verlauf der letzten Jahre habe ich manchmal einige Wochen und sogar Monate in Klausur verbracht. In der Öffentlichkeit bin ich sichtbar aktiv und mein Tag ist weitgehend verplant. Deshalb denken einige aus meinem Bekanntenkreis, dass mit keine Zeit zum Abschalten bleibt. Das ist ein Trugschluss. Ich habe viele Verpflichtungen, nicht zuletzt, Geld zu verdienen, um Menschen zu unterstützen, die mir nahestehen, und meine gemeinnützigen Organisationen zu finanzieren. Deshalb gehe ich sehr diszipliniert mit meinen Auszeiten um.

Ich habe eine Ranch an einem Fluss in New Mexico, auf die ich mich gerne zurückziehe. Wenn ich mit meinem Hund Tulea dort bin, hat sich ein bestimmter Tagesablauf eingespielt: Aufstehen bei Sonnenaufgang, frühstücken, je nach Jahreszeit eine Stunde spazieren gehen oder schwimmen, Kraft- und Ausdauertraining in meinem Fitnesscenter (plus Aerobic, falls das Wetter Spaziergang oder Schwimmen ausschließt), nach der Rückkehr schreiben, lesen oder einfach nur hinsetzen, normalerweise eine Mischung aus allem. Mehrmals in der Woche ist Fliegenfischen angesagt, für mich eine Zen-Übung.

Zwei Wochen vor meinem siebzigsten Geburtstag kam etwas Neues hinzu: Meditation. Ich hatte mich schon Jahre vorher immer wieder aufs Neue bemüht, Zugang zur Meditation zu finden, konnte aber nie die nötige innere Ruhe aufbringen, und obwohl ich wusste, dass mir diese Form der spirituellen Praxis guttun würde (weil man es mir ständig sagte), fehlte mir die Motivation, mein Ziel unbeirrt weiterzuverfolgen. Doch als mein siebzigster Geburtstag näher rückte, wurde mir mit jeder Faser bewusst, dass es an der Zeit für einen neuen Versuch war.

Ich befand mich damals gerade in einer Umbruchsituation, war mir aber nicht sicher, was ich tun sollte; ich hatte eine Beziehung, in der ich mich unwohl fühlte, weil sie ihre Bedeutung verloren hatte. Statt mich auf eine Heldenreise in ferne Länder zu begeben, gelangte ich zu dem Entschluss, dass ich genauso gut das Neuland erkunden könnte, das mich in meinem Innern erwartete – wenn es mir gelang, meinen Geist zur Ruhe zu bringen.

Einige Monate zuvor hatte mich meine Freundin Jodie Evans, die nicht nur politisch aktiv, sondern auch ein zutiefst spiritueller Mensch ist, zu einem Seminar eingeladen, das im Juni im Upaya Zen Center in Santa Fe stattfand. Zu den Referentinnen gehörten unter anderem auch Joan Halifax, bekannt durch ihre Arbeit mit Sterbenden und zum Tode verurteilten Strafgefangenen, und Mary Catherine Bateson, Tochter der namhaften Ethnologin Margaret Mead und des Anthropologen Gregory Bateson. Marys Buch *Composing a Life* hatte vor einem Jahrzehnt einen tiefgreifenden Eindruck bei mir hinterlassen, und da ich mit der Arbeit an diesem Buch begonnen hatte, interessiert es mich, was Joan Halifax über das Ende des Lebens zu sagen hatte.

Wie sich herausstellte, war Joan Zen-Meisterin und Äbtissin des Upaya-Klosters. Mit ihrem geschorenen Kopf, den strahlenden Augen und den Grübchen, die bei jedem Lächeln erscheinen, strahlte sie eine beneidenswerte Präsenz aus. Während des Seminars nahm sie mich in einer Pause auf einen

Rundgang durch das buddhistische Zentrum mit, zu dem auch ein großer Tempel gehört, schlicht und erhaben, mit einem glänzenden schwarzen Holzboden von der Art, wie ich sie schon in Japan gesehen hatte. Handgewebte Tatami-Matten, etwa zehn Zentimeter hoch, auf denen flache schwarze Sitzkissen lagen, säumten die kahlen, von Hand verputzten Wände.

Ich erfuhr, dass in dieser Halle im Verlauf des Jahres verschiedene *Sesshin-Retreats* abgehalten wurden, einschließlich eines achttägigen *Rohatsu-Sesshin* Anfang Dezember, das Schweigen vorschrieb und der Erleuchtung des Buddha gewidmet war. »Hmm, ziemlich einschüchternde Begriffe«, dachte ich, »aber zufälligerweise werde ich zu der Zeit ganz alleine auf meiner Ranch sein und mich auf meinen siebzigsten Geburtstag vorbereiten.« Eigentlich klang das Ganze ziemlich spannend.

»Was ist *Rohatsu-Sesshin*?«, erkundigte ich mich, bemüht, die Worte richtig auszusprechen, mit Betonung auf dem shin.

»*Sesshin* ist eine intensive Meditationspraxis in einem Zen-Kloster oder buddhistischen Zentrum, bei der Schweigen praktiziert wird, damit sich Herz und Geist berühren«, erwiderte sie. »Man gewinnt Klarheit und Offenheit, um seine wahre Natur zu entdecken. *Rohatsu* bedeutet 8. Dezember, wenn wir in der Welt des Zen-Buddhismus [der japanischen Ausprägung einer buddhistischen Strömung] die Erleuchtung Buddhas feiern, aber auch unsere eigene Unwissenheit beklagen.« Ich bekam eine Gänsehaut. Meine wahre Natur zu entdecken war genau das, was ich mir noch vor meinem siebzigsten Geburtstag vorgenommen hatte. Und ein wenig über meine eigene Unwissenheit nachzudenken war perfekt.

»Aber ich bin Christin«, warf ich ein, in der Hoffnung, dass man mich deshalb nicht ausschließen würde.

»Viele Christen kommen hierher«, versicherte sie mir. »Für uns ist Buddhismus keine Religion, sondern eine spirituelle Praxis, eine Philosophie. Eine meiner christlichen Freundinnen meinte sogar, dass der Aufenthalt in unserem Zentrum sie in ihrem eigenen Glauben bestärkt habe.« Da ich schon immer fest überzeugt war, dass man das Eisen schmieden soll, solange es heiß ist, schrieb ich mich auf der Stelle ein.

Fünfeinhalb Monate später saß ich mit sechzig Frauen und Männern zwischen dem neunzehnten und achtzigsten Lebensjahr schweigend in besagter Halle. Meine Freunde konnten nicht glauben, dass ich mir wirklich so etwas antun wollte. »Macht dir das keine Angst?«, erkundigten sie sich. Einige waren sicher, dass sie nie acht Tage in absolutem Schweigen durchstehen würden. Von Angst konnte keine Rede sein; Aufregung traf eher zu. Ich sah darin eine einmalige Chance, endlich einen Einstieg in die Meditationspraxis zu finden, und vielleicht sogar mein Bewusstsein zu vertiefen. Kein Wort zu reden war für mich kein Problem, ganz im Gegenteil. Ich bin nicht umsonst die Tochter meines Vaters.

Während der acht Tage herrschte nicht nur während der Meditationsübungen Schweigen. Selbst in unserem Gästehaus aus Lehmstein oder auf dem Hin- und Rückweg zur Meditationshalle in den frühen Morgen- und späten Abendstunden herrschte absolute Stille. Wir waren aufgefordert, Blickkontakte zu vermeiden und beim Gehen die linke Faust, umschlossen von der rechten Hand, auf Taillenhöhte vor dem Oberkörper ruhen zu lassen. Ich schummelte natürlich, musterte verstohlen die anderen Teilnehmer und hasste mich, wenn ich mir vorschnell ein Urteil bildete und dachte: »Der sieht aus wie eine absolute Niete.«

Abgesehen von der ersten Meditation um 5:45 und der letzten um 8:40 Uhr, die mit dem Gesicht zur Halle stattfanden, saßen wir die restliche Zeit auf schwarzen Kissen mit Blick zur Wand, kerzengeradem Rücken, die Hände in ritueller Haltung im Schoß ineinander ruhend – die linke in der gewölbten rechten, wobei sich die Daumen berühren. Das war gewöhnlich der

Zeitpunkt, an dem in meinem Kopf die Hölle losbrach. Ich wäre nie auf die Idee gekommen, dass dort ein solcher Stimmenwirrwarr herrschen könnte. Wenn das meine wahre Natur sein sollte, hätte man mich wegsperren müssen.

Ich versuchte, meinem Atem zu folgen, wie man uns gelehrt hatte. Ich versuchte, die Augen zu schließen, schlief dabei aber ein (ich entdeckte, dass ich in einer perfekten Meditationshaltung schlafen kann, ohne dass es jemand merkt.) Ich versuchte, den Blick zu senken und meine Augen dabei einen Spalt breit offen zu lassen, damit ein schwacher Lichtschimmer durch die Wimpern drang. Ich zählte – vier Züge Einatmen, vier Züge Ausatmen –, aber es vergingen weniger als fünf Sekunden, bevor sich irgendein Gedanke einschlich und festsetzte.

Joan sagte später, schuld daran sei unser Geist, der eine ähnliche Anziehungskraft besitzt wie ein Fliegenfänger – all unsere armen kleinen Gedanken schwirren umher, bleiben daran haften und machen uns verrückt. Ich erinnerte mich an die Empfehlung, sie ziehen zu lassen und mit der Aufmerksamkeit zum Atem zurückzukehren, doch ein paar Sekunden später ging mir ein neuer Gedanke durch den Kopf und nistete sich ein. »Bin ich in dieser Runde die Einzige, die sich auf Kriegsfuß mit ihren Gedanken befindet?«, fragte ich mich. Alle anderen schienen den Bogen raus zu haben. Doch vermutlich hatten sie von mir den gleichen Eindruck.

Alle vierzig Minuten ertönte ein Gong; wir erhoben uns, verbeugten uns mit dem Gesicht zur Mitte der Halle, machten eine Kehrtwende nach links und begannen mit der Gehmeditation, einzeln hintereinander und im Schneckentempo, die Hände in ritueller Haltung auf Taillenhöhe ineinandergelegt, der Rücken kerzengerade. Das erinnerte mich an die schwarz gewandeten Zauberer, die in Dr. Seuss Kinderbuch *The 500 Hats of Bartholomew Cubbins* im Gänsemarsch die Treppe zum Verlies hinaufgehen.

Beim ersten Mal lief ich Gefahr, ständig mit der Frau vor mir zusammenzuprallen. »Warum schleicht die so?«, dachte ich. »Wie blöd muss man sein, wenn man nicht mal anständig vorwärtsgehen kann!« Nach einer Weile, als ich versuchte, zu meditieren statt mir ein Urteil über andere zu bilden, merkte ich, dass ich meine ungeteilte Aufmerksamkeit darauf zu richten begann, wie mein Fuß den Boden berührte, mit den Fersen zuerst, um dann Stück für Stück über Fußgewölbe, Ballen und Zehen abzurollen, bis der ganze Fuß flach auf dem ebenholzfarbigen Hartholzboden auflag. Erst dann hob ich den anderen Fuß. Bevor es mir bewusst wurde, ging auch ich im Schneckentempo. Es war eine Erfahrung, die mich kleinlaut machte. Meine eigene Dummheit zu beklagen war inzwischen zur Vollzeitbeschäftigung geworden.

Mit Ausnahme der Mantren, die wir vor und nach den Mahlzeiten sangen, wurde das Essen schweigend aufgetragen, eingebettet in eine schlichte, hochgradig ritualisierte Zeremonie: diejenigen, die es austeilten, trugen große, dampfende Töpfe herein, gingen reihum von einem zum anderen, verbeugten sich jedes Mal und knieten dann nieder. Wir erwiderten die Verbeugung mit einem Kopfnicken und hielten ihnen unsere Schale entgegen, die sie füllten. Da jeder drei Schalen hatte, wiederholte sich die Prozedur drei Mal, wobei jedes Mal eine andere Speise ausgeteilt wurde. Wir hatten gleich zu Beginn gelernt, wie man Holzlöffel und Essstäbchen platziert, die drei Stoffvierecke auseinanderfaltet (die als Platzdeckchen, Serviette und Geschirrtuch dienten), die Essschalen säubert und alles wieder ordentlich zusammenfaltet.

Die Schlichtheit und der immer gleiche Ablauf der ritualisierten Mahlzeiten zwangen mich zu der Erkenntnis, dass ich – anders als gedacht – nie wirklich im Hier und Jetzt war und jeder Handlung, jeder Einzelheit des Geschehens ungeteilte Aufmerksamkeit schenkte. Ich verbrachte viel zu viel

Zeit damit zu beobachten, wie sich andere verhielten, zu bewerten, wie sie ihre Serviette falteten und zu vergleichen, ob sie einen besseren Lotusblüten-Knoten zustande brachten als ich.

Es dauerte mehrere Tage, bis ich merkte, dass ich Dankbarkeit empfand, wenn es mir gelang, hundertprozentig präsent zu sein, beispielsweise beim Erwidern der Verbeugung, wenn meine Essschale gefüllt wurde. »Hinter jedem Schritt des Rituals verbirgt sich also eine tiefere Bedeutung«, dachte ich.

Am zweiten Tag hatte ich höllische Schmerzen im Rücken und in den Knien, und ich wechselte vom halben Lotussitz auf der Matte auf einen Klappstuhl über. Ich redete mir ein, dass ich schließlich älter war als die meisten anderen in der Gruppe und die wenigen älteren Teilnehmer ebenfalls auf einem Stuhl saßen. Obwohl es mir nie in den Sinn kam, das Experiment abzubrechen, – das ließ mein Stolz nicht zu – fragte ich mich am dritten Tag, warum ich eigentlich hierhergekommen war, warum ich mich dieser Tortur ausgesetzt hatte. Was die Mühsal – tausendfach – aufwog, waren die rund eine Stunde dauernden Dharma-Vorträge, die täglich auf dem Programm standen und von Joan oder einer der anderen Zen-Priesterinnen gehalten wurden. Dharma bezieht sich auf die Lehren Buddhas, und da sich dieses *Sesshin* auf die Erleuchtung Buddhas konzentrierte, bildete das Thema Erleuchtung den Schwerpunkt der Vorträge.

Wir legten unsere Matten im Halbkreis um die Priesterinnen aus. Sie saßen ebenfalls auf einer Matte, das Gesicht uns zugewandt, und die Worte, die sie an uns richteten, empfanden wir nicht nur als kostbar, weil die das endlose Schweigen brachen. Manchmal wählte Joan ein *Koan* aus – einen rätselhaften oder paradoxen Ausspruch eines Zen-Meisters, den man nur dann versteht, wenn man den Verstand ausschaltet und in das *Gefühl* eintaucht, das die Worte auslösen. Das erinnerte mich an die 21 Sprüche oder rätselhaften Logien, die Jesus im Thomasevangelium zugeschrieben werden. Dort heißt es, ihre Bedeutung zu verstehen würde den Eintritt ins Himmelreich ermöglichen – was ich als Erlangen eines höheren Bewusstseins oder Ganzwerdung deute.

Joan erklärte uns die Bedeutung eines Koans oft anhand persönlich erlebter, teilweise urkomischer Geschichten. Einmal sollte sie einen Vortrag in einem großen Tempel in Japan halten; da sie vorher noch das WC aufgesucht und vergessen hatte, die feuerroten Schuhe auszuziehen, die eigens für das Betreten der Toilette bereitstanden (auf denen das Wort Toilette in Kanji-Schreibform prangte), schritt sie achtsam durch die öffentlichen Gänge zum Vortragssaal, bis ihre japanischen Zuhörer sie subtil auf ihren kulturellen Fauxpas aufmerksam machten. Sie erzählte diese Geschichte, um die Verse eines japanischen Zen-Meisters aus alter Zeit zu veranschaulichen: »Ein prachtvoller Zweig entsprießt dem alten Pflaumenbaum; mit der Zeit treibt er allenthalben Dornen aus, die sein Wachstum behindern.«

Für mich war das ein perfekter Spruch, denn meine Lektionen zum Thema Demut machten Fortschritte. Mir schien, als ginge jede Einsicht mit einem weiteren Beispiel für meine Unwissenheit einher, ein dornenvoller Weg zur Erleuchtung. Ich lernte, dass diese Hindernisse Teil des Gesamtpakets Leben sind.

Bei jedem Vortrag von Joan und den anderen Priesterinnen, bei jeder Geschichte, hatte ich das Gefühl, dass sie eigens ausgewählt wurden, um mir zu zeigen, warum ich hier war und wonach ich in meinem Innern streben sollte. Es war tröstlich, als Joan uns erzählte, dass es selbst dem historischen Buddha schwergefallen sei, seine teuflischen Gedanken zur Ruhe zu bringen. »Jedes Mal, wenn sich ein Gedanke einstellte, sagte er, statt sie zurückzudrängen oder zu bewerten: Sei gegrüßt, alter

Freund. Ich kenne dich, und damit verflüchtigten sie sich. Das ist eine wichtige Strategie, die Strategie des Nichtleugnens.«

Am sechsten Tag merkte ich, dass ich meine Atemzüge nicht mehr zählen musste; *es atmete mich,* genau wie Joan vorausgesagt hatte. Die Strategie des Nichtleugnens bewirkte, dass die Gedanken seltener haften blieben, dass ich in einen für mich völlig neuen Zustand der inneren Stille einkehren und dort mehrere Minuten hintereinander verweilen konnte. Es schien, als würde ich durch einen leeren Raum hinter meiner Stirn schweben, in dem sich viele Wege kreuzten. Ich ließ mich einfach treiben. Mir wurde klar, dass Nichtdenken ein anderer Bewusstseinszustand ist als Denken.

Joan beschreibt das als nicht-anhaftenden Geist; er spiegelt wider, was ist, ohne Werturteil oder Anbindung. Man kann diesen Zustand nicht mittels Willenskraft herbeiführen, er entsteht spontan. Joan benutzte die Metapher vom Spiegel und dem roten Luftballon. Wenn der Luftballon am Spiegel vorbeizieht, reflektiert der Spiegel das Rot. Er bewertet oder kommentiert das Rot nicht, er spiegelt es nur wider. Doch der Spiegel selbst ist nicht rot. Er ist ein klares, unbewegtes Medium (wie unser Geist) und daher in der Lage, die Dinge so zu spiegeln wie sie sind, ohne sie durch Projektionen oder Gemütsregungen zu verzerren. Anders ausgedrückt, ich begriff, dass es möglich war, die Wirklichkeit ungefiltert wahrzunehmen.

Während der Vorträge sprach Joan das Thema Nondualität an, wobei ich nicht verstand, was damit gemeint war. Erst am siebten Tag, in der Stille und Leere des Raums meiner Stirn, schienen die sechzig Teilnehmer, die mit mir gemeinsam in der Meditationshalle saßen, zu einer einzigen energetischen Kraft zu verschmelzen. Es war nicht so, dass es mir *bewusst* wurde, der Gedanke ging mir einfach durch den Kopf. Für den Bruchteil eines Augenblicks spürte ich, dass alles – *alles, was existiert* – Teil eines ungebrochenen Ganzen ist, ständig im Fluss und miteinander verwoben. Tränen liefen über meine Wangen. Sie kitzelten. Joan hatte uns auch für diesen Fall Anweisungen erteilt – nicht kratzen, wenn es beispielsweise juckte, sondern die Aufmerksamkeit auf das Jucken richten und eins mit ihm werden. Ich wurde eins mit meinen Tränen. Mich überkam ein unbeschreibliches Glücksgefühl.

Am letzten Tag hielten wir eine Abschlussbesprechung ab. Alle sechzig Teilnehmer setzen sich mit Joan und den anderen Priesterinnen in einem Kreis zusammen und fassten kurz zusammen, wie es ihnen in den acht Tagen ergangen war. Ich erfuhr, dass alle Probleme gehabt hatten, ihre Gedanken zur Ruhe zu bringen. Als ich hörte, wie die anderen ihre Erfahrungen und die Gründe für die Teilnahme an der Veranstaltung beschrieben, lösten sich meine Versager-Etiketten, in Luft auf und was blieb, war das, was wir miteinander gemein hatten: unsere wunderbare, fragile Menschlichkeit. Die Ordensfrau und Dichterin Mary Lou Kownacki schrieb: »Gibt es jemanden, den wir nicht lieben würden, wenn uns seine Geschichte bekannt wäre?« Ich spürte, dass ich mich von den Fesseln der vorschnellen Werturteile befreit hatte und offen geworden war.

Es ist schwer, in Worte zu fassen, wie mich die Erfahrung in Upaya verändert hat. Doch nach meiner Rückkehr erinnerte ich mich an einen Brief, den meine Großtante Millicent Rogers vor ihrem Tod im Jahre 1953 an ihren Sohn Pauli geschrieben hatte; er war es, der ihn mir gab. Millicent war eine Stilikone zu ihrer Zeit, eine Cousine meiner Mutter und Tochter von Henry Huttleston Rogers, Mitbegründer des Weltkonzerns Standard Oil. Trotz der Tatsache, dass sich das Millicent Rogers Museum direkt vor meiner Haustür in Taos, New Mexico befand, hatte ich immer vermieden, mich eingehender mit ihr zu befassen, weil ich mich von allem distanzieren wollte, was mit meiner Mutter zusammenhing, und außerdem dachte, sie sei eine oberflächliche Gesellschaftsdame gewesen. Eine grobe

Fehleinschätzung, wie sich herausstellte! Schon der erste Absatz ihres Briefes zeigte mir, dass sie schon vor ihrem frühen Tod im Alter von 51 Jahren etwas erkannt hatte, wozu ich siebzig Jahre brauchte.

Lieber Pauli,
habe ich Dir eigentlich erzählt, was mir vor einer Weile widerfuhr?

Als ich gerade am Taos Mountain vorbeikam, hatte ich plötzlich das Gefühl, Teil der Erde zu sein, ich konnte die Sonne auf mir spüren, und den Regen.

Ich spürte die Sterne und das Wachstum des Mondes, die Flüsse, die unter mir dahinströmten. Und die Gezeiten, die sich mir entgegenstemmten. Die Regentropfen drangen in mich ein. Und ich dachte, wenn ich meine Hände ausstrecke, wären sie ein Teil der Erde, aus dem irgendwann grüne Triebe sprießen. Da wusste ich, es gab keinen Grund, mich einsam zu fühlen, ich war eins mit der gesamten Schöpfung, und der Tod war so leicht wie der Sonnenaufgang und genau still und natürlich – in Erde gebettet zu sein war nicht das Ende, sondern ein Teil unseres Selbst, ein Teil von jedem Tag und jeder Nacht unserer Lebenszeit, und als Teil der Erde war man niemals einsam und allein. Und da wich jeder Anflug von Angst – um einem wunderbaren Gefühl der Stille und Stärke Platz zu machen.

Ich legte den Brief beiseite, verblüfft darüber, dass ich mich erst nach meiner Rückkehr aus Upaya daran erinnert hatte. Vielleicht hatte mich meine Großtante Millicent an die Hand genommen, als ich beschloss, mich auf die Seelenreise zu begeben. Vielleicht ist sie der Grund, warum ich jetzt so viel Zeit auf meiner Ranch in New Mexico verbringe. Suchende und Weise sagen, dass wir alle einen Ältestenrat im Jenseits haben, der uns leitet. Es ist nicht so, als wäre der nicht-anhaftende, nonduale Geist Tag für Tag in mir präsent, aber ich habe eine regelmäßige Meditationspraxis begonnen und manchmal, wenn es mir gelingt, in die innere Stille einzutauchen, kehrt er zurück. Ich erkenne, dass ich nun bei Interaktionen mit anderen Menschen und öffentlichen Vorträgen eine Energie ausstrahle, die ein wechselseitiges Geben-und-Nehmen fördert, oft auf Seelenebene und sogar mit Wildfremden.

Dr. Laura Carstensen, Gründungsdirektorin des Stanford Center of Longevity, erzählte mir, dass die jungen Studenten dort einen buddhistisch ausgerichteten Meditationskurs über den Tod belegen können und die von der Belegschaft gesammelten Daten darauf hindeuten, dass sich auch bei ihnen der Positivitätseffekt bemerkbar macht, genau wie bei vielen Menschen im dritten Akt.

In den Tagen nach Upaya fiel mir auf, dass ich im Umgang mit anderen nachsichtiger und aufmerksamer war. Die Farben kamen mir lebendiger, die Geräusche lauter und meine Gedanken geläutert vor. Seine Denkweise zu verändern ist schwer. Joan hatte gesagt: »Glaubt euren Gedanken nicht.« Gedanken können belastend sein, aber wie befreit man sich davon? Ich lernte in Upaya, dass eine bewusste Entschleunigung des Denkprozesses das Gefühl verleiht, über den Denkprozess hinauszuwachsen, in eine tiefere Sphäre des Seins einzutauchen und somit nicht länger ein Spielball der eigenen Vorstellungen zu sein. Dadurch erhielt die Erfahrung des Denkens eine andere Dimension, wie ich später feststellte.

Doch was mir am meisten auffiel, war das veränderte Zeitgefühl. Die Zeit schien ihr Volumen verdoppelt zu haben, und ich weiß auch warum: Ich lernte in den acht Tagen nämlich, dem Hier und Jetzt ungeteilte Aufmerksamkeit zu widmen. Das wiederum ermöglichte mir, zu erkennen, dass Zeit auf der subjektiven Wahrnehmungsebene das ist, was wir daraus machen.

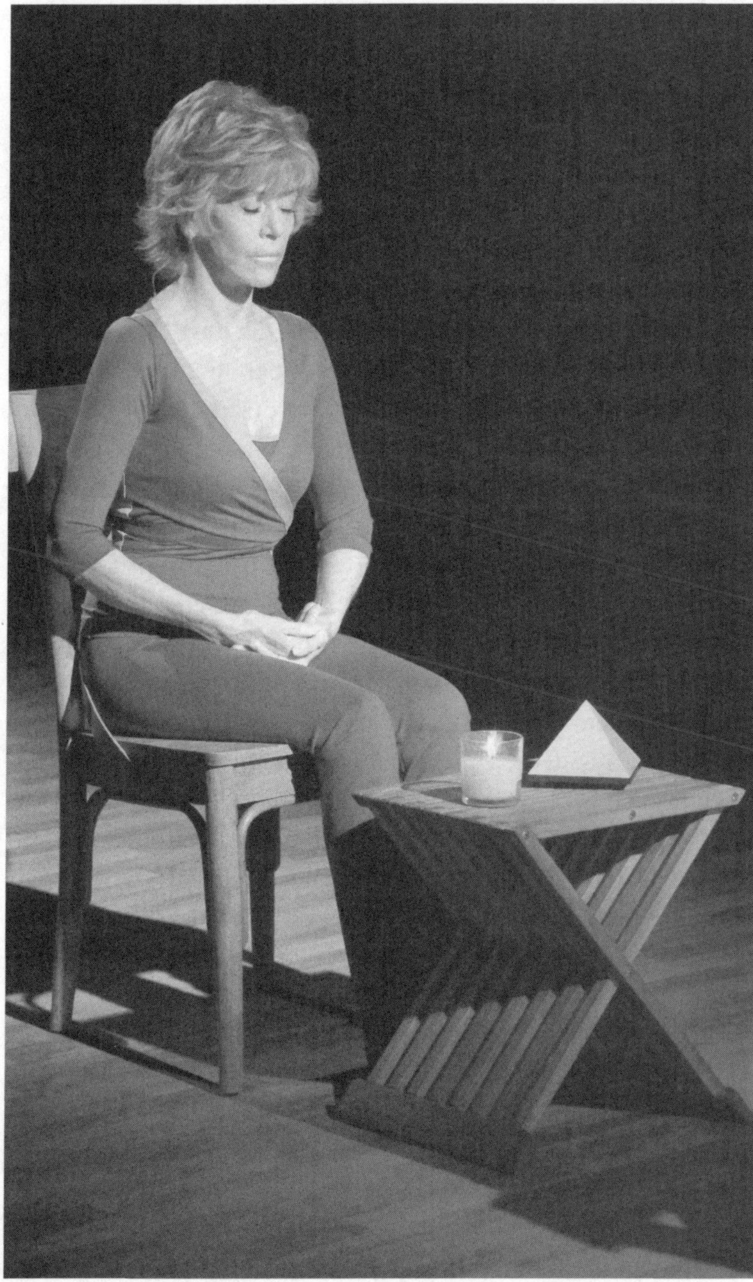

Bei neuen spannenden Erfahrungen scheint sie sich auszudehnen. Erinnern Sie sich daran, dass man als Kind das Gefühl hatte, der Sommerurlaub würde ein ganzes Jahr lang dauern, weil jeder Tag ein neues Abenteuer bot? Meine Erfahrung in Upaya führte mir vor Augen, dass sich die Zeit auch in einem vertrautem Umfeld auszudehnen scheint, wenn wir das Leben mit ungeteilter Aufmerksamkeit wahrnehmen, jede Einzelheit, jeden Augenblick. Vielleicht ist das ein weiterer Sinn und Zweck im dritten Akt. Unter der Voraussetzung, dass wir das Hin und Her der Jugend reduzieren können und wollen, haben wir nun die Zeit, der Zeit mehr Zeit einzuräumen.

Seit Upaya habe ich Bücher über Quantenphysik gelesen, mich mit Wissenschaftlern auf diesem Gebiet unterhalten und ihre Vorlesungen besucht. Ich bin zu der Schlussfolgerung gelangt, dass es eine wunderbare Schnittmenge zwischen dem Ort, an den uns die Meditation führt, dem Alter, in dem alle Unterschiede bedeutungslos werden, und diesem neuen Zweig der Physik gibt. Es ist, als würden wir (wenn wir es ermutigen) schon vor dem Tod von dem undefinierbaren Energiestrom angezogen, aus dem wir alle hervorgegangen sind und dessen Teil wir auch nach dem Tod bleiben. Diese Schnittmenge ist ein Ort, an dem Poesie und Wissenschaft zusammenfinden.

Der vietnamesische buddhistische Meister Thich Nhat Hanh hat gesagt: »Die vier Elemente des Raumes leben in meinem Körper. Wenn ich sterbe, werden sich meine Elemente voneinander lösen und zu den Mutterelementen zurückkehren. Wir sind nicht getrennt, sonders eins mit jedem Lebewesen, mit allem, was ist.« Der Physiker David Bohm schrieb: »In gewisser Hinsicht kann man Meditationstechniken als Maßnahmen betrachten, die der Mensch ergreift, um das Unermessliche zu erreichen, d.h., einen Geisteszustand, in dem er aufhört, sich getrennt von der gesamten Realität zu begreifen.« Wie die Lehren von Buddha oder Jesus lässt sich auch die Quantenphysik nicht allein durch die Lektüre von Büchern erfassen; man muss sie erfahren – intuitiv, mit jeder Faser unseres Körpers. Wie erlebt man intuitiv abstrakte Dinge wie Raum, Unendlichkeit oder dunkle Materie? Wie es scheint, durch geistige Transzendenz. Albert Einstein entwickelte die Relativitätstheorie beispielsweise nicht allein durch logische Überlegungen oder Schlussfolgerungen. Oft heißt es, dass sie ihm einfiel, als er sich in einem tiefenentspannten, meditativen Alphazustand befand.

Für einen Laien wie mich wäre folgende Erklärung denkbar: Lange Zeit haben viele Wissenschaftler die Welt der Materie aus einer mechanistischen Sicht wahrgenommen; sie waren überzeugt, ihre ultimative Substanz sei in den Bausteinen des Atoms und in den noch kleineren Elementarteilchen zu finden, beispielsweise Elektronen, Protonen und Neutronen. Diese Teilchen stellte man sich als klar umrissene, unveränderliche, eigenständige Einheiten vor. Einstein forderte dieses mechanistische Weltbild mit seiner Relativitätstheorie heraus. Er war der Meinung, dass die Realität nicht aus einzelnen Partikeln, sondern aus nichtlinearen, einander überlappenden und sich permanent verändernden Energiefeldern besteht.

Dann entdeckten die Wissenschaftler, dass Atome, Elektronen, Protonen und Neutronen keineswegs ultimative Substanzen sind, sondern sich ständig in eine Vielzahl immer kleinerer, instabiler Partikel namens Quarks und Partonen verwandeln. Darauf aufbauend, enthüllte die Quantenphysik, dass alles, was wir sehen, berühren oder beschreiben können, einschließlich Raum und Zeit, nur die Abstraktion einer unbekannten und undefinierbaren Gesamtheit fließender Bewegungen«[103] darstellt – wir Menschen eingeschlossen! Wie lässt sich dann aber die scheinbar berührbare, aus fester Materie bestehende, sichtbare Welt der Sinne erklären? Physiker sehen in dieser manifesten Welt Projektionen oder Abstraktionen einer höheren, mehrdimensionalen Wirklichkeit.

Um das Konzept verständlicher zu machen, benutzte David Bohm das Bild eines Flusses: »In diesem Fluss sieht man sich ständig verändernde Muster aus Wirbeln, Riffeln, Wellen, Spritzern usw., die allem Anschein nach keine eigenständige Existenz besitzen. Sie sind Abstraktionen der fließenden Bewegung, die im Gesamtprozess des Fließens entstehen und vergehen.«

Meine wahre Natur entpuppt sich also als Riffel im kosmischen Energiefluss. In der Lebensmitte hätte ich diesen Gedanken weit von mir gewiesen. Erzählt mir nicht, dass mein Workout und die Muskeln, die dabei aufgebaut werden, nur Energiewellen oder die Oscars, die ich gewonnen habe, reine Abstraktionen sind! Aber jetzt, im dritten Akt, warum nicht? Ich habe die siebzig überschritten. Ich kann nicht mehr mit Rückenwind rechnen, der Wind bläst mir vielmehr ins Gesicht. In den Fluss des Lebens einzutauchen ist eine angenehme Vorstellung. Je mehr es mir gelingt, meinen Geist auf diese kosmische Sichtweise auszurichten, desto besser wird es mir gehen, wenn das Ende naht, wenn ich mich von meiner Abstraktion löse und werde, was ich letztendlich bin – ein winziges Teilchen des kosmischen Energieflusses. »Die Unwirklichkeit oder Nichtexistenz aller Entitäten der Innen- und Außenwelt ist realer als die Wirklichkeit«, heißt es bei den Buddhisten.

Doch warum hat es den Anschein, als bestünde der Laptop, auf dem ich schreibe, aus fester Materie, und warum fühlt sich der Hund, der auf meinem Schoß liegt, so warm an? Bohm sagt, dass wir in der praktisch ausgerichteten Realität unseres Alltags nicht viel zustande bringen würden, wenn uns ständig bewusst wäre, dass wir in der mehrdimensionalen Wirklichkeit sich permanent verändernder, interaktiver Felder leben.

Deshalb haben wir die Illusion von einer Welt, die aus unveränderlichen, vereinzelten, auf Atomen basierenden Bausteinen besteht, in eine Realität, in eine ultimative Wahrheit verwandelt. Wir haben die Abstraktion zur Wirklichkeit gemacht. Diese veraltete wissenschaftliche Realitätssicht, die wir spiegeln, hat einer mechanistischen Kultur des Individualismus Vorschub geleistet, getragen von der Einstellung: Wir und die anderen, wir gegen die Natur. Was wäre, wenn wir die manifeste Abstraktion, die wir Realität nennen, als praktische Möglichkeit betrachten, Aufgaben zu verrichten (Wäsche waschen, ein Flugzeug besteigen, mit einer Abstraktion der gleichen Art schlafen), aber uns gleichzeitig auf einer tieferen, undefinierbaren Ebene bewusst machen, dass wir alle nicht nur im übertragenen Sinn, sondern buchstäblich eins sind?

Vielleicht haben sich Nonnen und Mönche, die ihr Leben im Gebet verbringen, oder Yogis, die in der Meditation eine Bewusstseinserweiterung suchen, intuitiv auf die kosmische Realität ausgerichtet. Menschen wie sie arbeiten zunehmend mit den Wissenschaftlern zusammen, um die Auswirkungen ihrer Achtsamkeitsübungen auf die reale Welt zu ergründen.

Wir müssen uns nicht in die Abgeschiedenheit eines Klosters oder buddhistischen Tempels begeben, um acht Tage in stiller Meditation zu verbringen. Aber wir können für Auszeiten sorgen, Zeiten der Stille und inneren Einkehr, beispielsweise mit Yoga, Tai Chi, Lebensbilanz ziehen, Gartenarbeit, einem Spaziergang in der Natur, malen, meditieren, Gedichte lesen oder schreiben, beten. Diese und andere kontemplative Verrichtungen machen uns durchlässig, öffnen uns für die Weisheit, über die wir alle verfügen, für die Realität der *wechselseitigen Abhängigkeit* statt der Vereinzelung, für die Unausweichlichkeit des eigenen Todes und den unendlichen Energiefluss, dessen Teil wir sind.

20. KAPITEL

Mit voller Kraft voraus

Er gestattete sich, durch seine Überzeugung ins Wanken zu geraten, dass Menschen nicht an dem Tag geboren werden, an dem ihre Mütter sie zur Welt bringen, sondern wenn das Leben sie zwingt, sich selbst zur Welt zu bringen.

GABRIEL GARCÍA MÀRQUEZ, *DIE LIEBE IN DEN ZEITEN DER CHOLERA*

Die Philosophin und Psychologin Dr. Jean Houston erzählte folgende Geschichte über eine Reihe von lebensverändernden Begegnungen, die sie als junges Mädchen hatte:

Als ich vierzehn Jahre alt war, ließen sich meine Eltern scheiden; für mich brach eine Welt zusammen. Um noch rechtzeitig zur Schule zu kommen, gewöhnte ich mir an, so schnell es ging die Park Avenue entlang zu laufen – aber in Wirklichkeit lief ich vor meinem Kummer davon. Eines Tages prallte ich dabei mit einem alten Mann zusammen, der unter dem Ansturm zu Boden ging. Als ich ihm beim Aufstehen half, sagte er zu mir: »Hast du vor, für den Rest deines Lebens ein solches Tempo anzuschlagen?« Er sprach Englisch, aber mit französischem Akzent.

Ich sagte: »Ja, Sir, sieht ganz so aus!«

»Na dann, bon voyage!«

»Bon voyage«, erwiderte ich. Dann lief ich zur Schule. In der darauffolgenden Woche ging ich mit meinem Foxterrier Champ spazieren, als ich den alten Mann aus einem Gebäude kommen sah. Ich wohnte in der 86sten Straße, in unmittelbarer Nähe der Park Avenue, und der alte Mann irgendwo zwischen der 84sten Straße und Park Avenue.

»Ah, meine kleine Freundin, die Läuferin«, begrüßte er mich. »Du hast einen Foxterrier, wie ich sehe. Wo wollt ihr hin?«

»Nach der Schule gehe ich mit Champ in den Central Park. Zum Nachdenken.«

»Irgendwann begleite ich dich einmal, wenn es dir recht ist.«

»Klar«, erwiderte ich.

»Ein Gesundheitsspaziergang, der mir guttun wird.«

Er war etwas ganz Besonderes! Er hatte keinerlei Hemmungen, sich auf die Welt einzulassen. Er hatte einen endlos langen französischen Namen, aber er bat mich, es beim ersten Teil bewenden zu lassen, der für mich wie Tayer klang. Daher nannte ich ihn Mr. Tayer. Wir trafen uns eineinhalb Jahre lang zu einem gemeinsamen Spaziergang, meistens dienstags und donnerstags. Einmal ging er urplötzlich in die Hocke, um eine Raupe zu betrachten. »Jean, schau dir die Raupe an! Sie ist ständig in Bewegung, verändert sich, verwandelt sich, macht eine Metamorphose durch. Jean, versuch einmal, dich in eine Raupe hineinzuversetzen. Kannst du das?«

»Kein Problem, Mr. Tayer.« Kaum zu glauben, aber schon fühlte ich mich, ein 14-jähriges, fast 1,80m großes pickeliges Mädchen, wie eine Raupe!

»Was hast du vor, wenn du dich schließlich in einen *papillon* verwandelst, einen Schmetterling? Wenn Jean ein Schmetterling wird?«

»Keine Ahnung, Mr. Tayer.«

»Doch, du weißt es, du weißt es. Also, in was verwandelst du dich?«

»Nun, ich denke, wenn ich erwachsen bin, fliege ich kreuz und quer in der Welt herum, und vielleicht helfe ich den Menschen.«

»Ah! Bon, bon, bon.« Und ein anderes Mal sagte er: »Jean,

lehn dich einmal in den Wind!« In unmittelbarer Nähe des Central Park weht immer ein starker Wind. »Schnupper daran, Jean. Derselbe Wind hat früher Jesus Christus durchweht.«

»Jesus hat ihn gespürt?«

»Ja. Genau wie Marie Antoinette! Wie Dschingis Khan, nein, an den denken wir lieber nicht. Aber an Jeanne dArc! Lass dich vom Geist der Jungfrau von Orleans durchdringen. Lass dich von der wechselvollen Geschichte durchdringen!« Wir genossen diese wunderbaren Spiele, die sich um das Leben rankten: »Jean, schau dir die Wolken an, das ist Gottes Kalligraphie am Himmel!«

Manchmal blieb er stehen, sah mich an und lächelte stillvergnügt in sich hinein, bis ich selbst zu lächeln begann, oder er sah mich und lachte, lachte unbändig, als hätte er den Verstand verloren. Wenn ich von diesen Spaziergängen nach Hause zurückkehrte, sagte ich zu meiner Mutter: »Mutter, ich habe mich wieder mit dem alten Mann getroffen, und in seiner Gegenwart fühle ich mich nicht mehr so klein und unbedeutend.«

Eines Tages blieb er am Ende unseres gemeinsamen Spaziergangs plötzlich stehen, wandte sich mir zu und sagte: »Jean, welche Frage beschäftigt dich am meisten?«

Und ich erwiderte: »Sie betrifft die Geschichte, Mr. Tayer, und das Schicksal. Wie wählen wir den richtigen Weg in der Geschichte, damit wir überhaupt ein Schicksal haben? Meine Freunde in der Schule reden nur noch über die Wasserstoffbombe und ich frage mich, ob ich überhaupt 21 Jahre alt werde. Mr. Tayer. Sie sprechen immer über die Zukunft der Menschheit, als ob wir eine Zukunft hätten; ich wüsste gerne, was wir tun müssen, damit sie auch wirklich kommt.«

»Wir brauchen mehr geistige Experten, die den Menschen den Weg zur Selbsterkenntnis weisen.«

»Was meinen Sie damit, Mr. Tayer?«

Er erwiderte: »Wir sind zur Metamorphose berufen, zu einer höheren Entwicklungsstufe, und dennoch handeln wir oft aus einem winzigen Aspekt unseres Selbst heraus. Es ist unabdingbar, dass wir diesen Aspekt erweitern. Aber glaube keine Minute lang, Jane, dass wir alleine vor dieser Aufgabe stehen. Wir sind Teil einer evolutionären kosmischen Kraft, die ständig in Bewegung ist und uns anspornt, eins zu werden mit Gott. Sie ist wie ein Blitzstrahl, der alle Möglichkeiten des Menschen erhellt. Sie ist der ursprüngliche Grund für unsere zahllosen entwicklungsgeschichtlichen Umbrüche und Veränderungen. Ohne sie gäbe es im Leben nichts als Kampf und Niedergang.«

»Wie nennt man diese Kraft? Ich habe ich noch nie etwas davon gehört. Kann etwas so Großes überhaupt einen Namen haben?«, warf ich ein.

»Du hast Recht«, erwiderte er. »So etwas lässt sich nicht benennen.«

»Versuchen Sie es trotzdem, Mr. Tayer. Es heißt, wenn etwas einen Namen hat, kann man anfangen, der Sache auf den Grund zu gehen.«

Er schien belustigt zu sein. »Also gut, ich werde mich bemühen«, antwortete er. »Es geht dabei um die Forderung des Universums nach der Geburt des Ultra-Menschen. Um die Entwicklung einer neuen Form der psychischen Energie, in der sich die Tiefe der Liebe in unserem Innern mit den Kernelementen im Fluss der kosmischen Energie verbinden.«

Ich begriff nicht wirklich, was das bedeuten sollte, aber ich nickte verständnisvoll und erklärte, genau wie er, dass ich darüber nachdenken wolle. Eines Tages, gegen Ende unserer gemeinsamen Zeit – bei unserer letzten Begegnung, genauer gesagt –, sprach Mr. Tayer über die Anziehungskraft des Entstehens, ein Ausdruck, der in mein Vokabular eingegangen ist. Und darüber, dass wir Menschen ein Teil des Evolutionsprozesses sind, der darauf ausgerichtet ist, dass wir uns auf den sogenannten

Omegapunkt zubewegen, wie er es nannte, den Zielpunkt der Evolution, in dem der Mensch zur Erfüllung und Vollendung kommt.

Er war der Meinung, dass von diesem Omegapunkt fortwährend physische und spirituelle Energie ausgeht, die uns sowohl stärkt als auch durch Liebe und Erkenntnis in unserer menschlichen Entwicklung voranbringt. Daraufhin stellte ich ihm meine ultimative Frage: »Worum geht es dabei Ihrer Ansicht nach, Mr. Tayer?« Seine Antwort habe ich in meinem Herzen bewahrt. »*Je crois*«, sagte er, ich glaube. »Ich glaube, dass sich das Universum in einem Evolutionsprozess befindet. Ich glaube, dass diese Evolution auf den Geist abzielt. Ich glaube, dass dieser Geist Erfüllung in einem persönlichen Gott erfährt.«

»Und was glauben Sie, welche Rolle Sie in diesem Prozess spielen?«

»Ich glaube, dass ich ein Wegbereiter der Zukunft bin.«

Kurz vor Ostern 1955, an einem Donnerstag, hatte ich ihm ein Schneckenhaus mitgebracht. »Ah! Escargot!«, sagte er und ließ sich fast eine Stunde lang begeistert über Spiralmuster, Natur und Kunst, Schneckengehäuse und Galaxien, das Labyrinth auf dem Fußboden der Kathedrale von Chartres aus – das später zum Symbol meiner Arbeit wurde –, über die Fensterrosen und die Windungen des Gehirns, umherwirbelnde Blüten und die Bedeutung des Herzens im Blutkreislauf aus. Das alles war zu einer Hymne an die spiralförmig verlaufende Evolution von Geist und Materie eingebunden. »Das alles gehört zur Spirale der Entwicklung, Jean!«

Dann wandte er den Blick ab, schien in die Zukunft zu schauen, und fügte hinzu: »Jean, gegen Ende dieses Jahrhunderts werden deine Zeitgenossen das Ruder der Welt übernehmen. Aber sie können nicht den direkten Kurs ansteuern, um ans Ziel zu gelangen. Er benutzte den französischen Begriff *directement.* »Der Weg muss in Spiralen verlaufen, jeden Menschen, jede Kultur, jedes Bewusstsein berühren. Nur dann wird ein neues Element auf der Ebene des Geistes erwachen und uns ermöglichen, die Erde umgestalten.« Und dann sagte er zu mir: »Jean, bleib dir selbst stets treu, aber strebe immer nach einem höheren Bewusstsein und der Liebe einer höheren Macht.« Das waren seine Worte. Und dann sagte er: »*Au revoir*, Jean.«

»*Au revoir,* Mr. Tayer! Bis Dienstag!«

Der Dienstag kam und ich nahm Champ mit; Champ winselte, er schien etwas zu spüren. Der alte Mann kam nicht. Auch nicht am Donnerstag, und nicht am darauffolgenden Dienstag oder Donnerstag. Ich wartete acht Wochen, aber ich sah ihn nie wieder, denn er war am Ostersonntag 1955 gestorben.

Jahre später schenkte mir eine Freundin ein Buch ohne Umschlag, mit dem Titel *The Phenomenon of Man* (*Der Mensch im Kosmos*). Als ich zu lesen begann, rief ich: »Mein Gott! Das klingt ganz nach diesem Mann, mit dem ich früher eine Zeitlang spazieren gegangen bin ... ich fasse es nicht ...« Ich fragte meine Freundin: »Hast du den Umschlag noch?« Sie bejahte und ich stellte fest, dass es sich tatsächlich um den alten Mann handelte. Das Gesicht konnte man nicht vergessen. Mein Mr. Tayer war niemand anders als Teilhard de Chardin.

Pierre Teilhard de Chardin war ein berühmter französischer Philosoph, Jesuit und Verfasser zahlreicher Werke [über die Herkunft und Zukunft des Menschen]. Diese Geschichte zeigt, dass er ein Mensch war, der nach dem Motto »Mit voller Kraft voraus« lebte – spielerisch, großzügig, neugierig, von einer überbordenden Generativität – ein Mensch, der laut Dr. Houston keine Hemmungen hatte, sich auf die Welt einzulassen und ein junges Mädchen inspirierte, sich als Wegbereiterin der Zukunft zu verstehen, über den winzigen Aspekt ihres Selbst hinauszublicken.

Ich habe erst ziemlich spät im Leben gelernt, wie spannend es ist, über den winzigen Aspekt des Selbst hinauszublicken, weniger an sich selbst und mehr an andere zu denken. Ich wünschte, wir würden alle danach streben, Wegbereiter der Zukunft zu werden, unser Leben zu nutzen, um als Mensch zu Erfüllung und Vollendung zu gelangen, Körper, Geist, Herz und Seele gleichermaßen zu entwickeln, alle Möglichkeiten auszuschöpfen, die in uns angelegt sind, um über uns selbst hinauszuwachsen.

Unsere Generation ist die erste, die sich gründlich auf einen vitalen dritten Akt vorbereiten kann. Als Frauen verfügen wir über die zahlenmäßige Stärke, das Bewusstsein, die Gesundheit und das Wissen, die uns das nötige Rüstzeug an die Hand geben, um Herausforderungen in diesem Lebensabschnitt besser zu bewältigen. Ich würde mir wünschen, dass unsere Aktivitäten wie Steine, die man in einen Tümpel wirft, weite Kreise ziehen, die jede Ausbuchtung der Gesellschaft erreichen.

Mit unserem persönlichen Beitrag zu Gestaltung des letzten Lebensdrittels können wir nicht nur die Erfahrung des Alters für uns selbst, für unsere Partner und für unsere Kinder von Grund auf verwandeln, sondern durch unser Beispiel veranschaulichen, was es bedeutet, ein Leben zu führen, das durchdacht, empathisch und ausgewogen ist.

ANHANG I

Schwerpunkte der Anti-Aging-Forschung

Kalorienreduzierte Ernährung

Der Verhaltensgenetiker Dr. Richard Sprott und sein Kollege und Mentor Dr. Roy Walford entdeckten vor ungefähr dreißig Jahren bei ihren Experimenten an der UCLA, dass sich bei Mäusen mittleren Alters trotz der Umstellung auf eine kalorienreduzierte Ernährung die Lebensdauer um 15 bis 20 Prozent erhöhte. Dr. Sprott, heute Exekutivdirektor der Ellison Medical Foundation, sprach in einem Age Boom-Seminar am International Longevity Center, an dem ich 2007 teilnahm, über die Auswirkungen einer kalorienreduzierten Ernährung auf die Lebensspanne.

»Es ist das einzige Experiment, bei dem der Einfluss auf die Lebensspanne belegt ist«, erklärte Dr. Sprott. »Eine kalorienreduzierte Ernährung kann die Lebensdauer von Mäusen, kleinen Würmern, Fruchtfliegen und Hunden um das Doppelte bis Sechsfache verlängern. Es finden bereits ähnliche Tests mit menschlichen Probanden und nichtmenschlichen Primaten statt, die erfolgreich zu sein scheinen, aber noch nicht abgeschlossen sind. In diesen Versuchsmodellen wurde nachgewiesen, dass sich durch eine Verringerung der Kalorienzufuhr um 45 Prozent, auf ungefähr 1250 Kalorien pro Tag (bei einer ansonsten gesunden Ernährungsweise, sodass dabei ein Zustand der Mangelernährung ohne Fehlernährung erzeugt wird) die Lebensdauer um etwa 40 Prozent verlängern ließ.«

Ob eine ähnliche Ernährungsumstellung eine vergleichbare Lebensverlängerung beim Menschen zur Folge haben könnte, ist laut Aussage von Dr. Sprott noch ungewiss. »Es gibt überzeugende genetische Gründe, die sowohl dafür als auch dagegen sprechen«, gab er zu bedenken. »Aus der Verhaltensperspektive scheint der Fall hoffnungslos zu sein. Bob Butler und ich kennen den glühendsten Befürworter dieser Therapieform, der jede Wette eingegangen wäre, dass das Experiment gelingt, aber das erwies sich als Irrtum.

1989 startete man eine Versuchsreihe mit Rhesusaffen, einer eng mit dem Menschen verwandten Spezies. Diese Affenart kann bis zu vierzig Jahre alt werden, es handelt sich also um ein längerfristiges Forschungsprojekt. »Aber wir können jetzt schon die ersten statistisch relevanten Verbesserungen bei der Überlebensrate, der Widerstandsfähigkeit bei Erkrankungen und positive Auswirkungen auf das alternde Gehirn feststellen.«

SIRT1 und Resveratrol

Im Rahmen ihrer Forschungsarbeit entdeckten Dr. Sprott und seine Kollegen ein Gen, das in Pflanzen, Bakterien und Menschen vorhanden ist, den Alterungsprozess in hohem Maß zu beeinflussen und die Vorteile einer kalorienreduzierten Ernährung noch zu unterstreichen scheint. Dieses sogenannte SIRT1-Gen wird von einem Molekül namens Resveratrol aktiviert, das beispielsweise in der Haut roter Weintrauben vorkommt (und ein Bestandteil von Rotwein ist ... aber machen Sie sich keine Hoffnung: Sie müssten jeden Tag tausend Flaschen trinken, um die angestrebte Wirkung zu erzeugen). Resveratrol ist außerdem in Maulbeeren, Erdnüssen und vielen anderen Pflanzenarten enthalten, zum Beispiel im asiatischen Riesen-Knöterich.[104]

Dr. Sprott erklärte: »Wenn man Mäusen dieses Molekül in reiner Form zuführt, leben sie länger, sind so gut wie immun gegen Fettleibigkeit und ihre Auswirkungen, leiden nicht an Diabetes, Krebs oder anderen altersbedingten Erkrankungen. Ob sich diese Ergebnisse in Versuchen mit menschlichen Probanden bestätigen, bleibt abzuwarten. Bei dem einzigen positiven Versuch waren extrem hohe Resveratrol-Dosierungen (drei bis fünf Gramm) als patentrechtlich geschütztes Arzneimittel erforderlich, um den Blutzucker signifikant zu senken.«

Er fügte jedoch hinzu: »Der Grund für derartige Forschungsprojekte ist nicht der Gedanke, dass wir die menschliche Lebensdauer tatsächlich in solchem Ausmaß verlängern können. Aber wenn wir verstehen, warum das bei anderen Organismen gelungen ist, entdecken wir unter Umständen vielversprechende Optionen für die Behandlung von Stoffwechselerkrankungen, beispielsweise Fettleibigkeit, sowie Therapiemöglichkeiten bei Diabetes, Krebs, Alzheimer und anderen altersbedingten Krankheiten.«

Die Telomer-Hypothese

Vielleicht haben Sie schon einmal etwas über die Telomer-Hypothese des Alterns gelesen. Ich habe bereits erwähnt, dass sich viele menschliche Zellen fortwährend teilen. Dabei verkürzen sich die Chromosomenenden – Telomere genannt – jedes Mal, bis sie irgendwann zu kurz sind für die Teilungsprozess sind. Die Zellen sterben aber nicht ab; sie hören nur auf, sich zu vermehren, aus Gründen, die niemand versteht; diesen Vorgang bezeichnet man als Seneszenz oder Vergreisung.

Zu den Zellen, die diesen biologisch unumkehrbaren Prozess der Teilung und allmählichen Seneszenz nicht durchlaufen, gehören die reproduktiven Zellen, die sogenannten Keimbahnzellen. Hier gebieten spezielle Enzyme, die Telomerase, dem Prozess der Telomerverkürzung Einhalt. Bringt man ein Telomerase-Enzym in die Zelle ein, hängt es die DNA wieder an das Ende der Chromosomen und verhindert damit eine Verkürzung. Das Ergebnis ist Unsterblichkeit auf zellulärer Ebene. Klingt nach Jungbrunnen, oder? Das Problem ist, dass genau ein charakteristisches Merkmal bei Krebserkrankungen ist. Tumorzellen sind unsterblich, sprich unendlich teilbar, weil sie vom Telomer-Verkürzungsprozess ausgeschlossen sind.

Biomarker des Alterns

Die Interessenvertreter der medizinischen Anti-Aging-Bewegung und der Nutrazeutika-Industrie stellen gewaltige Fortschritte bei der Verlängerung der Lebensdauer und Verbesserung der Gesundheit in Aussicht, wenn wir mit den richtigen Nahrungsergänzungsmitteln, Wachstumshormonen (HGH), Resveratrol oder neuen Elixieren aller Art nachhelfen. Überall schießen Wellness-Zentren, die Langlebigkeit verheißen, wie Pilze aus dem Boden. Dr. Sprott erklärte: »Dort führt man eine Reihe von Tests durch, wobei man nach den sogenannten Biomarkern des Alterns Ausschau hält, und gelangt schließlich zu dem Ergebnis, dass man ganz gut in Form ist, außer, dass dieses oder jenes System noch ein wenig verbessert werden könnte – wenn man durchschnittlich 25 000 US-Dollar im Jahr hinblättert, bis zum Ende des Lebens. Dass sich dabei nur der Kontostand ändert, bleibt unerwähnt. Wir wissen einfach noch nicht genug.

Ein Problem ist, dass das National Institute on Aging (NIA) Fördergelder für maximal vier Jahre vergibt, doch derzeit können die Forscher erst in 150 Jahren mit Sicherheit sagen, ob ein Experiment zur Verlängerung der menschlichen Lebensspanne gelungen ist. Die Biomarker des Alterns würden diesen Prozess verkürzen, weil sie prognostische Aussagekraft haben und Rückschlüsse auf den natürlichen Alterungsprozess zulassen. Ich habe einen Großteil meiner beruflichen Laufbahn und einen Großteil der NIA-Fördergelder in die Suche nach den Biomarkern des Alterns investiert und kann Ihnen sagen, dass ich keine entdeckt habe.«

Dr. Sprott sieht eine Gefahr in den Langlebigkeitsversprechen, weil sie bewusst falsche Erwartungen wecken und die Überzeugung fördern, dass man Fitness bis ins hohe Alter »aus einer Flasche beziehen kann; dass man nur eine Pille schlucken muss statt Gesundheit und Lebensdauer, die nicht zuletzt genetisch bedingt sind, durch eine angemessene, gesunde Lebensführung zu verbessern.«

Stammzellen

Viele Gesundheitsprobleme, die im Verlauf der Jahre entstehen, werden nicht durch Krankheit oder traumatische Erfahrungen verursacht und lassen sich nur schwer vom Alterungsprozess trennen. Ein Beispiel ist die Sarkopenie, der altersbedingte Schwund der Muskelmasse und Muskelstärke; daher fällt es älteren Menschen schwerer, im Alltag Aktivitäten zu bewältigen, die Muskelkraft erfordern, beispielsweise schwere Gegenstände hochheben und Treppen steigen. Ein Muskelabbau findet auch bei einer unzureichenden Produktion von körpereigenen Wachstumshormonen, Testosteron und Östrogen oder bei vermehrter Ausschüttung des Stresshormons Cortisol statt.

Thomas Rando, Stellvertretender Leiter des Stanford Center on Longevity, ist Stammzellenbiologe. Er wendet mit seinem Team zielorientierte wissenschaftliche und technologische

Methoden an, um Möglichkeiten zu erforschen, das Muskelgewebe zu erhalten, damit Menschen bis ins hohe Alter kraftvoll und unabhängig bleiben.

Stammzellen gleichen Bausteinen: Sie können jedes Gewebe ausdifferenzieren, wie es in der Fachsprache heißt, und sich beispielsweise nach Bedarf zu Haut- oder Muskelzellen entwickeln. Doch damit die Stammzellen ihrer Arbeit nachgehen können, müssen sie aus dem umliegenden schadhaften oder verletzten Gewebe die entsprechenden Signale erhalten.

Die Signale können von unversehrten Gewebezellen, Hormonen und anderen zellprotektiven Faktoren im Blut, aber auch von den Zellen des Immunsystems ausgehen, die in den verletzten Bereich wandern, um absterbende Zellen zu entsorgen. Die Stammzellen reagieren auf diese Signale, indem sie sich so lange teilen, bis genug Zellen vorhanden sind, um den Verlust zu ersetzen. Da die Reparatur bei älteren Tieren weniger zuverlässig erfolgt, waren die Forscher überzeugt, dass die Stammzellen im Lauf der Jahre ihre Wirksamkeit einbüßen.

Dr. Randos Team in Stanford entdeckte jedoch, dass die Aktivität alter Stammzellen wieder angekurbelt wird, wenn sie mit zellprotektiven Faktoren im Blut jüngerer Tiere in Berührung kommen, und genauso zuverlässig erfolgt wie in jungem Gewebe. Falls sich herausstellt, dass es in altem Blut Substanzen gibt, die eine Stammzellenfunktion unterdrücken, und ein Medikament entwickelt werden kann, dass diese Suppressoren blockiert, sind die Forscher vielleicht in der Lage, die Zusammensetzung des Bluts zu verändern und eine schnellere, wirksamere Heilung des alten oder beschädigten Gewebes herbeizuführen.

Die Wissenschaft des Alterns wächst rasant und die Aussichten sind rosig: Ständig werden neue Theorien, Ideen und Technologien entwickelt, die dazu beitragen könnten, die

Funktionsfähigkeit des alternden Organismus zu verbessern, sofern die Forschungsmittel vorhanden sind.

Dr. Rando erklärte mir in allen Einzelheiten, was die neuen Erkenntnisse hinsichtlich des menschlichen Genoms über die Gene aussagen, die während des fortlaufenden Alterungsprozesses in Mitleidenschaft gezogen werden, und welche verschiedenen Möglichkeiten der DNA-Reparatur es inzwischen gibt. »Wenn wir wissen, welche Gene während des Alterns aktiviert oder deaktiviert werden, können wir das fehlende Genprodukt vielleicht ersetzen. Oder wir führen genetische Anpassungen durch, um ein Genprodukt zu erzeugen, das für die Ausbesserung von beschädigtem Gewebe benötigt wird.

Zukünftig entdecken wir auch Möglichkeiten – was ziemlich bald schon der Fall sein könnte –, abnorme oder beschädigte Gene zu ersetzen, die das Risiko altersbedingter Erkrankungen erhöhen. Ich gehe jedoch davon aus, dass keiner dieser Entwicklungsfortschritte dramatische Veränderungen in der menschlichen Lebensspanne zu bewirken vermag. Was sich verändern wird, hoffen wir zumindest, ist die Gesundheitsspanne alter Menschen.«

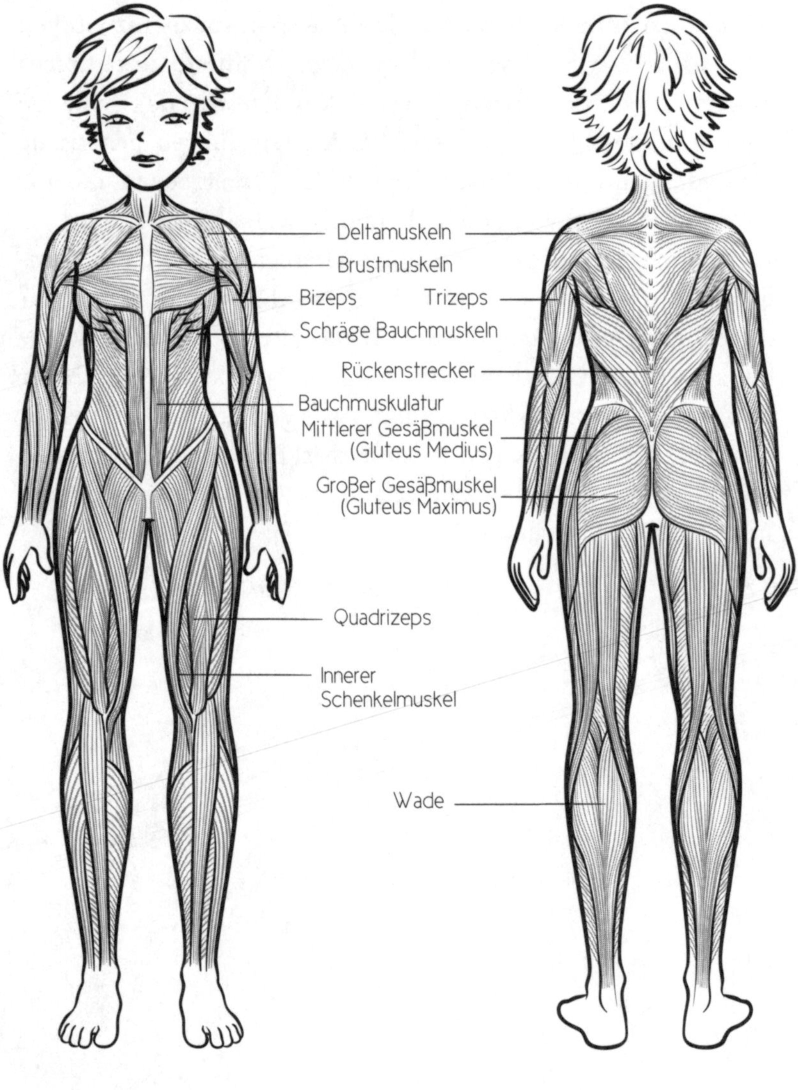
Deltamuskeln
Brustmuskeln
Bizeps
Trizeps
Schräge Bauchmuskeln
Rückenstrecker
Bauchmuskulatur
Mittlerer Gesäßmuskel
(Gluteus Medius)
Großer Gesäßmuskel
(Gluteus Maximus)
Quadrizeps
Innerer
Schenkelmuskel
Wade

ANHANG II

Fitnesstraining im dritten Akt

Für die Übungen benötigen Sie einen standfesten Stuhl ohne Lehne und Gewichte für die Arme, beispielsweise Hanteln, ungeöffnete Dosen oder gefüllte Wasserflaschen. Beginnen Sie mit leichten Gewichten, die Sie erhöhen, sobald Sie Muskulatur aufgebaut haben und die empfohlenen Wiederholungen schaffen. Lesen Sie die Anleitungen sorgfältig durch, bevor Sie mit einer Übung beginnen.

Aufwärmen

Als Erstes werden die großen Muskelgruppen mit drei Übungen aufgewärmt.

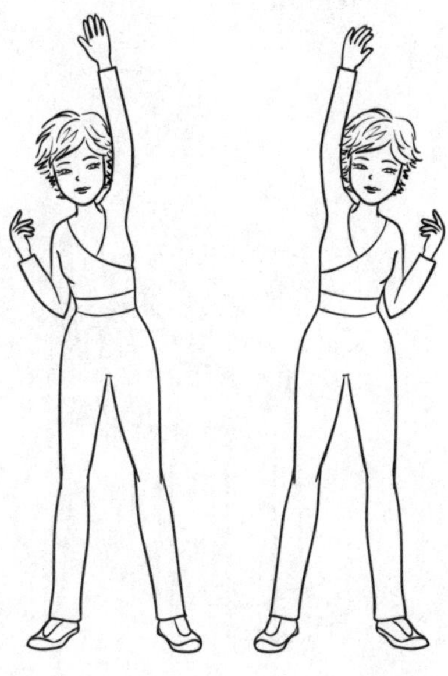

- Stellen Sie sich hoch aufgerichtet hin. Nun abwechselnd den rechten und den linken Arm in Richtung Decke strecken. Spüren Sie die Dehnung in den Seiten des Oberkörpers. Die Bauchmuskeln fest anspannen und nach oben ziehen; die Wirbelsäule gerade halten.
- Die Füße etwas mehr als hüftbreit aufstellen, die

Hände liegen auf den Hüften. Die Knie 5 × möglichst tief beugen und strecken, dabei das Gewicht auf die Fersen verlagern. Als Nächstes beim Beugen der Knie den Arm über den Kopf in Richtung Decke ziehen, beim Strecken der Knie zurücknehmen. Beim Beugen ausatmen, beim Strecken einatmen. 5 × wiederholen.

- Aufrecht hinstellen und die Arme vor dem Körper ausstrecken; nun die Schulterblätter zusammenkneifen, die Ellenbogen so weit wie möglich nach hinten ziehen und die Arme dabei in Schulterhöhe waagerecht halten. Tief ein- und ausatmen und 5 × wiederholen.

1. Übung | Beckenkippen im Sitzen

Bei dieser Übung wird die Gesäßmuskulatur trainiert.

- Aufrecht hinsetzen und die Bauchmuskeln so fest wie möglich einziehen, als wollten Sie einen Schlag in den Bauch abwehren.

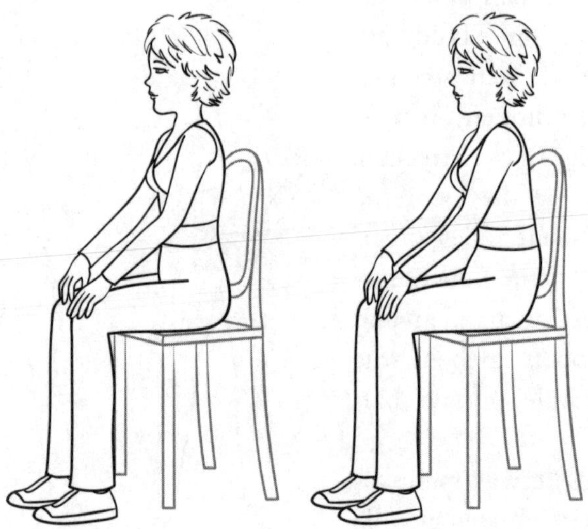

- Schultern zurücknehmen und den Brustkorb anheben, ohne ihn herauszustrecken.
- Nun das Becken nach vorne kippen; Gesäß- und Bauchmuskulatur dabei fest anspannen. Die Spannung 3 Sekunden halten, dann lockerlassen.
- Beim Anspannen einatmen, beim Entspannen ausatmen. Die Übung 15 × wiederholen.

2. *Übung* | Bauchmuskeltraining (Crunches) im Sitzen

Eine starke Bauchmuskulatur verbessert die Darmmotorik und schützt den Rücken.

- Aufrecht hinsetzen, wie in der vorherigen Übung.
- Bauchmuskulatur fest anspannen, die Spannung 5 Sekunden halten, dann lockerlassen.
- Beim Anspannen ausatmen, beim Entspannen einatmen. Die Übung 15 × wiederholen.

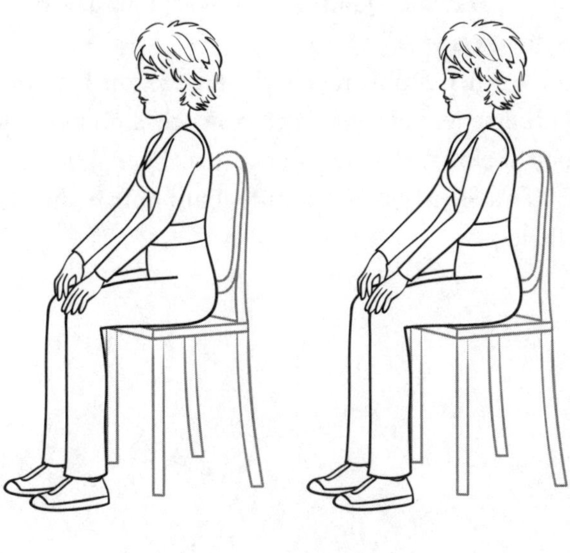

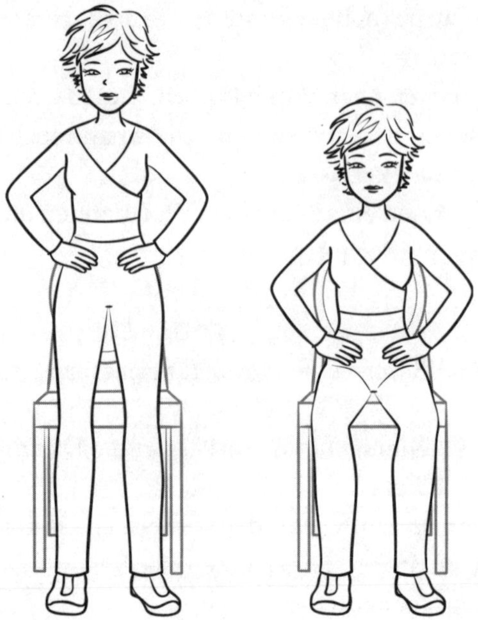

3. Übung | Stuhlkniebeugen

Diese Übung stärkt die Quadrizepsmuskeln an der Vorderseite des Oberschenkels.

- Aufrecht vor den Stuhl stellen, die Hände zur Unterstützung auf die Oberschenkel legen; 15 × abwechselnd hinsetzen und aufstehen. Beim Aufstehen ausatmen, beim Hinsetzen einatmen. Wenn Sie Muskulatur aufgebaut haben, die Hände in die Taille legen.

4. Übung | Armbeugen (Bizepscurls) mit Beinheben

Bei dieser Übung werden die Muskeln an der Vorderseite des Oberschenkels und an der Vorderseite des Oberarms bearbeitet.

- Aufrecht hinsetzen, die Arme an den Seiten hängen lassen, in jede Hand ein Gewicht nehmen.
- Das rechte Bein durchstrecken und auf Kniehöhe anheben; die Oberschenkel bleiben parallel und in Kontakt mit dem Stuhl. Muskulatur im Oberschenkel und rund um das Knie anspannen; Position 2 Minuten halten, dann das Bein langsam absenken.
- Beim Anheben des Beins die Gewichte mit gebeugten Armen zum Brustkorb und beim Absenken gestreckt nach unten führen; die Oberarme liegen dabei am Körper an. Gewichte langsam und kontrolliert absenken. Beim Heben ausatmen, beim Absenken einatmen.
- Seite wechseln und die Übung 16× wiederholen. Jedes Beinheben zählt als eine Wiederholung.

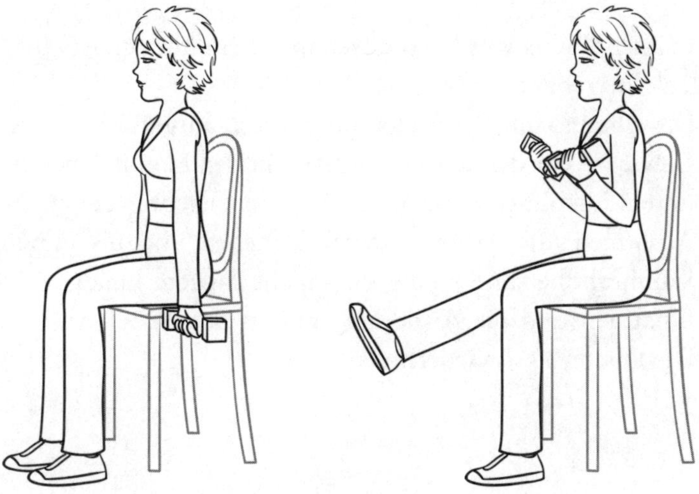

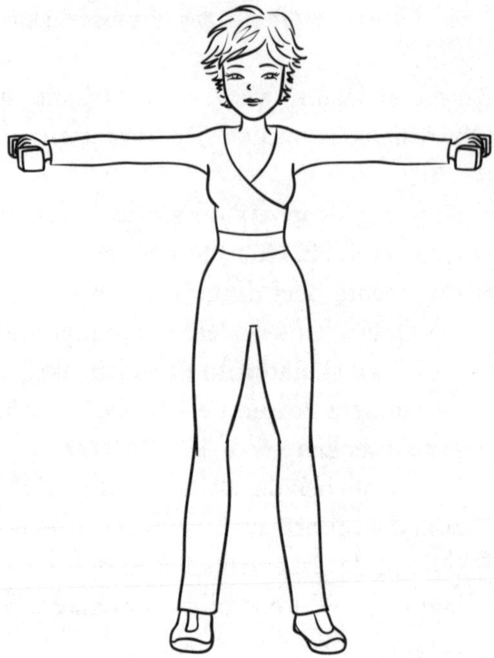

5. Übung | Arm-Seitheben im Stehen

Bei dieser Übung werden die Deltamuskeln über dem Schultergelenk aufgebaut.

- Die Übung kann im Stehen oder Sitzen ausgeführt werden.
- Gewichte vor den Körper halten, mit den Handflächen nach unten; Ellenbogen und Knie sind dabei leicht gebeugt.
- Ausatmen, die Arme auseinanderziehen und bis maximal Schulterhöhe zur Seite heben – nicht darüber hinaus!
- Einatmen und die Arme langsam an den Seiten absenken. Die Übung 15 × wiederholen.

6. Übung | Trizepsdrücken im Sitzen

Bei dieser Übung werden die Trizepsmuskeln auf der Rückseite der Arme gestärkt.

- Setzen Sie sich hoch aufgerichtet auf den Stuhl, ohne dass der Rücken die Lehne berührt. Gewicht in die Hände nehmen, die Handflächen zeigen zum Körper.
- Arme rechts und links neben den Ohren hochstemmen; darauf achten, dass die Schultern unten bleiben.
- Den Rücken gerade halten, den Bauch einziehen, die Schultern zurücknehmen.
- Nun die Ellenbogen beugen, sodass sich nur die Unterarme langsam nach oben und unten bewegen.
- Kein Hohlkreuz machen und die Gewichte langsam und kontrolliert heben und senken, um einer Verletzung vorzubeugen.
- Die Gewichte wieder mit gestreckten Armen über den Kopf heben. Die Übung 15 × wiederholen.

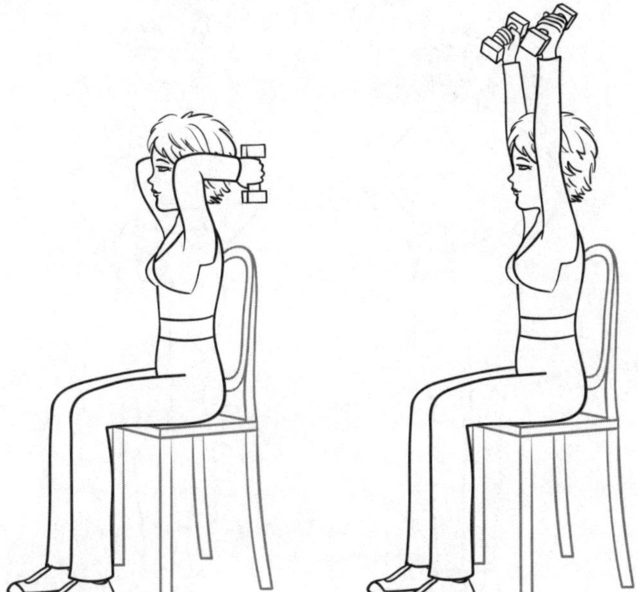

7. *Übung* | Auf einem Bein balancieren

Das Gleichgewicht zu halten oder zu verbessern ist im Alter besonders wichtig, um Stürze zu verhindern.

- Stellen Sie sich hinter den Stuhl; nur im Notfall an der Lehne festhalten.
- Aufrecht stehen, das Gewicht auf das rechte Bein verlagern. Den linken Fuß leicht vom Boden abheben und stabiles Gleichgewicht suchen. Die Hände liegen auf den Hüften.
- Tief ein- und ausatmen, die Schultern nach hinten und unten ziehen. Bauch einziehen und Muskelspannung aufbauen, den Kopf anheben; den aufrechten Stand beibehalten, um die Wirbelsäule zu dehnen.
- Position 15 Sekunden halten; Bein wechseln und wiederholen.

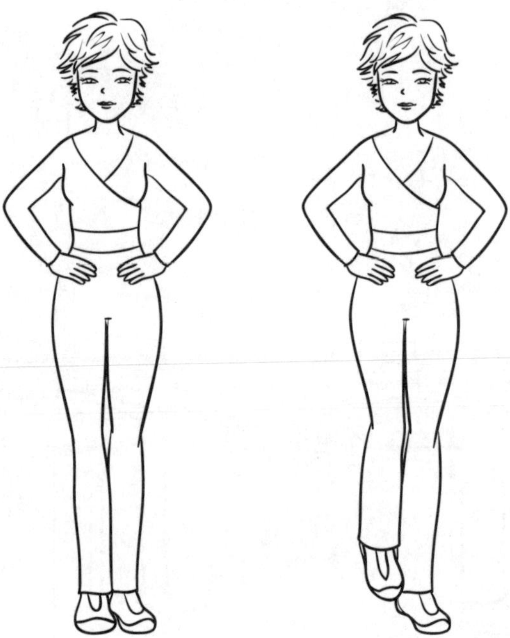

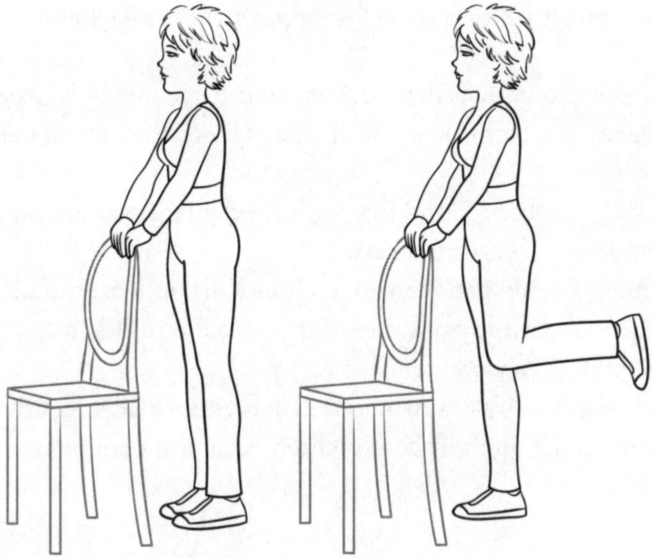

8. Übung | Beincurls im Stehen

Bei dieser Übung wird die hintere Oberschenkelmuskulatur trainiert.

- Hinter den Stuhl stellen, auf dem rechten Bein balancieren; das linke Bein anwinkeln und so weit wie möglich in Richtung Gesäß bringen.
- Darauf achten, dass der Oberschenkel des angewinkelten Beins parallel zum Oberschenkel des Standbeins bleibt; nur den Unterschenkel bewegen.
- 15× wiederholen; dann das Standbein wechseln und die Übung wiederholen.
- Wenn Sie Muskulatur aufgebaut haben, können Sie die Übung machen, ohne sich festzuhalten.
- Die Bauchmuskeln sollten während der gesamten Übung fest angespannt sein; achten Sie darauf, den Atem fließen zu lassen.

9. Übung | Bauchpresse Ellenbogen zum Knie im Stehen

Bei dieser Übung werden Becken- und Rückenmuskulatur, die schrägen Bauchmuskeln und die Oberschenkelmuskulatur bearbeitet.

- Mit der rechten Hand am Stuhl festhalten, den linken Arm gerade zur Decke strecken.
- Linken Ellenbogen beugen, rechtes Knie anheben und Ellenbogen und Knie zusammenführen; dabei die Muskeln der Körperseite anspannen.
- 15 × mit dem linken Arm und dem rechten Bein wiederholen, dann die Übung mit dem rechten Arm und dem linken Bein wiederholen.

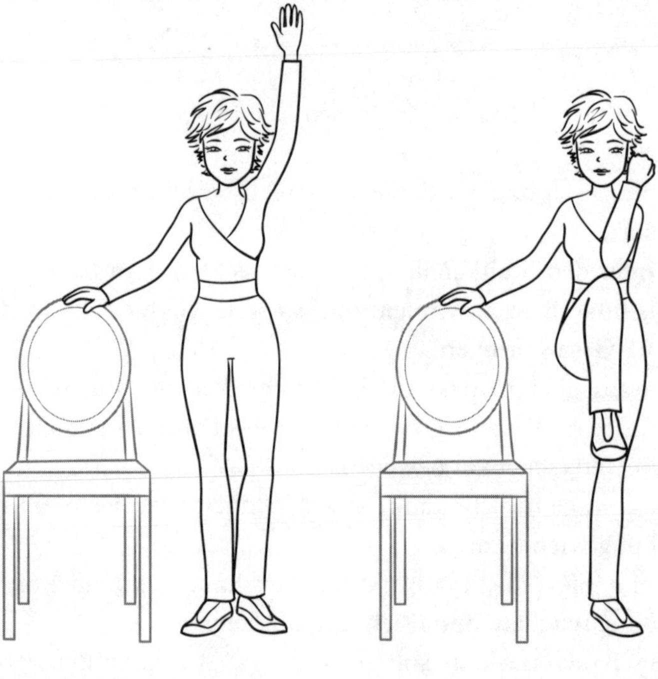

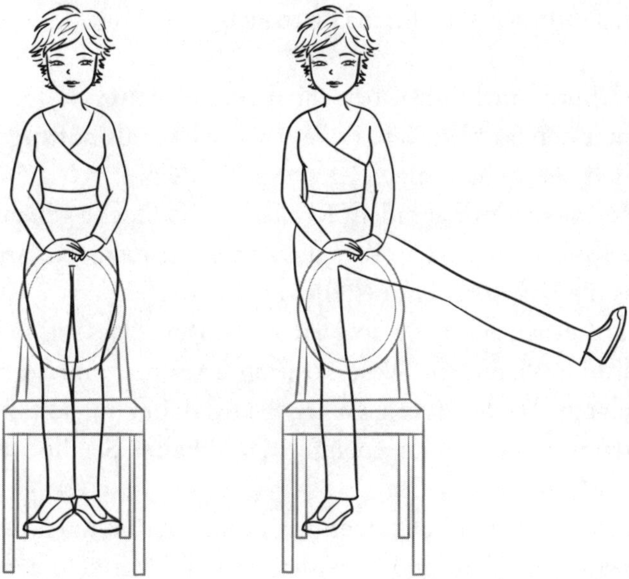

10. Übung | Bein-Seitheben im Stehen

Mit dieser Übung werden Rücken-, Hüft- und Oberschenkelmuskeln trainiert. Sie fördern die Beweglichkeit der Hüfte.

- Aufrecht hinter den Stuhl stellen, ausatmen; das linke Bein so hoch wie möglich zur Seite strecken, ohne den Oberkörper zu bewegen.
- Einatmen und das Bein langsam absenken. 15× wiederholen, dann die Seite wechseln.
- Darauf achten, dass der Oberkörper in der Ausgangsposition bleibt, wenn Sie das Bein zur Seite strecken.

Diese Übung stärkt die Oberschenkelmuskulatur.

- Hinter den Stuhl stellen. Füße etwas weiter als hüftbreit aufstellen, die Zehen zeigen leicht nach außen.
- Knie beugen, mit geradem Rücken in die Hocke gehen.
- Die Knie sollten nicht über die Zehen hinausragen; andernfalls die Füße breiter aufstellen.
- Das Ziel ist, die Knie so weit zu beugen, dass sie sich auf Hüfthöhe befinden. Diese Position erreichen und zu halten kann eine Weile dauern. Gehen Sie bis dahin nur so tief nach unten wie es Ihnen angenehm ist, und halten Sie die Stellung eine Minute.
- Die Oberschenkel beginnen vermutlich zu brennen. Das ist ein gutes Zeichen und bedeutet, dass die Muskeln arbeiten. Wenn Sie einen Moment pausieren müssen, kurz hochkommen und wieder in die Hocke gehen.
- Sie können die Hände auf die Hüften legen oder sich (bis Sie Muskulatur aufgebaut haben) leicht an der Stuhllehne festhalten. *Nicht* den Atem anhalten!

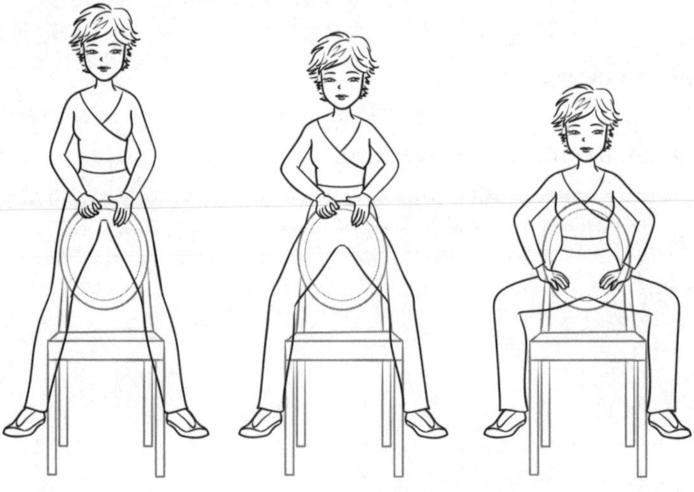

12. Übung | Rumpfbeuge mit geradem Rücken

Diese Übung dehnt und stärkt die hintere Oberschenkel- und Gesäßmuskulatur.

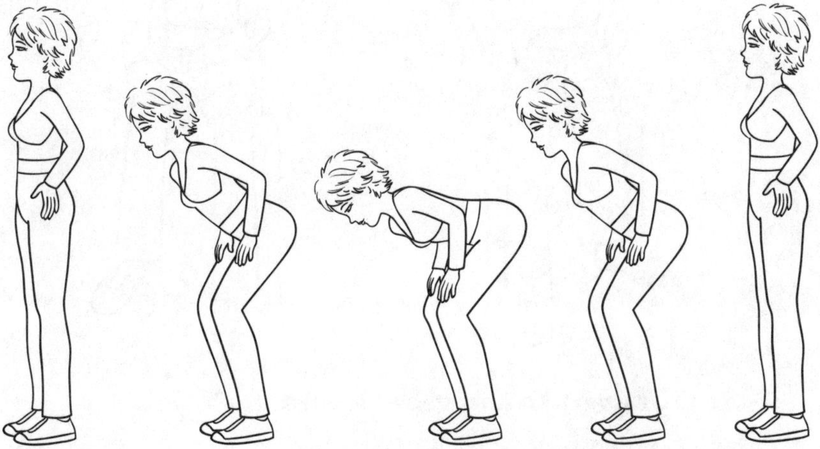

- Aufrecht hinstellen, einatmen und die Finger langsam an der Außenseite der Oberschenkel hinuntergleiten lassen; dabei mit geradem Rücken vorbeugen, bis sich der Rumpf parallel zum Boden befindet.
- Kopf und Nacken bilden eine Linie mit der Wirbelsäule; heben oder senken belastet die Halswirbelsäule.
- Die Knie leicht gebeugt halten.
- Beim Hochkommen ausatmen; dabei die Gesäßmuskeln fest anspannen, bis die Ausgangsposition – aufrechter Stand – erreicht ist.
- Die Übung 10× wiederholen.

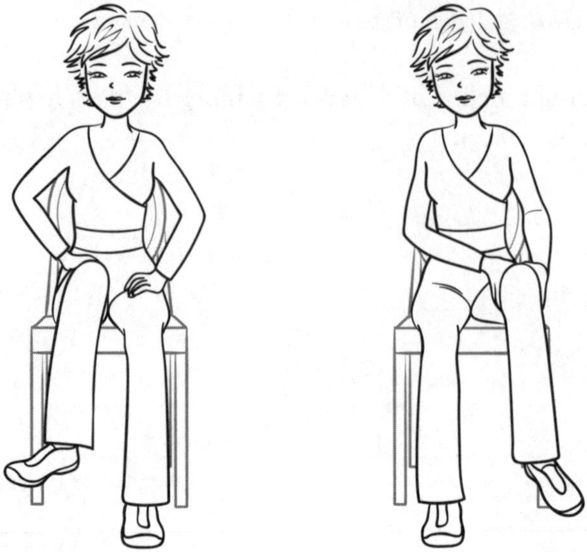

13. Übung | Knöchel kreisen im Sitzen

Die Beweglichkeit der Knöchel wichtig für das Gleichgewicht.

- Den rechten Oberschenkel anheben; den Knöchel 5 × im Uhrzeigersinn kreisen lassen.
- 5 × entgegen dem Uhrzeigersinn wiederholen.
- Falls Ihnen die Übung schwerfällt, den Oberschenkel unter dem Knie fassen und stützen.
- Seite wechseln und die Übung wiederholen: 5 × im Uhrzeigersinn, 5 × gegen den Uhrzeigersinn.
- Während der gesamten Übung die Bauchmuskulatur fest anspannen und hochaufgerichtet sitzen.

Dehnübungen: Am Ende des Trainings, wenn die Muskulatur gut aufgewärmt ist, empfiehlt es sich, noch ein paar Dehnübungen zu machen. Sie tragen dazu bei, dass wir bis ins hohe Alter beweglich bleiben und Verletzungen vorbeugen. Jede Dehnung sollte mindestens 20 Sekunden gehalten werden.

14. Übung | Hüftdehnung im Sitzen

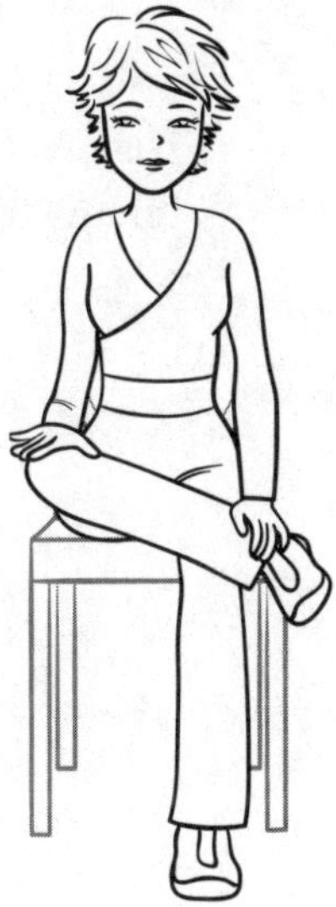

Bei dieser Übung werden die Hüft- und Gesäßmuskeln gedehnt.

- Den rechten Knöchel auf das linke Knie legen. Ist die Hüfte zu stark angespannt, den linken Fuß ein wenig weiter vom Stuhl entfernt aufstellen und den rechten Knöchel knapp unterhalb des Knies auf das Bein legen.
- Um die Dehnung zu verstärken, das rechte Knie sanft nach unten drücken.
- Während der Übung aufrecht sitzen und den Atem fließen lassen.
- Die Position 20 Sekunden halten.
- Die Seite wechseln und wiederholen.

15. Übung | Hals- und Seitdehnung im Sitzen

Bei dieser Übung werden Hals und Körperseite gedehnt.

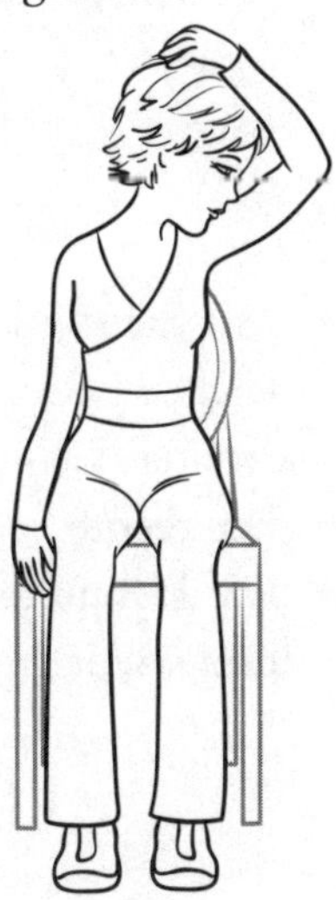

- Die rechte Hand unter dem Stuhlsitz platzieren.
- Linke Hand auf die rechte Kopfseite legen, Kinn seitwärts in Richtung linke Achselhöhle und Schlüsselbein – *nicht nach vorne* – bewegen.
- Kopf sanft mit der linken Hand nach unten drücken, dabei die Dehnung im Hals und in der rechten Körperseite spüren.
- Aufrechte Sitzhaltung beibehalten und den Atem fließen lassen. Die Position 20 Sekunden halten, dann die Seite wechseln und wiederholen.

16. Übung | Schulterdehnung im Sitzen

Bei dieser Übung werden Schulter und Trizeps gedehnt.

- Den rechten Arm in Brusthöhe über die linke Körperseite hinaus führen; Arm dabei gestreckt halten.

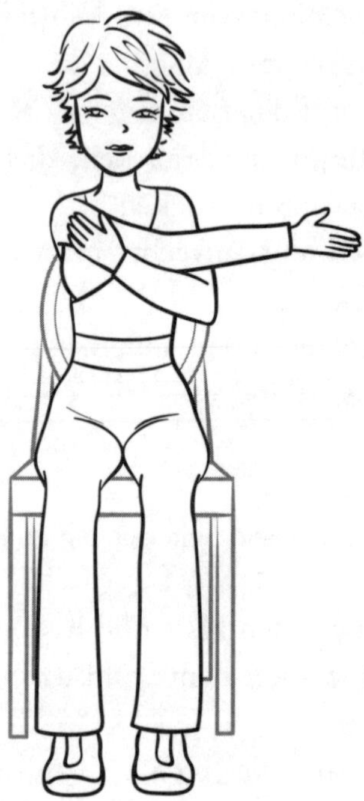

- Mit dem linken Arm von unten den Ellenbogen fassen und leicht in Richtung Körper drücken, um die Dehnung in der rechten Schulter zu verstärken.
- Die rechte Schulter nicht nach vorne oder nach oben ziehen.
- Die Dehnung 20 Sekunden halten, dann die Seite wechseln und wiederholen.

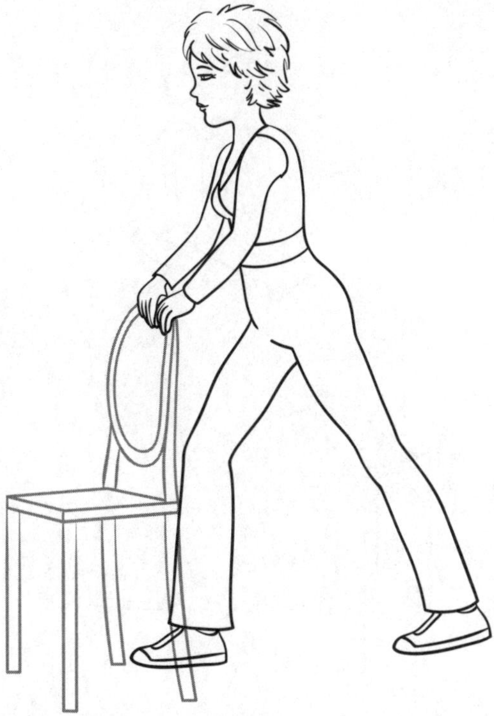

17. Übung | Dehnung von Waden- und Gesäßmuskulatur im Stehen

Bei dieser Übung wird die Rückseite der Beine gedehnt.

- An der Stuhllehne festhalten und ein Bein leicht nach vorne bringen; das andere Bein gestreckt nach hinten setzen. Beide Fersen dabei auf den Boden pressen.
- Die Dehnung verstärken, indem Sie das gestreckte hintere Bein weiter zurücksetzen.
- Wenn Sie das hintere Bein leicht beugen, spüren Sie die Dehnung in der unteren Wadenmuskulatur.
- Die Position 20 Sekunden halten, dann die Seite wechseln und Übung wiederholen.

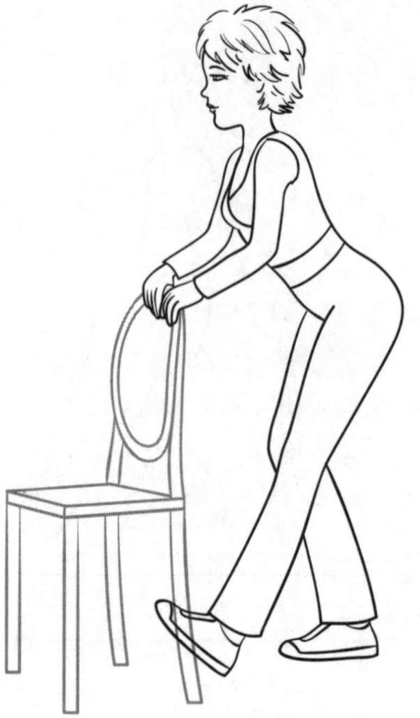

18. Übung | Dehnung der Oberschenkelrückseite im Stehen

Bei dieser Übung wird die Rückseite der Oberschenkel gedehnt.

- An der Stuhllehne festhalten und ein Bein nach vorne bringen; die Ferse aufsetzen, der Fuß ist in Flexstellung (Zehen zum Körper ziehen), das Bein gestreckt.
- Das andere Knie beugen und das Gesäß nach hinten schieben, um die Dehnung in der Oberschenkelrückseite des gestreckten Beines zu verstärken.
- Die Position 20 Sekunden halten, dann die Seite wechseln und wiederholen.

ANHANG III

Trainingsplan

Das nachfolgende Übungsprogramm basiert auf den Empfehlungen von Dr. Michael Hewitt. Es ist nicht auf Hochleistungssportler zugeschnitten, die an Wettkämpfen teilnehmen.

Mindestaktivität zur Vorbeugung von Erkrankungen

HERZKREISLAUFTRAINING 30 bis 60 Minuten körperliche Aktivitäten, nach Möglichkeit täglich.

KRAFTTRAINING Im Rahmen der körperlichen Aktivitäten Gewichte heben, nach Möglichkeit täglich.

BEWEGLICHKEITSTRAINING Beugen und Dehnen während der körperlichen Aktivitäten, um den Bewegungsradius des Körpers zu erhalten.

Fitness für Einsteiger

HERZKREISLAUFTRAINING 3 × in der Woche mindestens 20 Minuten lang Übungen für die großen Muskelgruppen oder Sport.

KRAFTTRAINING 2 × in der Woche 1 oder 2 Sets des 3-Schritte-Programms aus dem 6. Kapitel (»Fit for Life«) oder eines vergleichbaren Fitnessprogramms. Um die Muskulatur weiterhin aufzubauen, die Anzahl der Sets erhöhen.

BEWEGLICHKEITSTRAINING 2 bis 4 Dehnübungen für die großen Muskelgruppen *nach* dem Training. Die Dehnung jeweils 20 Sekunden halten.

Fitness für Fortgeschrittene

HERZKREISLAUFTRAINING 4 bis 6× in der Woche 40 bis 60 Minuten aerobe Aktivitäten oder Sport.

KRAFTTRAINING 3× in der Woche Übungen an Ganzkörpertrainingsgeräten oder mit Hanteln, 2 oder 3 Sets für jede Körperpartie.

Übungen mit Gewichten, die schwer genug sind, um maximal 8 bis 10 Wiederholungen zu ermöglichen.

BEWEGLICHKEITSTRAINING 6 bis 10 Ganzkörperdehnungen *nach* dem Training. Dehnung jeweils 20 Sekunden halten.
3-Schritte-Programm: Doppelte Beinpresse oder Hocke. Brustpresse. Lastzug oder einarmiges Rudern am Kabelzug.

ANHANG IV

Tipps für eine gesunde Ernährung

1. Lassen Sie das Frühstück nicht aus! Essen Sie regelmäßig im Verlauf des Tages. Idealerweise sollten sie morgens ein Drittel, mittags ein Drittel und abends ein Drittel der täglichen Kalorienmenge zu sich nehmen – damit verringern Sie Heißhungerattacken.
2. Halten Sie für den Notfall gesunde Zwischenmahlzeiten bereit – beispielsweise Obst, Hüttenkäse oder andere fettarme Käsesorten. Zum Käse passen rote Weintrauben.
3. Gehen Sie niemals einkaufen, wenn Sie hungrig sind. Essen Sie einen Apfel oder irgendeinen anderen gesunden Snack, bevor Sie sich in den Supermarkt begeben.
4. Schreiben Sie eine Einkaufsliste, an die Sie sich strikt halten, um Impulskäufe zu vermeiden.
5. Führen Sie vorübergehend ein Ernährungstagebuch, in dem Sie alles eintragen, was Sie im Verlauf des Tages konsumieren. Sie werden vielleicht feststellen, dass Sie viel mehr essen als Ihnen bewusst ist.
6. Versuchen Sie, täglich Lebensmittel in verschiedenen Farben zu sich zu nehmen, vor allem die Superstars der Palette, die Antioxidantien und Phytonährstoffe in hoher Konzentration enthalten: dunkelgrüne, blaue, purpurfarbene, gelbe und orangefarbene Produkte.
7. Achten Sie darauf, dass mindestens die Hälfte der Nahrungsmittel, die auf Ihrem Teller landen, aus Obst und/oder Gemüse besteht.
8. Essen Sie langsam und kauen Sie sorgfältig.
9. Essen Sie im Sitzen.

10. Essen Sie bewusst. Richten Sie Ihre ungeteilte Aufmerksamkeit auf jeden einzelnen Bissen; verzichten Sie beim Essen auf Lesen oder Fernsehen.
11. Vermeiden Sie leere Kalorien, wie in Limonade, Süßigkeiten, Alkohol und Kuchen enthalten.
12. Gewöhnen Sie sich an, vor dem Kauf die Lebensmitteletiketten zu lesen, um sich über die Inhaltsstoffe zu informieren.
13. Machen Sie keine Schlankheitskur. Studien belegen, dass die meisten Menschen nach der Diät mehr zunehmen als sie abgenommen haben.
14. Versuchen Sie stattdessen, zu essen, wenn Sie Hunger haben, und aufzuhören, wenn Sie satt sind. Falls Sie unter einer Essstörung leiden (Essattacken, Anorexie, Bulimie) erkennen Sie vielleicht nicht, wann Sie satt sind – Sie essen, um andere Bedürfnisse zu befriedigen. Informationen über Essstörungen finden Sie im Internet.

Angabe der Inhaltsstoffe auf Lebensmitteletiketten

1. Wie viele Kalorien pro Portion sind enthalten? Drosseln Sie die Zufuhr auf 1500 bis 2200 Kalorien pro Tag oder rund 400 bis 800 Kalorien pro Mahlzeit. Wenn Sie schlank sind, sollten Sie sich eher mit 1500 bis 2000 Kalorien bzw. etwa 400 bis 700 Kalorien pro Mahlzeit begnügen, je nach Aktivitätsgrad, Zwischenmahlzeiten und Präferenzen.
2. Wie hoch ist der Anteil gesättigter Fettsäuren? Er sollte so gering wie möglich sein, auf maximal 10 bis 20 Gramm pro Tag beschränkt. Bei fetthaltigen Nahrungsmitteln ist er höher, bei Obst und Gemüse beläuft er sich teilweise auf null.
3. Sind Trans-Fettsäuren aufgelistet? Wenn ja, verzichten Sie lieber auf das Produkt. Zielen Sie darauf ab, sie ganz aus Ihrer Kost auszuklammern.
4. Wenn Sie die gesättigten (schlechten) Fettsäuren und

Trans-Fettsäuren vom gesamten Fettgehalt eines Produkts abziehen, haben Sie den Anteil der mehrfach und einfach ungesättigten (guten) Fette.

5. Wie hoch ist der Gehalt an Ballaststoffen? Sie sollten täglich 25 bis 30 Gramm zu sich nehmen. Pflanzliche Nahrungsmittel wie Vollkornprodukte, Hülsenfrüchte, Nüsse, Obst und Gemüse sind besonders ballaststoffreich.
6. Wie hoch ist der Zuckergehalt? Die Liste der Inhaltsstoffe kann Maissirup, Dextrose, Maltose, Glukose oder Invertzucker einschließen, die zu den Zuckerarten gehören; reduzieren Sie die Zufuhr auf 7 Gramm pro Portion oder weniger als 30 Gramm pro Tag.
7. Der Natriumgehalt sollte so gering wie möglich sein und am Tag weniger als 2300 Milligramm, bei Bluthochdruck maximal 1700 Milligramm betragen.
8. Überprüfen Sie immer die Liste der Inhaltsstoffe. Die Reihenfolge der Zutaten ist nach Mengen sortiert, das heißt, diejenigen mit dem größten Mengenanteil werden zuerst genannt.

Calcium

Experten empfehlen täglich drei bis fünf Milchprodukte mit hohem Calciumgehalt, ungefähr 300 Milligramm pro Portion.

Sprechen Sie mit Ihrem Hausarzt, ob Sie zusätzlich ein Nahrungsergänzungsmittel nehmen sollten, ca. 500 Milligramm täglich zwischen den Mahlzeiten und in Form von Calciumcitrat.

Zu den calciumreichen Milchprodukten gehören unter anderem Buttermilch, fettarme Milch, fettarme Käsesorten wie Cheddar, Brie, Hüttenkäse und Parmesan, sowie fettarme Natur- und Fruchtjoghurt-Sorten.

Tipps:

- Überprüfen Sie stets die Inhaltsstoffe auf den Verpackungen der Lebensmittel. Eine hochwertige Calciumquelle deckt mindestens 30 Prozent des Tagesbedarfs. Achten Sie auch auf die Kalorien und gesättigten Fettsäuren. Welche Menge an Kalorien oder gesättigten Fettsäuren müssten Sie zu sich nehmen, um mehr Calcium aus Nahrungsmitteln zu erhalten? Für Gesundheits- oder Gewichtsbewusste gilt: Je höher die Nährstoffdichte und je geringer die Menge an Kalorien und gesättigten Fettsäuren, desto besser.
- Falls Sie an einer Laktoseintoleranz leiden, sprechen Sie mit Ihrem Arzt: Falls sich auch bei Nahrungsmitteln mit geringem Laktosegehalt Beschwerden einstellen, besteht die Möglichkeit, auf laktosefreie Milchprodukte umzustellen.

ANHANG V

Meditationsanleitung

Jemand hat einmal gesagt: »Meditation ist wie Fahrradfahren: Man kann es nicht und kann es nicht, und plötzlich kann man es.«

Nachfolgend finden Sie einige Auszüge aus Elizabeth Lessers Lebenshilfebuch *Broken Open Difficult Times Can Help Us Grow.*[105] Elizabeth Lesser ist spirituelle Leiterin des Institute in Rheinbeck, New York, Amerikas größten Zentrums für Erwachsenenbildung mit den Schwerpunkten Gesundheit, Wellness, Spiritualität und Kreativität. Wie bereits erwähnt, dauerte es lange, bis regelmäßige Meditationen bei mir zu Gewohnheit wurden. Aber ich ließ nicht locker, machte die Übungen immer wieder, ziemlich regelmäßig, und schließlich fiel es mir leichter, mich dabei zu entspannen, wobei ich lernte, mich nicht mit den Gedanken solidarisch zu erklären, die mir ständig durch den Kopf gingen.

Ich bin nach wie vor Anfängerin und oft vergehen Wochen, bis ich wieder Zeit zum Meditieren finde, doch wie bei vielen Menschen, die ich kenne, hat mir diese Praxis geholfen, auf der persönlichen Ebene zu wachsen und Krisen zu überwinden. Obwohl man die positiven Auswirkungen der Meditation oft mit abstrakten Begriffen beschreibt – Psyche, Seele, Geist – hat sie auch greifbare, physische Vorteile.

Claire Myers Owens schreibt in über die Meditation als Lösung für Probleme mit dem Altern: »Wissenschaftliche Experimente, die in verschiedenen Laboratorien mit Yogis und Meditationsgeübten aus dem Westen als Versuchspersonen durchgeführt wurden, haben gezeigt … dass die Herzfrequenz während der Tiefenmeditation sinkt und die Muskulatur der Blutgefäßwände sich entspannt. Das hat eine bessere Durchblutung sämtlicher Organe zur Folge, einschließlich des Gehirns.«[106]

Hier also die Anleitung zur Achtsamkeitsmeditation nach Elizabeth Lesser:

1. **Sitzhaltung:** Am besten setzen Sie sich auf ein festes Kissen auf den Fußboden oder auf einen Stuhl mit hartem Sitz. Richten Sie sich gerade auf; der Rücken sollte Abstand zur Lehne halten, falls Sie den Stuhl bevorzugen.

2. **Beine:** Auf dem Boden nehmen Sie einen bequemen Schneidersitz ein, wobei die Knie nach Möglichkeit auf dem Boden ruhen sollten. Vergewissern Sie sich, dass dabei die Blutzufuhr nicht unterbrochen wird. Wenn Sie auf einem Stuhl sitzen, stellen Sie die Füße flach auf den Boden, Knie und Füße hüftbreit auseinander. Spüren Sie die Verbundenheit mit der Erde, die sich durch den ganzen Körper bis in den Kopf fortsetzt. Entspannen Sie sich, genießen Sie den stabilen Halt, den Sie haben, wenn Sie geerdet sind.

3. **Oberkörper:** Halten Sie den Rücken gerade, den Brustkorb weit geöffnet, die Schultern entspannt. Der Zen-Lehrer Philip Kapleau schreibt: »Wenn man daran gewöhnt ist, den Brustkorb einsinken zu lassen, bedarf es anfangs einer bewussten Anstrengung, ihn weit zu öffnen. Sobald es sich natürlich anfühlt, hochaufgerichtet zu gehen und zu sitzen, nimmt man die Vorteile dieser idealen Körperhaltung wahr. Die Lungen erhalten zusätzlich Raum, um sich auszudehnen, sodass sich die Lungenbläschen vollständig füllen und erweitern können. Das ermöglicht wiederum eine erhöhte Sauerstoffaufnahme

und intensivere Entschlackung, die Müdigkeit vertreibt und eine Revitalisierung des Körpers zur Folge hat.«

Eine natürliche Körperhaltung erfordert einen geraden Rücken und weiche Schultern; sie fühlt sich weder erzwungen noch schmerzhaft an.

Mit der Zeit stellt sich bei der Meditation ein Gefühl des allgemeinen Wohlbefindens ein. Bei Meditationsanfängern können sich anfangs körperliche Beschwerden bemerkbar machen, verursacht durch die ungewohnt aufrechte Sitzhaltung. Deshalb machen viele, die meditieren, auch Yoga oder andere Kraft- und Dehnübungen für den Körper. Um den Schmerz zu überwinden, wenn sich beispielsweise die Schultern verkrampfen, kann man lautlos »lockerlassen, lockerlassen« oder »öffnen, öffnen« vor sich hinsagen.

4. **Hände:** Wenn bei der Meditation innere Stille einkehrt, sammelt sich die Aufmerksamkeit oft in den Händen. Man hat das Gefühl, als wären die Hände der einzige Körperteil, der übrigbleibt, wenn der Atem ausströmt. Deshalb sollten die Hände eine Position einnehmen, die sowohl gut geerdet als auch spirituell bedeutungsvoll ist. Aus diesem Grund werden Götter- oder Heiligenstatuen mit symbolischen Handhaltungen dargestellt. In der tantrischen buddhistischen Tradition bezeichnet man diese Gesten als *Mudras,* die einen bestimmten Geisteszustand fördern sollen.

Bei einem Mudra berühren sich Daumen und Zeigefinger jeder Hand, während die anderen drei Finger abgespreizt werden. Bei einem anderen ruht die eine Hand in der Handfläche der anderen, wobei sich die Daumen berühren. Viele ziehen es vor, die Handflächen wie beim Gebet in Brusthöhe aneinanderzulegen, die Finger nach oben gerichtet, oder sie einfach mit der Handfläche nach oben oder unten auf den Knien abzulegen.

Mudras dienen dazu, bestimmte Eigenschaften heraufzubeschwören, Erfahrungen, die Sie nur machen können, wenn Sie damit experimentieren. Die Hände mit den Handflächen nach oben auf die Knie zu legen soll Empfangsbereitschaft signalisieren – Offenheit für alles, was das Schicksal für uns bereithält. Liegen die Hände mit den Handflächen nach unten auf den Knien, wird das Gefühl der engen Verbindung mit der Erde, der inneren Harmonie und Kraft gefördert. Bei meiner bevorzugten Handposition berühren sich Daumen und Zeigefinger und bilden einen Kreis; sie erinnert mich daran, meine Aufmerksamkeit behutsam zu bündeln. Die anderen drei Finger spreize ich ab, die Hände ruhen auf den Knien. Auf diese Weise fühle ich mich stabil und ausgewogen.

Wählen Sie für die Meditation jeweils eine Handstellung, bei der Sie bleiben, um sich nicht vom Mudra-Wechsel ablenken zu lassen. Am Ende der Meditationssitzung empfehlen viele Traditionen, die Handflächen auf Brusthöhe aneinanderzulegen, mit den Fingerspitzen nach oben, und sich zu verbeugen. Damit deutet man Achtung und Dankbarkeit an. Außerdem bezeugen wir dadurch Demut, indem wir uns vor den kosmischen Kräften der Weisheit und Barmherzigkeit verneigen.

5. **Augen:** Einige Traditionen empfehlen, die Augen während der Meditation zu schließen, bei anderen sollen sie geöffnet bleiben und der Blick ungefähr einen bis zwei Meter nach vorne gerichtet werden, auf einen bestimmten Punkt des Fußbodens fixiert. Und wieder andere raten, den Blick weich werden zu lassen, ohne ihn zu fokussieren. Ich meditiere mit geschlossenen Augen. Probieren Sie aus, wie Sie am besten entspannen und gleichzeitig ihre Aufmerksamkeit bewahren können. Wenn Sie feststellen, dass Sie mit geschlossenen Augen müde werden, öffnen Sie sie. Wenn Sie merken, dass Sie mit geöffneten Augen abgelenkt werden, schließen Sie sie.

6. **Mund:** Ober- und Unterkiefer sind oft verspannt. Lockern Sie die Kiefermuskulatur: Den Mund weit öffnen, die Zunge herausstrecken, den Mund wieder schließen. Massieren Sie den Kieferbereich von den Ohren bis zum Kinn. Spüren Sie dem Unterschied nach. Sie können diese Lockerungsübung im Lauf des Tages mehrmals wiederholen. Es kommt oft vor, dass sich während der Meditation Verspannungen im Ober- und Unterkiefer sammeln. Der vietnamesische Zen-Meister Thich Nhat Hanh empfiehlt, während der Meditation leicht zu lächeln, um Ober- und Unterkiefer locker zu halten. Ein Lächeln fördert außerdem das Gefühl der Offenheit und Harmonie. Sie können den Mund während der Meditation auch mehrmals weit öffnen und den Unterkiefer locker fallen lassen.

Machen Sie sich bewusst, dass Beschwerden oder Verspannungen, die Sie bei der Meditation spüren, sowohl physisch als auch psychisch bedingt sein können. Keine Panik, wenn sich Schmerzen, Beklemmungen, Unruhe oder alles gleichzeitig bemerkbar macht; versuchen Sie nichts zu erzwingen, nach dem Motto »Ohne Fleiß kein Preis«. Wechseln Sie während der Meditation langsam und achtsam die Stellung, so oft wie nötig. Das A und O bei der Meditation ist, entspannt und aufmerksam zu bleiben. Deshalb sorgen Sie dafür, dass Sie bequem sitzen, in einer Position, die beides gewährleistet.

Nehmen Sie beim Meditieren eine Sitzhaltung ein, die sich leicht anfühlt, ähnlich, als würden Sie in die Badewanne gleiten oder es sich vor dem Fernsehgerät gemütlich machen. Dann wählen Sie Ihr Hand-Mudra, schließen die Augen, richten den Rücken gerade auf, lockern die Schultern und dehnen den Brustkorb. Lassen Sie die Haltung entspannt und weich werden.

Atmung, Sitzhaltung, Position der Hände, geöffnete oder geschlossene Augen: All diese Techniken bilden den äußeren Rahmen der Meditationspraxis.

Doch es gibt kein Mittel gegen die unablässige Folge und Intensität der Gedanken, die Ihnen beim Meditieren durch den Kopf gehen. Damit sollten Sie rechnen. Positive Gedanken, negative Gedanken, angenehme oder störende Gedanken kommen und gehen während der Meditation, auch wenn wir unsere Aufmerksamkeit immer wieder auf unseren Atem und unsere Haltung richten. Sie bilden die Meteorologie des Geistes. Das Ziel besteht nicht darin, sie auszumerzen, sondern aufzuhören, uns mit jedem Gedanken, der kommt und geht, solidarisch zu erklären; wir sollten bestrebt sein, sie zu beobachten, wie das Wetter von einem Aussichtsturm.

Meditationsanleitung in zehn Schritten

1. **Ort und Zeit:** Suchen Sie sich einen Rückzugsort, möglichst ungestört von Erwachsenen, Kindern, Telefon und so weiter. Legen Sie eine bestimmte Zeitdauer für die Meditationsübung fest. Stellen Sie einen Wecker oder eine Uhr in Sichtweite. Beginnen Sie mit zehn Minuten und arbeiten Sie sich im Lauf der Wochen oder Monate auf eine halbe oder dreiviertel Stunde vor.

2. **Sitzhaltung:** Nehmen Sie eine bequeme Sitzhaltung ein, entweder mit gekreuzten Beinen auf dem Fußboden oder auf einem Stuhl. Halten Sie die Wirbelsäule gerade, lassen Sie die Schultern locker nach hinten und unten fallen. Überprüfen Sie kurz jeden Bereich Ihres Körpers und lockern Sie dabei Stellen, die angespannt sind. Lockern Sie die Kiefermuskulatur. Wählen Sie eine Handposition, die Sie während der gesamten Meditationsübung locker beibehalten.

3. **Anfang:** Schließen Sie die Augen (oder lassen Sie die Augen offen, den Blick sanft auf einen bestimmten Punkt am Boden

gerichtet). Atmen Sie tief ein und lassen Sie den Atem mit einem Seufzer ausströmen. Wiederholen Sie die Übung drei Mal; lassen Sie bei jedem Ausatmen alles los, was Ihnen durch den Kopf geht. Richten Sie Ihre volle Aufmerksamkeit auf den gegenwärtigen Augenblick, auf die Meditation. Alle dringlichen Aufgaben in Ihrem Leben können bis zum Ende der Sitzung warten.

4. **Atmung:** Richten Sie die Aufmerksamkeit auf Ihren Atem, machen Sie sich bewusst, dass er völlig natürlich ein- und ausströmt. Beobachten Sie, wie sich Brustkorb und Bauch beim Einatmen heben und weiten, und wie sie beim Ausatmen sinken und zusammenfallen. Folgen Sie jedem Atemzug, der in den Körper gelangt und ihn mit Energie füllt. Folgen Sie jedem Atemzug, der den Körper verlässt und sich im Raum auflöst. Dann beginnen Sie wieder von vorne, richten Ihre Aufmerksamkeit auf den nächsten Atemzug. Ihr Atem sollte so leicht wie ein Windhauch oder Staubwedel sein, der sich den Weg durch Körper und Geist bahnt.

5. **Gedanken:** Wenn ein Gedanke Sie von der Beobachtung des Atems ablenkt, nehmen Sie ihn zur Kenntnis, ohne ihn zu bewerten; dann richten Sie Ihre Aufmerksamkeit wieder auf Brustkorb oder Bauch und spüren dem ein- und ausströmenden Atem nach. Vergessen Sie nicht, dass Meditation eine Praxis ist, die Güte und Gelassenheit fördert. Beobachten Sie Ihre Gedanken mit Wohlwollen und lassen Sie sie mit dem Atem ziehen.

6. **Gefühle:** Wenn Gefühle auftauchen, sollten Sie sich nicht dagegen wehren. Lassen Sie sie zu. Sie sollten sie beobachten, sie mit allen Sinnen wahrnehmen und ihnen nachspüren, aber sie weder deuten noch sich mit ihnen solidarisch erklären. Las-

sen Sie ihnen den natürlichen Lauf, dann kehren Sie zur Beobachtung Ihres Atems zurück. Wenn Sie merken, dass Sie in einem Gefühlszustand verharren, verändern Sie Ihre Position ein wenig oder richten sich gerade auf. Dann steigen Sie wieder in den Sattel und nehmen die Zügel Ihres Atems sanft in die Hand.

7. **Schmerzen:** Wenn Sie Schmerzen im Körper verspüren – beispielsweise in den Knien oder im Rücken –, richten Sie die Aufmerksamkeit auf den Bereich. Umhüllen Sie ihn mit Ihrem Atem. Beobachten Sie sich während der Schmerzattacke, statt sie abzuwehren. Dauert sie an, verändern Sie behutsam Ihre Position, um die Verspannung zu lösen, dann kehren Sie zu Ihrem aufrechten Sitz und Ihrem Atem zurück. Sind die Schmerzen im Rücken unerträglich, lehnen Sie sich an eine Wand oder an die Stuhllehne; bei Schmerzen im Knie strecken Sie die Beine eine Weile aus. Vermeiden Sie überflüssige Bewegungen, aber die Meditationserfahrung sollte nicht von Schmerzen beherrscht wird.

8. **Ruhelosigkeit und Schläfrigkeit:** Wenn Gedanken oder Gefühle für Unruhe sorgen, wenn Sie nicht länger still sitzen können oder sich langweilen und daher fortwährend abgelenkt sind, kehren Sie mit Ihrer Aufmerksamkeit immer wieder bewusst zu Ihrem Atem und Ihrer Sitzhaltung zurück. Gehen Sie nachsichtig und liebevoll mit sich selbst um. Wenn Sie einzuschlafen drohen, wecken Sie sich auf, indem Sie tiefer ein- und ausatmen, die Augen weit öffnen und sich aufrecht hinsetzen. Schläfrigkeit und Meditation sind nicht dasselbe. Versuchen Sie, während der Meditation genauso entspannt zu sein wie im Schlaf, aber dabei hellwach und achtsam.

9. **Atemzüge zählen:** Eine gute Möglichkeit, solche Hindernisse für die Achtsamkeit zu überwinden, besteht darin, die Atemzüge zu zählen. Beginnen Sie beim Einatmen mit Eins, dann folgt das Ausatmen mit Zwei. Zählen Sie bis zehn. Dann beginnen Sie wieder von vorne. Wenn Sie beim Zählen den Faden verlieren, fangen Sie einfach wieder bei Eins an. Wenn sich Gedanken und Gefühle, Schmerzen oder Beschwerden, Ruhelosigkeit oder Schläfrigkeit bemerkbar machen, gewinnt die Konzentration auf die Zahlen irgendwann die Oberhand über die Ablenkungen. Roshi Joan Halifax schlägt vor, beim Ein- und Ausatmen mit Autosuggestionen zu arbeiten, die der buddhistische Lehrer Thich Nhat Hanh empfiehlt, um einen »Zustand der vollkommenen Präsenz und Nachsicht mit sich selbst« zu erreichen: »Während ich einatme, beruhige ich mich; während ich ausatme, lasse ich los. Während ich einatme, verweile ich im gegenwärtigen Augenblick, während ich ausatme, fühle ich, dies ist ein wundervoller Augenblick.«

10. **Disziplin:** Meditieren Sie eine Woche lang jeden Tag, gleich ob Sie Lust haben oder nicht. Regelmäßiges Üben ist wichtig, und wenn auch nur fünf Minuten. Machen Sie sich bewusst, wie es Ihnen im Anschluss geht. Ungeachtet dessen, ob Sie einen Unterschied bemerken (oder auch nicht), nehmen Sie sich vor, noch eine Woche weiterzumachen. Überlegen Sie, ob es Ihnen etwas bringen würde, sich einer Meditationsgruppe anzuschließen oder an einem Retreat teilzunehmen, wo Sie intensive Anleitung und Unterstützung für Ihre Meditationspraxis erhalten.

Ich bedanke mich bei Elizabeth Lesser für die Genehmigung, ihre Meditationsanleitungen in mein Buch aufzunehmen. Ich hoffe, dass die Meditation bei Ihnen genauso viel bewirkt wie bei mir.

Danksagung

Ich schulde vielen Menschen Dank:
Zunächst meiner Lektorin Kate Medina für ihre Geduld, ihre fachliche Kompetenz und ihre Ermutigung.

Ihren Assistentinnen Millicent Bennett und Lindsey Schwoeri, die mich auf unzählige Weise unterstützten.

Meiner Korrektorin Bonnie Thompson und dem stellvertretenden Cheftexter Dennis Ambrose, die mir halfen, mich zu organisieren und Klarheit zu gewinnen. Barbara Bachman, die für die wunderbare Gestaltung des Buches zuständig war, Paolo Pepe für die Gestaltung des Buchumschlags, und Ken Wohlrob, der mich in die Welt der eBooks einführte.

Danken möchte ich auch Lisa Bennett, die mit mir darüber diskutierte, wie Senioren die Gesellschaft unterstützen (statt behindern) und wie die Gesellschaft ihren älteren Mitbürgern das Leben erleichtern könnte.

Vielen Dank, Angela Martini, für die gelungenen Illustrationen.

Mein Dank geht auch an meinen Freund und Assistenten Steven Bennett für die endlosen Stunden bei der Beschaffung der Abdruckgenehmigungen, unter Mithilfe von Carol Mitchell und Laura Masseur.

Und an Terry Savage, die mich so großzügig an ihrem Wissen im Finanzbereich teilhaben ließ.

Ich bedanke mich außerdem bei dem verstorbenen Dr. Robert Butler, dessen Beitrag zur »Gerontologie für die Vertiefung und Erweiterung der Wissenschaft vom Alter und Altern« verantwortlich war. Im Rahmen seiner Seminare am International Longevity Center (das er gründete) lernte ich viele Wissenschaftler kennen, deren Expertise den Themen meines Buches eine zusätzliche Dimension verlieh. Zu ihnen gehören Dr. Denise Parks, Leiterin des Center for Vital Longevity an der University of Texas in Dallas, deren Kenntnisse vom menschlichen Gehirn für mich ungeheuer wichtig waren. Und Dr. Richard Sprott, Executive Director der Ellison Medical Reasearch Foundation, der mir auf verständliche Weise die aktuellen Entwicklungen in der Altersforschung erklärte.

Dr. Butler machte mich mit Dr. Diane Meier bekannt, Leiterin der Abteilung Advance Palliative Care (CAPC) des Mount Sinai Hospital in New York City. Sie schilderte mir einfühlsam und zutiefst berührend, was Palliativpflege bedeutet.

Danken möchte ich auch Dr. Michael Hewitt, Forschungsdirektor am Canyon Ranch Gesundheitszentrum, der mein Kapitel Fit for Life überprüfte und mir gestattete, Anleihe bei seinem 3-Schritte-Übungsprogramm zu nehmen.

Dank schulde ich auch Dr. Michael Jacobson, dem Leiter des Center for Science in the Public Interest, der gemeinsam mit Katherine Talmadge mein Wissen über das Thema Ernährung erweiterte.

Und Dr. Marion Perlmutter vom Fachbereich Psychologie der University of Michigan, die mir half, den mit dem Alter einhergehenden Blick in die Tiefe zu verstehen.

Dr. Michael Perelman, Außerordentlicher Professor der klinischen Psychologie, reproduktiven Medizin und Urologie am Weill Medical College der Cornell University, sowie einer der Leiter des Human Sexuality Program am New York Presbyterian Hospital, erweiterte meine Kenntnisse zum Thema Sexualität und Alterungsprozess, genau wie Dr. Michele Warren, medizinische Leiterin des Center for Menopause, Hormonal Disorders and Women's Health des Columbia Medical Center, New York, die mich unter anderem über Hormonersatztherapien für Frauen aufklärte.

Danken möchte ich auch Dr. Tom Luc, einem international anerkannten Experten für die Behandlung der erektilen Dysfunktion an der University of California in San Francisco, der mir sein Fachgebiet mit viel Humor erläuterte, insbesondere das Penisimplantat.

Dank Dr. Louann Brizendine wurde mit der Zusammenhang zwischen weiblichem Gehirn und Sexualität bei älteren Frauen klar. Dr. Brizendine ist Neuropsychiaterin an der University of California in San Francisco, Gründerin und Leiterin der Women's Mood and Hormonic Clinic, und Kodirektorin des Program in Sexual Medicine der UCSF.

Dr. Barbara Bartlik, Sexualtherapeutin und Psychiaterin, trug in ihrer lebhaften und unverblümten Art dazu bei, Ideen zur Verbesserung der Sexualität im Alter zusammenzutragen.

Danken möchte ich auch Dr. Laura Carstensen, Gründungsdirektorin des Stanford Center of Longevity, die mir großzügig ihre Zeit und ihr Fachwissen in vielen Bereichen des Alterns zur Verfügung stellte. Sie führte mich durch das Zentrum und machte mich mit vielen der dort tätigen Forscher bekannt, einschließlich Dr. Thomas Rando, Stellvertretender Leiter des Center on Longevity und Stammzellen-Biologe, der mir half, die Rolle der Stammzellenforschung im Hinblick auf den Alterungsprozess zu verstehen.

Dr. Ken Matheny, Regents Professor im Department of Counseling and Psychological Services an der George State University, der mir wichtige Einblicke in den Zusammenhang zwischen Alterungsprozess und psychologischer Verfassung verschaffte.

Und Mary Madden, die mich großzügig an ihren Erfahrungen mit dem Online-Dating teilhaben ließ.

Danken möchte ich auch der Belegschaft und den Klienten von WISE & Healthy Aging in Santa Monica, Kalifornien, die sich die Zeit nahmen, mir ihre bewegenden Lebenserfahrungen zu schildern.

Des weiteren Beverly Kitaen-Morse, die mir in ihrer Therapie die Vorteile einer Lebensbilanz vor Augen führte.

Und zuletzt möchte ich allen Freunden danken, deren Beiträge mein Buch bereichert haben: Erica Jong, Roshi Joan Halifax, Janet Wolfe, Nat und Jewelle Bickford, Mary Catherine Bateson. Dr. Johnnetta Cole, die Honorable Robin Biddle Duke, Yoel und Eva Haller, Reverend Bill und Kathie Stayton und all jenen, die mir ihre persönlichsten Erfahrungen anvertraut und um Anonymität gebeten haben.

Anmerkungen

VORWORT: BOGEN UND TREPPE

1 Bateson, Mary Catherine, *Composing a Life,* Plume, New York 1990, S. 34.

2 Bateson, Mary Catherine, *Composing a Further Life,* Knopf, New York 2010, S. 12.

3 Neugarten, Bernice, »Dynamics of Transition of Middle Age to Old Age«, in *Journal of Geriatric Psychology,* Bd. 4, Nr. 1 (Herbst 1970), S. 71–87.

4 Erikson, Erik H. und Erikson, Joan M., *Der vollständige Lebenszyklus,* Suhrkamp Verlag, Berlin 1988.

5 Vaillant, George, *Aging Well*, Little, Brown, New York 2002, S. 113.

1. KAPITEL: DER DRITTE AKT: GANZWERDUNG

6 Jung, Carl G., *Mensch und Seele*, Walter Verlag, Olten 1985.

7 Arnheim, Rudolf, *New Essays on the Psychology of Art,* University of California Press, Berkeley 1986.

8 Perlmutter, Marion, Interview mit der Autorin, Ann Arbor, Michigan.

9 Appleblom, Peter, »Loss of Speech Evokes the Voice of a Writer«, in *The New York Times,* 7. März 2011, S. A14.

10 Levine, Steven, *Noch ein Jahr zu leben. Wie wir dieses Jahr leben können, als wäre es unser letztes*, rororo, Reinbek 1999.

2. KAPITEL: LEBENSBILANZ: RÜCKBLICK UND VORSCHAU

11 Auszug aus einem Brief von Kenneth Matheny, Professor und Leiter des Department of Counseling and Psychological Services der Georgia State University

3. KAPITEL: ERSTER AKT: DIE SAMMELPHASE

12 Vaillant, *Aging Well,* S. 96

13 Newman, Judith, »Inside Your Teens Head«, in *Parade*, 28. November 2010.

14 Carstensen, Laura, *A Long Bright Future: An Action Plan for a Lifetime*

of Happiness, Health, and Financial Security, Broadway Books, New York 2009, S. 245.
15 Real, Terrence, *I Dont Want to Talk About It,* S. 146.
16 Vaillant, *Aging Well,* S. 285.
17 Real, Terence, *The New Rules of Marriage: What You Need to Know to Make Love Work,* Ballentine, New York 2007, S. 95.
18 Vaillant, *Aging Well,* S. 284.
19 Ebenda, S. 285.

4. KAPITEL: ZWEITER AKT: DIE AUFBAU- UND ZWISCHENPHASE

20 Vaillant, *Aging Well,* S. 96.
21 Braun Levine, Suzanne, *Inventing the Rest of Our Lives in Second Adulthood,* Plume, New York 2006, S. 59.
22 Ebenda.
23 Halifax, Joan, *Im Sterben dem Leben begegnen,* Kamphausen, Bielefeld 2014.
24 Bridges, William, *Transitions: Making Sense of Lifes Changes,* Da Capo, Cambridge 2004, S. 146.
25 Woodman, Marion, *Leaving My Fathers House,* S. 194.
26 Bridges, William, *The Way of Transition,* Perseus, Cambridge 2001, S. 196.
27 Sheehy, Gail, *Sex und Frauen über 50,* Pendo-Verlag, Zürich/München 2007.

5. KAPITEL: DIE ELF KOMPONENTEN EINES GELUNGENEN ALTERUNGSPROZESSES

28 Vaillant, *Aging Well,* S. 213.
29 Kirkwood, Tom, *Zeit unseres Lebens,* Aufbau-Verlag, Berlin 2000.
30 Vaillant, *Aging Well,* S. 207.
31 Zitiert in ebenda, S. 206.
32 Ebenda, S. 48.

6. KAPITEL: FIT FOR LIFE

33 Bortz, Walter, *Dare to be 100,* S. 47.
34 Ebenda.
35 Brody, Jane, »Mental Reserves Keep Brain Agile«, in *The New York Times,* 11. Dezember 2007.

[36] Ebenda.

[37] *Archives of Internal Medicine,* http://archinte.ama-assn.org/.

[38] Hewitt, Michael, *Growing Older, Staying Strong: Preventing Sarcopenia Through Strength Training,* International Longevity Center, New York, September–Oktober 2003, S. 4.

[39] McCredie, Scott, *Balance: In Search of the Lost Senses,* Little, Brown, New York 2007, S. 189.

[40] Zitiert in McCredie, *Balance,* S. 214.

[41] Halifax, Joan, Interview mit der Autorin.

[42] Rowe, John W., und Robert L. Kahn, *Successful Aging,* Dell, New York 1998, S. 98

7. KAPITEL: DU BIST, WAS DU ISST

[43] *Nutrition Action Healthletter,* Juli–August 2008.

[44] Brody, Jane, »Even Benefits Dont Tempt Us to Vegetables«, *The New York Times,* 5. Oktober 2010.

[45] Weitere Informationen über Joghurt mit aktiven und lebenden Kulturen siehe Hattner, Jo Ann, *Gut Insights.*

8. KAPITEL: DAS GEHIRN: WER RASTET, DER ROSTET

[46] Aus einem Vortrag an der Age Boom Academy, International Longevity Center, New York, 24. September 2007.

[47] Gorney, Cynthia, *The New York Times Magazine,* 18. April 2010.

9. KAPITEL: POSITIVITÄT

[48] Online-Veröffentlichung in *Proceedings of the National Academy of Sciences,* Mai 2010.

[49] Vaillant, *Aging Well,* S. 206.

[50] Carstenson, *A Long Bright Future,* S. 16.

10. KAPITEL: DIE LEBENSBILANZ: PRAKTISCHE TIPPS

[51] Real, *The New Rules of Marriage,* S. 71

[52] Levine, *Noch ein Jahr zu leben.*

[53] Schachter-Shalomi, Zalman, und Ronald S. Miller, *From Age-ing to Sage-ing: A Profound New Vision of Growing Older,* Grand Central, New York 1997, S. 98.

11. KAPITEL: DER STELLENWERT DER FREUNDSCHAFT

54 Le Guin, Ursula, *Dancing,* S. 151.
55 Baker Miller, Jean, *Toward a New Psychology of Women,* 2. Ausgabe, Beacon, Boston, S. xxi.
56 Cohen, Gene D., *Geistige Fitness im Alter: So bleiben Sie vital und kreativ,* DTV, München 2009.
57 *The Diane Rehm Show,* NPR, 26. August 2008.
58 MacLaine, Shirley, *Weiser, nicht leiser! Der Weg zu neuem Menschsein,* Allegria, Berlin 2009.

12. KAPITEL: LIEBE IM DRITTEN AKT

59 Schnarch, David, *Intimität und Verlangen: Sexuelle Leidenschaft in dauerhaften Beziehungen,* Klett-Cotta¸ Stuttgart 2014.
60 Real, *The New Rules of Marriage,* S. 257
61 Loevinger, Jane, *The Meaning and Measure of Ego Development,* Jossey-Bass, San Francisco 1976.
62 Friedan, Betty, *Mythos Alter,* Rowohlt, Hamburg 1997.
63 Gutmann, David, *Reclaimed Powers: Toward a New Psychology of Men and Women in Later Life,* Basic Books, New York 1987, S. 153.
64 *Time,* 12. Oktober 2007.
65 Parker-Pope, Tara, *The New York Times,* 10. Juni 2008, S. DI.
66 Aus Real, *The New Rules of Marriage*, S. 76.
67 Real, *The New Rules of Marriage,* S. 254.
68 Ebenda, S. 255.
69 *The New York Times Magazine,* 18. April 2010.
70 Braun Levine, Suzanne, *Inventing the Rest of Our Lives,* S. 132.
71 Ebenda, S. 131.
72 Weitere Informationen über Women for Women International, siehe womenforwomen.org.
73 Vaillant, *Aging Well,* S. 305.

13. KAPITEL: DIE VERÄNDERTE SEXUALITÄT

74 Friedan, Betty, *Mythos Alter.*
75 Ebenda.
76 Schnarch, *Intimität und Verlangen.*
77 Ebenda.
78 Ebenda.
79 Ebenda.
80 Ebenda.

[81] Klein, Marty, *Let me Count the Ways: Discovering Great Sex Without Intercourse.*
[82] Sheehy, Gail, *Die neuen Lebensphasen,* Droemer, München 1998.
[83] Sheehy, Gail, *In der Mitte des Lebens. Die Bewältigung vorhersehbarer Krisen,* Kindler, Reinbek 1982.
[84] Louann Brizendine, *Das weibliche Gehirn. Warum Männer anders sind als Frauen,* Goldmann, München 2008

14. KAPITEL: DIE ANGST DER MÄNNER IM DRITTEN AKT

[85] Brody, Jane, »A Dip in the Sex Drive, Tied to Menopause«, *The New York Times,* 31. März 2009.
[86] Laumann, E.O., A. Nicolosi, D.B. Glasser, A. Paik, C. Gingell, E. Moreira und T. Wang, »Sexual Problems Among Women and Men Aged 40-80 Y: Prevalence and Correlates Identified in the Global Study of Sexual Attitudes and Behaviors«, *International Journal of Impotence Research,* Bd. 17 (2005), S. 39–57.
[87] Rowe und Kahn, *Successful Aging,* S. 80–81.
[88] Ebenda, S. 82.
[89] Legato, Marianne J., *Evas Rippe: Warum erst jetzt die weibliche Seite der Medizin entdeckt wird,* Ullstein Verlag, Berlin 2004.
[90] Rako, Susan, »Testosterone Deficiency and Supplementation for Women: Matters of Sexuality and Health«, *Psychiatric Annals,* Bd. 29, Nr. 1 (Januar 1999), S. 23
[91] Legato, *Evas Rippe.*

15. KAPITEL: AUFBRUCH ZU NEUEN UFERN

[92] Schwartz, Pepper, *Prime: Adventures and Advice on Sex, Love, and the Sensual Years,* Harper Collins, New York 2007, S. 68.
[93] Ebenda, S. 70.

16. KAPITEL: GENERATIVITÄT

[94] Vaillant, *Aging Well,* S. 4.
[95] Vaillant, *Aging Well.*
[96] Schachter-Shalomi und Miller, *From Age-ing to Sage-ing,* S. 16.
[97] Vaillant, *Aging Well.*
[98] Schachter-Shalomi und Miller, *From Age-ing to Sage-ing,* S. 57.

17. KAPITEL: DIE ZEIT REIFEN LASSEN: EINE HERAUSFORDERUNG FÜR FRAUEN

99 Gutman, *Reclaimed Powers.*

18. KAPITEL: AUSEINANDERSETZUNG MIT DER EIGENEN STERBLICHKEIT

100 Halifax, Joan, *Tricycle,* Spring 2008, S. 8.

101 Es gibt noch eine andere Option als die Kremierung: Ich habe gelesen, dass die schwedische Firma Promessa an der Entwicklung eines Verfahrens arbeitet, bei dem Leichen in flüssigem Stickstoff gefriergetrocknet, mittels Hochfrequenzwellen pulverisiert und das dabei entstehende Granulat in einem kompostierbaren Sarg in der Erde beisetzt wird. Bei dieser ökologischen Bestattungsmethode werden laut Angaben des Unternehmens Sarg und Leiche innerhalb von sechs bis zwölf Monaten in Humus umgewandelt.

102 Pogrebin, Letty Cottin, *Getting Over Getting Older*, Berkley, New York 1997, S. 78.

19. KAPITEL: SEELENARBEIT

103 Bohm, David, *Die implizite Ordnung. Grundlagen eines dynamischen Holismus,* Goldmann, München 1987.

ANHANG I

104 Butler, Robert N., *The Longevity Prescription: How to Maximize the Three-Decade Dividend,* International Longevity Center, New York.

ANHANG V

105 Lesser, Elizabeth, *Broken Open.*

106 Aus den Archiven von *Women's Collection,* Texas Woman's University, Denton, Texas.

Bildnachweis

S. 13: John Bryson © 2011 Bryson Photo; S. 15: Mary Vinette, Maryvinette.Com; S. 19: Max Colin/Eliot Press; S. 23: Craig Barritt/Getty Images; S. 27: Craig Schwartz; S. 37: Richard Phibbs/Art Dept; S. 42, Mitte: © Vince Compagnone; S. 43: Frazer Harrison/Getty Images; S. 56: Eric Wittmayer Photography; S. 81: © Veronique Vial; S. 87, Mitte: © Suzanne Tenner; S. 92: Mary Ellen Marc; S. 101: Barbara Pile; S. 107: Richard Phibbs/Art Dept; S. 113: Anna-Maree Harman, AMPHOTOGRAPHY@YAHOO.COM.AU; S. 117: Frederick M. Brown/Getty Images; S. 126: Anna-Maree Harman, AMPHOTOGRAPHY@YAHOO.COM.AU; S. 128: Harry Langdon; S. 129: Darren Capik; S. 139: Karen Wylie; S. 187: Harold Daniels; S. 189: Teri Thomson Randall; S. 221: Paul Allen; S. 222: Rebekah Spicuglia, Women's Media Center; S. 225: Eric Chorbonneau/Be Images; S. 228: Kevin Winter/Getty Images; S. 229: Donna Ferrato; S. 256: Tim Scott, Spencer Studios; S. 272: Marlena Ross, Wise & Healthy Aging; S. 333: Kurt Markus; S. 337: Keystone/Hulton Archive/Getty Images; S. 338: AFP/Getty Images; S. 339: Ron Galella/Wire Image; S. 348: Norman-Marquee Photography New York; S. 361: United States Postal Service; S. 383: Justin Marcel Lubin
Aufmacherseiten: S. 21, 369 Brigitte Lacombe, S. 119 Justin Marcel Lubin, S. 213 Lee Celano/AFP/Getty Images, S. 331 Scott Gries/Getty Images
Alle anderen Fotos stammen aus dem Privatarchiv von Jane Fonda.